21世纪经济与管理精编教材
金融学系列

金融风险管理

Financial Risk Management

周晔◎著

图书在版编目（CIP）数据

金融风险管理 / 周晖著. —北京：北京大学出版社，2023.3
21 世纪经济与管理精编教材. 金融学系列
ISBN 978-7-301-33715-8

Ⅰ. ①金… Ⅱ. ①周… Ⅲ. ①金融风险-风险管理-高等学校-教材 Ⅳ. ①F830.2

中国国家版本馆 CIP 数据核字（2023）第 021730 号

书　　　名	金融风险管理 JINRONG FENGXIAN GUANLI
著作责任者	周　晖　著
责 任 编 辑	高　源　张　燕
策 划 编 辑	裴　蕾
标 准 书 号	ISBN 978-7-301-33715-8
出 版 发 行	北京大学出版社
地　　　址	北京市海淀区成府路 205 号　100871
网　　　址	http://www.pup.cn
电 子 信 箱	em@pup.cn
新 浪 微 博	@北京大学出版社　@北京大学出版社经管图书
电　　　话	邮购部 010-62752015　发行部 010-62750672　编辑部 010-62750667
印 刷 者	北京圣夫亚美印刷有限公司
经 销 者	新华书店
	787 毫米×1092 毫米　16 开本　35.75 印张　807 千字 2023 年 3 月第 1 版　2023 年 3 月第 1 次印刷
定　　　价	79.00 元

未经许可，不得以任何方式复制或抄袭本书之部分或全部内容。
版权所有，侵权必究
举报电话：010-62752024　电子信箱：fd@pup.pku.edu.cn
图书如有印装质量问题，请与出版部联系，电话：010-62756370

序 言

近几十年来,伴随着各类金融创新,全球金融危机频繁爆发,由此导致的经济衰退令金融风险管理备受重视,尤其迫切需要对金融风险管理原理和方法有一个透彻的理解。本书根据金融风险管理应用性学科的特点,参考国内外相关领域研究的最新成果,重新组织金融风险管理的知识结构。同时,为了提升金融风险管理人才的专业水平和应用操作能力,本书以相关理论为基础,突出金融风险管理的技术特征,将金融风险的度量模型与管理方法作为编写的重点,深入分析金融风险度量模型的技术细节与适用性,使学习者通过阅读本书达到融会贯通的目的。

《金融风险管理》是金融专业中理论与实践结合性较强的一门核心课程,但目前该课程在实际教学中可供选择的教材较少,相关教材或偏重于定性分析或偏重于定量分析。本书力求理论与实践相结合、定性分析与定量分析并重,不仅能为金融风险领域的实务工作者提供理论基础与技术指导,还能为高等学校的本科生、研究生提供《金融风险管理》课程完整的知识体系,适合作为本科生及研究生课程教材。

全书语言精炼,可读性强,主旨突出,内容丰富,采取全面风险管理的逻辑框架,理论知识详实可靠,涵盖了金融风险管理的各个方面,按照市场风险、信用风险、操作风险、流动性风险、系统性风险的度量模型和管理方法展开了详细阐述,并列出每类风险度量的具体特征和管理要求。《巴塞尔协议》的具体内容及其演变历程、系统性金融危机和宏观审慎监管在本书中被特别述及。

本书的作者周晖教授多年从事《金融风险管理》课程的教学,长期进行金融风险领域的研究,具有丰富的金融风险管理研究与实践经验。在全书的编写上,周晖教授取材于实务与教学经验,为金融风险管理的研究提供了一个全面、深入的视角。作者针对度量、管理、降低金融风险的各个方面提出了全面的方法,这些方法不仅适用于金融机构,也适用于各类企业。本书理论体系完整,使用的数学方法并不深奥,将经济学、定价方法、结构化和资产配置等方面进行巧妙结合，分析了金融风险度量和监管的意义，全面覆盖了金融风险管理和度量所用到的各种方法，是风险管理者的必备书目，适合金融、证券、基金等领域的理论研究者和实际工作者，以及高校经济、金融等专业的师生。

谢光启

中国人民银行货币政策司副司长

前　言

　　金融风险是金融活动的内在属性，其广泛存在性是现代金融市场的重要特征。自中国加入 WTO(World Trade Organization，世界贸易组织)以来，金融业逐步对外开放，金融市场化程度不断提高。伴随着利率市场化、资本市场开放程度加深和人民币汇率管制逐步放松等诸多金融改革的稳步推进，金融产品价格的波动日益增强，金融机构隐患加深，金融风险呈现点多面广的特征。金融风险不仅严重影响了金融机构和实体经济的稳健经营，并且随着我国全球影响力的快速提升，还对我国乃至全球经济与金融的稳定构成严重威胁。

　　自 2007 年美国次贷危机以来，中国金融业对风险的认识发生了重大变化，尤其自党的十九大以来，守住不发生系统性金融风险的底线成为党和国家对金融领域的根本要求，金融风险的防控被提到一个前所未有的高度。党的二十大报告提出，加强和完善现代金融监管，强化金融稳定保障体系，依法将各类金融活动全部纳入监管，守住不发生系统性风险底线。尽快掌握金融风险管理的相关理论、方法和技术，将金融风险控制在可以承受、安全的范围之内，已然成为中国金融业的当务之急。为了防范金融危机所带来的严重后果，国内监管部门、各大金融机构以及金融市场的研究者都在孜孜不倦地探索着金融风险管理的技术和方法，金融风险管理正逐渐成为金融监管和金融治理的核心内容。

　　在金融全球化、自由化的今天，虽然国内金融风险管理的理论、技术、策略与工具不断地发展进步，但是在金融风险管理的学习、人才培养、著作撰写等方面的现状与其地位和实际需求并不相称。国内有关金融风险管理方面的书籍，尤其是适合我国高校本科及硕士以上层次的优秀教材还相对较少。回想 10 多年前全球金融危机退潮之际，笔者撰写了一本《金融风险度量与管理》教材，尽管也花费颇多心思，无奈受限于认知层次和知识积累的不足，这本教材并不尽如我意。为此，笔者经历 10 多年教学的积累，吸收国内外同行相关论著的精华，并结合长期学习、授课的经验和心得，最终写就这本教材，寄望能为金融学相关专业的本科生和研究生提供较为全面系统的学习指导，同时期盼对业内人士也能有较好的实用指导和参考价值。

本书在撰写过程中力图体现以下特点。一是定性分析与定量分析相结合,把金融风险的量化管理放在重要位置,分别介绍市场风险、信用风险、操作风险和流动性风险等风险的度量。二是以金融风险管理实务为主,重点介绍金融风险的管理技术及其防范化解的方法,同时也注意阐明金融风险管理的基本理论、方法和技术,特别强调金融风险管理知识的系统性、管理程序的逻辑性和管理技术的实用性,以反映最新的风险管理前沿理论和研究成果。三是增加了《巴塞尔协议》相关内容及其历次修订的介绍,以反映监管当局对风险资本管理标准的演进思路,帮助学生理解并反思未来金融监管的发展方向。四是通过系统总结金融机构全面风险管理的形成和科学的绩效评估方法,试图阐明金融风险管理的国际惯常做法及发展趋势。五是本书尽可能地与中国金融机构和金融监管的实际相结合,书中不仅详细介绍了银保监会针对国内金融机构所制订的各类监管法规,并且还结合大量国内金融市场的实际案例,对各类风险管理方法的运用进行了深入细致的分析,以深化风险管理作为一门管理科学的内涵。

  本书从结构上共分为十章,主要内容如下所述。第一章,介绍金融风险的定义和分类、金融风险管理策略以及管理流程,并进一步探讨了金融风险管理的演变和挑战,以及中国金融业的现状、问题和金融监管体系的变迁。第二章至第八章遵循《巴塞尔协议》的做法,依次对市场风险、利率风险、信用风险、操作风险和流动性风险的相关理论、度量模型和方法、风险管理技术和制度规定等方面进行全面系统的介绍。第九章在上述章节的基础上,重点介绍《巴塞尔协议》的资本管理目标和风险管理框架,总结各类风险的计提方法,并列举风险资本计提要求的详细案例;除此之外,该章还进一步介绍了以风险为核心的绩效考核,阐明以经济资本管理驱动金融机构价值创造的核心思想。最后,第十章针对全球金融危机暴露出对系统性风险的宏观审慎监管问题,较为详细地介绍了常用的系统性风险监管指标、宏观审慎监管工具以及各国的监管实践,进而简单论述了宏观审慎政策与货币政策的协调,以及建立宏观审慎监管框架所面临的挑战等问题。

  本书在写作过程中为了响应激发学生的学习动力和专业兴趣的号召,在一定程度上增加了教材难度,尽可能地囊括了金融风险管理领域的相关知识,加深了课程深度,扩大了教学内容的选择范围。根据作者近20年的教学经验,这本书对本科生的学习存在一定的挑战性。建议本科生在选修本课程之前,先修金融计量学、统计学、公司金融、金融工程、金融市场学和投资学的部分内容。对于乐意采用本书作为教材的老师,笔者还准备了教学课件及习题等资料。

  在本书的编写过程中,我的研究生不仅参与了全书的编写和修订,而且也结合自己的学习心得,提供了重要的意见和建议。其中,田文涛参与了本书第二章和第四章的编写工作,丁鑫参与了本书第五章和第六章的编写工作,陈珏津参与了本书第七章和第十章的编写工作,王亚梅参与了本书第八章和第九章的编写工作。此外,尤其要感谢北京大学出版社裴蕾编辑的大力协助。裴蕾编辑不仅对本教材进行了极为出色的编辑工作,为确保教材质量,还提供了诸多真知灼见。

  本书的出版不仅受到首都经济贸易大学校级精品课程项目的赞助,还承蒙北京大学出版社的支持。笔者生性懒散，如果没有北京大学出版社的青睐，很有可能草草编撰一本交差了事，应该不会硬着头皮花费如此大的精力去细心编写这本教材。

最后，尽管笔者在教材编撰过程中投入了大量时间和精力，但是限于学识，书中难免会有错误及遗漏之处，在此恳请读者和同行批评、指正！

周晔

2022 年 11 月于北京上地西里

目 录

第一章 金融风险管理概述 ... 1
- 第一节 金融风险简介 ... 1
- 第二节 金融风险的识别与管理 ... 13
- 第三节 素养专题：金融业风险管理的演进 ... 21
- 本章小结 ... 32
- 素养教学要点 ... 33
- 扩展阅读 ... 33
- 关键术语 ... 33
- 思考题 ... 33

第二章 市场风险度量与管理 ... 35
- 第一节 市场风险度量简介 ... 36
- 第二节 VaR 度量方法简介 ... 44
- 第三节 投资组合风险的 VaR 度量 ... 76
- 本章小结 ... 96
- 关键术语 ... 96
- 思考题 ... 96
- 附录：极值理论 ... 97

第三章 利率风险度量与管理 ... 104
- 第一节 利率风险简介 ... 105
- 第二节 传统利率风险的管理方法 ... 113
- 第三节 基于久期和凸性的利率风险免疫 ... 126
- 第四节 运用衍生金融工具管理利率风险 ... 148

本章小结	160
关键术语	160
思考题	160

第四章 市场风险管理 162

第一节 市场风险管理的策略、流程和方法 163
第二节 运用 VaR 进行市场风险管理 174
第三节 市场风险的资本配置 180
本章小结 207
关键术语 208
思考题 208
附录：Copula 函数简介 208

第五章 传统信用风险度量与管理 217

第一节 传统信用风险管理 218
第二节 信用评级 227
本章小结 265
关键术语 265
思考题 266

第六章 现代信用风险度量与管理 267

第一节 信用等级转移分析与信用等级转移概率的计算 267
第二节 基于信用等级转移的 CreditMetrics 模型 274
第三节 信贷组合观点模型——CPV 模型 295
第四节 基于期权定价理论的 KMV 模型 302
第五节 CreditRisk + 模型 315
第六节 现代信用风险管理 326
本章小结 345
关键术语 345
思考题 345
附录：信用风险价差的计算 346

第七章 操作风险的度量与管理 349

第一节 《巴塞尔协议》与操作风险 351
第二节 操作风险度量方法及其应用分析 358
第三节 操作风险管理 374

本章小结 ... 386
  关键术语 ... 386
  思考题 ... 386

第八章 流动性风险度量与管理 ... 387

  第一节 流动性风险及其管理理论简介 ... 388
  第二节 流动性风险的度量与管理 ... 395
  第三节 银行业流动性风险监管准则及实践 ... 415
  本章小结 ... 432
  关键术语 ... 433
  思考题 ... 433

第九章 资本充足率与商业银行绩效评估 ... 434

  第一节 《巴塞尔协议》及其影响 ... 434
  第二节 资本与风险资产比率 ... 467
  第三节 以风险为核心的绩效考核 ... 488
  第四节 以经济资本管理驱动价值创造 ... 512
  本章小结 ... 515
  关键术语 ... 516
  思考题 ... 516

第十章 系统性风险与宏观审慎政策 ... 517

  第一节 系统性风险定义及性质 ... 518
  第二节 系统性风险的度量 ... 525
  第三节 宏观审慎监管 ... 534
  本章小结 ... 550
  关键术语 ... 550
  思考题 ... 550

参考文献 ... 551

第一章 金融风险管理概述

| 本 | 章 | 要 | 点 |

◇ 金融风险的定义及其特征。
◇ 金融风险的分类。
◇ 金融风险管理的基本理论和管理策略。
◇ 金融风险管理的流程。
◇ 我国金融监管体系的形成与变迁。
◇ 金融风险管理所面临的挑战及其发展趋势。

20世纪70年代以来，受金融自由化思潮的影响，世界各国金融监管当局放松了管制，加上信息技术进步与金融创新等因素的影响，金融市场的波动性显著增强。日趋严重的金融风险不仅严重影响到各国居民、金融机构和工商企业的正常营运，而且频繁发生的金融危机更对一国乃至全球金融和经济的稳定构成严重威胁。金融危机给全球经济所带来的一系列严重后果引发了金融界、企业界、政府当局和国际金融组织的密切关注，金融风险管理随之成为金融研究的核心内容之一。伴随着金融体系稳定性的下降，准确及时地识别和监测金融风险，进而采取有效措施防范和化解金融风险已经成为国内外金融理论界和实际工作部门最重要的研究课题之一。本章从风险的定义出发，切入金融风险管理的研究视角，寄望通过对金融风险管理的基本理论方法、管理策略和风险管理程序的介绍，为读者深入学习本书搭建相关的理论知识体系和框架。

第一节 金融风险简介

风险无处不在，尤其对金融行业而言，金融风险更是以其显著的集中性、潜在的破坏性和深远的传播性而闻名。因此，我们在研究金融风险之前，有必要先厘清什么是风险。

一、风险以及金融风险的定义

风险是一个常用但又十分模糊的概念。风险最早是在航海贸易及保险业中出现的，是指航海贸易中遇到礁石、风暴等客观危险事件。经过几个世纪的演变，风险这个概念与人类决策和行为的后果联系得更加紧密，并反过来又常常影响个人或群体的决策与行为。到目前为止，风险还没有一个严格的定义，学术界对风险的定义可谓众说纷纭、莫衷一是，不同的学者以及不同的学科对风险有不同的解释。

在经济学领域，美国经济学家、芝加哥学派创始人 Frank Knight 在其 1921 年出版经典著作《风险、不确定性和利润》（*Risk, Uncertainty and Profit*）中，较全面地分析了风险与不确定性的关系。Knight 认为，真正的不确定性与风险有着密切的联系，也有着本质的区别。不确定性是指经济行为人面临的直接或间接影响经济活动的，无法充分准确地加以分析、预见的各种因素，而风险不仅取决于不确定因素中的不确定性大小，而且还取决于收益函数的性质。由此，他将风险定义为"从事后角度来看的，由于不确定性因素而造成的损失。"[①]

此后，众多学者给出了自己对风险的理解。如 Zvi Bodie 在其著作《投资学》（*Investments*）中提出"风险是未来收益的不确定性，可以使用概率来测度这种不确定性"。Philippe Jorion[②] 则认为，风险是预期收入（资产或者有息负债的价值）的不确定性。我国学者魏华林和林宝清（1999）从保险的角度强调"风险真正的含义是引致损失事件发生的一种可能性"。刘威汉（2005）则将风险与危机联系起来，并十分诙谐地将之拆解为"危险加上机会"。

实践中，我们可以从两个范畴来理解风险——广义的风险与狭义的风险，其核心区别在于"是否强调事件发生后产生的负面后果"。广义风险的范围较宽，既包括事件导致的损失，也包括事件可能产生的收益，笼统地指明风险是事件结果的不确定性；而狭义的风险，则仅仅强调在一定时期、一定条件下事件带来的负面影响，给行为主体造成的损失或损害。其实，风险只是一种可以被感知和认识的客观存在，人类可以对其进行判断和估计，从而进行风险管理；而对于既有损失又有盈利的事件，人们关心风险的侧重点在于如何测度与防范损失发生。

金融即资金融通，是现代经济的核心，是市场经济活力的源泉。只要存在投资或融资的金融活动，就必然存在金融风险。这里，金融风险是指金融市场各个构成要素

[①] 纽曼，米尔盖特，伊特韦尔. 新帕尔格雷夫货币金融大辞典：第三卷 [M]. 董辅，胡坚，等译. 北京：经济科学出版社，2000.

[②] Jorion P. Asset Allocation with Hedged and Unhedged Foreign Stocks and Bonds [J]. Journal of Portfolio Management, 1989, 15 (4): 49-54.

(如金融变量、制度性因素、市场主体等）的变动，会对金融活动最终结果产生不确定性的影响，从而使经济主体遭受亏损的可能性。在资金的融通和货币的经营过程中，任何与金融市场相关的市场要素变动，如汇率贬值、利率上升、交易对手的倒闭或者资本市场的开放等，都可能使经济主体的实际收益与预期收益产生较大偏差，从而导致经济主体因防范不当产生严重的亏损。

所以，金融风险是经济活动诸多风险中最常见、最频繁发生的一种风险，它直接影响到企业的盈亏状况与资产负债价值。金融风险既可能使企业在竞争中蒙受巨额亏损甚至被迫倒闭，从而导致企业的强制性优胜劣汰；同时，它又可能有助于企业为防范金融风险而加强风险管理、推动金融创新，从而提高整个金融体系与全社会的资金运作效率。因此，金融风险的存在，并不完全是一件"坏事"。

二、金融风险特征及其产生根源

（一）金融风险的特征

金融风险作为风险的一种，具有风险共有的特征。不过，因为金融风险是与经济主体的投资或融资活动相关的风险，所以它也具有一些独有的特征。

1. 不确定性

不确定性是在整个的事物发展变化过程中普遍存在、不以人的意志为转移的客观现象，或者说，只要存在着运动、变化，就存在着不确定性。同样，所有金融活动、金融事件的发展变化也必然会产生不确定性。由于金融活动的不确定性导致了未来收益的不确定性，因此金融风险本质上也有一种不确定性。

当然，如果事先掌握了一定的信息，就可以运用概率论、统计学等方法估计出未来各种结果发生的可能性，在此基础上对金融活动的不确定性，即金融风险进行测度，并有针对性地采取相应的风险管理措施，以减少或消除不确定性及其造成的损失。

2. 传染性

现代金融体系中的银行、证券公司、保险公司等各金融机构之间是密切相关的。它们不仅在业务活动中常常相互拆借资金，而且时常作为战略投资者相互持股，所以它们之间的债权债务关系十分复杂。这使得在同一时点上的风险因素会交织在一起，相互作用，相互影响，叠加起来产生协同作用，将风险放大。一旦某家金融机构因经营不善而出现挤兑，很可能会导致整个资金链条断链，引发多家相关机构倒闭，最终影响整个金融体系。

3. 累积性

所谓金融风险的累积性是指随着时间的推移，风险会因正反馈作用而不断积累变大，当积累到爆发的临界点时，风险将发生质的变化，并有可能导致严重损失。例如，在金融活动中，证券公司、银行等机构会同时受到利率、汇率风险及一些外部因素（如石油危机、自然灾害、战争等）的干扰或冲击，这就增加了金融风险交叉感染、风险叠加的可能性。再如，在传统的银行信贷业务中，由于信息的不对称会产生逆向选择和道德风险，从而使得银行面临的信用风险不断累积，等风险累积到一定程度以后，一些"偶然事件"就会"引爆"潜在的风险，演化为一场金融危机。

4. 客观性

金融风险存在于具体的金融活动之中，存在于具体事件的发展过程之中，离开了具体的事件，也就无所谓金融风险。它是由客观事物自身产生的、不以人的好恶而改变的独立存在。从根本上说，这种不确定性是无法消除的，因此，金融风险是一种客观存在。也正因为金融风险是客观存在的，我们才可以认识、度量它。例如，人们可以通过历史信息反映出的风险因子的分布特征来考察金融风险，而这正是建立在金融风险客观性的基础之上。

5. 主观性

由于金融活动本身及外部条件错综复杂并且变化多端，而人们的知识水平和认识能力等又往往有局限性，所以很难完全认识和把握金融活动的各个层面，这使得人们的金融行为容易受市场主体心理因素的影响，从而出现失误或偏差，引发风险。这类风险主要由人们主观认识能力的局限性而导致的，被称为主观性风险。

主观性是金融风险区别于其他风险的一个关键特征。人们主观认识能力的局限性主要包括两种情况：一是由人们对金融活动本身及其发展变化的规律缺乏认识而产生的局限性；二是由人的阅历、经验、知识水平、思维方式和判断能力等个体素质的差异而产生的局限性。所以，我们一方面应深入全面地认识和把握经济金融知识；另一方面，也应采取有效措施，尽快提高人们的知识素养和行为能力水平，以减少因主观认识能力的局限性所导致的行为过程中的不确定性，最大限度地降低主观性风险。

6. 消极性与积极性并存

人们时常将损失归罪于金融风险的突发性与严重性，而将获利归功于个人能力。由于损失带给人们的惨痛记忆常常挥之不去，所以人们往往会过度看重金融风险的消极作用，而忽视金融风险的积极作用。其实在金融风险的消极影响中往往还蕴藏着积极因素。金融风险的积极作用主要体现在以下两个方面。一方面，金融风险是金融市场创新和活力的源泉。正是由于未来收益的不确定性，市场参与者对未来的投资收益具有不同预期和判断，所以人们期望通过金融交易活动实现自己的预期目标。可以说，没有风险，就没有金融市场。同时，为降低风险，达到获利目的，市场参与者必须不断地通过金融创新来分散或规避金融风险，及时把握获利时机。金融创新使得金融市场更加充满生机和活力，并推动着市场可持续发展。另一方面，金融风险对金融市场还起着积极的约束作用，以保持市场健康、稳定运行。金融风险可能造成的严重后果会对市场参与者有所警示，使得金融市场参与者会在一定程度上自觉地约束和规范自己的投机行为，从而维护和保持金融市场的稳定。

7. 周期性

金融活动会受到经济周期和货币政策的直接影响。经济活动有一定的周期性，这让金融风险也呈现出周期性特征。通常，在经济繁荣期，货币政策宽松，资金供应充足掩盖了许多企业的财务困难，金融风险显现的可能性相对较小；在经济衰退期，为防范不良贷款，金融机构常常收紧银根，导致借贷困难，有可能使本来正常运营的企业也陷入财务困境，金融风险发生的可能性随之增大。

(二) 金融风险产生的根源及传统银行危机理论

1. 金融风险产生的根源

金融风险所独有的不确定性、传染性、主观性等特征，决定了金融市场风险产生的根源，其可从金融市场几个构成要素的波动性反映出来。

(1) **从金融市场层面来看，金融资产价格的不确定性是金融风险产生的外在原因**。金融交易的核心，是金融资产价格的确定性，但在现实中难以完全准确做到精确定价。由于受宏、微观经济环境与经济政策变化的影响，决定货币与非货币金融资产价格的基本市场变量，如汇率、利率、股票指数、商品价格指数以及借贷人的信用等级等，均是随时间变化的随机变量。金融市场中此类价格因子的变化，导致基础金融资产的价格具有随机波动性，进而在基础金融资产上设计的衍生金融产品的价格必然更具不确定性，这些因素构成了金融风险产生的重要外在原因。

(2) **从制度层面来看，信用本位制是产生金融风险的客观基础**。考虑信用本位制下一国的借贷关系，中央银行利用其所独占的货币发行权来创造基础货币，再通过商业银行的派生存款机制来创造流通货币，这就是居民和企业资产的来源，同时也构成了居民和企业的负债。从全社会来看，企业要扩大规模，就必须增加对银行的负债并负担借贷利息，反过来银行的盈亏又取决于企业的发展，二者因为这种借贷关系而共同承担着风险。国际上，由于世界各国经济发展速度的差异，以及国际贸易的不平衡与资本流动，以纸币为信用代表的各国货币的相对价值在不断发生变化，导致贸易逆差国的纸币具有因信用不足突然大幅贬值的潜在风险，进而产生资本外逃、企业破产、银行倒闭等其他金融风险。

(3) **从市场主体来看，市场参与者、金融机构、监管当局都具有一定程度的脆弱性**。市场参与者在金融资产价格不确定的环境中交易，难免会受主观因素的影响而做出误判，甚至会出现非理性的"羊群行为"。金融机构作为金融中介，实际上是一个风险处理器。它能够集中接受风险，转移分散风险，并在提供服务以及市场买卖的过程中管理金融风险。由于信息不对称，金融机构对企业或居民社会信用评估不全面，或者不能及时发现市场基本变量的随机变化，因此很难避免决策失误。即便是金融机构监管当局，也会因为信息不对称，以及金融创新活动对监管的规避作用，很难及时察觉所有的风险投机金融交易，从而为系统性金融危机的爆发埋下隐患。

2. 传统银行危机理论

银行危机并不随着时间有规律地发生，因此危机也不是由银行业普遍的经济特征引起的，确切地说，危机是由银行业普遍经济特征与银行所处的制度环境共同决定的。

既往的银行危机理论指出，银行业特征的三个方面——银行结构、银行间关联性以及人类本性——的搭配组合会导致危机。其中，银行结构是指银行在相对低流动性的长期贷款和相对高流动性的短期负债之间的期限错配和流动性错配。结构理论认为银行危机源自这类错配导致的内生性流动性风险暴露。早期的流动性风险理论不合理地将冲击归因于外生消费需求，其后则将流动性冲击与违约风险相联系。

银行间关联性理论则涉及外部性问题：每家银行基于自身的最优化决定其流动性资产的持有量和银行杠杆（即银行负债与权益资本的比值）。银行并不考虑外部性问题，溢出效应是由于每家银行都是银行体系的一部分因而彼此相关而产生的。具体而言，一家银行的倒闭会加剧其他银行的风险。根据这一危机理论，监管的主要作用是迫使银行持有比自愿水平更多的现金资产、维持更低的杠杆率，以实现外部性的内部化。当缺乏充分的监管以内部化外部性时，银行危机就会发生。

一种更为古老的观点，认为是人性的弱点引发了银行危机。这一观点的代表人物——已故教授 Hyman Minsky 认为，人类是短视的，金融市场和银行业在过度乐观和过度恐慌（也被称为兴奋期和惊恐期）中反复波动，从而导致金融体系的不稳定性。据此，金融不稳定性理论认为私人信贷创造机构，特别是商业银行和相关贷款者存在固有的弱点，导致其反复经历周期性危机和破产。

Minsky（1975）强调信用体系的不稳定是危机发生的一般原因，危机是在外部冲击使资产泡沫崩溃（boom-bust）时产生的。他认为正常情况下，快速的经济增长需要相应快速的银行信贷增长的支持。但是，现实经济中存在三种金融处境，即避险筹资（hedge finance）、冒险筹资（speculative finance）和庞氏筹资（Ponzi finance）。现实中存在的这种债务结构引起金融结构的不稳定。

当乐观情绪占主导时，对资产价格的投机需求增加并迅速取代生产性投资需求，就会出现过度交易，投资者大量购买的结果是银行信贷增加，而抵押（质押）品的价格会越来越高，于是实现了资产泡沫的加速成长。一旦银行无法充分管理风险，即当风险贷款发放过多、现金资产持有不足、杠杆过高时，任何事件都可能引致资产泡沫的破裂。此时，市场突然只有恐慌性抛售，资产价格急速下跌，投资者或者抛售资产遭受巨大损失，或者变现不成功，最后出现违约或破产。每当银行发现贷款人不能偿还债务，原来的贷款抵押（质押）品大幅贬值，便出现了信用枯竭。此时，好公司也得不到贷款，或优良贷款也被要求提前偿还，以确保银行的资本充足率。Minsky（1975）将这种循环往复的长周期可能出现原因归于两点：一是代际遗忘或无知；二是竞争压力。

三、金融风险的分类

金融风险大体上可分为市场风险、信用风险、操作风险和流动性风险，有时还包括法律和监管风险及其他风险。在实践中，这些风险往往是相互影响的。

（一）市场风险

市场风险是指在一定时期内，金融机构资产负债表的表内或表外资产价值或资产组合的价值，因受到利率、汇率、股指、信用价差、商品价格等基本市场因子（Market Factors）的变动或波动，未来产生损失的可能性，即出现资产价值减少或亏损的风险。市场风险有广义和狭义之分。广义市场风险覆盖银行表内、表外所有金融工具；狭义市场风险仅覆盖交易账户（Trading Book）中的金融工具。市场风险是一种综合性风险，2016年巴塞尔委员会发布的《市场风险最低资本要求》（Minimum Capital Requirements for Market Risk）根据风险因子来源的不同，将市场风险进一步划分为利率风险、信用价差风险（Credit Spread Risk，CSR）、汇率风险、股权风险与商品价格风险。

其中，**利率风险**是最常见的金融风险。利率会受宏观经济环境变动的影响而时常变动，经济实体资产负债表中绝大部分项目（收入与费用）的市场价值，都有可能受到利率变动的不利影响。巴塞尔委员会将利率风险定义为，利率变化使商业银行的实际收益与预期收益或实际成本与预期成本发生背离，使其实际收益低于预期收益，或实际成本高于预期成本，从而使商业银行遭受损失的可能性。

信用价差风险的产生源于久期匹配的信用敏感性债券和无风险债券收益率之间的变动差异。发行债券的企业一旦出现无法偿还债务的信用风险，将导致投资者遭受损失。为了确保投资者仍然愿意进行债券的高风险投资，发行主体需要对投资者进行一定的风险补偿，这就是信用价差。它是具有信用风险的企业债券的收益与相对无信用风险的国债的收益之间的差异。宏观经济的变化、市场投资热点的变动、系统风险的改变等都会影响信用价差，引起信用价差的风险变动。

汇率风险则是指汇率变动对以外币标价的收入与支出、资产与负债的市场价值产生的不确定性影响。它又可再分为外汇交易风险、会计风险与经济风险。在贸易与投资活动全球化的今天，越来越多具有涉外业务的银行、企业甚至国家都遭受着汇率风险的威胁。

最后，**股权风险与商品价格风险**是指与股票价格指数、商品价格指数有关的标的资产或衍生证券，因这两类基本市场变量的变化而蒙受经济损失的可能性。

市场风险按是否可以进行线性度量，分为方向性风险与非方向性风险两类。方向性风险是指资产价值因基本市场因子的运动而直接遭受的风险，可用线性度量工具刻画其大小，相关工具包括衡量利率风险大小的久期、衡量股市系统性风险的Beta系数以及衡量期权对标的资产价格敏感性的Delta值等。非方向性风险是指其他金融市场风险，包括非线性风险、对冲头寸风险以及波动性风险。因利率变动产生的非线性风险，可用收益率曲线的凸性来衡量。因基本市场因子变动引起的期权价值的二阶变化，可用Gamma值度量。对冲头寸风险是为防范某种金融市场风险而采取相应的衍生工具对冲，因选择的对冲工具种类与规模不同而产生的风险。

（二）信用风险

信用风险是指当交易双方不愿意或不能够完成契约责任时所导致的风险。契约的一方不能履约，或者信贷机构降低借贷者的信用等级，通常会导致市场信用的下降，导致信用风险的损失，其损失后果往往由所替代的现金流成本来度量。

债券、贷款（信贷衍生产品）以及所有非即时清算的金融交易，都可能发生信用风险。如果契约双方未能履约的价值远低于其名义价值（面值），那么风险就是衍生品的潜在损失。当某种违约发生时，损失只是头寸价值的变化。比较而言，公司债券或银行的贷款将会面临整个面值的损失。在违约的情况下，许多时候投资者往往连本金也无法收回。在美国，为收回信贷本金，有时会经历好几年的法律诉讼。信用风险同时也包括部分主权风险。例如，某些国家强制性的外汇管制令契约双方不可能履行各自的责任，如同违约风险对公司而言是一种特殊情况一样。

信用风险主要分为两大类，即信用价差风险和信用违约风险。信用价差风险是由信用质量的变化导致信用价差变化的可能而引起的财务损失风险，可以通过金融产品的交易或盯市得到体现。信用违约风险是债务人不能偿付其财务义务的风险。在债务人违约事件中，公司遭受的损失等于债务人的财务义务数量减去通过变现抵押物、资产出售或资产重组收回的数量。信用违约风险以预先清算及清算风险的形式存在。后者是指在契约的一方已经支付的情况下，另一方有违约的可能性。这一情形对于外汇交易是非常实际而典型的。在外汇交易中，可能早上在欧洲支付而下午在美洲进行清算。例如，当1976年联邦德国赫斯塔特（Herstatt）银行破产时，这家银行已经得到了许多签约方支付的款项，但是该银行相应的交易支付却并没有进行，这一违约事件造成当时全球银行体系不稳定。银行的不稳定性是巴塞尔委员会诞生的原因，促使其在1988年公布了银行资本充足率的要求。

信用风险管理有定性与定量两个方面。决定契约的一方是否具有信用定性分析。近年来，随着风险度量技术的进步，对信用风险进行定量评价已经成为金融机构的常规运作流程。其中，最负盛名的就是风险价值（Value at Risk，VaR）法，它起初用于度量市场风险，在本书中我们将会看到 VaR 模型也可以计量信用风险和操作风险。

（三）操作风险

操作风险指的是由于信息系统、风险监测系统失灵或制度不健全、管理失误、控制错误、欺诈及人为因素而造成潜在的损失。操作风险主要有两个来源：一是技术性因素，如信息系统、风险评估系统的不完善或技术人员的违规操作等；二是组织结构因素，如风险监测框架不完备、人员配备不齐以及相关规章制度不完备等。

操作风险也包括交易执行中的风险。这种风险又包括以下情形：交易不能够执行，导致成本较高的延误或惩罚，进而导致某些后台操作出现问题，这种后台操作是为了保持交易记录及个人交易与券商资金头寸总量之间的协调。需要指出的是，交易中发生的清算风险是指无法按时收到交易对手的资金以进行交易而造成的损失，它既可能是由交易对手的信用问题导致的，也有可能是由操作问题导致的，是一种特殊的操作风险。

操作风险还包括欺诈风险与技术风险。欺诈风险是指交易员故意伪造信息所造成的风险。技术风险则是指需要保护系统免受未经授权的进入与擅自行动，此外技术风险还包括：系统、由自然灾害或涉及关键投资者的事故而造成损失等风险。

金融产品定价同样会形成操作风险问题。在这里，风险的产生是由于对头寸定价的模型存在一定问题。比如，如果指定所用模型不适当，或模型的参数是错的，那么使用常规的期权定价模型的交易者将面临模型风险。

（四）流动性风险

流动性风险是指由流动性不足而导致资产价值在未来产生损失的可能性。流动性风险产生的原因是流动性不足，流动性风险造成的资产价值在未来的可能损失，既可以是资产价格的降低，也可以是资产收益率（Return on Assets，ROA）的减少。流动性风险可以分为两种形式：资产流动性风险和融资流动性风险。

资产流动性风险是指因交易头寸规模相对于市场交易量过大，市场不足以对冲某一头寸，由此产生的资产不能按现行价格正常交易的风险。例如，当美元处于持续贬值期时，外汇市场上均看空美元，此时持有大量美元资产的多头就很难找到交易对手，陷入资产流动性困境。对于非流动性的柜台交易合约以及动态对冲交易，很容易出现此类风险。虽然流动性风险难以定量化，并且随着市场的条件而变化，但是，资产流动性风险却能够通过对一定的市场或产品设定限额以及多元化的方式进行管理。

融资流动性风险是指因企业现金流不足，无力履行支付义务，被迫提前进行清算，从而使账面损失变成现实损失的可能。融资流动性风险又有三种表现：第一，整体上严重资不抵债，现金流不足；第二，短期流动性资产组合不足以弥补短期负债及非预期的对外支付需求；第三，以正常成本难以在市场上筹集资金。融资风险可以通过适当的现金流动需求计划来控制，而现金流动需求，正如前面的情况，又可以通过设定现金流动缺口的限额与多样化来控制。

（五）法律和监管风险

在金融活动中，当交易一方无合法的或符合管理规定的权利进行某种交易时，就会产生法律和监管风险。法律和监管风险是一种特殊的操作风险，它指在金融机构的日常经营过程中，由于无法满足或违反法律要求，金融机构无法履行合同，引发争议甚至是法律纠纷，给金融机构带来经济损失的风险。

1. 风险来源角度分类

从风险来源角度，可将金融机构法律风险分为以下两种。

一是金融机构内部法律风险，是指因金融机构战略决策、内部管理、业务经营等未能对法律问题作出充分反映而产生的风险。具体包括：（1）金融机构决策的合法性评估失误以及对该失误的法律后果认识不足、处理不当导致的风险；（2）金融机构业务经营和操作中的违约违规不当行为导致的风险；（3）金融机构未能采取有效法律措施保护其投资和权益导致的风险。

二是金融机构外部法律风险，是指金融机构法律制度环境的变化导致金融机构不利后果的风险。具体包括：（1）影响金融机构的法律发生变化而产生的风险；（2）现有法律不明确或无法解决金融机构有关的法律问题（如新产品和新业务）而产生的风险。

2. 风险事件角度分类

从风险事件角度，可将金融机构法律风险大致分为以下五种。

（1）合约风险，指金融机构的缔约过程、合约权利义务、补救方式等存在缺陷，或交易对手不履行合约项义务的风险。

（2）侵权风险，指金融机构的资产或权益被对方侵犯，或金融机构侵犯对方的资产或权益而产生的风险。

（3）诉讼风险，指金融机构卷入诉讼纠纷，在起诉案件、被诉案件或执行中所面临的风险。

（4）争议风险，指金融机构的产品、服务或管理引发争议，存在潜在诉讼可能的风险。

（5）合规风险，指金融机构没有遵守其业务经营所在地的法律法规、监管规则与行业准则而引发的风险。

3. 风险后果角度分类

从风险后果角度，可将金融机构法律风险分为以下四种。

（1）导致法律责任的法律风险，包括民事赔偿、行政处罚、刑事制裁等。

（2）导致监管处罚的法律风险，包括罚金、营业限制、市场禁入、停业整顿、吊销执照等。

（3）导致声誉损失的法律风险，包括评级下降、信誉贬损、品牌影响力减弱等。

（4）导致财务损失的法律风险，包括股票价值下跌、客户群退出、交易减少、业绩恶化、利润减少甚至破产清算等。

需要强调的是，除了上述类型，许多学者将监管风险也纳入了法律风险的框架。这种风险与可以破坏政府监管的活动有关，例如市场操纵、内部交易、适当性限制。然而，监管的框架在各个国家都不尽相同，甚至在一个国家的内部也可能会发生变化及出现解释上的差异。对监管规则理解得不完全、不到位，会受到监管机构的处罚。监管风险往往表现在执行行动、解释，以及"道义劝告"上。

中国原银监会2006年发布的《商业银行合规风险管理指引》对金融机构的合规进行了以下定义，使商业银行的经营活动与法律、规则和准则相一致。本书将金融机构的监管风险（合规风险）定义为，金融机构由于违反外部监管规定和原则，而招致法律诉讼或遭到监管机构处罚，进而产生不利于金融机构实现商业目的的风险。从巴塞尔委员会关于监管风险的界定来看，金融机构的合规特指遵守法律法规、监管规则或标准。至于金融机构的行为是否符合它自己制定的内部规章制度，则不属于监管及监管风险的范畴，而需要通过金融机构的内部审计监督去解决。

（六）其他风险

除上述风险外，国家风险（主权风险）、战略风险、声誉风险等也成为以商业银行为代表的金融机构所关注的风险。

国家风险也称国别风险、主权风险，是指经济主体在与非本国交易对手进行国际经贸与金融往来时，由于别国经济、政治和社会等方面的变化而遭受损失的风险。

根据产生国家风险的因素，国家风险还可以细分为政治风险、经济风险和社会风险三类。其中政治风险是指一国发生的政治事件或一国与其他国家的政治关系发生变化对金融机构造成不利影响的可能性；经济风险是指境外金融机构受到特定国家直接或间接经济因素的限制，而使得本国金融机构遭受损失的风险；社会风险是指由于经济或非经济因素造成特定国家的社会环境不稳定，从而使金融机构遭受损失的风险。

国家风险有两个特征。一是国家风险发生在国际经济金融活动中，在同一个国家范围内的经济金融活动不存在国家风险。二是在国际经济金融活动中，经济中的每一个主体都有可能遭受国家风险带来的损失。国家风险的典型例子就是希腊主权债务危机所引发的欧债危机。在欧债危机后，国家风险越来越受到金融监管当局和金融机构的重视。

战略风险则是指金融机构在追求短期商业目的和长期发展目标的系统化管理过程中，不恰当的未来发展规划和战略决策所带来的对金融机构未来发展的潜在威胁。在实际操作中，战略风险可以被理解为两层意思。一是金融机构发展战略的风险管理，即针对金融机构面临的内部和外部情况，系统地识别和评估它所制定的战略存在的风险；二是从战略角度管理金融机构的各类风险，即从战略角度来管理市场风险、信用风险、操作风险和流动性风险等金融风险，保障金融机构的稳定运营。银保监会2022年1月颁布的《关于银行业保险业数字化转型的指导意见》中，将战略风险视为银行保险机构的主要风险之一。

声誉风险是指由于意外事件、机构政策调整、市场表现等产生的负面结果，对金融机构的声誉造成损失的风险。声誉风险一般是受其他风险影响所产生的风险，它对金融机构的影响是巨大而深远的。遭遇声誉风险的金融机构在极端情况下可能会遭受挤兑。相对来说，声誉因素比财务业绩更能提升或挫伤一家金融机构，然而声誉因素也更加难以衡量、控制乃至预测。中国原银监会在2009年8月25日发布的《商业银行声誉风险管理指引》中强调，商业银行将声誉风险管理纳入公司治理及全面风险管理体系。《巴塞尔协议》也于2009年1月明确将声誉风险列入第二支柱范畴，指出银行应将声誉风险纳入其风险管理程序中，并在内部资本充足评估程序和流动性应急预案中适当涵盖声誉风险。

一般来说，金融机构规模越大，抵御风险的能力就越强，但同时也意味着金融机构可能面临的风险因素越多，对其声誉的潜在威胁也越大。管理和维护声誉风险需要金融机构考虑几乎所有内外部风险因素。实践证明，良好的声誉风险管理已经成为金融机构的主要竞争优势，有助于提高其自身的盈利能力和实现长期的战略目标。

最后，其他各类风险——通常是个别的或与某事件相关的风险，也会对金融机构的盈利能力和风险状况产生影响。这里的其他各类风险包括欺诈、偷盗、地震、渎职和信托违规等，所有这些都可能最终导致金融机构破产或元气大伤，并且对此类风险还很难建立模型进行预测。

（七）各类金融风险之间的联系

前面我们集中介绍了影响金融机构风险管理战略的几种主要风险：市场风险、信用风险、操作风险、流动性风险、法律和监管风险等。尽管我们是分开介绍这些风险的，但在现实中它们却常常是互相联系的。

金融风险通常是由经济生活中的一些不确定因素引起的。一个金融风险主体可以同时面临多种金融风险，以商业银行为例，其经营活动的不确定性会带来经营风险，利率变动会导致利率风险；如果该银行有外币业务，还可能会面临汇率变动引起的汇率风险，以及贷款违约不确定性所导致的信用风险。同时，一种金融风险可以有多种不同的诱因。例如利率变动反映的是金融市场上的资金供求关系，这种供求关系取决于货币供应量、货币政策、财政政策、汇率水平、利润水平、通货膨胀率及经济周期等因素，而其中的货币政策、财政政策因素又受国家对当前经济形势判断的影响。又如汇率变动直接反映的是国家货币在国际市场上的供求关系，而这种供求关系又取决于国家的货币购买力、经济发展水平、经济政策的变化、国际收支水平、利率水平、汇率制度，以及另一个国家甚至全世界的经济、贸易、金融、政治形势的变化和市场预期等因素。

由此可知，各类风险之间的相互联系以及相互影响作用，最终都有可能引发金融机构的破产清算。例如，当利率上升时，公司与消费者会发现，维持支付债务利息的困难会加大，所以在利率变化的某个范围内，信用风险与利率风险是正相关的。又如，金融机构会利用客户的还款资金来达到流动性管理的目的。若客户不能履行偿还的承诺，那么不仅会减少金融机构的收入与利润，也会改变其资产与负债结构，因此流动性风险也与利率风险、信用风险存在联系。同样，汇率变化和利率变化也是高度相关的。当中央银行利用货币政策行动改变基础利率时，汇率很可能受到影响而发生改变。

最后，监管政策的变化也会带来风险，包括监管机构在放款、市场准入或者提供的其他产品方面提高门槛所带来的风险。比如《巴塞尔协议》的资本规则的修订、杠杆率和流动性指标的推出都会影响各类风险，进而对金融机构的风险暴露产生重大影响。

第二节 金融风险的识别与管理

金融的本质在于风险管理。自2017年以来，各类"黑天鹅"事件频发，叠加美联储多项超预期的激进措施，进一步加剧了全球货币、汇率、贸易甚至整体宏观经济的不确定性，引发国际金融市场的剧烈震荡。针对国际间恶劣的经济金融形势，2017年4月25日习近平总书记在主持中共中央政治局集体学习时强调，金融安全是国家安全的重要组成部分，是经济平稳健康发展的重要基础。维护金融安全，是关系我国经济社会发展全局的一件带有战略性、根本性的大事。由于金融风险具有客观性，无法完全避免，并且金融风险中往往还蕴藏着商业机会，因此，对待金融风险应采取主动积极的风险管理行为，而不是简单规避、被动接受和无所作为。事实上在波动性日趋剧烈的经济、金融环境下，金融风险管理已成为现代企业生存发展的核心能力之一。

一、金融风险管理概述

金融风险管理是人们在风险评估的基础上，综合平衡成本与收益，通过实施一系列的政策和措施对不同风险特性确定相应的风险控制策略，以消除或减少其产生的不利影响的管理行为。为改变所面临的金融风险状况，企业采取的风险管理行为包括：辨识企业面临的风险类别；评估这些风险对企业的影响程度；决定哪些风险必须回避，如何回避，以及哪些风险必须接受，如何接受；如何防范风险，并在风险产生后如何控制风险的后果等。

根据管理主体的不同，金融风险管理可分为内部管理和外部管理。金融风险内部管理是指作为风险直接承担者的经济个体对其自身所面临的各种风险进行管理。内部管理的主体是金融机构、一般企业、个体等金融活动参与者，以金融机构为代表。金融机构由于专门从事金融服务，在经营活动中会置身于特定的金融风险环境。为了在保证安全运营的前提下使盈利目标得以顺利实现，金融机构必须对经营活动中所面临的风险进行全面控制和管理，并且营造风险管理文化。金融风险外部管理主要包括行业自律管理和政府监管，其管理主体不参与金融市场的交易，因而不作为受险主体对自身的风险进行管理，而是对金融市场参与者的风险行为进行约束。金融风险的行业自律管理是指金融行为组织对其成员的风险进行管理；而政府监管是指官方监管机构以国家权力为后盾，对金融机构乃至金融体系的风险进行监控和管理，具有全面性、强制性和权威性。

根据管理对象的不同，金融风险管理又分为微观金融风险管理和宏观金融风险管理。微观金融风险只对个别金融机构、企业或个人产生不同程度的影响，对整个金融市场和经济体系的影响较小。微观金融风险管理的目标是采用合理的、经济的方法使微观金融活动主体因金融风险遭受损失的可能性降至最低。宏观金融风险则可能引发金融危机，对经济、政治和社会的稳定可能造成重大影响。因此，宏观金融风险管理的目标是保持整个金融体系的稳定性，避免出现系统性金融危机，保护社会公众的利益。

二、金融风险管理的基本理论

金融风险管理的基本理论主要有保险理论、组合投资理论、套利理论、风险管理制度理论等。

1. 保险理论

保险理论是根据保险学的基本原理管理风险的理论，其理论基础是概率论和风险分散化理论。企业防范风险的方法是通过购买保险将自己不易控制的风险转移出去。

2. 组合投资理论

组合投资理论认为，证券之间存在相关性，因此可以利用这种相关性，通过构造投资组合降低投资风险；一般来说，证券之间的负相关性越大，组合投资降低风险的效果就越明显。因此，该理论通过构造不相关或者负相关的资产组合以降低投资风险，这也是企业或投资者最主要的自我风险管理方法。

3. 套利理论

套利理论是指具有相同因素敏感性的证券或证券组合，应具有相同的期望收益率，否则将存在套利机会。无套利原理是资产定价理论的基石之一，在风险管理的套期保值方法中具有重要应用。许多金融市场的基础理论，如久期理论、资产定价理论、期权定价理论等都是基于无套利原理逐渐发展演变而来的。

4. 基于参数估计、历史模拟或者随机模拟的风险度量理论

基于参数估计、历史模拟或随机模拟的风险度量理论也是一大类金融风险管理理论，相关模型包括：VaR、ES、蒙特卡罗、CreditMetrics、CreditRisk +、Copula 模型等。

5. 风险管理制度理论

金融风险管理制度理论是指人们通过制定一系列的政策和措施来控制金融风险的理论。该理论认为只要人们按照一定的规范或规则进行操作就可以有效抵御或消除一定的风险，它一直是传统风险管理的基石，也是防范操作风险的主要方法。现代风险管理制度主要包括：风险敞口限制、风险加权资本管理、压力测试、风险调整资本收益（Risk Adjusted Return on Capital，RAROC）、企业风险管理（Enterprise Risk Management，ERM）等。

三、金融风险管理的主要策略

经济主体的金融风险管理策略是基于风险管理战略的择优选择，也就是说，金融

风险管理策略是以金融风险管理战略为指导的（亦即战略指导策略）。对不同的金融风险主体，由于所处的金融风险环境不同，其选择的金融风险管理策略及其组合也不一样。依据金融风险管理策略的特点可将它们主要归纳为六种，即风险规避策略、风险转移策略、风险分散策略、风险对冲策略、风险补偿策略以及风险承担策略。

金融风险管理策略的选择必须遵循三项基本原则：一是成本最低原则；二是效率最高原则；三是保护收益原则。在一般情况下，这三个原则是相互联系、相互依存的，因而也是相辅相成的。

（一）风险规避策略

风险规避策略是金融风险管理的传统策略。它是指在金融风险尚未发生时，预先采取一定的防范措施消除风险或风险发生的条件，以减少或避免这些金融风险所引起的损失。风险规避策略在商业银行和其他各种金融机构中，主要被运用于信用风险的管理和流动性风险的管理。

例如，在商业银行风险管理的实践中，通常会通过调查借款人的信誉、资本金、经营状况及偿债能力，审查贷款发放的程序，检查和监督贷款的运用情况。一旦发现问题，银行会及时地调整贷款方案，并要求借款人改善经营状况，或变更还款计划。商业银行通过控制各种可控的风险源，乃至通过放弃或拒绝合作、停止业务活动来回避风险源，以避免承担该类业务风险的策略性选择就是一种风险规避策略。此外，商业银行的风险规避还可以通过限制某些业务的经济资本配置来实现。例如，商业银行首先将所有业务面临的风险进行量化，其次依据董事会所确定的风险战略和风险偏好确定经济资本分配，最终表现为授信额度和交易限额等各种限制条件；尤其对于不擅长且不愿承担风险的业务，商业银行仅对其配置非常有限的经济资本，并且设立非常有限的风险容忍度，迫使该业务部门减少业务的风险暴露程度，甚至完全退出该业务领域。

规避策略也经常被应用于外汇风险的管理。在对外贸易和对外金融活动中，为了规避外汇风险，人们通常遵循这样的原则：在出口或发生对外债权时，应争取用硬通货；而在进口或发生对外债务时，应争取用软通货。这种"收硬付软"和"借软贷硬"的做法，正是为了有效地规避汇率变动所产生的风险。

在金融风险管理中，头寸控制管理也是一种常用的规避策略。头寸控制一是应用在对利率敏感性资产和负债的控制。在准确地预测利率变动趋势的基础上，金融机构通常会通过调整利率敏感性缺口或持续性缺口，来避免利率风险所导致的损失，甚至可从利率变动中获得意外收益。不过，由于利率的变动是不确定的，人们对利率变动的预测未必准确。为求收入的稳定，银行和其他金融机构一般会通过对资产和负债的品种、期限、数量等的调整，尽量缩小乃至消除这些缺口，以规避利率风险。二是通过对资产结构的调整，如缩短资产的平均期限或提高短期资产占总资产的比重等，来规避流动性风险和信用风险。三是尽量减少外汇持有头寸，以规避外汇风险。

在各种投资活动中，尽管规避策略是一种重要的风险管理策略，但是并不是所有种类的金融风险都可通过风险规避策略进行防范。风险规避策略在规避风险的同时自然也失去了在该业务领域获得收益的机会。在很多场合，风险往往与收益成正比。因此，人们在利用风险规避策略来避免金融风险时，就难免以牺牲一定的收益作为代价。投资者在实施风险规避策略时，必须全面权衡与这种策略相关的成本和收益。

（二）风险转移策略

风险转移策略是指通过购买某种金融产品或采取利用某些合法的交易方式或业务手段，将自己所面临的金融风险转移给其他经济主体，以防止风险发生和损失产生的一种策略。从各种风险转移策略的运用中，可清楚地看出这种策略的一个最重要的特征：风险的转移必须以交易对手的承担为条件。被转移者之所以接受，是因为他的风险承受能力更强，并且更擅长预测和控制损失。从宏观角度来看，风险的转移只是改变了风险的承担者，而并没有从根本上将风险消除，所以一般情况下，风险转移中的风险大小保持不变。风险转移策略所转移的风险通常是通过其他风险管理方法无法减少或消除的系统性风险，人们只得借助适当的途径将它转移出去。

首先，风险转移策略的一种形式是保险。所谓保险是指人们通过向保险公司投保，在发生风险损失时，由保险公司给予补偿，从而避免或减少实际损失的一种形式。一般来讲，购买保险是管理金融风险的最佳途径，但这并不意味着保险是解决风险的唯一途径，相反它是人们在采取其他金融风险管理方法无法有效达到目的时才应用的方法。通过保险来管理金融风险有很多种形式，其中，较常见的主要有存款保险、贷款保险、商业信用保险、出口信用保险以及投资风险保险等。

当商业银行发生风险损失时，保险公司会按照保险合同的约定责任给予商业银行一定的经济补偿。通常情况下，保险是通过一份具备法律效力的合同（或称保险单）来实施的。在保险合同中，保险公司承诺对被保险人在合同期限内所遭受的金融损失进行一定数额的赔偿。例如，有些国家的保险机构在政府的支持下为客户提供汇率波动保险。当汇率波动的幅度超过规定的幅度，从而使客户受到损失时，其损失部分就由保险公司给予补偿。

其次，在对外贸易或对外金融活动中，风险转移策略也是一种较常用的策略。人们可通过提前或推迟外汇的收付来转移外汇风险。此外，担保、备用信用证等能够将信用风险转移给第三方。例如，银行和其他金融机构对外贷款时常常会采用由第三方担保的方式。担保是指金融机构在发放贷款时，要求借款人以第三方信用或其拥有的各种资产作为还款保证的一种形式。这样，银行及其他金融机构通过设定担保，将所承受的信用风险转移给第三方，签订贷款合同后，担保人要监督借款人到期如数还本付息。如果借款人不能按期付清全部款项，则担保人必须依照合同有关规定承担连带责任，替借款人清偿债务。

最后，风险转移策略也被广泛地应用于各种投资活动中。在金融市场中，某些衍生品（如期权合约）可被视为特殊形式的保单，为投资者提供转移利率、汇率、股票和商品价格风险的工具。又如，在股市看跌时，股票持有者将股票及时抛出，则可将风险转移给购买者。

风险转移与规避策略两者有一定的相似性，但是转移策略相对较为主动，在避开风险的同时还力争获取可能的收益，而规避策略则放弃了获取其他收益的机会。同时，风险的转移与规避是有条件、有成本的，并且每家金融机构都会面临一些与业务密切相关的、无法转移、规避的核心风险，在不能进行风险转移、规避的情况下，需要考虑主动承担风险。

（三）风险分散策略

风险分散策略是指通过多样化的投资来分散和降低风险的策略。投资组合理论认为，只要两种资产收益率的相关系数不为1（即不完全正相关），分散投资于两种资产就具有降低风险的作用。对于由相互独立的多种资产组成的投资组合，只要组合中的资产种类足够多，该投资组合的非系统性风险就可以通过这种分散策略完全消除。

风险分散对商业银行信用风险管理具有重要意义。根据多样化投资分散风险的原理，商业银行的信贷业务应是全面的，而不应集中于同一行业、同一业务或同一个借款人。此外，为了避免因个别借款人无力偿债而遭受巨额的损失，商业银行还应通过贷款出售，或与其他银行组成银团贷款的方式，使自己的授信对象多样化，从而分散和降低风险。一般而言，实现多样化授信后，借款人的违约风险可以被视为相互独立的（除了共同的宏观经济因素影响，例如经济危机引发的系统性风险），这就大大降低了商业银行所面临的整体风险。

多样化投资分散风险的风险管理策略经过长期的实践被证明是行之有效的，但其前提条件是投资者不仅要实现资产结构多样化，还要尽可能选择相关系数小的资产进行搭配。只有这样，各种资产的风险才能相互抵消，整个资产组合的风险才能缩小。同时还要认识到，风险分散策略是有成本的，分散投资会增加各项交易的费用。

（四）风险对冲策略

风险对冲策略是指通过投资或购买与标的资产（Underlying Asset）收益波动负相关的某种资产或衍生产品，来冲销标的资产潜在损失的一种策略性选择。风险对冲在管理市场风险（利率风险、汇率风险、股票风险和商品风险）方面非常有效，可以分为自我对冲和市场对冲两种情况。其中，自我对冲是指商业银行利用资产负债表，或某些具有收益负相关性的业务组合本身所具有的对冲特性进行风险对冲。市场对冲则是指对于无法通过资产负债表或者相关业务调整进行自我对冲的风险，一般通过衍生品市场进行对冲。

这里，套期保值策略是一种既简便又有效的金融风险对冲策略。套期保值策略通常指人们通过一定的金融交易方式，来冲销自己所面临的某种金融风险的策略。自20

世纪70年代以来，随着金融风险的日益严重，人们越来越多地运用各种套期保值策略来管理他们所面临的利率风险、汇率风险、商品风险及证券市场的系统性风险。在各种套期保值策略中，人们运用得最为普遍的策略主要有远期交易、掉期交易、金融期货交易及金融期权交易。近年来由于信用衍生产品的不断创新和发展，风险对冲策略也已经被广泛应用于信用风险管理领域。

需要注意的是，风险分散策略和风险对冲策略虽然都是控制和减少自留风险损失的措施，但是与风险规避策略不同，风险承担者仍然从事引起金融风险的有关活动。损失控制不是放弃这些活动，而是在开展活动的过程中，通过采取一系列措施来减少和避免最后的风险损失，或是降低损失发生时所产生的成本。

（五）风险补偿策略

风险补偿策略是指商业银行在所从事的业务活动遭受实质性损失之前，通过一定的途径，对已发生或将要发生的金融风险损失，寻求部分或全部的补偿，以减少或避免实际损失的一种策略。对于那些无法通过风险分散、风险对冲、风险转移或风险规避策略进行有效管理的风险，商业银行可以采取在交易价格上附加更高的风险溢价，即通过提高风险回报的方式，获得承担风险的价格补偿。例如，在外汇风险管理中，人们通常实行的"加价保值"和"压价保值"，实际上就是一种补偿策略。这种策略的实质就是通过进出口价格的调整，补偿自己在汇率变动中所受的损失。

商业银行也可以预先在金融资产定价中充分考虑各种风险因素，通过价格调整来获得合理的风险回报。例如，信用风险源自交易对手客观的履约能力和主观的履约意愿的不确定性。商业银行在贷款定价中，对于那些信用等级较高并且与商业银行保持长期合作关系的优质客户，可以给予适当的优惠利率；而对于信用等级较低的客户，商业银行可以在基准利率的基础上调高利率。此外，在银行和其他金融机构的信用风险管理中，担保和抵押也是被普遍运用的风险补偿策略。

最后，在利率风险管理中，各种利率协议实际上也是人们比较常用的风险补偿策略。例如，借款人为回避因利率的大幅度上升而自己遭受重大损失的风险，便向某金融机构买进一份利率上限协议。日后若市场利率升至协议规定的利率上限以上，那么超过的部分就由出售该协议的金融机构予以补偿。

（六）风险承担策略

风险承担策略是指金融机构理性地主动承担风险，运用自身的内部资源（如风险准备金、自有资本等）来弥补可能发生损失的策略。通常商业银行对以下类型的风险常采取该策略。

（1）风险发生概率极小且表现为不可参保的风险，如巨灾风险；

（2）发生频率高、单体损失程度低且风险事件间近乎相互独立的风险；

（3）与监管合规要求有冲突的业务，即使业务中部分合规依旧会遭到监管处罚，但是该违规业务带来的收益显著大于违规受罚的成本。

应对上述风险的风险承担策略主要包括建立风险准备金、计提足额的资本、预期损失在财务上预先摊薄、建立专业自保公司、金融同业授信支持等。其中，建立风险准备金是风险承担策略的一种重要方法。这种方法意味着，如果损失发生，经济主体将会以当时可利用的任何资金进行支付，其应对的损失属于预期损失。

事实上按照对于自留风险有无相应的防范措施，风险承担又可分为无计划自留和有计划自我保险。有计划自我保险是指在可能的损失发生前，通过做出各种资金安排以确保损失出现后能及时获得资金以补偿损失。有计划自我保险主要通过建立风险准备金的方式来实现。无计划自留则是指没能在损失前做出相应的资金安排。未做出安排的原因可能是经济主体没有意识到风险，认为该损失不会发生；也可能是经济主体显著低估与风险有关的最大可能损失，导致被动采用无计划保留方式承担风险。此时如果实际总损失远远大于预计损失，那么轻则引起资金周转困难，重则导致机构破产。为防范金融机构采取风险承担策略时，由于自身能力不足出现各种意外风险事件，监管部门也对银行业金融机构承担自留风险的能力有详细的规定和要求，具体可参阅《商业银行风险监管核心指标（试行）》以及《银行业金融机构国别风险管理指引》等相关法规。

四、金融风险管理流程

金融风险管理流程十分复杂，一般包括风险识别、风险度量、风险管理决策与实施、风险措施反馈和调整四个阶段。

（一）金融风险识别

金融风险识别是指对经济主体面临的各种潜在的风险因素进行认识、鉴别和分析。风险识别是风险管理的基础环节。

风险管理者首先要分析经济主体的风险暴露情况。金融风险暴露是指金融活动中存在金融风险的部位以及受金融风险影响的程度。风险管理者可以针对具体的资产负债项目进行分析，如哪些资产的收益是固定的，而哪些资产的收益是浮动的，以及负债的成本是固定的还是浮动的。同时，风险管理者还要对经济主体的资产负债搭配进行整体上的考察。例如，如果经济主体持有外汇风险敞口或利率风险敞口，就会存在汇率风险暴露或利率风险暴露问题。若风险敞口为0，那么经济主体的净收益在一定时期内应该不会受到汇率或利率变化的影响。此外，风险管理者不仅要考察表内业务的风险暴露，还要关注表外业务的风险暴露。例如承诺、保证等业务会面临较大的信用风险，期权、期货等金融衍生工具合约则面临着市场风险、信用风险和操作风险的挑战。通过对风险暴露的判断与分析，风险管理者就可以确定风险管理的重点，从而有的放矢。

风险管理者要进一步分析金融风险的成因和特征。诱发金融风险的因素多种多样,有客观因素、主观因素,有系统因素、非系统因素。例如,汇率风险由汇率变动引起,一国货币汇率受到国际收支状况、相对通货膨胀、利率水平、经济增长的国民差异、心理预期和政府对外汇市场的干预等多种因素影响。众多因素共同作用于外汇市场,且彼此之间的关系错综复杂。不同的金融风险具有不同的特性,有的可以通过分散投资加以降低乃至消除;有的无法消除,只能转移出去。风险管理者对风险的性质进行分析,可以为制定风险管理策略提供依据。

(二) 金融风险度量

金融风险度量是对金融风险水平的分析和估量。它是金融风险管理过程中最重要的一个环节,包括衡量各种风险导致损失可能性的大小以及损失发生的范围和程度。风险度量是风险识别的延续。准确评估金融风险的大小对最大限度地减少损失和获取利润都十分重要。表1-1所示为金融机构风险度量的相关步骤。如果对风险估计不足,经济主体就不会采取相应措施规避风险,或尽量减少风险可能造成的损失;相反,若对风险估量过高,则经济主体也可能会因此付出不必要的管理成本,同时失去获得更大收益的机会。由于金融风险来自未来的不确定性,涉及多种因素,因而金融风险的度量相当复杂,技术含量很高。金融理论界和实践部门多年来一直致力于研究开发度量金融风险的有效方法,其中对市场风险和信用风险的度量是以往研究的热点。

表1-1 金融机构风险度量步骤

风险度量步骤	市场风险	信用风险	操作风险	流动性风险
步骤一:设定风险类别	利率风险、汇率风险、股票价格风险、商品风险	信用违约、信贷资产价格下跌	交易失败、操作失控、系统失灵	资产流动性风险、融资流动性风险
步骤二:衡量风险因素	波动性、相关性	违约概率、回收分布	损失频率	买卖价差及其波动性、头寸规模
步骤三:确定风险参数	久期、德尔塔(Δ)、映射	当前的、潜在的、公开的	损失分布	交易弹性、时损率
步骤四:计算风险值	市场风险VaR	信用风险VaR	操作风险VaR	流动性风险VaR
	将以上风险加总获得整体的VaR			
计算资本要求	监管资本		风险资本	

(三) 金融风险管理决策与实施

在风险识别和度量的基础上,风险管理者就要采取措施以减少金融风险暴露,将金融风险水平控制在可承受的范围内。

首先,风险管理者应确定风险管理策略。对不同的金融风险,可以根据其各自的风险性质、特征和水平采用不同的管理策略。对同一种风险也可以在多种管理策略中进行选择或将多种策略进行组配。其次,风险管理者需要制定具体的行动方案,包括使用何种风险管理工具及如何运用这些工具、怎样调整资产负债结构等。风险管理者必须组织方案的实施,发出指令,由各业务部门具体执行。最后,风险管理者还要在各部门之间进行协调,使各部门彼此配合。

(四) 金融风险措施反馈和调整

金融风险措施反馈和调整主要是指风险管理措施实施后的检查、反馈和调整。风险管理者要督促相关部门严格执行风险管理的有关规章制度,确保风险管理方案得以落实。为此,管理者要定期或不定期对各业务部门进行全面或专项检查,发现隐患后迅速加以纠正或补救。管理者还需要设置一系列监控指标,随时监测经济主体承受的风险状况的变化,以便及时采取措施应对。管理者应该对风险管理方案的实施效果进行评估,测定实际效果与预期效果之间是否存在偏离。若二者出现偏离,管理者需分析原因,总结经验教训,并根据内部条件与外部环境的变化,对金融风险管理方案进行必要的调整。

需要指出的是,以上流程并不是单向的静态过程,而是一个动态的循环往复的过程。金融机构应通过反复循环的风险识别和风险度量,针对不同量级、不同种类的风险选择不同的风险应对策略,并结合风险管理措施实施后的检查、反馈,实时调整自身的风险管理措施和策略。只有四个阶段共同作用、反复循环才能使得风险管理成为具体、可量化、可操作的管理系统和工具,进而提升金融机构的风险管理水平。

第三节 素养专题:金融业风险管理的演进

素养目标

通过对金融风险管理发展历史脉络进行梳理,拓展阅读我国改革开放以来金融业的蓬勃发展,以及金融监管的演进历程,培养学生的国际视野、创新意识、制度自信以及大国意识。理解金融业对经济建设的贡献、经济金融发展过程中的潜在问题和国家的金融监管战略方针。

一、金融风险管理的发展与挑战

金融风险是金融体系和金融活动的基本属性之一。从人类社会出现金融活动以来,金融风险管理就成为经济和金融体系必然的组成部分。然而,全面系统的现代金融风险管理却是近几十年才迅速发展起来的。

（一）金融风险管理的发展及其影响

20 世纪 70 年代初期，布雷顿森林体系的崩溃让世界各国普遍推行浮动汇率制度，国家间汇率、利率等金融产品的价格变动频繁，难以预测。80 年代以后，随着信息技术的迅猛发展，各国金融创新和自由化的浪潮更是史无前例的高涨。金融机构间的激烈竞争和业务发展的全球化，导致金融业面临的风险种类迅速增加，金融市场的波动进一步加剧，金融机构所面临的风险环境也日益复杂化。

一方面，出于分散风险的需要，种类繁多的金融衍生工具相继诞生，并且在近几十年中取得了巨大的发展。作为一种风险管理的全新载体，与标的基础资产相比，金融衍生品在风险管理功能实现上具有四个非常明显的优势。一是交易成本低廉，即相对于原生产品而言，利用金融衍生品的交易进行风险管理可以获得极大的交易成本节约。二是风险头寸管理的精确性与灵活性，即通过对冲比率调节和金融工程技术，利用衍生品进行风险管理时，经济主体不仅可以精确地分割和处理风险，实现风险的完全对冲，或根据其风险偏好和承受能力将风险头寸调整至理想大小；并且更为重要的是为其随市场变化调节风险管理策略提供了很高的灵活性，实现了风险的动态管理。三是信息优势，即衍生市场交易的存在，不仅提供了一种全新的信息收集渠道，而且使得信息的准确性有了相当大的改善。四是交易制度差异导致的交易处理优势，即衍生品特有的保证金交易制度，使得衍生市场的参与者只需付出很少的资金便可以进行巨额的交易，进而为风险头寸的调节创造了杠杆效应等。显然，正是由于这些独特优势，金融衍生品和以其为基础的动态套期（如投资组合保险策略、风险免疫策略以及对冲策略等）逐渐成为金融领域中最流行的风险管理手段。

另一方面，当衍生工具越来越多地被用于投机而非保值的目的时，出于规避风险的需要而产生的金融衍生工具本身也蕴藏着极大的风险。从理论上讲，金融衍生品只有在基础工具市场产生连续价格的情况下才能定价，而动态保值技术的有效性则建立在下跌的市场中出售大量基础工具，以及在上涨的市场中购买大量基础工具的能力之上。一旦市场流动性受到威胁，基础工具价格无法产生，金融市场就可能出现"瀑布效应"，引发剧烈震荡。此时，原有的所有定价原理与交易或风险管理策略将变得极为脆弱。20 世纪以来，英国巴林银行（Barings Bank）的倒闭、日本大和银行（Daiwa Bank）的巨额交易亏损、美国长期资本管理公司（Long-Term Capital Management）的倒闭以及席卷全球的次贷危机等无不与金融衍生工具有关。

一系列的金融危机过后，金融证券市场，尤其是衍生工具市场的市场风险日益凸显并受到了人们的关注。伴随着对金融风险的痛苦反思，如何有效地测定和控制这些市场风险，便成为金融机构、投资者和有关监管层亟须解决的问题。市场环境的变化凸显出原有风险管理理论的局限性，使得风险管理理论和金融工程学等一系列新的思想方法不断被应用于金融机构的风险管理实践，进一步扩大了商业银行等金融机构的业务范围，在风险管理方法上更多地应用数学、信息学和工程科学等方法，使得金融风险管理理念和技术发生了质的提升，深化了风险管理作为一门管理科学的内涵。

回顾金融风险管理的发展的历程，可以发现随着风险管理理论和技术进步，金融风险管理逐渐深入人们的风险防范意识，当今金融风险管理的实践发生了重要的变化。

第一，改变了金融风险的性质，提高了金融市场的效率。金融风险管理理论和技术的演进直接改变了金融风险的性质。一方面，定量方法的大量运用，增强了金融风险的可度量性。如今，金融风险不再意味着模糊或不可预知，而是可以直观地表述为一个简单的数值，如VaR。金融风险不仅可以通过序数方式进行比较，还可以直接以基数方式表示出某一具体风险数值的大小。这些变化极大地提高了人们对金融风险的认识和管理水平。然而，迅速发展的金融风险管理技术也模糊了不同风险种类之间的界限，使得风险的诱因更加复杂，新的风险不断涌现。

另一方面，大量涌现的金融风险管理新工具增强了金融机构将复杂风险分解成相对简单风险的能力，从而使金融风险变得更纯粹，也更具可交易性。例如，为了防止某个单独分割细块的业绩表现欠佳而使整个发行降级，可将证券分割为优先级和次级分别出售。再如，资产支持证券就是将投资组合的各种风险进行分解，再重新组装成适合不同类型投资者偏好的新产品。应当明确的是，金融风险的解构过程并没有消除风险，只是改变了风险，把风险转移给各种经济主体，但这种风险转移机制却使得投资者所承担的风险更接近其风险承受能力，提高了金融市场效率。

第二，拓展了金融机构的发展空间，促进了金融体系的良性发展。金融机构不仅是金融风险管理演进的积极推动者，更是最主要的受益者。为了更有效地管理风险，金融机构不断研发新产品、推出新业务、开拓新市场，金融风险管理的演进实质上就是一个持续的金融创新过程。正是在不断创新的过程中，金融机构尤其是以商业银行为代表的传统机构获得了新的发展空间。

从20世纪70年代初外汇期货、股票期权的创新开始，涉及货币、股票、指数、商品与信用等品种的新产品在随后的50多年间层出不穷，金融机构不仅利用这些新工具来实现自身的风险管理，还通过为客户提供这些产品服务来获取更可观的利润。例如美国信孚银行（Bankers Trust New York Corporation）由于在承销方面无法与大银行竞争，20世纪80年代转而从事衍生品交易，包括衍生品创新、定价及风险控制，凭借其著名的风险资本分配系统，在该领域取得了巨大成功，平均股本回报率高达22%。

第三，金融风险管理的演进推动了金融集团化的发展。一方面，风险转移市场的发展强化了不同风险之间的联系，加速了金融业务间的融合。比如，原本以单个借款人信用风险为主的传统借贷业务，经过证券化后会衍生出新的市场风险；而原本以市场风险为目标的衍生工具交易，则会附带出一系列需要分开管理的交易对手风险。以风险交易为纽带，金融业务之间的联系越来越紧密。另一方面，日益统一的风险度量标准、渐趋完善的全面风险管理框架为金融混业经营提供了技术支持与保障。支持混业经营的一个重要理由就是，不同的金融业务存在着不同的风险，如投资银行业务主要面临的是市场风险，而商业银行业务主要面临的是信用风险。在缺乏统一风险度量标准的情况下，机构无法就其整体风险做出评价，进而可能导致风险的过度承担。如今，VaR、经济资本、风险调整的回报等概念已深入人心，统一的风险度量标准让机构越来越便捷地从集团层面来评估整体风险，制定统一的风险管理战略。

第四，金融风险管理的演进改善了机构与市场的关系。以往的观点是，金融机构与金融市场之间存在着相互替代的关系，随着金融市场的日臻完善，传统金融机构的生存空间必将受到挤压。然而事实并非如此，一方面，金融机构越来越依靠市场获得资金和进行投资，更为重要的是，依靠市场实施风险管理；另一方面，市场也越来越依靠金融机构来创新产品和保持流动性。金融风险管理水平的提高使金融机构能够不断推出创新产品，这些产品的研发初衷可能仅是为了满足风险规避的需要，然而随着交易的逐渐扩大，新产品最终走向市场，促进了市场的繁荣。反过来，繁荣的市场又为金融机构的风险管理提供了理想的场所，刺激了新一轮的创新。如此循环往复，机构与市场之间互相促进、互动发展，金融风险管理则是形成这一良性局面的关键机制。

（二）金融风险管理所面临的挑战

纵观千年金融史，尽管金融体系内含的对冲、保险与分散化等几类基本风险管理功能实现机制并没有改变，但是我们必须认识到，作为一种经济制度安排，不管金融体系能够提供效率多高的风险管理方式，金融本身并不能消灭风险。风险管理仅仅是把分散在社会经济中的各类风险进行集中、交易与分配，或者是使之在固定的场所交换并加以释放（主要通过风险敞口的对冲与分散），或者是使之转移到愿意也有能力承担风险的主体上。

此外，金融发展与风险管理之间的关系也极为微妙——金融体系风险管理效率的提升，不仅对金融体系提出了更高的要求，同时也激发了现实经济中金融主体承担风险、创造风险的欲望。这意味着金融发展的后果不再是经济体系中风险的下降，相反极有可能导致金融与经济运行中的不确定性的上升，进而使得金融风险管理面临的挑战越发严峻，并且这种挑战不仅来自金融体系内部，而且也受到宏观以及外部经济环境因素的巨大影响，主要有以下表现。

第一，金融风险性质的内外关联与复杂化。从实践来看，伴随着为适应各类投资群体需要而设计出来的创新金融工具的大量涌现，尽管市场风险和信用风险等特定形式的金融风险从性质上来看，变得更纯粹也更具吸引力，但是考虑到以产品为基础的风险交易衍生出一系列需要分开管理的交易对手风险，并且此类风险的管理主要只能依托基于市场交易工具的风险缓释技术来完成，交易主体之外的外部风险因素（如市场的流动性与波动性等因素）对风险管理活动的有效性产生了越来越大的影响。这一现象意味着，对这些不同性质风险之间直接或隐含的相关关系的判断成为当前风险评估与管理的核心。此外，由于金融系统内部的关联性日益加强，各类资产价格的决定要素日益趋同，这在客观上也加大了风险管理的难度。

第二，对市场流动性的过度依赖。金融风险性质的复杂化及其对基于市场交易工具的过度依赖使得当前的金融风险管理活动对市场流动性也产生了过度依赖。无论从理论还是实践来看，当前金融市场的流动性本身异常不稳定——由于市场参与者心理的变化，一夜之间市场流动性就可能从充盈变为不足。如果再考虑到金融市场中"羊群效应"等的存在，乐观情况下的市场交易规模很容易达到一个天文数字，而一旦情绪转变，交易量有可能会迅速萎缩。这种流动性变化对于金融风险管理的效果而言可能具有致命的影响。

第三，始终伴随着机构投资者的利益冲突。在金融市场日益复杂的今天，由于参与成本等因素的存在，以投资基金、养老基金和保险基金为代表的机构投资者正日益成为居民投资的代理。尽管机构投资者较居民个人而言能够更好地利用现有的各种金融风险管理技术和产品，从总体上改进金融风险的配置；但是与（短期）投资业绩高度相关的绩效考核机制决定了"委托－代理"问题，或者说利益冲突必定是影响机构投资者风险管理活动的重要因素。

从专注于短期业绩表现视角着眼，机构投资者的从众投资行为与偏好极端风险等现象就变得容易理解。在市场资产价格上涨过程中，这两种效应还会相互强化——因为此时机构投资者知道，资产价格急剧下跌的极端风险不仅发生的概率很低，而且即便成为现实，从众也意味着它们的业绩不会比其同行更差。在这样的背景下，金融风险管理能力的强化实际上赋予了机构投资者，尤其是对冲基金等私募基金更强的冒险冲动，一旦情况恶化，很可能产生极为严峻的后果。

第四，对技术模型与历史数据的过度依赖。风险管理中的金融工程技术至少存在以下三个根本缺陷。一是严重系统性冲击下的技术失灵。由于现有金融工程技术中的不少模型都以正常市场运行状态为前提，很少涉及金融危机导致的严重系统性冲击的效应，旨在规避系统性风险的衍生产品蕴含着重大损失的可能性。这意味着金融模型对严重系统性冲击一般是无能为力的。二是小概率事件的忽视。由于金融领域的小概率事件，如贷款违约或金融危机等，往往伴生严重后果，所以风险管理对小概率事件应保留足够的关注。但问题是，金融建模技术必须以一定的假设为基础，进而必须忽略小概率事件，结果导致模型可靠性下降。三是数理模型对历史数据的过度依赖。这使得人们舍弃了很多当前的有用信息，客观上导致了模型有效性的弱化。

第五，金融自由化中金融机构混业经营中的风险积累。从全球来看，在国际竞争日趋激烈的大背景下，以追求效率为基本取向的各国金融监管自由化导致混业经营成为金融机构业务模式的主要选择。混业经营引致的金融机构部门之间的不断融合造就了少数庞大的金融集团，但是无论从理论还是从实践来看，现有的激励机制安排再加上普遍存在的金融安全网（如存款保险制度）等外部因素，使得金融集团不仅可能成为金融系统风险积聚的重要场所，而且其在某一业务领域遭受的损失将会影响到其他领域的业务，因此会给整个金融集团带来压力。考虑到这些系统性重要金融机构在一国（或地区）经济金融体系中的地位，这种压力可能会对金融体系的稳定产生威胁。

二、我国金融业的现状及其问题

(一) 我国金融业的发展成果

1978年12月，党的十一届三中全会作出将全党工作重点转移到经济建设上来的战略决策，我国金融业发展迈上了新台阶。经过40多年的改革开放和发展，我国金融业发生了历史性的巨大变化，金融业在规模、结构以及金融机构和金融产品的多元化等方面取得了长足的进展，形成了功能齐全、形式多样、分工协作的多层次金融机构体系。

1. 改革集中统一的国家银行体制，大力发展各类金融机构，基本建成了与中国特色社会主义相适应的现代金融机构体系

20世纪50年代至70年代，中国的金融机构比较少，长期只有中国人民银行一家机构。从1979年起，农业银行、中国银行、建设银行、工商银行等国有专业银行的建立，开始打破人民银行"大一统"的银行体系。1994年，国家开发银行、中国进出口银行、中国农业发展银行三家政策性银行建立，承接四大国有专业银行原来的政策性业务。四大国有专业银行开始真正向商业银行转变，多层次银行体系逐步形成。

在金融体制的不断变革下，我国金融业已形成覆盖银行、证券、保险、基金、期货等领域，种类齐全、竞争充分的金融机构体系。截至2021年12月末，我国银行业金融机构达到4602家，其中，开发性金融机构1家，政策性银行2家，国有大型商业银行5家，国有控股大型商业银行1家，股份制商业银行12家，城市商业银行128家，民营银行19家，外资法人银行41家，住房储蓄银行1家，农村商业银行1596家，农村信用社577家，农村合作银行23家，村镇银行1651家，农村资金互助社39家，贷款公司13家，信托公司68家，金融资产管理公司5家，金融租赁公司71家，企业集团财务公司255家，汽车金融公司25家，消费金融公司30家，货币经纪公司6家，其他金融机构33家。全国金融业机构总资产为381.95万亿元，其中，银行业机构总资产为344.76万亿元，规模位居全球第一；证券业机构总资产为12.3万亿元；保险业机构总资产为24.89万亿元。民间资本在股份制银行股本中占比超过40%，在城市商业银行中占比超过50%，在农村合作金融机构中占比超过80%。

2. 逐步建立功能相互补充、交易场所多层次、交易产品多样化的金融市场体系

我国金融市场从无到有稳步发展，并伴随着经济体制转轨，逐步建立了功能相互补充、交易场所多层次、交易产品多样化的金融市场体系，配置资源和服务实体经济的能力持续增强。目前我国已建立债券市场、股票市场、保险市场、货币市场、外汇市场、黄金市场、期货市场等多功能、全方位的金融市场体系，金融市场的深度与广度正在不断扩展。

股票市场方面，近年来，我国继设立了中小板、创业板、"新三板"之后，于2019

年 6 月在上海证券交易所推出科创板，开始探索股票市场注册制改革，逐步形成多层次的股权市场体系。截至 2021 年年末，沪深两市共有上市公司 4685 家，总市值为 99.08 万亿元，成为全球第二大股票市场。

债券市场方面。截至 2021 年年末，我国已经形成以银行间债券市场为主导，包括交易所市场、商业银行柜台市场在内的多元化、分层次的债券市场体系，债券市场托管余额为 133.5 万亿元，成为全球第二大债券市场。其中银行间债券市场托管余额为 114.7 万亿元，交易所市场托管余额为 18.8 万亿元。

保险市场方面。从 1979 年恢复国内保险业务开始，保险市场不断发展壮大，逐步建立了由保险公司、保险中介机构、再保险公司、保险资产管理公司等市场主体组成的保险市场体系，形成了覆盖人寿保险、财产保险、医疗保险、再保险、农业保险等多领域的产品体系，在风险分担、服务民生、促进经济发展等方面发挥了重要作用。2021 年年末，我国原保险保费收入为 3.3 万亿元，保险密度为 3327 元/人，保险深度为 4.1%，成为全球第二大保险市场。

货币市场方面。1994 年，为适应市场经济发展的需要，建立了全国统一的同业拆借市场，并不断扩大同业拆借市场参与主体，同业拆借市场成为金融机构调剂头寸余缺、中央银行实行公开市场操作的重要场所。2021 年年末，同业拆借业务成交 118.8 万亿元，同比下降 19.2%。同时，票据市场迅速扩大。自 20 世纪 70 年代票据业务诞生开始，陆续建成中国票据网、电子商业汇票系统。2016 年建立了全国统一的票据交易平台即上海票据交易所。2021 年年末，全国共发生票据业务 1.39 亿笔，金额 112.65 万亿元。

外汇市场方面。自 1994 年开始实行银行结售汇制度，建立了全国统一的银行间外汇市场以来，外汇市场主体日趋多元，基础设施更加完善，产品不断丰富，可交易货币由美元等少数货币币种逐步扩大到 26 种货币。2021 年各类外汇交易产品累计成交 36.87 万亿美元。2021 年 12 月末，外汇储备余额为 3.3 万亿美元，多年位居全球第一。

3. 金融业对外开放稳步扩大，基本确立了面向全球、平等竞争的金融开放体系

2001 年以来，我国切实履行加入世界贸易组织（World Trade Organization，WTO）有关金融开放的承诺，根据经济金融发展需要，积极主动扩大金融对外开放。在外资金融机构设立、金融市场和业务准入、境外战略投资者引进、客户对象和地域范围拓宽、人民币资本项目可兑换等方面实施了多层次和宽领域的开放措施，取消了对外资银行的所有非审慎性限制，金融对外开放程度明显提高。

改革开放以来，中国金融业逐步扩大对外和对内开放，协同推进扩大开放、完善人民币汇率形成机制改革和资本项目可兑换进程。在扩大开放的同时，重视防范金融风险，不断提升金融监管能力，使之与金融开放程度相匹配。根据《中国人民银行统计季报》，外资银行的资产占比在 2007 年年末为 2.4%，而在 2019 年年末降至 1.6%。截至 2021 年上半年，外资银行在华共设立 41 家外资法人银行、115 家外国银行分行和

139 家代表处，营业性机构总数达 930 家，外资银行总资产达 3.73 万亿元，占我国金融业机构总资产（371.26 万亿元）的 1%。2018 年 6 月，A 股被正式纳入 MSCI 新兴市场指数。2019 年 4 月，中国债券市场纳入彭博巴克莱全球综合指数。

在外汇管理改革方面，1996 年我国宣布接受国际货币基金组织（International Monetary Fund，IMF）相关协定条款义务，实行人民币经常项目下可兑换。从 2001 年中国加入世贸组织开始，为适应经济发展和对外开放的客观需要，人民币资本项目可兑换加快推进。按照国际货币基金组织资本项目交易分类标准下的 40 个子项来看，我国可兑换和部分可兑换的项目超过 90%，企业和居民跨境贸易投资、旅游、购物、留学的外汇兑换便捷性大幅提升。2016 年 10 月 1 日，人民币正式加入国际货币基金组织特别提款权（Special Drawing Right，SDR）货币篮，人民币跨境使用大幅增长，逐渐成为全球第五大支付货币。

在参与全球经济金融治理方面，改革开放以来，随着经济的腾飞和对外开放的不断扩大，中国扮演负责任的角色，主动参与国际交流与合作，积极借助二十国集团（G20）、国际货币基金组织、国际清算银行、金融稳定理事会、金砖国家合作机制、多边开发机构、区域性合作机制等各类平台，全方位、多层次地参与全球经济治理与政策协调，推进与各国间的相互理解和交流，提升发展中国家在国际金融治理中的话语权和代表性。

（二）我国金融业风险管理现存的主要问题

在我国金融市场全面开放的背景下，大量外资银行进入中国，我国金融业面临的国际化竞争进一步加剧，而国内银行也已经逐渐认识到自身的不足，意识到金融业务的风险管理水平将成为其在竞争中取胜的关键筹码，开始着手引进国外风险管理技术，并结合自身的特点进行探索和改造，从技术、人员、管理、数据等方面开始准备，努力进行风险管理的各项指标改进。尽管部分银行已经开始进行了有益的尝试，但总体来说，我国银行业在风险管理方面还处于初级阶段，还存在以下问题。

(1) 尚未形成良好的金融风险管理文化，缺乏全面风险管理意识。在我国银行业中，普遍存在重规模扩张、轻风险管理的现象，往往简单地把规模作为衡量经营者业绩的唯一标准，仅强调加快业务发展速度、扩大业务规模，将风险管理放在次要位置。此外，诸多中小型城商行和农商行尚未建立全面风险管理制度，银行内控机制不完善，无法起到有效的监控、制约和预警作用；未认识到金融活动过程中所伴随的金融风险，传统的风险管理机制仍仅以信用风险为主，对于高风险的金融衍生品交易来说显然已经落后；未将金融风险管理贯穿业务拓展与经营管理的全过程，决策制定往往仅取决于银行高层部分领导的意愿。

(2) 风险管理方法单一、风险管理技术落后。银行业的全面开放带来了激烈的国际竞争，同时伴随着日新月异的金融创新，市场结构日益复杂化，传统的风险管理技术已无法应对市场环境变化带来的风险和挑战。我国银行业在风险管理的技术与方法方面还存在许多空白，在风险量化管理方面非常薄弱，大多数银行长期以来仅注重运用定性分析和简单的分析模型来管理风险，对信用风险的管理还停留在资产负债指标管理和头寸匹配管理的水平上。虽然现在已经引入了VaR、内部评级法（The Internal Rating-Based Approach，IRB）、高级计量法（Advanced Measurement Approach，AMA）、RAROC和久期（Duration）等概念，甚至应用一些专门用于难以计量的复杂金融工具和交易的风险计量模型，但是仅仅处于探索阶段，银行内部管理人员，尤其是广大中小银行管理人员还缺乏对这些理念和方法的深入了解和准确把握，难以将其付诸实践。

（3）**风险管理体系不完善，无法发挥其风险监督的作用**。我国银行多数没有形成现代意义上的风险管理组织制度，其内部控制制度本身的不完善及体系间的相互脱节，导致内控制度缺乏牵制力。各部门之间对金融风险的管理相互割裂，忽视了内控建设中风险管理的整体性和全局性，无法适应现代金融发展的需要。我国银行业法人治理结构存在严重缺陷，即使建立了内部稽核部门、内审机构，也因为其缺乏独立性和权威性，得不到应有的重视而形同虚设；同时由于内部监督力量不足，相关监管人员可能无法准确把握各种金融工具的风险管理要点，导致无法正常发挥其应有的监督作用；内部稽核的频率较低，且存在严重的滞后性，导致其无法准确把握全行的风险状况，难以提出针对性的意见并监督及时进行改进。

（4）**内部评级制度和方法不完善，尚未形成有效的信用评级机制**。我国银行业的内部评级制度多采用"打分法"，即通过选取一定的财务指标和某些定性指标，并通过专家判断或其他方法设定每一指标的权重，由评级人员根据事先确定的打分表对每一指标打分，再根据总分确定其对应的信用级别。该方法简便易行、可操作性强，但评级的基础是过去的财务数据，缺乏现金流的分析和预测，难以反映评级对象未来的真实偿债能力，且权重设定的可靠性不足。

（5）**风险管理体系建设滞后，缺乏专业人才**。银行业金融风险管理系统设计和模型构建等技术性工作需要在统一的协调、筹划和控制下进行，但目前，广大中小银行距离金融风险管理组织和流程的标准化要求还有较大距离，风险管理专业人才的缺乏也是制约我国银行业实施全面风险管理、提高金融风险管理水平的瓶颈。

（6）**信息披露不足，不能满足市场的相关要求**。我国银行业目前的整体风险管理水平远不能支持对相关信息的采集、处理和披露；同时，在信息披露的规范方面，还存在披露内容和形式上的不一致等问题，导致我国银行业信息披露还不够充分，披露信息的质量和数量都远远不能适应市场的需求。

三、我国金融风险监管体系的形成与变迁

金融监管作为政府当局对金融机构或金融市场活动的一种干预行为，其实现过程充满了政府当局、金融机构和社会公众等相关主体之间的利益冲突与协调，监管目标的实现程度取决于政府当局的监管约束、金融机构的自我约束和来自社会公众的市场

约束。其中，金融机构的自我约束和来自社会公众的市场约束属于市场力量。因此，实现有效金融监管可以归结为限定条件下政府力量和市场力量的合理定位。

随着我国深化经济体制改革和融入经济全球化的进程不断加快，我国金融业"从分业到混业"，市场化、法制化、国际化的趋势日益显现。在此背景下，迫切需要提高我国金融监管的有效性，建立高效稳健的货币金融体系并提升其运行效率和保持金融安全。与之对应，我国金融监管体制的变迁是与国内经济发展和金融体制改革紧密联系在一起的，并且是政府主导型的、主动的体制变迁模式。从其发展历程看，大致表现为从控制性风险监管制度向审慎银行监管制度的逐步过渡。

我国银行业的发展长期处于计划经济阶段，没有真正的风险管理职能，直到20世纪80年代，风险管理才逐渐开始实施，但在较长时期内只局限在内部控制的研究和完善上，这让我国银行的风险监管制度出现计划经济时期的信贷计划管理体制延续至转型时期的现象。直到1984年，人民银行专门行使中央银行职能，履行宏观调控、金融监管、金融服务等职责以后，才开始逐步形成和发展起来一套控制性银行监管制度。这种控制性银行监管制度是服务于经济增长目标的。它具有两个基本特征：一是直接限制性，即政府和监管当局以行政手段直接干预银行业的经营管理活动，包括业务规模、范围和价格等多方面的广泛限制；二是保护性，即对银行业特别是国有银行业提供保护，维护其垄断地位，甚至直接提供资金支持以维护银行业的信贷能力。通过这些带有明显行政干预倾向的合规性监管安排，政府能够控制银行系统向国有企业提供资金支持，推动经济快速增长。

随着经济转轨和社会主义市场经济的逐步落实，为适应金融业的快速发展，我国不断优化金融监管体系和法治体系，提升金融监管专业性和有效性。1992年，国务院证券委和中国证监会成立。1998年国务院证券委并入中国证监会，同年中国保监会成立。2003年，中国银监会成立。2008年全球金融危机爆发后，金融监管协调进一步强化，2013年人民银行牵头建立金融监管协调部际联席会议制度。2017年召开第五次全国金融工作会议，决定设立国务院金融稳定发展委员会，统筹金融改革发展与监管，加强宏观审慎管理，防范化解系统性金融风险，由人民银行承担国务院金融稳定发展委员会办公室职责。2018年，中国银监会和中国保监会实现职能整合，组建中国银保监会。至此，我国形成了国务院金融稳定发展委员会统筹抓总，"一行两会一局"[①]和地方分工负责的金融监管架构，基本建立了有效维护金融稳定的金融监管体系。

在此期间，现代金融法治体系也基本形成，建立了以《中国人民银行法》《商业银行法》《证券法》《期货法》《保险法》《银行业监督管理法》等基础金融法律为核心，相关行政法规、部门规章及规范性文件为重要内容的金融法律制度框架。出台了《票据法》《反洗钱法》《征信业管理条例》《存款保险条例》等法律法规。此外，还建成了全国集中的金融统计信息系统，建立金融业综合统计制度。反洗钱和反恐怖融资监

---

① 指中国人民银行、中国银行保险监督管理委员会、中国证券监督管理委员会、国家外汇管理局。

管取得重要进展,有效遏制了金融领域洗钱与恐怖融资风险。

综上所述,自20世纪以来,我国银行监管领域发生的变化意味着政府监管的定位已经开始从替代市场力量向培育、增强市场力量的方向发展,进入制度转换的过渡时期。从其他国家的经验教训来看,加快审慎监管制度的构建和强化是缩短这一过渡时期的出路所在。为此,加快国有企业和财政体制改革的步伐、稳步扩大金融开放、优化中国金融体系的结构安排、创造条件满足审慎银行监管制度的外部环境要求将是我国构建和强化审慎监管制度的应对之策,也是我国顺应金融监管的市场化趋势,提高监管有效性的必然选择。

四、未来金融风险管理的发展趋势

现代金融风险管理理论的发展,使得无论是在风险管理的手段、内容还是在机制和组织形式上,金融机构的风险管理均发生了很大的变化,其发展有如下趋势。

(1) 金融风险管理战略化、制度化。 现代金融管理的一个重要特点是它作为金融机构内部管理的一个组成部分,在整个管理体系中的地位已上升到金融机构发展战略的高度。由于近几十年来金融机构所面临的竞争越来越激烈,风险环境也越来越复杂,金融机构股东和经理们以及金融监管当局都深刻地认识到了现代风险管理对于金融机构生存和发展的重要性。金融机构管理的最高决策层董事会已将风险管理纳入其发展战略计划,负责制定有关风险管理的政策,建立内部风险控制机制。

与之相适应,现代金融风险管理在组织制度上也越来越严密,形成了由金融机构董事会及其高级经理直接领导的,以独立风险管理部门为中心且与各个业务部门紧密联系的内部风险管理系统。现代风险管理系统强调风险管理部门既要与各个业务部门保持密切联系,同时又十分强调风险管理部门的独立性和对风险管理的全面系统性。

(2) 金融风险管理全面化、产品化。 20世纪70年代以来,由于利率、汇率波动的加剧,市场风险成为金融机构风险环境中的重要因素。由于管制放松和金融自由化的发展,以及由此带来的金融机构混业经营的发展,传统上商业银行以信用风险为主、投资银行以市场风险为主的差异逐渐消失,两者的风险特征正在趋同。20世纪90年代以来,以巴林银行倒闭为代表的银行因承担市场风险而发生巨额损失和倒闭的一系列案例,使得市场风险对金融机构的重要意义越来越显露出来。与此相适应,市场风险管理技术也得到迅速发展。此外,现代风险管理还关注结算风险、操作风险和法律风险等更全面的风险因素,不仅将可能的资金损失视为风险,还提出了声誉风险和人才风险的概念。

以期权为代表的衍生金融工具的迅速发展,一方面增强了金融机构风险管理的能力,另一方面也增加了风险环境的复杂性。可以说,衍生金融工具的发展很大程度上改变了传统风险管理的含义。金融工程使得金融风险管理产品化,即金融工程师们通过创新的设计,能够为金融机构提供针对各种具体风险的管理方案,而且这种方案通过上市交易成为可用于风险管理的金融产品，进而意味着投资者面临的各种风险可以被相互分离，可以上市转让，可以被市场定价。

(3) **金融风险管理模型化、科技化**。与传统风险管理主要依赖定性分析、管理模式明显体现出主观性和艺术性的特征不同，现代风险管理越来越重视定量分析，大量运用数理统计模型来识别、衡量和检测风险，这使得风险管理越来越多地体现出客观性和科学性的特征。风险管理模型首先在较为容易量化的市场风险管理中得到迅速发展，其代表性模型就是1994年J. P. 摩根提出的风险价值（VaR）模型，该模型一经推出就受到业界的广泛认可，并被许多金融机构采用。在市场风险管理模型化的推动下，传统上认为难以量化的信用风险管理模型也获得了很大的发展，如RiskMetrics、CreditMetrics、KMV模型等。量化和模型技术的发展，使传统艺术性的风险管理呈现出越来越明显的科学性，也使风险管理决策成为艺术性和科学性相结合的决策行为。

快速发展中的金融科技，在改变传统金融行业的同时，也催生了不少新兴行业，如互联网金融、数字货币、区块链技术、智能投顾等。金融科技是由金融和科技加速融合形成的一个新兴领域。现代信息技术（Information Technology，IT）在风险管理中发挥着越来越重要的作用。国际上大的金融机构都非常重视采用最新的信息技术，建立起先进的信息管理系统。无论是风险信息在全球范围的收集、传播和整理，还是模型管理所必需的数据库的建立和管理，对信息技术的依赖性都越来越强。信息管理系统运行的稳定性本身就是现代风险管理中操作风险的一部分。

从风险管理的角度来看，传统的金融行业风险管理依赖专家经验判断，信息获取渠道单一，对于客户的集群风险、行业风险和市场竞争能力较难识别。随着金融科技的应用和发展，金融机构扩大了信息数据收集范围，增加了源数据采集的周期长度，丰富了数据分析的纬度和颗粒度，使得风险特征画像更具客观性，对于未来风险预测更具前瞻性。金融机构只有积极融入以大数据、云计算等为核心的金融科技浪潮，才能在大幅降低金融交易成本的同时，利用金融科技特有的信息收集、处理和传播优势，缓解信息不对称，降低由此所导致的金融业务中的利益冲突，进而开发出全新的金融风险评价体系来创新金融风险分析方法，拓展金融服务对象。

本章小结

为了阐述金融风险管理的研究内容、范畴以及研究的价值，本章在介绍风险及金融风险的定义和特征的基础上，通过对金融风险的形态及类别的阐述，全面分析了金融风险管理的相关理论、风险管理策略以及基本流程构架。同时，本章还简要回顾了国内外金融风险管理的兴起与发展历程，以及中国金融监管体系的形成和变迁，并且展望了未来金融风险管理的发展趋势。

素养教学要点

1. 随着中国经济转轨和社会主义市场经济的逐步落实，为适应金融业的快速发展，我国不断地优化金融监管体系和法治体系，提升金融监管专业性和有效性。中国政府监管的定位始终是朝着培育、增强市场力量的方向发展。为此，加快国有企业和财政体制改革的步伐、稳步扩大金融开放、优化中国金融体系的结构安排、创造条件满足审慎银行监管制度的外部环境要求将是我国构建和强化审慎监管制度重要的应对之策，也是我国顺应金融监管的市场化趋势，提高监管有效性的必然选择。

2. 充分体现马克思主义唯物辩证法的方法论。事物是普遍联系的、相互关联的。在金融资本的实际运转过程中，厘清各类金融工具风险与收益的相互作用与联系十分重要。要清醒认识到金融创新与风险之间的联系具有时代特征，更要理解金融工具及金融风险管理的不断迭代、演化，体现"否定之否定"的规律。

3. 金融风险管理既是科学又是艺术，要结合经济发展阶段的特殊性，批判地借鉴西方的监管思想和理论体系。为守住不发生系统性金融风险的底线，中国要探索适合自身特点的可行的风险管理及监管路径。

扩展阅读

1. 中共中央党校. 习近平新时代中国特色社会主义思想基本问题 [M]. 北京：中共中央党校出版社，2020.

2. 吴敬琏. 改革大道行思录 [M]. 北京：商务印书馆，2017.

3. 哈耶克. 自由秩序原理 [M]. 邓正来，译. 北京：生活·读书·新知三联书店，1997.

4. 文一. 伟大的中国工业革命 [M]. 北京：清华大学出版社，2016.

5. 刘俏. 我们热爱的金融：重塑我们这个时代的中国金融 [M]. 北京：机械工业出版社，2020.

关键术语

金融风险　市场风险　信用风险　操作风险　流动性风险　法律风险
风险管理策略　风险识别　风险度量　风险管理决策　风险控制　风险监管体系

思 考 题

1. 试述金融风险的定义及诱因。

2. 金融风险具有哪些特征，如何理解这些特征？
3. 试述金融风险的主要类型以及各类风险的特点。
4. 比较市场风险、信用风险、操作风险和流动性风险的异同。
5. 尝试列举并解释三种以上的金融风险管理策略。
6. 金融风险管理的一般流程是什么？各部分的基本内容是什么？
7. 试述我国目前的金融监管体系框架。
8. 我国目前金融业风险管理存在的问题有哪些？
9. 预测未来金融风险管理的发展趋势及挑战。

第二章 市场风险度量与管理

|本|章|要|点|

◇ 交易账户与市场风险的关系。
◇ 市场风险度量方法的理论介绍。
◇ 风险价值与预期损失的原理与应用。
◇ 基于方差-协方差的风险价值计算原理与应用。
◇ 基于历史模拟法的风险价值计算原理与应用。
◇ 基于蒙特卡罗法的风险价值计算原理与应用。
◇ 预期损失的计算原理与应用。
◇ 压力测试的原理与应用。
◇ 投资组合 VaR 的计算原理与应用。
◇ 边际 VaR、增量 VaR 和成分 VaR 的计算、比较与应用。

市场风险是商业银行的三大风险之一。市场风险的形成源于金融价格因子不稳定引起金融资产价值的减少。金融资产价值损失超过一定限度，会将金融机构的风险资本消耗殆尽，从而引发金融机构的破产清算，乃至引发系统性金融危机。金融机构为避免这种风险，通常会采取融资或交易的方式，这样很容易产生非预期的流动性需求，稍有不慎就会造成流动性风险、操作风险等其他金融风险。可见，市场风险往往是其他金融风险的根源，在整个金融风险体系中具有特殊的地位。伴随着中国金融市场的快速成长，市场风险正逐渐成为国内商业银行所面临的主要风险之一。

第一节 市场风险度量简介

一、交易账户和市场风险

金融机构的交易性资产组合与投资性资产组合在持有期限和流动性上是不一致的。交易性资产组合包括了能够在有组织的市场上迅速购买或出售的资产、负债以及衍生金融工具合约。而投资性资产组合包括相对来说流动性不强的资产、负债和衍生金融工具合约，银行会在一个较长的时期内持有它们。为了区分交易性资产和投资性资产，从会计角度，对银行表内外资产的记录可分为银行账户（Banking Book）和交易账户两大类。

巴塞尔委员会 2004 年通过的《巴塞尔协议 Ⅱ》给出**交易账户**的定义如下：**交易账户记录的是银行为交易目的或规避交易账户其他项目风险而持有的，可以自由交易的金融工具和商品头寸，持有它的目的是从实际或预期的短期波动中获利**。根据这一定义，为交易目的而持有的头寸是指，在短期内有目的地持有并旨在日后出售，或者计划从买卖的实际或预期的短期价格波动中获利的金融工具头寸，如自营头寸、代客买卖头寸和做市交易形成的头寸，以及那些为规避交易账户其他项目风险或者锁定套利（Lock in Arbitrage Profits）而持有的资产头寸。对应会计科目中的交易性金融资产，以及可供出售金融资产科目中"不确定投资目的而计划持有一段时间择机出售"的资产，均可计入交易账户。

计入交易账户的头寸还应当满足以下基本要求。

一是具有经高级管理层批准的账面头寸或金融工具和投资组合的交易策略（包括持有期限）；

二是具有明确的头寸管理政策和程序，能够进行积极的管理；

三是具有明确的监控头寸与银行交易策略是否相一致的政策和程序，包括监控交易规模以及交易账户的头寸余额。交易目的是否在交易之初就已确定，并且此后一般不能随意更改。

表 2-1 列出了某家典型商业银行的银行账户和交易账户的明细情况。银行一旦发生损失，无论该损失是属于交易性损失还是投资性损失，资本都会对存款人、银行的债权人以及监管当局起到一个"缓冲器"的作用。从表 2-1 中可以看到，银行账户包括绝大部分的贷款、存款以及其他的非流动资产；交易账户主要包括各种市场可交易工具的多头和空头，这些资产工具包括债券、商品①、外汇、股票和衍生金

---

① 指可以在二级市场上交易的某些实物产品，如农产品、矿产品（包括石油）和贵金属（不包括黄金）。

融工具。

表 2-1 商业银行的银行账户和交易账户

账户	资产	负债
银行账户 （投资性资产组合）	贷款	资本
	其他非流动资产	存款
交易账户 （交易性资产组合）	债券（多头）	债券（空头）
	商品（多头）	商品（空头）
	外汇（多头）	外汇（空头）
	股票（多头）	股票（空头）
	衍生金融工具*（多头）	衍生金融工具（空头）

*衍生金融工具被列入表外业务。
资料来源：邹宏元. 金融风险管理 [M]. 2版. 成都：西南财经大学出版社，2006.

（一）交易账户的计量方法

与交易账户相对应，银行没有纳入交易账户的其他业务应归入银行账户，最典型的是存贷款业务。交易账户中的项目通常按市值计价。当缺乏可参考的市场价格时，可以按模型定价（Mark-to-Model）。按模型定价是指将从市场获得的其他相关数据输入模型，计算或推算出交易头寸的价值。银行账户项目则通常按历史成本定价。

（二）交易账户的划分

划分银行账户和交易账户，是准确计算市场风险监管资本的基础。若账户划分不当，会影响市场风险资本要求的准确度；若银行在两个账户之间随意调节头寸，则会为其根据需要调整所计算的资本充足率提供监管套利机会。因此，银行应当对交易账户头寸进行准确估值，并积极管理该项投资组合。商业银行应当制定关于账户划分的内部政策和程序，具体包括：对交易业务的界定、应列入交易账户的金融工具、对交易和非交易岗位及其职责的严格划分、金融工具或投资组合的交易策略、交易头寸的管理政策和程序、监控交易头寸与交易策略是否一致的程序等。同时，银行应保留完整的交易和账户划分记录，以便进行查询，并接受内部、外部审计和监管当局的监督检查。商业银行应当根据银行账户和交易账户的性质和特点，采取相应的市场风险识别、计量、监测和控制方法。

目前，实行市场风险监管资本要求的国家（地区）的银行监管当局都制定了银行账户、交易账户划分的基本原则，并要求商业银行据此制定内部的政策和程序，详细规定账户划分标准和程序。监管当局则定期对银行的账户划分情况进行检查，检查重点是其内部账户划分的政策、程序是否符合监管当局的要求，是否遵守了内部的账户划分政策和程序，是否为减少监管资本要求而人为地在两个账户之间调节头寸等。

与国际金融界相一致，中国原银监会 2004 年颁布了《商业银行市场风险管理指引》，将市场风险定义为，**因市场价格（利率、汇率、股票价格和商品价格）的不利变动而使商业银行表内业务和表外业务发生损失的风险**。按风险类别可分为利率风险、汇率风险、股票价格风险和商品价格风险。

需要注意的是，随着金融创新和银行贷款证券化的快速发展，越来越多的资产成为可流动和交易的资产。监管当局通常将持有期低于一年的资产视为可交易资产，而对金融机构而言可交易资产的持有期就更短了。具体来说，金融机构不仅要关注其交易账户中资产和负债价值的季度/月度波动，即风险价值，甚至还要关注交易账户中资产和负债价值的每日波动情况，即日风险价值（Daily Value at Risk，DVaR），特别是当这些价值的变化足以影响到金融机构的清偿力时，金融机构会更加重视这些价值的变化。事实上，VaR 或 DVaR 是对市场风险的一种测量方法，它们关注的是潜在的最大损失。有了 VaR 的概念，就可以进一步把市场风险定义为因市场条件变化所引起的金融机构交易性资产组合收益的不确定性的风险，这里的市场条件包括资产价格、利率水平、市场波动性、市场流动性等。

（三）账户划分管理制度流程

1. 不同部门的职责

表 2-2 详细介绍了风险管理部门和前台业务部门的职责内容。

表 2-2 不同部门的职责内容

部门	职责内容
风险管理部门	负责制定交易账户和银行账户划分政策和程序，明确交易账户、银行账户不同业务类型的市场风险计量方法、计量系统，通过市场风险限额指标监控交易头寸与银行交易策略是否一致，包括交易品种、交易规模，以及交易账户头寸、敏感度、风险价值等，开展风险报告与分析
前台业务部门	负责根据划分标准和程序，发起账户初始划分、账户分类调整申请，提交风险管理部门审核后，由高级管理层审批后执行

资料来源：银行业专业人员职业资格考试命题研究组. 风险管理（初级）[M]. 成都：西南财经大学出版社，2020.

2. 划分流程

表 2-3 列出了交易账户和银行账户的划分流程。银行应保留完整的交易账户划分记录以便进行查询，并接受内部、外部审计和监管当局的监督检查。同时，银行应当根据银行账户和交易账户的性质和特点，采取相应的市场风险识别、计量、监测和控制方法。

表 2-3　交易账户和银行账户的划分流程

步骤	内容
初始划分	开展新交易、新设交易组合或在现有交易组合中增加新产品前，前台业务部门可在限额申请或在调整流程同时提出账户划分申请，明确交易策略，提出书面的账户分类、系统簿记方案，提供会计核算部门出具的业务核算规则，由风险管理部门审核后报高级管理层审批
账户调整	在产品和业务存续期间，基于业务性质的改变，或会计核算方法出现改变，现行划分已无法满足划分标准的情况下，前台业务部门提出账户调整申请，明确调整原因与事项、系统簿记、风险情况、调整政策依据及调整后业务核算规则等，由风险管理部门审核后报高级管理层审批 通常情况下，某类业务或产品确定账户属性后不得更改。如发生无法控制、预期不会重复发生且难以合理预期的独立事项，可对交易账户和银行账户头寸进行调整

二、VaR 简介

20 世纪 80 年代以来，随着利率、汇率的市场化以及大宗商品的金融化，银行交易业务的规模显著增长，商业银行量化自身市场风险的需求随之日益迫切。同时，全球不间断的实时交易也积累了丰富的交易历史数据，使得通过数学实证方法探寻交易业务的价格和损益波动规律成为可能。在这些因素的共同作用下，VaR 模型应运而生。

（一）VaR 的定义

VaR 直译为"风险价值"或"在险价值"，它是在正常的市场条件和给定的置信水平（通常是 95% 或 99%）下，某一投资组合或资产组合在未来特定的一段时间内预期可能发生的最大损失，或者说，在正常的市场条件和给定的时间段内，该投资组合发生 VaR 损失的概率仅为给定的概率水平（置信水平）。可以表示为

$$P(\Delta P > \text{VaR}) = 1 - c$$

其中，ΔP 为证券组合在持有期内的损失，VaR 为在置信水平 c 下处于风险之中的资产价值。假定某一年，J. P. 摩根公司测定置信水平为 95% 的每日 VaR 为 960 万美元，其含义为该公司能够以 95% 的把握保证，在这一年的某一特定时点上，该公司的金融资产在未来 24 小时内，由于市场价格变动带来的损失不会超过 960 万美元。或者说，只有 5% 的可能损失超过 960 万美元。

与传统风险度量手段不同，VaR 完全是建立在统计分析基础上的风险度量技术。它的原理是根据资产组合价值变化的统计分布图，直观地找到与置信水平相对应的分位数，即 VaR 值。VaR 是 J. P. 摩根公司用来计量市场风险的产物。当时 J. P. 摩根公司

的总裁 Dennis Weatherstone 要求下属每天下午在当天交易结束后,交给他一份说明公司在未来 24 小时内总体潜在损失有多大的报告。于是风险管理人员开发出一种能测量不同交易、不同业务部门市场风险,并将这些风险体现为某个数值的 VaR 方法。从 VaR 的起源不难看出,它最早是用来度量市场风险的。由于 VaR 方法能够简单清晰地表示市场风险的大小,又有严谨系统的概率统计理论为依托,因而得到了国际金融界的广泛支持和认可。国际性研究机构 30 人集团(Group of 30,G30)和国际掉期交易协会(International Swaps and Derivatives Association,ISDA)等一致推荐,将 VaR 方法作为市场风险测量的最佳方法。越来越多的金融机构采用 VaR 方法来测量、控制其市场风险,尤其在衍生工具投资领域,VaR 方法的应用更加广泛。

(二)VaR 的参数选择

从 VaR 的计算步骤中可以看出,VaR 有两个重要的参数:资产组合的持有期和置信水平。这两个参数对 VaR 的计算及应用都起着重要的作用。

1. 持有期

度量 VaR 的一个先决条件是 VaR 的持有时间范围。因为随着时间的延长,资产价格的波动性也必然会增加。对度量市场风险而言,一天或一个月可能更为适合,但对度量信用风险而言,由于贷款资产组合价格在一段时间内波动幅度不大,所以时间段太短意义不大,常常选择半年或一年。

在选择时间段时,一般要考虑流动性、正态性、头寸调整和数据约束四方面的因素。

(1)流动性。选择持有时间段时考虑的首要因素是资产的流动性。资产的不同性质决定了资产的持有时间。交易头寸可以快速流动,意味着可以选择较短的持有期;如果流动性较差,交易时寻找交易对手的时间较长,则较长的持有期更合适。实际上由于商业银行在多个市场上持有头寸,而在不同市场上达成交易的时间差别很大,银行通常根据其组合中比重最大部位头寸的流动性选择持有期。

(2)正态性。实证研究表明,时间跨度越短,实际回报分布越接近正态分布。因此在金融资产持有期较短的情况下,以正态分布来拟合实际情况准确性更高。此外,选择正态分布作为度量的标准形式还在于正态分布在统计上的特殊性。

(3)头寸调整。在金融交易中,资产管理人员会根据市场状况不断调整其头寸或组合,所以持有期越长,资产管理人员改变资产组合的可能性越大。而在计算 VaR 的过程中,往往假定在持有期下组合的头寸相同。

(4)数据约束。VaR 的计算需要大规模的样本数据,从而需要银行的信息系统能够准确采集大规模的样本数据。需要关注的是,由于金融市场变化非常快,过早的历史数据与现在的市场状况相差甚远,因而是低效的甚至是无效的。

对于银行来讲,采用 VaR 模型的目的在于抵御危机中的市场风险、降低银行破产概率,所以持有期的选择应尽可能与危机期间的交易头寸的损失,以及银行资本管理计划期限相匹配。为此，巴塞尔委员会选择 10 个交易日为资产组合的持有期，这是其对监控成本及实际监管效果的一种折中。持有期太短则监控成本过高；持有期太长则不利于及早发现潜在的风险。

2008 年全球金融危机过后，众多学者提出 10 天持有期的假定缺乏实证基础，但对恰当的持有期长度却并未形成共识。理论上，恰当的持有期长度应取决于资产组合的性质，受到头寸中资产组合的动态变化、市场流动性以及风险管理目标等诸多因素的影响。所以，Smithson 等（2002）就提出，采用 1 天持有期假设是比较合适的。实践中，银行在日常市场风险管理时，首先会衡量可承受的损失底线，然后据此做出持有期的决策。这让金融机构交易头寸的实际持有期会因头寸中各种资产流动性的不同而不同，缺乏流动性的头寸持有期甚至可能长达 1 年。总之，由于不同于金融机构为日常管理目标而设定的持有期并不一致，因此，尽管 10 天的持有期假设普遍被认为并不合理，但适当的持有期长度仍有待确定。

2. 置信水平

由 VaR 的定义可知，置信水平越高，资产组合的损失小于其 VaR 值的概率越大，也就是说，VaR 模型对于极端事件的发生进行预测时失败的可能性越小。但是，置信水平并非越高越好，而是要依赖对 VaR 验证的需要、内部风险资本的需求、监管要求及在不同机构之间进行比较的需要。

（1）置信水平与有效性之间的关系是置信水平越高，实际损失超过 VaR 的可能性越小。而额外损失的数目越少，为了验证 VaR 预测结果所需要的数据就越多。由于很难获得验证所需的大量数据，所以较高置信水平的选择受到限制。

（2）当考虑银行的内部资本需求时，置信水平的选择依赖于银行对极值事件风险的厌恶程度。如果把银行分为风险厌恶、风险中性和风险偏好三种类型的话，风险厌恶型的银行就需要准备更加充足的风险资本补偿额外损失。因此，如果用 VaR 模型确定内部风险资本，越追求安全性，置信水平选择越高。从根本上来说，置信水平反映了银行维持安全性的愿望与抵消设置风险资本对银行利润不利影响之间的均衡。

（3）置信水平要根据监管要求而定。一国的金融监管当局为保持金融系统的稳定性，会要求金融机构设置较高的置信水平。

（4）置信水平的选择应该考虑到机构之间的差异比较。例如，不同机构使用不同的置信水平报告其 VaR 值，如果存在标准的变换方法可以将不同置信水平的 VaR 转换为同一置信水平的 VaR，那么置信水平的选择就无关紧要。如果不存在一种标准的变换方法将不同置信水平的 VaR 转换为同一置信水平的 VaR，那么，一种置信水平下的 VaR 与另一种置信水平下的 VaR 不具可比性。

同样的资产组合，由于选取的置信水平不同，计算出的 VaR 值也不同。由于国际大银行已将 VaR 值作为衡量风险的一个指标对外公布，因此各金融机构有选取不同的置信水平以影响 VaR 值的内在动力。例如，美洲银行（Bank of America）和 J. P. 摩根选择 95%，花旗银行（Citibank）选择 95.4%，信孚银行选择 99%，巴塞尔委员会则要求采用99%的置信水平。

(三) VaR与非预期损失和意外损失

非预期损失指偏离预期价值的损失。当容忍度已给定，非预期损失等于VaR。有多少种不同的容忍度，就有多少种非预期损失。非预期损失常常被定义为损失波动度，而不是潜在损失，因为后者常被认为是损失波动度的乘数。

非预期损失基于一系列假设，这些假设都考虑了损失的分布情况。然而，一般来讲，可以根据分布曲线的形状来给各种各样的潜在损失下一个明确的定义。

尽管某些损失分布能够从历史数据中得到，但大多数情况下无法获得这些数据。如果无法取得实际的分布数据，那么对非预期损失的评估就只能基于假设，并且这种假设要基于不同风险的特征。对于市场风险而言，损失分布曲线呈钟形，而由于损失出现的机会与收益大致相等，曲线趋于在中部集中。进一步讲，损失就是负收益，损失分布就是截去损失分布曲线零点左边的部分后，所得到的部分。对于信用风险而言，由于其具有偏峰厚尾的统计特征，所以有必要进一步区分利润与损失。此时，利润等于收益减去违约损失，但后者需要单独考虑。为清晰和简便起见，信用风险的损失分布往往着重分析违约损失，而非收益，所以依照惯例，损失分布的最小值为0。此外，由于最常发生的损失都属于小额损失，所以分布曲线明显偏向左边。

如图2-1所示，损失分布曲线在 x 轴上方、y 轴右方。VaR所给定的风险容忍度等于超出预期损失的可能性，在图中表示为损失分布曲线下方、VaR值黑色粗线右方的区域。在这一风险容忍水平下，最大损失值等于预期损失与非预期损失之和。

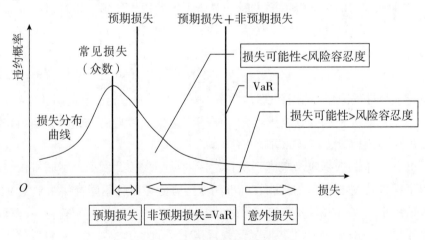

图2-1 非预期损失和VaR

除了预期损失和非预期损失，还有一种损失被称为意外损失，也被称为期望损失（Expected Shortfall，ES）。意外损失是指由于各种各样的原因造成意外事件发生（这种理论上可能出现的事件极不可能发生，属于小概率事件），导致银行的资产大部分或全部发生的损失。这时就要求在非预期损失与真正的意外损失之间划清界限，真实的意外损失数据无法用统计学规律来计算，必须进行压力测试。压力测试通过分析极端情况（极端情况依赖人为判断）下银行发生的损失为风险管理的决策者提供决策依据。

（四）VaR度量方法的优缺点评述

目前市场风险内部模型法（即VaR模型）已成为市场风险的主要计量方法。与缺口分析、久期分析等传统的市场风险计量方法相比，市场风险内部模型法主要有以下优点。

第一，可以将不同业务、不同类别的市场风险用一个确切的数值（VaR值）表示出来，是一种能在不同业务和风险类别之间进行比较并将其汇总的市场风险计量方法。因此，VaR模型可以测量不同市场因子、不同金融工具构成的复杂证券组合（信用资产组合）以及不同业务部门的总体市场风险大小。

第二，将隐性风险显性化之后，有利于进行风险的监测、管理和控制。VaR模型有利于比较不同业务部门之间的风险，有利于进行基于风险调整的绩效评估、资本配置、风险限额设置等。

第三，它是基于资产组合层面上的风险度量工具，可以在具体业务品种、客户、机构等层面上度量敞口风险，充分考虑了不同资产价格变化之间的相关性，体现出资产组合分散化对降低风险的作用。

第四，可以度量资产集中度风险，可以提供对集中度进行总量控制的量化依据，有利于监管部门的监管。风险价值具有高度的概括性，且简明易懂，也便于董事会和高级管理层了解银行自身市场风险的总体水平。

但是，市场风险内部模型法也存在一定的局限性，主要有以下缺点。

第一，其前提是假设历史与未来存在惊人的相似性，对未来损失的估计基于历史数据，多数情况下，事实并非如此。此外，VaR特定的假设条件，比如金融资产收益率服从正态分布，与其偏峰厚尾的事实不符。

第二，大多数VaR模型只能计量交易业务中的市场风险，不能计量非交易业务中的市场风险。

第三，VaR只是市场处于正常变动下市场（信用）风险的有效测量，未能涵盖价格剧烈波动等可能会对银行造成重大损失的突发性小概率事件，对金融市场价格的极端变动给资产组合造成的损失无法进行度量，因此必须依靠压力测试进行补充。

第四，VaR模型计算的风险水平被高度概括了，不能反映资产组合的构成及对价格波动的敏感性，因此对具体的风险管理过程作用有限，需要辅之以敏感性分析、情景分析等非统计类方法。

因此，使用市场风险内部模型法的银行应当充分认识到模型的局限性，恰当理解和运用模型的计算结果。

第二节　VaR 度量方法简介

VaR 度量方法为衡量在特定时间内市场因子变动引起的潜在损失提供了一种可能性估计。VaR 的度量结果只是说明实际损失超过 VaR 值的可能性有多大。事实上 VaR 回答了下面两个问题。

（1）在较低的概率下（比如 1% 的可能性下），既定时间内实际的最大损失值是多少？

（2）在既定的置信水平下（如在 99% 的置信水平下），市场价值在特定时间段（比如 1 天）内可能遭受的最大损失是多少？

由于 VaR 能够较好地衡量以市场风险和信用风险为主的金融风险，因此早在 20 世纪，VaR 方法已经成为金融机构进行风险管理的主要方法之一。国际清算银行和巴塞尔委员会都推荐使用 VaR 来估计和评价金融风险。本节详细介绍 VaR 的三种计量方法——参数估计法、历史模拟法和蒙特卡罗法，以及在《市场风险最低资本要求》中新引入的预期损失（ES）法。

一、方差 – 协方差法

衡量 VaR 有许多种参数估计方法，其中最简便的方法是假设资产收益率是风险因素的线性（或德尔塔）函数，并认为风险因素是正态分布的。事实上，德尔塔 – 正态法（Delta-Normal Method）就是以方差和协方差为基础的传统投资组合分析的直接应用，这就是为什么德尔塔 – 正态法又被称为协方差矩阵法（Covariance Matrix Approach），由于 VaR 是以封闭解形式得到的，因而该方法让使用者在处理风险衡量方法时有更大的自由度，包括对投资组合 VaR 的简单分解。

（一）一般分布中的 VaR

为了更好地理解 VaR 的概念，下面我们推导其数学表达式。设资产组合的初始价值为 W_o，持有期期末的资产价值为 W，期望收益率为 R，R 的数学期望和标准差分别为 μ 和 σ，在给定的置信水平 c 下，资产组合的最低价值为 $W^* = W_o(1+R^*)$，其中 R^* 为对应的最低收益率（一般为负值）。那么

$$\text{VaR} = E(W) - W^* = -W_o(R^* - \mu) \tag{2.2.1}$$

根据式（2.2.1）的定义，计算 VaR 就相当于计算资产（或资产组合）的最低价值（W^*）或最低的回报率（R^*）。

此外，还可以定义相对 VaR 和绝对 VaR，分别用 VaR_R 和 VaR_A 表示。相对 VaR 是

相对于平均值而言计算的损失,是用资产组合在特定时间内的预期价值来测度的,在某置信水平下可能遭受的最大损失,即当确定置信水平后,收益分布的最低值与其均值的"距离"。

$$VaR_R = 预期收益或损失 - 在某置信水平下可能遭受的最大损失$$

用公式可表示为

$$VaR_R = E(W) - W^* = -W_o(R^* - \mu)$$

绝对 VaR 则是相对于 0 的损失,是某置信水平下可能遭受的最大损失,与期望值无关。用公式可表示为

$$VaR_A = W - W^* = -W_o R^*$$

例:如果资产组合满足 $W_o = 100$,$\mu = 5\%$,$R^* = -20\%$

则 $VaR_R = -100 \times (-20\% - 5\%) = 25$,

$VaR_A = -100 \times (-20\%) = 20$

注意 R^* 是负的,这使得 VaR_R 等于最大可能损失的绝对值和预期收益之和。如果预期收益碰巧是负的,则 VaR_R 为最大可能的损失绝对值与预期损失之差。

比如,如果 $\mu = -5\%$,则 $VaR_R = -100 \times [-20\% - (-5\%)] = 15$,

但是,绝对 VaR_A 却依然等于 20。

当计算期间较短时,预期收益值会很低,此时 VaR_R 和 VaR_A 的结果差不多。

最后,VaR 可由资产组合值的概率分布推导而得。假定资产未来价值的概率密度函数为 $f(W)$,那么,在一定的置信水平 c 下,价值高于 W^* 的概率为 c,即

$$c = \int_{W^*}^{+\infty} f(W) \mathrm{d}W$$

或者说,价值低于 W^* 的概率为

$$1 - c = P(W \leq W^*) = \int_{-\infty}^{W^*} f(W) \mathrm{d}W$$

其中,W^* 就是分布的分位数,是确定的概率(置信)水平下(如 95%)的价值分界点。无论分布是离散的还是连续的,也无论尾部的长短状况如何,此表示方式对于任何形式的分布都是有效的。

(二)正态分布中的 VaR

如果假定分布是正态的,就可以简化 VaR 的计算。设资产组合的价值 W 服从均值为 μ、标准差为 σ 的正态分布。在标准正态分布下,如果 c 代表置信水平,如 99%,组合价值低于 W^* 的概率为 $1-c$,则可以把 R^* 界定为下述形式:

$$P(R < R^*) = \int_{-\infty}^{W^*} f(W) \mathrm{d}W = \int_{-\infty}^{R^*} f(r) \mathrm{d}r = \int_{-\infty}^{\alpha} \varphi(z) \mathrm{d}z = P\left(z < \frac{R^* - \mu}{\sigma}\right) = 1 - c$$

其中，$z = \frac{R-\mu}{\sigma}$，$\varphi(z)$ 是标准正态分布 $N(0,1)$ 函数，均值为 0，标准差为 1。在收益变化服从正态分布的情况下，R^* 的推导将变得很简单。

由 $P(R < R^*) = P\left(\frac{R-\mu}{\sigma} < \frac{R^*-\mu}{\sigma}\right) = 1 - c$ 可知

$$\frac{R^*-\mu}{\sigma} = \alpha \Rightarrow R^* = \mu + \alpha\sigma \tag{2.2.2}$$

将式（2.2.2）代入式（2.2.1）可得

$$\text{VaR} = E(W) - W^* = -W_o(R^* - \mu) = -W_o(\mu + \alpha\sigma - \mu) = -\alpha\sigma W_o \tag{2.2.3}$$

式（2.2.3）就是正态分布假设下 VaR 的一般表达式。其中，σ 为资产组合的波动率，代表风险的大小；W_o 为资产组合的初始价值；α 为正态分布下的置信水平临界值①，计算时只需参考标准累积正态函数表即可。表 2-4 给出了不同置信水平下所对应的临界值 α。

表 2-4 不同置信水平下的临界值

c	$\alpha = \dfrac{R^*-\mu}{\sigma}$
99.97%	-3.43
99.87%	-3.00
99.00%	-2.33
95.00%	-1.65

1. 正态分布下的相对 VaR 和绝对 VaR

在正态分布的假设下，根据相对 VaR 和绝对 VaR 的定义，可以得到

相对 VaR： $\text{VaR}_R = -\alpha\sigma W_o$

绝对 VaR： $\text{VaR}_A = -(\alpha\sigma + \mu)W_o$

假定参数 μ 和 σ 是以一天时间间隔计算出来的，则持有期为 Δt 的相对 VaR 为

$$\text{VaR}_R = -W_o(R^* - \mu) = -W_o\alpha\sigma\sqrt{\Delta t} \tag{2.2.4}$$

因此，VaR_R 是分布的标准差与由置信水平确定的乘子的乘积。

类似地，对于绝对 VaR 有如下形式：

$$\text{VaR}_A = -W_o R^* = -W_o(\alpha\sigma\sqrt{\Delta t} + \mu\Delta t) \tag{2.2.5}$$

这种方法可以推广到正态分布和其他的累积概率函数，其中所有的不确定性都体现在 σ 上，置信区间的不同会得到不同的 α。

---

① 注意，此处的 α 为负值。

2. t 分布的临界值

实证金融发现，金融市场中很多资产收益的分布并不遵循正态分布，而是表现出所谓的厚尾特征。在这种分布下，实际观测值偏离均值的情况比正态分布或者说钟形分布要更多一些。尽管可以通过及时地对正态分布做变换来反映一些不可能事件，但厚尾分布的尾部还是相对厚了一些，因此，利用正态分布假设会导致 VaR 对风险的低估。

分布中出现厚尾会让风险管理者尤为担心，因为这意味着出现超额损失的频率比正态分布的预测结果更高。幸运的是，即使单个资产的收益不遵循正态分布，但在各种风险因子间分散得很好的资产组合的收益仍会表现出正态分布的特征。这种效应可以用中心极限定理来解释。该定理认为，在大样本的情况下，众多相互独立的随机变量组成的集合在总体上将收敛于正态分布。

在实践中，这个结论意味着，如果资产组合得到了很好的分散，并且各风险因子的收益之间相互独立（即使这些收益本身不遵循正态分布），风险管理者仍然可以假定一个资产组合的收益率服从正态分布（或者价格服从对数正态分布）。

如果投资者认为正态分布没有很好地描述资产组合收益的变动，还可以引入 t 分布、混合正态分布与广义误差分布（Generalised Error Distribution，GED）等方法改进标准分析方法对厚尾性的估计。如图 2-2 所示，t 分布这类分布考虑了厚尾情形，同时也能提供类似正态分布下关于 VaR 的推导。

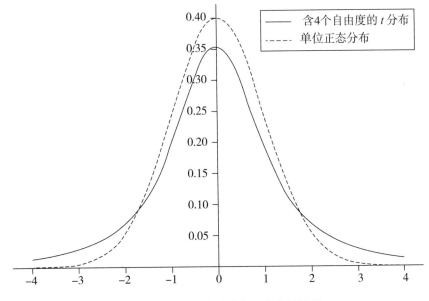

图 2-2 单位正态分布和 t 分布的比较

可以用资产组合收益率的均值（μ）、方差（σ^2）以及一个称为"自由度"的附加参数 v（这个参数控制着分布尾部的厚度即"峰度"）来刻画 t 分布。v 越小，则 t 分布的尾部越厚。随着 v 的不断增大，该分布将不断趋近于均值为 μ、方差为 σ^2 的正态分布。已有研究发现，大多数金融时间序列所表现出的峰度 v 在 7 至 8 之间。

可见，根据 t 分布推导出的 VaR 值比正态分布推出的 VaR 值高一些。想在资产组合服从 t 分布时计算 VaR 值，只需简单地用适当的 t 分布替换正态分布中的 $f(R)$ 就可以了。比如，当 v 等于 5 时，在 99% 的置信度下，VaR 值为 3.365 个标准差，而不是按正态分布计算出的 2.33 个标准差。

3. 正态分布下 VaR 参数的转换

在正态分布假设下计算 VaR 有以下两方面的优势。

(1) 不同置信水平下的 VaR 可相互转化

在正态分布假设下，不同置信水平下的 VaR 值可以很方便地互相转化。例如要将置信水平为 95% 的 VaR 值转化为置信水平为 99% 的 VaR 值，由 VaR 的计算公式：$\text{VaR} = -\alpha\sigma W$，可得

$$\frac{\text{VaR}_{99\%}}{\text{VaR}_{95\%}} = \frac{-\alpha_{99\%}\sigma W_o}{-\alpha_{95\%}\sigma W_o} \Rightarrow \text{VaR}_{99\%} = \frac{2.33}{1.65}\text{VaR}_{95\%}$$

同理可知，在正态分布假设下，任意置信水平的 VaR 值都可以很方便地互相转化。

(2) 不同持有期的 VaR 可相互转化

以日数据为例，在正态假设下，如果收益率之间相互独立，那么，在持有期 t_1 内的方差为 $\sigma_{t_1}^2 = t_1 \sigma^2$，其中，$\sigma_{t_1}^2$ 为 t_1 期组合收益率的方差，σ^2 为组合收益率的日方差，所以

$$\text{VaR}_{t_1} = -\alpha\sigma W_o\sqrt{t_1}$$

同理，持有期 t_2 内的 VaR 为 $\text{VaR}_{t_2} = -\alpha\sigma W_o\sqrt{t_2}$，所以

$$\text{VaR}_{t_2} = -\alpha\sigma W_o\sqrt{t_2} = -\alpha W_o\sqrt{t_2}\left(\frac{\text{VaR}_{t_1}}{-\alpha\sigma W_o\sqrt{t_1}}\right) = \text{VaR}_{t_1}\sqrt{\frac{t_2}{t_2}}$$

通过上式可知，不同持有期的 VaR 值之间可以进行转换。

需要注意的是，使用时间平方根法对持有期的 VaR 值进行调整的简化处理并不准确。该方法假设风险因子符合白噪声假设，而大量研究表明风险因子的白噪声假设并不成立。Danielsson 等（2006）指出，若风险因子呈跳跃发散状态，时间平方根法不仅会低估 VaR 值，估计误差还会随持有期长度的增加而增大；Kritzman 等（2002）还指出，1 天持有期的 VaR 值并不能揭示出在较长一段时期内损失的积累效应。

(三) 波动率的估计方法

标准差（σ）通常也被称为波动率。假定要考察变量的分布形态不会随时间的推移而发生变动，即在任何时点上，方差都是某个既定的常数，这样的方差被称为无条件方差。在这种情况下，波动率一旦被估计出来，就可以一直不变地使用下去。然而事实上，变量的分布形态往往会随时间的推移而动态变化，这个时候的方差就表现为条件方差，我们通过给 σ 加一个时间下标来表示，即 σ_t，表示这一波动率只是在时刻 t

的结果。在不同时刻,波动率的数值会存在差异,这样的波动率也被称为动态波动率。

动态波动率的估计方法主要有两大类:一类是基于历史数据进行估计,如简单移动平均模型、指数加权移动平均模型(Exponential Weighted Moving Average,EWMA)、ARCH模型、GARCH模型等;另一类是通过BSM(Black Scholes Merton)期权定价模型了解市场定价的波动率。我们重点关注第一类方法,介绍四种基于历史数据进行估算的基本模型,即简单移动平均模型、指数加权移动平均模型、ARCH模型和GARCH模型。

1. 简单移动平均模型

移动平均是指随时间窗口的推移对固定个数的数据取平均值。时间窗口每推移一个时间单位,就加入一个新数据,同时放弃一个最老的数据。因此,样本容量是恒定的。移动平均技术应用相对简单,在金融计量学中被广泛采用,比如在股市分析中常用的移动平均线。

有效市场的含义是资产价格服从随机游走过程,而资产收益率则服从稳定的白噪声过程。在计算和预测波动率时,收益率(r)是输入变量。在估计t时刻n期历史数据的方差时,求过去n个单期收益率平方的等加权移动平均数,再把该估计值的平方根转化为年化收益率,就得出历史波动率的数值。通常选取的时间窗口长度为20个交易日(月度波动率)或60个交易日(季度波动率)。公式如下:

$$\sigma^2_{t|t-1} = \frac{1}{n}\sum_{T=1}^{n} r^2_{t-T} \qquad (2.2.6)$$

式(2.2.6)中波动率的脚标"$t|t-1$"表示基于第$t-1$期以前的数据估计t时刻的波动率。可以看出,公式将过去n个交易日的权重均等地设为$1/n$,所以简单移动平均也被称为等加权移动平均。

在估计波动率时,风险管理人员通常不仅关心未来一天的波动率,也关心未来更长时期,比如10天、20天等的波动率。一般来说,如果我们可以估计出未来一天的波动率,就可以直接应用前面提到的时间平方根法,直接将一天的波动率转换为更长时间的波动率。例如,如果我们想知道未来T日的波动率,则有

$$\sigma^2_{t+T|t} = T\sigma^2_{t+1|t},\text{ 或表示为 } \sigma_{t+T|t} = \sqrt{T}\sigma_{t+1|t}$$

简单移动平均模型的好处是简单易行。但是其内在缺陷也比较突出,该方法存在幽灵效应(Ghost Effect)。在样本期内如果市场价格突然发生变化(即正或负的收益率异常大),将会严重影响移动平均的趋势。此外,该方法对所有的数据点都设定同样的权重,而不管它们是最近的数据还是过去比较久远的数据,是变化大的数据还是变化小的数据。事实上,由于最近的信息与将来更加相关,大的事件对未来的影响也更大,因此,该模型预测的结果肯定是不精准的。为了更准确地刻画资产价格的波动情况,人们引入了指数加权移动平均模型。

2. 指数加权移动平均模型

指数加权移动平均模型也称指数平滑模型,该模型通过引入一个指数平滑过程,

对简单移动平均模型进行了改进。相对于简单移动平均模型,指数加权移动平均模型不仅反映了时间序列的随机性特征,而且适当提高了当前数据的权重,减少较早以前数据的权重,以提高预测精度。

一个 n 期的指数加权移动平均模型公式如下:

$$\sigma_{t|t-1}^2 = \frac{r_{t-1}^2 + \lambda r_{t-2}^2 + \lambda^2 r_{t-3}^2 + \cdots + \lambda^{n-1} r_{t-n}^2}{1 + \lambda + \lambda^2 + \cdots + \lambda^{n-1}} \qquad (2.2.7)$$

其中,λ 为衰减因子,$0 < \lambda < 1$。随着 $n \to \infty$,分母收敛于 $1/(1-\lambda)$。于是一个无限期的指数移动平均模型为

$$\sigma_{t|t-1}^2 = (1-\lambda) \sum_{i=1}^{\infty} \lambda^{i-1} r_{t-i}^2 \qquad (2.2.8)$$

经过迭代后,可以获得一个更简洁的表达形式:

$$\sigma_{t|t-1}^2 = (1-\lambda) r_{t-1}^2 + \lambda \sigma_{t-1|t-2}^2 \qquad (2.2.9)$$

可见,用 $t-1$ 期估计 t 期的波动率,实际上取决于两个部分:$t-1$ 期的波动率估计值和 t 期收益率平方的加权平均。

作为权重系数,λ 决定了波动率的持久性,$1-\lambda$ 决定了波动率对当前事件的反应程度,两者并非独立的,它们加起来等于 1。按照该方法,不同时期的波动率会发生变化。由于存在持久性,如果某一时期的平均波动率较高,则下一时期的波动率也会较高,形成波动集中。另外,由于新近的观察点数据权重大,较早的观察点数据权重小,模型能够迅速地对冲击做出反应;同时,由于在冲击之后权重呈指数式的衰减,波动率也以指数方式衰减,满足了资产价格的波动聚集性特征。因此,指数加权移动平均模型一直被 J. P. 摩根推出的 RiskMetrics 模型所倡导和使用,是度量 VaR 的经典方法之一。

需要注意的是,指数加权移动平均模型在应用中也存在一些局限性。第一,它只能用于预测下一时期的方差。通过日收益率,指数加权移动平均技术能给出一系列单日方差的预测值,但对下一时期的预测需要连续更新实际数据,计算量较大;第二,估计衰减因子 λ 时,尚无最优理论方法。RiskMetrics 模型在估计波动率时,对日数据采用 $\lambda = 0.94$,对月数据采用 $\lambda = 0.97$。

3. ARCH 模型

上述指数波动率模型,例如简单移动平均模型和指数加权移动平均模型不能很好地反映金融数据的特征。比如简单移动平均模型具有明显的幽灵效应;指数加权移动平均模型则要求序列有显著的自相关性,对于自相关性不显著的序列,指数加权移动平均模型的表现很差。因此,人们开始寻找新的方法。ARCH 模型一经推出就立即成为对波动率和相关性进行预测的常用模型。

与传统时间序列和计量模型不同,ARCH 模型并没有假设方差不变,而是把条件方差视为前期误差的函数,也就是说条件方差是随着时间的变化而变化的。方差的估

计公式如下:

$$\sigma_t^2 = \alpha_0 + \alpha_1 \mu_{t-1}^2 + \cdots + \alpha_p \mu_{t-p}^2 \qquad (2.2.10)$$

其中,$\alpha_0 > 0; \alpha_1, \cdots, \alpha_p \geq 0$。

该模型表示,可以通过对过去 p 期非预期收益 μ_t(定义为实际收益减去收益的均值)平方的移动平均来得到收益序列的异方差性。对系数的非负约束表明,最后的方差值不能小于0。如果在今天之前的第 m 期($m \leq p$)市场经历了大幅的波动,那么今天的条件方差就会增加,也就意味着今天的市场会有大幅度的波动。

4. GARCH 模型

由于 ARCH(p) 模型要得到好的拟合效果必须有很大的阶数 p,这不仅可能增加待估计参数的个数,也可能引发解释变量过多所导致的多重共线性的问题。1986年,Bollerslev 提出了广义条件异方差模型,即 GARCH 模型。该模型在 ARCH(p) 模型中增加了 q 个自回归项,推广成 GARCH(p,q) 模型。它的条件方差方程具有以下形式:

$$\sigma_t^2 = \omega + \alpha_1 \mu_{t-1}^2 + \cdots + \alpha_p \mu_{t-p}^2 + \beta_1 \sigma_{t-1}^2 + \cdots + \beta_q \sigma_{t-q}^2 \qquad (2.2.11)$$

其中,$\omega > 0; \alpha_1, \cdots, \alpha_p \geq 0; \beta_1, \cdots, \beta_q \geq 0$。

GARCH 模型等同于 ARCH 的无穷形式,可以有很好的拟合性,但是需要估计的参数却会减少很多,从而解决了 ARCH 模型存在大量待估参数的问题。在式(2.2.11)中,β 是滞后系数;常数项 ω 决定了波动率的长期平均水平。与滞后系数和回报系数不同的是,ω 值对估计过程中数据期限的长度非常敏感。如果期限较长,当出现极端事件时,ω 的估计值就会很大,此时波动率的期限结构会收敛到一个很高的水平上。

大量的金融实证文献证明,中国股市显著地符合 GARCH 模型。由于 GARCH 模型较好地反映了金融数据的特征,所以很快就被广泛运用于金融领域的估计和预测中。最常用的 GARCH(1,1) 模型的形式如下:

$$\sigma_t^2 = \gamma V_L + \alpha \mu_{t-1}^2 + \beta \sigma_{t-1}^2$$

其中,α 为回报系数;β 为滞后系数;$\alpha + \beta + \gamma = 1$。

设定 $\omega = \gamma V_L > 0$,$\alpha > 0$,$\beta > 0$,则

$$\begin{aligned}
\sigma_t^2 &= \omega + \alpha \mu_{t-1}^2 + \beta \sigma_{t-1}^2 \\
&= \omega + \alpha \mu_{t-1}^2 + \beta(\omega + \alpha \mu_{t-2}^2) + \beta^2(\omega + \alpha \mu_{t-3}^2) + \beta^3(\omega + \alpha \mu_{t-4}^2) + \cdots \\
&= \frac{1}{\omega} + \alpha(\mu_{t-1}^2 + \beta \mu_{t-2}^2 + \beta^2 \mu_{t-2}^2 + \cdots)
\end{aligned}$$

这是一个递归形式,等价于一个无限的 ARCH 模型。与 GARCH(1,1) 对应的无条件方差是 $V_L = \sigma^2 = \dfrac{\omega}{(1 - \alpha - \beta)}$。

上式说明,回报系数 α 和滞后系数 β 的和要小于1,这隐含地表示了 GARCH 是二阶平稳的;此时均值、方差以及自协方差有限,并且不随时间的变化而变化。在金融

市场中，一般 β 大于 α，也就是说对条件方差的冲击需要经过一段时间才会消失，表明波动率是平稳的。

例：根据某金融资产构建 GARCH 模型：$\sigma_t^2 = 0.000002 + 0.13\mu_{t-1}^2 + 0.86\sigma_{t-1}^2$，其长期稳定方差为 0.000002，前一日的波动率为 1.4%。如果当前价格变动水平是 1%，那么，预测的方差为

$$\sigma^2 = 0.000002 + 0.13 \times (1\%)^2 + 0.86 \times (1.4\%)^2 = 0.00018356$$

进而可知，预测的日波动率为 1.35%，这与实际的日波动率 1.6% 相当接近。

GARCH 模型满足 $\alpha + \beta < 1$，证明模型是平稳的，能够对其进行各项检验，同时，也可用于衡量冲击对收益率带来的影响的持续性。倘若某金融资产的 α 和 β 值均很大，说明金融市场波动对冲击的反应函数以一个相对较慢的速率衰减。若 $\alpha + \beta$ 接近甚至略大于 1，则方差趋于无穷。因此，倘若多项的参数值统计显著，就存在杠杆效应，即投资者出于对风险的规避和对低股本的追逐，往往对负方向的价格变动更为敏感，出现股票换手率高、股价涨跌幅度大等情况，使股票价格与上市公司价值相背离。鉴于这种情况，可以用非对称性的 EGARCH 或者 TGARCH 模型拟合收益率后计算 VaR 值，这样 VaR 估计中就包含了信息效应。

例如，假设实证分析得出股市中某资产组合满足 $\alpha + \beta = 0.8960$，由于 $(0.8960)^{30} = 0.0371$，则 30 天后，股市冲击对该类资产价格波动所造成的影响依然存在。进一步考虑更极端的情况，假设对该金融资产而言，如果 $\alpha + \beta$ 接近于 1，则表明股市冲击对资产价格波动造成的影响具有无限期延伸下去的趋势。比如当 $\alpha + \beta = 0.9817$ 时，大约 180 个交易日后，股市冲击存留的影响才能下降到大致与 0.8960 相同的程度，即降为 $(0.9819)^{180} = 0.0373$，所需时间为之前的 6 倍。

（四）波动率计算实例

假设我们已知在 2020 年 1 月 2 日某投资者买了 10,000 股招商银行股票，购入价格为 38.88 元/股。① 那么，在下一个交易日，在 99% 置信水平下，该投资者的最大损失是多少？

基于参数估计方法，对该问题的解决步骤如下。

第一步，确定风险因子。

本例中我们只考虑招商银行股票本身的变动，不引入其他影响因子（如股票指数变动、利率变动等），即通过资产价格计算资产损益。具体地说，招商银行的股票损益 R 是股价 P 的函数，用公式表示：$R = \ln P_t - \ln P_{t-1}$。

第二步，选择随机模型并检验。

假定招商银行股票对数收益率服从正态分布。检验结果显示，招商银行股票对数

---

① 数据来源：https://cn.investing.com/equities/merchants-bank-historical-data，访问日期：2022-11-22。

收益率基本服从正态分布,但具有尖峰厚尾且向左偏斜的特征。

第三步,估计招商银行股票收益率的均值和方差——考虑收益率序列的时变性。

一是假定招商银行股票收益率的均值与方差不随时间变化。可直接通过统计描述法从软件中获取这两个参数,可以利用 Excel "数据分析"中自带的"描述统计"选项。计算结果为 $\mu = 0.05\%$,$\sigma = 1.9\%$。

二是假定招商银行股票收益率的均值与方差随时间变化。采用前文介绍的简单移动平均模型、指数加权移动平均模型、ARCH 模型或者 GARCH 模型等,分别计算这两个参数。

1. 简单移动平均模型

根据前文介绍的简单移动平均模型的基本原理,首先求出招商银行股票收益率平方的序列,然后据此分别进行窗口期为 10 天、20 天、30 天和 60 天的等加权移动平均,如图 2-3 所示。在 2019 版 Excel 中做移动加权平均的方法有多种,比如可以直接利用"AVERAGE"函数,也可以利用"数据分析"中自带的"移动平均"选项。

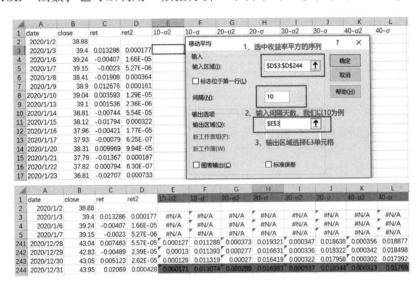

图 2-3 10 天加权移动平均示意

表 2-5 等加权移动平均计算结果

统计量	$T = 10$ 天	$T = 20$ 天	$T = 30$ 天	$T = 40$ 天
方差	0.0171%	0.0289%	0.0337%	0.0313%
标准差	1.3074%	1.6993%	1.8344%	1.7690%

2. 指数加权移动平均模型

我们直接采用 RiskMetrics 模型对 λ 赋值,本例为日数据,故采用 $\lambda = 0.94$。在 Excel 中做指数加权移动平均,可以直接利用"f_x"窗口输入公式,也可以采用"数据分析"中自带的"指数平滑"选项。

以 Excel 自带的"数据分析"中的"指数平滑"选项为例,其中输入区域为招商银行股价收益率的平方,阻尼系数为 λ 值,输出区域选中"O3"单元格即可,点击"确定",便能计算出每日的方差,进而估算出波动率,如图 2-4 所示。

图 2-4　指数加权移动平均示意

结果显示,招商银行 2020 年 12 月 31 日的方差为 0.0263%、标准差为 1.6216%。

3. ARCH 模型

我们选用 R 语言进行 ARCH 模型的波动率计算,过程如下。

首先,采用上例数据,绘制收盘价及对数收益率时序图,如图 2-5 所示。

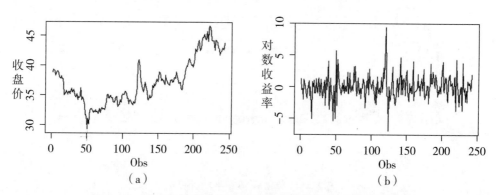

图 2-5　招商银行收盘价时序图和对数收益率时序图示例

由图 2-5 可以看出,在样本数据时间跨度中,对数收益率随时间在 0 值上下变化,表明收益率的均值不随时间变化。在样本数据时间跨度中,对收益率进行 ADF（Augmented Dickey-Fuller）检验,计算得到的 ADF 统计量为 -7.36,显著小于 1% 临界值 -2.33,故拒绝存在单位根的原假设,表明该序列是平稳序列。在样本数据时间跨度中,对数据进行 JB（Jarque-Bera）检验和 SW（Shapiro-Wilk）检验,如表 2-6 所示,可见研究对象的对数收益率并不满足正态分布。

表2-6 JB检验和SW检验

统计量	JB检验	SW检验
p 值	$< 2.2 \times e^{-16}$	$3.788 \times e^{-6}$

对收益率平方建模,发现存在显著的ARCH效应[①],在R中输入:

```
m1 = garchFit( ~garch(1,0),data = rtn,trace = F,include.mean = T)
summary(m1)
```

获得参数计算结果,整理可得

$$\sigma_t^2 = \alpha_0 + \alpha_1 \mu_{t-1}^2$$
$$\alpha_0 = 0.000242, \alpha_1 = 0.36$$

再次输入

```
a = m1@ h.t
b = m1@ sigma.t
```

得到采用ARCH模型预测的方差和标准差。招商银行的方差为0.0250%、标准差为1.5804%。

4. GARCH模型

同样采用R语言进行GARCH模型建模,根据前面对GARCH模型的介绍,在R中输入以下代码:

```
m2 = garchFit( ~garch(1,1),data = rtn,trace = F,include.mean = T)
summary(m2)
```

获得参数计算结果后整理可得

$$\sigma_t^2 = 0.000237 + 0.3615 \mu_{t-1}^2 + 0.0140 \sigma_{t-1}^2$$

接着输入以下代码:

```
c = m2@ h.t
d = m2@ sigma.t
```

得到模型预测的方差和标准差,整理可得,招商银行的方差为0.0248%、标准差为1.5753%,与EWMA模型和ARCH模型的计算结果基本一致。

(五) VaR的计算步骤

VaR的计算需要设定数量因子:由于持有期和置信水平是确定的,所以我们的目

[①] 此处为了便于展示,我们假设ARCH(1)为最优模型。实际情况是我们需要通过PACF和ACF函数及相应的准则确定 p 的阶数,为便于初学者理解,此处进行了简化处理。

标就是寻找在一定置信水平下和时间跨度内,资产组合预期的最大可能损失值。

大多数 VaR 模型都是用来测度短期内(比如 1 天内)的风险。1998 年《巴塞尔协议》规定了一个置信水平 c,为 99%。如果是为了内部资本分配的需要,使用的置信水平则可以更高一些,比如 99.96%,这与 AA 级信用级别相一致,因为根据统计计算,AA 级公司的实际违约概率在 4 个基点左右。

在用 VaR 管理每日风险时,需要计算每日的 VaR 值,即 DVaR 值。DVaR 值的推导以资产组合价值的日分布为基础。不过,监管部门规定的报告监管资本的期间为 10 天。从理论上讲,可以根据资产组合价值的 10 日分布来计算 10 日 VaR 值。不过,我们也能从 DVaR 值直接推导出 10 日 VaR 值或其他任何期的 VaR 值。

假定市场是有效的,资产在 10 天内的每日收益 R_t 分布相同且相互独立,那么 10 日收益 $R(10) = \frac{1}{10}\sum_{t=1}^{10} R_t$ 服从正态分布,可得,$VaR(10) = \sqrt{10} \times DVaR$。

这意味着,可以用期间(这里为 10 天)的平方根乘以每日的 DVaR 值近似得到 10 日 VaR 值。更一般地,$VaR(N) = \sqrt{N} \times DVaR$。但是,倘若股票收益序列相关或分布不是独立同分布的,则上述结论将不能成立。

综上所述,VaR 的计算包括以下几个步骤:首先,利用历史数据推导既定期间(比如 1 天或 10 天)内,资产组合价格或资产收益的远期分布(收益的方差、标准差和协方差等)①;其次,在正态分布假设下求出一定置信水平对应的临界值(如假定置信水平 c 为 95% 或 99%);最后,将前两步中求得的数据代入 VaR 的计算公式,求出相应的 VaR 值。

例:假定我们要计算一个 1 亿美元的股权资产组合在 10 天内在 99% 置信水平下的 VaR 值,则计算过程将采取以下步骤。

(1)确定当前资产组合的市场价值 W_o 等于 1 亿美元;
(2)确定风险因子的波动率 σ 为每年 15%;
(3)确定持有时间间隔为 10 天;
(4)确定置信水平,在正态分布假定下 99% 的置信度意味着 $\alpha = 2.33$;
(5)综合上述各因素确定 VaR 值为 700 万美元。

计算过程为

$$VaR = \sqrt{\Delta t} \times DVaR = -\alpha\sigma W_o \sqrt{\Delta t}$$
$$= 100,000,000 \times 15\% \times \sqrt{10/252} \times 2.33 \approx 7,000,000 (美元)$$

注意,VaR 与将违约可能性限制在一个给定的较低置信水平 $(1-c)$ 下时股东应投入的相关经济资本,而监管资本则是监管者设定的金融机构应保有的最低资本水平。

---

① 可以从历史价格分布来直接推导价格或收益的分布(非参数 VaR),也可以对分布做出假定,比如,通常的做法是假定价格服从对数正态分布,或假定资产收益服从正态分布(参数 VaR)。

经济资本和监管资本通常存在差异,这主要是因为两者计算时使用的置信水平和期间不同。在大多数情况下,银行在计算经济资本时选择的置信水平要比监管部门设定的99%高。不过,在计算经济资本时,银行所使用的期间从高流动性敞口(如政府债券交易)的1天到低流动性敞口(如较长期的场外权益衍生产品敞口)的几个星期,差异很大。而监管部门给交易账户上所有敞口设定的计算期间均为10天。

二、历史模拟法

历史模拟法是用给定历史时期所观察到的市场因子的变化来表示市场因子的未来变化。这种方法是借助过去一段时间内的资产组合收益的频度分布,通过找到历史上一段时间内的平均收益以及在既定置信区间下的最低收益水平来推断VaR的数值。

(一) 历史模拟法的计算过程

历史模拟法的本质是用收益率的历史分布来代替收益率的真实分布,以此求得资产组合的VaR值。历史模拟法的推导以历史数据构造的价格分布为基础。这类VaR的计算不需要对资产组合收益的分布做出假设,因而不涉及对某种理论分布的估计。由于它不对收益分布做出假定,所以这种方法对于任何分布,无论是离散的还是连续的,厚尾的还是薄尾的,都是有效的,所以又被称为非参数估计。图2-6显示了这一过程。

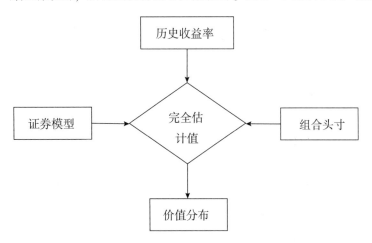

图2-6 历史模拟法

采用历史模拟法计算VaR相对简单。我们以J. P. 摩根公司1994年的资产组合为例,介绍历史模拟法计算VaR的过程。[①] 1994年J. P. 摩根公司资产组合的平均收益为50万美元,日收益情况如图2-7所示,共有254个观察值。图中显示的是将日投资按大小进行排序,通过计算出每个损益发生的频数,得到日损益分布的直方图。假定每

---

① 资料来源:乔瑞. 风险价值VAR [M]. 3版. 郑伏虎,万峰,杨瑞琪,译. 北京:中信出版社,2010.

日收益是独立同分布的,如果选取 95% 的置信水平,由于观测值为 254 个,则可以找到在 95% 置信水平下的 VaR 值,即直方图中左侧 5% 临界点所对应的值。它位于图中左尾的第 11 个观测值 -1000 万美元和第 15 个观测值 -900 万美元之间,使用线性插值法,可得到左尾第 12.7 个观测值(5%)为 -957.5 万美元,即 $V = -957.5$ 万美元。

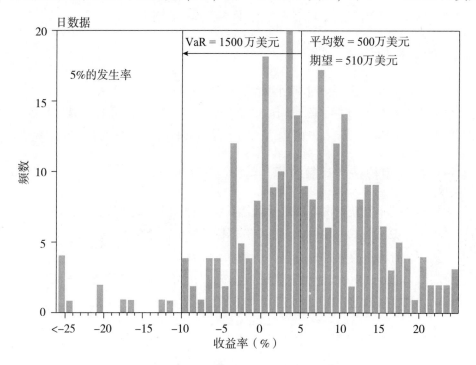

图 2-7　J. P. 摩根 1994 年日收益分布

所以,VaR $= E(V) - V = 510 - (-957.5) = 1467.5$ 万美元。

在该例中,VaR 是根据敞口在 1 年内的每日收益数据的历史分布来计算的。在这种非参数 VaR 计算中,没有对敞口收益的具体分布做出任何假定。

同样,我们继续以招商银行为例,对用历史模拟法计算 VaR 进行更加细致的说明。由招商银行连续 501 个交易日的历史数据,可获得招商银行股票每日收益率的 500 个历史取值,如表 2-7 所示。

表 2-7　招商银行 2021 年 3 月 1 日之前 500 个历史收益率数据

时期	日期	收盘价	收益率
1	2021/3/1	50.39	-0.0134
2	2021/2/26	51.10	-0.0635
3	2021/2/25	54.45	0.0157
4	2021/2/24	53.60	-0.0357
5	2021/2/23	55.55	0.0246
……	……	……	……

(续表)

时期	日期	收盘价	收益率
496	2019/2/15	29.15	-0.0241
497	2019/2/14	29.86	0.0007
498	2019/2/13	29.84	0.0176
499	2019/2/12	29.32	-0.0024
500	2019/2/11	29.39	0.0031

  历史模拟法假设历史会重演,即2021年3月1日之后的变化等同于其历史变化(前500天的变化)。以上一个交易日的收益率-1.34%计算,得到2021年3月2日持有该股票的收益率。

  对收益率的取值按大小进行排序,如表2-8所示。结合VaR定义可知,在500个收益率取值中,位列495名和475名的收益率分别为-4.94%和-2.54%。表2-9展示了用历史模拟法计算的日VaR值,即99%的置信水平下的日VaR值为-4.94%,95%的置信水平下的日VaR值为-2.54%。此外,为了更加直观地观察结果,图2-8还绘制了招商银行500个日收益率的直方图和密度图。其峰度为2.349,偏度为0.289,分布存在偏峰长尾现象。

表2-8 收益率排序

i	日收益率第 i 个可能取值	收益率排序
1	-0.0134	428
2	-0.0635	499
3	0.0157	86
4	-0.0357	491
5	0.0246	45
……	……	……
309	-0.0254	475
……	……	……
409	-0.0494	495
……	……	……
496	-0.0241	470
497	0.0070	235
498	0.0176	77
499	-0.0024	281
500	0.0031	197

表 2-9 历史模拟法计算招商银行的日 VaR 值

置信水平	95%	99%
日 VaR	-2.54%	-4.94%

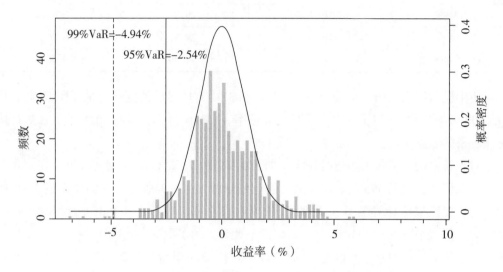

图 2-8 招商银行 500 个日收益率的直方图和密度图示例

图 2-8 中竖直的虚线表示 99% 置信水平下的 VaR 值，竖直的实线表示 95% 置信水平下的 VaR 值。

(二) 历史模拟法的优缺点评述

历史模拟法有以下优点。

第一，历史模拟法概念直观、计算简单、容易实施，便于被风险管理者和监管当局所接受。

第二，它是一种非参数方法，无须假定市场因子变化的统计分布，可有效处理非对称和厚尾问题。

第三，历史模拟法无须估计波动性、相关性等参数，避免了因为参数估计不准带来的风险；历史模拟法不需要使用市场动态性模型，也避免了模型风险。

第四，历史模拟法是全值估计方法，可以较好地处理非线性、市场大幅波动的情况，捕捉各种风险。

从概念上讲，历史数据模拟是最简单的 VaR 计算方法，但是历史模拟法自身也存在以下缺陷。

第一，历史模拟法需要大量的历史数据，因此用历史模拟法计算 VaR 所花费的时间要比参数 VaR 方法更多。如果样本量太少，VaR 的估计值精确性就难以保证，较长时间的样本尽管可以使 VaR 估计的稳定性增加，但由于包含很多旧信息，可能会违反损益独立同分布的假设前提。

第二，历史模拟法假设市场因子的未来变化与历史变化完全一致，概率密度函数不随时间的变化而变化，而金融市场明天的变化未必就与昨天的变化完全一致。

第三，历史模拟法计算出的 VaR 波动性较大。当样本数据量较大时，历史模拟法存在严重的滞后效应，尤其当含有异常样本数据时，滞后效应更加明显，有时会导致 VaR 值被严重高估。

第四，历史模拟法难以进行灵敏度分析。在实际应用中，通常要考察不同市场条件下 VaR 的变动情况，然而历史模拟法却只能局限于给定的环境条件下，很难进行相应的调整。

第五，历史模拟法对计算能力要求较高。因为历史模拟法采用的是定价公式而不是灵敏度，特别是当组合较为庞大且结构复杂时，要求有相当强的计算能力。

三、蒙特卡罗模拟法

蒙特卡罗模拟法也称随机模拟法。它与历史模拟法一样，不需要对未知整体做出任何假设，而是通过产生一个模拟的资产组合收益分布来估算 VaR 值。通过模拟收益排序，估算出给定置信水平下的 VaR 值。

（一）蒙特卡罗模拟法的思路

蒙特卡罗模拟法的基础是假设一个随机过程，即特定的价格动态模型或市场变量动态模型，这一点不同于以价格或市场变量变化的历史数据为基础的历史模拟法。蒙特卡罗模拟法估算值的基本思路是：借助计算机的统计推断方法及手段，利用相应的"随机数发生器"，通过对资产组合已有样本采用有放回的抽样（每个样本被抽到的概率都相同）来产生大量的符合历史分布的可能数据（伪随机数），然后对收益的不同行为分布进行模拟，构造出资产组合的可能损益情况，从而确定整体的分布，再按照给定的置信水平估算出 VaR 值。

蒙特卡罗模拟法度量 VaR 值的基本步骤如下。

第一，应针对现实情况建立一个简明且易于实现的概率统计模型，使得其期望值与所要解决的问题相匹配；

第二，对所构造的模型中的随机变量建立抽样分布，在计算机上进行模拟试验，抽取足够多的随机数，对有关的事件进行统计；

第三，对模拟试验结果加以分析，给出所求变量及其精度（方差）的估计；

第四，按照实际需要，为提高估计精度和模拟计算的效率，可对模型进行改进。

蒙特卡罗模拟法的具体步骤如图 2-9 所示。

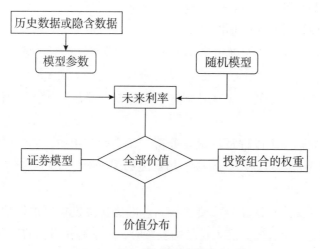

图 2-9 蒙特卡罗模拟法操作示意

蒙特卡罗模拟法计算案例

同样，我们选取招商银行连续交易日的历史数据（2019年2月1日至2021年3月1日股票价格），相关股价趋势如图2-10所示，具体计算步骤如下。

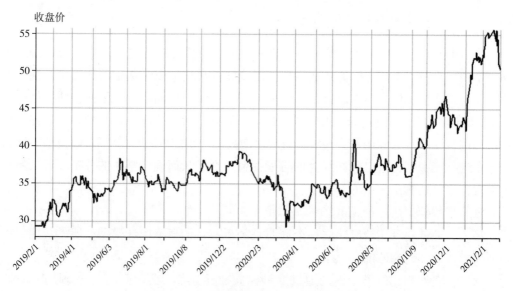

图 2-10 招商银行近 500 日股价趋势

第一步：读取数据，计算对数收益率。

$$r_t = \ln P_t - \ln P_{t-1}$$

第二步：进行描述性统计，绘制招商银行的对数收益率时序图，如图2-11所示。通过R语言中的"basicStats"函数，我们可以得到招商银行500个日收益率的描述性统计结果,进一步计算出其收益率均值 $\mu=0.11\%$,标准差 $\sigma=1.79\%$。

我们还可以继续计算出招商银行的峰度为 2.35,偏度为 0.29。根据图 2-12 可以看出,招行股价收益率并不满足资产收益率的正态假定,呈现偏峰长尾的事实。

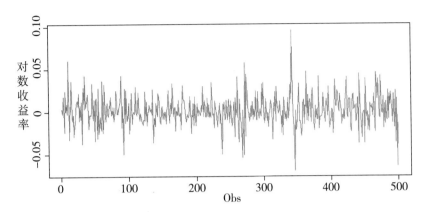

图 2-11　招商银行 500 日股价的对数收益率时序图示例

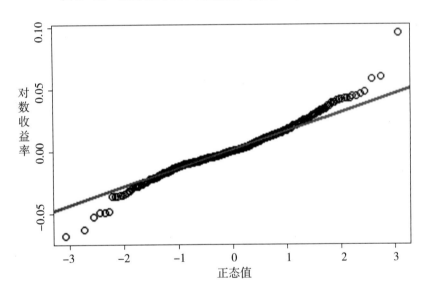

图 2-12　标准收益率设为正态分布的 QQ 图示例

第三步:建立 GARCH (1,1) 模型,同样采用 R 语言计算出估计参数。得到模型
$$\sigma_t^2 = 0.000074 + 0.135\,\mu_{t-1}^2 + 0.643\,\sigma_{t-1}^2$$

```
Coefficient(s):
          mu        omega       alpha1       beta1       shape
6.8353e-04   7.4025e-05   1.3508e-01   6.4268e-01   5.6024e+00

Std.Errors:
 based on Hessian

Error Analysis:
```

	Estimate	Std.Error	t value	Pr(>|t|)	
mu	6.835e-04	7.105e-04	0.962	0.336011	
omega	7.402e-05	3.511e-05	2.108	0.035000	*
alpha1	1.351e-01	5.785e-02	2.335	0.019547	*
beta1	6.427e-01	1.362e-01	4.719	2.37e-06	* * *
shape	5.602e+00	1.588e+00	3.529	0.000417	* * *

从图 2-13 可以看出，当标准化收益率设为 t 分布时，QQ 图效果有明显的改善，此时 QQ 图看起来较为合理。

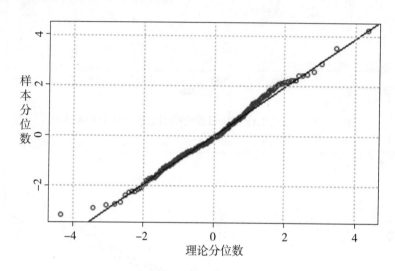

图 2-13　标准收益率设为 t 分布的 QQ 图示例

第四步：蒙特卡罗模拟。首先，设置随机种子、模拟次数（通常为 1000 次）；其次，设定残差分布矩阵（关键）；最后，选好起始点（即初始点），利用估计的参数计算未来的收益率。

蒙特卡罗模拟之后可得到 1000 个日收益率的分布，最后按照 VaR 定义便可计算出招商银行 2021 年 3 月 1 日前 500 个历史收益率数据值。计算结果如表 2-10 所示。

表 2-10　蒙特卡罗法计算招商银行的日 VaR 值

置信水平	95%	99%
日 VaR	-3.92%	-7.44%

对比表 2-9 与表 2-10，可以看出与历史模拟法相比，蒙特卡罗模拟法的结果对 VaR 的描述更为精准。

（二）蒙特卡罗模拟法的优缺点评述

历史模拟法需要真实的历史数据完成模拟过程，而蒙特卡罗模拟法则利用计算机随机生成的数据进行模拟，可以无限生成随机数据，反复进行模拟，因此后者能够更加准确地描绘出投资组合未来收益分布,继而计算出 VaR。

蒙特卡罗模拟法的优点在于。

第一,可产生大量情景数据,能够测试更多可能的结果,比历史模拟法更精确、更可靠。

第二,与参数 VaR 不同,蒙特卡罗模拟法采用的是完全定价模型,是一种全值估计方法,可以处理非线性、大幅波动及厚尾等问题。

第三,可模拟回报的不同行为(如白噪声、自回归和多重共线性)和不同分布,可以深入、充分地挖掘风险因子历史数据中所包含的各种有益信息,并通过对模型中相关参数的估计和修正反映到模型中去,从而使得随机模型对风险因子的变化更加贴近现实。

总之,蒙特卡罗模拟法由于其全值估计、无分布假定等特点及处理非线性、非正态问题的强大能力和实际应用的灵活性,近年来受到广泛应用。

蒙特卡罗模拟法也存在一些局限,其缺点在于。

第一,产生的数据序列是伪随机数,随机数中容易出现循环和群聚效应,从而可能浪费大量观测值,降低模拟效率,甚至导致错误结果。

第二,蒙特卡罗模拟法的计算结果依赖于特定的随机过程和所选择的历史数据。

第三,计算量大、计算时间长。蒙特卡罗模拟法比方差-协方差分析法和历史模拟法更复杂,它的计算时间会超过参数 VaR 运行时间的 1000 倍以上,因为投资组合的价格可能有时会被计算数千次。

第四,基于蒙特卡罗模拟法的计算结果严重依赖于所选择或建立的随机模型,以及股价模型参数的历史数据,因此这种方法容易产生模型风险和参数估计误差。

四、预期损失

VaR 衡量资产组合的损失超过某一特定值的概率,但是并没有给出这部分损失的具体大小,也就是说 VaR 无法预测损失的程度。在极端情况下,损失一旦突破某一特定值后,具体的损失可以延伸到尾部的较远区域,这意味着市场风险有可能出现极端的重大损失。对于大型金融机构来说,这种尾部风险可能是致命的。

(一) 预期损失的定义及计算

为了弥补 VaR 模型无法测度损失程度的问题,Artzner 等(1999)提出了期望损失(ES)的概念。ES 是对尾部风险的一种测度,它度量了投资组合在给定置信水平所决定的左尾概率区间内,可能发生的平均损失。ES 对于损失的分布没有特殊要求,在分布函数连续和不连续的情况下,都能保持一致性风险测度的性质。这使得 ES 不仅可以被应用到任何金融工具的风险度量和风险控制上,还可以处理具有任何分布形式的风险源,而且在给定风险的约束条件下,保证了最大化预期收益组合的唯一性。

在实践中，ES 也被称为条件 VaR（Conditional VaR），或期望尾部损失（Expected Tail Loss）。它的出现弥补了 VaR 模型的不足，是对主流 VaR 市场风险度量模型方法的完善和提升。ES 一出现就得到了学者的广泛关注，各类应用研究层出不穷，并且很快由学界传播到业界，进而引起监管机构的重视。

随着监管机构对风险管理研究和发展方向转变的认可，巴塞尔委员会为此修正了市场风险管理框架协议。在《巴塞尔协议 2.5》中提出了压力 VaR（Stress VaR）希望能够弥补现有监管框架下市场风险性管理的缺陷，但并没解决根本问题。在 2016 年的《市场风险最低资本要求》（以下简称《要求》）中，巴塞尔委员会进一步引入 ES 模型，并且对不可建模的风险因子（Non-Modellable Risk Factor, NMRF）提出了单独的资本要求。经过多次征求意见和修改调整，最终于 2019 年 1 月颁布了最新的《要求》，将市场风险内部模型法计量测度从 VaR 转变为对资本金要求更为严格且符合一致性风险测度的预期损失；同时，巴塞尔委员会在《要求》中提出了一系列新的计算标准，规定《要求》于 2022 年 1 月 1 日起实施。巴塞尔委员会的风险管理框架协议内容的转变，再次说明了 ES 模型在风险管理中的重要性。

如前所述，ES 模型主要用于分析尾部损失的平均值。它通过假设每个超出置信区间的非预期损失所占的权重一样大，对尾部的极端值求均值后，获得 ES。因此，ES 可以定义为，在一定置信水平下，损失 $X > \text{VaR}$ 时的期望值，即

$$\text{ES}_{1-p} = E(X \mid X > \text{VaR}_{1-p}) \tag{2.2.12}$$

其中，VaR_{1-p} 为置信水平为 $1-p$ 时的 VaR。

若资产的收益分布为离散型，则期望损失的数学表达式为

$$\text{ES}_{1-p} = \frac{\sum_{\alpha=1-p}^{1} X_\alpha P_\alpha}{p} \tag{2.2.13}$$

其中，X_α 是置信水平为 α 时的最大损失，P_α 是置信水平为 α 时取得最大损失的概率。

若资产的收益分布为连续型，则期望损失的数学表达式为

$$\text{ES}_{1-p} = \frac{\int_{\text{VaR}}^{\infty} x f(x) \, dx}{P(X > \text{VaR})} = \frac{\int_{1-p}^{1} \text{VaR}_u \, du}{p} \tag{2.2.14}$$

可以证明 ES 是具有一致性的风险度量。对于某些常用的损失分布，可以写出相应的 ES 数学表达式。

（1）如果损失变量服从正态分布，即 $X \sim N(\mu_t, \sigma_t^2)$，则有

$$\text{ES}_{1-p} = \mu_t + \frac{f(z_{1-p})}{p} \sigma_t \tag{2.2.15}$$

（2）如果标准化损失变量 Y 服从自由度为 ν 的 t 分布，即 $Y = \dfrac{X - \mu_t}{\sigma_t} \sim t_\nu$，则有

$$\mathrm{ES}_{1-p} = \mu_t + \frac{f(t_{1-p,v})}{p} \sigma_t \left(\frac{v + t_{1-p,v}^2}{v - 1} \right) \quad (2.2.16)$$

与 VaR 一样，ES 随着置信水平的提高而上升。与此同时，在相同的置信水平下，期望损失 ES 大于临界值损失 VaR。假设资产收益率服从正态分布，在不同的置信水平下，单位资产收益率的 VaR 和 ES 分别如表 2-11 和图 2-14 所示。

表 2-11　正态分布下 VaR 与 ES 的对比

置信水平	90%	95%	97.5%	99%	99.9%	99.99%
VaR	2.5731	3.2997	3.9299	4.6627	6.1905	7.4480
ES	3.5200	4.1354	4.6856	5.3404	6.7441	7.9270

资料来源：作者通过随机模拟的方法计算得到。

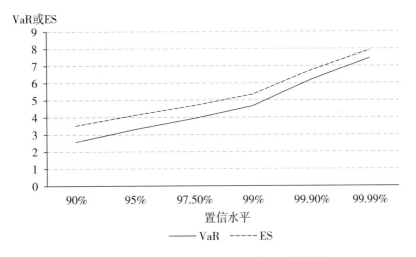

图 2-14　不同置信水平下 VaR 与 ES 的比较

表 2-11 中，有条件的损失和相应的分位数相差并不大，并且随着置信水平的增加，差别逐渐缩小，即 ES 与 VaR 的比率收敛于 1。在其他分布下，VaR 和 ES 则可能相差很远。例如自由度为 5 的 t 分布下，VaR 与 ES 的对比情况，如表 2-12 所示。在 97.5% 的置信水平下，单位资产收益率 ES 为 7.0531，超过其 VaR 值 36.92%。对比表 2-11 的正态分布情景，在 97.5% 的置信水平下，正态分布的 ES 只比 VaR 高出 19.23%。

表 2-12　t 分布下 VaR 与 ES

$t \sim t(5)$

置信水平	90%	95%	97.5%	99%	99.9%	99.99%
VaR	2.9618	4.0401	5.1512	6.7399	11.7969	19.3651
ES	4.6145	5.7903	7.0531	8.9149	15.0387	24.3866

下面列举 ES 的计算实例。

我们仍然以招商银行为例，由招商银行连续交易日的历史数据（2019 年 1 月 2 日至 2021 年 3 月 1 日股票价格），可获得招商银行 A 股每日收益率的 500 个历史取值。采用历史模拟法，可计算出招商银行未来一天收益率的 VaR 和 ES。结果如表 2 – 13 所示。

表 2 – 13　招商银行 ES 与 VaR 的对比

置信水平	90%	95%	97.5%	99%
VaR	1.8102%	2.5223%	3.4000%	4.8355%
ES	2.9236%	3.6695%	4.3949%	5.5521%

（二）ES 性质

Artzner 等（1999）提出了一个合理的风险测度应具备的条件，即一致性风险测度公理化体系。假设有一个风险测度函数为 $f(\cdot)$，则关于 M 的风险就应该是 $f(M)$，而 N 的风险就应该是 $f(N)$。具体而言，一致性共有以下四条属性，全部满足这四条属性的风险测度被称为一致性风险测度。

单调性（Monotonicity）：如果 $M \leq N$，则 $f(M) \geq f(N)$。即如果投资组合 M 的价值从来没有超过 N，那么持有 N 的风险就绝对不能，也不应该超过持有 M 的风险。

齐次性（Positive Homogeneity）：$f(aM) = af(M)$，如果 a 倍增持资产 M，则其风险也该增加 a 倍。

变换不变性（Translation Invariance）：假定 a 为常数，则有 $f(a + M) = f(M) - a$，a 可理解为现金（或无风险资产），将现金增加到资产中，就如同为该金融资产购买了保险（或者说设立了资金池，以避免出现风险），因此增加多少 a 就该减少多少原 $f(M)$ 的风险。

次可加性（Subadditivity）：$f(M + N) \leq f(M) + f(N)$，资产组合的风险不能（也不应该）高于持有单一资产的风险加总。这就是金融学中常被提到的"风险分散"（Risk Diversification）概念。

合理的风险测度方法必须满足一致性条件，其中最重要的是满足次可加性。它表明当多个资产组合在一起时，风险将被分散，或者至少不会增加。而基于分位数的 VaR 模型，并不能满足这一要求。

例：假设投资 P_1、P_2 两项资产的收益结果只有两种可能，分别是在 96% 的概率下不发生亏损和在 4% 的情况下亏损 10,000 元。因此在 95% 的置信水平下，投资这两项资产的 $VaR(P_1) = VaR(P_2) = 0$。假设 P_1、P_2 相互独立，则同时持有 P_1、P_2 而不发生损失的概率为

$$96\% \times 96\% = 92.16\%,$$

同时持有 P_1、P_2 且只有其中一项损失，即损失 10,000 元的概率为

$$2 \times 96\% \times 4\% = 7.68\%,$$

同时持有 P_1、P_2 且两项资产均损失，即损失 20,000 元的概率为

$$4\% \times 4\% = 0.16\%$$

那么根据 VaR 的定义可知，95% 的置信水平下将落入同时持有 P_1、P_2 并且只有任意一项资产发生损失的区间内，此时 $VaR(P_1 + P_2)$ 要大于单独持有 P_1 或 P_2 资产时的 VaR。

$$VaR(P_1 + P_2) = 10,000 > 0 = VaR(P_1) + VaR(P_2)$$

显然，此时 VaR 不符合一致性风险测度中的次可加性。

(三) ES 优缺点评述

风险度量理论的发展大致经历了三个阶段。首先是以方差和风险因子等为主要度量指标的传统风险度量阶段；其次是以现行国际标准风险计量工具 VaR 为代表的现代风险度量阶段；最后是以 ES 为代表的一致性风险度量阶段。之所以出现 ES 逐渐取代 VaR 的趋势，主要应归因于在保持 VaR 优点的同时，ES 相比于 VaR 具有如下优势。

(1) 可以度量投资组合的尾部风险，使得金融机构管理者可以更清楚当前所面临的风险大小。

(2) 具有风险测度的次可加性，属于一致性风险测度，符合《巴塞尔协议Ⅲ》监管要求。

(3) 在使用 ES 测度的投资组合最优化问题中，ES 的次可加性能找到唯一的最优解。

(4) 提供了计量金融风险的统一标准，可以测量不同市场因子、不同金融工具、不同业务部门及不同金融机构投资组合的风险敞口。

(5) 更为充分地考虑了不同资产价格变化之间的分散化效应及其对降低风险的贡献；考虑了金融机构中不同业务部门对总体投资组合风险的分散化程度。

同样，ES 自身也存在一些缺陷，具体可归纳为如下三点。

(1) ES 模型的假设与 VaR 相同，其对未来损失的估计也是基于历史会重演的假设，并建立在大量历史数据的基础之上，因此 ES 的使用存在着一定的模型风险。用历史数据来预测的未来可能因条件的变化而不再适用，纯粹的数量分析难以反映风险的全貌。

(2) ES 模型对金融机构或资产组合的市场风险衡量的有效性以市场正常运行为前提条件，因此 ES 模型同样无法对市场上突然发生的异常变化或突发事件等情况进行事前预测，例如政府突然提出全新的财政货币政策，经济危机造成的股价暴跌、利率骤升等。

（3）ES 只能度量可交易资产和负债的市场风险。只有可交易的金融工具才具有市场价格的连续历史记录，从而可以用统计方法测量和建模；但是对于不可交易资产，如存、贷款等，就难以运用 ES 进行测量，对此只能运用资产负债管理技术向管理层提供有用的信息。

五、压力测试

VaR 通常代表可能很有规律地发生的潜在损失，但它却不能帮助银行规避无法承受的损失。比如，VaR 能以 95% 的置信度告诉银行的管理人员一年内资产损失不会超过 5000 万元，但是如果有极端事件发生，VaR 的估计就会失去作用（当然，极端事件发生是小概率事件，但风险管理人员却不得不防范）。因此，银行不仅应采用各种市场风险计量方法对在一般市场情况下所承受的市场风险进行分析，还必须采取一种方法度量资产价格极端变动时的情景，这就是所谓的压力测试方法。

压力测试的基本思想是通过压力测试来估算突发的小概率事件等极端不利情况对金融机构所造成的潜在损失。例如在利率、汇率、股票价格等市场风险要素发生剧烈变动，国内生产总值大幅下降，发生意外的政治和经济事件或者几种情形同时发生的情况下，获取大的价格变动或一组价格变动的数据，并将其运用到资产组合中去，量化商业银行有可能遭遇的潜在损失。

压力测试的具体步骤如图 2－15 所示。

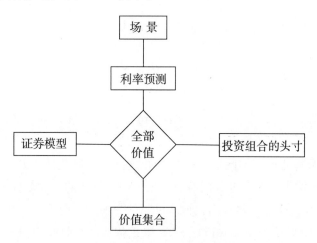

图 2－15　压力测试操作步骤示意

（一）压力测试的主要方法

压力测试的主要方法有以下几类。

（1）敏感性分析和压力 VaR。其主要思想是度量某一市场因子参数发生变化，导致 VaR 数值的变化。其中，压力 VaR 包括变化着的各种价格变动集合的波动率和相关系数。

（2）情景分析（Scenario Analysis）。该方法指创造和使用可能发生的未来情景来度量它们对资产组合产生影响的收益和损失。例如，假设本国资本市场突然崩溃，测量给金融机构造成的直接和间接影响。情景分析比较适合评估极端市场条件给金融机构资产组合当前头寸所造成的损失大小。

（3）历史情景模拟。该方法指观察在特定历史事件发生时期，市场风险因子的变化导致的金融机构目前所拥有的资产组合市场价值的变化，也就是运用真实的历史事件来模拟资产组合的价格波动。金融机构一般会采用一些著名的历史事件来进行模拟。如1992年英镑贬值、1997年亚洲金融危机、2008年雷曼兄弟倒闭引发的全球金融危机、2010年欧洲主权债务危机等。这种方法的优点是测试结果可信度高，并且结果易于沟通和理解。缺点在于，难以测试那些在历史事件后才出现的创新性金融资产，比如无法用亚洲金融危机时短期资本流动引发的货币危机，去测试不良资产证券化所引发的次贷危机；也无法测试在该历史事件发生后，由于监管要求或者监管规则改变，所引发的新型风险因素。

（4）系统压力测试。该方法指假设以一场巨大的损失发生为开端，创建一系列易于理解的情景，在模型中假设其中一个或一组情景出现，测量资产组合风险因素变化情况，进而分析什么样的情景才能造成这种规模的损失。其优点在于强迫金融机构想象出所有可能发生的情景，进而鉴别能够导致巨大损失的主要情景，有助于找出那些寻常压力测试所无法发现的情景，而不像前几种方法那样只检验少数情景带来的影响。需要指出的是，尽管从系统压力测试中找到致命问题是所有优秀风险管理人士毕生追求的目标，但是这种事实上涉及对未来事件发生和演变的预期和判断，与人类既有的认知之间存在着哲学上的悖论。

（二）压力测试简述

风险管理的一个主要目标是防止破产。当然，风险管理不能保证投资者永远不破产，但能够令投资者鉴别出有可能导致破产的严重事件。据此，压力测试的目的是评估银行在极端不利情况下的亏损承受能力，主要采用敏感性分析、情景分析等方法进行模拟和估计。在运用敏感性分析方法进行压力测试时，需要回答有关市场因子变动的一系列问题，如汇率冲击对银行净外汇头寸的影响、利率冲击对银行经济价值或收益产生的影响等。

在压力测试中，极端事件发生的概率和接下来对风险是否能够被接受的估计，有的靠主观判断，还有的则是建立在简单地对历史收益序列观察的基础之上。只要极端波动的概率较低，对所识别的损失事件是否为可接受的风险判断就一定具有主观性，所以压力测试是银行风险管理过程的一部分，不是偶然的调查研究。对压力测试相关理论感兴趣，想进一步深入学习的同学请参阅本章附录的相关内容。

1. 敏感性分析

敏感性分析是指在保持其他条件不变的前提下，研究单个市场风险要素（利率、汇率、股票价格和商品价格）的变化可能会对金融工具或资产组合的收益或经济价值产生的影响。例如，缺口分析可用于衡量银行当期收益对利率变动的敏感性；久期分析可用于衡量银行经济价值对利率变动的敏感性。

巴塞尔委员会在2004年发布的《利率风险管理与监管原则》中，要求银行评估标准利率冲击（如利率上升或下降200个基点）对银行经济价值的影响，这也是一种利率敏感性分析方法。该方法目的是使监管当局能够根据标准利率冲击的评估结果，评价银行的内部计量系统是否能充分反映其实际利率风险水平及其资本充足程度，并对不同机构所承担的利率风险进行比较。如果在标准利率冲击下，银行经济价值的下降幅度超过一级资本、二级资本之和的20%，监管机构就必须关注其资本充足状况，必要时还应要求银行降低风险水平或增加资本。

敏感性分析计算简单且便于理解，在市场风险分析中得到了广泛应用。但是敏感性分析也存在一定的局限性，主要表现为对于较复杂的金融工具或资产组合，无法计量其收益或经济价值相对市场风险要素的非线性变化。因此，在使用敏感性分析时要注意其适用范围，并在必要时辅以其他的市场风险分析方法。

2. 情景分析

情景分析是研究金融市场中一个特定事件对资产组合价值的影响。过去或将来可能发生的经济变动、政权瓦解、领导人去世、汇率变动等都可能对资产组合产生这样或那样的影响，情景分析就是要对事件发生的影响进行模拟研究。

在运用情景分析方法进行压力测试时，应当选择可能对市场风险产生最大影响的情景，包括历史上发生过重大损失的情景（如1997年的亚洲金融危机、2008年的全球金融危机等）和假设情景。假设情景又包括模型假设和参数不再适用的情景、市场价格发生剧烈变动的情景、市场流动性严重不足的情景，以及外部环境发生重大变化、可能导致重大损失或风险难以控制的情景。这些情景或者由监管当局规定，或者由商业银行根据自己的资产组合特点来设计。在设计压力情景时，既要考虑市场风险要素变动等微观因素，又要考虑一国经济结构和宏观经济政策变化等宏观层面因素。

情景分析的一种重要方式是重建真实的历史事件，研究它对当前资产组合的影响。借助历史模拟的情景检验需要确定过去的某一段时间，这段时间内的价格变动将对今天资产组合价值产生大的改变。历史模拟使得对什么样的价格变动导致这个极端损失的判别准确而简便。还可以借助历史模拟度量价格波动的不利趋势对资产组合的影响，但是这里并不考虑任何一个价格波动的原因。使用历史模拟的好处是它能与当前资产组合相对照，检验真实生活中的一个特定情景。

综上所述，历史模拟对研究历史事件对今天的资产组合的影响是一个非常有用的工具，同时也有局限性。其中，一个局限性是如果银行的压力测试政策仅仅依靠历史模拟，那么它假定历史事件会以和以前一样的方式重演，事实可能根本不是这样的。

另一个局限性是历史模拟只能带来比较少的市场波动情景，这不是一个进行严格压力测试的全部内容或者场景，必须对银行面对的所有重要风险因素组合的波动进行压力测试。

3. 压力 VaR

压力测试应当用于确定银行资产组合风险水平是否在银行风险承受能力之内。从某种意义上说，压力测试就是研究市场价格大的变化对资产组合的影响。情景分析中经常使用历史模拟法，也可以使用协方差和蒙特卡罗法衡量在假想的压力情景下，如波动性和相关性在特定情景下，对风险水平的操作将如何变化。只要以一定时期价格变化的某种加权平均形式计算波动率，那么压力情景下的波动性就是拟合极端价格波动影响的一个适当手段。直接的结论就是，如果波动率变为 X，日常的风险水平将是多少。

当测试波动性承受压力时，最好直接把波动性暗示的价格波动应用到资产组合中。假设在正常市场条件下，一个由两种资产组成的资产组合，其资产相关系数介于 0.8 和 0.95 之间，压力 VaR 方法就是通过将相关系数设为 0，测试这两种资产之间的相关性。

4. 系统检验、风险偏好的确定和压力测试限制

把大量不同资产价格变动组合应用到资产组合中来产生一系列不同的压力测试结果是必要的，通过这种方式可以鉴别将导致银行承受巨大金融损失的情景。[①] 但是在对组合进行压力测试时，要注意以下几点。

（1）压力测试和资本。为了证明压力测试定义的潜在损失是否可以被接受，必须把它与银行可用资本（Available Capital）联系起来。可用资本不是风险资本，也不是股东在险资本（Shareholder Capital at Risk），而是银行实际的股东资本。

股东风险资本经常建立在风险价值基础上。风险价值表现了由信用风险决定的用于弥补损失的资本数额。然而，如果在某极端时期遇到市场压力，银行损失额将大于所配置的股东风险资本。同样情况也会出现在经济持续低迷时。银行必须能应付极端事件，这样可用资本将会大于 RAROC 计算得到的股东风险资本。伴随着股东风险资本，配置资本问题也会出现。只有能够测量出极端事件的概率，才能用压力测试解决股东资本的分配问题。因此，股东风险资本用于解决资本分配问题仍然有意义。

（2）风险偏好。银行必须考虑它在极端情况下准备的损失额，这可以通过压力测试限制来实现。当设定约束后，这个过程应从确定银行风险偏好开始。银行风险偏好可以用货币数量表示。"在什么数量范围内的损失可以被接受？"这是决定风险偏好的关键之一。

[①] 除了市场风险的压力测试，信用风险的压力测试意义也非常重大。需要注意的是信用风险压力测试不涉及违约概率或期望的回收率。这两个统计量在信用风险模型中很普遍，但对在真正发生违约情况下的风险量化没有帮助。

确定极端情况下可以容忍的数量非常困难，因为任何高层管理人员都不可能经历过那么大数额的损失。为了有意义，极端情况下损失的数额必须让管理层相信是可能的。银行为偶发事件准备的损失额应该在考虑可用资本或分配的资本后才设定。这个损失的数量在遇到金融市场上极端事件时将会上升，这种情况是风险价值所不能预测的。历史价格变动和极值理论都可以被用来预测这个数额，银行实际资本必须多于这个数额，压力测试实际上是确定究竟什么样的情景会使损失增加到这些数额或者更多。一旦确定了此类情景，管理人员就必须运用主观判断结合统计分析，判断在既定的市场条件下，这种极端情况发生的可能性。

（3）压力测试的限制。银行必须根据极端市场运动限定它准备的损失额，压力测试限制能帮助银行实现这一点。压力测试限制可以被用于设定风险价值的标准（Benchmark）或风险约束。例如，当一个压力测试证明一个业务组合可以使损失进一步增加到大于压力测试限制规定时，风险不是增加的，而是下降的。这种方法建立的压力测试是"硬约束"，和标准风险约束一样也是对头寸和风险的绝对限制。

总之，银行的风险偏好应该在参考风险价值以及银行在极端市场条件下准备承受的最大损失后设定。压力测试限制可以确保银行不会在严峻市场条件下持有超过银行损失承受能力的头寸。同时，压力测试应该是银行整体风险管理框架的一部分，与其他风险约束工具（风险价值等）一起运用。

（三）压力测试的优缺点评述

压力测试的优点在于考虑了历史数据所无法涵盖的事件风险。不过，在测定风险价值时，它不像其他方法那样具有科学性，完全是一种主观的预测。如果场景设定得不太合理，测定的风险价值就是完全错误的。此外，场景的设定会受到投资组合头寸的影响。如果投资组合的主要成分是外汇资产，场景就应该设定为汇率的变化。这样的场景一旦发生变化，风险的测定值就必须随之发生变化。并且，压力测试不能给出最坏情况发生的概率。最为重要的是，压力测试没有考虑相关性，而相关性对投资组合的风险非常关键。因此，该方法适合主要依赖一种风险因素的投资组合，并不适合规模较大、结构复杂的投资组合。归根结底，压力测试应该是其他风险价值测定方法的补充，而不是替代。

六、返回检验

返回检验（Back Testing）是指将市场风险计量方法或模型的估算结果与实际发生的损益进行比较，以检验计量方法或模型的准确性、可靠性，并据此对计量方法或模型进行调整和改进的一种方法。若估算结果与实际结果近似，则表明该风险计量方法或模型的准确性和可靠性较高；若两者差距较大，则表明该风险计量方法或模型的准确性和可靠性较低，或者是返回检验的假设前提存在问题；介于这两种情况之间的检验结果，则暗示该风险计量方法或模型存在问题，但结论不确定。目前，返回检验作为一种检验市场风险计量方法或模型的手段还处在发展过程中。不同银行采用的返回检验方法以及对事后检验结果的解释标准均有所不同。

返回检验的过程需要统计例外的天数，也就是实际超出 VaR 的情形的天数。如果发生例外的概率是 $p = 1 - X$，则在 n 天内至少发生 m 次例外的可能性为

$$P = \sum_{k=m}^{n} \frac{n!}{k!(n-k)!} p^k (1-p)^{n-k} = 1 - \sum_{k=0}^{m-1} \frac{n!}{k!(n-k)!} p^k (1-p)^{n-k} \quad (2.2.17)$$

式（2.2.17）中，p 为置信水平，比如当置信区间为 99% 时，选取 $p = 0.01$。

返回检验的基本逻辑是在确定置信水平和样本的时间段，建立起 VaR 模型后，所观测到的实际损失超过 VaR 的特例事件数，应与模型的置信水平相对应。如果特例事件次数过多，表明模型低估了风险水平，公司在风险事件发生时可能缺乏足够的风险抵御准备，同时也容易受到金融监管机构的惩罚；如果特例事件次数过少，表明模型高估了风险水平，风险管理措施可能过度占用了系统资源，过高的资本充足要求高保证金会导致公司整体资本金使用效率降低。

在进行 VaR 回测时，样本选择时间间隔应尽量短，以增加样本规模，减少误差风险；同时，置信水平不宜选择太高，以避免因置信水平过高而降低回测的有效性。一般来讲，当 VaR 置信度增大时，返回测试的难度也会增加。因此，有观点认为，应使用相对较低的置信区间来计算 VaR，以便进行返回检验，然后再使用极值理论来得到足够高的置信度。在实践中，通常选择 95% 的置信水平和以日为单位的样本观察时段。

例：假定我们采用 600 天的数据来检测 VaR 模型，在计算 VaR 时我们选取了 99% 的置信区间，在 600 天观察数据中我们发现了 9 个例外，在这里我们对例外所发生的个数的期望值为 6，这时我们应该拒绝这 VaR 模型吗？

采用 Excel 计算 $1 - \text{BINOMDIST}(8, 600, 0.01, \text{TRUE})$[①]，可得对应至少 9 个例外发生的概率为 15.2%。

注意：此概率要与 5% 的阈值来进行比较。因为 15.2% > 5%，所以采用 5% 置信区间时，我们不应该拒绝此 VaR 模型；但是假如我们发现例外的个数为 12，我们计算出的例外个数至少为 12 次的概率为 1.9%，此时我们应该拒绝 VaR 模型（1.9% < 5%）。事实上，当例外个数超出 11 时我们就应该拒绝模型（例外个数至少为 10 次的概率大于 5%，但例外个数至少为 11 次的概率小于 5%）。

总之，返回检验是风险管理中的一项重要活动，是为了检验某风险测度应用于历史数据时的表现。如果例外发生（即实际发生的损失超过 VaR 值）的比例过高或过

---

① BINOMDIST(8,600,0.01,TRUE) 表示当 VaR 模型的置信区间是 0.01 时，600 个交易日中累积发生例外不多于 8 次的概率。此时，$1 - \text{BINOMDIST}(8,600,0.01,\text{TRUE})$ 就是对应于概率分布函数中尾部高于 8 次的二项分布概率。

低，则意味着 VaR 模型可能存在缺陷。我们可以利用统计检验来判别是否应该接受或者拒绝某个 VaR 模型。

需要特别指出的是，全球金融市场的相关实证文献证实，金融交易工具的价格波动具有异方差和波动聚集性，并且风险因子之间的相关性也不稳定，具有随时间而变化的特征，即时变性（Time Variant）。Pritsker 等（2006）指出，如果风险因子具有时变性特征，而 VaR 模型未对此进行考虑，将会严重低估风险。全球金融危机的惨痛教训进一步证明，风险因子之间的相关性会随时间发生显著变化，必须谨慎处理时变的波动性和相关性。尽管异方差与相关的时变问题众所周知，但是对 VaR 模型中是否应考虑该问题，业内一直存在不同的看法。为有效预警市场变化、确保返回检验结果理想，金融机构大多支持在 VaR 模型中考虑异方差性。此外，VaR 模型是否必须纳入时变的波动性则取决于它的应用目的，随着持有期的延长，股票、外汇及固定收益等多数交易工具的协方差阵的时变性会逐渐减弱（Christoffersen，2003）并且变得稳定；因此，计算长持有期的 VaR 时，可以近似忽略时变性。

如前所述，在计算纳入时变波动性的 VaR 模型中，J. P. Morgan（1997）开发的指数加权移动平均（EWMA）模型曾一度被认为是行业标准之一。此外，对历史数据进行加权也是一种简单替代方法，这种方法就是使用较短且经常更新的时间序列进行历史模拟。然而，本章所介绍 VaR 的三种计量方法，即参数估计法、历史模拟法和蒙特卡罗法，并非都能覆盖方差的时变性，其中方差 - 协方差法简单假设风险因子的协方差矩阵是常量，历史模拟法也隐含风险因子协方差稳定的假设，只有蒙特卡罗法允许协方差矩阵变动。

最后，在考虑异方差与相关性的时变特点时，潜在的最大挑战就是无法兼顾 VaR 模型的顺周期性与监管资本的稳定性、前瞻性要求之间的相互矛盾。换言之，使用时间间隔短并且更新频率高的数据虽然在一定程度上能够提高 VaR 的风险敏感性，但却会导致顺周期性的进一步扩大，从而加剧了金融行业的系统性风险。

第三节　投资组合风险的 VaR 度量

本节介绍如何衡量和管理投资组合的 VaR。第一，我们介绍如何用相关头寸和收益波动率的信息构建要素的协方差矩阵，详细讨论组合 VaR 的结构，进而证明投资组合风险并不是累积的，分散化投资可以带来极大的好处。第二，我们将详细分析在控制投资组合风险时必需的一些 VaR 分析工具，其中包括边际 VaR、增量 VaR 和成分 VaR。这些 VaR 工具能让使用者识别哪些资产对整体风险影响最大，从而有助于选择能够最好地平衡风险 - 收益的资产。由于线性 VaR 模型的一个缺点是，随着资产数量的增加，协方差矩阵的规模呈几何级数增加，因此，在本节的最后，我们将讨论协方差矩阵在实际度量中经常会遇到的一些实际问题，并对以对角和因子模型为基础的协方差矩阵进行简化。

一、投资组合的 VaR

作为一个谨慎的投资者，如果难以预测未来的情形，就应该对各种金融风险的来源进行投资组合分析。投资组合的杠杆作用和分散化效用给出了对风险的综合度量，在各种金融风险或投资组合风险方面已经得到广泛的应用。

（一）投资组合 VaR 的计算

投资组合是以货币（如美元）表示的委托资产数量的一种头寸。如果该头寸在整个选定的投资期内是固定不变的，那么投资组合的收益率就是其基础资产收益率的线性组合，每种资产的权重由最初时该资产的投资金额决定。由此，就可以从包含的各种有价证券的风险组合中得出投资组合的 VaR。

设投资组合的初始价值为 W，持有期期末的期望收益率为 R，从时间 t 至 $t+1$ 时的投资组合的收益为

$$R_{p,t+1} = \sum_{i=1}^{N} w_i R_{i,t+1} \qquad (2.3.1)$$

其中，N 表示资产数量，$R_{i,t+1}$ 表示资产 i 的收益率，w_i 为权重。权重是由投资组合总市值 W 中每项资产的头寸按比例统一加总而得的。这里，资产 i 的投资额为 $W_i = w_i W$。我们用 x 表示每项资产的美元投资额的向量，以避免与总投资额 W 相混。

为了简化表达式，投资组合收益率可用矩阵符号的形式表示，用向量代替为

$$R_p = w_1 R_1 + w_2 R_2 + \cdots + w_N R_N = [w_1 \quad w_2 \quad \cdots \quad w_N] \begin{bmatrix} R_1 \\ R_2 \\ \vdots \\ R_N \end{bmatrix} = w'R$$

其中，w' 表示权重系数列向量的转置，R 是包括单个资产收益率的列向量。倘若 R 的数学期望和标准差分别为 μ 和 σ，可得出投资组合的预期收益率为

$$E(R_p) = \mu_p = \sum_{i=1}^{N} w_i \mu_i \qquad (2.3.2)$$

组合的方差为

$$\begin{aligned} V(R_p) = \sigma_p^2 &= \sum_{i=1}^{N} w_i^2 \sigma_i^2 + \sum_{i=1}^{N} \sum_{j=1, j \neq i}^{N} w_i w_j \sigma_{ij} \\ &= \sum_{i=1}^{N} w_i^2 \sigma_i^2 + 2 \sum_{i=1}^{N} \sum_{j<i}^{N} w_i w_j \sigma_{ij} \end{aligned} \qquad (2.3.3)$$

式 (2.3.3) 不仅描述了单个证券的风险 σ_i^2, 也描述了组合内所有资产的协方差, 这些协方差加起来总共有 $N(N-1)/2$ 项。

随着资产数量的增加, 方差可以用矩阵的形式表示为

$$\sigma_p^2 = \begin{bmatrix} w_1 & w_2 & \cdots & w_N \end{bmatrix} \begin{bmatrix} \sigma_{11} & \sigma_{12} & \cdots & \sigma_{1N} \\ \sigma_{21} & \sigma_{22} & \cdots & \sigma_{2N} \\ \vdots & \vdots & \cdots & \vdots \\ \sigma_{N1} & \sigma_{N2} & \cdots & \sigma_{NN} \end{bmatrix} \begin{bmatrix} w_1 \\ w_2 \\ \vdots \\ w_N \end{bmatrix} = w'\Sigma w \quad (2.3.4)$$

其中, Σ 为协方差矩阵。

为了将投资组合的方差转化成 VaR 的测量值, 必须知道投资组合收益率的分布情况。在德尔塔 – 正态模型中, 由于所有单个证券的收益率都被假设为正态分布, 这让问题变得非常简单, 我们马上可以得出投资组合收益率（一个正态随机变量的线性组合）也是正态分布的结论。接着, 我们还可以把置信水平 c 转化为正态标准差 σ, 这样观测一个损失大于 $-\sigma$ 的概率就是 c。令 W 为初始投资组合的价值, 则投资组合的 VaR 为

$$\text{VaR} = \text{VaR}_p = \alpha \sigma_p W = \alpha \sqrt{x'\Sigma x} \quad (2.3.5)$$

总之, 投资组合分析的理论基础是, **服从正态分布的变量的组合投资也服从正态分布**。由此产生了基于协方差矩阵的分析方法, 并且协方差矩阵在计算 VaR 时特别方便。

（二）分散化投资的优势

所谓的分散化 VaR 是指, 在考虑了投资各组成部分间分散化所获得的好处以后, 投资组合的 VaR。为了说明分散化的好处, 我们定义各组成部分的单一风险为

$$\text{VaR}_i = \alpha \sigma_i |W_i| = \alpha \sigma_i |w_i| W \quad (2.3.6)$$

注意, 这里取的是权重系数的绝对值, 因为它可能为负值（组合中包括空头寸），而风险衡量值必须为正。

定义单个 VaR 为单独考虑一种资产的 VaR。式 (2.3.5) 表明, 投资组合的 VaR 取决于方差、协方差和资产的数量, 协方差是对两个变量相互线性移动范围的一个衡量值。如果两个变量是相互独立的, 那么它们的协方差等于0。一个正的协方差意味着这两个变量朝同一方向移动；一个负的协方差则意味着这两个变量朝相反的方向移动。

因为两个变量的协方差的大小取决于两个变量的方差大小, 并且不易解释, 所以我们引入更为方便的相关系数, 它是对线性相关的无单位度量, 能够消除量纲分析结果的影响。

$$\rho_{12} = \frac{\sigma_{12}}{\sigma_1 \sigma_2} \quad (2.3.7)$$

相关系数 ρ 总是位于 -1 和 +1 之间。当 ρ = ±1 时，这两个变量完全线性相关。当 ρ = 0 时，这两个变量完全线性无关。

较低的投资组合风险可以通过降低相关系数或增加资产数量来实现。为了弄清资产数量 N 的影响，这里假设该组合中的每种资产风险都相同、相关性相同，且每项资产分配相等的权重。图 2-16 表明投资组合风险随证券数量的增加而减少。

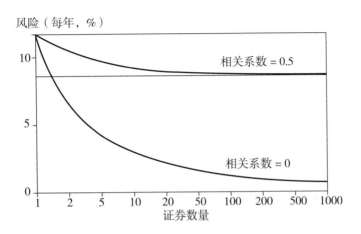

图 2-16　组合风险和证券数量的关系

我们假设证券的风险为 12%。图 2-16 中，当 ρ = 0 时，证券数量为 10 的投资组合的风险下降到 3.8%；当证券数量 N 增至 100 时，投资组合的风险却降到 1.2%。从这里可以看出随着 N 的增大，投资组合风险逐渐趋向于 0。更一般地说，投资组合的风险为

$$\sigma_p = \sigma \sqrt{\frac{1}{N} + \left(1 - \frac{1}{N}\right)\rho} \tag{2.3.8}$$

当 N 增加时，投资组合风险趋向于 $\sigma\sqrt{\rho}$。因此，当 ρ = 0.5 时，投资组合风险随着资产数量从 1 增至 10 而迅速从 12% 下降到 8.9%，然后慢慢趋向于最小值 8.5%。

低的相关系数有助于分散投资组合风险。举一个简单的例子，我们仅考虑两项资产，则分散化投资组合的方差为

$$\sigma_p^2 = w_1^2 \sigma_1^2 + w_2^2 \sigma_2^2 + 2 w_1 w_2 \rho_{12} \sigma_1 \sigma_2$$

那么投资组合的 VaR 为

$$\text{VaR}_p = \alpha \sigma_p W = \alpha W \sqrt{w_1^2 \sigma_1^2 + w_2^2 \sigma_2^2 + 2 w_1 w_2 \rho_{12} \sigma_1 \sigma_2} \tag{2.3.9}$$

这与式（2.3.6）中定义的单个 VaR 相关却并不一样。事实上，当相关系数 ρ = 0 时，投资组合的 VaR 可简化为

$$\text{VaR}_p = \sqrt{\alpha^2 W^2 w_1^2 \sigma_1^2 + \alpha^2 W^2 w_2^2 \sigma_2^2} = \sqrt{\text{VaR}_1^2 + \text{VaR}_2^2}$$

此时，投资组合的风险一定小于各个单个 VaR 值的总和，即 $\text{VaR}_p < \text{VaR}_1 + \text{VaR}_2$。因此，当各种资产的风险相互独立时，投资组合的风险将比任何资产的风险加总值低得多。当相关系数为 1，并且 w_1 和 w_2 都大于 0 时，式（2.3.9）可简化为

$$\text{VaR}_p = \sqrt{\text{VaR}_1^2 + \text{VaR}_2^2 + 2\text{VaR}_1\text{VaR}_2} = \text{VaR}_1 + \text{VaR}_2$$

所以如果两项资产完全相关，投资组合 VaR 就等于单个 VaR 值的总和。然而，一般情况下，由于相关系数的绝对值总是小于 1，因此这种情况很少出现。分散化投资的收益可以用分散化 VaR 和单一 VaR 之间的差来衡量。这个指标常常出现在 VaR 的报告中。

单一 VaR 指组合内单个金融资产 VaR 加总的和，或者在没有空头头寸并且所有相关系数都为 1 时的投资组合 VaR。

注意：当允许卖空时，解释有所不同。假设投资组合由多头资产 1 和空头资产 2 构成（w_1 为正，w_2 为负），例如某一对冲基金拥有 10 亿美元公司债券的多头头寸和 10 亿美元国库券空头头寸。由头寸的基本原理可知，公司债券的收益率大致等于国库券的收益率。如果相关系数为 1，则该基金将无任何风险。因为一项资产的任何损失将被另一项资产的收益所补偿，故投资组合的 VaR 为 0。反之，若相关系数为负，则一项资产的损失会因另一项资产而增加，那么风险将变得更大。在这里，当相关系数为最小值，即为 −1 时，单一 VaR 就可解释为投资组合 VaR。因此，如相关系数不稳定，并且所有的资产同时向相反的方向移动，那么单一 VaR 值就是此对冲投资组合 VaR 值的上限。在 $\rho = -1$ 时，单一 VaR 就是对冲投资组合的 VaR。

例：考虑含两种货币——加拿大元（CAD）和欧元（EUR）的投资组合。假设这两种货币不相关且相对于美元各自有 5% 和 12% 的波动性。该投资组合有 200 万美元投资于加拿大元，100 万美元投资于欧元。我们来计算 95% 置信水平下的投资组合 VaR。

首先，计算投资组合美元收益率的方差。设 x 为分配到各风险资产的美元金额。

投资组合的方差为

$$\sigma_p^2 = x'(\Sigma x) = \begin{bmatrix} 2 & 1 \end{bmatrix} \begin{bmatrix} 0.05^2 & 0 \\ 0 & 0.12^2 \end{bmatrix} \begin{bmatrix} 2 \\ 1 \end{bmatrix} = 0.0244$$

变动金额为 $\sqrt{0.0244} \times 100 = 15.6205$ 万美元，取 $\alpha = 1.65$，可得

$$\text{VaR}_p = 1.65 \times 156,205 = 257,738(美元)$$

由于单个（单一）VaR 的简单形式为 $\text{VaR}_i = \alpha \sigma_i x_i$，则有

$$\text{VaR}_1 = 1.65 \times 0.05 \times 2,000,000 = 165,000(美元)$$
$$\text{VaR}_2 = 1.65 \times 0.12 \times 1,000,000 = 198,000(美元)$$

注意，单一资产投资加总后的 VaR 值为 165,000 + 198,000 = 363,000 美元，要大于由投资组合得到的 VaR 值 257,738 美元，所以投资组合有分散风险的作用。

二、VaR 工具

VaR 方法不仅可以作为衡量投资组合风险的一种方法,而且它的用途比仅仅计算某一资产或者资产组合的 VaR 数值要广得多。随着对风险研究的深入,风险管理者发现尽管 VaR 可以有效地描述投资组合的整体风险状况,但对于投资组合的管理者来讲可能还远远不够,这是因为实际中的投资组合管理者经常要根据市场情况,不断地对组合中各资产的头寸进行调整。此时,就需要投资组合管理者进一步了解构成组合的每项资产头寸,以及每项资产头寸的调整变化对整个组合风险的影响。由于投资组合的交易量可以根据交易成本的变化而调整,所以这类信息是非常有用的。为此,我们引入各种 VaR 分析工具,它主要包括边际 VaR、增量 VaR 和成分 VaR。通过 VaR 分解,投资者可以更全面地了解投资组合风险。

(一) 边际 VaR

为了衡量头寸的变化对投资组合风险的影响,仅仅使用单个 VaR 是不够的。就单个资产来说,波动性衡量该资产收益率的不确定性。当这些资产属于同一个投资组合时,重要的是它们是如何引起投资组合的风险变化的。

1. 边际 VaR 的计算

假定某投资组合是由 N 种有价证券构成的,用 $i = 1,2,\cdots,N$ 来标识。证券 i 持有头寸的变化会导致投资组合风险的变化。为估计这一交易的影响,我们通过增加一个较小的数额 w 来衡量其对风险的边际贡献,可通过式 (2.3.3) 对 w_i 求微分,得到

$$\frac{\partial \sigma_p^2}{\partial w_i} = 2w_i\sigma_i^2 + 2\sum_{j=1,j\neq i}^{N} w_j \sigma_{ij} = 2\mathrm{cov}\left(R_i, w_i R_i + \sum_{j\neq i}^{N} w_j R_j\right) = 2\mathrm{cov}(R_i, R_p)$$

这里我们仅仅获得了方差的导数,但是我们往往对组合的标准差,也就是其波动性的变化更为关注。为此,我们假设仅有两项资产,其权重分别为 w_1 和 w_2,令 $m \neq n$;$m, n = 1, 2$,那么方差的导数为

$$\frac{\partial \sigma_p^2}{\partial w_1} = 2w_1\sigma_1^2 + 2w_2\sigma_1\sigma_2\rho \qquad (2.3.10)$$

根据复合函数性质:$\dfrac{\mathrm{d}}{\mathrm{d}x}f(g(x)) = f'(g(x))g'(x)$

令:$g(x) = \sigma_p^2$,$f(x) = \sqrt{g} \Rightarrow f'(g) = \dfrac{1}{2}\dfrac{1}{\sqrt{g}}$

由此可得

$$\frac{\partial \sigma_p}{\partial w_1} = \frac{1}{2}\frac{1}{\sqrt{\sigma_p^2}}\frac{\partial \sigma_p^2}{\partial w_i} = \frac{1}{\sigma_p}(w_1\sigma_1^2 + w_2\sigma_1\sigma_2\rho) \qquad (2.3.11)$$

整理变换后可推理得出某一资产方差的导数为 $\frac{\partial \sigma_p^2}{\partial w_i} = 2\sigma_p \frac{\partial \sigma_p}{\partial w_i}$；进而得到投资组合波动性对各资产权重变化的敏感性为

$$\frac{\partial \sigma_p}{\partial w_i} = \frac{\mathrm{cov}(R_i, R_p)}{\sigma_p} \tag{2.3.12}$$

根据 $\mathrm{VaR}_p = \alpha \sigma_p W$，将式（2.3.12）转换成 VaR 的数值表达式后，可得边际 VaR 的表达式，它是一个要素头寸变化所构成的向量，即 $\mathrm{MVaR}_i = \frac{\partial \mathrm{VaR}}{\partial w_i W} = \alpha \frac{\partial \sigma_p}{\partial w_i} = \alpha \frac{\mathrm{cov}(R_i, R_p)}{\sigma_p}$

这就是边际 VaR（用 MVaR 表示），即资产 i 头寸变化导致的组合 VaR 的变化。

这个边际 VaR 与 CAPM（Capital Asset Pricing Model，资本资产定价模型）理论中的 β[①] 密切相关，根据 β 的定义：

$$\beta_i = \frac{\mathrm{cov}(R_i, R_p)}{\sigma_p^2} = \frac{\sigma_{ip}}{\sigma_p^2} = \frac{\rho_{ip}\sigma_i\sigma_p}{\sigma_p^2} = \rho_{ip}\frac{\sigma_i}{\sigma_p} \tag{2.3.13}$$

β 可以用来衡量一种证券对投资组合整体风险的影响力度，它是证券 i 相对于投资组合 P 的系统风险，并且可以用组合收益 R_p 上 R_i 的回归方差方程的斜率系数来衡量：

$$R_{it} = \alpha_i + \beta_i R_{pt} + \varepsilon_{it}; t = 1, 2, \cdots, T$$

向量 β（包括所有的资产）的矩阵形式为 $\beta = \frac{\Sigma w}{(w'\Sigma w)}$

这里要注意，在计算 VaR 的过程中已算出了向量 Σw。因此，只要 VaR 被计算出来，β 值和边际 VaR 就可以很容易得到。

根据 CAPM 理论，资产分布良好的投资者只承受市场的系统风险。换句话说，系统风险是衡量边际投资组合风险的一个有效统计方法，所有资产的风险溢价只取决于 β 值。由此，边际 VaR 和 β 的关系可表示为

$$\mathrm{MVaR}_i = \alpha(\beta_i \times \sigma_p) = \frac{\mathrm{VaR}}{W} \times \beta_i \tag{2.3.14}$$

边际 VaR 能被用于多种风险管理目标。假设一位投资者想要降低投资组合的 VaR，比如，为了将组合的 VaR 值降低到某个固定数额（如 10 万美元），他可以选择减持所有的头寸，但是如何才能达到最佳套期保值效果呢？该投资者应该将所有头寸的边际 VaR 数据进行排序，然后选择边际 VaR 最大的资产对冲，这样的效果才是最优的。由

[①] β 风险是 CAPM 的基础。

此可知：一方面，边际 VaR 刻画了各个资产对投资组合 VaR 的边际贡献，反映的是组合中资产头寸变化的灵敏度；另一方面，当投资者计划减仓并尽可能地降低风险时，可以通过选取边际 VaR 最大的资产头寸进行减持操作。

2. 边际 VaR 的性质

(1) 两种资产的边际方差乘以其配置的比例的总和，等于投资组合方差的两倍。

$$\sum_{1,2} w_m \frac{\partial \sigma_p^2}{\partial w_m} = 2\left(\sum_{1,2} w_m^2 \sigma_m^2 + 2 w_m w_n \sigma_1 \sigma_2 \rho\right) \\ = 2\sigma_p^2 \quad (2.3.15)$$

其中，$m \neq n$；$m, n = 1, 2$。

(2) 两种资产的边际波动率乘以其配置的比例总和，等于投资组合的波动率。

$$\sum_{1,2} w_m \frac{\partial \sigma_p}{\partial w_m} = \frac{1}{\sigma_p} \sum_{1,2} w_m (w_m \sigma_m^2 + w_n \sigma_1 \sigma_2 \rho) \\ = \frac{1}{\sigma_p}(w_1^2 \sigma_1^2 + w_2^2 \sigma_2^2 + 2 w_1 w_1 \sigma_1 \sigma_2 \rho) = \sigma_p \quad (2.3.16)$$

(3) 同理，两种资产的边际 VaR 乘以其配置的比例总和，等于投资组合的 VaR。

$$\text{VaR}(\alpha\, t) = \sum_{1,2} w_m \frac{\partial \text{VaR}(\alpha\, \tau)}{\partial w_m} \quad (2.3.17)$$

通过简单的数学变换，可以将上述三个表达式转换成如下形式：

$$\frac{1}{\sigma_p^2} \sum_{1,2} w_m \frac{\partial \sigma_p^2}{\partial \omega_m} = \frac{2}{\sigma_p^2}\left(\sum_{1,2} w_m^2 \sigma_m^2 + 2 w_m w_n \sigma_1 \sigma_2 \rho\right) = 2$$

$$\frac{1}{\sigma_p} \sum_{1,2} w_m \frac{\partial \sigma_p}{\partial \omega_m} = 1$$

$$\frac{1}{\text{VaR}(\alpha\, \tau)} \sum_{1,2} w_m \frac{\partial \text{VaR}(\alpha\, \tau)}{\partial w_m} = 1$$

(二) 增量 VaR

投资者往往需要考虑是否在原来的资产组合中增加或者剔除一项或几项资产，这就需要考虑增加或剔除资产后投资组合的 VaR 变化。为此，我们引入增量 VaR（Incremental VaR，用 IVaR 表示），它与边际 VaR 的不同在于它的增加量或减少量可以很大，在这种情况下，VaR 的变化是非线性的。

这种方法也可以用于评价一项预定的交易对投资组合的整体影响。该新交易可由头寸 a 表示，头寸 a 是对风险因素附加值的向量。

设初始组合为 VaR_p，在投资组合增新头寸为 VaR_{p+a}，那么增量 VaR 的计算过程如图 2-17 所示，$\text{IVaR} = \text{VaR}_{p+a} - \text{VaR}_p$。

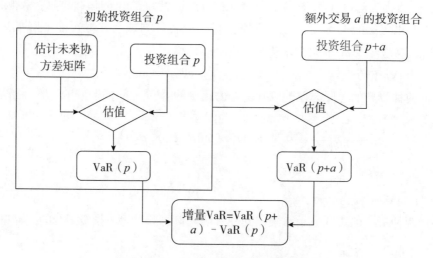

图 2-17　重新估计组合交易的影响

倘若 VaR 减小了，可能是新交易使投资组合的风险降低或者是一种套期保值；反之，新交易增加了组合的风险。注意，a 可以表示单一成分资产的变化，或者一项多资产变化的复合交易。因此，一般来讲，a 是表示新头寸的一个向量。

增量 VaR 的主要缺点在于，它要求发生新交易时要完全重估投资组合的 VaR。这对于很大资本量的投资组合交易来讲，非常浪费时间。例如，假设某一机构投资者在其账面有 10 万个单位的交易量，并且得出 VaR 的计算结果需要用 10 分钟。银行在一天的某个时点上已经计算出了它的 VaR。然后有位客户提出一项投资建议，这时用增量 VaR 法估计该交易对银行投资组合的影响还需要花 10 分钟时间。在大多数情况下，这种方法会因交易的等待时间过长而影响决策。

实践中可以通过采用近似值的方法，即围绕初始点用泰勒公式展开成一个系列值的和求解。

$$\text{VaR}_{p+a} = \text{VaR}_p + (\Delta \text{VaR})' \times a + \cdots \quad (2.3.18)$$

在式（2.3.18）中，如果离差特别小的话，就可以忽略掉二次项。此时增量 VaR 的近似值可表示为

$$\text{IVaR} \approx (\text{MVaR})' \times a$$

这种算法就快得多，因为 MVaR 向量是计算初始 VaR_p 的衍生品。新的计算过程可参见图 2-18 的描述。

通过对计算速度与计算精度的权衡，可以发现这种简化对于大资本量的投资组合显得尤其有用，因为大资本量投资组合的完全重估需要极大的计算量（事实上，这种计算量的增加是资产数量的平方）。另外，还可以证明，对大资本量投资组合来讲，这种简化得出的结果是一种与真实数据差距不大的近似值。因此，简化的 IVaR

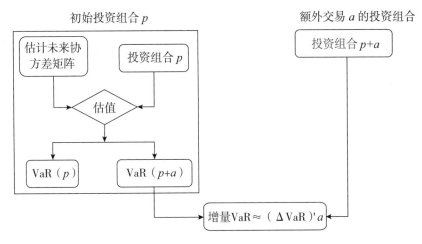

图 2-18　边际 VaR 对组合交易的影响

计算方法满足了交易的限时要求。

增量 VaR 方法通常适用于某项包含了一系列新的风险因素的交易。考虑一种特殊的情况，即仅基于一项风险资产的头寸。投资组合的价值从原值 W 变到新值 $W_N = W + a$，其中 a 是在资产 i 上的投资额。新投资组合收益率的方差为

$$\sigma_N^2 W_N^2 = \sigma_p^2 W^2 + 2aW\sigma_{ip} + a^2\sigma_i^2$$

对投资组合管理者而言，他关心的是找出使投资组合风险达到最小的交易资本量。对 a 求导可得

$$\frac{\partial \sigma_N^2 W_N^2}{\partial a} = 2W\sigma_{ip} + 2a\sigma_i^2$$

令上式等于 0，可得最优解：

$$a^* = -W\frac{\sigma_{ip}}{\sigma_i^2} = -W\beta_i\frac{\sigma_p^2}{\sigma_i^2}$$

这是一个最小方差头寸，也是**最佳套期保值**，即通过平掉一项资产上的额外投资量，使整体投资组合的风险达到最小。

例：回到前面有关两种货币的例子，现在增加 10,000 美元的加拿大元（CAD）头寸。

首先，加拿大元的边际 VaR 为

$$\mathrm{MVaR}_{\mathrm{CAD}} = \alpha \frac{\partial \sigma_p}{\partial w_{\mathrm{CAD}}} W_p = 1.65 \times \frac{1}{\sigma_p} \times \left(\frac{2}{3} \times \sigma_m^2 + \frac{1}{3} \times \sigma_1\sigma_2\rho\right) \times W_p$$

$$= 1.65 \times \frac{1}{156,205} \times \left(\frac{2}{3} \times 0.05^2 + \frac{1}{3} \times 0.05 \times 0.12 \times 0\right) \times 3,000,000 = 0.0528$$

同理可求得欧元的边际 VaR：$MVaR_{EUR} = 0.1521$

增加 10,000 美元加拿大元的初始头寸，则增量 VaR 为

$$IVaR = (MVaR)' \times a = [0.0528 \quad 0.1521] \begin{bmatrix} 10,000 \\ 0 \end{bmatrix} = 528$$

将该值与从投资组合风险的完全重估而获得的增量 VaR 进行比较：

因为，$\sigma_{p+a}^2 = [2.01 \quad 1] \begin{bmatrix} 0.05^2 & 0 \\ 0 & 0.12^2 \end{bmatrix} \begin{bmatrix} 2.01 \\ 1 \end{bmatrix} = 258,267$，

所以，$IVaR = VaR_{p+a} - VaR_p = 258,267 - 257,738 = 529$。

可以看出，由 ΔVaR 的近似值算出的 528 美元非常接近真实值。由于头寸的变化非常小，这个线性近似值是很精确的。

增量 VaR 表明当一种新的资产或交易被增加到当前组合中，组合 VaR 变化的大小。当我们想知道平掉哪个头寸可以最大限度消除组合风险，就可以从组合中各个头寸的增量 VaR 入手。需要注意的是，一般情况下，组合中各个头寸的增量 VaR 之和不等于组合 VaR。

此外，增量 VaR 的符号同样有着重要的意义。我们以新增头寸或者新增交易为例进行说明。

若 $IVaR > 0$，则新增头寸或者新增交易增加了当前组合的风险；

若 $IVaR < 0$，则新增头寸或者新增交易起到对冲风险的作用；

若 $IVaR = 0$，则新增头寸或者新增交易是中性的，对投资组合无影响。

(三) 成分 VaR

为了控制风险，很有必要掌握一种将当前投资组合的风险进行分解的方法。因为投资组合的波动性是其各组成部分的一个非线性函数。所以，那种将所有单个 VaR 进行加总并计算它们的百分数的分解方法是错误的，该方法完全忽略了分散投资的影响，不能直接得到各项资产对投资组合 VaR 的贡献。因此，需要另外一种 VaR 分解方法，用来识别分散化投资的效果。

为此，可以用成分 VaR（Component VaR，用 CVaR 表示）帮助我们衡量每种资产对现有投资组合风险的贡献。将边际 VaR 乘以资产的当前头寸或风险因素 i，就得到成分 VaR：

$$CVaR = MVaR_i \times w_i W = VaR_p \beta_i w_i \tag{2.3.19}$$

成分 VaR 表明，若将该构成成分从投资组合中剔除掉，该投资组合的 VaR 将如何近似地变化。这里，当 VaR 的各成分较小时，线性近似值的精确度比较高。因此，风险分解法对包含有许多小头寸的大型投资组合更为适用。

可以定义投资组合中所有资产的成分 VaR 之和恰好等于总投资组合的 VaR，即

$$CVaR_1 + CVaR_2 + \cdots + CVaR_N = VaR\left(\sum_{i=1}^{N} w_i \beta_i\right) = VaR \quad (2.3.20)$$

式（2.3.20）中，括号内的值等于1，因为它就是投资组合自身。据此，组合整体的 VaR 就可以分解为各项资产的成分 VaR 之和。其中，带负号的构成成分是作为投资组合残值的套期保值；反之，带正号的构成成分提高了投资组合的风险。

成分 VaR 是投资组合的一个部分被剔除掉后，投资组合的 VaR 的近似变化量。由于某项资产 i 的成分 VaR 恰好为该资产 i 对组合 VaR 的贡献份额，所以当一项新的资产被加入到投资组合中后，其成分 VaR 应等于该项资产的增量 VaR；反之，当从投资组合中剔除一项资产后，投资组合 VaR 减少的部分就是该项资产在原来投资组合中的成分 VaR。

VaR 可进一步简化。如前所述，$\beta_i = \rho_i \dfrac{\sigma_i}{\sigma_p}$。

所以，$CVaR_i = VaR_p \beta_i w_i = (\alpha \sigma_p W) w_i \beta_i = (\alpha \sigma_i w_i W) \rho_i = VaR_i \rho_i$

只要将单个 VaR 乘以相关系数 ρ_i，就可以把单个 VaR 转换成整体投资组合的分布函数。

最后，将整体投资组合的 VaR 标准化处理，可得

$$成分\ i\ 的\ VaR\ 贡献率 = \frac{CVaR_i}{VaR} = w_i \beta_i \quad (2.3.21)$$

使用任意置信区间标准，VaR 系统都可以提供风险贡献率的详细分类。对于大资本量投资组合而言，成分 VaR 能以不同货币、资产、地理位置或商业单位的形式表示。这种细分对于"逐层深入"的风险管理实践极其重要，它有助于管理者控制组合的 VaR。

例：继续前面欧元和加拿大元这两种货币案例的讨论。由 $CVaR_i = MVaR_i x_i$ 得出投资组合的成分 VaR：

$$\begin{bmatrix} CVaR_1 \\ CVaR_2 \end{bmatrix} = \begin{bmatrix} 0.0528 \times 2,000,000 \\ 0.1521 \times 1,000,000 \end{bmatrix} = \begin{bmatrix} 105,630 \\ 152,108 \end{bmatrix} = VaR \times \begin{bmatrix} 41.0\% \\ 59.0\% \end{bmatrix}$$

这里计算的欧元和加拿大元两种成分的实际总和确实等于整体的 VaR 水平，即 257,738 美元。其中最大的构成成分是欧元，它有较高的波动性。此外，这两个数值都是正值，表明该投资组合没有头寸为净套期保值。

若令欧元头寸为0，我们就可以计算 VaR 的变化，并与预期值进行比较。由于投资组合仅有两项资产，没有欧元头寸的新 VaR 是由加拿大元组成的单个 VaR（VaR_1 = 165,000 美元）。欧元头寸的增量 VaR 为（257,738 − 165,000 =）92,738 美元，与 152,108 美元的实际增量 VaR 相比较高（尽管投资 100 万欧元的数量相同）。该近似值没有前面准确，这是因为该投资组合仅有两项资产，每一项在总体 VaR 中都占据了很大的比例。如果整体 VaR 的各组成成分相对较小的话，应该可以得到一个更

好的近似值。

(四) 各种 VaR 工具的比较与运用

图 2-19 采用图形的方式对两种货币投资组合所用 VaR 工具进行了总结。该图把投资组合的 VaR 描述为欧元资产投资额的一个函数。在 100 万美元的当前头寸下，投资组合的 VaR 为 257,738 美元。

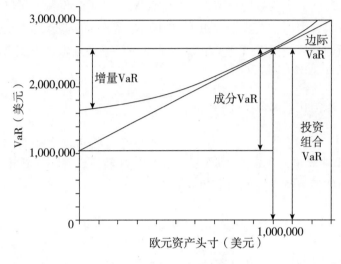

图 2-19　VaR 的分解

边际 VaR 是当欧元增加 1 美元或 0.1521 欧元时，所引起的 VaR 变化值。在图中，它就是取当前值时 VaR 曲线的切线斜率。

增量 VaR 是由于欧元头寸的减少而引起的 VaR 的变化值，即 92,738 美元，该值可沿曲线取值，也可由成分 VaR 近似表示，即可以简单地用边际 VaR 乘以当前 100 万美元平均的头寸，等于 152,108 美元。这是与 VaR 曲线相切的直线取值。图 2-19 说明成分 VaR 仅为与增量 VaR 相切直线的一个近似值。这些成分 VaR 衡量值的和等于整体投资组合的 VaR。以上就是整体投资组合总风险的一种快速分解法。

图 2-19 还说明了最佳套期保值是一个净值为 0 的欧元头寸。实际上，当欧元头寸为 0 时，VaR 函数将得到一个最小值。表 2-14 对这些结果进行了总结。该表不仅给出了投资组合的 VaR，而且对风险管理也极为有用。例如，边际 VaR 能用于决定如何减少风险的投资决策。由于欧元的边际 VaR 是加拿大元边际 VaR 的 3 倍，因此削减欧元头寸将比削减同样数量的加拿大元头寸对削减风险的影响更大。

表 2-14 样本投资组合的 VaR 分解

	当前头寸 w_iW	单个 VaR $(\text{VaR}_i = a\sigma_i w_i W)$	边际 VaR $\left(\text{MVaR}_i = \dfrac{\text{VaR}\beta_i}{W}\right)$	成分 VaR $(\text{CVaR}_i = \text{VaR}_i x_i)$	贡献百分比 $\left(\dfrac{\text{CVaR}_i}{\text{VaR}}\right)$
加拿大元	200 万美元	165,000 美元	0.0528	105,630 美元	41.0%
欧元	100 万美元	198,000 美元	0.1521	152,108 美元	59.0%
合计	300 万美元				
单一 VaR		363,000 美元			
VaR 组合的分散化				257,738 美元	100%

三、相关案例：巴林银行事件

巴林银的交易员 Nick Leeson 从 1994 年起开始利用微小的价格差异购买东京证券交易所 225 指数，卖空一种相似的在新加坡国际货币交易所（Singapore International Monetary Exchange，SIMEX）交易的大阪交易所指数。自 1995 年 1 月以来，日本市场历史上的波动性很低，约为 10%，Leeson 通过售卖期权获得现金流入。当时，日经指数大约是 19,000 点，如果市场一直稳定的话，该种期权头寸本是有利可图的。

为此，Leeson 在 225 指数上积累了大量投机头寸。但遗憾的是，事实并非如此。如图 2-20 所示，1995 年 1 月 16 日神户发生地震，东京证交所指数下跌，从 1 月 1 日的约 20,000 点跌至地震后的 18,000 点左右。这引发 Leeson 积累的头寸价格下跌。更糟糕的是，由于市场波动性提高，期权价格上涨，持有期货多头和套利头寸都在赔钱，但随着损失的增加，Leeson 仍继续购买东京指数期货，追加自己的仓位，企图挽回损失，但未能如愿以偿。到了 2 月 27 日，日经指数跌破 17,000 点，由于不能满足追加保证金的要求，巴林银行破产了。

巴林银行的破产让 VaR 方法得以普遍应用。据报道，Leeson 在日经指数期货中持有 77 亿美元的多头，在日本市政债券期货中持有价值 160 亿美元的空头头寸。但是，由于头寸被隐瞒，在给巴林银行的正式报告中竟然显示零风险。

如果其母公司采取严格意义上的 VaR 方法，那么它将能回答下列问题：Leeson 的真实 VaR 是多少？哪个构成成分对 VaR 的影响最大？每一种头寸是另一头寸的套期保值还是增强了总体风险？

表 2-15 的上部分是 10 年期零息日本市政债券和日经指数的月份波动性指标，以及这两种工具的相关系数。日本股票和债券之间是负相关的，这说明股价的上涨伴随着债券价格的下跌或利率的上升。最后一列为持有头寸，以百万美元为单位。

为了计算 VaR，应先根据相关性建立协方差矩阵 Σ。接着计算向量 Σx，其值在表 2-15 下半部分的第一列。

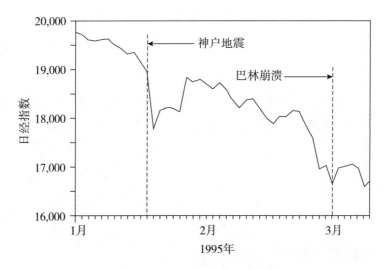

图 2-20　日经指数的下跌

第二列数字报告的是 $x_1'(\Sigma x)_1$ 和 $x_2'(\Sigma x)_2$，二者之和是整体投资组合方差，投资组合的波动性为 $\sqrt{256,193.8} \times 100 \approx 50,600$ 万美元。在置信水平为 95% 时，巴林银行的 VaR 是 $1.65 \times 50,600 \approx 83,500$ 万美元。

这是正常市场条件下，在置信水平为 95% 时最差月度可能出现的损失。实际上，Leeson 的全部损失为 13 亿美元，与我们计算的数值差不多。二者存在差异的原因是，在两个月期间 Leeson 持仓量是变化的，并且他还持有其他头寸（比如在期权中持有空头），这方面他也不走运。值得注意的是，在 1995 年 1 月 23 日，神户大地震一个星期后，日经指数下挫 6.4%。在平均月度波动性 5.83% 的基础之上，在 95% 的置信水平下，日本股票的每日 VaR 是 2.5%。可见，这是非比寻常的变动——尽管 VaR 有 5% 的概率不在这个水平上。

每种情况的边际风险也能被显露出来。由于债券和股票是负相关的，对冲头寸应是两种多头资产。而 Leeson 在债券市场上持空头，这点让市场观察家们无法解释。一个交易商说，这种做法起不到套期保值的作用，应反过来做才对。Leeson 持有的两种头寸都增加了资产风险。

表 2-15 的下半部描述了这种情况，这部分是边际 VaR 的计算。β_i 列是由 Σx 中的每个因素除以 $x'\Sigma x$ 得到的。例如，$\beta_i = -2.82/256,194 = -0.000011$，则 $MVaR_i = \beta_i VaR = -0.000011 \times 835.16 = 0.0092$，即债券头寸每增加 100 万美元时 VaR 的变动值（-0.92 万美元）。类似地，股票头寸每增加 100 万美元，VaR 增加 8.935 万美元。

总的来说，全部债券头寸引起的成分 VaR 为 14,715 万美元；由股票头寸引起的为 68,801 万美元。这两个数值相加得到总 VaR 值为 83,516 万美元。表 2-15 最后一列是贡献百分率。分析师们认为，绝大部分损失是由日经指数风险造成的，债券头寸的作用只是让情况变得更糟。

表 2-15 巴林银行的风险

项目	风险 σ_i (%)	相关矩阵		协方差矩阵 Σ		头寸 x_i（百万美元）	单项资产风险（百万美元）$\text{VaR}_i = \alpha\sigma_i x_i$
10年期日本市政债券	1.18	1	-0.114	0.000139	-0.000078	-16,000	310.88
日经指数	5.83	-0.114	1	-0.000078	0.003397	7,700	740.51
合计						8,300	1,051.39

资产 i	总体 VaR（百万美元）		边际 VaR（MVaR）		成分 VaR（CVaR）	百分比分布
	$(\Sigma x)_i$	$\sigma_{ip}^2 = x_i'(\Sigma x)_i$	$\beta_i = \dfrac{(\Sigma x)_i}{\sigma_p^2}$	$\beta_i \text{VaR}$	$\text{CVaR} = \beta_i x_i \text{VaR}$	
10年期日本市政债券	-2.82	45,138.8	-0.0000110	-0.00920	147.15	17.6%
日经指数	27.41	211,055.1	0.0001070	0.08935	688.01	82.4%
合计		256,193.8			835.16	100.0%
风险 = σ_p		506.16				
$\text{VaR} = \alpha\sigma_p$		835.16				

资料来源：乔瑞. 风险价值 VAR [M]. 3版. 郑伏虎, 万峰, 杨瑞琪, 译. 北京：中信出版社, 2010.

四、协方差矩阵的简化

VaR 方法中的波动率是由投资组合的方差推导而来的,其中方差的计算如下:

$$\sigma_p^2 = w'\Sigma w$$

欲使该式成立,需要矩阵 Σ 为正定(Positive Definite)矩阵。为此,它必须满足下面两个条件:第一,历史观测值 T 的数量必须大于资产 N 的数量;第二,这些数据不能是线性相关的。第一个条件说明,如果投资组合由 100 项资产组成,则至少得有 100 个历史观测值,以保证无论选择哪种投资组合,该投资组合的方差都为正。第二个条件排除了一种资产正好是其他资产线性组合的情况。

当两项资产完全相关($\rho=1$)时,得到一个非正定的矩阵。在这种情况下,一个由 1 美元的第一项资产和 –1 美元的第二项资产构成的投资组合的风险为零。实际上,这种情况在具有大量高相关性的资产中很可能出现(例如零息债券或固定汇率的货币)。

资产的相关性是衡量投资组合风险的关键因素。当资产数量巨大时,协方差矩阵的衡量变得很困难。例如,在有 10 项资产时,我们必须估计(10×11)/2 = 55 个不同的方差和协方差。当有 100 项资产时,这个数字攀升到 5050。相关系数的数量随资产数量的增长呈几何级数递增。对于资本量较大的投资组合而言,这意味着有两个实质性的困难。

第一,投资组合的 VaR 可能不是正的。

第二,相关系数的估计可能不准确,随着资产数量的增加,资产之间的相关系数衡量出现误差的可能性增加了。

以上这些使得协方差矩阵的估算变得十分困难,此时简化协方差矩阵就变得十分重要。当前普遍采用简化协方差矩阵的方法有两种,一种是对角模型(Diagonal Model),另一种是因子模型。

(一)对角模型

对角模型是一种非常有效地简化协方差矩阵的方法,该模型最初是在投资组合理论中提出的,并假设所有资产的价格波动只与一个共同因子有关,即市场风险。因此

$$R_i = \alpha_i + \beta_i R_m + \varepsilon_i$$
$$E(\varepsilon_i) = 0, \quad E(\varepsilon_i R_m) = 0, \quad E(\varepsilon_i \varepsilon_j) = 0, \quad E(\varepsilon_i^2) = \sigma_{\varepsilon,i}^2$$

这里资产 i 的收益率是由市场收益率 R_m 和随机项 ε_i 决定的,ε_i 既不与市场相关也不与资产相关。于是,方差可被分解为

$$\sigma_i^2 = \beta_i^2 \sigma_m^2 + \sigma_{\varepsilon,i}^2 \qquad (2.3.22)$$

两项资产之间的协方差满足：$\sigma_{i,j} = \beta_i\beta_j\sigma_m^2$。

倘若资产收益率的波动是由共同因子引起的，则整个协方差矩阵为

$$\Sigma = \begin{bmatrix} \beta_1 \\ \vdots \\ \beta_N \end{bmatrix} \begin{bmatrix} \beta_1 & \cdots & \beta_N \end{bmatrix} \sigma_m^2 + \begin{bmatrix} \sigma_{\varepsilon,1}^2 & \cdots & 0 \\ \vdots & \ddots & \vdots \\ 0 & \cdots & \sigma_{\varepsilon,N}^2 \end{bmatrix}$$

该协方差矩阵用矩阵符号表示如下：

$$\Sigma = \beta\beta'\sigma_m^2 + D_\varepsilon \tag{2.3.23}$$

因为矩阵 D_ε 是一个对角矩阵，所以参数数量从原来的 $N\times(N+1)/2$ 减少到 $2N+1$（其中有 N 个 β 值，矩阵 D_ε 中有 N 个因子，还有一个是 σ_m^2）。对于有100项资产的投资组合而言，参数由5050个减至201个，这是一种相当大的改善。

据此，方差大的分散性投资组合的方差甚至还可以进一步简化到只反映共同因素的风险。此时投资组合的方差为

$$V(R_p) = V(w'R) = w'\Sigma w = (w'\beta\beta'w)\sigma_m^2 + w'D_\varepsilon w$$

等号右侧第二个加数实际上可以表示为 $\sum_{i=1}^{N} w_i^2 \sigma_{\varepsilon,i}^2$。随着投资组合中证券数量的增加，该值会变得非常小。例如，倘若所有残差方差都相等，并且各资产的权重相同，那么第二个加数就变为 $\left[\sum_{i=1}^{N}\left(\frac{1}{N}\right)^2\right]\sigma_\varepsilon^2$，随着 N 值趋于无穷大，该值趋于0。因此，投资组合方差无限逼近

$$V(R_p) \to (w'\beta\beta'w)\sigma_m^2 = (\beta_p\sigma_m)^2 \tag{2.3.24}$$

投资组合的方差只依赖于一个因子。此时，倘若组合资产相关程度不高的话，资产数量庞大投资组合的非系统风险就变得微不足道。

最后，以三种股票的投资组合为例，它们分别是科力远（600478.SH）、老百姓（603883.SH）和招商银行（600036.SH）三家不同行业的上市公司。表格2-16的第一部分列示了近三年（2019年6月17日—2022年6月18日）日度数据收益率的全部协方差矩阵。通过将每种股票对沪深300指数进行回归估计，该协方差矩阵能得到简化。该回归等式在表格2-16的第二部分列出，β 系数分别为0.8277、0.8215和1.0052。老百姓的 β 系数最低，招商银行的 β 系数最高。表2-16的第三部分用对角模型的近似值重新构建了一个协方差矩阵。例如，科力远的方差是 $\beta_1^2 \times V(R_m) + V(\varepsilon_1)$，即 $0.8277^2 \times 0.000161 + 0.000745 = 0.000855$；科力远和老百姓股票的协方差为 $\beta_1\beta_2 V(R_m)$，即 $0.8277 \times 0.8215 \times 0.000161 = 0.000109$。

表 2-16 对角模型

	协方差			相关系数		
	科力远	老百姓	招商银行	科力远	老百姓	招商银行
完全矩阵						
科力远	0.000855			1		
老百姓	0.000089	0.000785		0.1083	1	
招商银行	0.000048	0.000097	0.000391	0.0838	0.1758	1
回归						
β_i	0.8277	0.8215	1.0052			
$V(R_i)$	0.000855	0.000785	0.000391			
$V(\varepsilon_i)$	0.000745	0.000677	0.000229			
$\beta_i^2 V(R_m)$	0.000110	0.000109	0.000162			
对角模型						
科力远	0.000855			1		
老百姓	0.000109	0.000785		0.1331	1	
招商银行	0.000134	0.000133	0.000391	0.2319	0.2401	1

表 2-16 的最后三列给出了各对股票之间的相关系数。如对角模型的相关系数，实际的相关系数都是正的。尽管对角模型矩阵与初始的协方差矩阵很近似，但这种近似值却不尽完美。例如，科力远与老百姓之间的真实相关系数为 0.1083。应用对角模型，二者的相关系数取决于市场风险，该值为 0.1331，高于实际相关系数。这是因为两种股票有较高的 β 值——其共同方差只有一种来源，能否接受该模型计算的近似值取决于投资组合管理者的目标。不过毋庸置疑的是，对角模型的确将复杂的矩阵大大简化了。

（二）各种映射方法的比较

如果认为单因素模型对市场风险的映射不够充分的话，还可采用多因子模型以获取更高的精确度。多因子模型可设定为

$$R_i = \alpha_i + \beta_{i1} y_1 + \cdots + \beta_{iK} y_K + \varepsilon_i; \quad i = 1, \cdots, N; \; k = 1, 2, \cdots, k \quad (2.3.25)$$

其中，$R_1, R_2, \cdots, R_N$ 是 N 项资产的收益率，而 $y_1, y_2, \cdots, y_K$ 是相互独立的因子。在前文三种股票的例子中，再加一个因素就可改善协方差矩阵模型，比如加入运输行业，这样将会提高通用汽车和福特之间的相关性。由于引入了多个因子，协方差矩阵更复杂了。此时的斜方差矩阵：$\Sigma = \beta_1 \beta_1' \sigma_1^2 + \cdots + \beta_K \beta_K' \sigma_K^2 + D_\varepsilon$。

这里共有 $(N \times K + K + N)$ 个参数，但是依然比完全模型中的参数个数少得多。比如，对于 100 种资产和 5 个因素，参数个数将从 5050 个降至 605 个，这种下降幅度还

是很大的。

此外，还可以使用不同的映射方法来简化投资组合风险的计算。当前比较流行的简化方法大致有以下几种。

(1) 指数映射。通过一个指数 m 的类似头寸来取代各种股票：$VaR_1 = \alpha W \sigma_m$。

(2) β 映射。考虑了投资组合的净头寸：$VaR_2 = \alpha W(\beta_p \sigma_m)$。

(3) 对角模型。考虑了 β 值和特殊风险：$VaR_3 = \alpha W \sqrt{(\beta_p \sigma_m)^2 + w' D_\varepsilon w}$。

(4) 行业映射。以一个行业指数 I 的类似头寸取代各种股票：$VaR_4 = \alpha W \sqrt{w_I' \Sigma_I w_I}$。

(5) 单个映射。使用单个股票的完全协方差矩阵：$VaR_5 = \alpha W \sqrt{w' \Sigma w}$。

映射方法在整个样本期内提供了一个精确的 VaR 衡量方法，使得更复杂的模型变得切实可行。比如，具体到某个具体模型而言，可考虑其市场、行业的影响后，假设其他因素是不相关的。

对具有数百种证券的投资组合而言，把每种证券都当作单个风险因素进行考虑，是不切实际的，因此有必要对市场风险进行映射简化。但是，问题的关键在于这些映射简化是否对 VaR 衡量值产生重大影响。表 2-17 说明三个投资组合的当前 VaR 值。第一个是相当于投资 10 种股票的 100 万美元的分散化投资组合；第二个是同行业（高科技）10 种股票的 100 万美元的投资组合；第三个是分散化投资组合的扩展，并且它是由最初 5 种股票的多头头寸和其他股票的空头头寸构成的市场中性投资组合。VaR 是在持有期为一个月，置信水平为 95% 的情况下，采用 1990—1999 年的历史数据进行的衡量。

表 2-17 VaR 方法的比较

映射	VaR		
	分散化投资组合 100 万美元	高科技行业 100 万美元	多（空）头投资组合 0 美元
指数映射	636,34	63,634	0
β 值映射	70,086	84,008	298
行业映射	69,504	90,374	7,388
对角模型	81,238	105,283	41,081
单个映射	78,994	118,955	32,598

资料来源：乔瑞. 风险价值 VAR [M]. 3 版. 郑伏虎，万峰，杨瑞琪，译. 北京：中信出版社，2010.

该表说明近似值的质量取决于投资组合的结构。对于第一个投资组合而言，所有衡量值都在一个近似范围内（60,000—80,000 美元）。由对角模型计算的衡量值最为近似，然后是 β 值模型和行业模型。

第二个投资组合集中于一个行业，因而具有较高的 VaR。指数映射模型严重低估了投资组合的真实风险。另外，β 值和行业映射模型对风险的估计也是不足的，而对角模型就比较接近真实值。

第三个投资组合说明简单使用映射法的危险。指数映射模型计算得出的净投资为 0，预计风险为 0。β 值映射的风险衡量值因净 β 值的作用而接近于 0，它被严重误导了。对角模型提供的值最接近真实值，因为它考虑了特殊风险。

总之，基于协方差分析的封闭解法能让我们计算一个头寸变化的边际效应，并将当前风险分解成可加性成分。借助这些工具，可以让金融机构更好地了解并控制风险。这些方法的缺点是协方差矩阵随证券数量的增加而迅速扩大，从而导致计算上的问题。因此，一般是把它们映射成较小的一般风险因子序列，建立模型来分析市场风险。

本章小结

风险价值（VaR）试图以数字量纲来度量金融机构的资产组合面临的整体风险。本章在简单介绍市场风险的相关定义概念后，详细阐述了度量市场风险的主要方法，即方差－协方差法、历史模拟法、蒙特卡罗法、期望损失和极值理论，并简要梳理市场风险、VaR 以及监管资本要求之间的逻辑关系，指出 VaR 度量方法用于监管资本目标的缺陷，及其补救措施——压力测试和返回检验。随后，本章通过案例，介绍了投资组合 VaR 的计算，以及如何利用 VaR 工具（边际 VaR、增量 VaR 和成分 VaR）来分析市场风险。最后，本章还简单介绍了在衡量投资组合 VaR 的过程中，如何通过协方差矩阵的简化，来简化 VaR 的计算。

关键术语

风险价值（VaR）　期望损失（ES）　方差－协方差法　历史模拟法　蒙特卡罗法　极值理论　压力 VaR　投资组合 VaR　边际 VaR（MVaR）　成分 VaR（CVaR）　增量 VaR（IVaR）

思考题

1. 什么是 VaR 和 ES？同 VaR 比较，期望损失在理论上的优势有哪些？
2. VaR 的优缺点有哪些？
3. 简述使用蒙特卡罗法计算 VaR 的步骤。
4. 压力测试的优缺点有哪些？
5. 如果某交易组合由若干资产组成，请详细解释边际 VaR、成分 VaR 以及增量 VaR 之间的区别。
6. VaR 在进行市场风险度量与控制方面有哪些应用？
7. 假定我们用 1000 个历史数据对 VaR 模型进行返回检验，VaR 所采用的置信水平

为99%，在观察日中我们共发现了17个例外。那么在5%的置信水平下，我们是否应该拒绝模型？（采用单向检测）

8. 交易组合A的价值在1个月内的变化服从正态分布，均值为0，标准差为200万美元，计算在99%置信水平下，未来3个月的VaR和ES。

附录：极值理论

极值理论是统计学的一个分支，用于分析和解释极端事件，计算极端事件概率的可能性已广泛应用于工程学和保险学等领域。如帮助估计一座大桥能否承受飓风（极端事件）袭击或客户对保险公司极端偿付要求的风险。目前极值理论已被引入银行风险管理中，尤其是压力测试检验中得到广泛应用。

极值理论可以帮助量化两类关键风险。

（1）x 年收益的极限值。假设银行的高级管理人员设定了对损失风险的最大承受限度，如20年收益。基于对历史极端收益分析，极值理论估计了20年收益的大小。x 年的收益为 R_x，即 $P(r > R_x) = 1 - F(R_x)$。收益超过 R_x 的概率可以从分布函数 $F(\cdot)$ 中获得。当然 $F(\cdot)$ 是未知的，必须通过拟合序列极值的分布函数来估计。对于20年收益，$P(r > R_x)$ 是事件 r 大于 R_x 平均在20年中只发生一次的概率。

（2）给定VaR的超额损失（Beyond VaR）。它是在收益超过VaR条件下超出VaR的那部分损失的期望值。到目前为止，极值理论只是对单一资产唯一可以实际应用的理论。借助极值理论进行压力测试时，既可以选择在一个或几个特定时期内极端价格（最大损失值）的加权值，也可以先确定银行的风险偏好（准备承受损失的最大值），使用极值理论来决定这种损失的可能性。Alexander McNeil 在1999年曾给出一个实例分析，风险分析人员用Frecht分布拟合从1960年起S&P500指数的年最大值。分析人员使用该分布确定了50年的收益水平。其分析表明50年收益的置信区间介于4.9%和24%之间。后来在1987年的经济崩溃中，S&P500指数下跌了20.4%。这是一个极值理论在单个资产中使用的有力的实证分析。不过，极值理论在多变量中的应用目前仍在探索之中。

（一）极值模型的构建

极值模型的原理是对超过阈值的样本数据进行建模，以描述超过阈值的尾部分布特征。假设损失是与总体独立分布的随机变量 x，其分布函数为 $F(x)$，u 表示 x 的阈值，X 表示随机样本中超过阈值 u 的样本观测值，则超过阈值 u 的过度亏损的分布函数可表示为

$$F_u(x) = P(X - u \leq x \mid X > u)$$

$F_u(x)$ 表示亏损超过阈值的条件下，超过部分不足 x 的概率，称为总体 X 对阈值 u 的超额分布函数。根据条件概率公式可推导出

$$F_u(x) = \frac{F(x+u) - F(u)}{1 - F(u)}, \quad x \geq 0$$

上式表明，$F_u(x)$ 受亏损本身分布 $F(x)$ 的影响。x 的分布可能是正态分布、对数正态分布以及 t 分布等任何常用分布。而定理证明，无论 X 服从何种分布，随着 u 的增大，超额分布函数 $F_u(x)$ 都收敛于广义帕累托分布函数：$G_{\mu,\xi,\beta}(x) = 1 - \left(1 + \beta \frac{x-\mu}{\xi}\right)^{-\frac{1}{\beta}}$，其中，$x \geq \mu, 1 + \beta \frac{x-\mu}{\xi} > 0$。

这一分布中两个参数 ξ、β 必须通过数据来进行估计，参数 ξ 是有关分布的形状，这一参数决定了尾部分布的肥瘦，参数 β 是分布的比例因子。

当变量 ν 服从正态分布时，$\xi = 0$。当尾部分布变得越来越肥（长）时，对应的 ξ 值也越来越大。对于大多数金融数据而言，ξ 为正且介于 0.1 至 0.4 之间。

研究极值分布的理论统称极值理论，是概率论的一个重要分支，主要研究随机样本以及随机过程中极值的概率值以及统计推断，为了便于统计应用，采用广义极值分布模型。广义极值（Generalized Extreme Value, GEV）分布，其分布函数为

$$H_\xi(x) = \begin{cases} \exp\left(-(1+\xi x)^{-\frac{1}{\xi}}\right), & \xi \neq 0 \\ \exp(-e^{-x}), & \xi = 0 \end{cases}$$

其中，$\mu = \lim_{T \to \infty} \mu_T$ 为位置参数（Location Parameter）；$\sigma = \lim_{T \to \infty} \sigma_T$ 为尺度参数（Scale Parameter）；ξ 为形状参数（Shape Parameter），控制极限分布的尾部行为，称 $1/\xi$ 为尾部指数（Tail Index）。相应的概率密度函数为

$$f(x) = \begin{cases} (1+\xi x)^{-\frac{1}{\xi}-1} \exp\left(-(1+\xi x)^{-\frac{1}{\xi}}\right), & \xi \neq 0 \\ \exp(-x - \exp(-x)), & \xi = 0 \end{cases}$$

按照形状参数的取值范围，GEV 可分为三种类型，相关概率密度函数如图 2-21 所示。其中

类型 I：Gumbel 族，$\xi = 0$，

$$F(x) = \exp(-\exp(-x)), \quad -\infty < x < \infty$$

类型 II：Frechet 族，$\xi > 0$，

$$F(x) = \begin{cases} \exp\left(-(1+\xi x)^{-\frac{1}{\xi}}\right), & x > -1/\xi \\ 0, & x \leq -1/\xi \end{cases}$$

类型Ⅲ：Weibull 族，$\xi < 0$，

$$F(x) = \begin{cases} \exp\left[-(1+\xi x)^{-\frac{1}{\xi}}\right], & x < -1/\xi \\ 1, & x \geqslant -1/\xi \end{cases}$$

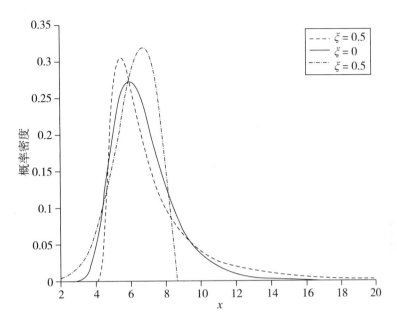

图 2-21　三类广义极值分布的概率密度

（二）估计

极值分布的三个重要参数：形状（Shape）参数、位置（Location）参数和尺度（Scale）参数。对这三个参数的估计通常有以下方法。

（1）分块经验估计。将样本至少分为三块（$g > 3$，每块平均有 n 个样本，$T = n \cdot g$），分别估计三个参数。

（2）最大似然法。根据密度函数构造似然函数，进而估计参数。这一估计是无偏、渐近正态的，并在适当假设下是渐近有效的。

（3）非参估计。Hill（1975）提出以下估计量（Q 为正整数）：

$$\xi_h(Q) = \frac{1}{Q}\sum_{i=1}^{Q}\left(\ln x_{(T-i+1)} - \ln x_{(T-Q)}\right)$$

$$\xi_p(Q) = \frac{1}{\ln(2)}\ln\left(\frac{x_{(T-Q+1)} - x_{(T-2Q+1)}}{x_{(T-2Q+1)} - x_{(T-4Q+1)}}\right), \quad Q \leqslant T/4$$

Hill 估计仅对 Frechet 族适用。

（三）极值模型的应用

1. 计算风险价值 VaR

$$\text{VaR} = \begin{cases} \mu - \dfrac{\sigma}{\xi}\left\{1 - [-n\ln(1-p)]^{-\xi}\right\}, & \xi \neq 0 \\ \mu - \sigma\ln[-n\ln(1-p)], & \xi = 0 \end{cases} \quad (2.7)$$

2. 计算收益率水平 $L_{n,g}$

假定有 g 个长度为 n 的子区间，其中有 1 个子区间的最大值超过 $L_{n,g}$，即

$$P(x_{n,i} > L_{n,g}) = \frac{1}{g}$$

3. 有关 u 的选择

在计算过程中，我们会遇到一个很自然的问题，那就是如何选定变量 u。虽然我们常常发现 ξ 和 β 取决于 u，但 $F(x)$ 的估计值大致相同，我们希望将 u 设定为足够大，来保证我们确实考虑了尾部分布的情形，同时我们还希望将 u 设定为足够低，来保证使用最大似然估计时的观测数据不至于太少。在计算中使用更多的数据会提高对于尾部评估的精度，我们在例子中应用了 500 个数据来计算，理想的做法是应用更多的数据。

一个经验法则是保证 u 近似等于实证分布中的 95% 的分位数（在我们考虑的数据中，实证分布中的 95% 的分位数为 156.5）。对 ξ 和 β 最佳值进行求解时，我们要保证这些参数为正，如果优化程序将 ξ 设为负值，这可能是由于：①分布的尾部不比正态分布更为肥大；②对参数 u 的选取不当。

（四）极值理论的应用案例

我们以比特币兑美元为例，使用招商银行连续交易日的历史数据（2019 年 12 月 12 日至 2021 年 4 月 25 日收盘价格），如表 2-18 所示。

表 2-18 比特币兑美元交易日的历史数据

日期	收盘 （美元）	开盘 （美元）	高 （美元）	低 （美元）	交易数量 （比特币）	涨跌幅
2021 年 4 月 25 日	49,735.00	50,167.00	50,361.00	49,735.00	6.10K	-0.86%
2021 年 4 月 24 日	50,167.00	51,139.00	51,139.00	49,572.00	5.98K	-1.90%
2021 年 4 月 23 日	51,139.00	51,781.30	51,781.30	48,719.60	17.25K	-1.24%
2021 年 4 月 22 日	51,781.30	53,822.00	55,067.00	51,781.30	12.69K	-3.79%
2021 年 4 月 21 日	58,822.00	56,476.00	56,476.00	53,822.00	7.10K	-4.70%

(续表)

日期	收盘 (美元)	开盘 (美元)	高 (美元)	低 (美元)	交易数量 (比特币)	涨跌幅
……	……	……	……	……	……	……
2019年12月16日	6,926.80	7,152.70	7,189.90	6,900.00	13.42K	−3.16%
2019年12月15日	7,152.70	7,100.80	7,218.60	7,046.60	3.53K	0.73%
2019年12月14日	7,100.80	7,283.10	7,290.50	7,038.50	3.41K	−2.50%
2019年12月13日	7,283.20	7,224.10	7,331.90	7,218.70	2.90K	0.82%
2019年12月12日	7,224.00	7,231.20	7,325.60	7,133.80	5.64K	−0.09%

注：1K = 1000，代表比特币数量。

资料来源：https://cn.investing.com/crypto/bitcoin/btc-usd-historical-data，访问日期：2022 − 11 − 22。

计算获得比特币兑美元每日收益率的 500 个历史取值，其对数收益率如图 2 − 22 所示。可以看出，比特币兑美元收益率的历史数据在某些区间波动剧烈，一定程度上反映极值的存在性。现假设购买 10,000 美元的比特币兑美元，通过 500 个收益率可以计算出未来一天 500 种可能的价格，进而算出 500 个损失值，并对其进行建模。

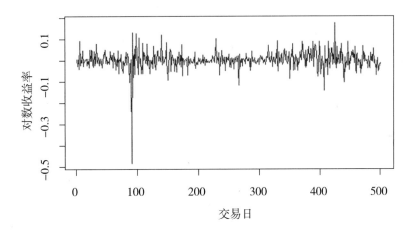

图 2 − 22　比特币兑美元 500 个交易日的历史对数收益率

假设购买 10,000 美元的比特币兑美元，通过 500 个收益率可以计算出未来一天 500 种可能的价格，进而算出 500 个损失值，并对其进行建模。比特币兑美元极值理论的计算见表 2 − 19。当 $u = 500$ 时，$n_u = 25$（即 95% 置信水平下，第 25 个场景损失大约为 567 美元）时，设定 $\beta = 40$ 和 $\xi = 0.3$，计算极大似然函数，求解得到最大似然函数的初值为 − 188.35。

表 2－19　极值理论的计算

情景编号	损失（美元）	排序	$\ln\left[\frac{1}{\beta}\left(1+\frac{\xi\ (v_i-u)}{\beta}\right)^{-\frac{1}{\xi}-1}\right]$
494	4,809.040	1	－12.95
339	71,402.449	2	－8.94
349	1,148.727	3	－8.23
329	1,008.955	4	－7.76
487	995.348	5	－7.71
227	889.663	6	－7.29
131	841.131	7	－7.07
238	751.395	8	－6.62
……	……	……	……
490	567.164	25	－5.42
合计			－188.35
EVT 试验估计参数	$\xi=0.3$	$\beta=40$	

在 Excel 2019 中，点击“数据分析”中的“规划求解”按钮，可以求解使得似然函数达到最大值时，β 和 ξ 的取值。如图 2－23 所示，为规划求解步骤，首先设置目标为“＄E＄8”单元格（当我们改变 β 和 ξ 参数值时，似然函数即 E8 也会发生变化）。其次，更改可变单元格输入“＄E＄2”“＄E＄3”（即改变 β 和 ξ）。最后，点击“求解”即可求得当 $\beta=170.37$ 和 $\xi=0.50$ 时，最大似然函数的对数最大值为－166。

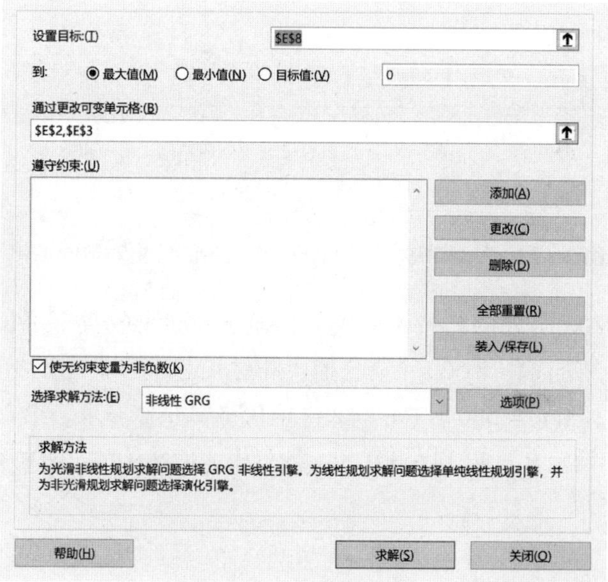

图 2－23　规划求解步骤

计算可以得出，在 99.9% 的置信区间下的 VaR 值为 2,613 美元，预期损失 ES 值为 5,053 美元。具体用 Excel 求解的公式如下：

$$VaR = E1 + (E2E3) * (((E4E5) * (1 - \$H\$2))^{(-E3)} - 1)$$
$$ES = (E6 + E2 - E1 * E3)/(1 - E3)$$

求解结果如图 2-24 所示。

D	E	F	G	H	I
u	533	532.8077		VaR Confidence	
β	170.3660342			0.999	
ξ	0.502159892				
n	500				
n_u	25				
VaR	2613.066136				
ES	5053.391458				
Likelihood	-166.00				

图 2-24 Excel 求解 VaR 和 ES 结果

第三章 利率风险度量与管理

|本|章|要|点|

◇ 利率风险的分类、利率期限结构、利率风险的形成机制。
◇ 利率风险的度量、再定价模型、到期日模型、久期模型和凸性。
◇ 利率风险的表内管理、免疫利率风险的主要方法、利用衍生品对冲利率风险。

利率风险是指由于市场利率波动的不利变动给金融机构带来的风险，具体来讲，是指由于利率波动造成金融机构在利息收入以及资产市值方面遭受损失的可能性。由于利率波动不仅影响到金融机构的当期收益，也影响到金融机构的经济价值，防范和控制利率风险已经成为金融机构风险管理部门最重要的日常工作之一。

2004年以前，对于习惯利率管制环境的国内金融机构管理者来说，由于利率的波动性非常低，过多地关注利率以及利率风险似乎是不必要的。一方面，中央银行已经锁定了存贷款利差水平，银行可以不用担心因利率逆转而导致的利差倒挂；另一方面，由于交易账簿的规模非常小，加上利率管制，银行基本上用不着对金融资产进行按市值计价处理。

自中国加入WTO、金融业对外全面开放以来，伴随着利率市场化的逐步推进，商业银行作为利率市场化最重要的参与机构，受利率波动的影响不断深化，越来越多的银行被卷入利率不确定的市场环境中，利率风险已逐渐成为商业银行的主要风险之一。考虑到我国是典型的银行导向型金融体系，利率风险对银行等金融机构的利润和资本造成重大的威胁，正成为信用风险之后重要的风险来源。所以，有必要将利率风险从市场风险中单独拿出来，专门阐述利率风险的识别、度量及管理。

本章内容如下所示：首先，通过解释利率及其相关概念，阐述利率风险的来源和形成机制，以及免疫利率风险的主要方法；其次，介绍各种常见的利率风险计量模型，主要包括简单的再定价模型，以及常用的到期日模型和久期模型（Duration Model），进而通过对久期模型的缺陷分析，引申出修正久期缺陷的凸性模型；最后，读者们应认识到，除了利用传统的利率风险管理方法，金融机构还可以利用远期利率协议（Forward Rate Agreement，FRA）、利率互换（Interest Rate Swap）、利率期货（Interest Rate Future）以及利率期权（Interest Rate Option）等衍生金融工具管理利率风险。

第一节 利率风险简介

一、利率风险相关基本概念

利率是资金的价格，银行等金融中介机构的资产与负债绝大多数是通过利率来计价的。当资产和负债对利率变动的敏感程度不一致时，就会产生利率风险，给银行带来净利息收入损失或资本损失。谈到利率，初学者常常对收益率曲线感到困惑，时常弄不清诸如利率、收益率、折现率等概念的确切含义。要把握这些在固定收益证券市场上应用最多的概念，最好的办法就是从收益率曲线的推导或绘制入手，亲自推导出这些曲线。有了这个过程的基础，对相关概念的理解也就相对容易了。

（一）即期收益率和收益率曲线的推导

固定收益债券有三个基本要素：面值、票面利率（Coupon）与到期日。由于这三个要素都是事前固定的，债券的现值或当前价格就取决于债券的内部收益率。债券价格、收益率与未来支付（现金流）三者之间的关系可以表示为

$$P = \sum_{t=1}^{T} \frac{C_t}{(1+y)^t} + \frac{F}{(1+y)^T} \qquad (3.1.1)$$

其中，P 表示债券的价格；C_t 表示为 t 时期债券的利息；F 表示最后时期 T 的本金支付；t 表示每一个支付的时期数；T 表示截至最终到期日的时期数；y 表示该债券到期日的收益率。

式（3.1.1）隐含地将折现率 y 定义为内部收益率。由于现金流的现值等于债券的市值，对于任何债券，都可以先找到它的市场价格，然后结合其现金流，计算出它唯一的收益率。该收益率就是对应期限的即期收益率（Spot Rate）。

将即期收益率与相应的到期日结合起来，就得到了特定时点上的收益率曲线，即利率期限结构（Term Structure of Interest Rates）。该期限结构反映了当前利率随时间的变化情况。下面以美国国债收益率曲线的计算为例进行说明。考虑一个纯粹的贴现债券，即所谓的零息债券（Zero-coupon Bond），债券以面值的一定折扣发行，到期后按面值赎回。零息债券只有一个现金流，即债券的面值，它的价格是 $P = \dfrac{F}{(1+y_T)^T}$。其

中，T 可以是 3 个月、半年、1 年不等，y_T 为到期日的即期收益率。通过计算不同到期日的国债收益率，就可以得到美国国债的收益率曲线。

一般来说，计算即期收益率（也称理论上的即期收益率）可以采取两种方法：递推法（Bootstraping）以及平滑插值法（Interpolating）。这里我们仅介绍较为简单的递推法。根据式（3.1.1），通过将对应期限的零息债的收益率代入付息债的现值公式，从给定的零息债券开始，可以依次推导更长到期日的收益率。

例如，给定 6 个月期的财政部零息票据，面值为 100 美元，它的即期收益率等于 3%，那么它半年的即期收益率为 1.5%。我们同时还观察到 1 年期零息财政票据的即期收益率为 3.3%，据此就可以计算一个 1.5 年期、票息率为 3.5% 的财政付息债券的即期收益率。

假设该付息债券的面值为 100 美元，则该付息债券的三个现金流应依次为，第一个 6 月末的现金流为 1.75 美元（$0.035 \times 100 \times 0.5$），第二个 6 月末的现金流为 1.75 美元（$0.035 \times 100 \times 0.5$），以及第三个 6 月末的现金流为 101.75 美元（$100 + 0.035 \times 100 \times 0.5$）。同时假设 R_1, R_2, R_3 分别表示基于 6 个月期、1 年期、1.5 年期零息债即期收益率折算的年收益率的 1/2。由于所有的付息债券都是以面值出售的，则该 1.5 年期财政付息票据的现金流现值为

$$100 = \frac{1.75}{(1+R_1)} + \frac{1.75}{(1+R_2)^2} + \frac{101.75}{(1+R_3)^3}$$

分别代入 6 个月期、1 年期零息债的即期收益率，得到以下等式：

$$100 = \frac{1.75}{(1+0.015)} + \frac{1.75}{(1+0.0165)^2} + \frac{101.75}{(1+R_3)^3}$$

求解可得 1.5 年期的理论即期收益率为 $R_3 = 1.75265\%$，将该数字转换成年收益率为 3.5053%。由此可知，1.5 年期的零息债券理论上的即期收益率为 3.5053%。下一步，我们还可以使用 R_1、R_2、R_3 去求解 R_4 等，诸如此类。

需要注意的是，在实践中，使用递推法的前提是必须能够得到按规律到期的全部债券。此外，递推法主要依赖于零息债券，忽视了债券包含的其他信息。

（二）收益率曲线的经济含义

收益率曲线是反映利率和到期日两者之间对应关系的直观工具。为了比较不同到期日的收益率水平，在绘制收益率曲线时有一个前提假定，即假定除到期日不同外，债券的所有其他特征都一样，比如具有相同的违约风险和市场流动性，具有相同的票息支付等。因此，绘制收益率曲线的债券通常是同一个债权人发行的具有不同到期日的债券。美国国债收益率曲线就是一种被引用和分析得最多的收益率曲线。在不同的时点上，收益率曲线经常会呈不同的形状。由于不同的形状包含着不同的经济信息，所以收益率曲线的形状及走势是市场关注的焦点。

一般来说，认识收益率曲线形状的经济含义可以从以下几个方面入手。

第一，市场对未来利率走势的预期。根据无偏预期理论，在给定的时点上，收益率曲线的形状反映了市场目前对未来短期利率的预期。为了说明这一点，我们将长期利率理解为当前的短期利率与预期的未来的短期利率的几何平均，表示成数学公式即

$$R_N = [(1+r_1)(1+r_2)(1+r_3)\cdots(1+r_N)]^{1/N} - 1 \qquad (3.1.2)$$

式（3.1.2）中，R_N 表示 N 期的实际利率，r_1 表示当前的 1 年期收益率，r_N 表示在给定时期内预期的 1 年期收益率，可以理解为远期利率（Forward Rates）。例如，假定 1 年期财政票据当前的收益率为 6%，第 2、3、4 年的 1 年期收益率预计分别为 7%、7.5% 和 8.5%；根据上述公式，1、2、3、4 年期的当前收益率应分别为 6%、6.499%、6.832% 和 7.246%。表现在图上，则为向上翘起的收益率曲线。一般来说，在正常情况下，收益率曲线从左向右上升，因为期限越长收益率会越高，以反映投资风险随期限拉长而升高的情形。若长期收益率的升幅大于短期收益率，收益率曲线会变陡；这种向上翘起的收益率曲线一般出现在经济复苏时期，它表明市场预期经济将恢复扩张，短期利率有可能因为央行收紧货币政策而持续上升，反之收益率曲线则会变得平缓。

概括起来，收益率曲线大致呈图 3-1 中列示的四种形状：(a) 向上倾斜；(b) 向下倾斜；(c) 峰状；(d) 平直的曲线。其中，(a) 中向上倾斜的曲线可能意味着市场预期未来的短期利率将持续上升。因为票息支付是固定的，未来的利率上升意味着债券的折现率（内部收益率）上升，现值（当前的价格）下降。同理，(b) 中向下倾斜的曲线意味着市场预期未来的短期利率会持续下降。就收益率曲线而言，这种倒挂的收益率曲线反映出短期收益率高于长期收益率的异常情况。这种情况一般出现在长期通货膨胀率将要下降，或是债券的供给将大幅减少的预期下。此时，金融机构（例如银行）通常会以短期利率借贷，并会长期借出资金，从而压低长期收益率。一般而言，在长期利率低于短期利率的情况下，银行通常会收缩信贷，较低的信贷额度会导致企业业务放缓，消费低迷，引发经济衰退。如果投资者认为此时是他们在利率跌穿底线以前锁定收益的最后机会，他们就将选择持有更多的长期债券，从而导致收益率曲线翻转，出现 (c) 中的峰状曲线。此时，市场投资者预期未来的长期利率会下降，而短期利率将上升（向下弯的曲线）；或者相反，短期利率将下降，而长期利率将上升（向上弯曲的曲线）。(d) 中平直的曲线一般出现在紧随经济衰退后的经济扩张初期。这时，经济停滞压抑短期利率，一旦增长的经济活动重新建立对资本的需求和通胀的担忧，利率一般会重拾上升趋势。

需要指出的是，以上理论假设预期是无偏的，远期利率刚好等于未来的实际利率。事实上并不总是如此。由于各种不确定因素的存在，未来的利率并不能完全准确预知，债券的未来价格也是不确定的，所以人们倾向于将远期利率视为套期保值利率（Hedge Rates），即交易者愿意以此锁定未来收益的意愿利率水平。

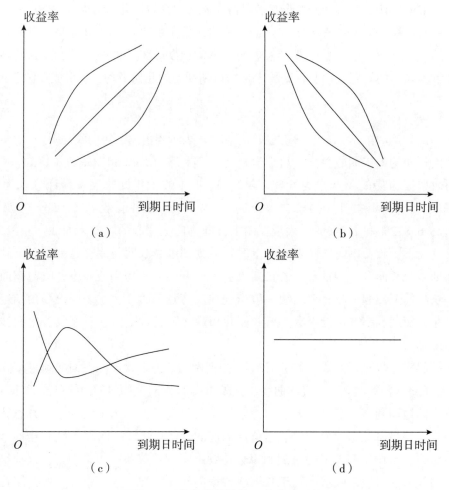

图 3–1 收益率曲线的几种常见形状

第二，不同期限债券供求形式的变化。由于票息拆离市场的存在，投资者可以很方便地投资于特定期限的债券市场。当投资者对某一期限档次的债券需求比较集中，或者财政部由于自身的财政状况而减少该期限档次的债券供给时，该期限档次债券价格将上升，收益率下降；反之，当某一期限档次的债券需求较少或供给增加时，该期限档次债券价格将下降，收益率上升。

应该注意，以上两方面的信息并不是彼此独立的。当投资者对某一期限的债券需求发生改变时，很大程度上也是因为对利率的预期发生变化。以中国 2002 年 3 月份的国债收益率为例，尽管当时中国的国债结构以长期债券为主，长期国债的到期收益率仍然出现了大幅度上升。背后的原因在于，信贷需求萎缩促使银行增加了对长期债券资产的需求，这在一定程度上也反映出银行对未来利率走低的预期。

(三) 收益率曲线的应用

由于利率在不断地变化，收益率曲线也经常地变动。投资者在进行债券投资时，可通过观察同种债券在不同日期的收益率,从中选择较为理想的投资对象。具体来讲,收益率曲线有以下几种应用方法。

第一,寻找偏离收益率曲线的债券。由于收益率曲线是由不同期限债券的到期收益率拟合而成的,因此就有某一期限债券的收益率偏离收益率曲线的可能。如果发现了这种债券并能确认它的收益率会很快向收益率曲线回落,可以选择买入这种债券,因为收益率偏高,说明该种债券的价格偏低,随着收益率的下降,价格将会回升;相反,如果发现某一债券的收益率远低于收益率曲线,并预期它的收益率会向收益率曲线靠拢,则持有该种债券的投资者可以卖出债券,待价格回落时再买入补回。

第二,当收益率曲线呈现拱形形态时,应关注拱形曲线上处于拐点上的债券。在这种特定的时点上,拐点处的收益率最高,也即该点处的债券价格相对偏低,买入该种债券,在收益率曲线形态不变时,该种债券到期时收益率会明显下降,价格将会上涨。例如,某投资者准备投资 3 个月期债券,他发现收益率曲线呈拱形状态并且在期限为 2 年处转弯下降,那么,在收益率曲线保持不变的假设下,他买入 2 年期债券 3 个月后变现将会比买入 3 个月期债券的投资收益要高。

第三,可以选择滚动投资或一次投资方式。当投资者准备进行 1 年期的债券投资时,可在买入 1 年期债券和买入 2 年期债券并于 1 年后出售变现这两种投资方案中加以选择。权衡两种方法的关键是要对第二年短期债券的收益率加以预测,如果预计 1 年后短期债券的收益率将下降,则届时出售 2 年期债券的价格将上升,投资者买入 2 年期债券并出售的收益率将大于买入 1 年期债券;相反,如果预计 1 年后短期债券收益率将上升,则应选择 1 年期的债券进行投资。同样,投资者准备进行 2 年期的债券投资时,也可以在买入 2 年期债券和买入 1 年期债券到期后再滚动投资这两种方法中加以选择。采用相同的办法,投资者需对 1 年后短期债券收益率加以预测。如果预计 1 年后短期收益率将下降,应选择买入 2 年期债券持有;若预计 1 年后短期收益率将上升,则可先买入 1 年期债券待到期后再买入 1 年期债券进行滚动式投资。值得注意的是,通常只能在期限相近的债券之间进行选择,因为要对长期收益率做出预测难度将更大。同时,债券发行者也可利用收益率曲线,将自己的筹资目的和市场需求相结合,选择在收益率较理想的时刻发行债券。

二、利率风险及其表现形式

利率风险是指市场利率变动的不确定性给商业银行造成损失的可能性。巴塞尔委员会在 1997 年发布的《利率风险管理原则》中将利率风险定义为,利率变化使商业银行的实际收益与预期收益或实际成本与预期成本发生背离,使其实际收益低于预期收益,或实际成本高于预期成本,从而使商业银行遭受损失的可能性。为了能够有效控制并对冲利率风险,银行必须学会如何识别和计量利率风险。根据巴塞尔委员会的监管原则,利率风险主要有以下四种表现形式:再定价风险(Repricing Risk)、收益率曲线风险(Yield Curve Risk)、基差风险(Basis Risk),以及内含期权性风险(Imbedded Optional Risk)。

(一) 再定价风险

金融机构的资产负债项目或者适用于固定利率,或者适用于浮动利率。再定价风险,又称期限错配风险,即资产、负债和表外业务到期期限不同(对固定利率而言),或者再定价期限差异(对浮动利率而言)所产生的风险。这种重新定价的不对称性使得银行的收益或内在经济价值会随着利率的变动而变化。期限错配时,要么资产的期限大于负债的期限,要么负债的期限大于资产的期限。当利率发生不利变化时,银行将因期限的不匹配而遭受损失。

例如,银行以短期存款作为长期固定利率贷款的融资来源。假设银行吸收了一笔1年期的固定利率存款,年利率为6%;同时用这笔贷款发放2年期的固定利率贷款,年利率为7%。在第一年,银行可以锁定1%的利差收益,但由于负债的到期日是在资产的到期日之前,银行需要在第二年开始的时候为贷款进行再融资。受利率变化因素的影响,其再融资的利率是不确定的,由此导致其第二年的收益也是不确定的。设想第二年的利率水平不变,银行就能够继续以6%的年利率水平取得1年期的再融资,从而锁定第二年的1%的利差收益。但是谁也不能保证在第一年和第二年之间利率水平不发生变化。如果利率水平上升了,比如上升了200个基本点,则银行在第二年取得的再融资的利率水平将由6%上升至8%,而资产的利率水平仍然锁定为7%,显然,银行第二年的利差收益将变为-1%,其在第一年取得的1%的利差收益将因此被抵消。

如果资产的到期日在负债之前,也会发生类似的风险。假设用年利率6%的2年期存款发放1年期7%的贷款,同前面一样,银行可以在第一年锁定1%的利差收益。在第一年年末,贷款到期收回后需要重新投资。如果第二年的利率水平保持不变,则银行第2年的利差收益仍为1%。但是,如果利率水平下降了200个基本点,则重新发放贷款的利率为5%,而存款利率仍然锁定为6%,银行第二年的利差收益将变为-1%,其在第一年取得的1%的利差收益也将因此被抵消。

再定价风险是商业银行最主要和最常见的利率风险形式之一。再定价风险并非只存在于存贷款之间,事实上整个银行的资产负债结构都有可能存在期限错配问题。资产及负债的市值等于未来现金流的现值。当利率上升时,折现率上升,资产、负债的市值下降;当利率下降时,折现率下降,资产、负债的市值上升。很容易想到,如果资产的持有期长于负债的持有期,当利率上升时,资产市值的下降大于负债市值的下降;如果负债的持有期长于资产的持有期,当利率上升时,资产市值的下降将小于负债市值的下降,倘若银行的资产负债结构不合理,利率不利波动所产生的再定价风险很容易让银行的资产和负债出现不匹配现象,让银行的股东蒙受损失。

(二) 收益率曲线风险

银行再定价的不对称性也会使收益率曲线斜率、形态发生变化,即收益率曲线的非平行移动,对银行的收益或内在经济价值产生不利影响,从而形成收益率曲线风险。这里所谓的收益率曲线风险是指随着经济周期的变化,收益率曲线的形状因为某种原因发生改变之后,对银行收入或银行经济价值造成的不利影响,也称利率期限结构变化风险。以银行的资产负债表为例,大多数银行都存在借短贷长现象,以获取相应的利差收益。当收益率曲线保持向上倾斜的正常形状时,这种策略是成功的。进一步假设,即使未来的利率水平发生了突然变动,只要收益率曲线是平行移动的,即利率冲击对不同期限的收益率的影响是一致的,所有的收益率都上升或下降相同的基本点,则银行当前的净利息收入就不会改变。但是,如果收益率曲线不是平行移动的,其形状由向上倾斜变得平坦,甚至于向下倾斜,那么银行的利差收益将减少。当然,收益率曲线风险对银行的影响不仅仅包括利息收入,也包括银行的净值。

假设银行发放了一笔3年期的浮动利率贷款,每年年初以高于同期国库券利率1%的水平来设置贷款利率;同时吸收了一笔2年期的定期存款,每年年初以高于同期国库券利率0.5%的水平来设置存款利率。第一年年初,3年期的国库券利率为5%,2年期的国库券利率为4%。国库券的收益率曲线为上升型曲线。此时,按高于3年期的国库券利率1个百分点的水平设置贷款利率,则贷款利率应为6%;同理,按高于2年期的国库券利率0.5个百分点的水平设置存款利率,存款利率应为4.5%。综合起来,银行的利差为1.5%。到了第二年年初,上升型的收益率曲线变为下降型。3年期国库券利率仍然保持6%,2年期国库券利率变为7%,而1年期国库券利率则是8%。此时,贷款利率应按高于2年期的国库券利率1%的水平来设置,贷款利率变为8%;存款利率应按高于1年期的国库券利率0.5%的水平设置,存款利率为8.5%。银行利差变为 -0.5%,银行遭受了损失。这种由于收益率曲线的变动,给银行当前收入以及经济价值造成的潜在损失就是收益率曲线风险。

(三) 基差风险

基差风险的概念来自期货市场。期货的合同价格可能不与标的资产的价格协同运动,两者之间的差额称为基差,我们把由基差变化所造成的潜在损失称为基差风险。基差风险也称利率定价基础风险,是一种重要的利率风险来源。对银行来说,基差风险的产生主要来自不同的定价基准,或定价参考标准之间的非同步变化。在利息收入和利息支出所依据的基准利率变动不一致的情况下,虽然资产、负债和表外业务的再定价特征相似,但因其现金流和收益的利差发生了变化,也会对银行的收益或内在经济价值产生不利影响。例如,一家银行用1年期存款作为1年期贷款的融资来源,贷款按照美国国库券利率每月重新定价一次,而存款则按照伦敦同业拆借利率(LIBOR)每月重新定价一次。虽然用1年期的存款为来源发放1年期的贷款,由于利率敏感性负债与利率敏感性资产的再定价期限完全相同而不存在再定价风险,但因为其基准利率的变化可能不完全相关,变化不同步,仍然会使该银行面临因基准利率的利差发生变化而带来的基差风险。

从实践的角度看,交易性业务与基差风险的关系似乎更为密切。在日常的交易活动中,为了规避风险,银行经常要对特定的头寸做套期保值或对冲处理。单从主观上看,既然作了对冲,风险应该随之抹去。其实不然,原因在于对冲都是以不同市场的基准为基础的。当不同的市场基准之间的利差发生不利的变化时,对冲的效果也将受到影响。例如,一个外汇交易员用即期外汇的多头为远期的空头头寸作对冲就面临着基差风险。一方面,即期头寸面临汇率波动的风险;另一方面,远期头寸也面临着收益率曲线移动的风险,因此两个头寸并不能完全对冲。再比如,在美国国债市场与利率互换市场,债务人的资信度都很高,但两个市场之间的利差有时也会持续显著扩大。如果通过卖空国债期货合约来为长期资产作对冲,即使其他市场保持稳定,一旦国债收益率下降,价格上升,该对冲策略也会招致损失。类似的例子还可以举出很多,比如住房抵押贷款市场与国债市场之间、公司债券市场与国债市场之间等。当基准利率之间的利差发生不利的变动时,不仅对冲的效果会受到影响,而且有可能给银行造成资本损失。

(四) 内含期权性风险

所谓期权也就是选择权,期权赋予持有者以事前约定的价格买入、卖出或者以某种方式改变某一金融工具或合同现金流的权利。不言而喻,期权和期权性条款都是在对买方有利而对卖方不利时执行的,所以当期权合同被实施时,此类期权性工具因其所具有的不对称支付特征,会给卖方带来风险。当今越来越多的期权品种因具有较高的杠杆效应,还有可能会进一步增大期权头寸对银行财务状况产生的不利影响。

银行的资产、负债以及表外业务中许多都带有期权性质,因此期权性风险正日益成为一种越来越重要的利率风险。期权可以是单独的工具,如场内(交易所)期权及场外合同,也可以包含在其他标准化的交易工具中,如债券或存款的提前兑付、贷款的提前偿还等选择性条款。虽然银行的日常业务会涉及不同形式的期权合同交易,但就利率风险而言,大量的期权成分还体现在非交易业务所包含的常规工具中。以存贷款为例,一般来说,银行允许客户提前提取存款或提前归还贷款,而不会对客户收取罚金。当利率上升时,客户有可能提前结清存款账户,然后转存,以获取新的、较高的利息收入;当利率下降时,客户有可能提前还款,然后再以新的利率重新贷款,以节约资金成本。再比如前面提到的基差风险,有一些贷款种类允许客户根据利率水平选择利率基准,比如选择1个月LIBOR与1个月基准利率中的较低者,结果也有可能给银行的收入带来潜在的损失。

需要指出的是,由于银行业务的复杂性,实际的利率风险敞口可能并不仅限于前面提到的四种。因此,要进行更精确的分析和计量,还必须充分考虑资产、负债项目的敞口状况以及现金流特征。

三、利率风险对银行的影响

利率风险的产生有两个条件：一是市场利率发生波动；二是银行的资产和负债期限不匹配。一旦同时具备了这两个条件，银行就将面临利率风险的考验。利率风险的大小取决于市场利率波动的幅度以及银行资产负债不匹配的程度。

利率风险对银行的影响主要体现在两个方面：当前收入与经济价值。

一是银行的当前收入。银行当前的收入不仅包括利息收入，也包括其他对利率敏感的非利息收入。由于净利息收入在银行收入总额中占有重要地位，同时由于利息收入与利率变动之间存在直接联系，利率变动对净利息收入的影响向来是利率风险计量的重点。不过，随着资产证券化以及各类资产管理类业务的迅速发展，收费性收入在银行总收入中所占的比重大幅度增加，市场利率的变动同样也会对这类收入产生影响。例如，一些银行为住房抵押贷款组合提供收取本息等管理服务，并按管理的资产总量收费。当利率下降、提前还款增加时，银行的管理费收入必然会随之减少。正是考虑到这一点，在评估利率变化对银行收益的潜在影响时，银行管理者以及监管当局会越来越强调净收入总额而不仅仅是净利息收入。

二是银行的经济价值。银行的经济价值可以简单地理解为股东价值，它取决于银行资产、负债项目及表外头寸市值的相对变化。根据巴塞尔委员会的理解，一种金融工具的经济价值等于按照市场利率折现后的预期净现金流的现值。相应地，银行的经济价值就等于银行预期净现金流的现值，亦即银行资产项目预期净现金流的现值，减去负债项目的预期净现金流的现值，再加上表外业务头寸的预期净现金流的现值。传统上银行的资产负债表以会计记账法为基础，报告的是各项目的历史成本，而不是报告时点的市值。银行的当前收入也是以资产负债表为基础的，反映的是银行的近期收益。由于没有按市值计价，当市场发生不利的变动时，资产负债表上反映的银行价值有可能远远偏离银行的实际价值（市值）。而经济价值是一家银行承担风险和抵御风险的基础，因此，要全面分析利率风险对银行整体状况的影响，就不得不考虑经济价值因素。

第二节 传统利率风险的管理方法

衡量利率风险的方法很多，每种方法各有其利弊和不同的适用性。但传统利率风险管理最主要的衡量方法有两种，即再定价模型和到期日模型。这两种传统模型的计量方法就是将资产、负债各项目按再定价、到期日的长短分别列表归类，即再定价、到期日模型。其中,再定价模型是以银行资产、负债的账面价值为基础,分析的是利率变化对净利息收入的影响;而到期日模型则是以银行资产、负债的市场价值为基础,分析利率变动对资产和负债市场价值的冲击和对净值的影响。下面我们将介绍这两个比较简单的利率风险模型。

一、再定价模型

(一)缺口分析

缺口分析是衡量利率变动影响银行当期收益的一种方法。缺口分析的基本做法是,首先将利率敏感性资产(Rate-sensitive Assets,RSA)、利率敏感性负债(Rate-sensitive Liabilities,RSL)或者表外头寸距离下一个再定价日的时间长度定义为若干个时间区间。比如,在美联储委员会要求银行在每个季度按照以下期限类别[①],按它们的资产和负债的再定价缺口分类。这些期限包括:1天、1天到3个月、3个月到6个月、6个月到1年、1年到5年、5年以上。分类完成后,按照距离再定价日的长短,将众多的利率敏感性资产、利率敏感性负债以及表外头寸分别归并到相应的时间段内。对于缺乏明确的再定价日期的资产与负债(如活期存款),或者实际到期日有可能与合同约定的到期日不一致的资产与负债(如可能提前偿还的住房抵押贷款),可以根据银行的判断以及历史统计分析,将其归并到相应的时间段内。注意,这里的再定价日针对的是执行浮动利率的金融工具。如果是固定利率的金融工具,那么再定价日等同于到期日。至于利率敏感性资产和利率敏感性负债,则是指那些在既定期限内即将到期的或需要重新确定利率的资产和负债。

在将所有的利率敏感性资产、利率敏感性负债或者表外头寸都归并到相应的时间段内之后,就可以进行缺口分析(Gap Analysis)了,也就是将每一时间段内的利率敏感性资产和利率敏感性负债分别加总,然后二者相减之差定义为再定价缺口,用 GAP 表示。再定价缺口可用于衡量金融机构净利息收入对市场利率的敏感程度。如果资产大于负债,则称为资产敏感性缺口,否则就称为负债敏感性缺口。即

$$再定价缺口(GAP) = 利率敏感性资产(RSA) - 利率敏感性负债(RSL)$$

用这一缺口乘上假定的利率变动,就可以大致估计出相应的净利息收入变动。假定的利率变动可以来自历史经验、统计模拟,也可以是银行自己的判断。显然,当缺口是负债敏感性缺口时,如果利率上升,银行将遭受利息损失,负债成本上升;反之,当缺口是资产敏感性缺口时,如果利率下降,银行的利息收入将因此而下降。只有当再定价缺口为0时,金融机构的净利息收入才不会受到市场利率波动的影响。缺口分析中的假定利率变动可以通过多种方式来确定,如根据历史经验确定、根据银行管理

[①] 这里的期限类别是指再定价的期限。例如,列入1天的期限类别的资产指将在下一个交易日中被重新定价的资产。

层的判断确定和模拟潜在的未来利率变动等方式。

在进行缺口分析时,除了计算单个时间段内的缺口,还可以计算累积缺口(Cumulative Gap,CGap),即将前一个时间段内的缺口依次累加到下一个时间段上,以估计多个期限累积的利率风险影响。

表3-1是缺口分析的一个示例。

表3-1 再定价缺口

单位:百万美元

期限	资产	负债	缺口	累积缺口
1天	20	30	-10	-10
1天至3个月	30	40	-10	-20
3个月至6个月	70	85	-15	-35
6个月至1年	90	70	20	-15
1年至5年	40	30	10	-5
5年以上	10	5	5	0
总计	260	260		

从表3-1中,我们可以得出。

某银行1天内的再定价缺口为-1000万美元,是负债敏感性缺口,即

$$GAP = RSA - RSL = 20 - 30 = -10(百万美元)$$

6个月至1年期限内的再定价缺口为2000万美元,是资产敏感性缺口,即

$$GAP = RSA - RSL = 90 - 70 = 20(百万美元)$$

而1年期限内的再定价累积缺口为

$$CGAP = (-10) + (-10) + (-15) + 20 = -15(百万美元)$$

同理可得,所有期限类别的再定价累积缺口为

$$CGAP = (-10) + (-10) + (-15) + 20 + 10 + 5 = 0(百万美元)$$

1年期限内的累积缺口表明,在银行1年期类别中,利率敏感性资产小于利率敏感性负债,累积缺口为负,利率上升将减少银行净利息收入。相反,当银行利率敏感性资产大于利率敏感性负债时,累积缺口将为正,此时利率上升将增加银行净利息收入,为银行带来盈利。金融机构管理者的工作就是通过调整资产负债表中的利率敏感性资产与负债来规避利率风险。

(二)再定价模型的应用

再定价模型的优点在于能够简单直接地指出金融机构每一期限类别的净利息收入(Net Interest Income,NII)的暴露情况。如表3-1所述,我们已经计算出某金融机构1

年期累积缺口为 -1500 万美元，下面，我们将进一步分析利率变动和累积缺口对金融机构的净利息收入的影响。

(1) 当资产与负债利率变动相同时。假设该金融机构的资产与负债的利率均上升1个百分点，1年期累积缺口为 -1500 万美元，那么净利息收入的变化为

$$\Delta NII = RSA \times \Delta R - RSL \times \Delta R = (RSA - RSL) \times \Delta R = CGAP \times \Delta R$$
$$= -15,000,000 \times 1\% = -150,000 \text{（美元）}$$

相反，如果累积缺口为1500万美元，那么，利率上升1个百分点，对净利息收入的影响为

$$\Delta NII = CGAP \times \Delta R = 15,000,000 \times 1\% = 150,000 \text{（美元）}$$

由上面的计算可知：当累积缺口为正时，净利息收入的变化随着利率的变化而呈正向变化；相反，当累积缺口为负时，净利息收益的变化随着利率的变化而呈反向变化。因此，当预期利率上升时，应该使累积缺口为正，从而从利率变化中获取收益。相反，当预期利率下降时，则应使累积缺口为负，增加净利息收入。

(2) 当资产与负债利率变动不同时。实际上，虽然金融机构资产与负债的利率变动方向通常是一致的，但二者的变动幅度经常是不同的。同样，假设某金融机构的累积缺口1年期的 RSA = (20 + 30 + 70 + 90) = 210 百万美元；RSL = (30 + 40 + 85 + 70) = 225 百万美元，但利率敏感性资产的利率上升幅度为2个百分点，利率敏感性负债的利率上升幅度为1个百分点，则该金融机构的净利息收入变化为

$$\Delta NII = RSA \times \Delta R_1 - RSL \times \Delta R_2$$
$$= 210,000,000 \times 2\% - 225,000,000 \times 1\% = 1,950,000 \text{（美元）}$$

例：中国建设银行的利率敏感性缺口分析。

表 3-2 是中国建设银行 2020 年年末的利率敏感性缺口。其中资产包括现金及存放中央银行款项、存放同业款项和拆出资金、买入返售金融资产、发放贷款和垫款、投资以及其他项；负债包括向中央银行借款、同业及其他金融机构存放款项和拆入资金、以公允价值计量且变动计入当期损益的金融负债、卖出回购金融资产款、吸收存款、已发行债务证券和其他项。表 3-2 的最后一行是按人民币计算的再定价缺口。

表 3-2　中国建设银行 2020 年年末的利率敏感性缺口

单位：百万元人民币

项目	不计息	3个月以内	3个月至1年	1年至5年	5年以上	合计
资产						
现金及存放中央银行款项	94,006	2,722,033	125	—	—	2,816,164

单位：百万元人民币（续表）

项目	不计息	3个月以内	3个月至1年	1年至5年	5年以上	合计
存放同业款项和拆出资金	—	728,820	75,305	17,512	—	821,637
买入返售金融资产	—	597,544	4,695	—	—	602,239
发放贷款和垫款	34,352	9,009,373	6,888,551	223,064	76,029	16,231,369
投资	247,395	347,431	690,258	2,725,215	2,954,056	6,964,355
其他	696,490	—	—	—	—	696,490
资产总计	1,072,243	13,405,201	7,658,934	2,965,791	3,030,085	28,132,254
负债						
向中央银行借款	—	175,189	605,165	816	—	781,170
同业及其他金融机构存放款项和拆入资金	—	1,871,778	291,532	124,537	5,425	2,293,272
以公允价值计量且变动计入当期损益的金融负债	33,559	163,261	57,259	—	—	254,079
卖出回购金融资产款	—	52,701	2,320	1,704	—	56,725
吸收存款	127,871	13,695,262	2,754,998	4,020,810	16,035	20,614,976
已发行债务证券	—	311,134	306,548	320,570	1,945	940,197
其他	802,482	—	—	—	—	802,482
负债合计	963,912	16,269,325	4,017,822	4,468,437	23,405	25,742,901
资产负债缺口	108,331	(2,864,124)	3,641,112	(1,502,646)	3,006,680	2,389,353

资料来源：中国建设银行2020年年度报告。

1. 利率敏感性缺口分析

表3-3列示了建设银行资产与负债按下一个预期再定价日或到期日（两者较早者）的利率敏感性缺口。2020年年末，建设银行3个月以内累计利率敏感性缺口为7769.88亿元，较上年增加1877.80亿元，主要是贷款及垫款增长快于3个月以内存款增长所致。

表3-3 建设银行2020年利率敏感性缺口分析

单位：百万元人民币

	不计息	3个月以内	3个月至1年	1年至5年	5年以上	合计
2020年12月31日利率敏感性缺口	108,331	(2,864,124)	3,641,112	(1,502,646)	3,006,680	2,389,353
2020年12月31日累计利率敏感性缺口	(2,864,124)	776,988	(725,658)	2,281,022	—	—
2019年12月31日利率敏感性缺口	173,493	(1,696,225)	2,285,433	(712,910)	2,185,336	2,235,127
2019年12月31日累计利率敏感性缺口	(1,696,225)	589,208	(123,702)	2,061,634	—	—

资料来源：中国建设银行2020年年度报告。

2. 利息净收入敏感性分析

建设银行的利息净收入敏感性分析基于两种情景：一是假设存放央行款项利率不变，所有收益率曲线向上或向下平行移动100个基点；二是假设存放央行款项利率和活期存款利率均不变，其余收益率曲线向上或向下平行移动100个基点。表3-4列示了建设银行集团利息净收入在对于两种不同情景下的利息变动情况。

表3-4 建设银行利息净收入敏感性分析

单位：百万元人民币

日期	情景一：存放央行款项利率不变		情景二：存放央行款项利率和活期利率不变	
	上升100个基点	下降100个基点	上升100个基点	下降100个基点
2020年12月31日	(45,546)	45,546	80,344	(80,344)
2019年12月31日	(35,183)	35,183	77,716	(77,716)

资料来源：中国建设银行2020年年度报告。

（三）再定价模型评述

再定价模型作为衡量金融机构利率风险的一个模型，在现实生活中有着广泛的应用。它的显著优点是计算方便、清晰易懂。通过对累积缺口的分析，金融机构管理人员可以很快地确定利率风险的头寸，并采取措施来化解相应的利率风险。但是，从前面的应用中我们也可以知道，再定价模型有其自身的不足，主要表现在以下几点。

1. 过于笼统

在运用再定价模型时，对资产负债再定价期限的选择往往取决于管理者的主观判断。若采用同一资产负债表的数据，分别计算3月期、1年期的再定价缺口，可能得到两个完全相反的结论，如正的1年期缺口和负的3月期缺口。这样不同的结论会让风险管理者难以做出决策，或者做出完全相反的管理决策。

另外，再定价模型将资产和负债的到期期限划分为几个较宽的时间段，如表3-1

所示。这样的时间段划分过于笼统，它忽视了在各个时间段内资产和负债的具体分布信息，因此忽略了同一时段内不同头寸的到期时间或利率重新定价期限的差异。在同一时间段内的加总程度越高，对计量结果精确性的影响就越大。以3个月到6个月这一时间段的划分为例，假设这一时间段内3至4月的再定价缺口（GAP）为 -50万元（即利率敏感性负债比利率敏感性资产多出50万元，并需要在3至4月内重新定价），5至6月的再定价缺口为50万元（即利率敏感性资产比利率敏感性负债多出50万元，并需要在5至6月内重新定价）。由于货币具有时间价值，在3至4月50万元的负缺口重新定价后的绝对值必然大于5至6月50万元的正缺口重新定价后的绝对值，也就是说，3至6月内的资产和负债实际上是不匹配的，在此期间发生的利率变动都会影响资产和负债的市场价值，从而影响银行的利率风险暴露。然而，笼统地将考察期划分为3至6月，没有考虑到该期间内资产和负债分布的货币时间价值，这样粗略的划分使得整个考察期的再定价缺口为0（-50 + 50 = 0）。在这样的期限划分中，再定价缺口对利率风险的测量是不精确的。

显然，不同的期限类别中，资金缺口的期限时间越短，出现以上这一问题的概率就越小。因此，加总程度越高，缺口分析的精确性就越低。理论上讲，以天为时间间隔才是合适的。如果金融机构的经营者掌握了未来每一天的资金缺口，就可以很清楚地了解到利率变动引起的净利息收入敞口。事实上，世界上许多大银行和金融机构都构建了内控系统以测定其未来任意一天的资金缺口（如第125天的资金缺口、第265天的资金缺口等）。这表明，尽管监管当局只要求报告相对宽泛的期限分组的资金缺口，但金融机构的管理者可以主动设置适当的内部信息系统，用来报告未来每日的资金缺口。

2. 资金回流问题

在再定价模型中，我们假定所有非利率敏感性资产或负债在规定的期限时间内均未到期。事实上，分配在每一个时间段内的众多项目并不是同时到期或再定价的，而是有先有后的。一般来说，资产的再定价是在期初，而负债的再定价常常是在期末。

现实中，银行一方面不断吸收与支付存款，另一方面不断发放和收回消费与抵押贷款。如前面例子所示，银行某些30年期抵押贷款可能距离到期只有1年，也就是说，这些贷款现在处在第29年。此外，实际上所有长期贷款每个月至少向银行偿还一定的本金。因此，银行能够将这笔从传统抵押贷款中收到的回流资金以市场利率进行再投资，也就是说，这种回流资金是利率敏感性的。为此，银行经营者需要运用到期日模型判定每一项资产和负债中在下一年度将回流、重新定价或到期的资金比例，以解决再定价模型中的这一问题。

3. 没有考虑到基准风险和内含的期权性风险因素

当利率水平变化时，各种金融产品基准利率的调整幅度不同也会带来的利率风险，即基准风险。尽管利率敏感性负债与利率敏感性资产的再定价期限完全相同，而不存在再定价风险，但是其基准利率的变化可能不完全相关，变化不同步，依然会使该银行面临着由基准利率的利差发生变化而带来的基准风险。

同时，缺口分析也未考虑因利率环境改变而引起的支付时间的变化，即忽略了与期权有关的头寸在收入敏感性方面的差异。当期权被行使时，资产、负债项目的实际到期日会不同于合同规定的再定价日。以住房抵押贷款为例，当利率上升时，会形成一定比例的推迟还款；利率下降又会导致一定比例的提前还款。提前归还的贷款需要重新投资，这部分资金显然是利率敏感性的；推迟还款需要重新融资，这部分资金也是利率敏感性的。负债方面的情况则与此相反。对此再定价模型只能通过估计大致的比例来解决。

4. 忽视了表外业务所产生的现金流

再定价模型中所包括的利率敏感性资产与负债，都仅仅指资产负债表上所包含的资产与负债。然而，利率的变动不仅仅对这些项目有所影响，也会影响到很多表外业务现金流。金融机构很可能运用利率期权合同来规避其利率风险，随着利率的变动，这些期权合同也随之产生一系列现金流。然而，这些本应纳入模型的随期权合同而产生的现金流在再定价模型中被忽略了。例如，在资产负债表的资金缺口为正（RSA > RSL）的情况下，利率上涨将带来收益，但是这种净收益却可能被期货、互换、利率上限等衍生交易中负的预期收益所抵消。

5. 忽视了市场价值效应

从前面的分析可知，再定价模型是以账面价值为基础的。但是，利率变动除了会影响以账面价值计价的净利息收入，还会影响资产和负债的市场价值。显然，再定价模型忽视了利率变动对市场价值的影响，因此它只是一种片面的衡量金融机构实际利率风险敞口的方法。正如前面讲到的，利率风险确实会影响到银行的净值。

例如，假设一家银行持有一笔1年期债券，面值为100元，年息为10%。假设目前的年收益率为10%，则该笔债券的现值是

$$p_1 = (C + F)/(1 + R_1) = (100 + 10)/1.10 = 100.00(元)$$

现在假设市场利率由10%上升到11%，则该债券的现值为

$$p_2 = (C + F)/(1 + R_2) = (100 + 10)/1.11 = 99.10(元)$$

该笔债券资产的市值由于利率上升减少了0.90元。这说明，债券资产价格与市场利率之间是一种负相关关系。

所以，在给定银行的负债到期日与资产的到期日相同的条件下，同样幅度的利率上升也会造成银行负债市值的等比例减少，从而降低银行的负债成本。比如银行发行了一笔1年期、年固定利率为10%、面值为10万美元的大额可转让存单，由于利率上升1个百分点，该笔大额可转让存单同样会贬值900美元。这意味着银行原先以10万美元卖出的存单，此时在二级市场上能够以9.91万美元的价格买回来，从而获取900美元的收益。当利率下降时也存在类似的情况：资产的市值上升，负债的市值也上升。这样，只要保证资产的期限结构与负债的期限结构是对称的，利率波动对银行资产、

负债市值的影响彼此抵消,并不会对银行的净值产生实质性的影响。事实上,在资产、负债的到期日结构不对称时,利率变化对资产、负债市值的影响是不对称的,从而会影响到银行的净值。由于银行在一定程度上是通过期限错配来获取利润的(比如借短贷长),期限错配几乎是必然存在的,利率变动对银行净值的影响不可避免。

最后,非利息收入和费用构成银行当期收益的重要来源之一,但是再定价模型分析未能反映利率变动对非利息收入和费用的影响。因此,再定价模型只是一种初级的、粗略的利率风险计量方法。

二、到期日模型

如前所述,再定价模型的一个重大缺陷是忽略了资产与负债的市场价值。虽然交易性的资产是按其市场价值来计价的,但是绝大部分的资产与负债都是按其账面价值来计价的。在衡量金融机构风险的时候,我们应以资产与负债的市场价值为准,倘若一味采用账面价值,显然会产生误差。以市场价值为基础的金融机构利率风险测度方法有到期日模型和久期模型。这里主要介绍到期日模型,为此我们首先要介绍一下市场利率与资产(负债)价格之间关系的三大规则。

(一)市场利率与资产(负债)价格的三大规则

对于持有单一资产或负债的金融机构,其资产与负债必然遵循三大规则。

(1)利率上升(下降)通常导致资产(负债)市值的下降(上升)。

假定一家金融机构所持有的债券还剩 1 年到期,到期一次付清 10% 的年息(C)和面值 100 元(F),现行到期收益率(R,反映当前的市场利率)为 10%,则 1 年期债券的价格(P_1)为

$$P_1 = \frac{F+C}{1+R} = \frac{100+10}{1.1} = 100(元)$$

现假定中央银行实行宽松的货币政策,使市场利率降至 8%。此时,债券的价格为

$$P_1 = \frac{F+C}{1+R} = \frac{100+10}{1.08} = 101.85(元)$$

利率的下降使债券市场价值上升至 101.85 元,从而为债券投资者带来 1.85 元的资本收益,即

$$\Delta P_1 = 101.85 - 100 = 1.85(元)$$

显然,市场利率的降低,提高了金融机构资产负债组合中固定收益证券的价格。注意,如果该证券是金融机构的负债(如定期存款等),结果也是一样——其市值会上升。尽管利率下降导致金融资产价值的上升对金融机构而言是好事,但其导致负债市值上升对金融机构而言却是坏事。因此,在衡量金融机构风险时,可以通过权衡利率

变化对金融机构净值的影响来判断金融机构所承担的利率风险。

假定银行发行1年期存单，约定利率为10%，此时的市场价值为100元。假定随后发行的1年期存单利率下降到8%，但银行却必须按约定向存款人支付10%的利息，此时，银行由于利率固定而遭受了损失。

因此，在市场价值记账法下，利率下降通常会增加金融机构资产负债表中资产和负债双方的市值。显然，利率上升将产生相反的结果——减少资产和负债的市值。

（2）固定收益的资产（负债）的期限越长，对于任意给定的利率上涨（下降），其市值下降（上升）的幅度越大。

如前例所述，假定债券和存单的期限变为2年，票面利率不变，则市场利率为10%时，其债券和存单的市场价值（P_2）为

$$P_2 = \frac{10}{1.1} + \frac{100 + 10}{1.1^2} = 100(元)$$

当市场利率下降为8%时，其市场价值变为

$$P_2 = \frac{10}{1.08} + \frac{100 + 10}{1.08^2} = 103.57(元)$$

且有

$$\triangle P_2 = 103.57 - 100 = 3.57(元)$$

显然，当市场利率变动相同，即降低2个百分点时，2年期固定收入资产与负债的市值上升幅度比1年期的资产与负债的市值上升幅度更大。

（3）对于任意给定的利率增减幅度，随着证券期限的延长，其市值下降或上升的幅度以递减的趋势变化。

当市场利率下降时，1年期债券价格上升为101.85元，2年期债券价格上升为103.57元，3年期债券价格上升为105.15元。随着期限的延长，债券价格上升的幅度以递减的趋势变化。

（二）关于资产与负债组合的到期日模型

假定M_A为金融机构资产的加权平均期限，M_L为金融机构负债的加权平均期限，则

$$M_i = W_{i1}M_{i1} + W_{i2}M_{i2} + \cdots + W_{in}M_{in}$$

式中，M_i是金融机构资产（负债）的加权平均期限，i是资产A（或负债L）；W_{ij}为以第j项资产（负债）的市值与全部资产（负债）的市值之比所表示的该项资产（负债）在资产（负债）组合中的权重；M_{ij}为第j种资产（负债）的期限，$j = 1,\cdots,n$。

该等式表明资产或负债组合的期限为组合中所有资产或负债期限的加权平均值。在资产与负债组合中，关于单一证券的上述三条基本原则对资产与负债组合同样适用。

对金融机构的利率风险,则应考虑利率的变化与金融机构资产与负债期限缺口共同对其净值(即所有者权益)的影响。利率上升或下降对金融机构资产负债表的最终影响,取决于金融机构资产组合与负债组合期限不对称的程度和方向。也就是说,看其到期期限缺口 $M_A - M_L$ 是大于、等于还是小于 0。

1. $M_A - M_L > 0$

这是在大多数金融机构中普遍存在的情况,即金融机构资产的期限比负债的期限长。这些金融机构倾向于持有大量期限相对长的资产,如传统抵押贷款、消费贷款等,同时发行期限较短的负债,如向存款人约定支付定额利息的短期定期存款。

假设某银行的资产负债组合如表 3 – 5 所示。在表 3 – 5 中,净值 E 为银行所有者在该金融机构所拥有的权益的经济价值(即所有者权益)。换句话说,如果银行的所有者在金融市场上以现行价格出售贷款和债券,并以最有利的价格来变现其所拥有的银行资产和负债,该差额就是所有者得到的货币量。

表 3 – 5 以市场价值报告的银行资产负债表

资产	负债
长期资产 (A)	短期负债 (L)
	净值 (E)

注:在该资产负债表中,所有的资产与负债都是采用市场价值计价的。

现在,假定该银行资产与负债的初始值如表 3 – 6 所示。

表 3 – 6 资产与负债的初始价值

单位:百万元人民币

资产	负债
长期资产 (A) = 100	短期负债 (L) = 90
	净值 (E) = 10
	100

在此例中,由于长期资产大于负债,因此资产组合市值(A)下降的幅度比负债组合市值(L)下降的幅度要大。银行净值的变化幅度为其资产和负债变化幅度的差额:

$$\Delta E = \Delta A - \Delta L$$

假设银行将此 100 万元资产投资于票面利率为 10% 的 3 年期债券,并同时筹集了 90 万元的约定利率为 10% 的 1 年期存款。那么,当利率下降到 8% 时,按照前面的计算,3 年期债券的市场价值变为 105.15 万元,1 年期负债市值则变为 91.67 万元,则此时的净值为 105.15 – 91.67 = 13.48 万元,增加了 3.48 万元,如表 3 – 7 所示。

表 3-7 利率下降 2 个百分点后以市场价值报告的资产负债表

单位：百万元人民币

资产	负债
$A = 105.15$	$L = 91.67$
或 $\Delta E = \Delta A - \Delta L = 5.15 - 1.67 = 3.48$	$E = 13.48$

由于银行资产的期限为 3 年，而负债的期限为 1 年，所以利率下降时，资产价值上升的幅度将大于负债上升的幅度，从而使得银行净值从 10 万元增加到 13.48 万元。显然，该银行存在着一个 2 年期的正的到期期限缺口，即 $M_A - M_L = 2$ 年。

因此，利率下降 2 个百分点，使得银行所有者或股票持有者的权益增加。相反，如果利率上升，则银行所有者或股票持有者的权益将遭受重大损失。

2. $M_A - M_L < 0$

这一情况在现代金融机构中很少见，此时利率的变动对资产的影响小于对负债的影响。也就是说，当利率上升相同的百分点时，资产市场价值的减少小于负债市场价值的减少。

因为 $\Delta E = \Delta A - \Delta L$

此时的 ΔE 大于 0，该银行所有者或股票持有者所遭受的损失将会减少。

通过以上的分析似乎可以推断出，金融机构免疫利率风险的最佳办法是管理者使其资产和负债的期限相互对称。也就是说，编制资产负债表使到期期限缺口，即资产和负债的加权平均期限之差为 0：$M_A - M_L = 0$。

（三）到期日匹配与利率风险暴露

虽然通过管理资产负债使其期限对称可以帮助金融机构管理者规避利率风险，但是这一方法并非万能的，它并非总能帮助金融机构规避所有的利率风险。事实上，金融机构要免疫于金融风险需要考虑以下两个方面的问题。

（1）金融机构的财务杠杆程度，即该机构中资产由负债支持的比例。

首先，我们来看财务杠杆效应在免疫金融机构利率风险方面的作用。假设某银行的资产负债表如前所述，其中资产为 100 万元，投资于 1 年期、票面利率为 10% 的债券；负债为 90 万元，期限为 1 年期、利率为 10% 的定期存款；所有者权益为 10 万元。在该银行中，其资产与负债的期限缺口为 $M_A - M_L = 1 - 1 = 0$。

此时该银行的资产与负债的到期期限对称。按照前述观点，该金融机构应该规避了利率风险。但事实是否如此呢？

现在，我们假设由于经济发展过快，国家为了抑制经济过热采取紧缩的货币政策，利率调高 2 个百分点。利率上升使得该金融机构的资产负债表发生变化，结果如表 3-8 所示。

表 3-8 利率上升 2 个百分点后按市场价值报告的资产负债表

单位：百万元人民币

资产	负债
$A = 98.21$	$L = 88.39$
或 $\Delta E = \Delta A - \Delta L = -1.79 - (-1.61) = -0.18$	$E = 9.82$

虽然该银行的到期期限缺口为 0，但是利率的上升仍然使其遭受了 0.18 万元所有者权益的损失。这是因为财务杠杆在里面起了作用。在该银行所有的 100 万元资产中，只有 90 万元来自负债。因此当利率变动时，所有的 100 万元资产的市场价值都将受到影响，而仅有 90 万元的负债将受到影响。显然，杠杆效应将导致银行因利率的上升而遭受损失。

从以上的分析可以看到，金融机构选择直接使资产与负债的到期期限对称的策略也不是万能的，其权益所有者不能完全规避利率风险。在后文的久期模型中，我们将把杠杆比率纳入模型中进行分析，从而解决这个问题。

(2) 金融机构资产或负债持有期内现金流的影响。

现在假设该银行向存款人发行 1 年期、面值为 100 万元的定期存款，该银行的资产负债率为 1，所有者权益为 0。另假设该定期存款约定利率为 10%，因此在年终，银行必须向存款人支付 100 万元的本金，并支付 10 万元的利息，合计 110 万元。其现金流如图 3-2 所示。

图 3-2 1 年期定期存款的现金流

现假设银行以 10% 的利率向某企业贷款 100 万元，并要求该企业于 6 个月后偿还一半贷款（50 万元），剩余一半于年底偿还。此时，该贷款的到期期限为 1 年，其现金流如图 3-3 所示。

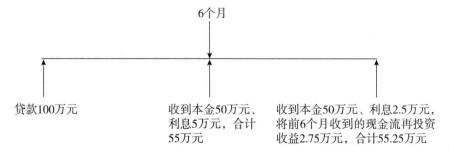

图 3-3 1 年期贷款的现金流

银行将其上半年收到的本息于下半年以10%的利率贷出，使得银行从贷款中收到的现金流超过它对存款支付的现金量0.25万元。利率的变化对约定利率为10%的存款和贷款均无影响，这是因为存贷款利率是在其发生时约定的，全年都不允许改变。因此受到利率变动影响的只有银行上半年从贷款中收到的55万元现金流进行再投资时获得的收益。现在我们假设国家紧缩货币政策导致利率上升至12%，此时该银行贷款的现金流如图3-4所示。

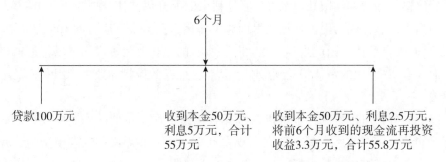

图3-4　利率由10%上调至12%后的银行1年期贷款现金流

与利率全年保持在10%不变的情况下再投资收益2.75万元相比，利率的上升使银行的再投资收益增至3.3万元，银行从中获得了0.55万元的盈利。反之，当利率下降时，银行从该项服务中将不是获得收益，而是遭受损失。显然，这种损失是由利率变动引起的。所以，即使金融机构使其资产的到期期限与负债的到期期限对称，并使资产与负债数量在持有期内保持一致，但由于持有期内存、贷款产生现金流的时间不完全一致，金融机构仍要承受利率风险。事实上，要使资产完全由负债所支持是不可行的，因此即使 $M_A - M_L = 0$，金融机构仍然不能规避利率风险。

在贷款和存款到期期限相同的假定下，贷款现金流的发生可能分布于整个贷款期间，而银行支付给存款者的存款及利息的现金流往往发生在期末。到期日模型仅仅考虑到期期限匹配，而没有考虑现金流在期限内发生的准确时间。因此，资产和负债的平均期限即使匹配，也不能使金融机构完全免疫于利率风险。为此，我们将运用更为精确的久期模型来说明利率风险对金融机构资产负债市场价值的影响。

第三节　基于久期和凸性的利率风险免疫

久期模型是利率风险管理方法的重要工具。它不仅可以用来估计资产负债表内各利率敏感性项目由于利率变化而产生的市值变动，也可以用于估计任何利率敏感性资产（如债券资产等）以及资产组合基于利率变化而产生的价值波动，因而得到更为广泛的应用。久期模型为计量利率风险的经济价值敞口提供了一个基本的参照。对利率风险敞口的度量之所以不用到期日模型，而用久期计算，是因为许多项目的现金流与到期日并不一致。例如，一笔住房按揭贷款的到期日可能是30年，但该笔贷款每年都会发生一定比例的还款。这样，即使不考虑提前还款因素，其实际的到期日也可能不是30年。久期恰恰是以现金流为基础的到期日概念，因而更适合对经济价值风险敞口的计量。

一、久期模型及其免疫

一个普遍的现象是，债券的到期日越长，其价格的波动程度越大。因此到期日就成为衡量债券资产利率风险的一个大致指标。但是，由于到期日模型只考虑到期时的本金归还，而没有考虑在此之前的所有的利息支付，到期日模型对利率风险的测度是不完全的。与之相对应，久期模型则是对所有现金流到期日的加权，反映了一项资产的平均寿命，其精确度显然要高于纯粹的到期日。因此，久期模型自然成为对利率变动进行敏感性分析的主要方法之一。

(一) 久期的定义、计算及其特性

久期也称持续期或期限弹性，是衡量利率变动对银行经济价值影响的一种指标。具体而言，就是对各时段的缺口赋予相应的敏感性权重，得到加权缺口，然后对所有时段的加权缺口进行汇总，以此估算某一给定的小幅利率变动（通常小于1%）可能会对银行经济价值产生的影响（用经济价值变动的百分比表示）。各个时段的敏感性权重通常由假定的利率变动乘以该时段头寸的假定平均久期来确定。

最初引进久期指标正是出于精确性方面的考虑。Macaulay（1938）最早将其定义为每一个债券支付的加权到期日，其中权重与现金流的现值成比例。写成公式即

$$D = \frac{\sum_{t=1}^{N} CF_t \times DF_t \times t}{\sum_{t=1}^{N} CF_t \times DF_t} = \frac{\sum_{t=1}^{N} \frac{CF_t}{(1+y)^t} \times t}{\sum_{t=1}^{N} \frac{CF_t}{(1+y)^t}}$$

$$= \frac{\sum_{t=1}^{N} PV_t \times t}{\sum_{t=1}^{N} PV_t} = \frac{\sum_{t=1}^{N} PV_t \times t}{P} = \sum_{t=1}^{T} t \times w_t \quad (3.3.1)$$

式（3.3.1）中，D为久期；CF_t为时期t末的现金流支付；N为证券的年限；DF_t为时期t末的现金流支付的折现率，通过它将该现金流折现为现值；$DF_t = \frac{1}{(1+y)^t}$，其中y为债券的到期收益率；PV_t为时期t末的现金流的现值；P为债券的现值，即价格；t为现金流的到期日时间；w_t为时期t末的现金流现值占债券价格的比重。根据公式可知，金融工具的到期日或距下一次重新定价日的时间越长，并且在到期日之前支付的

金额越小，那么久期的绝对值越高，表明利率变动将会对银行的经济价值产生较大的影响。

对于每半年支付一次利息的债权来讲，久期公式变为

$$D = \frac{\sum_{t=1/2}^{N} \frac{CF_t \times t}{(1+y/2)^{2t}}}{\sum_{t=1/2}^{N} \frac{CF_t}{(1+y/2)^{2t}}}$$

需要注意的是，式（3.3.1）的分母是在该证券持有期内所有现金流现值的和，而分子则是每笔现金流的现值与收到该笔现金流所需时间的乘积之和。例如，假设有一笔6年期的付息债券，年息和当前的到期收益率都为8%，价格为1000美元。其每年的支付见表3-9的第2列，各次现金流的现值在第5列，第6列报告了时间与现值因子的乘积。将所有的乘积加总后除以债券的价格1000美元，得到的久期为4.99年。表3-9给出了具体的计算过程。

表3-9 久期的计算

时间（年）	支付（CF_t，美元）	收益率（%）	折现率（DF_t）	现值（PV_t，美元）	时间×现值
1	80	8.00	0.93	74.07	74.07
2	80	8.00	0.86	68.59	137.17
3	80	8.00	0.79	63.51	190.52
4	80	8.00	0.74	58.80	235.21
5	80	8.00	0.68	54.45	272.23
6	1080	8.00	0.63	680.58	4083.50
汇总				1000.00	4992.71
久期					4.99

根据久期的计算公式，债券的票面利率、到期收益率和到期期限的变化都会对久期产生影响，这让久期具有以下几个特性。

第一，在其他条件不变的情况下，固定收益证券的息票利率越高，久期越短，即 $\frac{\partial D}{\partial C} < 0$。

第二，在其他条件不变的情况下，固定收益证券的到期收益率越高，久期越短，即 $\frac{\partial D}{\partial R} < 0$。

第三，在其他条件不变的情况下，随着固定收益资产或负债到期期限的增加（减少），久期会以递减的速度增加（减少），即 $\frac{\partial D}{\partial M} > 0, \frac{\partial^2 D}{\partial M^2} < 0$。

以上公式中，D为久期；C为票面利率；R为债券的到期收益率或市场利率；M为固定

收益证券的到期期限。

最后，让我们通过表3-10的计算，进一步验证久期的上述特性。

表3-10 久期的特性

	半年付息债券	随息票利率的增大而减小	随到期收益率的增大而减小	随着到期期限的增加，久期以递减的速度增加	
期限（年）	2	2	2	1	3
到期收益率	12%	12%	16%	12%	12%
年度债息	10%	8%	10%	10%	10%
久期	1.859	1.883	1.853	0.976	2.655

(二) 久期的经济含义

久期除了是衡量资产和负债平均期限的指标，还是一种直接测定资产负债利率敏感度或弹性的指标。为了看清久期的这种功效，需要借助债券的价格的折现公式：

$$P = \sum_{t=1}^{N} CF_t \times DF_t = \sum_{t=1}^{N} \frac{CF_t}{(1+y)^t} \tag{3.3.2}$$

式 (3.3.2) 中，P 为现值，即价格；y 为即期收益率，即市场利率。求 P 对 y 的导数，就可以得到债券价格对瞬时收益率变化的敏感性：

$$\frac{dP}{dy} = \sum_{t=1}^{N} \frac{(-t)CF_t}{(1+y)^{t+1}} = -\frac{1}{(1+y)} \sum_{t=1}^{N} \frac{t \times CF_t}{(1+y)^t} \tag{3.3.3}$$

由式 (3.3.1) 和式 (3.3.2)，久期可表示为

$$D = (1/P) \sum_{t=1}^{N} \frac{t \times CF_t}{(1+y)^t} \tag{3.3.4}$$

将式 (3.3.4) 代入式 (3.3.3)，债券价格对收益率变动的敏感性为

$$\frac{dP}{P} = -\frac{D}{(1+y)} dy \tag{3.3.5}$$

该等式最早由 Fisher (1933) 证明，它直观地给出了债券价格变化与收益率变动之间的对应关系，其经济意义为，久期 (D) 是证券价格对微小利率变动的利率弹性，或者称敏感度。如果收益率 (y) 很小，分母 $(1+y)$ 近似等于1，久期可以直接反映出债券回报与收益率变化之间的线性关系。如果收益率 (y) 远大于零，则以修正后的久期 (Modified Duration, MD) 来继续反映这种线性关系。修正久期表示为

$$MD = -(1/P) \frac{dP}{dy} = \frac{D}{(1+y)} \tag{3.3.6}$$

式 (3.3.6) 直接反映了金融机构资产或负债对利率变化的敏感程度。

注意：对于一些固定收益资产或负债来讲，如果利息支付是每半年一次或更为频繁，则在计算这种资产或负债对利率变化的敏感度时，需要对式（3.3.5）稍做修改。例如，每半年支付一次利息的情况是：$\dfrac{dP}{P} = -\dfrac{D}{\left(1 + \dfrac{y}{2}\right)} dy$。

不难看出，对于付息债券，债券的到期日不等于其久期。只有在零息债券工具中到期日才等于久期。如果 F 是零息债券的面值，根据式（3.3.2）则有

$$P = F/(1 + y)^N \tag{3.3.7}$$

以及

$$D = (1/P) \dfrac{N \times F}{(1 + y)^N} \tag{3.3.8}$$

将式（3.3.7）代入式（3.3.8），得 $D = N$。对零息债券，久期简化为到期日。

对于永久性公债，由于它每年支付固定利息且永远不会到期，其到期期限（M_c）为无穷大，即 $M_c = \infty$。虽然永久性公债没有到期日，但是它的久期却是有期限的，其久期为 $D_c = 1 + \dfrac{1}{y}$。其中，y 为投资者期望的到期收益率（通常以市场利率代替）。

有了久期指标后，就可以很方便地估计资产价格变化相对于市场利率变化的敏感性了。例如，假设有一笔 6 年期欧洲付息债券，年票息率为 8%，当前的到期收益率也为 8%，价格为 1000 美元。根据表 3-9 可以计算出该笔债券的久期为 4.99 年。假设当前到期收益率上升 1 个基本点（0.01 个百分点），从 8% 变为 8.01%，则该笔债券的价格变化为

$$\dfrac{dP}{P} = -4.99 \times \left(\dfrac{0.0001}{1.08}\right) = -0.000462 \text{ 或者 } -0.0462\%$$

也就是说，按照 8% 的到期收益率，该债券的现值（价格）为 1,000 美元。但是，根据久期的计算结果，随着当前到期收益率由 8% 上升至 8.01%，该笔债券的现值（价格）变为 999.538 美元，比原来的价格下跌了 0.462 美元。类似的分析也可以应用于其他利率敏感性的资产或负债项目。

更一般地，通过久期指标，可以将收益率波动转换成价格波动，为资产的价格风险提供更加直观的指标。根据式（3.3.6），可得出价格的相对变化是收益率变化的函数：

$$\dfrac{dP}{P} = -MD \times dy \tag{3.3.9}$$

因此有

$$\sigma\left(\dfrac{dP}{P}\right) = MD \times \sigma(dy) \tag{3.3.10}$$

例如，假设 10 年期零息债券的现期利率是 8.00%，利率变化的年波动为 0.94%，则债券价格的年波动率为 $\sigma\left(\dfrac{dP}{P}\right) = \dfrac{10}{1 + 0.08} \times 0.94\% = 8.70\%$。

价格和收益率可以互相直接从对方推导出来。如果将收益率的波动率表示为 $\sigma\left(\dfrac{\mathrm{d}y}{y}\right)$，则价格的波动率可以相应调整为 $\sigma\left(\dfrac{\mathrm{d}P}{P}\right) = \mathrm{MD} \times y \times \sigma\left(\dfrac{\mathrm{d}y}{y}\right)$。不过实证结果一般认同收益率波动比价格波动更稳定。

（三）久期的免疫效应

尽管引进久期指标的最初动机是为了尽可能精确地计算到期日，但它在反映利率风险敞口方面似乎更具优势。比如，如果将投资组合的久期设定为同负债的久期一样，人寿保险公司的投资组合将避免受利率波动的影响。这证明，久期对冲确实对利率变动具有某种免疫的能力。

在一些长期性的投资机构，如人寿保险公司、退休基金管理公司等，其资金来源具有长期性，其对外支付（如赔付、养老金支取等）也具有一次性总付（Lump Sum）的特征。因此，为了满足支付方面的要求，这类机构在进行投资选择时，通常比较关注资产的久期。由于久期所具有的基准效应，只要给定一个目标久期，据此作出的投资选择可以不受利率波动的影响。

举一个例子，假设某保险公司受理了一笔保险业务，承诺在 5 年内一次性支付给投保人相当于 1469 美元的金额。为了产生预期的现金流，该保险公司必须制订相应的投资方案。为此它可以选择持有一笔久期为 5 年的债券资产，债券的到期日为 6 年，票息率为每年 8%，价格为 1000 美元。该债券第 5 年年末的现金流等于前 5 年（包括第 5 年年末）的票息支付的未来值加上第 6 年年末本息支付的折现值。前 5 年的票息支付可以以当时的市场利率再投资，则第 5 年年末的未来值为 $80 \times \dfrac{(1+R)^5 - 1}{R}$ 美元；第 6 年年末的本息支付折算成第 5 年年末的现值为 $\dfrac{1000 + 80}{1 + R}$ 美元。

假设市场利率不变，仍为 8%，则前 5 年（包括第 5 年年末）的票息支付经过再投资以后，第 5 年年末的未来市值等于 $80 \times \dfrac{(1+0.08)^5 - 1}{0.08} = 469$ 美元，第 6 年年末的本息支付为 1080 美元，折算成第 5 年年末的现值为 $\dfrac{1000 + 80}{1 + 0.08} = 1000$ 美元，第 5 年年末的实际现金流为 1469 美元。如果市场利率由 8% 上升到 9%，则前 5 年的票息支付在第 5 年年末产生的现金流为 $80 \times \dfrac{(1+0.09)^5 - 1}{0.09} = 479$ 美元，第 6 年年末的本息支付折算成第 5 年年末的现值为 $\dfrac{1080}{1 + 0.09} = 990$ 美元，两者之和仍然为 1469 美元。再假设市场利率由 8% 下降到 7%，则前 5 年的票息支付在第 5 年年末产生的现金流为 $80 \times \dfrac{(1+0.07)^5 - 1}{0.07} = 460$ 美元，第 6 年年末的本息支付折算成第 5 年年末的现值为

$\frac{1080}{1+0.07}$ = 1009 美元，两者之和还是 1469 美元。

久期期末的现金流之所以不随利率的改变而改变，是因为利率变化对产生自票息再投资的现金流以及产生自出售到期日债券本息的现金流的影响是彼此抵消的。其原因在于，当利率上升时，票息再投资的收益上升，而债券的价格下降；反之，当利率下降时，票息再投资的收益下降，债券的价格上升，而久期所代表的时期刚好是上升和下降的抵消点。

由于久期显示出的基准特征，当金融机构针对未来特定的现金流支付而选择投资方案时，久期是一项重要的参考指标。相应地，久期错配也经常是衡量投资的利率风险敞口的参考指标。需要注意的是，这里的利率变化是所谓的瞬时（Instantaneous）变化，即利率刚好在购买之后发生变化，而不是指在持有期以内任何时点上发生的变化。

回到上例，若保险公司在 2005 年购入久期为 5 年（期限为 6 年）、息票为 8% 的债券，用来实现其在 2010 年的现金流为 1469 美元的目标。假设该机构就此认为已实现了利率免疫，对该头寸置之不理。1 年后，即在第 2 年年末，市场利率由 8% 下降至 7%。此时距离到期日还有 4 年，重新计算久期为 4.33 年。因为 4.33 年的久期大于 4 年的投资期限，这意味着该机构的久期不再是匹配的，所以，该机构将不得不再次调整期债券结构。

为了重新锁定目标久期，必须对债券组合的期限结构进行调整，一个办法是卖掉一部分 5 年期（久期为 4.33 年）的债券，并买入一些久期较短的债券从而使投资组合的总的久期为 4 年。例如，卖掉一半的上述债券，且用收回的资金购入久期和期限均为 3.67 年的零息债券。由于零息债券的久期和期限是相同的，则投资组合的久期为

$$D_A = 4.33 \times 0.5 + 3.67 \times 0.5 = 4(年)$$

这个例子说明，作为一种风险管理方式，对久期的运用是一个不断调整的动态过程。

（四）资产负债表的久期缺口

针对单个资产的免疫分析同样适用于银行的整个资产负债表，即通过计量资产负债表的久期缺口，来估计整个资产负债表的利率风险敞口。前面已经提到，银行的经济价值（或净值）等于资产的净值减去负债的净值，再加上表外头寸的净现值。因此，通过估计银行资产、负债净值相对于利率风险的敏感性，就能大致得出银行净值相对于利率变化的敏感性。

具体的估计过程可以概括为以下几个步骤。

第一，分别构造出利率敏感性资产组合和利率敏感性负债组合，并求出两个组合的加权久期。例如，假设用 D_i^A 表示第 i 项资产的久期，$i = 1, \cdots, N$；w_i^A 表示第 i 项资产的净现金流的现值占全部资产组合净现金流现值的比重，$\sum_{i=1}^{N} w_i^A = 1$。

该资产组合的久期为

$$D_A = w_1^A D_1^A + w_2^A D_2^A + \cdots + w_N^A D_N^A \qquad (3.3.11)$$

相似地，我们可以将负债组合的久期表示为

$$D_L = w_1^L D_1^L + w_2^L D_2^L + \cdots + w_N^L D_N^L \qquad (3.3.12)$$

其中角标 L 表示负债，其余各项含义同资产组合。

第二，通过久期模型，分别求出资产、负债的净市值的变化相对于利率变化的敏感性。久期的基本模型为 $\dfrac{dP}{P} = -\dfrac{D}{(1+y)}dy$，相应地，我们可以将资产、负债组合的久期关系写为

$$\frac{dA}{A} = -\frac{D_A}{(1+y)}dy, \quad \frac{dL}{L} = -\frac{D_L}{(1+y)}dy \qquad (3.3.13)$$

第三，银行净市值的变化等于资产净市值的变化减负债净市值的变化，即

$$dE = dA - dL$$

根据式（3.3.13）有

$$dE = \left[-D_A \times A \times \frac{dy}{(1+y)} \right] - \left[-D_L \times L \times \frac{dy}{(1+y)} \right] \qquad (3.3.14)$$

假设利率冲击对资产、负债项目是一样的，则

$$dE = (-D_A A + D_L L)\frac{dy}{(1+y)} = -\left(D_A - D_L \frac{L}{A}\right)A \frac{dy}{(1+y)} \qquad (3.3.15)$$

由于资产负债比率 $k = \dfrac{L}{A}$，所以上式可表示为

$$dE = -(D_A - D_L k) \times A \times \frac{dy}{(1+y)} \qquad (3.3.16)$$

从式（3.3.16）可以看出，银行资产负债表内经济价值的利率风险敞口等于以下三个变量的乘积：调整后的久期缺口 $(D_A - D_L k)$，之所以称为调整后的久期缺口，是因为最终的负债久期是乘以杠杆比率 k 后得出的；银行的资产规模 A；利率冲击 $\dfrac{dy}{(1+y)}$。对银行来讲，这三个因素中除了利率冲击是外生的，其余两个变量均是可以管理的。

由于具有上述特点，资产负债表的久期缺口分析是银行计量和管理资产负债表经济价值利率风险的简便方法。例如，假设一家银行的资产为 100 亿美元，负债为 90 亿美元，所有者权益为 10 亿美元。根据计算，该银行的资产组合的久期为 5 年，负债组合的久期为 3 年。设想市场利率由 10% 上升至 11%，则利率变化带给该银行净值的潜在损失为：

$$dE = -(D_A - D_L k) \times A \times \frac{dy}{(1+y)} = -(5 - 0.9 \times 3) \times 100 \times \frac{0.01}{1.1} = -2.09$$

也就是说，如果利率上升1%，有可能使银行遭受2.09亿美元的潜在损失，大约相当于原股东价值的21%。为了避免这一损失，银行可以采取相应的措施来缩小久期缺口，比如降低资产的久期，提高负债的久期，或者改变负债比率等。

通过对资产负债表久期的分析可知，找到具有相同久期的资产和负债并引入金融机构的资产负债组合中是件很费时费力的事情。如果某种贷款或者证券的到期期限等于久期，那就会容易得多。但是，对于任何一个在到期日前存在现金流的金融工具来说，久期一定小于到期期限；并且金融工具支付利息的频率越高，久期越短，只有在证券是零息债券或者是到期日一次性支付本息的贷款的情况下，金融工具的久期才会等于到期期限。由此，我们可以得出结论，金融工具的到期期限越短，到期期限与久期匹配的可能性就越大。

（五）应用久期计算债券的风险价值

在收益率变化很小的情况下，可以利用久期来衡量收益率变化引起的债券价格的变化，这意味着我们可以利用久期来计算债券的风险价值VaR。假设某银行有一笔零息票债券，这笔债券的市场价值为100万美元，剩余期限为10年，面值为2,209,424美元，该债券当前的年收益率为8.25%。这些债券是该银行交易性资产组合中的一部分。因此，头寸的市场价值为1,000,000美元。

当利率向不利方向变化时，银行的管理者就需要知道该银行所面临的潜在的风险暴露。当给定银行债券的市值时，该银行此时可能遭受的损失取决于债券价格的波动程度。根据久期的定义：$\frac{dP}{P} = -MD \times dR$，可知价格的日波动的计算方法应该为

$$价格的日波动 = -MD \times 日收益的不利变动$$

在该例中，由于该银行持有的是零息票债券，所以久期等于它的剩余期限。因此，当给定债券的收益率$R = 8.25\%$时，该债券的修正久期MD应为

$$MD = \frac{D}{1+R} = \frac{10}{1.0825} = 9.238$$

这样，要计算价格的日波动，只需要用修正的久期乘以债券收益率每日的不利变动即可。现在假设债券收益率的变化服从正态分布，这样我们就可以找到时间上最近的过去收益率的正态分布来估计当前收益率的变化。在这里我们定义不利变动出现的概率为5%，这就意味着未来20天中有1天收益率的不利变动将超过给定的最大值。

在正态分布的条件下，95%以内的不利变动值落在标准差-1.65的范围里，即

-1.65σ。假设上一年，10年期零息票债券的收益率均值为0，[①] 而标准差 σ 为10个基点（或0.001），因此1.65σ就等于16.5个基点。此时，债券收益率无论是向盈利的方向还是向亏损的方向变化，仅有5%的概率能够超过给定的变化程度，即16.5个基点。由于我们仅考虑收益率向不利方向变化的情况，因此，仅有5%的概率下一个交易日的损失会超过16.5个基点。也就是说，未来20天中有1天损失会超过16.5个基点。

现在可以计算10年期零息票债券的潜在的价格的日变动水平了，即

价格变动 = $-MD \times$ 收益率潜在的不利变动 = $-9.238 \times 0.001,65 = -1.524\%$

当给定价格的变动水平和10年期零息票债券初始的市场价值后，由于我们仅考虑不利变动，因此，由

日风险价值（DVaR） = 头寸的市场价值 × 价格波动

就可以得到

$$DVaR = 1,000,000 \times 1.524\% = 15,240 （美元）$$

这就是说，100万美元的零息票债券，20天里有一天的损失至少为15,240美元。换而言之，如果明天就是20天中的坏日子，该日的潜在损失就为15,240美元。与本书前文所介绍的VaR方法一样，我们可以将上述的分析拓展到2天、3天……N天。如果收益率的变化是独立的，并且日波动率水平大约是一致的，金融机构将持有这种资产N天，这样N天的市场风险就可以与上述的DVaR相联系，即 $VaR = DVaR \times \sqrt{N}$。

当利率朝着对金融机构不利的方向变化时，金融机构持有债券的风险价值（VaR）就是日风险价值和持有天数的函数。具体来说，DVaR假设金融机构能够在下一个交易日出售所有的债券，但是事实上由于市场流动性风险的存在，金融机构往往需要几天来卖出它所持有的债券头寸。所以说，市场的流动性风险让金融机构扩大了其损失的程度。如果N为5天的话，那么

$$VaR = DVaR \times \sqrt{N} = 15,240 \times \sqrt{5} = 34,077.68 （美元）$$

如果持有时间更长，例如10天，就会有

$$VaR = DVaR \times \sqrt{N} = 15,240 \times \sqrt{10} = 48,193.11 （美元）$$

可以看出，持有的时间越长，金融机构潜在损失的幅度就越大。

需要指出的是，银行可以对以上的标准久期分析法进行演变，比如可以不采用对每一时段头寸使用平均久期的做法，而是通过计算每项资产、负债和表外头寸的精确久期来计量市场利率变化所产生的影响，从而消除可能产生的误差。另外，银行还可

[①] 若非零，例如为+1个基点，那么收益率的变化就为16.5个基点加上1个基点（1个基点为0.0001）。

以采用有效久期分析法,即对不同的时段运用不同的权重,根据在特定的利率变化情况下,假想金融工具市场价值的实际百分比变化,来设计各时段风险权重,从而更好地反映市场利率的显著变动所导致的价格的非线性变化。此外,在 J. P. 摩根公司中,技术人员使用风险度量模型时,更倾向于使用现金流现值的变化来描述价格的敏感性。在上面的例子中,如果债券的收益率变化 1 个基点,使用现金流现值的方法,债券市场每 1 美元债券的价值变化就应该为

$$\left[\frac{2,209,424}{(1+8.26\%)^{10}} - \frac{2,209,424}{(1+8.25\%)^{10}}\right] \div 1,000,000 = -0.0009233 \text{（美元）}$$

但是,实际上收益率的不利变化为 16.5 个基点,因此

$$DVaR = 1,000,000 \times 0.0009233 \times 16.5 = 15,234.8 \text{（美元）}$$

这样,如果使用直接的现金流计算方法,潜在的损失就为 15,234.8 美元,这个结果跟使用修正久期所计算的结果 15,240 美元非常接近。

(六) 实际运用中久期的计算问题

尽管久期是金融机构管理利率风险很好的手段,但在实际运用中也存在一系列问题。针对这些问题,根据不同情况我们可以寻求相应的解决之道,从而使久期模型成为更加完善的利率风险管理工具。

首先,有一些金融资产或负债存在着未来现金流不确定的因素,这会给久期的计算带来困难。比如,银行和储蓄机构拥有的支票存款和储蓄存款,这些账户现金流发生的时间不确定,会使久期的计算出现困难。对于银行的贷款而言,客户的提前支付或违约会影响到贷款的预期现金流,这都也会给久期的计算带来困难。为此,我们以浮动利率贷款和债券为例,考察现金流变动时久期的计算问题。

如前所述,久期模型假定贷款或债券利息收入是固定的,即从发行至到期日保持不变。然而,实际上许多债券和贷款使用的都是浮动利率,如盯住 LIBOR 的贷款、与国库券利率挂钩的可调利率抵押贷款（Adjustable Rate Mortgages,ARMs）、20 世纪 80 年代后出现的永久性浮动利率票据（Floating Rate Notes,FRNs）等。这些贷款或债券的久期应该如何计算呢?浮动利率工具的久期是从购入该工具至下一次支付利息重新定价之间的时期,以反映利率变化的时间间隔,我们称为重新定价的时间。

例如,投资者购入一个永久性的 FRNs,该票据无到期日,在每年年初,金融机构确定息票率,在年底支付。假设投资者在第 1 年年中（$t = 1/2$）而非年初购买,如图 3–5 所示。

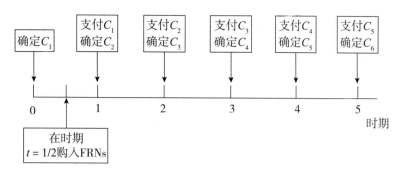

图 3-5 浮动利率债券

则该 FRNs 的现值为

$$P = \frac{C_1}{(1+\frac{1}{2}y_1)} + \frac{C_2}{(1+\frac{1}{2}y_1)(1+y)} + \frac{C_3}{(1+\frac{1}{2}y_1)(1+y)^2} + \cdots + \frac{C_n}{(1+\frac{1}{2}y_1)(1+y)^{n-1}}$$

公式中有几点值得注意：第一，投资者只需等待半年即可得到第一次债息，所以贴现率为 $(1+\frac{1}{2}y_1)$；第二，投资者只知道第一次债息为 C_1；第三，金融机构在投资者购买 FRNs 前 6 个月确定息票率；第四，其他债息 C_2、C_3、C_4 …… C_n 在购买 FRNs 时是未知的，在未来重订时才能确定。

将上式重写为

$$P = \frac{C_1}{(1+\frac{1}{2}y_1)} + \frac{1}{(1+\frac{1}{2}y_1)} \left[\frac{C_2}{(1+y)} + \frac{C_3}{(1+y)^2} + \cdots + \frac{C_n}{(1+y)^{n-1}} \right]$$

上式中，中括号内为 FRNs 在第 1 年年末（第二次付息的起始日）出售的市场价格 P_1，只要可调的债息恰好反映了利率的变化，则中括号内的值就不会受利息变化影响，则

$$P = \frac{C_1}{(1+\frac{1}{2}y_1)} + \frac{P_1}{(1+\frac{1}{2}y_1)}$$

因为 C_1 是在投资者购买前就已确定的现金流价值，P_1 是以现值计量的固定现金流，购入该 FRNs 就相当于买入 2 只期限都为 6 个月的零息债券。由于零息债的久期即为其期限，该 FRNs 的久期为 $D=1/2$ 年。就是说，久期为购入债券日与第一次重订债息日之间的时间间隔。

其次，在久期模型中，通常假定债券发行人或借款人一定会按期还本付息，不会违约或延期还款，因此并未考虑违约风险问题。但在现实世界中，还本付息常常会出现问题，导致金融机构不得不与借款人重新签订贷款展期协议。

仍以 6 年期、息票率为 8%、价格为 1000 美元的债券为例，若利率为 8%，发行人

因陷入经济困境而无法支付第 1 年的利息，金融机构与发行人双方达成协议可将利息延至第 2 年，这减轻了发行人的负担，不过却延长了金融机构债券的久期变为 5.08 年（$D = \dfrac{5055.81}{994.51} = 5.0837$ 年）。如表 3-11 所示。

表 3-11　贷款展期与久期

t	CF_t	DF_t	$CF_t \times DF_t$	$CF_t \times DF_t \times t$
1	0	0.9259	0	0
2	160	0.8573	137.17	274.34
3	80	0.7938	63.51	190.53
4	80	0.7350	58.80	235.21
5	80	0.6806	54.45	272.25
6	1,080	0.6302	680.58	4,083.48
			994.51	5,055.81

一般地，考虑到违约风险因素，金融机构可以将未来 t 期可能的现金流乘以付款可能性 P_t，得到预期现金流：$E(CF_t) = P_t \times CF_t$，然后再用同样方法计算久期。

再次，有许多银行都拥有大量的活期存款和支票存款，它们是主要的存款来源。该类存款是没有期限的，那么如何计算其久期呢？第一个办法是分析其周转情况，比如若平均 1 美元存款 1 年周转 5 次，则意味着 1 美元的平均期限为 73 天（365/5 = 73 天）。第二个办法是可以将这类存款视为随时可以向银行赎回现金的债券，则其久期应近似为 0；还可以从久期的利率敏感性特点角度来解决这个问题。用线性或非线性时间序列分析法，测算活期存款对利率变化的反应情况，即（$\Delta DD/DD$）对 ΔR 的敏感性。这是由于此类存款不支付利息，或者支付利息水平较低，所以当市场利率上升时，存款人可能将其转入较高利率的工具。第三个办法是采用模拟分析，即对未来一段时间的利率水平和存款人的提款额做出预期，并将这些现金流折现，来求得久期。

最后，在计算抵押贷款和抵押贷款支持证券时，由于其存在提前还款风险，因此在计算久期时，需要模拟借款人的还款行为。此外，随着银行业务范围的扩展，期货、期权、互换等金融衍生品也是其资产的重要组成部分，这类工具对利率变化非常敏感，其久期的计算也极为复杂。

（七）久期的缺陷和局限

与再定价和到期日模型相比较，久期模型是一种更为先进的利率风险计量方法。再定价模型侧重于计量利率变动对银行短期收益的影响；而久期模型则能计算利率风险对银行经济价值的影响，即估算利率变动对所有头寸的未来现金流现值的潜在影响，从而能够对利率变动的长期影响进行评估，更为准确地估算利率风险对银行的影响。但是，久期分析仍然存在一定的局限性。

1. 匹配久期的成本较高

尽管原则上讲，金融机构管理者可以改变资产和负债的久期，实现久期的匹配，从而对金融机构的利率风险进行免疫管理。但是，在实践中，要对一个规模较大、业务复杂的金融机构进行久期匹配却非常费时费力，并且成本较高。随着金融市场的迅猛发展和各种金融创新工具的涌现，金融机构已经能够在不需要支付很高的交易成本的同时，很快地实现对资产负债结构的重构，比如，利用资产证券化和贷款销售市场等。除此以外，金融机构还可通过持有衍生证券等对冲头寸实现利率免疫，如远期、期货、期权、上限、下限、区间和互换等。

2. 免疫是一个动态过程

如前所述，在应用久期对利率风险免疫时，利率的变化是所谓的瞬时变化，即利率刚好在购买之后发生变化，而不是在持有期以内任何时点上发生的变化。事实上，利率水平可以在持有期内任何时点发生变动。并且，债券的久期也会随时间而变化，即随着到期日的临近而变化。因此，以久期模型为基础的利率免疫是一个动态的过程。

理论上，金融机构需要不断地调整其资产组合才能保证其投资组合的久期与负债的久期相匹配。由于持续地调整组合头寸实际上很难实现，而且交易成本过高。因此，大部分金融机构只能近似地定期进行调整，如每季一次。在计算敏感性权重时对每一时段使用平均久期，即便采用标准久期分析法，久期分析仍然只能反映重新定价风险，不能反映基准风险，以及因利率和支付时间的不同而导致的头寸的实际利率敏感性差异，也不能很好地反映期权性风险。所以，在实现完全利率免疫和动态地保持免疫头寸的交易成本之间存在一种权衡关系。

3. 久期模型基本假设的缺陷

久期模型对利率风险的测量、管理更加科学和精确，这让久期成为银行计量利率风险敞口以及管理利率风险的重要工具。但是，久期模型有两个基本的假设：（1）收益率曲线是平直的。当市场利率变化时，收益率曲线以平行的方式移动。（2）市场利率的变化幅度必须很小。只有当满足这两个假设条件时，久期才是严格有效的敞口指标。事实上，对于利率的大幅变动（大于1%），由于头寸价格的变化与利率的变动无法近似为线性关系，久期分析的结果就不再准确。这让久期模型存在某些固有缺陷，比如收益率曲线平行移动或者非平行移动的问题。

回到表3-9。在该表中，计算久期使用的是同一个内部收益率8%，即假设1至6年的到期收益率都是8%。换句话说，我们假设收益率曲线是平直的。在本章的一开始我们就给出了收益率曲线的四种可能的形状，平直的曲线最多也只是四种可能形状中的一种，在现实中，收益率曲线更多地会呈现出其他形状。因此，以平直的收益率曲线假设为基础，得出的久期同现实有一定的差距。由于预期及市场本身的复杂性，当发生利率冲击时，并不是所有不同期限的到期收益率都上升同样的幅度，而是有升有降并且幅度各异。实践中需要根据对收益率曲线及变化的不同假设，采用不同的模型来解决这个问题。

为了看清这一点，我们假设收益率曲线并非水平，而是向上倾斜的，收益率曲线因此变得更陡。这种收益率曲线的形状使得不同期限零息债券的收益率成比例地变化，因而是一种较为严格的假定，如图3-6所示。

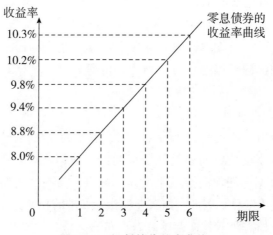

图3-6 倾斜的收益率曲线

我们再重新计算一下表3-9的计算过程，具体的计算过程见表3-12。从表3-12中可以看出，根据新的收益率曲线假设，计算出的久期为 $D^* = 4457.29/906.76 = 4.9156$ 年，而不是原来收益率曲线水平时的4.99年。① 我们还可以发现，如果我们将表3-9中1年期到期收益率重新设定为8.6%，同时将4、5、6年期的到期收益率分别设定为9.9%、9.5%和10.7%，此时的久期又将是一个新的数字。这说明久期不是对现实风险敞口的一个很好近似。

表3-12 重新计算久期

时间（年）	支付	收益率（%）	折现率（DF_t）	现值（PV_t）	时间×现值
1	80	8.00	$1/1.080 = 0.9259$	74.07	74.07
2	80	8.80	$1/1.088^2 = 0.8448$	67.58	135.16
3	80	9.40	$1/1.094^3 = 0.7637$	61.10	183.30
4	80	9.80	$1/1.098^4 = 0.6880$	55.04	220.16
5	80	10.20	$1/1.102^5 = 0.6153$	49.22	246.10
6	1080	10.30	$1/1.103^6 = 0.5553$	599.75	3598.50
汇总				906.76	4457.29

久期的局限性还在于它是利率敞口的线性近似，即债券价格的变化与利率冲击成比例（等于久期D）。当收益率的变动非常小时，这种线性近似是有效的。但是，如果利率冲击比较大，其预测的精确性将大大降低。当利率上升时，它倾向于高估债券价格的下降；而当利率下降时，它又倾向于低估债券价格的上升。

---

① 对于金融机构而言，选择D^*（4.91年）而非D（4.99年），只是因为收益曲线形状发生了变化。此时，除了资产负债的久期缺口有所变化，其他基本计算过程并未改变。

总之，久期缺口尽管有其自身的缺陷，但是近几十年的金融实践证明久期缺口管理依然是有效的，久期缺口分析有助于金融机构管理者更好地管理公司的净资产，因此久期仍然不失为一种重要和有用的利率风险管理工具。

二、运用凸性修正久期缺陷

(一) 凸性的意义及测算

如前所述，久期虽然可以精确地刻画固定收益证券对于利率的较小变动的价格敏感性，但由于价格-收益率关系不是线性的，在收益率更高时变得更加平缓，在收益率更低时变得更加陡峭。价格-收益率曲线的这一特点，让久期在利率的变动较大时，无法准确反映价格的变化。当收益率上升时，债券价格以更小的幅度下降；当收益率下降时，债券价格以更大的幅度增长。

更准确地，根据久期模型，利率变化与债券价格变化的关系与久期成比例。然而，若用精确的债券估值方法测算债券价格的变化，可以发现，当利率大幅度上升时，久期模型高估了债券价格的跌幅；当利率大幅度下降时，久期模型低估了债券价格的升幅。久期模型预测的利率升降对于债券价格的影响是对称的。实际上，利率上升的资本损失效应（Capital Loss Effect）小于利率下降的资本利得效应（Capital Gain Effect）。产生这种结果的原因在于债券价格-收益率的关系呈现凸性，而非久期模型所描述的线性关系。

1. 引入凸性的意义

把握住债券价格-收益率曲线的凸性特征，对于金融机构的资产组合管理是有益的。购入一个凸性较强的债券或资产组合，实际上就等于部分地实现了利率风险保险。较强的凸性意味着利率下降引致的资本利得效应将很好地对冲掉利率上升引致的资本损失效应。

下面举例说明凸性用于估计较大的利率变动对于金融机构组合的影响。我们继续表3-9的6年期、息票率为8%的债券的例子。计算得出债券的久期为4.993年，在8%的市场收益率水平下的现价为1000美元（图3-7中的A点），即

$$P_0 = \frac{80}{1.08} + \frac{80}{1.08^2} + \frac{80}{1.08^3} + \frac{80}{1.08^4} + \frac{80}{1.08^5} + \frac{1080}{1.08^6} = 1000(美元)$$

若利率由8%升至10%，则久期模型预测的债券价格将下降9.2463%，即

$$\frac{\Delta P}{P} = -4.993 \times \frac{0.02}{1.08} = -9.2463\%$$

或者说价格从1000美元降至907.537美元（图3-7中的B点）。但是，精确地计算债券价格的变化为

$$P_0 = \frac{80}{1.1} + \frac{80}{1.1^2} + \frac{80}{1.1^3} + \frac{80}{1.1^4} + \frac{80}{1.1^5} + \frac{1080}{1.1^6} = 912.895(美元)$$

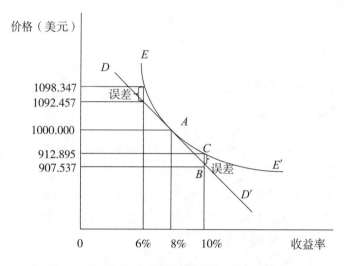

图 3-7 6 年期欧元债券的价格-收益率曲线

即图 3-7 中的 C 点。

如图 3-7 所示,横轴表示收益率水平,纵轴表示价格水平。直线 DD' 表示久期给出的价格-利率变化关系,曲线 EE' 表示实际的价格-收益率变化关系。从图 3-7 中可以看出,实际价格的下降幅度低于久期模型的测算结果,久期模型的预测有误差。当利率由 8% 上升到 10% 后,根据久期模型得出的债券价格水平为 907.537 美元,而实际的价格水平为 912.895 美元,久期模型高估了价格的下降幅度。同样,在利率下降时,价格变化的测算结果也存在误差,当利率由 8% 下降到 6% 后,根据久期模型得出的价格水平为 1092.457 美元,而实际的价格水平为 1098.347 美元,久期模型低估了价格的上升幅度。此外,还可以发现,由于两条线在 A 点相切,距离 A 点越近,两者之差越小。也就是说,利率变化幅度越小,久期模型的预测结果越接近真实值。此时,金融机构面临这样的问题:这种误差是否应引起其足够的重视?显然,这取决于机构的资产规模大小和利率变动幅度的高低。

在利率变化比较大的情况下,为了更加精确地估计债券价格的变化,必须考虑价格-收益率的凸性性质。因为久期代表的是价格-收益率曲线上某一点的斜率,而凸性则是价格-收益曲线的曲率,所以,可用泰勒级数的前两项更准确地计算收益率变化导致价格的变化。根据泰勒展开级数:

$$dP = \frac{dP}{dy} \times dy + \frac{1}{2} \times \frac{d^2P}{dy^2} \times (dy)^2 + \varepsilon$$

将上式两边同除以债券价格 P,可得价格变化的百分比表达式:

$$\frac{dP}{P} = \frac{dP}{dy} \times \frac{1}{P} \times dy + \frac{1}{2} \times \frac{d^2P}{dy^2} \times \frac{1}{P} \times (dy)^2 + \frac{\varepsilon}{P}$$

其中，ε 为误差项，式中的二阶导数项 $\frac{1}{P} \times \frac{\mathrm{d}^2 P}{\mathrm{d} y^2}$ 即为凸性（以 C 表示），用公式表示为

$$C = \frac{1}{P} \times \frac{\mathrm{d}^2 P}{\mathrm{d} y^2} = \frac{1}{P} \times \frac{1}{(1+y)^2} \times \sum_{t=1}^{T} \frac{t(t+1)C_t}{(1+y)^t}$$

因此，上式可以修正利率变动与价格波动的关系式：

$$\frac{\Delta P}{P} = -\Delta y \frac{D}{(1+y)} + \frac{1}{2} C (\Delta y)^2 \qquad (3.3.17)$$

或者表示为

$$\frac{\Delta P}{P} = -\mathrm{MD} \times \Delta y + \frac{1}{2} \times C \times \Delta y^2$$

上式中，修正久期 $\mathrm{MD} = \frac{D}{(1+y)}$。

凸性反映的是价格 - 收益曲线的突出程度，即在利率下降或上升相同幅度时，资本利得效应大于资本损失效应的程度，如图 3-8 所示。

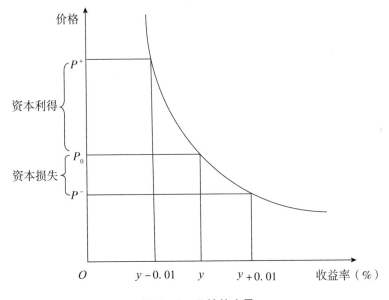

图 3-8 凸性的度量

2. 有效凸性

对于内含期权以及其他现金流不确定的利率产品，还可以定义有效凸性（Effective Convexity，用 C^E 表示），C^E 等于利率变化引致的资本损失（负面效应）加上利率变化引致的资本利得（正面效应），用公式可表示为

$$C^E = \frac{\left(\frac{P^- - P}{P\Delta y} - \frac{P - P^+}{P\Delta y}\right)}{\Delta y}$$

选择收益率的一个变化 Δy，分别在下降 $P^- = P(y_0 - \Delta y)$ 和上升 $P^+ = P(y_0 + \Delta y)$ 情况下对债券重新定价。

根据 $D^* = -\frac{(1/P)\mathrm{d}P}{\mathrm{d}y}$，有效久期（$D^E$）估计如下：

$$D^E = -\frac{1}{P_0} \times \frac{(P(y_0 - \Delta y) - P_0) - (P(y_0 + \Delta y) - P_0)}{(y_0 - \Delta y) - (y_0 + \Delta y)} = \frac{P(y_0 - \Delta y) - P(y_0 + \Delta y)}{2\Delta y P_0}$$

$$= \frac{(P_- - P_+)}{2P_0 \Delta y}$$

根据 $C = \left(\frac{1}{P}\right)\frac{\mathrm{d}^2 P}{\mathrm{d}y^2}$，有效凸性估计如下：

$$C^E = \frac{D_- - D_+}{\Delta y} = \frac{\left[\frac{P(y_0 - \Delta y) - P_0}{P_0 \Delta y} - \frac{P_0 - P(y_0 + \Delta y)}{P_0 \Delta y}\right]}{\Delta y} = \frac{P_- + P_+ - 2P_0}{P_0 \Delta y^2}$$

考虑一个 30 年期零息债券，当市场收益率为 6% 时，其初始价格为 16.9733 美元。在收益率为 5% 和 7% 的情况下对债券重新估值，结果如表 3－13 所示。

表 3－13　有效凸性的计算

项目	收益率（%）	债券价值	久期计算	凸性计算
初始（y_0）	6.00	16.9733		
上升（$y_0 + \Delta y$）	7.00	12.6934		久期上升：25.22
下降（$y_0 - \Delta y$）	5.00	22.7284		久期下降：33.91
价值的变化			10.0349	8.69
收益的变化（Δy）			0.01	0.01
有效度量			29.56	869.11
准确度量			29.13	862.48

资料来源：Jorion P. Financial Risk Manager Handbook：FRM Part I / Part II [M]. 6th ed. Hoboken, New Jersey: John Wiley and Sons, 2010.

（二）凸性的免疫效应

为了更深入地理解凸性，我们以 6 年期息票率为 8% 的债券为例。若市场利率为 8%，到期期限为 6 年，每年支付一次利息，则相应的久期和凸性计算如表 3－14 所示。

表3-14 久期和凸性在债券价格变化中的对比

时间（年）	支付（CF_t）	收益率（%）	折现率（DF_t）	现值（PV_t）	久期计算	凸性
1	80	8.00	0.93	74.07	74.07	148.14
2	80	8.00	0.86	68.59	137.17	411.54
3	80	8.00	0.79	63.51	190.52	762.12
4	80	8.00	0.74	58.80	235.21	1,176.00
5	80	8.00	0.68	54.45	272.23	1,633.50
6	1,080	8.00	0.63	680.58	4,083.50	28,584.36
汇总				1,000.00	4,992.71	31,393.86

继续表3-14的例子。假设收益率曲线水平，并且仅发生平行移动。假设收益率曲线由8%向上平移到10%，经过计算可得债券的价值在收益率变化前后分别为1000元和912.9元，变化率为8.71%。同时，根据凸性模型，由式（3.3.16）可以计算出，市场利率由8%升至10%时，息票率为8%、6年期债券（面值为1000美元）价格的变化率为

$$\frac{\Delta P}{P} = -\frac{D}{1+y} \times \Delta y + \frac{1}{2} \times C \times \Delta y^2 = -4.993 \times \frac{0.02}{1.08} + \frac{1}{2} \times 26.92 \times 0.02^2 = -0.08708,$$

或者是 -8.708%。上式中 $-\frac{D}{1+y} \times \Delta y$ 表明，根据久期计算得出，利率上升2%将使债券价格下降 $-4.993 \times \frac{0.02}{1.08} = -0.0925$，或者是 -9.25%。$\frac{1}{2} \times C \times \Delta y^2$ 则表明，将凸性纳入久期模型将使价格少下降0.538%，这很接近于精确值8.71%。表3-15则给出了债券的价值变化。可以看出，基于凸性得到的证券价格变化值比基于久期得到的证券价格变化值更加接近债券真实的变化，因此，在计算证券价格变化时，凸性方法比久期方法更加精确。

表3-15 债券价格的变化值

单位：美元

完全变化值（ΔP）	基于久期的变化值	基于凸性的变化值
-87.1	-92.46	-87.08

（三）凸性的特性

凸性具有以下几个特性。

第一，所有的固定收益证券都具有凸性，并且凸性是有益的，某证券或资产组合的凸性越强，则机构在很大程度上实现了购买利率风险的保险。

第二，对于息票债券而言，凸性 C 总是为正。所以，根据式（3.3.17）可以发现，贴现率增加会使得债券价格减少的幅度比久期的线性估计要小，而贴现率减少会使得债券价格增加的幅度比久期估计值要大，并且凸性越大，上述效应越明显。由此可知，

利率变动越大、证券或资产组合的凸性越大，则金融机构仅仅运用久期进行利率免疫管理的风险越大。

第三，通常债券的到期日越长，债券的凸性越大，并且债券凸性增加的速度随到期日 T 的增加越来越快，即 $\frac{\partial C}{\partial T} > 0$，$\frac{\partial^2 C}{\partial T^2} > 0$。

第四，收益率和久期给定不变时，息票率 i 越大，债券的凸性越大，即 $\frac{\partial C}{\partial i} > 0$，从而零息债券的凸性最小。

第五，凸性具有可加性。债券组合的凸性是组合内各种债券凸性的加权平均，即 $C_p = \sum_{j=1}^{N} w_j C_j$。其中，权重 w_j 是第 j 种债券价值占债券组合总价值的比重，C_p 和 C_j 分别是债券组合的凸性和组合中第 j 种债券的凸性。

以下我们通过表 3-16 的计算，来验证凸性的一系列特性。

表 3-16　凸性的特性

指标	凸性随久期的增大而增大（Ⅰ）			凸性随息票利率的变化而变化（Ⅱ）		久期相同的零息债券凸性小于附息债券（Ⅲ）	
	附息	附息	附息	附息	零息	附息	零息
期限	6	18	∞	6	6	6	5
收益率	8%	8%	8%	8%	8%	8%	8%
年债息	8%	8%	8%	8%	0	8%	0
久期	5	10.12	13.5	5	6	5	5
凸性	27	130	312	27	36	27	25.72

表 3-16 的Ⅰ列表明，随着债券期限的延长，其凸性上升，这一点与久期一致。表 3-16 的Ⅱ列表明，同样期限的债券，附息债券的凸性小于零息债券。但对于同样久期的债券，表 3-16 的Ⅲ列表明，附息债券的凸性大于零息债券。附息债券与零息债券的凸性情况如图 3-9 所示。

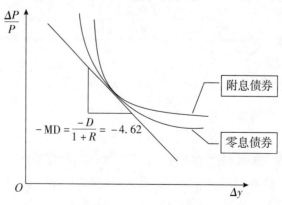

图 3-9　附息债券与零息债券的凸性

(四) 凸性的应用

既然凸性是有益的，相当于对利率风险购买了一种保险，那么金融机构就可以通过建立资产组合以最大化这种效果。金融机构通常可以构建让资产的凸性大于负债的凸性的资产组合。这样，无论利率发生何种变化，对金融机构的净值的影响都是正面的。金融机构还可以发行可赎回债券（Callable Bond）作为负债。可赎回债券有资本收益的上限，它的资本利得是有限的。这是因为若利率下降到一个较低的水平，那么发行人可以将其赎回，然后重新发行票面利率更低的债券。这种资本利得的有限性是可赎回债券的价格-收益率曲线所决定的，它使得可赎回债券呈现负凸性，如图3-10所示。

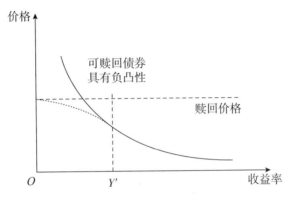

图 3-10 可赎回债券的凸性

在这种情况下，资产具有正凸性，负债具有负凸性，无论利率如何变化，对金融机构的净值均不会产生影响。

最后，在结束对凸性的讨论之前，我们介绍凸性对保险公司、养老基金以及共同基金管理人员的一个重要用途。由于凸性相当于对利率风险购买了保险，所以它是固定收益资产的一种有利特征。金融机构管理人员可以调整其资产组合的结构，使这一有利特征发挥其最大功效。例如，某养老基金管理人员5年后有一笔现金流出，为免疫利率风险，该管理人员欲购入一笔久期为5年、息票利率为8%的债券。他至少有以下两种可供选择的策略。

策略一：将资金全部投资在收益率为8%的6年期债券上（如表3-16所示，久期约为5年）。

策略二：用一半资金购买期限极短，比如1天期的货币市场基金；再将另一半资金投资在年收益率为8%的18年债券上（如表3-16所示，久期D约为10年，凸性C约为130）。

上述两种策略的久期和凸性分别为

策略一：$D = 5$，$C = 27$；

策略二：$D = \frac{1}{2} \times 0 + \frac{1}{2} \times 10 = 5$，$C = \frac{1}{2} \times 0 + \frac{1}{2} \times 130 = 65$。

策略二通常被称为哑铃型投资组合，这种投资策略所投资的两个证券的权重是一样的。通常市场价格并没有完全包含凸性因素，因而哑铃型投资策略要优于久期直接匹配的策略。在我们的例子中，策略一和策略二的久期相同，但是策略二的凸性较大，因而在利率出现较大波动时，策略二对利率风险的免疫效果更为出色。

第四节　运用衍生金融工具管理利率风险

如前所述，在利用收益率曲线进行利率预测，以及采用久期等方法进行利率风险度量的基础上，金融机构控制利率风险的具体方法主要有两大类：一类是传统的表内管理方法，通过增加（或减少）资产或负债的头寸，或者改变资产或负债的内部结构，例如构造免疫资产组合，达到控制利率风险的目的。传统利率风险管理方法旨在控制利率敏感性缺口或者期限缺口，在消除风险因素的同时，也放弃了利用利率的有利变动获取资产增值或额外收益的可能性。另一类是表外管理方法，随着金融机构竞争压力的不断增加，为了稳定地获取更多利润，除了利用传统的利率风险管理方法，越来越多的金融机构开始采用表外管理方法，主要是对现有资产负债头寸，利用远期利率协议、利率期货、利率互换以及利率期权等衍生金融工具管理利率风险。

需要指出的是，各种利率风险管理工具各自具有不同的特点和功能，在实际操作中银行应根据不同情况选择一种或几种技术的组合方案并加以灵活运用。一般情况下，银行应首先选择从内部来调整资产负债结构，以尽可能减小缺口头寸与持续期缺口。但由于业务的复杂多样性以及操作成本的原因，实际中维持久期零缺口几乎是不可能的。对于个别风险较大，或难以纳入商业银行利率风险管理体系的资产或负债业务，通常会运用金融衍生工具对其风险敞口头寸进行套期保值。

一、远期利率协议

（一）远期利率协议简介

远期利率协议于1983年诞生于英国，一经推出就受到金融机构和投资者的欢迎，现在已广泛地应用在世界各个主要的国际金融市场。

远期利率协议（FRA）是一份约定未来利率的合约，是指交易双方同意对一笔从未来某一时点开始的某段时间内的名义金额，按交易日约定的利率支付利息。例如，一份"6×9，5%"的远期利率协议意味着买方和卖方约定，把从交易日算起6个月后开始的为期3个月的利率锁定在5%的水平上；6个月后，交易双方用观察到该时点上的3个月即期利率（一般为同币种的伦敦同业拆借利率LIBOR）作为合约结算的参考利率——如果参考利率为6%，高于交易双方的协定利率5%，则FRA卖方在固定日后两个工作日的结算日（也称交割日，即未来约定时间段开始后的第二日）向买方支付按协议约定金额计算的利息差额现值；如果参考利率为4%，低于协议利率5%，则FRA买方向卖方支付利息差额的现值。

  远期利率协议的前身是远期贷款（即需要在未来真实发放资金的贷款协议），FRA可被视为按照协议规定的币种、金额和利率，由FRA卖方向买方发放的一笔名义贷款。但与远期贷款有所不同的是，买卖双方在这种名义上的类似贷款协议中并不发生实际借贷行为，即不发生本金的交割。FRA只是交易双方对远期贷款利率水平达成的一种协议。当远期利率高于协议利率时，FRA买方（即名义借款人）在实际借贷活动中多支付的利差部分，可通过卖方向买方进行现金支付得到补偿；反之，当远期利率低于协议利率时，FRA卖方（即名义贷款人）损失的部分利差，即实际借贷活动中少支付的利差，由FRA买方向卖方进行现金支付转让。可见，FRA是一种资产负债平衡表外的工具，不涉及实质性本金交割，无须扩大资产负债规模，在规避利率风险的同时能够保证充足的资本用于流动。

  远期利率协议的最终效果是使得FRA买方锁定了融资成本，而FRA卖方则锁定了投资收益。这样，买卖双方都避免了因利率不利变动带来的损失，当然也使双方都丧失了从利率有利变动中获利的机会。因此，当商业银行预期未来利率水平会升高时，为了锁定未来存款业务或从货币市场上借款的利息成本，就应买入一个远期利率协议；当预期未来利率水平会下降时，为了保证未来贷款业务或证券投资的利息收益，就应卖出一个远期利率协议。由于FRA只涉及交割市场利率与约定利率不一致的利差部分，因而市场风险、信用风险都相对较低。没有交易双方的同意，远期利率协议不可撤销，也不能转让给第三方。与其他有约束力的合约工具一样，FRA也可利用签订相反方向的FRA合约来对冲它自身的风险。

  需要强调的是，当未来市场利率与协议利率不一致时，买卖双方交割的仅仅是协议金额利差部分的现值。由于用协议金额直接乘以利差，得到的是在协议期期末的应支付金额，但实际现金交割是发生在固定日后两个工作日的结算日，考虑到结算日至到期日这段时间内资金的时间价值，应将上述利差再进行贴现，具体计算公式为

$$Q = \frac{(S-r) \times \frac{t}{360} \times N}{1 + S \times \frac{t}{360}}$$

其中，Q为结算日FRA应交割的利差金额；S为结算日那一天约定期限内的市场利率；r为FRA中的约定利率；t为从结算日至到期日的天数；360为年天数基数，有时也可取为365。

(二) 远期利率协议的应用案例

假设某著名计算机制造商打算进一步拓展海外公司的规模,初步计划2个月后向A银行贷款8000万美元以扩大投资,然后以5个月后到期的出口应收账款偿还这笔贷款。但是因油价上涨、通货膨胀加剧等因素,该公司判断美联储或欧洲央行在未来很可能进一步加息。为规避2个月后贷款利率上扬的风险,该公司可向B银行买入一个约定利率为5.30%的FRA(2×5)。该远期利率协议约定:合约交易日为2006年6月6日,利率确定日为2006年8月6日,合约结算日为2006年8月8日,到期日为2006年11月8日。若至结算日那天,3个月的美元LIBOR真的上涨了50个基点至5.80%,则B银行应向该公司支付的利差补偿为

$$Q = \frac{(5.80\% - 5.30\%) \times \frac{90}{360} \times 8000}{1 + 5.80\% \times \frac{90}{360}} = 9.857(万美元)$$

FRA是进行利率风险管理的一项基本衍生工具,具有结构简单、便于操作的优点。FRA名义金额(主要是以欧洲美元标值)的交易起点一般为等值500万美元,期限以1年以内的远期最为常见,交易量较大的有1×4(1个月后的3个月期利率,以下类同)、2×5、3×6、3×9、6×9与6×12。当然,名义金额与远期期限均可根据客户的实际需要进行灵活安排。然而,非标准化的FRA作为一种场外协议(Over-Counter Agreement),虽可灵活地将各种期限的利率风险完全锁定,但是由于场外协议的市场流动性一般较差,并且信息披露不充分,故有时会产生交割困难甚至衍生出道德风险。

二、利率期货

(一) 利率期货简介

利率期货是指交易双方同意在未来某段时间内按照事先约定的利率,买卖某种价格依赖于利率水平的标的附息债券,并在未来某一时间交割的一种金融业务。最早的利率期货是1975年10月芝加哥期货交易所推出的政府国民抵押贷款协会(Government National Mortgage Association)的抵押凭证期货合约。此后,芝加哥期货交易所依次推出了美国短期国库券和长期国库券期货,均获得了成功,并引发英、法、德、日等国家纷纷效仿,建立起各国的国债期货市场。利率期货的标的资产主要是各种固定收益债券,常见的利率期货标的资产有短期国库券、长期国库券、定期存款与商业票据。其中,国债期货因信用等级高、流动性好等优点,成为利率期货市场上交易最活跃的品种。

一般利率变动会导致固定收益债券的价格反方向变动,为了符合市场的贱买贵卖习惯,通常将利率期货合约的价格进行指数化处理,将之定义为

$$p = 100 - i$$

其中，p 为期货合约的指数价格；i 为以百分数表示的远期利率。这样，利率期货合约的价格变动方向与利率变动方向恰好相反，却与标的资产的价格变动方向正好相同。为规避利率变动的不确定性风险，金融机构可选择在期货市场上持有与现货市场上相反的头寸。以银行持有的大量 1 年期短期国库券为例，这种情况下，银行必须在期货市场上卖空同样期限的同品种国库券。若未来利率上升，国库券价格下降，此时国库券期货的价格也下降，则银行可从市场上以低价买进同数量的同种期货合约以对冲卖空的空头，并以期货交易的盈利来补偿国库券自身价格下降产生的资产损失，从而实现了套期保值；若未来利率下降，国库券期货价格上升，此时期货市场上的损失将被现货国库券的升值收益所对冲。

在现货市场与期货市场上类似的反向对冲操作，同样适用于金融机构日常的存、贷款或商业票据的利率风险规避。例如，假设 A 银行某海外分行需要在未来 90 天内筹集到 1 亿美元，以放贷某一固定利率投资项目，该国当前存款年利率为 6%，风险管理员预计未来 90 天内利率很可能上升 25 个基点，则风险管理员可选择在欧洲美元期货市场上卖空 100 张为期 3 个月的美元国库券期货。若存款利率真的上升 25 个基点，这种对冲操作产生的效果为

第一，存款成本上升 6.25 万美元，即 $10,000 \times 0.25\% \times 90/360 = 6.25$ 万美元；

第二，期货市场上，假设 3 个月期国库券的当前即期利率为 5.95%，则卖出 100 张 90 天的国库券期货的名义收入为 9,405 万美元，即 $100 \times (100 - 5.95) = 9,405$ 万美元。而 90 天后，当 3 个月期国库券的市场利率上升至 6.02% 时，买进 100 张用于对冲的同期限的国库券利率期货所需名义金额为 9,398 万美元，即 $100 \times (100 - 6.02) = 9,398$ 万美元。这样，在预期利率上升时卖空期货交易共盈利 7 万美元，用它对冲掉因存款成本上升的 6.25 万美元，不仅未遭受因存款成本上升带来的损失，反而净盈利 7,500 美元。

(二) 利率期货与套期保值

利率期货的特点是在有组织的交易市场内，以公开竞价方式交易在未来标准交割日按约定价格交割标准数量证券或现金的合约。尽管利率期货合约与远期利率协议都具有锁定远期利率的功能，但这两者也有较大的差别。除了交易价格，利率期货的其他交易条件都由交易所规定；与 FRA 相比，利率期货是标准化的合约，只在交易所内进行。这种差异使得利率期货的市场流动性比 FRA 强了许多，信用风险也相对较小，不必像 FRA 那样持有至合约到期日进行实物或现金交割，也没有像 FRA 那样不允许向第三方转让。由于存在有组织的交易所作为中介交易方，利率期货可通过在市场上反向买卖同种合约而平仓自我对冲，以便及时捕捉市场利率出现的有利变化。并且，大多数期货合约并不需要真正等到合约到期后，再进行标的资产的实际交割，而是在期货合约到期之前，通过反向买卖相同期限、相同数量的期货合约对冲平仓。所以，利率期货合约具有交易成本低、杠杆效应强、流动性高、信用风险小等优点。

但是，这种流动性较强的便利性也带来了不足。由于利率期货的交易条件，尤其

是合约期限相对固定，有可能使得合约条件与银行面临的基本风险不一致（因银行业务具有多样性），因而要计算套期保值比率。当银行面临的基本风险与利率期货合约条件不完全一致时，因标准期货合约的期限无法改变，只能调整所使用的标准合约数量，即确定应买入或卖出多少份标准化合约，以使期货价格变动与面临的利率风险相匹配，这就是所谓的套期保值率。最基本的套期保值率是持有期货合约的头寸大小与风险暴露资产大小之间的比值。但实际计算套期保值率时应综合考虑以下几个因素：风险暴露金额、风险暴露期限、基差风险、结算金额和保证金流量。其中，前两项因素是最重要的，而其他因素只有在对风险管理精度要求较高时才予以考虑。

在对利率风险只作基本覆盖时，套期保值的风险暴露金额（$HR_{principal}$）和风险暴露期限（HR_{period}）为

$$HR_{principal} = \frac{期货合约的名义本金}{基本风险暴露的受险金额}, \quad HR_{period} = \frac{期货合约的期限}{基本风险暴露的期限}$$

综上，若金融机构打算采用利率期货进行风险管理，应遵循以下几个步骤。

第一，应根据宏观经济形势的变化以及有关利率期限结构理论，判断未来利率的变动趋势，再结合自己的资产或业务现状，决定是买空还是卖空期货合约。在保值过程中仍需要密切关注市场利率的实际趋势与原先对远期利率的判断是否一致，若不一致应及时在期货市场上建立相反的头寸进行平仓。

第二，具体选取的利率期货产品的标的资产及其期限，应与要保值的资产或负债相同或类似。若金融市场上不存在这样的期货合约（如标的资产为中小企业发行的企业债券），就应选择与要保值的资产或负债的利率变动相关性较强的期货合约，这种相关性可对历史数据进行回归分析确定。

第三，根据风险暴露本金的大小、期限以及风险管理的精度要求等因素，兼顾套期保值所付成本与消除风险所获收益之间的平衡，确定适当的期货合约数量。通常，一项简单期货合约大体能抵消基本风险的80%就可以了。

(三) 利率风险管理案例分析

在2002年8月中旬，一家制造公司的财务人员得知，该公司不久将筹措一笔款项以应付2003年春季之需。该公司在11月中旬需要一笔期限为6个月、数量为1,000万美元的款项到账。考虑到该公司的信誉度，银行提出的贷款利率是LBIOR + 1.00%。当前的收益曲线是向上倾斜的，预期LBIOR在3月后的利率是5%。因此预期的贷款利率是6%。公司的财务人员该怎样针对这笔贷款的利率风险进行套期保值呢？

他有四种选择：第一种选择是不采取任何措施。然而这也许是不明智的，因为LBIOR每上升10个基点（0.10%），6个月的利息支付将增加5,000美元（10,000,000 × 0.001/2）。

第二种选择是卖空欧洲美元期货合约。公司的财务人员可以考虑卖空2002年12月

到期的 3 个月期欧洲美元期货合约。该合约当前报价是 94.90，即远期利率是 5.10%。欧洲美元期货合约每手 100 万美元，该公司大约可卖出 20 份期货合约。

$$合约数量 = \frac{6}{3} \times \frac{10,000,000}{1,000,000} = 20(份)$$

该公司将在银行贷款到位时，在 9 月中旬卖空欧洲美元。在合约到期日之前，公司再将期货平仓，这样公司的风险程度将大为降低。

利用期货合约进行套期保值可以为公司提供一种免受利率上升影响保护，但同时公司也丧失了由于利率可能下降而带来的机会。因此第三种选择，即利用欧洲美元期货的看跌期权，不仅可以使公司避免利率上升的风险，也可以使其得到利率下跌而带来的机会。这次套期保值的成本仅是一笔期权费（Premium）而已。假定 2002 年 12 月的看跌期权（执行价格是 95.00）的当前价格是 400 美元。这样，公司就可以通过花费 8,000 美元（400 美元×20 份合约）购买 20 份期权合约，将 LIBOR 的利率控制在 5% 的水平。

该公司的第四种选择是购买一份基于 LBIOR 的远期利率协议（FRA）。一家大型的货币中心银行可以为 3×9 的 FRA 报价 5.05%，3×9 的 FRA 表示在 3 个月内开始的 6 个月期限。按照 FRA，银行答应支付给交易对方超过 5.05% 的利差（按本金 1000 万美元计算），而交易对方则答应支付给银行低于 5.05% 的利差。此时，FRA 就将在 3 个月内开始的 6 个月期 LIBOR 锁定在 5.05% 的水平。

三、利率互换

（一）利率互换简介

利率互换是指交易双方同意按照一个名义上的同币种本金额，在约定时期内定期相互支付两个按不同基础确定的利息。利率互换可以有多种形式，国际市场上交易最频繁的利率互换是在固定利率与浮动利率之间的互换。利率互换合约中浮动利率的计息基础一般选用伦敦同业拆借利率 LIBOR，利率确定日为每个利息计算期（即结算日）的前两个工作日，利息互换的交割方式并不涉及本金的交换，仅仅交割利息差额部分，这一点与 FRA 完全一样。

从产生现金流量的角度看，利率互换可以被视为期货合约的组合：多头利率期货头寸，在利率下跌时盈利而利率上升时亏损，这与利率互换合约中浮动利率支付方的风险收益状况相似；空头利率期货头寸却正好相反，其收益状况与利率互换合约中固定利率支付方相似。与 FRA 或利率期货合约相比，利率互换合约的期限一般更长，而且，利率互换兼有以金融中介为基础的三方互换和交易双方直接互换两种交易模式。因此，利率互换在保证合约期限与交易模式灵活性的同时，也保证了合约的市场流动性，降低了信用风险与交割风险。

利率互换的基础是信用评级不同的公司在固定利率与浮动利率市场分别具有不同的比较优势，但优势贷款却未必是其业务实际需要的贷款形式。在国际借贷市场上，一些信用评级较高的公司通常可在固定利率市场中以较低的利率获得贷款，而另一些信用评级较低的公司则可在浮动利率市场中以相对较低的利率（相对其评级来说）获得贷款，它们各自在不同的市场上具有比较优势。

(二) 利率互换案例

现假设有 A 和 B 两家公司，都希望从市场上借入期限为 5 年的 100 万美元。其中，A 公司的信用级别高于 B 公司，故 B 公司在固定利率和浮动利率市场上的借款成本都要比 A 公司高。但是，在浮动利率市场上 B 公司筹资成本高于 A 公司的程度，要小于在固定利率市场上 B 公司筹资成本高于 A 公司的程度，如表 3 – 17 所示。

表 3 – 17 利率互换应用示例

	固定利率	浮动利率	比较优势
A 公司	9.0%	6 个月 LIBOR + 0.30%	
B 公司	10.2%	6 个月 LIBOR + 1.00%	
利差	1.2%	0.7%	0.5%

从表 3 – 17 可知，B 公司在固定利率市场比 A 公司多付 1.20%，但在浮动利率市场只比 A 公司多付 0.7%，说明 B 公司在浮动利率市场有比较优势，而 A 公司在固定利率市场有比较优势。假设因业务需要 A 公司按浮动利率获得贷款，而 B 公司想按固定利率借款。此时，由于 A、B 公司在不同的借贷市场上各自存在比较优势，作一个利率互换交易将使双方均获益。具体操作如下，A 公司以 9.0% 的利率借入固定利率资金，B 公司以 LIBOR + 1.00% 的利率借入浮动利率资金，然后他们再签订一项互换协议：A 公司同意向 B 公司支付本金为 100 万美元的以 6 个月 LIBOR 计算的利息；作为回报，B 公司同意向 A 公司支付本金为 100 万美元的以 8.95% 固定利率计算的利息。

这样，A、B 公司在这种操作下的现金流量（本金均为 100 万美元）分别见表 3 – 18。

表 3 – 18 利率互换交易

A 公司	B 公司
互换协议	互换协议
1. 支付给外部贷款人固定利率为 9.0% 的利息	1. 支付给外部借款人 LIBOR + 1.00% 的利息
2. 从 B 公司得到固定利率为 8.95% 的利息	2. 从 A 公司得到 LIBOR 的利息
3. 向 B 公司支付 LIBOR 的利息	3. 向 A 公司支付固定利率为 8.95% 的利息
净借贷成本：LIBOR + 0.05%	净借贷成本：9.95%
若无互换协议借贷成本，将支付给外部贷款人 LIBOR + 0.30% 的利息	若无互换协议借贷成本，将支付给外部贷款人 10.2% 的利息
节约资金成本：0.25%	节约资金成本：0.25%

可见，通过利率互换安排，A、B两公司共节约资金成本0.50%，恰好等于二者在不同借贷市场上比较优势的利差。实际上，由于不同的公司规模、实力与筹资能力存在差异，双方未必都同意如本例一样均分利差，但可通过谈判具体确定总利差的分割办法。现实中参与交易的公司常常并不需要直接接触彼此，而是分别与互换交易商签订利率互换协议，实质交易双方在不同借贷市场上的比较优势利息差价（本例中为0.50%）由这三方进行分配。

此外需要指出的是，虽然利率互换的初衷是为降低筹资成本，但同样可用于锁定利率风险。利用利率互换进行风险管理的核心，是将银行可能出现浮动利率LIBOR收支的一方通过利率互换给对冲掉，从而使银行收支两方出现的浮动利率相互抵消，以锁定利差、规避利率波动风险。

四、利率期权和期权类利率衍生工具

利率期权就是以各种利率相关产品或利率期货作为基础资产标的物的期权交易形式。期权的买方享有在未来一定时间内按照协定价格，优先买进或卖出某种证券的权利，同时必须为获得这种优先权而支付期权费。

商业银行用普通利率期权对利率风险实施套期保值的原理是，持有利率敏感性正缺口的商业银行，为规避利率下跌给商业银行可能带来的损失，可买入看涨期权，一旦未来市场利率下跌，作为期权基础资产的利率相关证券价格将提高，银行买入的看涨期权上的获利将弥补商业银行因持有利率敏感性正缺口而遭受的收益损失，从而控制利率风险；持有利率敏感性负缺口的商业银行，为规避利率上升给商业银行可能带来的损失，可买入看跌期权，一旦未来市场利率上升，作为期权基础资产的利率相关证券价格将下跌，银行买入的看跌期权上的获利将弥补商业银行因持有利率敏感性负缺口而遭受的收益损失，从而控制利率风险。

（一）利率期权

与远期利率协议、期货合约等不同，利率期权合约不仅避免了利率不利变动带来的影响，而且使投资者保留了从利率的有利变动中获利的机会。20世纪80年代以来，期权已成为构建许多金融工具的基础，只要将期权的某些特征稍加变化就可构建一种新的金融工具，灵活性较强。目前以期权为基础管理利率风险的常见衍生工具包括：利率上限（Interest Rate Cap）期权、利率下限（Interest Rate Floor）期权、利率上下限期权等。

1. 利率上限期权

利率上限期权合约在利率浮动不定的情况下，规定了利率的最高上限，若市场利率高于合约约定的上限，则期权卖方必须补偿市场利率与利率上限之间的差价给买方，买方就可以用很少的期权费用避免因利率上升所带来的融资成本增加的损失；反之，

若市场利率下降，期权合约自动不需要执行，买方此时又可因市场利率下降而享受融资成本降低的收益。可见，利率上限期权对期权的买方更为有利，其目的在于锁定风险、减少损失。以浮动利率举债的公司或以浮动利率吸收存款的银行，在预期市场利率升高时可购买这种利率期权合约。

一个利率上限期权是一系列看涨期权的组合，这些看涨期权的到期日对应于公司现有贷款的未来利息支付日，可以锁定以中期浮动利率借款的最大借款成本。利率上限期权的费用等于单独的看涨期权费用的加总。与看涨期权不同的是，在实际运作中，期权持有者并不需要正式通知期权出售方准备执行期权，只要市场利率高于期权的执行利率，期权将自动执行。

在公司的每个利息支付日，利率上限期权都会根据市场利率是否超过执行利率来决定是否进行现金支付。若市场利率等于或低于协议利率，则作为卖方的银行无须向作为买方的借款者支付任何金额；而若市场利率高于协议利率，则作为卖方的银行就必须向作为买方的借款人支付超过协议利率的那部分利差，以作为补偿。如以 S 表示协议到期时卖方向买方支付的金额，以 MR 表示市场利率，以 CR 表示协议利率，以 A 表示协议金额，以 T 表示结算期的天数，则在协议到期时，银行需要支付的金额即可用如下公式算得：

$$S = (MR - CR) \times A \times \frac{T}{360}, \quad MR > CR$$

$$S = 0, \quad MR \leq CR$$

例：一家公司在 3 年前以 LIBOR + 1% 的利率借到一笔金额为 10,000,000 美元、期限为 5 年的浮息贷款，其利率每个季度重订一次。现在离贷款到期日还有 2 年（即 8 个季度）时，该公司经理预期在这 2 年中利率将持续上升。为避免加重利息负担，该公司便买进一份协议金额为 10,000,000 美元、期限为 8 个季度，且以 3 个月 LIBOR 为参照利率的利率上限期权。

现在假设在以后的 8 个季度中，利率上限期权所规定的最高利率、市场实际利率、公司所支付的期权费及银行所支付的利差如表 3-19 所示。

表 3-19 最高利率、市场实际利率、期权费及银行所支付的利差

期限	最高利率	期权费率	期权费金额（美元）	市场利率	银行补偿金额（美元）
3 个月后的 3 个月	8.0%	0.5%	12,500	7.75%	—
6 个月后的 3 个月	8.1%	0.5%	12,500	8.05%	—
9 个月后的 3 个月	8.2%	0.625%	15,625	8.5%	7,500
12 个月后的 3 个月	8.3%	0.625%	15,625	9.05%	18,750
15 个月后的 3 个月	8.4%	0.75%	18,750	9.7%	32,500
18 个月后的 3 个月	8.5%	0.75%	18,750	10.25%	43,750

(续表)

期限	最高利率	期权费率	期权费金额（美元）	市场利率	银行补偿金额（美元）
21 个月后的 3 个月	8.6%	1%	25,000	10.9%	57,500
24 个月后的 3 个月	8.7%	1%	25,000	10.75%	51,250
合计			143,750		211,250

资料来源：刘园.金融风险管理［M］.3 版.北京：首都经济贸易大学出版社，2016.

由表 3-19 可见，在第 1、2 这两个季度中，市场利率低于利率上限期权所规定的最高利率，因此，银行无须向该公司支付任何利差。而从 6 个月后的 3 个月开始，市场利率持续上升，直至 24 个月后的 3 个月有所回落，但仍然高于利率上限期权所规定的最高利率，因此，从 6 个月后的 3 个月到 24 个月后的 3 个月，银行都必须根据上述公式算出应支付的金额，以补偿该公司因利率上升所造成的增加利息支出的损失。当然，该公司为避免利率上升的风险而在买进利率上限期权时已付出了一定的期权费。但从总体来看，该公司所支付的期权费总额远少于银行对它所支付的利差总额。所以，该公司通过买进利率上限期权，在一定程度上减少了利率上升所造成的损失。

在不考虑货币时间价值的条件下，借款者通过买进利率上限期权，可将未来所需支付的利率控制在利率上限期权所规定的最高利率加上期权费率这一水平。但是，由于期权费支付在前，而银行补偿利差在后，因此，借款者实际所需支付的利率可能比这一水平高一些。在实务中，这一可控制的利率水平可通过贴现的方式估计出来。这说明，利率上限期权确实是一种既简便又有效的管理利率风险的工具。

2. 利率下限期权

与利率上限期权相对应，利率下限期权规定了一个利率下限。在预期市场利率下降时可购买这种利率期权合约。若市场利率低于合约约定的下限，则卖方必须补偿利率下限与市场利率之间的差价给买方，买方就可实现以很少的期权费避免了因利率下降带来的损失，从而锁定投资收益；反之，若市场利率上升，期权合约自动不需要执行，买方此时又可因市场利率上升而享受投资利润增加的收益。利率下限用公式可表示为

$$S = (FR - MR) \times A \times \frac{T}{360}, \quad MR < FR$$
$$S = 0, \quad MR \geqslant FR$$

其中，FR 为规定的最低利率，即所谓的利率下限；其他各符号的含义不变。

例：某投资基金经理用收到的一笔资金买进面值为 20,000,000 美元的 3 年期浮动利息债券，当期利率为 7.5%，利率每 6 个月调整一次。为回避 3 年内市场利率大幅度下跌，从而使利息收入减少的风险，该基金经理在买进债券的同时，从某银行买进协议金额为 20,000,000 美元、期限为 3 年、协议利率为 8% 的利率下限期权，一次性支

付期权费 300,000 美元（占协议金额的 1.5%）。在买进这一利率下限期权后，若市场利率等于或高于 8%，则银行无须向该基金经理支付差额，该基金经理实际得到的利率将等于或高于 8%；而若市场利率跌至 8% 以下，则银行就必须依约支付差额，从而该基金经理实际所得的利率仍将不低于 8%。

一般来讲，当投资者买进利率下限期权后，其实际所得的利率将不低于协议利率与期权费率之差。在本例中，因 3 年期的期权费率为 1.5%，故在不考虑货币的时间价值的条件下，平均每年的期权费率为 0.5%。这样，该基金经理在买进利率下限期权后，其实际所得的利率将不低于 7.5%（=8% - 0.5%）。

3. 利率上下限期权

利率上下限期权又称为利率区间期权合约，是利率封顶期权和利率保底期权的复合。它同时固定了利率的上下限，并在一定程度上把利率风险控制在了理想的范围之内。通过利率区间期权的施行可以使期权买卖双方的利益均得到保护，当然，期权费也较单向的利率期权费要高一些。

在这种期权中，签约双方确定两个协议利率，其中一个是最高利率，另一个是最低利率。在期权到期时，若市场利率高于约定的最高利率或低于约定的最低利率，则其中的一方就要向另一方支付利差。

这种利率上下限期权又有三种不同的类型。

一种适用于借款者预期市场利率上升的可能性较大、市场利率下降的可能性不大的场合。在借款者买进这种利率区间期权后，若市场利率高于最高利率，则高出的部分可由银行给予补偿；反之，若市场利率低于最低利率，则借款者必须向银行支付这一差额。通过这种利率区间期权，借款者既可避免市场利率高于利率上限的损失，又可获得市场利率介于上限利率和下限利率之间的利益。

第二种适用于投资者预期市场利率上升的可能性不大而下降的可能性较大的场合。当投资者买进这种利率区间期权后，若市场利率低于最低利率，则银行向投资者支付这一差额；反之，若市场利率高于上限利率，则投资者向银行支付这一差额。通过这样的利率区间期权，投资者既可保证获得所期望的最低收益，又可获得市场利率介于上限利率和下限利率之间的利益。

第三种适用于投资者预期执行利率并不存在净的升贴水的场合。此时的双限合约就是零成本的合约。不过，通常上限利率和下限利率都已设定，双限合约的卖方（银行）会收到一个净的升水支付。

例如，假设某公司有一浮动利率计息 1,000 万美元的负债，目前该笔负债的计息年利率为 5.75%，该公司风险管理人员认为未来 90 天内利率有可能上升 50 个基点。为了既规避利率走高的趋势，又节省利率期权的购买费用，该公司可选择向银行购买一个 90 天期限的利率上下限期权，利率上限为 6%，利率下限为 5%，期权费必将低于只购买利率上限为 6% 的期权合约。在 90 天后的到期日，若市场贷款利率真的升至 6.25%，则银行应按名义金额补偿该公司期间的利率差价 0.25%；但若市场贷款利率不升反降为 4.5% 时，该公司就必须向银行支付 0.5% 的利率差价。

（二）利率期货期权

利率上限期权、利率下限期权和利率上下限期权都是场外交易的期权。唯一的场内交易的利率期权是利率期货期权，它是给予持有者选择是否在期权到期日或在此之前以事先确定的价格买入或卖出利率期货合约权利的期权。利率期货期权在期货交易所内进行交易，交易方式与期货相似，通过保证金系统规避了交易中的信用风险，并且容易购买或出售。

例：在某年的 6 月，短期贷款的市场利率为 8%，一家公司需要在 9 月借入金额为 100 万美元、期限为 3 个月的欧洲美元。由于担心在 3 个月以后利率会从 8% 升至 9%，从而增加公司的利息成本，该公司在利率期货期权市场购入一份价值 100 万欧洲美元、9 月份到期的欧洲美元看涨期权合约，期权费为 250 美元。

如果在 9 月份利率果真上涨到 9%，该公司将行使期权，卖出利率期货合约，同时，在现货市场买入一份欧洲美元期货合同。行使利率期权使公司获利 $1,000,000 \times (9\% - 8\%) \times \frac{90}{360} - 250 = 2,250$ 美元，公司的实际利息成本为 3 个月期的借款利息成本扣除行使利率期权的获利，即 $1,000,000 \times \frac{90}{360} - 2,250 = 22,250$ 美元，实际借款的年利率为 8.1%。

如果在 9 月份利率不仅没有上升反而下跌至 7%。在这种情况下，公司将放弃行使期权，直接以较低的市场利率借款，其实际借款成本为 3 个月期的借款利息加上期权费，即 $1,000,000 \times 7\% \times \frac{90}{360} + 250 = 17,750$ 美元，实际借款年利率为 7.1%。

通过在利率期货期权市场购买看涨期权，公司不仅可以在利率上升时有效固定借款成本，而且可以在利率下跌时享受利率下降的好处，从而达到防范利率风险的目的。

（三）利率互换期权

利率互换期权是一种以固定利率支付和浮动利率收取者（即支付者互换期权），或是相反（即收取者互换期权）的身份进入互换合约交易的场外市场交易的期权。

作为利率互换期权标的物的互换合约，包含交易双方商定的到期日、支付频率和名义本金。合约到期时，利率互换期权的持有者可以选择进入互换协议，或者交易双方协议进行现金结算。执行利率就是互换期权中商定的互换合约利率。互换合约的期权费会预先支付。

例：假设一家美国公司在 2 年后需要向它的代理银行以浮动利率借入 1,000 万美元的现金，期限为 3 年。但是，它希望将浮动利率支付转换为固定利率支付。于是公司需要一个支付固定利率、收取浮动利率的 1,000 万美元的互换合约，该合约开始于 2 年之后，期限为 3 年（每年会发生利息支付）。公司还认为接下来的 2 年内利率会有所上涨，致使届时互换合约的固定利率支付高于现在的水平，于是通过购买一个关于 3 年期"支付固定利率、收取浮动利率"互换合约的 2 年期欧式支付型互换期权，假设选择 10% 的执行利率，公司就可以达到对冲的目的。如果 2 年内互换利率高于 10%，则公司会执行期权，以现金的形式收到互换期权的收益；若到期时互换利率低于 10%，比如为 9%，该期权将以无价值的状态终止，公司会以现行的 9% 的互换利率购买一个互换合约。因此，利率互换期权为利率互换合约的固定利息支付限定了一个最大值。

本章小结

利率风险是指银行的财务状况在利率出现不利变动时所面临的风险，主要取决于市场利率的波动和银行的资产负债期限或总量的不匹配。一旦同时具备了以上两个条件，银行就面临利率风险。风险大小取决于利率波动程度和资产负债的不匹配程度。

利率风险的测量和管理模型主要有三种：再定价模型、到期日模型以及久期模型。再定价模型基于银行账面利率敏感性资产和利率敏感性负债的不匹配；到期日模型是从市场价格的角度入手，通过衡量银行资产和负债的期限差异来度量利率风险；久期模型则是到期日模型的改进，不仅衡量了资产和负债的期限不同，还衡量了到期日之前的现金流及其现值。由于久期模型在利率的变动较大时，无法准确反映价格的变化，因此需要用凸性进行修正。

除了利用传统的资产负债表表内利率风险管理方法，越来越多的金融机构开始采用表外管理方法，主要是对现有资产负债头寸，利用衍生金融工具管理利率风险。运用衍生金融工具管理利率风险的方法主要包括远期利率协议、远期期货、利率互换以及利率期权等。

关键术语

利率风险 即期收益率 收益率曲线 再定价风险 基差风险 利率敏感性
期权性风险 缺口分析 到期日模型 利率风险暴露 久期模型 修正久期 凸性
有效凸性 风险价值 利率远期 利率期货 利率互换 利率期权

思 考 题

1. 简述收益率曲线形状的经济含义。
2. 收益率曲线的应用方法有哪些？
3. 再定价模型的不足主要体现在哪些方面？

4. 简述利率风险对银行的影响。
5. 什么是久期和修正久期,久期的缺陷是什么?
6. 什么是凸性,凸性的特性有哪些?
7. 任意简述一类利率衍生产品,并解释利率衍生产品如何进行利率风险对冲。

第四章 市场风险管理

| 本 | 章 | 要 | 点 |

◇ 市场风险管理的流程和方法。
◇ 运用 VaR 模型进行市场风险控制。
◇ 市场风险的度量与资本配置。
◇ 度量市场风险的标准法和内部模型法。
◇ 返回检验和压力测试。

　　20 世纪 60 年代以来，伴随着资产组合理论和期权定价模型的提出和运用，金融机构开始对市场风险因素进行分析，逐渐奠定了风险价值模型的基础。尽管目前大多数国内银行的市场风险敞口仅占较小比例，在数量上无法与信用风险敞口相提并论，但是从发展趋势来看，银行参与市场交易活动日益增多，商业银行在从事传统存贷款业务的同时，正逐步进入新兴金融业务。在混业经营中，越来越多的银行开始涉足债券市场、外汇市场、期货市场、票据市场等新兴市场，这使得银行逐渐面临市场利率、外汇汇率、商品价格、股票价格不利变化所导致的风险损失，如中国银行的"原油宝"事件给中国银行和投资者带来近 70 亿元的损失。伴随着银行交易头寸对金融市场变化敏感性的增加，市场风险日益突显。因此，商业银行迫切需要制定适用于整个银行机构的、正式的市场风险管理程序和政策。相关的市场风险管理程序和政策应当与银行的业务性质、规模、复杂程度和风险特征相适应，与其总体业务发展战略、管理能力、资本实力和能够承担的总体风险水平相一致，并符合中国银保监会关于市场风险管理的有关要求。

　　据此，本章从市场风险管理的策略、流程以及方法入手，简单介绍如何将 VaR 模型应用于信息披露和风险控制；然后，通过各类相关案例，详细介绍标准法以及内部模型法下，市场风险的度量及资本配置方法。

第一节 市场风险管理的策略、流程和方法

商业银行市场风险管理是识别、计量、监测和控制市场风险的全过程。市场风险管理的目标是通过将市场风险控制在商业银行可以承受的合理范围内，实现经风险调整后收益率的最大化。商业银行应当充分识别、准确计量、持续监测和适当控制所有交易和非交易业务中的市场风险，确保在合理的市场风险水平之下安全、稳健地经营。商业银行所承担的市场风险水平应当与其市场风险管理能力和资本实力相匹配。为了确保有效实施市场风险管理，商业银行应当将市场风险的识别、计量、监测和控制与全行的战略规划、业务决策和财务预算等经营管理活动进行有机结合。为此，商业银行应建立完善的市场风险管理体系，以确保进行全面的市场风险管理。

一、市场风险管理策略

如前所述，银行账户的风险以结构性市场风险为主体，主要是利率风险、汇率风险和流动性风险；交易账户的风险则以交易性市场风险为主体，主要是利率风险、汇率风险、股价风险以及商品风险。银行账户和交易账户中的利率风险、汇率风险在驱动因素上基本一致，所以按驱动因素导致的风险，可以将利率风险细分为基差风险、重新定价风险、收益率曲线风险以及期权性风险，将汇率风险细分为交易风险、会计风险（折算风险）、经济风险（经营风险）。因此，商业银行实施市场风险管理时，应重点考虑利率、汇率、股票价格和商品价格等驱动金融工具价格波动的市场因子。此外，商业银行实施市场风险管理时，还应适当考虑市场风险与其他风险类别，如信用风险、操作风险、法律风险、声誉风险等的相关性，并协调市场风险管理与其他类别风险管理的政策和程序，确立商业银行市场风险管理策略。商业银行风险管理策略所包含的主要内容如下。

（1）可以开展的业务，可以交易或投资的金融工具，可以采取的投资、保值以及风险缓解的策略和方法；

（2）商业银行能够承担的市场风险水平；

（3）分工明确的市场风险管理组织结构、权限结构和责任机制；

（4）市场风险的识别、计量、监测和控制程序；

（5）市场风险的报告体系；

（6）市场风险管理的信息系统；

（7）市场风险的内部控制；

（8）市场风险管理的外部审计；

（9）市场风险资本的配置；

（10）对重大市场风险情况的应急处理方案。

商业银行应当根据自身市场风险状况的变化和外部市场的发展情况及时修订和完善市场风险管理战略、体系和程序。首先，商业银行的市场风险管理政策和程序及其重大修订应当由董事会批准。商业银行的高级管理层应当向与市场风险管理有关的工作人员阐明本行的市场风险管理政策和程序。与市场风险管理有关的工作人员应当充分了解其与市场风险管理有关的权限和职责。

其次，商业银行在推广新产品和开展新业务之前，应当充分识别和评估其中包含的市场风险，建立相应的内部审批、操作和风险管理程序，并获得董事会或其授权的专门委员会的批准。新产品、新业务的内部审批程序应当包括由相关部门，如业务经营部门、负责市场风险管理的部门、法律部门、财务会计部门和结算部门等对其操作和风险管理程序进行的审核和认可。

最后，市场风险管理政策和程序应当建立在并表的基础之上，并应当尽可能适用于具有独立法人地位的附属机构，包括境外附属机构。同时，商业银行应当充分认识到附属机构之间存在的法律差异和资金流动障碍，并对其风险管理政策和程序进行相应调整，以避免在具有法律差异和资金流动障碍的附属机构之间轧差头寸时，低估市场风险。

二、市场风险管理的基本流程

商业银行等金融机构应当按照中国银保监会关于商业银行资本充足率管理的有关要求划分银行账户和交易账户，并根据银行账户和交易账户的性质和特点，采取相应的市场风险识别、计量、监测和控制方法。相关市场风险管理体系应包括以下基本要素。

（1）董事会和高级管理层的有效监控；

（2）完善的市场风险管理政策和程序；

（3）完善的市场风险识别、计量、监测和控制程序；

（4）完善的内部控制和独立的外部审计；

（5）适当的市场风险资本分配机制。

商业银行应当对不同类别的市场风险（如利率风险）和不同业务种类（如衍生产品交易）的市场风险制定详细和有针对性的风险管理流程，并保持相互之间的一致性。银行市场风险识别分类结构如图4-1所示。

商业银行需要通过定性和定量相结合的方式来管理市场风险。其中，定性管理应在董事会和高级管理层监督指导之下，建立完善的治理机制、组织框架、政策程序、管理流程、信息报告、内审流程等，主要集中在以下六个方面。

（1）确立由董事会主导的统一的市场风险管理理念；

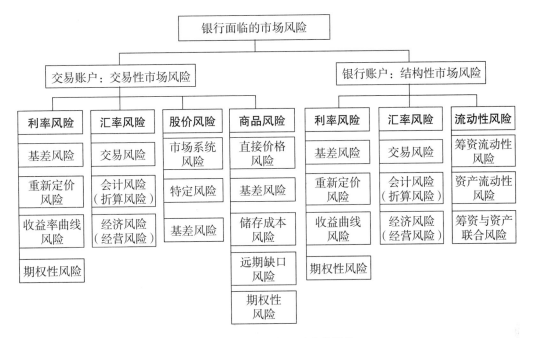

图 4-1　市场风险识别分类结构

资料来源：王勇，关晶奇，隋鹏达. 金融风险管理 [M]. 北京：机械工业出版社，2020.

(2) 建立适应业务性质和流程的市场风险组织框架；

(3) 建立健全与时俱进的市场风险管理政策和程序；

(4) 明晰市场风险报告路径、报告频率和反馈机制；

(5) 建立内部市场风险监督审核机制和对外信息披露机制；

(6) 建立高素质市场风险管理队伍。

市场风险定量管理一般可以分为以下五步。

第一步，收集全部交易数据记录；

第二步，汇总交易记录形成交易组合；

第三步，将决定组合价值的因子分解成基本潜在的风险因子；

第四步，用相关风险因子的现行市价为分解后的资产组合定价，并确定组合收益；

第五步，通过运用一套模拟市场价格对资产组合进行重新定价来计量风险大小。

银行所承担的市场风险应与资本实力相匹配。市场风险内部计量模型只有整合到业务管理流程中，参照内部模型和风险计量系统结果，结合管理经验，才能适时进行科学决策。

（一）确定市场风险预算

市场风险预算是指董事会及高级管理层所确定的对于收入和一个给定时期（通常为 1 年）内由市场风险所带来的资本损失的承受程度。风险预算分为两种类型，这两种类型对于把损失限制在确定水平内（风险预算）都是必要的。一类是止损约束，它控制由于盯市规则产生的现有头寸相对于基准组合的累计损失。另一类就是头寸约束，用于对未来市场价格不利变动所导致的潜在损失进行控制，这类市场风险控制政策就是头寸限额政策。

风险总预算通过设定止损约束来实现。影响风险预算分配的问题主要包括：资产组合中最显著的市场风险是什么？这些风险的相关性如何？预期 1 年当中如何利用这些风险？一般而言来自不同市场和风险承担者的风险头寸并非完全相关，并且单个止损约束总和可能超过风险预算。为了与止损约束保持一致，需要经常对业绩进行评估。业绩评估是对风险预算的使用以及是否与止损约束一致进行监督的关键数据。但是头寸约束的功能是对价格和回报率所发生的不利变化导致的潜在损失进行限制。

（二）设置市场风险限额

市场风险限额是根据业务性质、规模、复杂程度和风险特征，按照各类和各级限额的内部审批程序和操作规程，定期审查和更新的交易限额、风险限额、止损限额等。可以按地区、业务单元、资产组合、金融工具和风险类别对这些限额进行分解。银行应根据不同限额控制风险的作用及其局限性，建立不同类型、不同层次、相互补充的限额体系，从而有效控制市场风险。

银行总的市场风险限额以及限额种类、结构应由董事会批准。用于限额控制的数据必须符合以下四个标准。

（1）数据来源必须独立于交易前台部门；
（2）数据必须与银行的正式记录保持一致，以确保统一性；
（3）代入模型的数据必须是合并后的数据；
（4）数据的形式必须能使风险得到准确计量，如采用 VaR 形式。

设置风险限额体系应考虑以下八个基本要素。
（1）交易业务性质、规模和复杂程度；
（2）银行自身资本实力和能承担的市场风险水平；
（3）业务经营部门的既往业绩；
（4）工作人员的专业水平和从业经验；
（5）定价、估值及市场风险计量系统；
（6）压力测试结果；
（7）银行内部控制水平；
（8）外部市场发展变化情况。

设置市场风险限额应按程序完成九个基本步骤：风险战略设定、风险概念定义、预算分配止损限额、风险分析计量、风险评估限额设定、风险报告路径设定、风险限额监控、定期检查、事件调整。

银行应设置一级限额和二级限额。一级限额应包括对每类资产适用的风险价值限额以及压力测试限额和最高限额下的累计损失；二级限额应包括已审批的市场或货币工具限额。

金融交易单元与风险管理单元应充分了解并确认每种金融产品的价格风险特征因素。风险管理人员应尽可能明确所有会产生价格风险的市场因素，并定期确认金融工具评估公式的正确性与适用性。影响金融产品交易价格变动的市场因素，如表4-1所示。

表4-1 影响金融产品交易价格变动的市场因素

金融产品	汇率	本国利率	外国利率	利率波动性	汇率波动性
即期外汇	√				
远期外汇	√	√	√		
货币市场		√			
债券市场		√			
远期利率协议		√			
互换		√			
交叉货币交换	√	√	√		
汇率期权	√	√	√		√
利率期权		√		√	
利率期货		√			
互换期权		√		√	
债券期权		√		√	
国外交易	√	√	√		

资料来源：王勇，关晶奇，隋鹏达．金融风险管理［M］．北京：机械工业出版社，2020．

三、市场风险管理的监测与报告

风险报告是为监管市场风险头寸，并监控敞口是否符合风险限额的报告。风险报告有助于资产负债管理委员会确定风险限额的充足性（相对于其使用不充分或过度使用的情况而言）。为更好地反映金融机构的战略，风险限额应定期进行必要的调整。风险报告是确保及时采取补救措施以限制损失的关键。可靠、及时的风险报告也可以帮助金融机构应对监管部门呈报方面的要求。

（一）市场风险报告应坚持的原则

所有风险和收益状况（包括关于预期风险、各种业务的绩效和例外情况等的详细信息）都必须及时向各相关管理层进行报告，风险报告必须坚持如下原则。

（1）独立性。风险报告部门必须独立于风险承担部门。主要的市场风险报告部门是营运部门和风险管理部门。

（2）可靠性。可靠性受制于风险理论的发展和市场的实际限制，并非指绝对意义上的准确，但是风险管理者应尽力使其精准。风险头寸和估价信息渠道必须经授权并且前后一致。假设、公式、方法和风险术语的描述必须清晰界定。如果风险报告不确切或不真实，那么风险管理者的努力将付诸东流。

（3）时效性。风险管理着眼于事前控制，其时间价值非常重要，因此风险报告必须及时反映当前头寸的风险情况，以便采取相应的补救措施。

（4）恰当性。风险报告程序必须结构清晰，向上报告给高级管理层，以便其能采取恰当的补救和处罚措施。

（5）有效性。数据管理层应具有高效使用数据库的能力，以使人为干预和调整最小化。

（6）综合性。风险报告应该通过风险单元和资产归类体现综合风险。

（二）市场风险报告的内容和种类

风险管理部门应当能够运用有效的风险监测报告工具，及时向高级管理层和交易前台提供有价值的风险信息，以辅助交易人员、高级管理层和风险管理专员进行决策。

风险报告是市场风险监测的主要内容，是风险管理者用于了解和量化金融机构的风险来源、估计其市场总风险的基础。风险报告由以下三个阶段组成。

（1）收集市场数据构建风险头寸；

（2）用适当的方法计算风险；

（3）综合组合风险。

每个阶段的风险报告能显示风险是否在预先设定的内部管理限制和资本监管限制的范围内；风险报告可以用于计算交易的风险调整业绩，也可以用作对监管者、分析师、信用评级机构和公众的信息披露。

风险报告应当包括以下全部或部分内容。

（1）按业务、部门、地区和风险类别分别统计的市场风险头寸；

（2）对市场风险头寸和市场风险水平的结构分析；

（3）头寸的盈亏情况；

（4）市场风险识别、计量、监测和控制方法及程序的变更情况；

（5）市场风险管理政策和程序的遵循情况；

（6）市场风险限额的遵循情况，包括对超限额情况的处理；

（7）回溯检验和压力测试情况；

（8）内部和外部审计情况；

（9）市场风险经济资本分配情况；

（10）对改进市场风险管理政策、程序以及市场风险应急方案的建议；

（11）市场风险管理的其他情况。

向董事会提交的市场风险报告通常包括金融机构的总体市场风险头寸、风险水平、盈亏状况、市场风险限额，以及市场风险管理的其他政策和程序的遵循情况等内容。

向高级管理层和其他管理人员提交的市场风险报告通常包括按地区、业务经营部门、资产组合、金融工具和风险类别分解后的详细信息，并具有更高的报告频率。

先进的风险管理信息系统是提高市场风险管理效率和质量的基础工具。从外国的市场风险管理实践看，市场风险报告具有多种类型，主要可归纳为以下四种。

（1）投资组合报告，以总结的方式完整列示投资组合里的所有风险。

（2）风险分解热点报告，计算每个头寸的变化率。若报告变化为正，则是风险热点；若报告变化为负，则是风险冷点。

（3）最佳投资组合组织报告，通过简化投资组合来解释复杂投资组合的主要风险来源。

（4）最佳风险规避策略报告，提供金融机构需要实际购买和出售的头寸规模。

(三) 市场风险报告的路径和频率

有关市场风险情况的报告应当定期、及时向董事会、高级管理层和其他管理人员提供。不同层次和种类的报告应当遵循规定的范围、程序和频率。国际银行类金融机构的长期经营实践情况如下。

（1）在正常市场条件下，通常每周向商业银行高级管理层报告一次；当市场发生剧烈变动时，应进行实时报告，此时主要通过信息系统直接报告。

（2）后台和前台所需的头寸报告，应每日提供，并完好打印、存档、保管。

（3）VaR值和风险限额报告在每日交易结束后应尽快完成。

（4）当高级管理层或决策部门有需要时，风险管理部门应当有能力随时提供相应的风险报告以供参考，故而前台数据的透明化对中台风险管理部门至关重要。

四、市场风险管理的基本方法

金融机构市场风险管理的常用方法包括市场风险控制、市场风险对冲和经济资本配置三大类型。以下我们主要介绍市场风险控制和市场风险对冲，经济资本配置相关内容详见本章第三节。

(一) 市场风险控制

金融机构主要采用限额管理的方法实现对市场风险的控制，通过控制资产组合中各类资产的规模，达到分散风险的目的。

1. 风险限额设定

通常，风险限额管理包括风险限额设定、风险限额监测和风险限额控制三个环节。其中，风险限额设定是整个限额管理流程的重要基础，其本身就构成了一项庞大的系统工程。风险限额的设定分为以下四个阶段。

第一，全面风险计量，即金融机构对各项业务所包含的信用风险、市场风险、操作风险、流动性风险分别进行量化分析，以确定各类敞口的预期损失（Expected Loss, EL）和非预期损失（Unexpected Loss, UEL）。

第二，利用信息系统，对各业务敞口的收益和成本进行量化分析，其中制定一套合理的成本方案是亟待解决的一项重要任务。

第三，运用资产组合分析模型，对各业务敞口确定经济资本的增量和存量。

第四，综合考虑监管机构的政策要求以及金融机构战略管理层的风险偏好，最终确定各业务敞口的风险限额。

商业银行实施市场风险管理，应当确保将市场风险控制在可以承受的合理范围内，使市场风险水平与其风险管理能力和资本实力相匹配，限额管理正是对市场风险进行控制的一项重要手段。银行应当根据所采用的市场风险计量方法设定市场风险限额。市场风险限额可以分配到不同的地区、业务单元和交易员，还可以按资产组合、金融工具和风险类别进行分解。银行负责市场风险管理的部门应当监测对市场风险限额的遵守情况，并及时将超限额情况报告给管理层。

2. 限额管理的常用方法

常用的市场风险限额管理方法包括交易限额、风险限额、止损限额等方法。

（1）交易限额

交易限额是指对总交易头寸或净交易头寸设定的限额。总头寸限额对特定交易工具的多头头寸或空头头寸给予限制，净头寸限额对多头头寸和空头头寸相抵后的净额加以限制。

（2）风险限额

风险限额是指对按照一定的计量方法所计量的市场风险设定的限额，如对内部模型计量的风险价值设定的限额，以及对期权性头寸设定的期权性头寸限额等。其中，期权性头寸限额是指对反映期权价值的敏感性参数设定的限额，此类参数通常包括：衡量期权价值对基准资产价格变动率的 Delta、衡量 Delta 对基准资产价格变动率的 Gamma、衡量期权价值对市场预期的基准资产价格波动敏感度的 Vega、衡量期权临近到期日时价值变化的 Theta，以及衡量期权价值对短期利率变动率的 Rho。

（3）止损限额

止损限额即允许发生的最大损失额。通常，当某项头寸的累计损失达到或接近止损限额时，就必须对该头寸进行对冲交易或平仓。典型的止损限额具有追溯力，即止损限额适用于一日、一周或一个月等一段时间内的累计损失。若前台交易员事实上已经积累了一定的损失后才对其头寸设定止损限额，那么该设定为事后行为，并不能阻止损失的发生。设置止损限额的目的是阻止那些已经出现损失的交易员通过双倍下注的方式来弥补损失。

在实践中，金融机构通常将这三种交易限额结合使用。市场风险的限额应该在分析市场未来变动情况的基础上设定。考虑到历史上的市场风险变动情况和金融机构管理层处置风险敞口所需要的时间，限额也可以参照利率数据的分布情况来设定。通常金融机构会使用基于VaR的风险资本限额和基于敏感度的风险限额。风险限额是全部预算和计划过程的一部分，是在损失发生之前就对风险进行控制的方式，并以名义本金来表示。

设定金融机构的市场风险限额后，就要求相关实施部门有效地执行该限额政策。但是严格的限额管理并不意味着该限额不可能被突破，金融机构应当对超限额情况制定监控和处理程序，并且应将超限额情况及时向相应级别的管理层报告。该级别的管理层应当根据限额管理的政策和程序决定是否批准，并预测这种超限额情况会保持多长时间。对未经批准的超限额情况应当按照限额管理的政策和程序进行处理。管理层应当根据超限额发生情况来决定是否对限额管理体系进行调整。执行委员会应当根据风险职能部门提出的建议，并考虑相关风险的影响，定期批准汇总风险限额。必须注意的是，一旦头寸超过特定水平，风险管理部门应立刻引起注意，并进行相应的控制和监督。

（二）市场风险对冲

现代金融业的发展和金融工具的创新为消除或转移市场风险提供了手段和条件。有效地使用相关的金融工具可以帮助金融机构乃至工业企业锁定风险、转移风险，甚至从中获利。除了运用限额管理来控制市场风险，金融机构还可以有效地使用相关金融工具，在一定程度上实现对冲市场风险，即当原有风险敞口出现亏损时，新风险敞口能够盈利，并且尽量使盈利能够部分或全部弥补亏损，让金融机构始终处于市场风险因子的免疫状态。市场风险对冲通常有以下两种方法。

1. 表内对冲——配对管理

表内对冲又称自我对冲，即通过资产负债结构的有效搭配，使金融机构处于风险免疫状态。常见的表内套期保值方法有利率的再定价模型（缺口分析）、到期日模型和久期模型等。

2. 表外对冲——利用衍生金融工具

表外对冲也可以理解为市场对冲。在市场风险对冲中发展最快的就是基于衍生金融工具的对冲交易。衍生金融工具可以被简单定义为一种价值取决于另一种或多种资产或指数的价值合约。它们既可以被投资者用作管理风险的工具，也可以被用来获取利益。当衍生金融工具被用作风险管理工具时，投资者以风险对冲的方式转嫁了风险，但同时必须付出相应的代价。与其他风险管理手段相比，利用衍生金融工具管理风险具有以下特点。

（1）利用衍生金融工具进行风险对冲的构造方式多种多样，并且多用于汇率、利率和资产价格等市场风险的管理。通过对冲比率的调节和金融工程方面的设计安排，衍生金融工具可以将风险完全对冲，或根据投资者的风险偏好和风险承受度，将风险水平调节到投资者满意的程度。这种风险管理的灵活性可以使投资者根据自己的风险偏好管理投资组合，从而找到最适合自己的风险和收益的平衡点。因此利用衍生金融工具进行风险对冲管理,除了需要对各种对冲工具和对冲对象的性质有充分正确的理解,还要根据风险管理目标和所运用的衍生金融工具的性质确定适当的对冲比率。

(2) 衍生金融工具增强了风险管理的灵活性和适用性。金融机构通过选择远期或期权类的衍生金融工具,可以选择完全锁定风险,或者通过购买特定种类的衍生金融工具,在获得并锁定投资组合其他方面收益的同时,分离并对冲某种特定的风险。例如,某国际投资者购买了一个美国的股票和国债的组合,他可以通过美元期货买卖将该组合的汇率风险分离出来并对冲掉,而保留利率风险。

(3) 衍生金融工具的买卖交易灵活便捷,金融机构可以随着市场情况的变化,比较方便地调节风险管理策略,便于风险管理的动态进行。由于用衍生金融工具管理风险是通过衍生金融工具的交易进行的,风险管理的动态调节极易于实现,因此,可以根据投资组合风险状况的变化,随时买卖期权、期货等衍生金融工具,实现风险的动态管理,如实现动态对冲等。

运用衍生金融工具进行风险管理本身也具有一定的风险。首先,除了交易对手的信用风险、操作风险、结算风险,运用衍生金融工具对冲风险还会产生一种独特的市场风险形式,即基差风险。其次,衍生金融工具用于风险管理和用于投机获利具有天然的内在联系,实践中金融机构进行衍生金融工具交易的这两种动机同样强烈。因此,商业银行必须正确认识和理解各种衍生金融工具的风险特征,有能力把握多种金融产品组合在一起所形成的复杂状况,并且具备风险对冲所需的知识和技术支持。最后,使用金融衍生工具对市场风险对冲还要面临透明度、会计处理、监管要求、法律规定、道德风险等诸多问题,因而用于风险管理的衍生金融工具的交易必须纳入风险内控和金融监管的框架之内。

金融机构无论运用衍生金融工具进行风险对冲管理还是获取投机利润,对其自身而言均是在风险和回报之间的转换和选择,最终可以通过总体的投资结果进行统一的计量。但是,对于金融监管当局而言,金融机构运用衍生金融工具的不同交易动机则有完全不同的意义。了解金融机构运用衍生金融工具的动机对金融监管当局而言是至关重要的。

真正用于风险对冲的衍生金融工具交易是风险管理的一个重要组成部分,一般会得到金融监管当局的支持。而用于投机的衍生金融工具交易则会大大增加金融机构的总体风险,并且会增加整个金融体系的系统性风险,如2020年4月"原油宝"事件对中国银行业的负面冲击。

五、中国银保监会对市场风险的监管要求

中国银保监会鼓励业务复杂程度和市场风险水平较高的商业银行在全行和业务经营部门等各个层次上达到市场风险水平和盈利水平的适当平衡,为所承担的市场风险提取充足的资本。

第一，商业银行的市场风险管理政策和程序应当报中国银保监会备案。

商业银行应当按照中国银保监会的规定报送与市场风险有关的财务会计、统计报表和其他报告。委托社会中介机构对其市场风险的性质、水平及市场风险管理体系进行审计的，还应当提交外部审计报告。

第二，商业银行应当及时向中国银保监会报告下列事项。

（1）出现超过本行内部设定的市场风险限额的严重亏损；

（2）国内、国际金融市场发生的引起市场较大波动的重大事件将对本行市场风险水平及其管理状况产生的影响；

（3）交易业务中的违法行为；

（4）其他重大意外情况。

商业银行应当制定市场风险重大事项报告制度，并报中国银保监会备案。

第三，中国银保监会应当定期对商业银行的市场风险管理状况进行现场检查，检查的主要内容如下。

（1）董事会和高级管理层在市场风险管理中的履职情况；

（2）市场风险管理政策和程序的完善性及其实施情况；

（3）市场风险识别、计量、监测和控制的有效性；

（4）市场风险管理系统所用假设前提和参数的合理性、稳定性；

（5）市场风险管理信息系统的有效性；

（6）市场风险限额管理的有效性；

（7）市场风险内部控制的有效性；

（8）银行内部市场风险报告的独立性、准确性、可靠性，以及向中国银保监会报送的与市场风险有关的报表、报告的真实性和准确性；

（9）市场风险资本的充足性；

（10）负责市场风险管理工作人员的专业知识、技能和履职情况；

（11）市场风险管理的其他情况。

对于中国银保监会在监管中发现的有关市场风险管理的问题，商业银行应当在规定的时限内提交整改方案并采取整改措施。中国银保监会可以对商业银行的市场风险管理体系提出整改建议，包括调整市场风险计量方法、模型、假设前提和参数等方面的建议。

对于在规定的时限内未能有效采取整改措施或者市场风险管理体系存在严重缺陷的商业银行，中国银保监会有权采取以下措施。

（1）要求商业银行增加提交市场风险报告的次数；

（2）要求商业银行提供额外相关资料；

（3）要求商业银行通过调整资产组合等方式适当降低市场风险水平；

（4）《中华人民共和国银行业监督管理法》以及其他法律、行政法规和部门规章规定的有关措施。

第四，商业银行应当按照中国银保监会关于信息披露的有关规定，披露其市场风险状况的定量和定性信息，披露的信息应当至少包括以下内容。

（1）所承担市场风险的类别、总体市场风险水平及不同类别市场风险的风险头寸和风险水平；

（2）有关市场价格的敏感性分析，如利率、汇率变动对银行的收益、经济价值或财务状况的影响；

（3）市场风险管理的政策和程序，包括风险管理的总体理念、政策、程序和方法，风险管理的组织结构，市场风险计量方法及其所使用的参数和假设前提，事后检验和压力测试情况，市场风险的控制方法等；

（4）市场风险资本状况；

（5）采用内部模型的商业银行应当披露所计算的市场风险类别及其范围，计算的总体市场风险水平及不同类别的市场风险水平，报告期内最高、最低、平均和期末的风险价值，所使用的模型技术，所使用的参数和假设前提，事后检验和压力测试情况，以及检验模型准确性的内部程序等信息。

第二节　运用 VaR 进行市场风险管理

传统的资产负债管理过于依赖报表分析，缺乏时效性；传统风险计量工具如方差、半方差、下偏矩等风险敏感性度量指标只能描述收益的不确定性，难以全面综合地度量风险；而资本资产定价模型（CAPM）又难以度量金融衍生品。在上述几种传统的方法都无法准确定义和度量金融风险时，G30（Group of 30，30 国集团）在研究金融衍生品的基础上，提出了度量市场风险的 VaR 模型。目前 VaR 方法的应用非常广泛，只要涉及金融风险，任何机构都应该而且能够使用 VaR 方法——无论是金融机构、监管当局、非金融机构还是资产管理者。

VaR 方法主要可用于信息报告、资源配置和业绩评价。在 1994 年 J. P. 摩根公司最早推出用于计算 VaR 的 RiskMetrics 风险控制模型时，VaR 方法仅仅被用于报告金融风险。各机构将其面临的全部风险合并进行 VaR 测度，然后向其管理层和股东进行报告。这是一种被动的应用。其后，除了度量功能，VaR 方法又发展了其控制风险的功能：用于对交易员的头寸进行控制，或用于金融风险的监控，以发现是否进行了超过可接受风险度的投资，从而进行调整以降低风险。这种用途虽然已是一种进步，但本质上仍是一种防御性的应用。

如今，金融机构不仅将 VaR 作为度量市场风险的工具，而且建立了 VaR 市场风险管理体系，使 VaR 上升到管理的层面，使 VaR 发展成为一种主动的风险管理工具。运用 VaR 工具，各机构可寻求风险和收益间的平衡，可以运用 VaR 值进行经济资本配置，可以运用经风险调整的收益对交易员的业绩进行评价。图 4-2 总结了 VaR 方法应用的发展。下面我们将详细介绍运用 VaR 方法进行业绩评估，以及 VaR 法如何作为金融企业经营战略决策的控制工具。

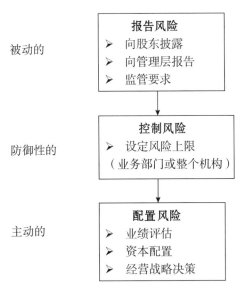

图 4-2 VaR 方法应用的发展

一、VaR 作为信息披露工具

VaR 能够实现量化分析市场风险，便于银行风险控制和外部监管。在市场风险的管理中量化风险是非常重要的一步，VaR 可以实现对市场风险的量化，可以对投资组合或机构因承担的市场风险而发生的潜在损失有一个客观的、事前的估计值，使市场风险管理决策拥有客观的依据。目前，VaR 已经发展成为披露金融市场风险的标准方法，使用者可以很方便地用它向股东准确披露风险状况。巴塞尔委员会、美联储以及欧洲国家的金融当局都把 VaR 模型作为风险测量和披露工具。它们在对被监管的银行进行风险度量时，会要求其报告有关 VaR 的数值。中国银行业 VaR 的使用也为监管部门提供强有力的依据，推动商业银行全面风险管理的进步。

事实上，风险管理披露进步是非常快的。相关报告显示[1]，美国 1993 年金融机构在年报中披露其 VaR 值的企业不过只有 4 家，到了 1998 年这个数字就上升到 66 家。当然，这与巴塞尔委员会的大力推动分不开。它宣称，在一个不断变化和日益复杂的环境中，披露风险状况可以加强监管者维护市场稳定的力量。若具备了有意义的相关信息，投资者、存款人、债权人和交易对手就可以对金融机构加以约束，要求它们更谨慎地从事衍生品交易，并且遵循其经营目标。其基本观点是，关于市场风险的信息

---

[1] 资料来源：乔瑞. 风险价值 VAR [M]. 3 版. 郑伏虎，万峰，杨瑞琪，译. 北京：中信出版社，2010.

披露是股东、债权人和金融分析师进行监督和市场约束的依据。不进行相关信息披露，市场就会怀疑公司可能状态不佳，进而可能引起经营或融资困难。

这里市场约束的表现方式之一，就是对于那些被认为存在更多风险的金融机构，市场会要求更高的投资回报，这无疑增加了此类机构的融资成本。另外，若投资者认为其所得到的关于某公司的信息不充分，他们就会减少进行该公司股票的交易，从而该公司股票的交易量会降低、交易成本会加大，其股票价格也有可能会降低。市场的优胜劣汰显然对企业提出了更高的要求，迫使金融企业持续不断地积极改进自身的风险管理。

二、VaR 作为风险控制工具

VaR 不仅仅可以作为信息披露工具，而且可以作为风险控制工具，对交易和投资运营的风险进行控制和管理。

（一）对机构的 VaR 值的调整

VaR 限额可以作为机构对"风险 – 收益"替代关系进行调整的标准。在一个日益变动的金融环境中，较好的风险管控办法就是降低风险暴露头寸。比如，图 4 – 3 是 1994 年信孚银行的资产组合的 VaR 数据情况。

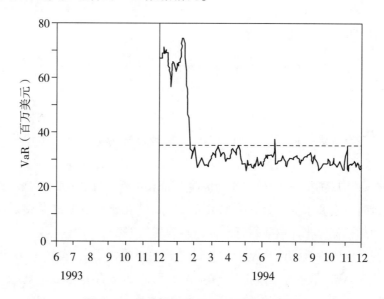

图 4 – 3　信孚银行的 VaR（1993—1994）

针对当时剧烈波动的利率，信孚银行进行了利率风险暴露头寸的大幅调整。该行 1994 年的初始 VaR 值约为 7000 万美元，到了 2 月份迅速下降到了 3000 万美元，其后，除了一些小幅波动，VaR 水平基本稳定。

信孚银行自己对如此巨大的变化作了如下解释：1994 年年初全球利率水平迅速上

升……为应对这种不利的、不稳定的市场环境,公司在 1994 年第一季度有序地收缩主要市场的业务头寸……利率风险是本年度市场风险来源中最主要的一种,日平均价格波动约为 2900 万美元。相比之下,公司在 1994 年所有市场风险日平均价格波动为 3500 万美元。

从图 4-4 中,同样可以看到同期短期利率水平及其波动性情况。随着利率水平的上升,波动性也在增加,因此,信孚银行大幅降低其利率风险暴露头寸以降低波动性增加带来的风险。可见,VaR 值可以作为降低市场风险暴露头寸的一个指标。

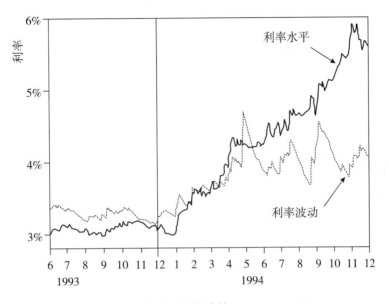

图 4-4 利率水平与波动性(1993—1994)

(二) 对业务部门的 VaR 值的限制和调整

传统的限制交易风险的手段是对名义交易量进行限制,而 VaR 方法不仅可以作为其补充,还可以作为设置头寸限额与资产配置的主要工具。具体来讲,在商业银行中管理部门可以利用 VaR 制定市场风险管理战略规划,为业务单位或交易员设置头寸限额,从而在业务部门的层面上决定如何分配有限的资本资源。商业银行可根据前期业务部门、交易员或交易产品的 VaR 占市场风险整体 VaR 的比例,在当期将经济资本自上而下逐级分解到对应的业务部门、交易员或交易产品。从而避免由于交易员过度投机而导致银行市场风险加大的现象。

VaR 方法的一大优势是它可以作为比较不同的风险投资活动的一个标准。传统的确定头寸限额的方法是名义交易价值。如一个交易员被赋予 1000 万美元在 5 年期国债上的隔夜头寸。但同样数量的头寸,倘若放在 30 年期国债或国债期货上,则风险会大得多。因此,通常名义头寸限额在不同的交易部门间比较是没有意义的。然而,由于 VaR 是用一个简单的数值来表示投资组合所面临的风险,因此商业银行不仅可以利用这个简单的数值来设置头寸限额，便于交易员或管理层对其有直观的感受和了解；而且，由于 VaR 提供了一个通用标准，可以方便地进行不同类型资产之间的比较，并据此指导头寸限额的设置。

另外，VaR 方法还充分考虑了相关性问题。根据投资组合原理，由于资产组合整体 VaR 小于其所包含的单个 VaR 之和，所以在计算经济资源分配比例时，应当对单个 VaR 进行适当的技术调整。上级部门设定的 VaR 限额可以低于下级部门 VaR 限额的和，这是由于分散化投资的效果。如图 4-5 所示，A 业务组在分散化经营下的 VaR 限额为 6000 万美元，要少于其所属 A1、A2、A3 部门的 VaR 限额之和 7500 万美元，这就是分散化的好处。

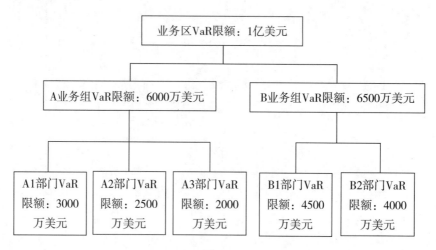

图 4-5　设定 VaR 限额

例：表 4-2 给出了一家面临外汇和固定收益市场风险的公司的总结性头寸报告，这里分别用美元、欧元和日元表示两个业务部门所具有的不同头寸。所有头寸及其风险衡量值都以美元表示。表中显示的是各部门的外汇头寸、估计 VaR 和 VaR 限额。在当前股权外汇头寸中，A 部门的外汇 VaR 在 95% 的置信水平下是 128 万美元，相应的限额为 200 万美元。B 部门有较高的外汇 VaR 为 273 万美元，其限额为 300 万美元。值得注意的是，这两个部门的总体外汇 VaR 为 194 万美元，由于分散化，所以会低于两个 VaR 之和。总体外汇 VaR 限额为 400 万美元，也反映了分散化的作用。

表 4-2　一个 VaR 的例子

单位：百万美元

项目	头寸	A 部门	B 部门	总计
外汇头寸（当前股权）	美元头寸	-150	120	-30
	欧元头寸	100	80	180
	日元头寸	50	-200	-150
VaR		**1.28**	**2.73**	**1.94**

单位：百万美元（续表）

		A 部门	B 部门	总计
限额		2.00	3.00	4.00
利率期权 （2年期期权）	美元头寸	-300	0	-300
	欧元头寸	90	150	240
	日元头寸	100	-500	-400
VaR		**0.68**	**0.67**	**0.81**
限额		2.00	3.00	4.00
总体头寸				
VaR		**1.27**	**2.74**	**2.01**
限额		3.00	4.50	5.00

在 2 年期期权的头寸中，总体利率 VaR 为 81 万美元，低于其限额 400 万美元。最后列出了这两个部门的 VaR、限额以及总投资组合的 VaR（仅为 201 万美元）。因此，表 4-2 大体上描述了头寸和风险的状况。因为它用一种简明扼要的形式概括了基本的核心信息，任何超出限额的部分很快就会被察觉。

不过，VaR 限制并不是头寸大小的唯一决定因素。如果市场波动率突然发生异常，风险经理可能会希望在强加的限制基础上有某些回旋的余地，或相应增加 VaR 的限制；否则，在困难的市场条件下变现头寸的成本是很高的。同样有用的是，风险管理者要有这样的意识，即各种不同的 VaR 模型对短暂的异常高波动率的反应可能会不同。例如，RiskMetrics 模型对风险的变化能够做出快速且永久性的反应；相反，巴塞尔模型的设计则在时间上的反馈较慢。因而，对风险限制的执行受限于风险经理们的理论背景和理解程度。譬如，瑞士银行公司（Swiss Bank Corp.，SBC）和高盛对交易风险的限制有不同的方法。SBC 施加较为严格的限制；而高盛则采用更加灵活的方法，并允许交易员就 VaR 限额进行再谈判。而后一种方法似乎更加合理一些，因为从最优风险回报权衡的意义上说，只有交易员意识到他们可能因增加风险而受到惩罚，才会提供更有效的激励。

(三) 评估交易员的业绩表现

考评交易员的经营业绩也是市场风险管理的一部分。目前，国内金融机构对在交易和头寸操作上表现突出交易员的奖励在很大程度上是基于总体回报。若以此为基础，赋予交易精英较高的奖励可能会造成扭曲，使交易员倾向于承受过量的风险。这常常被称为赋予交易员对其企业资本的"无限制的权利"。企业或资本金提供者的利益可能会被过度承接风险的人抛在一边。除非风险被合适地测量过，而且回报也根据实际有效的风险度量而进行过调整。

针对交易员的绩效评估中普遍存在的这种风险 - 收益不对称现象，VaR 被发展为用于当期的绩效考核的方法。目前国际上较为流行的是风险调整收益率的方法。该方法将包含估计事前的和事后（实际）的利润波动率增加为评估表现的另外一维测量。可以把盈亏对风险的比例（风险比）和盈亏对波动率的比例（夏普比）组合在一起，定义为交易员的效率比（所估计的风险/实际波动率），它测量了个人将所估计的风险转化为较低的实际收入波动率的能力。这样，如果交易员从事高风险的投资，即使盈利高，经过风险调整的个人业绩的评估结果也不一定会很高。将 VaR 方法运用到业绩评估中，可以比较真实地反映交易员的经营业绩，并能对其过度投机行为进行限制。

要做好绩效考核，需要测量风险的标准一致。商业银行可根据各业务部门、交易员或交易产品的实际风险状况分别计算其所占用的经济资本，然后自下而上地逐级累积。同样根据投资组合原理，累积所得的整体层面的经济资本应小于各单个经济资本的简单加总。理想的风险承受量应该在三个相互关联的测量基础之上，即收入、收入的波动率和风险，如图 4-6 所示。

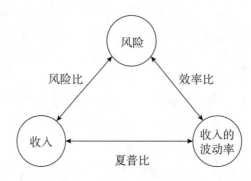

图 4-6 业绩评估三角形

资料来源：王勇，关晶奇，隋鹏达. 金融风险管理 [M]. 北京：机械工业出版社，2020.

第三节 市场风险的资本配置

20 世纪 90 年代以后，金融创新不断涌现，衍生金融工具及其交易迅速发展，金融机构越来越深地介入这些衍生交易中，因而金融市场的波动对金融机构的影响越来越显著，导致金融机构面临着大量的市场风险。为了控制市场风险，金融机构除了采用限额管理和风险对冲策略，还可以通过合理配置经济资本来降低市场风险敞口。

为了更好地反映金融机构市场风险资本配置的真实情况，早在 1993 年，巴塞尔委员会就建议金融机构应针对市场风险持有风险资本金，将市场风险纳入资本充足率的计算中。随着市场风险的管理技术，特别是 VaR 度量技术在国际金融风险管理领域日趋成熟，大多数国家与地区的商业银行已经具备了较完善的市场风险管理体系，导致《巴塞尔协议Ⅱ》未特别强调市场风险。在市场风险资本充足率标准确定上，《巴塞尔协议Ⅱ》沿袭并从银行信息披露的角度进一步完善了补充协议所提出的两种计量市场风险的方法：一是委员会建议的标准法；二是对交易资产组合采用以 VaR 为基础的内部模型法。中国银保监会颁布的《市场风险标准法计量规则》，就是以《巴塞尔协议Ⅱ》的标准法为基础，规定商业银行为其所承担的市场风险提取充足的资本。

本节我们首先尽可能详细地介绍用于测算市场风险资本金要求的标准化模型；其次简要阐述内部模型法的相关资本计量和要求，并进一步介绍内部模型的返回检验和压力测试；最后给出对标准法和内部模型法的比较分析。

一、市场风险的度量及资本配置

标准法在本质上是一种"分块法"（Building Block），如图 4-7 所示，即根据银行所面临的利率风险、股票价格风险、外汇风险和商品风险分别计算其风险资本要求，再汇总得出一般市场风险资本要求。其中，有关风险分为两个部分：针对每一种证券的特定风险（Specific Risk，不管是多头或是空头）以及针对整个资产组合的一般市场风险（General Risk，组合中符合条件的多头和空头可以相互抵消）。

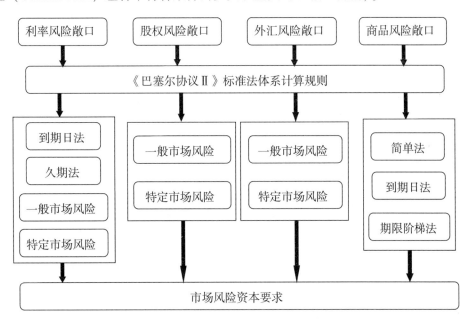

图 4-7 《巴塞尔协议Ⅱ》市场风险标准法体系

根据标准法，银行需要首先识别风险敞口。补充协议针对不同的风险类型发布了一系列的风险权重系数，根据风险敞口与风险权重的乘积即可计算资本要求，每种类型的计算规则不尽相同，主要内容如表 4-3 所示。

表 4-3 《巴塞尔协议Ⅱ》市场风险标准法体系相关内容

风险类型	内容
一般市场风险与特定市场风险	一般市场风险指市场利率变动导致整体资产组合价格发生变动的风险（组合中不同金融工具的多头和空头头寸可相互抵消）。计算一般市场风险可用到期日法和久期法。在久期法下，风险权重根据不同的久期区间进行设置，风险敏感性更为准确。 特定市场风险（不管多头还是空头，两者的抵消仅限定在同一证券发行者内）指由发行人因素导致的某特定债券价格发生变动的风险。协议按照发行人和剩余期限将债券头寸分为五类，按照不同权重计算资本要求
外汇风险	外汇风险资产包括所有外国货币和黄金，不包括那些结构化的头寸。 计算外汇风险资本要求分为两个步骤：一是计算每个币种的风险敞口；二是计算银行持有不同币种多头或空头组合的内在风险。 资本要求是将所有货币的净敞口多头和净敞口空头中的较大者乘以规定比率8%，再加上黄金净敞口头寸的8%和外汇期权的 γ（Gamma）风险以及 ν（Vega）风险的资本要求
股权风险	股权风险资产包括股票、类股票型可转换证券及买卖股权的协议等。 资本要求分为一般市场风险资本要求和特定市场风险资本要求两部分，其中，一般市场风险资本要求比率为8%。一般情况下，特定市场风险的资本要求为风险敞口的8%（在确认资本组合具有良好流动性和分散化的情况下，资本比率可降至4%）。不同国家的股权风险资本要求直接相加，不允许使用分散化原则
商品风险	商品风险指因持有商品头寸而产生的风险，商品包括贵金属，但不包括黄金。商品风险可细分为以下几类风险： (1) 直接风险，指因持有现货头寸的现货价格变动产生的风险； (2) 基础风险，指因相似商品间的价格对比关系随时间推移产生变动的风险； (3) 利率风险，指远期头寸或期权的持有成本发生变动的风险； (4) 远期价差风险，指远期价格因非利率因素发生变动的风险。 《巴塞尔协议》规定了三种计算商品风险的方法：期限阶梯法、到期日法和简单法

资料来源：根据巴塞尔委员会相关文件整理获得。

（一）利率风险度量及资本配置

由于利率的不利变动可能引起资产价值下降，而进行利率风险测算的资产包括所有的固定利率和浮动利率债券、零息债券、利率衍生证券①、不可转换优先股，以及一些复合金融产品，如可转换债券等，这使得利率风险难以量化。因此，在《巴塞尔协

---

① 简单的利率衍生证券，如利率远期协议和利率期货、利率互换等，可被视为一些债券多头和空头的组合；而利率期权则还需另作测算，详见第三章第四节。

议Ⅱ》中不再对利率风险的资本金提取作统一的规范和要求，但是监管当局应当根据不同地区的利率风险的状况实行相应的监管举措，即将利率风险纳入第二支柱（外部监管）的范围。

2001年，国际清算银行提出了关于测算利率风险对资本金要求的标准法框架，这个框架类似于1993年的测算方法。将利率风险的风险资本要求分为两部分分别测算：一部分涉及资产的特定风险——针对每种资产的净持有头寸进行计算；另一部分涉及资产的一般市场风险——不同的证券或衍生产品的多头和空头可进行部分冲抵。

1. 特定风险的测算

特定风险的资本充足性要求，是用来防范由于个别证券发行者的信用质量变化引发价格波动所造成的损失。因此，多头、空头头寸的冲抵被限定在相同的证券发行者之内；同时，即使对于相同的发行者，如果到期日、息票率等方面存在不同，也不允许进行冲抵，因为发行者信用的变化会对这些证券的市场价格产生不同的影响。

不同风险资产的权重因子是针对资产净头寸的市场价格，而不是账面价格。对不同风险资产头寸的特定风险资本充足率要求如表4-4所示。

表4-4 不同风险资本的资本充足率

风险资产类别	发行主体外部评级	特定市场风险资本计提比率
政府证券	AA-以上（含AA-）	0
	A+至BBB-（含BBB-）	0.25%（剩余期限不超过6个月）
		1.00%（剩余期限为6至24个月）
		1.60%（剩余期限为24个月以上）
	BB+至B-（含B-）	8.00%
	B-以下	12.00%
	未评级	8.00%
合格证券	BB⁺以上（不含BB⁺）	0.25%（剩余期限不超过6个月）
		1.00%（剩余期限为6至24个月）
		1.60%（剩余期限为24个月以上）
其他	外部评级为以下（含BB⁺）的证券以及未评级证券的资本计提比率为证券主体所适用的信用风险权重除以12.5	

资料来源：中国银行业监督管理委员会令（2012年第1号），附件10：市场风险标准法计量规则。

其中：1. 政府证券包含各国政府和中央银行发行的各类债券和短期融资工具。中国政府、中国人民银行及政策性银行发行的债券的资本计提比率均为0。

2. 合格证券包括：(1)多边开发银行、国际清算银行和国际货币基金组织发行的债券。(2)中国公共部门实体和商业银行发行的债券。(3)被至少两家合格外部评级机构评为投资级别（BB+以上）的发行主体发行的债券。

2. 一般市场风险的测算

一般市场风险的资本充足性要求是针对市场利率波动所造成的损失。对其测算可选用两种方法：到期日法和久期法。

到期日法是将所有表内资产和表外资产的净头寸分为不同的到期日时段，再进行测算。总的资本充足性要求就是对各项资本充足性要求求和。这种方法在相同时间段内或时间段之间进行头寸冲销时，假设这些资产的价格具有完全的相关性。到期日法具体计算步骤如下。

（1）各时段的头寸乘以相应的风险权重计算各时段的加权头寸，相关时段和权重的划分如表4-5所示。

表4-5 时段和权重

票面利率不小于3%	票面利率小于3%	风险权重	假定收益率变化
不长于1个月	不长于1个月	0.00%	1.00
1—3个月	1—3个月	0.20%	1.00
3—6个月	3—6个月	0.40%	1.00
6—12个月	6—12个月	0.70%	1.00
1—2年	1.0—1.9年	1.25%	0.90
2—3年	1.9—2.8年	1.75%	0.80
3—4年	2.8—3.6年	2.25%	0.75
4—5年	3.6—4.3年	2.75%	0.75
5—7年	4.3—5.7年	3.25%	0.70
7—10年	5.7—7.3年	3.75%	0.65
10—15年	7.3—9.3年	4.50%	0.60
15—20年	9.3—10.6年	5.25%	0.60
20年以上	10.6—12年	6.00%	0.60
	12—20年	8.00%	0.60
	20年以上	12.50%	0.60

注：数据存在进位误差。
资料来源：中国银行业监督管理委员会令（2012年第1号），附件10：市场风险标准法计量规则。

（2）各时段的加权多头、空头头寸可相互对冲的部分乘以10%得出垂直资本要求。

（3）各时段的加权多头头寸和加权空头头寸进行抵消得出各个时段的加权头寸净额；将在各时区内各时段的加权头寸净额之间的可相互对冲的部分乘以表4-6所列的同一区内的权重得出各个时区内的横向资本要求，相关时区和权重的划分如表4-6所示。

（4）各时区内各时段的加权头寸净额进行抵消，得出各时区加权头寸净额；每两个时区加权头寸净额之间可相互对冲的部分乘以表4-6所列的相邻区内以及1区和3区之间的权重得出时区间的横向资本要求。

（5）各时区加权头寸净额进行抵消，得出整个交易账户的加权净多头或净空头头寸所对应的资本要求。

表 4-6 时区和权重

时区	时段	同一区内	相邻区之间	1区和3区之间
1区	0—1 个月	40%	40%	100%
	1—3 个月			
	3—6 个月			
	6—12 个月			
2区	1—2 年	30%		
	2—3 年			
	3—4 年			
3区	4—5 年	30%		
	5—7 年			
	7—10 年			
	10—15 年			
	15—20 年			
	20 年以上			

资料来源：中国银行业监督管理委员会令（2012 年第 1 号），附件 10：市场风险标准法计量规则。

久期法是到期日法的一个更为准确的变形，久期的基本测算过程详见第三章。需要注意的是，只有经过银保监会的核准，商业银行才可以使用久期法计量一般市场风险资本要求。一旦选择使用久期法，应持续使用该方法，如变更方法需经银保监会认可。久期法具体计算步骤如下。

（1）如表 4-7 所示，在久期法计算表中找出每笔头寸期限对应的收益率变化，逐笔计算该收益率变化下的价格敏感性。

（2）将价格敏感性对应到表 4-7 的对应 15 级久期时段中。

（3）每个时段中的多头和空头头寸分别计提 5% 的垂直资本要求，以覆盖基差风险。

（4）按照到期日法的要求，计算横向资本要求。

（5）按照到期日法的规定，将各区加权头寸净额进行抵消，得出整个交易账户的加权净多头或净空头所对应的资本要求。

表 4-7 久期法计算

1区	假定收益率变化	3区	假定收益率变化
0—1 月	1.00	3.6—4.3 年	0.75

(续表)

	假定收益率变化		假定收益率变化
1—3 月	1.00	4.3—5.7 年	0.70
3—6 月	1.00	5.7—7.3 年	0.65
6—12 月	1.00	7.3—9.3 年	0.60
		9.3—10.6 年	0.60
2 区		10.6—12 年	0.60
1—1.9 年	0.90	12—20 年	0.60
1.9—2.8 年	0.80	20 年以上	0.60
2.8—3.6 年	0.75		

资料来源：中国银行业监督管理委员会令（2012年第1号），附件10：市场风险标准法计量规则。

固定收益证券的市场风险——以标准法为例。我们通过一个由国际清算银行提供的案例，详细阐述在标准模型下如何计算固定收益证券的一般市场风险。表4—8列示了某家金融机构交易性账户中所持有的债券种类和数量。该金融机构持有的多头或空头的债券，见第（3）列；期限从1个月到20年不等，见第（1）列。多头的数值为正，而空头的数值为负，在表中以括号来表示负号。要计算这一交易性资产组合的风险，国际清算银行使用了两种资本费用：特定风险费用，见第（4）列和第（5）列；和一般市场风险费用，见第（6）列和第（7）列。

表4—8 金融机构持有的债券量及风险费用

债券期限	发行者	头寸（美元）	特定风险		一般市场风险	
			权数（%）	费用（美元）	权数（%）	费用（美元）
（1）	（2）	（3）	（4）	（5）	（6）	（7）
0—1 月	财政部	5000	0.00	0.00	0.00	0.00
1—3 月	财政部	5000	0.00	0.00	0.20	10.00
3—6 月	有资质公司	4000	0.25	10.00	0.40	16.00
6—12 月	有资质公司	(7500)	1.00	75.00	0.70	(52.50)
1—2 年	财政部	(2500)	0.00	0.00	1.25	(31.25)
2—3 年	财政部	2500	0.00	0.00	1.75	43.75
3—4 年	财政部	2500	0.00	0.00	2.25	56.25
3—4 年	有资质公司	(2000)	1.60	32.00	2.25	(45.00)
4—5 年	财政部	1500	0.00	0.00	2.75	41.25
5—7 年	有资质公司	(1000)	1.60	165.00	3.25	(32.50)
7—10 年	财政部	(1500)	0.00	0.00	3.75	(56.25)
10—15 年	财政部	(1500)	0.00	0.00	4.50	(67.50)

(续表)

债券期限	发行者	头寸（美元）	特定风险		一般市场风险	
			权数（%）	费用（美元）	权数（%）	费用（美元）
(1)	(2)	(3)	(4)	(5)	(6)	(7)
10—15年	无资质公司	1000	8.00	80.00	5.50	45.00
15—20年	财政部	1500	0.00	0.00	5.25	78.75
20年	有资质公司	1000	1.60	16.00	6.00	60.00
特定风险合计				229.00		
一般市场风险合计						66.00

注：数据存在进位误差。

资料来源：邹宏元. 金融风险管理 [M]. 3版. 成都：西南财经大学出版社，2010.

1. 特定风险费用的测算

特定风险费用是测度在金融机构持有证券的时间内，证券流动性或信用风险质量下降所带来的风险。如表4-8中第（4）列，财政部发行的证券被赋予了零风险权重，而垃圾债券（在本例中为10—15年期的无资质公司发行的公司债券）被赋予的风险权重为8%。另外，对于有资质的高信用级别公司所发行的公司债，国际清算银行和中国银保监会根据债券期限的不同分别赋予其不同的风险权重，如表4-4所示（在本例中3—6月的风险权重为0.25%，24个月以上的风险权重为1.6%）。我们用表4-8中第（3）列头寸的绝对值乘以第（4）列的特定风险权重（该风险权重由国际清算银行提供），就可以得到第（5）列的每一个头寸所对应的特定风险资本要求或费用。把第（5）列的数据加总，即将所有债券个体的特定风险费用的加总，就可以得到特定风险费合计为229.00美元。

2. 一般市场风险费用

一般市场风险费用反映的是每类期限的债券的市场风险。根据我们前面所介绍的内容，表4-8第（6）列的风险权重实际上反映了每类期限的债券的修正久期与预期的利率变动的乘积，即 $-MD \times dR$。该权重数值的范围在期限为0—1月国库券的0至期限大于20年的优质公司债的6.00%之间，用第（3）列头寸的正或负的价值分别乘以其对应的第（6）列的权重数值，就得到单一债券的一般市场风险费用，即该头寸的市场风险。现在将第（7）列数据加总，经多头和空头间的正负抵消后，最后获得固定收益证券组合的一般市场风险费用，即66.00美元。

3. 对基差风险的处理[①]

（1）垂直补偿。标准法模型认为，如果持有证券的多头和空头在期限上是一致的，

---

① 需要特别指出的是，所谓补偿均是指对风险价值的补偿，即我们进行的补偿是针对表4-8中的第（7）列。因此，从现在开始，我们所提及的多头和空头均为市场价值风险的多空头，即表4-8的第（7）列。

但是债券的种类不一致（在本例中有财政部发行的证券，也有优质公司所发行的公司债，还有无资质公司发行的垃圾债券），由于基差风险的存在，那么多头和空头间并不能完全抵消。例如，一家银行持有3—4年的国库券的多头100万美元，同时持有3—4年的垃圾债券空头100万元，那么我们不能将3—4年期的债券的头寸完全对冲为0。在表4-8的例子中，金融机构有10—15年期的国库券的空头为1500美元，其市场风险费用为67.50美元；同时，它持有10—15年期的垃圾债券多头为1000美元，其市场风险费用为45美元。同样道理，由于基差风险的存在，两种证券的收益率的变化不完全同步，因此我们不能认为垃圾债券45美元的多头能够完全对冲同期限国库券的等值的风险价值（45美元）。最后，金融机构持有3—4年期的国库券2500美元的多头（一般市场风险费用为56.25美元）和2000美元3—4年期的优质的公司债券（一般市场风险费用为45美元）的空头也无法完全对冲。基于此类考虑，国际清算银行要求对基差风险给予更多的资本费用，我们将这个资本费用称为垂直补偿或无效因子。目前该因子被确定为10%。

表4-9给出如何计算垂直补偿。表4-9的第（1）列列示了债券的期限，那么在我们的例子中只有3—4年期的债券和10—15年期的债券出现需要进行垂直补偿考虑的情况。表4-9的第（2）列和第（3）列分别列示了上述两种期限的债券的多头或空头的一般市场风险费用的数据。这一数据来源于表4-8中的第（7）列。表4-9的第（4）列是第（2）列减第（3）列数据绝对值的差，我们称之为剩余；第（5）列我们称之为补偿，它描述的是每一类期限的债券中相对较小的风险费用。在该例中，3—4年期的债券中空头的风险费用为45美元，多头的风险费用为56.25美元，所以空头是用于补偿多头的部分；类似地，10—15年起的债券中多头的风险费用为45美元小于空头的67.50美元，因此，多头是用于补偿空头的。如第（6）列所示，国际清算银行认为公司债券的45美元的风险价值头寸中只有90%能够用于对冲国库券的相应的45美元的风险价值，即无效因子为10%。也就是说，需要为基差风险收取额外的资本费用：45×10%=4.5美元。两项加总后垂直补偿的总费用就为9美元。换句话说，银行需要为该类基差风险提取额外的资本金9美元。

表4-9 计算资本费用

金额单位：美元

债券期限	多头	空头	剩余	补偿	无效因子	费用
（1）	（2）	（3）	（4）	（5）	（6）	（7）
1. 特定风险						229.00
2. 同样期限债券的垂直补偿						
3—4年	56.25	(45.00)	11.25	45.00	10.00%	4.50
10—15年	45.00	(67.50)	(22.50)	45.00	10.00%	4.50

金额单位：美元（续表）

债券期限 (1)	多头 (2)	空头 (3)	剩余 (4)	补偿 (5)	无效因子 (6)	费用 (7)
3. 相同期限段内的水平补偿						
期限段 1						
0—1 月	0					
1—3 月	10.00					
3—6 月	16.00					
6—12 月		(52.50)				
期限段 1 合计	26.00	(52.50)	(26.50)	26.00	40.00%	10.40
期限段 2						
1—2 年		(31.25)				
2—3 年	43.75					
3—4 年	11.25					
期限段 2 合计	55.00	(31.25)	23.75	31.25	30.00%	9.38
期限段 3						
4—5 年	41.25					
5—7 年		(31.50)				
7—10 年		(56.25)				
10—15 年		(22.50)				
15—20 年	78.75					
>20 年	60.00					
期限段 3 合计	180.00	(111.25)	68.75	111.25	30.00%	33.38
						53.16
4. 不同期限段间的水平补偿						
期限段 1 和期限段 2	(26.50)	23.75	(2.75)	23.75	40.00%	9.50
期限段 1 和期限段 3	(2.75)	68.75	66.00	2.75	150.00%	4.12
						13.62
5. 资本费用合计						
特定风险合计				229.00		
垂直无效费用				9.00		
水平无效费用						
期限段内的补偿				53.16		
期限段间的补偿				13.62		
一般市场风险合计				66.00		
合计				370.78		

资料来源：根据邹宏元. 金融风险管理 [M]. 3 版. 成都：西南财经大学出版社, 2010；Saunders A, Cornett M M. Financial Institutions Management: A Risk Management Approach [M]. 7th ed. New York: McGraw-Hill, 2011.

（2）期限段内的水平补偿。标准法根据债券的期限，将交易性债券组合分为3个不同的期限段。期限段1表示1—12月的债券，期限段2表示1—4年的债券，期限段3为4年以上的债券。同样由于基差风险的存在，在同一期限段内不同期限的多头和空头也无法实现完全的对冲。这就导致我们在期限段内进行水平补偿，并对不同的期限段设置不同的无效因子（期限段1的无效因子为40%，期限段2和期限段3的无效因子为30%）。在表4-9中的第3部分描述了期限段内的水平补偿方法。如表4-9所示，期限段1的多头共计为26美元，空头为52.50美元，而这里的多头或空头是指针对债券持有多头或空头的一般市场风险费用，其数据来源于表4-8的第（7）列。这里26美元是多头和空头中较小的数字，它是我们所指的补偿价值，要为它设定一个无效因子，即40%。这意味着多头的26美元中仅有60%可以用于对冲空头相应的价值。为此，监管机构要求银行对无效的部分提取额外的资本，即26×40% = 10.40美元。同理，在期限段2中，空头的31.25美元是多头和空头其中较小的数字，即它为补偿价值，因此监管机构对空头的31.25美元设置了30%的无效因子，意味着空头的31.25美元中仅有70%可以对冲多头55.00美元中相应的价值。同样监管机构就要求银行对无效的部分提取额外的资本，即31.25×30% = 9.38美元。重复刚才的过程，期限段3的补偿余额为111.25美元，银行需要按照监管要求提取额外的资本111.25×30% = 33.38美元。这样期限内的水平补偿总费用就为10.40 + 9.38 + 33.38 = 53.16美元。换句话说，银行需要按照监管要求提取额外的资本金为53.16美元。

（3）期限段间的水平补偿。由于短期债券的利率和长期债券的利率变化是不完全一致的，因此每一个期限段最后剩余的多头或空头只能部分对冲另一个期限段剩余的空头或多头。这就涉及期限段之间的水平补偿。在本例中，期限段1风险价值剩余26.50美元的空头，见表4-9中第（4）列，而期限段2和期限段3分别剩余23.75美元和68.75美元的多头，这就意味着期限段1中的空头能与期限段2和期限段3中的多头部分对冲，如表4-9的第4部分所示。与上面的方法一致，多头和空头中较小的那个数值是补偿价值，因此在考察对期限段1和期限段2时，期限段2中23.75美元的多头是补偿价值。这里我们需要定义**临近期限段**和**非临近期限段**。所谓临近期限段就是指两个期限段是相邻的，这里期限段1和期限段2、期限段2和期限段3互为临近期限段，而期限段1和期限段3互为非临近期限段。国际清算银行给临近期限段赋予的无效因子为40%，而非临近期限段的无效因子为150%。回到本例中，当考察期限段1和期限段2时，23.75美元为补偿价值，由于监管机构给临近期限段赋予的无效因子为40%，那么银行只需要按照要求提取额外的23.75×40% = 9.50美元的资本金。当考察完上述的临近期限段的情况后我们发现，期限段1的26.50美元的空头对冲了期限段2的多头23.75美元后，还剩下2.75美元，可以用它继续与期限段3中的多头进行对冲。同理，此时的补偿价值就应该是2.75美元（因为2.75比68.75小得多），再与监管机构所赋予的无效因子150%相乘，就得到了期限段1和期限段3之间的水平补偿费用为4.12美元。因此，总的期限段间的水平补偿费用就为9.50 + 4.12 = 13.62美元。

4. 计算最低的资本金要求

由表 4-8 可以得到两个数据：特定风险费用为 229.00 美元，一般市场风险费用为 66.00 美元。通过表 4-9 我们可以得到垂直补偿费用为 9.00 美元，期限段内的水平无效费用为 53.16 美元，期限段间的水平补偿费用为 13.62 美元，这就是说由于基差风险的存在，就需要额外的资本金共计 9.00 + 53.16 + 13.62 = 75.78 美元。那么该银行交易性固定收益证券的总资本费用就为 229.00 + 66.00 + 75.78 = 370.78 美元。换句话说，在国际清算银行的标准框架下，该银行需要为其交易性的固定收益证券头寸配置 370.78 美元的资本金，这也是国际清算银行对该银行固定收益证券市场风险的最低资本金要求。

(二) 外汇风险度量及资本配置

汇率风险管理目标是确保汇率变动对商业银行财务状况和股东权益的影响控制在可承受的范围之内。

在介绍外汇风险度量之前，先简要介绍一下外汇敞口分析。外汇敞口分析是银行业较早采用的汇率风险计量方法，具有计算简便、清晰易懂的优点。这种方法和利率缺口分析的思路相一致，是衡量汇率变动对银行当期收益的影响的一种方法。外汇敞口主要来自银行表内外业务中的货币错配。当在某一时段内，银行某一币种的多头头寸与空头头寸不一致时，所产生的差额就形成了外汇敞口。在存在外汇敞口的情况下，汇率变动可能会给银行的当期收益或经济价值带来损失，从而形成汇率风险。在进行敞口分析时，银行应当分析单一币种的外汇敞口，以及各币种敞口折成报告货币并加总轧差后形成的外汇总敞口。对单一币种的外汇敞口，银行应当分析即期外汇敞口、远期外汇敞口和即期、远期加总轧差后的外汇敞口。银行还应当对交易业务和非交易业务形成的外汇敞口加以区分。在管理因存在外汇敞口而产生的汇率风险时，银行通常采用套期保值和限额管理等方式进行控制。外汇敞口限额包括对单一币种的外汇敞口限额和外汇总敞口限额。表 4-10 显示了 2020 年工商银行的外汇风险敞口。工商银行主要通过采取限额管理和风险对冲手段规避汇率风险，并且按季度进行汇率风险敏感性分析和压力测试，高级管理层和市场风险管理委员会按季度审阅汇率风险报告。

表 4-10　工商银行外汇风险敞口

单位：(人民币、美元) 百万元

项目	2020 年 12 月 31 日		2019 年 12 月 31 日	
	人民币	等值美元	人民币	等值美元
表内外汇敞口净额	402,774	61,593	372,187	53,453
表外外汇敞口净额	(198,474)	(30,351)	(176,923)	(25,410)
外汇敞口净额合计	204,300	31,242	195,264	28,043

资料来源：中国工商银行 2020 年年报。

需要注意的是，外汇敞口分析也存在一定的局限性，主要是忽略了各币种汇率变动的相关性,难以揭示由于各币种汇率变动的相关性所带来的汇率风险。

在标准法下,由于外汇风险资产只包括外币和黄金,不包括那些结构化头寸,因此,对外汇风险资本充足性要求的测算分为两步。第一步,对每种外汇的风险头寸进行测量,包括测度净即期头寸、净远期头寸、期权价格等受价格波动所产生的利息和费用,以及全部对冲后的其他未来的收入和支出。第二步,将所有货币的净敞口多头和净敞口空头中的较大者乘以8%,再加上黄金净敞口头寸的8%和外汇期权风险的资本要求。这种方法假定外汇风险敞口会因持有空头和多头头寸,得到部分而非全部风险冲销。

例:假设一家银行想拥有日元、欧元、英镑、加元及新加坡元的头寸,分别用货币兑美元的即期汇率进行换算后,这家银行有与50万美元等值的日元多头、与100万美元等值的欧元多头和与150万美元等值的英镑多头,同时它还有与20万美元等值的加元空头和与180万美元等值的新加坡元空头。那么这家银行外币的多头合计为300万美元,而空头合计为200万美元。在对资本充足率的计算中,要求金融机构对外汇头寸配置的资本金为空头和多头中绝对值相对较大的数值的8%。因此,在本例中,银行需要按要求配置的资本金为300×8% =24万美元。在这一计算方法中考虑到了不同外币间多头和空头的部分对冲问题。

在市场风险的内部VaR模型中,外汇风险的度量模型为

$$日风险收益(DVaR) = 头寸的本币价值(W) \times 价格的不利波动(\alpha\sigma)$$

例:假设某金融机构在2020年12月31日结算时有100万美元头寸,经营者想知道该头寸的日风险收益,即下一个交易日市场条件的不利变化给该机构可能带来的损失。经营者更倾向于用本币衡量。

首先我们要计算该头寸的本币市场价值,2021年1月1日美元兑人民币的即期汇为6.5267,即1美元兑换6.5267元人民币,那么该机构持有的本币市场价值为652.67万元人民币。

截取2020年人民币/美元的日汇率价格变化相关数据,参照第二章波动率的估计方法,分别采用10天移动平均法和EWMA计算波动率,获得即期汇率的标准差(波动率,σ)为11.31个基点和17.40个基点。① 我们按照EWMA计算结果求解。该金融机构管理者仅关心不利变化,不利变化的概率不超过5%。从统计学的角度来看,如果汇率的变化在历史上呈正态分布,那么汇率向不利方向变化的程度为1.645,于是

$$\sigma = 1.645 \times 17.40 \times 0.0001 = 0.2862\%$$

换句话说,在2020年5%的时间内,人民币价值至少下降28.62个基点,这样就有

$$DVaR_{HKD} = 头寸的本币市场价值 \times 价格波动 = 652.67 \times 10,000 \times 0.002862 = 18,679(元)$$

---

① 移动平均法往往会低估收益率的波动率。

因此，需要配置 18,679 元的经济资本。

(三) 股权风险度量及资本配置

当金融机构持有股票时，它将面临公司个体的非系统性风险 σ_i^2 和市场的系统性风险 σ_m^2。因此，股票的市场风险 $\sigma^2 = \beta_i^2 \sigma_m^2 + \sigma_i^2$。

在标准法中，对于非系统性风险，巴塞尔委员会要求银行对给定股票的多头或空头，针对该股票的总头寸（称为 x 因子）按照 4% 配置资本金。而对于系统性风险，巴塞尔委员会则要求对给定股票净头寸的 8% 配置资本金，作为系统性风险的资本费用。如果假设银行持有某种股票的多头 200 万美元，同时还有该股票的空头 50 万美元，那么按照国际清算银行的模型，股票的资本费用的计算就应当分为 2 个部分。

首先，我们需要计算针对非系统性风险的资本费用，它应当等于该股票的总头寸乘以 4%，即

$$(2,000,000 + 500,000) \times 4\% = 100,000 \text{（美元）}$$

其次，我们要计算针对系统性风险的资本费用，它应当等于该股票的净头寸乘以 8%，即

$$(2,000,000 - 500,000) \times 8\% = 120,000 \text{（美元）}$$

最后，针对该股票，银行应当提取 100,000 + 120,000 = 220,000 美元的资本金。对 VaR 模型以及股票市场风险度量更为详细的介绍，请参阅第二章。

(四) 商品风险度量

商品包括石油、天然气、电器和农产品等能在有组织的市场中进行交易的有形产品（不包括黄金）。由于商品市场流动性差，价格受季节的供需影响比较大，并且商品的存储者在商品价格的决定方面起着关键作用，因此，相当于其他金融市场风险，商品风险的测量比较困难。商品风险可细分为如下四类风险。

(1) 直接风险，指因持有现货头寸的现货价格变动产生的风险；
(2) 基础风险，指因相似商品间的价格对比关系随时间推移产生变动的风险；
(3) 利率风险，指远期头寸或期权的持有成本发生变动的风险；
(4) 远期价差风险，指远期价格因非利率因素发生变动的风险。

《巴塞尔协议》规定了三种计算商品价格风险资本充足性要求的标准化模型：期限阶梯法、到期日法和简单法。基于篇幅所限，无法展开一一详述。更详细的介绍，读者可参阅巴塞尔委员会网站（www.bis.org）的相关文件。

(五) 资产组合的市场风险度量及资本配置

让我们通过一个涉及五项全球资产组合的案例，详细总结如何应用 VaR 参数估计

方法度量资产组合的市场风险，进而测算出所需配置的资本。

例：基于参数估计法计算海外股票市场投资组合的 VaR。

假设某一基于美元标价的美国投资者持有价值 100 万美元的伊斯坦布尔证券交易所国民 100 指数（也称为 ISE100，彭博代码 XU100）资产，计算 2006 年 11 月 10 日该投资组合在 99% 置信区间下的 VaR。这里，我们可以采用指数加权移动平均计算波动率，并估计相关性。用 S_1 表采用当地货币标示的 XU100 价格，δ_2 表示土耳其里拉（TRL）兑换美元的汇率；在 t 时刻，指数的美元价值是 $S_{1t}\delta_{2t}$。

该投资组合的美元价值可以表示为

$$W_t = 1,000,000 = xf(S_t) = xS_{1t}\delta_{2t}$$

如前所述，设置投资组合的价值为 100 万美元，那么每单位 XU100 的数值是

$$x = \frac{1,000,000}{S_{1t}\delta_{2t}} = 3.65658 \times 10^7$$

2006 年 11 月 10 日的市场数据如下表所示。

n	资产	S_{nt}	δ_{nt}	$d_{nt}=xS_{nt}\delta_{nt}$	σ_n（%）
1	XU100 多头寸	39,627.18	6.9013×10^{-7}	1,000,000	20.18
2	TRL 多头寸	6.9013×10^{-7}	39,627.18	1,000,000	12.36

表中显示了德尔塔 δ_{nt}、头寸价值 d_{nt} 以及指数加权移动平均的年波动率 σ_n。注意，S_{nt} 和 δ_{nt} 等于 100 万美元投资组合的价值。

该指数加权移动平均回报相关系数为 0.507，用矩阵表示是

$$\Sigma = \begin{bmatrix} \sigma_1 & 0 \\ 0 & \sigma_2 \end{bmatrix} \begin{bmatrix} 1 & \rho_{12} \\ \rho_{12} & 1 \end{bmatrix} \begin{bmatrix} \sigma_1 & 0 \\ 0 & \sigma_2 \end{bmatrix}$$

$$= \begin{bmatrix} 0.2018 & 0 \\ 0 & 0.1236 \end{bmatrix} \begin{bmatrix} 1 & 0.5066 \\ 0.5066 & 1 \end{bmatrix} \begin{bmatrix} 0.2018 & 0 \\ 0 & 0.1236 \end{bmatrix}$$

$$= \begin{bmatrix} 0.04074 & 0.012633 \\ 0.01263 & 0.015269 \end{bmatrix}$$

$$d_t = 1,000,000 \times \begin{bmatrix} 1 \\ 1 \end{bmatrix}$$

计算出的 VaR 大约是标的资产的 4.2%

$$\text{VaR}_t(x) = -\alpha\sqrt{\tau}\sqrt{d'_t \Sigma d_t}$$

$$= 2.33 \times \sqrt{\frac{1}{252}} \times 10^6 \times \sqrt{\begin{bmatrix} 1 \\ 1 \end{bmatrix}' \begin{bmatrix} 0.04074 & 0.01263 \\ 0.01263 & 0.01527 \end{bmatrix} \begin{bmatrix} 1 \\ 1 \end{bmatrix}}$$

= 41,779 美元

更进一步,让我们计算五项价值 100 万美元资产投资组合的 VaR,相关股票资产和所映射的风险因子列在表 4-11 中,我们已经遇到两只股票和三类风险因子的情况。

表 4-11 资产组合及其风险因子构成

n	资产	$f(S_t)$	证券描述
1	买进欧元	S_{1t}	欧元 vs 美元多头
2	卖出日元	S_{2t}	日元 vs 美元空头
3	卖出 SPX	S_{3t}	S&P500 指数期货空头,映射 SPX 指数
4	买进 GT10	$P(S_{4t}) = 1.0000$	久期为 7.8 年美国 10 年期财政票据多头,映射久期
5	买进 ISE100	$S_{5t}S_{6t}$	伊斯坦布尔交易所国民 100 指数期货多头,没有套汇,映射 XU100 指数

价格	指标	即期价格	风险因素
S_{1t}	欧元现汇	1.2863	欧元/美元现汇价格
S_{2t}	日元/美元现汇	0.008517	日元/美元现汇价格
S_{3t}	S&P 500 指数	1376.91	S&P 500 指数收盘价格
S_{4t}	国债收益	0.0458	美国 10 年期财政票据收益率曲线
S_{5t}	XU100 指数	39,627.2	伊斯坦布尔股票交易所国民 100 指数收盘价格
S_{6t}	土耳其里拉	6.90132×10^{-7}	土耳其里拉/美元现汇价格

投资组合以美元为标的,因此,风险按照美元计价,每项资产市值 100 万美元,风险因子通过彭博代号进行标识,每项证券的单位份额为

$$x = \frac{1,000,000}{f(S_t)} = \begin{bmatrix} 777,424 \\ -117,410,029 \\ -726 \\ 1,000,000 \\ 36,565,786 \end{bmatrix}$$

德尔塔矩阵为

$$\Delta_t = \begin{bmatrix} 1 & 0 & 0 & 0 & 0 \\ 0 & 1 & 0 & 0 & 0 \\ 0 & 0 & 1 & 0 & 0 \\ 0 & 0 & 0 & -7.8 & 0 \\ 0 & 0 & 0 & 0 & 6.90132 \times 10^{-7} \\ 0 & 0 & 0 & 0 & 39,627.2 \end{bmatrix}$$

德尔塔矩阵中，第 n 列代表股票 n 对每个风险因素的暴露，德尔塔等式向量为

$$S_t = \begin{bmatrix} S_{1t} \\ S_{2t} \\ S_{3t} \\ \vdots \\ S_{6t} \end{bmatrix}, 每项资产均为 100 万美元。$$

$$d_t = \text{diag}(S_t)\Delta_t x = \begin{bmatrix} 1,000,000 \\ -1,000,000 \\ -1,000,000 \\ -357,240 \\ 1,000,000 \\ 1,000,000 \end{bmatrix}$$

其中，美国 10 年期财政票据头寸相对于收益率风险因子的德尔塔风险暴露为负的基于单位美元的该债券价值收益率乘以债券的修正久期，即 -0.0458×7.8。

下面，需要计算风险因素的统计特征。在德尔塔 – 正态法中，需要计算波动率和相关系数，如第二章所述，我们可以采用 EWMA 或 RiskMetrics 方法，取 0.94 的衰减因子计算。不过德尔塔 – 正态法也可以使用这些参数的其他估计方法，比如 ARCH 或 GARCH 模型估计波动率。最后，年化波动率向量的估计如下。

头寸	σ_n
EUR	0.0570
JPY	0.0644
SPX	0.0780
GT10	0.1477
XU100	0.2018
TRL	0.1236

估计的相关矩阵如下。

	EUR	**JPY**	**SPX**	**GT10**	**XU100**
JPY	0.75				
SPX	-0.08	-0.05			
GT10	-0.58	-0.68	-0.09		
XU100	0.25	0.26	0.25	-0.22	
TRL	0.13	-0.09	0.00	0.18	0.51

估计的协方差矩阵如下。

$$\Sigma = \text{diag}\begin{bmatrix} 0.0570 \\ 0.0644 \\ 0.0780 \\ 0.1477 \\ 0.2018 \\ 0.1236 \end{bmatrix} \begin{bmatrix} 1.00 & 0.75 & -0.08 & -0.58 & 0.25 & 0.13 \\ 0.75 & 1.00 & -0.05 & -0.68 & 0.26 & -0.09 \\ -0.08 & -0.05 & 1.00 & -0.09 & 0.25 & 0.00 \\ -0.58 & -0.68 & -0.09 & 1.00 & -0.22 & 0.18 \\ 0.25 & 0.26 & 0.25 & -0.22 & 1.00 & 0.51 \\ 0.13 & -0.09 & 0.00 & 0.18 & 0.51 & 1.00 \end{bmatrix} \text{diag}\begin{bmatrix} 0.0570 \\ 0.0644 \\ 0.0780 \\ 0.1477 \\ 0.2018 \\ 0.1236 \end{bmatrix}$$

$$= \begin{bmatrix} 0.003246 & 0.002751 & -0.000343 & -0.004863 & 0.002887 & 0.000931 \\ 0.002751 & 0.004148 & -0.000249 & -0.006456 & 0.003415 & -0.000741 \\ -0.000343 & -0.000249 & 0.006088 & -0.001081 & 0.003876 & 0.000018 \\ -0.004863 & -0.006456 & -0.001081 & 0.021823 & -0.006609 & 0.003223 \\ 0.002887 & 0.003415 & 0.003876 & -0.006609 & 0.040738 & 0.012635 \\ 0.000931 & -0.000741 & 0.000018 & 0.003223 & 0.012635 & 0.015269 \end{bmatrix}$$

最终资产组合的日 VaR（DVaR）为

$$\text{DVaR} = \text{VaR}_t(x) = 2.33\sqrt{\frac{1}{252}}\sqrt{d'_t \Sigma d_t} = 43,285（美元）$$

资料来源：Malz A M. Financial Risk Management：Models, History, and Institutions [M]. Hoboken, New Jersey：John Wiley and Sons, 2011.

二、市场风险计量的内部模型法

市场风险内部模型的技术方法、假设前提和参数设置可以有多种选择，在进行内部风险管理时，商业银行通常都根据自身的发展战略、风险管理目标和业务复杂程度自行设定。只是对于市场风险监管资本的计算，巴塞尔委员会和大多数监管当局才做出了一些统一规定，目的是使不同银行所计算的市场风险监管资本具有一致性和可比性，同时从审慎监管的角度出发，对一些参数，如持有期给出相对保守的规定。

早期，巴塞尔委员会在1996年的《资本协议市场风险补充规定》中，对市场风险内部模型主要提出了以下定量要求：置信水平采用99%的单尾置信区间；持有期为10个营业日；市场风险要素价格的历史观测期至少为一年；至少每三个月更新一次数据。

其后，巴塞尔委员会开始鼓励银行采用先进的风险管理技术，《巴塞尔协议Ⅱ》倡导商业银行运用成熟的内部风险模型（Internal Model Method, IMM）来计量市场风险资本要求。巴塞尔委员会要求，使用IMM的银行需要得到监管当局的明确批准。银行必须满足以下条件后，方能获得监管当局的批准。

（1）银行风险管理系统在概念上是稳健的，并得到完善的运用；

（2）监管当局认定，银行有足够的训练有素的人员，他们会运用复杂的模型；

（3）监管当局认定，在测算风险方面，银行IMM的准确性有可证明的记录；

(4) 银行需要根据委员会相关要求进行压力测试。

从 2007—2009 年间全球金融危机中银行业的实际损失情况看，原有框架下的市场风险资本远远不足以抵御如此巨大的市场压力。因此，巴塞尔委员会随后陆续出台了一系列改革措施，基于尾部风险和流动性等因素的影响，对计量模型进行了优化和改进。2016 年巴塞尔委员会发布了《市场风险最低资本要求》，对市场风险资本监管框架进行了全面修订，重新搭建了《巴塞尔协议Ⅲ》下的市场风险监管框架。该标准出台后，全球银行业的反应并不积极甚至是负面的，意见主要集中于计量方法过于复杂、市场风险资本大幅上升等方面。综合各方面的反应，巴塞尔委员会于 2019 年 1 月正式发布《市场风险最低资本要求》[①] 最终版，不仅重新修订了交易账户与银行账户的边界，建议采用期望损失 ES 取代 VaR 计量内部模型法监管资本，并将市场流动性不足的风险也加入资本要求；同时，考虑到金融机构短期内难以适应的现实情况，巴塞尔委员会将新监管标准实施时间推迟至 2022 年 1 月 1 日。

（一）内部模型法的资本计量与要求

1. 巴塞尔委员会对内部模型法的相关要求

巴塞尔委员会内部模型法确定金融机构当天市场风险资本充足性的方法是，取前一天的 VaR 值和若干倍的前 60 天的平均 VaR 值中两者的最大值，即第 t 日市场风险的资本充足性要求为 $MRC_t = \max(k \times \frac{1}{60} \sum_{i=1}^{60} VaR_{t-i}, VaR_{t-1})_t + SRC_t$

式中，k 是监管部门规定的乘数因子（通常为 3）；SRC_t 为附加因子，其值取决于内部模型的可靠性。在实践中，银行可以用 $\sqrt{10}$ 乘以上式，得出资本充足性的标准。

运用 VaR 方法可以比较精确地度量金融机构面临的实际市场风险水平，它比外部监管部门制定的标准更为有效。因此，在模型技术方面，作为向监管当局建议的参考指标，巴塞尔委员会和各国监管当局均未做出硬性要求，主张不硬性统一规定内部模型的假设形式，允许银行自行选择参数分析法、历史模拟法或蒙特卡罗模拟法这三种常用模型技术中的任何一种。

即便是对 VaR 模型参数设置做出的定量规定，也仅限于在计算市场风险监管资本时遵循，商业银行实施内部风险管理完全可以选用不同的参数值。例如巴塞尔委员会要求计算监管资本应采用 99% 的置信水平，但是考虑到诸如摩根大通等国际型的金融机构都开发了自用的计算市场风险的内部模型，并且不少银行在内部管理时选用 95%、97.5% 的置信水平。因此，自 1998 年 1 月起，巴塞尔委员会允许大型银行使用它们内部风险管理的 VaR 模型来计算市场风险以及市场风险的资本金要求。

当然，从监管的角度所要计算的资本金要求自然要比内部模型所要计算的保守一

---

① 相关《市场风险最低资本要求》的详细资料可参阅：https：//www.bis.org/bcbs/publ/d457.htm，访问日期 2022 - 11 - 22。

点。所以巴塞尔委员会允许大型银行使用的内部模型与风险度量模型存在一些区别，其中主要包括以下区别。

第一，巴塞尔委员会选择的市场不利变化的置信度水平为99%，而不是风险度量模型中的95%。用统计学的术语描述就是，在计算价格的波动水平时，是用2.33乘以σ，而不是用风险度量模型中的1.65。选择99%的置信水平，反映了监管者保持稳健的金融体系的决心与对银行的资本水平的要求。

第二，巴塞尔委员会选择证券的持有期最短为10天，这意味着风险度量模型中的DVaR必须乘以$\sqrt{10}$。选择10个交易日反映了持续监管的成本与尽早发现潜在问题之间的平衡。

第三，基于市场风险内部模型本身存在的一些缺陷，巴塞尔委员会要求在计算市场风险监管资本时，必须将计算出来的风险价值乘以一个乘数因子（Multiplication Factor），使所得出的资本数额足以抵御市场发生不利变化对银行造成的损失。乘数因子一般由各国监管当局根据其对银行风险管理体系质量的评估自行确定，巴塞尔委员会规定该值不得低于3。

据此，在进行资本金计算时，最低资本为过去10天的平均VaR乘以乘数因子，即

$$资本费用 = DVaR \times \sqrt{10} \times 3$$

由于施加了这一因子，相对于银行本身的内部模型，资本金要求被显著地提高了。例如，假设某银行的交易性组合过去60天平均的DVaR是100万美元，使用1%的最糟情况，那么最低资本金要求就为

$$资本费用 = 1,000,000 \times \sqrt{10} \times 3 = 9,486,800 （美元）$$

从监管当局的角度考虑，10天的时间对应着当金融机构或银行开始出现问题时，银行管理人员能够采取补救性措施的时间。换句话说，当金融机构或银行由于市场风险开始出现问题后，银行的管理人员有10天的时间来采取补救性措施。同样，99%的置信度水平对应的是银行由于市场风险而失误的较小概率。然而，即便是这样，1%的失败对于银行来说仍然过于频繁。一年中有52个星期，以10个工作日为一个时间段，也就是有52/2 = 26个时间段。这样1%的失误就被预期会每100/26 = 3.8年发生一次，对于银行来说这种失误的频率依然太高了。因此，巴塞尔委员会用大于等于3的乘数因子k来进一步保障确保银行的安全。该乘数因子由监管当局确定，如果监管当局认为银行的市场风险过大，就会使用提高乘数因子的方法来加大资本金要求，从而约束银行的交易性活动。

那么，为什么要选择3这个数字呢？可以运用切比雪夫不等式（Chebyshev's Inequality）来证明：对于任一具有有限方差的随机变量X，其落入一个特定区间之外的概率为

$$P(|X-\mu| > r\sigma) \leq \frac{1}{r^2}$$

假定我们已知真实的标准差 σ，且分布是对称的，对于低于均值的 X

$$P((X-\mu) < -r\sigma) \leq \frac{1}{2} \times \frac{1}{r^2}$$

令不等号右边为 1%，则 $r(99\%) = 7.071$。

所以，最大的 VaR 值为 $\text{VaR}(99\%)_{\max}$。

若银行计算的 VaR 值是在正态分布下 99% 置信水平的值，则

$$\text{VaR}_N = \alpha(99\%)\sigma = 2.326\sigma$$

如果真实的分布不是正态分布，则错误比率为

$$K = \frac{\text{VaR}_{\max}}{\text{VaR}_N} = \frac{7.071\sigma}{2.326\sigma} = 3.04$$

这就是资本要求为什么是 3 乘以 VaR 值的原因。

2. 中国银保监会对银行业内部模型法的相关要求

2012 年中国原银监会颁布了《商业银行资本管理办法（试行）》，对商业银行采用内部模型法规定，其一般市场风险资本要求为一般风险价值与压力风险价值之和，即

$$K = \text{Max}(\text{VaR}_{t-1}, m_C \times \text{VaR}_{\text{avg}}) + \text{Max}(\text{sVaR}_{t-1}, m_S \times \text{sVaR}_{\text{avg}})$$

上式中的 VaR 为一般风险价值，为以下两项中的较大值：

（1）根据内部模型计量的上一交易日的风险价值（VaR_{t-1}）。

（2）最近 60 个交易日风险价值的均值（sVaR_{t-1}）乘以 m_C。m_C 最小为 3，根据返回检验的突破次数可以增加附加因子。

式中的 sVaR 为压力风险价值，为以下两项中的较大值：

（1）根据内部模型计量的上一交易日的压力风险价值（sVaR_{t-1}）。

（2）最近 60 个交易日压力风险价值的均值（sVaR_{t-1}）乘以 m_S。m_S 最小为 3。

（二）内部模型的返回检验与压力测试

如前所述，巴塞尔委员会 1996 年颁布的《资本协议市场风险补充规定》要求采用内部模型计算市场风险资本的银行对模型进行返回检验，以检验并提高模型的准确性、有效性和可靠性，保证银行具有充足的风险资本。监管当局应根据事后检验的结果决定是否通过设定附加因子（Plus Factor）来提高市场风险的监管资本要求。附加因子设定在最低乘数因子（巴塞尔委员会规定为 3）之上，取值在 0—1 之间。如果监管当局对模型的事后检验结果比较满意，模型也满足了监管当局规定的其他定量和定性标准，就可以将附加因子设为 0，否则可以设为 0—1 之间的某一个数，即通过增大所计算 VaR 值的乘数因子，对内部模型存在缺陷的银行提出更高的监管资本要求。

1. 内部模型的返回检验

返回检验的思路是通过将模型计算出的每日 VaR 与每一个次日实际的交易损益相比较,借以判断模型的可靠性,作为对下一日交易损失的事前估计。一般情况下,VaR 应该大于次日的交易损失,即实际损失应该在预测范围之内;例外的情况肯定会发生,即实际损失大于预测损失,但发生的频率应该在模型的置信区间内。

返回检验中,风险管理者所要关注的是,当实际损失超过 VaR 的数值时,到底是 VaR 方法的缺陷,还是当时发生了统计理论中的置信区间之外的小概率事件;如果是后者,那么这一事件到底是代表了概率分布曲线尾部的一点,还是概率分布发生了变化;如果分布发生了变化,这种变化是暂时性的还是永久性的,不同银行采用的返回检验方法以及对结果的解释标准均不同。

加拿大帝国商业银行(Canadian Imperial Bank of Commerce,CIBC)全球市场部执行董事 Smitson 对关于实际损失可能超过 VaR 的程度做了深入研究,如表 4-12 所示。损失超过 VaR 的日子里,其中 5% 的时间里损失可能会到达 95% VaR 的 4 倍。

表 4-12 超过 VaR 的结果的规模

项目	VaR 尾部事件的平均倍数 (95%/99% VaR)	VaR 尾部事件的最大倍数数 (95%/99% VaR)
历史模拟法		
125 天	1.48/1.48	3.91/2.58
500 天	1.44/1.38	4.09/2.48
参数法等权重加权		
125 天	1.38/1.44	3.59/2.50
500 天	1.38/1.46	3.86/2.70
指数加权		
$\lambda=0.94$	1.41/1.44	3.58/2.48
$\lambda=0.99$	1.35/1.40	2.55/2.47

由此,巴塞尔委员会主张返回检验应该以 1 天为持有期,每日进行。使用最近一年以来的数据可以提供大约 250 个日观测数据。监管机构要做的是对照检查模型计算的 250 个实际的日净损益值,统计例外情况的发生比例。突破次数或天数与乘数因子之间的关系如表 4-13 所示。按照过去 250 个交易日的返回检验突破次数,其结果可分为绿区、黄区和红区三个区域。委员会建议,如果突破的次数在 4 次及 4 次以内,监管当局无须对该检验结果做出反应,模型的准确性可以接受,此时将内部模型法计算出的 VaR 转换成监管资本要求时,使用的乘数因子为 3;如果突破的次数介于 4 次和 10 次之间,虽然不能就此推断模型是不准确的,但至少说明有必要提高银行的监管资本要求,为此委员会建议增加此类模型 VaR 的乘数因子;如果突破的次数超过了 10 次,则几乎可以肯定模型是不准确的,此时施加的乘数因子最高可以达到 4。

表 4-13　巴塞尔建议的突破次数或天数与乘数因子的关系

突破次数	4 次或以下	5	6	7	8	9	10 次或以上
乘数因子	3.00	3.40	3.50	3.65	3.75	3.85	4
分区	绿区	黄区	黄区	黄区	黄区	黄区	红区

资料来源：根据巴塞尔委员会相关文件整理。

2. 内部模型的压力测试

VaR 模型的基本假设是正态分布，模拟的是正常的市场波动。但实践经验表明，导致重大损失的往往是非正常情况下的极端事件风险。为了全面估计银行的实际风险敞口，委员会主张银行对其资产组合进行压力测试。所谓压力测试是指将整个银行或资产组合置于某一特定的极端市场情况下，测试该银行或资产组合在这些关键市场变量突变的压力下的表现状况，看是否能经受得起此类市场突变，即通过情景假设来估计潜在的敞口风险，并向监管当局报告估计结果。监管当局希望借助压力测试来评估 IMM 的稳定性，以及模型结果对假设的敏感性。

巴塞尔委员会建议的压力测试包括两种情况：第一种是历史的情景分析，或称历史模拟。在进行历史模拟时，要考虑的因素不仅包括价格风险，也包括流动性风险。第二种是测试敞口风险对市场波动率及风险相关性变化的敏感性。监管当局关心的是，当市场波动率突然发生重大变化，风险相关模式突然改变或逆转时，银行敞口风险的变化情况。

鉴于 2003—2006 年间，全球金融市场的波动率较低，在 2007 年全球金融危机开始时，由于 VaR 的大部分历史数据来自波动率较低的时期，导致 VaR 度量出现持续偏低的现实情况，巴塞尔委员会随后引入了**压力风险价值**的概念。压力 VaR 是基于市场在受压条件下的 250 天，而不是由过去 1—4 年的历史数据抽样得出的。采用历史模拟法计算压力 VaR 时，市场变量在下一个交易日中的百分比变化量是从市场受压条件下的 250 个交易日的日变化量中抽样得出的。这里需要注意的是，一年受压期（250 天）的选择应该反映银行的风险状态。因此，银行在计算压力 VaR 时，选取的时间段必须是其资产组合表现非常差的一年，而不同银行选择的受压期很有可能是不同的。

《巴塞尔协议 2.5》要求银行计算两个 VaR 值。一个是一般市场状况下的 VaR（即基于过去 1—4 年的市场变量），另一个就是压力 VaR（sVaR）。此时，资本金总量为

$$\max(\text{VaR}_{t-1}, m_c \times \text{VaR}_{avg}) + \max(\text{sVaR}_{t-1}, m_s \times \text{sVaR}_{avg})$$

其中，VaR_{t-1} 和 sVaR_{t-1} 分别是前一天的 VaR 和压力 VaR；VaR_{avg} 和 sVaR_{avg} 分别为过去 60 天的平均 VaR 和压力 VaR。以上变量均基于 10 天展望期和 99% 置信区间。参数 m_c 和 m_s 由银行监管部门决定，其下限为 3。

由于压力 VaR 不会小于正常的 VaR 值，所以即便 $m_c = m_s$，在《巴塞尔协议 2.5》

框架下，资本金数量也至少是以前的2倍。

中国银保监会规定压力测试方案应重点关注如下方面：集中度风险、压力市场条件下的市场流动性不足、单一走势市场、事件风险、非线性产品及内部模型可能无法适当反映的其他风险。此外，压力测试方案应得到商业银行董事会及高级管理层的批准，并进行定期评估和修订。高级管理层应定期审查压力测试结果，在评估资本充足程度时予以考虑，并在管理层和董事会制定的政策和限额中予以体现。

例：对剩余期限为10年、票面价值为1亿元、到期收益率为7.96%的人民币零息债券进行压力测试。

承压指标：债券价值变化以及债券日VaR值变动；

压力指标：零息债券（相同信用利差）的10年期到期收益率；

数据来源：选取零息债券的10年期到期收益率的历史数据（可选择1—3年的历史数据）。

◆ 情景设计：

（1）**经验分析法**。假设历史3年中10年期到期收益率日上升的极值为3%，则可设定经验分析压力情景为10年期到期收益率上升为10.96%。在此情景下考察债券价值损失。

（2）**模型分析法**。假设10年期到期日收益率变动服从正态分布，通过历史3年的数据计算出样本均值和样本波动率，设样本均值为0、波动率为0.0963%，则可设定模型分析压力情景为10年期到期收益率日波动率从1%上升至1.0963%。在此情景下可通过正态分布函数或蒙特卡罗模拟法计算压力下的债券VaR值。

◆ 测试过程：

情景1，到期收益率上升至 7.96% + 3% = 10.96%。

当前债券的市场价格为

$$P = \frac{100}{(1+0.0796)^{10}} = 46.49（百万元）$$

若到期收益率上升为10.96%，则债券市场价格变为

$$P = \frac{100}{(1+0.1096)^{10}} = 35.35（百万元）$$

在压力情景下，银行将损失11.15百万元（46.49 − 35.35 = 11.15）。

情景2，债券收益率变动日波动率上升为1.0963%。

此种压力情景下，可分别通过参数估计或蒙特卡罗模拟法计算压力情景下债券价格的日VaR值变化。我们以方差-协方差法为例，根据债券的定价公式：

$$P = \frac{100}{(1+y)^{10}} \Rightarrow \frac{dP}{dy} = -\frac{1000}{(1+y)^{11}}$$

代入 $y = 7.96\%$，可得 $\dfrac{dP}{dy} = -430.63$

所以，$dP = -430.63 dy$

方差－协方差法假设债券价格的变动 dP 服从正态分布，其均值为 0，波动率为 $430.63 \times \sigma(dy)$，在当前情景下，债券价格的波动率为 $\sigma = 430.63 \times 0.0963\% = 0.41$，根据 VaR 定义，债券 99% 置信度的日 VaR 值为

$$\text{VaR} = -\alpha \sigma W = 2.33 \times 0.41 = 0.9553 (百万元)$$

在压力情况下，收益率变动的日波动率 $\sigma(dy)$ 上升为 1.0963%，此时，该债券价格的波动率为 $\sigma = 430.63 \times 1.0963\% = 4.72$

债券 99% 置信度的日 VaR 值为

$$\text{VaR} = -\alpha \sigma W = 2.33 \times 4.72 = 10.9976 (百万元)$$

因此，压力情景下，债券日 VaR 值将上升至 10.0423 百万元（10.9976 − 0.9553 = 10.0423）。

表 4 − 14 显示了在相应的非压力情景与压力情景下，计算得到的不同置信区间下债券日 VaR 值的变动情况。

表 4 − 14　不同置信度的债券日 VaR 值的变动

置信度	非压力情景 VaR	压力情景 VaR	VaR 增量
99%	0.9553	10.9976	10.0423
98%	0.8517	9.6958	8.8441
97%	0.7800	8.8793	8.0993
96%	0.7260	8.2651	7.5391
95%	0.6821	7.7654	7.0833
94%	0.6448	7.3402	6.6954
93%	0.6120	6.9673	6.3553
92%	0.5827	6.6334	6.0507
91%	0.5560	6.3298	5.7737
90%	0.5315	6.0503	5.5188

注意：由于银行的头寸及风险敏感性状况各不相同，压力测试的结果可能相去甚远。相应地，对那些头寸高度集中于某些区域或某个市场的银行，还需要进行额外的压力测试。通过压力测试，监管当局可以推知银行 VaR 的置信区间。

（三）内部模型法在中国商业银行中的应用

中国商业银行风险管理长久以来都以信用风险为核心，市场风险则由于对利率、

汇率等市场波动因素的长期管制而被相对忽视。2010年以前，中国商业银行对市场风险的计量并未广泛使用VaR模型等科学的量化方法。随着国际金融市场在经历了一系列危机后对市场风险监管和控制的逐渐加强，以及中国金融体制的市场化及开放程度的加大，中国金融监管部门开始借鉴《巴塞尔协议》，重视商业银行市场风险的控制并且要求采用标准法和内部模型法的量化方法来提升商业银行全面风险管理水平。

为建立起适用于中国商业银行市场风险审慎监管的初步框架，原银监会早在2004年就先后公布了《商业银行资本充足率管理方法》和《商业银行市场风险管理指引》。《商业银行资本充足率管理方法》对市场风险资本监管要求做出明确规定，要求交易账户总头寸高于表内外总资产的10%，或超过85亿元人民币的商业银行对市场风险计提相应的监管资本，规定商业银行可以使用标准法或在监管当局审批情况下使用内部模型法计量市场风险资本。

2010年原银监会在初步框架的基础上，发布《商业银行市场风险资本计量内部模型法监管指引》，全面吸收了2009年巴塞尔市场风险监管框架的新变化，分别从定性要求和定量标准两个方面，对商业银行基于VaR模型进行市场风险资本计量做出指导，明确了商业银行使用内部模型法计量市场风险资本时应该达到的基本标准以及监管要求，比如商业银行至少每个交易日计算一次持有期为10天、99%单尾置信区间的正常风险价值等。

2011年以来，原银监会借鉴并吸收《巴塞尔协议Ⅱ》和《巴塞尔协议Ⅲ》的经验，并结合中国银行业的实际，制定了《商业银行资本管理办法》，并于2012年6月正式颁布，进一步对市场风险的标准法和内部模型法做出明确要求和详细规定。其中要求采用内部模型法计量特定风险的商业银行应使用内部模型计量新增风险资本要求。模型设置持有期为1年、置信区间为99.9%、至少每周计算一次，同时需要充分考虑产品或组合的流动性期限。

随着《商业银行资本管理办法》的实施，中国商业银行近年来不断学习市场风险管理的方法、模式以及公司治理机制。从上市银行年报和资本充足率报告的情况看，不少大型银行已经开始采用VaR模型有效识别和管理市场风险，现阶段已经开始建立以VaR为核心的市场风险计量与管理系统。

根据2020年度工商银行年报，如表4-15所示。工商银行采用历史模拟法（选取99%置信区间、6天的持有期，250天历史数据）计量风险价值，并应用于内部模型法的资本计量。此外，工商银行每日开展返回检验，验证风险价值模型的准确性。截至2020年报告期末的过去250个交易日内，该集团返回检验突破次数处于中国银保监会规定的绿区范围。该行市场风险计量模型能够及时捕捉金融市场波动情况，客观反映银行面临的市场风险。

表 4-15 工商银行交易账户风险价值分析

单位：百万元人民币

指标	2020 年度风险价值			
	年末	平均	最高	最低
利率风险	64	49	161	29
汇率风险	230	157	268	62
商品风险	41	40	94	14
总体风险价值	264	171	284	73

资料来源：工商银行 2020 年年报。

总之，VaR 模型有利于测量风险，将风险量化，进而为金融风险管理奠定了良好的基础。随着中国利率市场化、金融开放以及衍生金融工具的发展等，商业银行等金融机构所面临的风险日益复杂，综合考虑、衡量信用风险和包括利率风险、汇率风险等在内的市场风险的必要性越来越大，这为 VaR 的应用提供了广阔的发展空间。目前，VaR 模型在中国大型商业银行市场风险管理实践中已经得到广泛的应用。然而，由于 VaR 本身仍存在一定的局限性，VaR 的使用应当与其他风险衡量和管理技术、方法相结合。此外，在风险管理实践中也要将科学的计量方法和严谨的管理思想两者有效地结合起来，既重科学，又重经验，从而有效发挥 VaR 在中国商业银行金融风险管理中的作用。

三、标准法与内部模型法的比较

首先，对单个银行风险特点考虑不同。标准法反映的仍是一种自《巴塞尔协议Ⅰ》以来沿袭的外部监管思维，即监管立足于运用法令、惯例或行业传统的力量，从外部规定一套整齐划一的监管措施来达到监管目的，在识别银行特有风险和如何管理风险方面还存在缺陷，计算出的资本可能反映不出不同银行的真实风险，且不反映现代风险管理技术水平，也不能为风险管理水平的提高提供足够的动力。

内部模型法则考虑到每家银行的风险特点和衡量风险的特殊方法。巴塞尔委员会允许银行使用内部风险管理模型是考虑到每家银行在自身设计、使用以及管理模型来控制风险时已积累了丰富的经验。同时，允许银行利用自己选择的方式计量风险，这也是承认资本计量应是基于每家银行的真实风险。

其次，对资产组合考虑不同。在标准法中，对于股票头寸的资本计算取决于两项风险，一是在总股票头寸基础上计算单只股票的特定风险；二是在市场总体净头寸基础上计算资产组合的一般市场风险。虽然标准法将资本计算部分建立在交易账户净值的基础上，但仍没有考虑到资产分散。

内部模型法（VaR 模型）既考虑了资产分散化，又考虑了掉期保值。在 VaR 模型中，通过资产分散和掉期保值来降低风险。较低的资产相关性有助于分散资产风险，从而降低经济资本。因此，在 VaR 模型中，重要的是估算相关性，即估算资产组合风险的高低。加拿大帝国商业银行曾经做过比较研究,采用6个月期的实际头寸,分别用2种方法计算该头寸的一般性市场风险的资本要求。结果表明,相对于标准法,采用内部模型法计算的资本要求可以节约60%—80%。组合的到期日结构和国别结构越分散,节约效果越显著。

最后,使用的效果不同。标准法可能使银行资本和监管资本要求之间不一致,会给资本约束带来较高的社会成本。监管者为市场风险设定资本要求的主要目的是避免系统性风险,因此监管者倾向于要求银行配置尽可能高的资本。此外,标准法要求的资本约束超过市场需求的资本约束,这样可能会降低银行的价值,增加融资成本。

内部模型法使得银行资本要求和监管资本要求不一致的程度明显降低,让资本要求与银行的真实市场风险紧密联系起来。更重要的是,通过将返回检验和压力测试融合进 VaR 模型,银行可以更精确地计算风险并随时识别潜在风险。尽管 VaR 模型在使用中可能会存在一些误差,但银行识别、计量、监测和评价风险的能力大大提高。表4-16总结了《巴塞尔协议》有关市场风险资本计量不同方法的优势和缺陷。

表4-16　《巴塞尔协议》市场风险资本计算方法比较

方法	优势	缺陷
压力测试	适用性强,易于根据银行风险管理水平的提高进行调整升级;通过专家判断的方式输入信息,降低了模型风险	成本较高;定义的相关情景有可能无法涵盖所有情景
内部模型法	精确地捕获市场风险因素,敏感性高;促进市场风险管理水平(组织架构、流程等)的提高	成本较高;对IT系统要求较高;存在模型风险
标准法	易于理解,简单易行;成本低,简单易行;有一定的风险敏感性	对市场风险敏感性较低,无法有效捕获非线性风险

资料来源:罗平. 巴塞尔新资本协议研究文献及评述 [M]. 北京:中国金融出版社,2004.

本章小结

商业银行的市场风险通常包括收益率曲线风险、重新定价风险、基差风险和期权性风险等,而市场风险管理是识别、计量、监测和控制市场风险的全过程。通过对市场风险管理的策略、流程和方法进行不断验证、补充和修订,可以降低商业银行因市场风险而发生损失的可能。

VaR 模型是对银行市场风险进行度量的国际惯例方法,该方法可用于信息披露、资源配置和业绩评价。对 VaR 模型适用性的分析便于我们灵活掌握运用 VaR 工具进行各类投资实践,不过,VaR 限制并不是头寸大小的唯一决定因素。

市场风险的资本配置方面,主要介绍了测度市场风险资本金要求的标准法和内部模型法。通过对比发现,这两种方法针对单个银行的风险特点、资产组合以及使用效果方面均存在差异。

内部模型法的技术方法、假设前提和参数设置可以有多种选择，在进行内部风险管理时，商业银行通常都根据自身的发展战略、风险管理目标和业务复杂程度自行设定。内部模型需要得到监管当局的明确批准。除了监管当局对内部模型法明确的定量要求，内部模型法还需要进行压力测试和返回检验，以校正模型风险。近年来内部模型法已经在中国银行业得到广泛应用，中国银保监会为此制订了详细的监管规定。

关键术语

交易性市场风险　结构性市场风险　市场风险监测　限额管理　风险对冲
信息披露　利率风险　外汇风险　股权风险　商品风险　资本配置　到期日法
标准法　内部模型法　基差风险

思 考 题

1. 简述市场风险管理的策略和基本流程。
2. 简述市场风险管理的基本方法。
3. 试举 VaR 模型应用于风险管理实践的一个案例。
4. 简述使用方差－协方差法计算 VaR 的步骤。
5. 压力测试的优缺点有哪些？
6. 什么是返回检验，返回检验的作用是什么？
7. VaR 在进行市场风险度量与控制方面有哪些应用？

附录：Copula 函数简介

考虑两个相互关联的变量 V_1 及 V_2。V_1 的边际分布（Marginal Distribution，有时也被称为无条件分布）是指对 V_2 一无所知的情况下的 V_1 的概率分布；类似地，V_2 的边际分布是指对 V_1 一无所知的情况下的 V_2 的概率分布。假定我们已经估计出 V_1 及 V_2 的边际分布，那么我们需要对相关结构做什么样的假设来决定变量之间的联合分布呢？

当 V_1 及 V_2 的边际分布均为正态分布时，一种简便的做法是假设 V_1 及 V_2 服从二元正态分布。对于其他的边际分布，我们也可以做类似的假设。但是通常来讲，对于两个不同的边际分布，并没有一个自然的方式定义相关结构，这就是需要引入 Copula 函数的原因。

以下是有关 Copula 函数应用的一个实例，假定 V_1 及 V_2 的概率为三角分布，如图

4-8 所示，两个变量均介于 0 与 1 之间。V_1 的概率密度函数的峰值发生在 0.2，V_2 的概率密度函数的峰值发生在 0.5，两个概率密度函数的最大值均为 2.0（因此两个密度函数下的区域面积均为 1.0）。

为了应用高斯 Copula（Gaussian Copula）函数，我们首先将变量 V_1 及 V_2 映射到 U_1 及 U_2 上，这里的 U_1 及 U_2 均服从标准正态分布，如图 4-8 所示。这种映射为分位数与分位数（Percentile-to-Percentile）之间的一一映射。V_1 分布上的 1% 分位数被映射到 U_1 分布上的 1% 分位数；V_1 分布上的 10% 分位数被映射到 U_1 分布上的 10% 分位数……以此类推，对于 V_2 也做类似的映射。表 4-17 显示了 V_1 的数值是被如何映射到 U_1 上的，表 4-18 显示了 V_2 的数值是被如何映射到 U_2 上的。当 $V_1=0.1$ 时，对应于（求取三边形面积）0.1 的累积概率为 $0.5 \times 0.1 \times 1 = 0.05$，即 5%，$V_1=0.1$ 的值被映射到标准正态分布的 5% 分位数，其值为 -1.64。

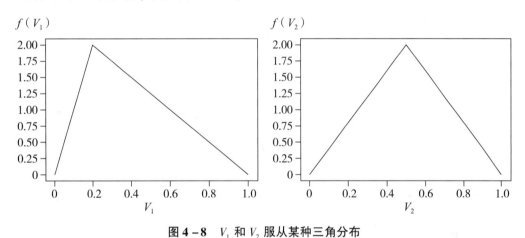

图 4-8 V_1 和 V_2 服从某种三角分布

资料来源：赫尔. 风险管理与金融机构 [M]. 王勇，金燕敏，译. 北京：机械工业出版社，2016.

表 4-17 V_1 到 U_1 的映射

V_1 的取值	分布的分位数	U_1 的取值
0.1	5.00	-1.64
0.2	20.00	-0.84
0.3	38.75	-0.29
0.4	55.00	0.13
0.5	68.75	0.49
0.6	80.00	0.84
0.7	88.75	1.21
0.8	95.00	1.64
0.9	98.75	2.24

注：V_1 服从图 4-8 中的三角分布，U_1 服从标准正态分布。

资料来源：赫尔. 风险管理与金融机构 [M]. 王勇，金燕敏，译. 北京：机械工业出版社，2016.

表 4-18　V_2 到 U_2 的映射

V_2 的取值	分布的分位数	U_2 的取值
0.1	2.00	-2.05
0.2	8.00	-1.41
0.3	18.00	-0.92
0.4	32.00	0.47
0.5	50.00	0.00
0.6	68.00	0.47
0.7	82.00	0.92
0.8	92.00	1.41
0.9	98.00	2.05

注：V_2 服从图 4-8 中的三角分布，U_2 服从标准正态分布。

资料来源：赫尔. 风险管理与金融机构 [M]. 王勇，金燕敏，译. 北京：机械工业出版社，2016.

变量 U_1 及 U_2 服从正态分布，我们假定 U_1 及 U_2 的联合分布为二元正态分布，在这种前提下我们可以推算出 V_1 及 V_2 的联合分布以及相关结构。Copula 函数的精髓就在于不直接定义 V_1 及 V_2 的相关性，而是采取一种间接的定义方式。我们将 V_1 及 V_2 映射到性状较好（well-behaved）的分布上，而对于这些性状较好的分布，我们可以较为容易地定义相关性。

假定 U_1 及 U_2 的相关系数为 0.5。表 4-19 显示出 V_1 及 V_2 的联合累积概率分布。为了说明计算过程，我们首先考虑如何计算 $V_1 < 0.1$ 及 $V_2 < 0.1$ 的概率。从表 4-17 和表 4-18 出发，我们知道这一概率同 $U_1 < -1.64$ 及 $U_2 < -2.05$ 的概率相同，通过二元正态分布，我们可以得出在 $\rho = 0.5$ 的情形下，这一概率数值为 0.006（在 $\rho = 0$ 的情形下，这一概率仅仅为 $0.02 \times 0.05 = 0.001$）。

表 4-19　在高斯 Copula 函数模型下 V_1 和 V_2 的联合概率分布

V_1	V_2								
	0.1	0.2	0.3	0.4	0.5	0.6	0.7	0.8	0.9
0.1	0.006	0.017	0.028	0.037	0.044	0.048	0.049	0.050	0.050
0.2	0.013	0.043	0.081	0.120	0.156	0.181	0.193	0.198	0.200
0.3	0.017	0.061	0.124	0.197	0.273	0.331	0.364	0.381	0.387
0.4	0.019	0.071	0.149	0.248	0.358	0.449	0.505	0.535	0.548
0.5	0.019	0.076	0.164	0.281	0.417	0.537	0.616	0.663	0.683
0.6	0.019	0.078	0.173	0.301	0.456	0.600	0.701	0.763	0.793
0.7	0.020	0.079	0.177	0.312	0.481	0.642	0.760	0.837	0.877
0.8	0.020	0.080	0.179	0.318	0.494	0.667	0.798	0.887	0.936
0.9	0.020	0.080	0.180	0.320	0.499	0.678	0.816	0.913	0.970

在高斯 Copula 函数模型下 V_1 及 V_2 的联合概率分布，相关系数 $\rho = 0.5$，表 4-19 中显示出 V_1 及 V_2 分别小于某数值的联合概率。

U_1 和 U_2 的相关系数被称为 Copula 相关系数。这一相关系数与通常意义下 V_1 及 V_2 的相关系数不同。因为 U_1 及 U_2 服从二元正态分布，U_2 的条件期望值与 U_1 有线性关系，U_2 的条件标准差为常数，但是对 V_1 及 V_2 却没有类似的结论。

（一）运用 Copula 函数估计 VaR

Copula 函数的数学意义实际上等同于一个多元联合分布函数，它的所有边际分布都是 (0,1) 上的均匀分布。根据 Sklar 定理，以二元为例，若 $H(x,y)$ 是一个具有连续边际分布的 $F(x)$ 与 $G(y)$ 的二元联合分布函数，那么存在唯一的 Copula 函数 C，使得 $H(x,y) = C(F(x), G(y))$。反之，如果 C 是一个 Copula 函数，而 F 和 G 是两个任意的概率分布函数，那么由上式定义的 H 函数一定是一个联合分布函数，且对应的边际分布刚好就是 F 和 G。

通俗地说，Copula 是一种连接函数，可以用来刻画具有不同边际分布的变量之间内在的非线性相关关系。Copula 函数可以用来作为计量投资组合风险的一种测度。

（1）引入 Copula，我们无须对任意单一资产考虑特定的边际分布假设或对整个投资组合考虑特定的联合分布假设。在金融领域中，最为理想状态下各个风险因子是相互独立的，即所有的分布均属于高斯的世界。然而如前所述，即便各个风险因子的边际分布属于正态分布，也无法假定整个投资组合的多元分布是正态的。总结金融领域收益率分布研究的结果可以发现，资产组合收益率是联合正态分布这个假设是错误的，这一错误假设会导致金融工具估值和风险计量结果产生较大误差并得到错误结论。当然，单个资产收益率服从正态分布的假设也是错误的。

（2）通过 Copula，我们可以实现对线性相关之外的相关关系进行测度。需要明确的是，线性相关系数仅可以刻画两个风险因子间的线性变化关系，忽略厚尾变量，不足以完全代表两者之间的关系。同时，线性相关系数受非典型数据的影响较大，这类数据在金融工具估值和风险计量中十分重要。人们经常错误地将线性相关性等同于依赖关系或因果关系。

（二）Copula 的数理逻辑与应用范围简介

数学上，通过概率分布函数可以将任何随机变量映射为一个均匀分布函数 $U(0,1)$。根据 Copula 函数的公式，如果已经知道单个变量的边际分布，例如两只不同行业背景的股票收益率所服从的不同类型的边际分布，就可以在不提前给出联合分布假设的前提下（例如假设联合分布为二元正态分布），选取适当的 Copula 函数直接将它们连接起来，构造出联合分布函数，进而计算由这两只股票组成的投资组合的 VaR、ES 等指标，或者通过 Copula 的特性刻画两只股票之间的非线性相关关系。

可以说，Copula 是已知边际分布条件下构造联合分布以及进行非线性相关性分析的一种十分便捷的工具。实际操作时只需要通过已知边际分布的概率分布函数生成数据，作为 (0,1) 上的均匀分布，然后选取合适的 Copula，采用合适的算法进行参数拟合。

Copula 函数有很多种类，不同种类的 Copula 函数有不同的特性，其中有三种 Copula 函数（Gumbel 函数、Clayton 函数、Frank 函数）常被用于对尾部极端值建模，从而度量变量间的尾部相关性这一非线性相关关系。尾部相关性可以理解为极端情况出现的相关性，例如，下尾相关性代表两只证券同时出现巨额亏损的可能性，上尾相关性代表其同时出现收益暴涨的可能性。用于刻画尾部相关性大小的量化结果被称为尾部相关系数。

在度量非线性相关的基础上，Copula 在风险管理上的重要应用之一是它可以用于计算风险价值（VaR）。例如，若采用 Gumbel 函数、Clayton 函数以及 Frank 函数分别计算一个包含两种资产（用 a、b 代表，假设持仓份额相等）的投资组合在 99% 置信度下的 VaR 值，计算方法可以这样表述：

$$F(a,b) = C(F1(a), F2(b))$$

其中 $F1(a)$、$F2(b)$ 分别为 a、b 的历史收益率数据所服从的概率分布函数，C 代表所选取的 Copula 函数，参数拟合可以采用极大似然估计法。

(1) 估计 a、b 两个资产的动态波动性模型 $\sigma_{i,t}$，从历史收益 $R_{i,t}$ 中得到冲击 $z_{i,t} = \dfrac{r_{i,t}}{\sigma_{i,t}}$。

(2) 根据 a、b 的历史收益率数据拟合其概率分布函数 $F1(\cdot)$、$F2(\cdot)$，得到概率分布拟合值的计算结果，即 $u_{i,t} = Fi(z_{i,t})$。

(3) 然后应用上述拟合值对 Copula 函数进行参数估计，得到模型参数 ρ^*。

(4) 采用蒙特卡罗法生成模拟收益率数据，具体分两步：

一是通过上述所得的 Copula 函数生成足够数量的边际分布的概率分布数据 $u_{1,t}$、$u_{2,t}$；

二是根据 Copula 函数所生成数据结果，结合 $F1(a)$、$F2(b)$ 的逆函数，计算模拟的收益率数据，$r_{i,t} = \sigma_{i,t} z_{i,t}$。

(5) 根据上述模拟收益率数据计算这两个资产的组合收益率，然后通过取分位数的方法获得 VaR 值。

对于两只股票之间可能包含非线性相关的部分，应用上述三种 Copula 模型之后，可以识别尾部相关意义下的非线性相关关系（Gumbel 函数——上尾相关、Clayton 函数——下尾相关、Frank 函数——无尾部相关），这样可以弥补不进行任何相关性分析而直接通过历史模拟法计算 VaR 和 ES 的不足。

例：根据 S&P500 和 10 年期国债收益率数据（2,493 个日收盘价），通过 Copula 模型估计组合（假设这两种资产各持有 50%）的 VaR 和 ES。

我们假设边际分布服从 RiskMetrics 波动性，且有对称 t 分布冲击（即 ε_{it} 服从 t 分布）。首先根据 RiskMetrics 模型对 S&P500 的波动率建模（假设 $\lambda = 0.94$）[1]，进而从

---

[1] Peter F, Christoffersen P F. Elements of Financial Risk Management [M]. Waltham: Elsevier Monographs, 2003.

历史收益率 R_t 中得到冲击 $z_{i,t} = \dfrac{r_{i,t}}{\sigma_{i,t}}$，其中 i 表示金融资产，这里指 S&P500 和 10 年期国债。具体计算过程如表 4-20 所示。

表 4-20 S&P500 收益率的对数极大似然函数值计算

日期	S&P500				
	收盘价（美元）	对数收益率 (R_t)	σ_t^2	$\dfrac{R_t}{\sigma_t}$	对数极大似然函数值
2000-12-29	1837.37				
2001-1-02	1785.86	-2.84%	0.000196	-2.03042	-3.15
2001-1-03	1875.56	4.90%	0.000233	3.21189	-5.32
2001-1-04	1855.82	-1.06%	0.000363	-0.55553	-1.03
2001-1-05	1807.13	-2.66%	0.000348	-1.42537	-2.11
……	……	……	……	……	……
2010-12-27	2113.67	0.06%	0.000051	0.08596	-0.82
2010-12-28	2115.32	0.08%	0.000048	0.11242	-0.82
2010-12-29	2117.83	0.12%	0.000045	0.17615	-0.83
2010-12-30	2114.70	-0.15%	0.000043	-0.22637	-0.85
2010-12-31	2114.29	-0.02%	0.000040	-0.03056	-0.81

通过求解对数极大似然函数值的最大值，得到参数 d 的最优解为 8.3。同理，可得 10 年期国债参数 d 最优解为 14.42。① 其具体计算过程如表 4-21 所示。

表 4-21 10 年期国债收益率的对数极大似然函数值计算

日期	S&P500				
	收盘价（美元）	对数收益率 (R_t)	σ_t^2	$\dfrac{R_t}{\sigma_t}$	对数极大似然函数值
2000-12-29	1.0307				
2001-1-02	1.0456	1.44%	0.000026	2.80725	-4.65
2001-1-03	1.0279	-1.71%	0.000037	-2.81893	-4.67
2001-1-04	1.0368	0.86%	0.000052	1.19423	-1.70
2001-1-05	1.0455	0.84%	0.000054	1.14458	-1.63
……	……	……	……	……	……
2010-12-27	1.7916	0.47%	0.000048	0.67634	-1.14
2010-12-28	1.7717	-1.12%	0.000046	-1.64238	-2.38
2010-12-29	1.7892	0.98%	0.000051	1.37587	-1.96
2010-12-30	1.7879	-0.07%	0.000054	-0.09955	-0.87
2010-12-31	1.8005	0.70%	0.000051	0.98726	-1.44

① 参数 d 表示 t 分布的自由度，更多关于求解最优参数的理论推导可参考赫尔. 风险管理与金融机构 [M]. 王勇，金燕敏，译. 北京：机械工业出版社，2016.

根据 S&P500 和 10 年期国债收益率的历史收益率计算得到的冲击数据拟合累计 t 分布函 $F1(\cdot)$、$F2(\cdot)$，即 $u_{i,t} = Fi(z_{i,t})$，再将其映射到标准正态分布下的正态分布值，即 $\Phi^{-1}(u_{i,t})$ 最后，应用上述拟合值对 Copula 函数进行参数估计，通过求解对数极大似然函数值的最大值，估计两个资产的最优相关系数 $\rho^* = -0.19$。参数 ρ^* 估计过程如表 4-22 所示。

表 4-22 Copula 函数参数 ρ^* 估计

Copula 函数估计				
u_1	u_2	$\Phi^{-1}(u_1)$	$\Phi^{-1}(u_2)$	对数极大似然函数值
0.024055	0.995454	-1.976399	2.608597	0.843303
0.996921	0.004434	2.739262	-2.617125	1.175660
0.270748	0.890486	-0.610552	1.229116	0.132634
0.070221	0.881118	-1.474145	1.180595	0.298110
……	……	……	……	……
0.538086	0.760922	0.095614	0.709271	-0.004533
0.549748	0.049271	0.125026	-1.651966	0.007364
0.577596	0.919823	0.195748	1.403882	-0.074696
0.400771	0.458048	-0.251353	-0.105353	0.012152
0.486438	0.847289	-0.034002	1.024875	0.005613

得到上述估计参数后，我们再利用蒙特卡罗模拟法对上述估计的 Copula 函数生成足够数量（这里我们生成 10,000 个）正态分布下的随机变量值 $\varepsilon_{1,t}$、$\varepsilon_{2,t}$，由于在正态分布假设下，我们可以计算出两个资产的收益率为

$$\begin{cases} r_{1,t} = \sigma_{1,t}\varepsilon_{1,t} \\ r_{2,t} = \sigma_{2,t}\rho_t\varepsilon_{1,t} + \sigma_{2,t}\sqrt{1-\rho_t^2}\varepsilon_{2,t} \end{cases}$$

表 4-23 为冲击计算过程，其中

$$\begin{cases} z_1^* = \varepsilon_{1,t} \\ z_2^* = \rho_t\varepsilon_{1,t} + \sqrt{1-\rho_t^2}\varepsilon_{2,t} \end{cases}$$

表 4-23 Copula 函数生成正态分布下的冲击 z_1^* 和 z_2^*

z_1^*	z_2^*
-1.2775	1.6442
-0.6001	0.6135
0.6168	1.5350
-1.0591	0.8391
0.5499	-0.1115
……	……

(续表)

z_1^*	z_2^*
−0.7627	0.6005
−1.4002	0.9272
−1.4468	0.9138
−0.2071	−1.8795
0.7446	1.0468

随后，如表 4-24 所示，我们将得到的冲击转化为标准正态分布下的累积分布函数，即 $u_1 = \Phi(z_1^*)$、$u_2 = \Phi(z_2^*)$，进而依据前面我们假设冲击服从 t 分布，将 u_1、u_2 转化成 t 分布下的函数值，即 z_1、z_2。最后，计算出模拟的资产收益率 R_1、R_2，公式如下：

$$\begin{cases} R_1 = \sigma_1 z_1 \\ R_2 = \sigma_2 z_2 \end{cases}$$

其中 σ_1、σ_2 为用 RiskMetrics 模型估计 S&P500 和 10 年期国债收益率的波动率。

表 4-24　Copula 模拟生成 S&P500 和 10 年期国债收益率数据

u_1	u_2	z_1	z_2	R_1	R_2	R_p
0.10071	0.94993	−1.2126	1.6338	−0.77%	1.16%	0.20%
0.27421	0.73022	−0.5458	0.5836	−0.35%	0.42%	0.03%
0.73131	0.06239	0.5614	−1.5154	0.36%	−1.08%	−0.36%
0.14478	0.79929	−0.9881	0.8031	−0.63%	0.57%	−0.03%
0.70879	0.45561	0.4991	−0.1054	0.32%	−0.07%	0.12%
……	……	……	……	……	……	……
0.22282	0.72592	−0.6988	0.5711	−0.44%	0.41%	−0.02%
0.08072	0.82309	−1.3441	0.8900	−0.85%	0.63%	−0.11%
0.07398	0.81959	−1.3951	0.8767	−0.89%	0.62%	−0.13%
0.41798	0.03009	−0.1864	−1.8974	−0.12%	−1.35%	−0.73%
0.77175	0.85239	0.6816	1.0092	0.43%	0.72%	0.58%

获得上述模拟 S&P500 和 10 年期国债收益率数据后，再根据两种资产各持有 50%，计算得出两个资产的组合收益率 R_p。我们通过对收益率进行排序，进而计算出 99% 置信度下 VaR 和 ES。表 4-25 为模拟组合收益率前 100 个最大损失排序。通过计算最终得出 99% 置信度下 VaR 和 ES 为 $VaR_{99\%} = 1.02\%$、$ES_{99\%} = 1.19\%$。

表 4-25　模拟 100 个最大损失排序

排序	100 个最大损失
1	−1.83%
2	−1.68%
3	−1.58%

（续表）

排序	100 个最大损失
4	-1.54%
5	-1.52%
……	……
96	-1.02%
97	-1.02%
98	-1.02%
99	-1.02%
100	-1.02%

最后，为便于读者对整个建模过程的理解，我们将上述分析过程用流程图的方式进行展示。图 4-9 为上述正态 Copula 函数法计算 VaR 思路框架。

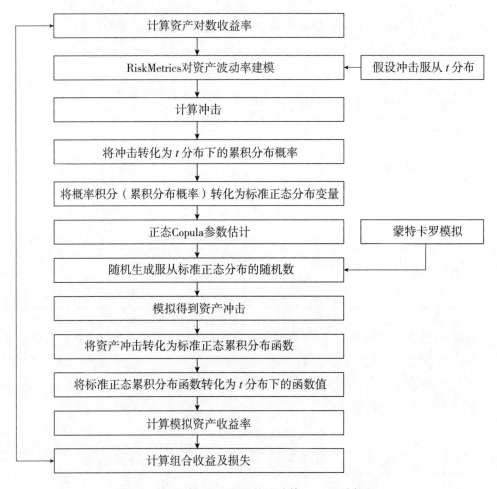

图 4-9　正态 Copula 函数法计算 VaR 思路框架

第五章 传统信用风险度量与管理

|本|章|要|点|

◇ 专家制度法的主要内容及其缺陷。
◇ 信用评分模型简介及其基本原理。
◇ 评级机构的演进与外部评级的流程。
◇ 监管评级的评分标准及分级含义。
◇ 内部评级方法的基本步骤和程序。

信用风险度量的探索过程大致可分为三个阶段。一是20世纪70年代以前,大多数金融机构采取专家制度法,即依据银行专家的经验和主观分析来评估信用风险。专家通过分析借款人的财务信息、经营信息、经济环境等因素,来对借款人的资信、品质等进行评判,以确定是否给予贷款。这个阶段评估信用风险的主要方法有5C法、5W或5P法、LAPP法、五级分类法等。二是20世纪70年代初到80年代末,金融机构主要采用基于财务指标的信用评分方法,如线性概率模型、Logit模型、Probit模型、Altman的Z值模型与ZETA模型等。三是20世纪90年代以后,世界一些著名的商业银行开始探索运用现代金融理论和数学工具来定量评估信用风险,建立了以风险价值为基础、以违约概率和预期损失为核心指标的度量模型,如信用监控模型(KMV模型)、CreditMetrics模型、信贷组合观点(Credit Portfolio View, CPV)、CreditRisk + 模型等。与此同时,《巴塞尔协议Ⅱ》提倡建立内部评级法,随后国际大型银行相继开始建立更加结构化的正式评级系统和度量信用风险的内部模型,用以审批贷款,鉴定资产组合的有效性,分析呆账准备金的充足性、盈利性以及对贷款定价等。与传统方法相比,这些方法更加注重应用现代金融理论和数理统计方法进行定量分析。本章主要介绍传统的信用风险度量方法,下一章将详细介绍现代信用风险度量模型。

第一节　传统信用风险管理

一、专家制度法

专家制度法是一种古老的信用分析方法，它是商业银行在长期信贷活动中所形成的一种行之有效的信用风险分析和管理制度。专家制度法主要方法有5C法、5W或5P法、LAPP法、五级分类法等。其中最为常用的是5C法，即商业银行根据专家对借款企业的资信品格（Character）、资格与能力（Capacity）、资本（Capital）、担保（Collateral）以及当时所处的经营条件和商业周期（Cycle Conditions）等因素考察评分，然后通过专家的主观判断给予各个考察因素不同的权重，综合得出一个分值，以此作为信贷决策的依据。分值的大小反映了借款人信用品质的好坏。也有些银行将分析的因素归纳为5W或5P，5W是指借款人（Who）、借款用途（Why）、还款期限（When）、担保物（What）、如何还款（How）；5P是指个人（Personal）、目的（Purpose）、偿还（Payment）、保障（Protection）、前景（Perspective）5个因素。LAPP法则是从借款人的流动性（Liquidity）、活动性（Activity）、盈利性（Profitability）和发展潜力（Potentialities）4个方面评估信用风险。贷款的五级分类法则是对现有信贷资产质量进行分类的方法，它以还款的可能性为核心，综合应用定性和定量分析方法来判定资产质量，并将资产分为正常、关注、次级、可疑和损失五类。

（一）专家制度法主要内容

专家制度法直指信用风险的核心本质，目前得到了世界上大多数国家的认可和采纳。但这种方法比较简单，受主观因素的影响较大，对人的素质要求较高，与其说是一种分析方法，还不如说是一种依据长期经验的主观判断。以下我们详细介绍专家制度法的5C法，该方法的5C具体包括以下内容。

1. 资信品格

资信品格主要是指借款人偿债的意愿与诚意。信贷员必须确定贷款申请人对贷款资金的使用是否明确、符合银行贷款政策的目的，是否具有真诚的还款意愿，以及贷款用途的真实性、使用资金的责任心。按时还款的真诚性可通过借款人的资信资格、借款人与银行和其他债权人以及借款客户的关系反映出来。

2. 资格与能力

首先，信贷员必须确定借款人是否具有申请贷款及签署贷款协议的资格及合法权利。其次，应分析借款人的经营管理能力。对企业借款人而言，其主要负责人经营管理的才能和经验、受教育程度、应变能力、思维及判断能力、指挥与组织能力等都是至关重要的。最后，要看一看借款人的还款能力。这可以通过借款人的收益变动状况来考察，即使在一段时间里借款人还款很稳定，但若借款人自身收益状况变化很大，该借款人的还款能力也可能受到影响。

3. 资本

资金实力主要是借款人资产的价值、性质、变现能力。银行信贷员在分析借款人资金实力时，特别要注意借款人在还本付息期间，是否有足够的现金流来偿还贷款。另外，信贷员还要考察借款人（公司或企业）股东的股权分布情况以及财务杠杆情况，因为这些情况可以作为反映借款人能否倒闭的重要预警指标。例如，较高的财务杠杆比率肯定比低杠杆比率具有更大的倒闭可能性。

4. 担保

担保主要指抵押品及保证人。对于借款人提供的用作还款担保的抵押品，应特别注意该抵押品的价值、已使用年限、专业化程度、市场流动性（易售性）、是否投保。如果该抵押品在技术上已过时，或者专业化程度较高，不易出售转让，则其作为抵押品的价值就十分有限。对于由第三方提供保证的贷款，应分析考察保证人是否具备担保的资格，并审核保证人的资金实力及其提供的抵押品。

5. 经营条件和商业周期

经营条件和商业周期主要是指企业自身的经营状况和其外部的经营环境。前者包括企业的经营特点、经营方式、技术情况、竞争地位或市场份额、劳资关系等，这些因素基本上属于企业自身能决定的内容；后者则非企业自身所能控制的，涉及面很广，大至政治局势、社会环境、商业周期、通货膨胀、国民收入水平、产业结构等的变化，小至本行业发展趋势、同业竞争状况、原材料价格、市场需求转换等的变化。为了掌握产业及整个商业周期的变动情况，银行应注意收集并建立相关档案，以便事先采取某些必要措施及应变准则，确保银行资产的安全。

上述对借款人 5C 的信用分析，只是银行做出贷款决定前所做的最基本的工作。就某一笔具体的信贷业务而言，银行还要动用大量人力、物力、财力进行较为复杂的分析，这个过程包括以下步骤。

第一，信贷员要确定该公司（借款人）为何需要这笔贷款，它的这笔贷款申请是否符合当前银行的政策和偏好。一旦该笔贷款获得信贷员的认可，那么银行的信用分析就进入了下一个环节。

第二，要对该公司的资产负债表和损益表进行分析，看一看该公司在某一时段业务经营有无重大起伏以及未来发展趋势；还要对公司营业部的经营结果、预算以及商业计划进行考察，从而了解该公司是怎样获取利润来增加公司自身的价值以及对未来利润的预期。要做好这一步，就需要信贷员具备企业财务报表构成基础的相关知识。

第三，要对公司的财务试算表进行分析研究，从中找出那些隐藏在公司经营过程中的非正常交易，因为财务试算表是编制公司资金平衡表和损益表等财务报表的最基本信息来源。由于人们很难从那些经过浓缩的资金平衡表和损益表中发现问题，因此可以将试算表作为判断近期企业财务报告是否完整的手段。同时，还要把公司的账目调整成标准的形式，以便信贷员用来比较、预测分析。

第四，要对贷款目的和与之所规划的现金流情况进行评估，要对这项贷款发放出去可能会遇到的各种问题进行假设，并提出不同的解决方案。

第五，要对借款人（公司）所处的行业结构进行认真分析，要对该行业的发展趋势，公司在行业中的地位、竞争力以及政府对该行业的管制状况给予特别的关注。在分析公司当前和未来的发展状况和趋势时，信贷分析师一定要了解借款人在其所属行业都运用了哪些竞争性的工具来开展自己的业务，并且还要判断该借款人所采用的战略是否奏效，要确定在何种状况下借款人才是最令人放心和可靠的。

第六，银行还应对公司管理层以及经营战略进行评估，特别是要对公司经理所负的生产、存货、定价及销售的责任进行评估。

第七，要对证券和贷款文件认真准备。在准备这些文件时，应尽可能将所有相关问题考虑进去，做到全面准确。提款条件，对债务、投资和担保品扣押权的限制性规定，财务比率和契约，母子公司间担保以及违约条件等，都要涉及。

第八，为了提高对贷款申请人主观判断的准确性，信贷分析师常常要借助一些标准的分析技术来对借款人清偿债务的能力进行评估。在这方面，他们侧重于运用现金流量分析法，通过将被审公司各种财务比率与其他类似公司的相应比率进行对比分析，来发现问题。

第九，信贷分析师要与借款企业的领导层会晤，因为了解和评价企业管理层的能力也是信用分析的重要内容。一般而言，银行对某一客户（企业）的风险暴露越大，那么信贷员与该客户领导层会面的次数应该越多，这样信贷员可以更及时、准确、全面地了解客户，从而做出正确的信贷决策。

由此可见，在专家制度下，信贷决策依靠的是银行高级信贷员的经验和主观判断。在银行这种典型的等级制度企业中，信贷员经验越丰富、资格越老，其决策权也越大。同时，整个信用分析的过程是一个相当烦琐的过程，需要耗费较大的人力、物力和财力。

（二）专家制度法存在的缺陷与不足

尽管古典信用分析法——专家制度法在银行的信用分析中发挥着重要作用，然而实践却证明它存在许多难以克服的缺点和不足。

第一，要维持这样的专家制度需要相当数量的专门信用分析人员，随着银行业务量的不断增加，相应所需要的信用分析人员就会越来越多。因此，对信用分析人员进行不间断的培训和教育就成为银行的一项长期而重要的工作。在这样的制度下，必然会带来银行冗员、效率低下、成本居高不下等诸多问题。

第二，专家制度实施的效果很不稳定。这是因为专家制度所依靠的是具有专门知识的信贷员，而这些人员本身素质的高低和经验将会直接影响专家制度的实施效果。例如，对于银行客户所提供的同一套财务报表和文件，五位不同信贷员有可能会得出五种不同的分析结果,差异很大。银行若是将一位不合格的信贷员放在重要位置,那么必然会遭受很大的损失。正如花旗集团前高级执行官 Walter Wristo 所说,如果你选择了正确的人并将其放在重要位置,那么你就基本上保证了自己不会受到损害;若你选错了人并把他放在了那个重要位置,那么恐怕你连能够搭救自己性命的那条路都堵死了。近些年来,伴随着同业和其他金融机构的激烈竞争,银行的利润越来越低,许多中小银行没有足够的实力来吸揽高水平的信用分析人员。同时,伴随着金融科技的快速发展,银行也流失了大量的优秀人才。由于银行信贷员总体素质下降,专家制度实施的效果大打折扣。

第三,专家制度与银行在经营管理中的官僚主义紧密相连,大大降低了银行应对市场变化的能力。长期以来银行一直采用了较为严格的等级制度,它们更擅长在金融市场上循规蹈矩地进行所谓的"正规战"。但是如今的金融市场已经呈现出复杂、灵活和多变的特征,银行若继续热衷于严格的等级制度,则难以应对这种多变的金融市场的挑战,很可能会在激烈的竞争中败下阵来。专家制度加重了银行的官僚主义作风,影响了银行未来的发展。在这方面最突出例子,就是专家制度中对贷款的年度审核工作,这样的审核一方面要经过一个严格冗长的程序,同时还要对客户所公布的财务报告进行分析研究。然而,令人遗憾的是,客户(公司)所报送给银行的财务信息经常在到达银行时就已经过时,并且它们所提供的数据并不一定能真实、全面地反映这些客户目前所面临的风险和将来可能面临的风险。因此,银行在这种情形下应当设计出一种具有一定强度和高效率的信贷监督程序,以便应付其所面临的信用风险。但是时至今日,绝大多数银行仍在运用传统的信贷审核方法。怎样使现存的专家制度更好地发挥作用,无疑是对银行的一大挑战。

第四,专家制度加剧了银行在贷款组合方面过度集中的问题,让银行面临着更大的风险。商业银行所面临的一个重要问题就是贷款组合中的过度集中的问题。例如,20 世纪 70 年代,美国的银行业曾经向不动产业、能源和交通运输业以及新兴市场国家和拉美国家贷放了大量的商业性贷款,商业周期、经济泡沫、宏观经济不稳定以及国家信用风险增大等因素使得这些行业和国家出现了信用危机,给美国银行业带来了巨大的损失。造成银行贷款组合过度集中的原因是多方面的,专家制度是其中一个重要因素。在专家制度下,银行员工都热衷于成为专家,这就需要他们在某一行业或对某类客户进行较长时期的分析研究,积累经验,成为这个行业的专才。因此,这些人在选择客户时都有着强烈的偏好,他们所关注的客户都具有较高的相关性,这在一定程度上加剧了银行贷款的集中程度,必然会给银行带来潜在的风险。

第五,专家制度在对借款人进行信用分析时,难以确定共同遵循的标准,造成信用评估的主观性、随意性和不一致性。例如,信贷员在对不同借款人的 5C 进行评估时,他们所确定的每一个 C 的权重都有很大差异,即便在同一家银行,信贷员对同类型借款人的 5C 评估也存在差异。怎样解决这种评估上的主观性和随意性问题,便成为银行贷款委员会和审批机构一项具有挑战性的工作。

综上所述，尽管现在很多银行仍然使用专家制度法，但是该类方法存在许多难以克服的弊病，面临着一致性和主观性两方面的重大挑战。因为对于相似的借款者，不同的信贷员运用不同的评价标准可能得出不同的评价结果，并且他们评判时易受感情和外界因素干扰，进而可能做出偏差较大的分析，这迫使人们去寻求更加客观、更为有效的度量信用风险的方法和手段，来提高银行信用评估的准确性。所以21世纪以来，金融机构已经逐渐放弃纯粹定性分析的专家制度法，并且在此类方法中加入越来越多的客观定量分析的内容。

二、信用评分模型

专家制度法基本属于一种定性的分析方法，尽管它也运用了许多财务会计信息，对各种财务比率进行比较分析，但是实质上仍然属于一种单变量的测定法。单变量测定法最大的缺陷就是无法对不同财务比率的重要性进行排序，无论信贷员对借款人之间的强弱进行怎样的综合分析也无能为力。为了克服这些缺点，人们构筑了基于财务指标的多变量信用评分模型。

（一）基于财务指标的信用评分模型简介

基于财务指标的信用评分模型以关键财务比率为基础，对各类财务指标赋予不同权重，通过模型产生一个信用风险分数或违约概率，如果该分数或概率超过一定值，就认为该项目隐含较大的信用风险。建立基于财务指标的信贷评分模型主要有线性概率模型、定性响应（Qualitative Response）模型和 Altman 的 Z 值模型与 ZETA 模型。

1. 线性概率模型

线性概率模型是以评判对象的信用状况为被解释变量、多个财务比率指标为解释变量所构造的线性回归模型，通过最小二乘回归得出各解释变量与企业违约率之间的相关关系，建立预测模型，然后利用模型预测企业未来的违约概率。该方法对解释变量的概率分布没有特殊要求，应用方便。但是，模型预测的概率估计值有可能落在区间 [0, 1] 之外，这与概率理论相违背，故目前此法已经很少使用。

2. 定性响应模型

定性响应模型用以预测某一时期开始时存在的某一公司在该时期（一个月、一年等）结束时的生存概率。较为常用的两种定性响应模型是 Probit 模型和 Logit 模型，两种模型旨在改进线性模型的预测值可能落在区间 [0, 1] 之外的缺陷，即研究者假设事件发生的概率服从某种累积概率分布，使模型预测值落在 [0, 1] 之间。若假设事件发生的概率服从累积标准正态分布，则称为 Probit 模型；若假设事件发生的概率服从累积 Logistic 分布，则称为 Logit 模型。

Probit 模型和 Logit 模型采用一系列财务比率指标预测公司破产或违约的概率，根据风险偏好程度设定风险警戒线，并以此进行信用风险定位和决策。Probit 模型的基本形式与 Logit 模型相同，差异仅是用于转换的累积概率函数不同；前者为累积正态概率函数，后者为 Logistic 概率函数。

Probit 模型和 Logit 模型在信用风险度量中都得到了相当广泛的应用：高培业等（2000）把深市上市公司分为制造业和非制造业，运用线性判别模型和 Probit 模型进行财务困境预测；Engelmann 等（2003）根据大样本的中小企业数据，对比了 Logit 模型和 Z 值，证实 Logit 模型更有效；邹鑫等（2014）以中国 29 家上市公司为样本，对 Logit 模型与 KMV 模型的预测精准性进行对比研究，得出 Logit 模型的预测精准性更好的结论。刘兢轶等（2019）将因子分析方法和 Logit 模型相结合，验证了供应链金融模式下中小企业信用风险评价指标体系的有效性。

3. Altman 的 Z 值模型与 ZETA 模型

信用评分模型中最有影响力的是 Altman（1968）年提出的五因子 Z 值线性模型，五因子分别是营运资本/总资产、留存盈余/总资产、息税前收益/总资产、股权的市场价值/总负债的账面价值以及销售额/总资产比率。1977 年 Altman 又将模型做了扩展和改进，将五因子模型扩充为七因子模型，称为 ZETA 模型。Z 值模型和 ZETA 模型均是以会计资料为基础的多变量信用评分模型，由这两个模型所计算出的 Z 值可较为明确地反映借款人在一定时期内的信用状况，并作为借款人经营前景好坏的早期预警系统。从这一想法出发，其后又产生了许多方法，比如分组回归分析法、聚类分析法、因子分析法等。由于 Z 值模型和 ZETA 模型具有较强的操作性、适应性以及较强的预测能力，所以一经推出，便引起各界的关注，许多金融机构纷纷采用它来预测信用风险并取得了显著的效果，这让其成了当代预测企业违约或破产的核心分析方法之一。以下我们详细介绍 Altman 的 Z 值模型与 ZETA 模型。

(二) Z 值模型的基本原理与应用

1. Z 值模型的基本原理

Z 值模型的基本原理就是首先利用统计方法，对银行过去的贷款案例进行统计分析，选择出最能反映借款人财务状况、对贷款质量影响最大并且最具预测或分析价值的比率指标；其次利用所选择的比率指标，设计出一个能最大限度区分贷款风险的数学模型；最后借助该模型，对借款者的信用风险及资信情况进行评估、判别，并把借款人划分为偿还和违约两类。

建立 Z 值模型的基本步骤如下。

第一，选取一组能反映借款人财务状况和还本付息能力的财务比率指标，如流动性比率、资产收益率、偿债能力指标等。

第二，从银行过去的贷款资料中分类收集样本，并将样本分为两类：一类是能正常还本付息的案例；另一类是坏账、呆账案例。

第三，对于各个比率对借款还本付息的影响程度，选用费舍尔准则（Fisher Criterion）、贝叶斯（Bayes）等判别分析法，建立由上述比率指标所决定的线性判别函数，确定每个比率的影响权重,即可得到一个 Z 值模型。

第四,对一系列所选样本的 Z 值进行分析,得到一个违约或破产临界值以及一个可以度量贷款风险度的 Z 值区域。

第五,将贷款人的有关财务数据输入模型,计算得到 Z 值,若得分高于某一预先确定的违约临界值或值域,就可以判定这家公司的财务状况良好;若小于某一数值,表明该公司可能无法按时还本付息,甚至破产。

Altman(1968)依据 5 个财务比率指标建立的 Z 值模型为

$$Z = 0.012 X_1 + 0.014 X_2 + 0.033 X_3 + 0.006 X_4 + 0.999 X_5$$

其中,X_1 为营运资本/总资产,是反映流动性的比率;X_2 为留存盈余/总资产,是反映累积盈利能力的比率;X_3 为息税前利润/总资产,是反映企业资产盈利水平的比率;X_4 为股权的市场价值/总负债的账面价值,是反映公司负债额超过资产总额前以及破产前资产价值下降程度的比率;X_5 为销售额/总资产,是反映资本周转率和企业销售能力的比率。

Altman 的 Z 值模型给出了一个灰色 Z 值区域,即 $(Z_0, Z_1) = (1.81, 2.99)$,当 Z 值小于 1.81 时表示企业可能会破产,即 1.81 为破产或违约临界值;当 Z 值大于 2.99 时表示企业违约风险很小,很难破产;当 Z 值处于灰色区域中时,则不能确定该企业是否会破产。

2. Z 分模型的应用

显然,Z 值模型本质上是一个判别函数模型。在实际应用中,建立 Z 值模型须解决的关键问题有两个:第一,在预测借款人能否破产时,哪一个指标最重要?第二,在所考虑的指标中,每个指标所占权重应为多少?

当前,在统计学中建立判别函数常用方法主要有三类:一是未知总体分布情况下,根据个体到各个总体的距离进行判别的距离判别函数;二是已知总体分布的前提下,求得平均误判概率最小的分类判别函数,通常称为贝叶斯判别函数;三是未知总体分布或未知总体分布函数的前提下,根据 Fisher 准则得到最优线性判别函数。

3. Z 值模型案例

王春峰等(1998)采用 Fisher 准则,借助方差分析的思想;通过采用极大化组间差和组内差之比的方法来建立判别函数。他们证明,在满足三个条件(即每组均服从多元正态分布,每组的协方差矩阵都相同,每组的均值向量、协方差矩阵、先验概率和误判代价都已知)的情况下,由 Fisher 准则得出的判别规则具有最优的极小化误差。

下面节选王春峰等(1998)的例子来说明 Altman(1968)的 Z 值模型的应用。以某商业银行为例,选择它的企业客户为对象,考察它们的短期贷款偿还情况。所用的财务比率是参照国内财政部考核企业财务状况和国外相关财务比率指标,对反映企业流动性、盈利性、增长性、速动性及偿债性等方面的指标,利用相关软件进行主因子分析,得到以下 5 个比率。

X_1 = 运营资本/资产总额

X_2 = 保留盈余/资产总额

X_3 = 息税前利润/资产总额

X_4 = 普通股、优先股市场价值总额/负债账面价值总额

X_5 = 销售收入/资产总额

调查取得的样本总数为 129 家，其中 65 家企业不能偿还银行信用贷款。这 129 家企业被划分为两个子样本：训练子样本由 74 家企业构成，包括 36 家能够偿还银行贷款的企业和 38 家不能按时偿还贷款的企业；检验子样本由 55 家企业构成，包括 28 家能够偿还贷款的企业和 27 家不能按时偿还贷款的企业。对根据样本数据计算得到的 5 个比率进行检验以考察其是否服从正态分布的假设、是否满足等协方差的假设，它们之间是否存在线性相关。然后，王春峰等（1998）根据 STATGRAPHICs 软件包计算得到模型的判别系数，如表 5-1 所示，5 个比率中有 4 个在 1% 的显著性水平下服从正态分布。模型的预测精度通过训练样本和检验样本进行检验，通常预测精度可用两类错误来度量：第一类错误是指将不能偿还贷款的企业误判为能偿还贷款的企业的错误；第二类错误是指将能偿还贷款的企业误判为不能偿还贷款的企业的错误。结果如表 5-2 所示，在这两类错误中，第一类错误显然更为严重，因为其误判代价更高。

可以看出，训练样本判别分析的准确率可达到 90% 以上，而且检验中的准确率也有 70% 以上，结果比较理想。该案例表明，Altman 的 Z 值模型的判断精度还是比较高的。

表 5-1 判别分析结果

变量	X_1	X_2	X_3	X_4	X_5	常量
系数	0.32054	1.78868	5.16075	0.07098	-0.06743	-0.52731

其中，X_1、X_2、X_3、X_5 在 1% 的显著性水平下服从正态分布。

表 5-2 训练样本和检验样本的误判

训练样本			检验样本		
第一类错误	第二类错误	总误判	第一类错误	第二类错误	总误判
5（13.16%）	0（0.00%）	5（6.76%）	11（40.74%）	3（10.71%）	14（25.45%）

注：数据存在进位误差。

4. 改进的 Z 值模型：ZETA 模型

1977 年，Altman 等人对原始的 Z 值模型进行了扩展，建立了第二代模型——ZETA 模型，该模型能更加明确地反映公司破产的可能性。20 世纪 80 年代，破产公司的平均规模急剧增大，因而建立模型所选取的样本公司必须满足在破产前 2 年的资产规模达到大约 1 亿美元以上，并且在分析过程中还做了许多调整，使得该模型应用更加广泛。例如，可以在同样基础上应用于较为脆弱的零售业。同时，该模型还考虑了当时财务

报告标准以及会计实践方面的变化,在统计判别技术方面也作了修正与精炼。

ZETA 模型选用了 7 个判别财务变量:X_1 为息税前利润/总资产的比率;X_2 为 X_1 在 5 至 10 年变化的标准差,用以反映公司收入的稳定性;X_3 为息税前利润/总利息支付额的比率,反映公司的债务偿还能力;X_4 为公司的留存收益/资产总额的比率,反映公司的累积盈利情况;X_5 为流动资产/流动负债的比率,反映公司的变现能力和债务的偿还能力;X_6 为普通股权益/总资本的比率,反映公司的资本化程度,其中普通股权益用公司近 5 年的股票平均市值计算;X_7 为公司总资产的对数,反映公司规模。于是,ZETA 模型为

$$\text{ZETA} = aX_1 + bX_2 + cX_3 + dX_4 + eX_5 + fX_6 + gX_7$$

其中,a、b、c、d、e、f、g 分别对应这 7 个财务变量的系数。

由于 ZETA 模型无论在变量选择、变量的稳定性方面,还是在样本开发、统计方法的应用方面,比 Z 值模型都有了长足进步,所以 ZETA 模型比 Z 值模型更加准确有效,并且企业破产前预测的年限越长,该模型预测的准确度就越高。Altman 等人的实证检验分析也证实了上述结论。

但是,ZETA 模型在应用过程中存在的最大问题仍然是违约或破产临界值的设定。如果临界值定得太高,那么在排除较差信贷的同时,也有可能将一些好的信贷排除在外,从而高临界值降低了第一类错误(即因接受差信贷而遭受损失)的同时却增加了第二类错误(即因拒绝好信贷而遭受损失)。如果临界值定得过低,就会出现相反的情况。显然,第一类错误、第二类错误是确定最佳临界值的主要因素。Altman 等人意识到了这一点,并将信用转移的因素考虑在内,然后,对 ZETA 模型提出了最佳临界值确定公式:

$$C_{\text{ZETA}} = \ln(q_1 c_1/(q_2 c_2))$$

其中,q_1、q_2 分别表示预先估计的破产概率和非破产概率;c_1、c_2 分别表示犯第一类错误和第二类错误的成本。

从上式中可以看出,最佳临界值 C_{ZETA} 精确与否,主要取决于模型对错误的分辨、两类错误成本和债务人违约率的估计精确与否。另外,还要根据当前和之后宏观经济因素的变化,对临界值进行适时、适当的调整。

5. Z 值模型与 ZETA 模型评述

Z 值模型与 ZETA 模型都是以财务数据为基础的多变量线性分辨模型,都可以用来度量债务人在一定时期内违约或不违约、破产或不破产等信用状况,并可对债务人经营前景做出早期预警,因而两个模型都具有较强的操作性、适应性和预测能力。尽管这种多元信用评分模型在许多国家和地区已经得到广泛应用,但它们至少存在以下缺陷。

一是基于会计账面的数据,不能很好地反映企业经营的实际状况和外部条件的快速变化;并且过于依赖财务报表的账面数据,从而忽视日益重要的各类市场指标,这将会削弱预测结果的可靠性和及时性。

二是模型只是经验上的拟合,缺乏严密的理论基础。由于关于违约的理论基础和支撑薄弱,因而结论难以令人完全信服。

三是为保证模型的准确性,要求模型中的变量必须符合正态分布假设,而事实上财务比率指标很难符合这一假设。

四是两个模型皆是线性模型,但现实经济问题多是非线性的,这必然降低预测的准确度。

五是难以估量企业的表外信用风险,应用范围受到限制。

近年来,为解决非线性问题,人们开始将神经网络方法引入信用评分方法中。借助神经网络方法,可以考虑各个参考财务指标之间线性或非线性的各种复杂关系或相互作用,如在 Altman 的 Z 值模型中,在原来的 5 个变量基础上再加上一些由这 5 个变量的某些非线性关系转换、加总而生成的新变量,可以大大增强模型的解释能力,减少第一类和第二类错误,提高模型的预测精度。

同样,这种方法也存在一些问题。第一,尽管用庞大的神经网络系统可以使模型的精度不断提高,甚至将对历史数据库拟合的第一类错误和第二类错误减少为 0,但是这又会带来过度拟合的问题,即在样本内非常有解释力,而在样本之外表现却很差。换言之,被认为可以使预测错误达到整体最小的模型,其在实践中的应用结果却有可能只达到了局部最小。第二,常常难以解释变换后的变量的经济含义究竟是什么。正由于上述问题的存在,Altman 的 Z 值模型和 ZETA 模型仍然具有较广泛的应用,尽管其预测的精度不是很高。

第二节 信用评级

根据信用风险的定义可知,借款人的信用等级降低会引发信用损失,所以人们常用信用评级方法来分析、评估因信用等级降低而招致违约的可能性,即违约概率,进而评估信用风险大小。传统的信用评级方法主要是银行对贷款资产进行评级,但是随着信用评级方法的发展和完善,信用评级方法的应用领域更加广泛,评级方式也更加多样化。既有对债务的评级,又有对公司甚至国家主权风险等的评级;既有外部机构的评级,又有对企业内部的评级;而且大多数信用评级方法,常常既考虑质量方面的因素,又考虑数量方面的因素。

除了定量因素,由于信用评级还需要考虑许多无法定量的因素,所以信用评级结果往往不能完全依赖于较为客观的数理模型来计量,在很大程度上仍然需要依赖评级人员的主观判断。因此,尽管信用评级可以为度量信用风险提供一个简单易行、比较实用的方法,但许多人为因素的存在常常会导致很大的误差。信用评级主要包括外部评级、监管评级和内部评级。下面将分别给予详细阐述。

一、外部评级与评级机构

伴随着金融市场的快速成长、金融工具的日益复杂以及各类筹资者的迅速增长，投资者和监管者越来越依赖于信用评级机构的信用评级，评级市场因而迅速成长。如今，信用评级主要用于对发行者的违约评级、对债务发行的损失或追偿风险评级。评级机构还将业务拓展到非信用评级领域，如穆迪推出的对冲基金运行质量评级、信托质量评级等。

（一）评级的对象、流程与等级

1. 评级的对象和内容

信用评级的对象主要分为两类：一类是债务人，即发行人评估，是对债务发行人或其他债务人将来对债务的本息偿付能力、法律义务、偿付意愿的总体评估。这类评级主要包括交易对手评级、公司信用评级和主权评级等，是对债务人偿付能力的总体评价，不针对某一特定债务，也不考虑给某些债务担保人可能带来的好处。另一类是债务，是对某一特定债务的评级。在对某一特定的债务工具进行评级时，不仅需要考虑债务发行人的特征和信用等级、债务工具的期限、是否有担保、质押品的质量以及担保人的资信状况等微观因素，还要考虑国家风险、宏观经济状况等众多宏观因素。

评级内容既包含财务分析，如查阅和分析公司的债务结构、财务报表、资产负债表等，也包括定性分析和法律分析等，如评估公司的管理质量、在所从事行业中的竞争力、行业发展前景以及行业对技术变化、管制变化和劳资关系的敏感性。

2. 信用评级的流程

由于信息是评级的根本所在，评级机构应尽量对来自各种可能渠道的公开和非公开信息进行深入分析。不同的机构对不同的评级对象会有不同的分析侧重点。图 5-1 给出了外部评级的一般流程。

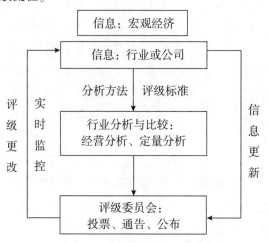

图 5-1　外部评级的一般流程

首先,各种评级分析依赖于充足的信息。公开的信息,如宏观经济形势报告、行业信息报告、上市公司的财务报告等比较容易获取,但是要收集获取公司的内部信息可能并不简单。通常,评级机构会委派工作小组,通过与被评级公司(发行人)高管访谈和举行小型会议等形式取得公司的非公开信息。整个评级过程由首席分析师牵头并进行监督指导。

其次,当获得充足的信息后,评级机构就使用定量和定性方法分析公司业绩,并与同行业中的其他公司进行定量和定性比较。其中,定量方法通常采用特定的数学模型来测定信用风险的大小,模型中的变量既有定量指标,如公司财务数据,也有管理质量等定性变量。定性方法主要指评估人员根据其自身的知识、经验和综合分析判断能力,通过对企业内外部的经营环境进行分析,对照评价标准,对各项评价指标的内容进行分析并形成定性评价结论。

再次,评级机构召开评级委员会会议,其成员包括首席分析师、不同领域的评级专家和被评级公司的高管(通常是首席财务官和首席执行官)。会议先采纳首席分析师推荐的等级,随后与被评级公司的高管充分沟通,沟通的主要内容包括:管理制度、投资项目和计划、发展规划、主营业务和其他业务、长期和临时的财务计划、财务制度、资产状况、市场状况、公司规范及运营状况等影响企业信用等级的关键因素。最终,委员会投票得出一个评定等级,随即公开发布。专家修正的目的在于将评级模型难以量化或者十分特殊的因素考虑进来。不过,对模型评定的等级一般不会出现过度修正,从而确保在不同发行人之间评级的客观性、一致性和稳定性。

最后,在评级过程中新的相关信息会被随时采用,评级之后出现的新信息会定期更新,以便评级机构实时监控与调整等级。一般情况下,每年都应该按新的信息对原有评级进行修正。如果有足够理由对原有评级等级进行修正,需要发布一个评级公告或信用评级备忘书,而且评级等级的变更需要评级委员会同意。

图 5-2 是标准普尔公司的评级程序图解,其他评级机构的评级程序大体类似。

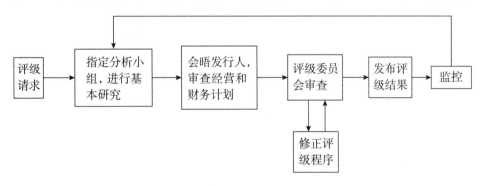

图 5-2 标准普尔公司的评级程序

这里,关于评级的等级调整有三个技术性概念需要说明。

第一个概念是**评级生命期**(Rating Lifetime)。评级机构会经常对公司或债务进行审查,评级会动态调整。一项评级在等级上被调低或调高称为降级或升级。在发行人发行债务的生命期内,由于公司并购、不充足的信息、评级合约停止等原因,评级是可以被撤销的。这意味着评级被移除并且不再被评级机构维护。当公司所发行的债务被全部偿付、所发行的债务期满、所发行的债务被提前赎回或被重新融资等情况发生时,评级也可以被停止。在这些情况下,撤销评级并不意味着出现了更高的风险。

第二个概念是**展望**(Prospect)。一项评级的展望提供了评级在中期的演变趋势。正面的(负面的)展望代表评级可能会被调高(调低),具有稳健展望的评级一般不会出现变动。例如,根据标准普尔的资料,2006年7月,标准普尔将中国的长期主权信用评级由"A-"调升至"A";2009年将评级展望从"稳定"调为"正面"。这些调升反映了标准普尔在中长期内对中国经济增长前景的看法。

第三个概念是**信用待查清单**(Credit Watch List)。它显示了较短时期内评级的变动趋势。如果一项评级被放入待查清单,该项评级被调整的可能性就会增加。例如,评级机构经常会公布,出于正面或负面因素考虑将某企业放入清单,以做进一步评估。

3. 外部信用评级体系

标准普尔公司是世界上最著名的评级公司之一,其业务开展遍及50多个国家;穆迪公司则主要在美国市场开展业务,但也有很多国际分支机构。由于标准普尔公司和穆迪公司在外部评级市场上占有绝对的主导地位,我们特地结合标准普尔和穆迪的债务发行信用评级来讲解外部评级体系。

根据标准普尔公司给出的界定,债务发行信用评级是指对涉及某一项(类)特定债务,或者一项特定融资项目债务人信誉度的前瞻性看法。在实际操作中,评级过程通常是基于评级分析师的判断和经验,而非完全依托纯粹的数学方法。同时,在评级过程中,需要考虑担保人、承保人或者其他信用增强形式,并考虑债务的计价货币。信贷评级的考察内容至少应包括:债务人、偿还可能性、能力与意愿;债务的性质与合同条款;当遇到破产、重组或在破产法律下的其他安排时,由债务合约所提供的保障,以及其他影响债权人利益的法律问题。

根据债务在金融市场上的期限,信用评级可分为长期信用评级和短期信用评级两类。

(1)长期信用评级。

在标准普尔和穆迪公司的评级体系中,各个公司和金融工具被分别归入特定的级别,对应着不同的违约可能性,具体可见表5-3。

表5-3 标准普尔公司的一般评级体系

评级等级	风险程度	评级等级描述与解析
AAA	最小	在标准普尔公司的评级体系中,AAA级债券质量最高,债务人的偿付能力最强
AA	温和	AA级和AAA级相差不大,债务人的偿付能力也很强

(续表)

评级等级	风险程度	评级等级描述与解析
A	平均（中等）	在市场环境和经济条件出现不利变化的情况下，A级债务的偿付可能存在问题。不过，债务人偿付债务的能力还是较强的
BBB	可接受	BBB级债务的保险系数也较高。不过，经济情况或市场环境的不利变化可能会削弱债务人偿付该项债务的能力
BB	可接受，但需要予以关注	BB级债务的违约风险比其他投机级别要低一些。不过，商业环境、财务状况或经济情况的变化很可能导致债务人无力承担责任
B	管理性关注	B级债务的风险比BB级稍高，但从债务人目前的状况看，仍有能力承担债务。商业环境、财务状况或经济情况的不利变化会削弱债务人偿债的能力和愿望
CCC	特别关注	CCC级债务目前的偿付能力较低，只有当经济状况、财务状况或商业环境出现有利变化，债务人才有可能偿付债务
CC	未达标准	CC级债务违约的可能性很大
C	可疑	C级债务适用的情形是，债务人已经提交了破产申请或从事其他类似的活动，不过债务偿付仍未停止
SD/D	损失	与其他级别不同，D级不是对未来的一种预期，只有在违约实际发生后，才使用这个级别，所以D级不表示违约发生的可能性。在下述情况下，标准普尔公司会将评级定位于D级： ·利率或本金在到期日没有得到偿付，如果存在一定的宽限期或标准普尔公司认为支付最终会执行的话，可以有所例外，在这种情况下可以保持原级别； ·在提交自动破产申请或类似活动的情况下，如果标准普尔公司认为对某类特定债务的偿付仍会继续，可以有所例外。如果没有出现支付违约或破产的情况，单纯的技术性违约（即立约失误）不足以将某项债务评级为D级
+或-		从AA到CCC的每个级别都要用附加的+或-来进行调整，以表明其在同一信用级别内的相对质量
R		R这个符号主要用于那些含有很高非信用风险的工具。强调的是限制性违约，主要包括： ·信用评级时未关注的本金风险或收益波动的风险，例如与权益资产、外汇或商品相关的债务或指数化的债务； ·存在严重提前偿付风险的债务，例如只以利息作抵押的证券或只以本金作抵押的证券； ·含利率期限风险的债务，例如反向流通证券

资料来源：科罗赫，加莱，马克.风险管理［M］.曾刚，罗晓军，卢爽，译.北京：中国财政经济出版社，2005.

（2）短期信用评级。

短期信用评级适用的对象主要包括商业票据、大额可转让存单、可提前赎回债券等。表5-4是标准普尔公司的短期信用评级体系。

表5-4 标准普尔公司的短期信用评级体系

评级等级	风险程度	评级等级描述与解析
A-1	最小	在标准普尔公司的短期信用评级中，A-1是最高的一级。债务人承担义务的能力很强。在这个级别内，有些债务的评级会附有一个+号。这意味着该债务人承担偿付义务的能力非常强
A-2	易受到外部环境影响	与A-1相比，A-2级债务在经济环境恶化时的偿付可靠性较低，但债务人的偿付能力仍能让人满意
A-3	可接受	被评为A-3级的短期债务具有一定的偿付保障，不过，经济情况的不利变化或环境改变可能会削弱债务人的偿付能力
B	关注	B级短期债务具有一定的投机性。债务人在当前具有偿付能力，不过，一些重要的不确定因素可能导致债务人无力承担偿付义务
C	特别关注	C级短期债务当前就有违约可能，只有在经济环境和财务状况有利的情况下，债务人才有偿付能力
SD		尽管债务人不能完全履行全部债务条款，但违约仍然在某种程度上处于可控范围
D		D级是在违约已经发生的情况下给予的评级

资料来源：科罗赫，加莱，马克. 风险管理[M]. 曾刚，罗晓军，卢爽，译. 北京：中国财政经济出版社，2005.

表5-5是穆迪公司的评级体系。

表5-5 穆迪公司的评级体系

穆迪公司的一般评级体系		
评级	风险程度	评级等级描述与解析
Aaa	最小	被评为Aaa级的债券质量最高，投资风险最小，通常被称为金边债券。利息支付由债务人的利润作支撑，本金的偿付也相当安全。虽然市场情况可能会出现一些不利的变化，但不会在根本上影响债务人的偿付能力
Aa	温和	被评为Aaa级的债券的质量也很高，和Aaa级债券一起被称为高等级债券。它的安全性比Aaa级稍低，这是因为债务人的收入稍低一些或有些因素的波动可能要大一些；也有可能是因为这些债券中包含一些特定的因素，使其长期风险大于Aaa级债券
A	平均（中等）	A级债券具有较高的投资价值，一般被认为是中等偏上的投资工具。本金和利息的偿付较有保证，但在将来出现某些不利情况时，偿付能力可能会有所削弱

(续表)

穆迪公司的一般评级体系

评级	风险程度	评级等级描述与解析
Baa	可接受	Baa级债券的质量属于中等。从目前的情况来看，偿付能力有保证，但随着时间推移，保障程度会有所降低，从而使偿付变得不可靠。这类债券缺乏很好的投资性质，从本质上看，有一定的投机性质
Ba	可接受但需要予以关注	被评为Ba级的债券具有投机性，其未来的偿付情况没有很好的保证，本息的支付可靠性较低；因此，不管未来的环境有利还是不利，偿付都没有很好的保障。这类债券的不确定性较高
B	管理性关注	被评为B级的债券不是很好的投资对象，在较长时期内，本息支付的可靠性较差
Caa	特别关注	这个级别的债券质量很差，债务人违约的可能性较大，可以说，本息的偿付在目前就很困难
Ca	未达标准	Ca级债券的投机性相当高。这类债券的违约率很高，或者具有其他一些很明显的缺陷
C	可疑	C级债券是穆迪公司评级体系中级别最低的一种，可靠性极低，甚至不具有任何实际的投资价值
RD/D		D级是在债券违约已经发生的情况下给予的评级。

穆迪公司的短期信用评级体系

优先级-1		被评为优先级-1的债务人（或附属机构）偿付短期债务的能力非常强。该等级评定的主要依据有以下几个方面。 · 在一个基本面很好的产业中居主导地位； · 资金使用的收益率很高； · 融资结构比较稳健，债务依存度不高，而且资本准备比较充足； · 固定的债务偿付有较多的利润作保障，并能够保证足够的流动性
优先级-2		被评为优先级-2的债务人（或附属机构）有较强的偿付能力，具有上面介绍的某些特征，但可靠性比优先级-1要稍低一些。收益状况和偿债率指标都算良好，但出现变动的可能性较大。资本结构比较好，但受外部情况变化影响的可能性较大，获取必要流动性的渠道较多
优先级-3		被评为优先级-3的债务人（或附属机构）具有可接受的偿付能力，产业特征和市场结构对债务人偿付能力的影响较大。收入和利润的波动可能导致偿付能力的降低以及较高的财务杠杆比率。债务人有获取必要流动性的渠道

资料来源：科罗赫，加莱，马克. 风险管理［M］. 曾刚，罗晓军，卢爽，译. 北京：中国财政经济出版社，2005.

比较标准普尔公司和穆迪公司的信用评级体系可以发现，尽管两者对某项具体债务的评级可能存在着差别，但总体上来说两者的分类很相似。不同的信用级别是根据违约风险和债务人偿付债务的可能性来分类的。标准普尔公司 BBB 级以上或穆迪公司 Baa 级以上的等级被称为投资级，以下的等级（不包括标准普尔公司的 D 级）被称为投机级。此外，不同评级机构之间的等级含义并不完全一致。穆迪公司对从 Aa 到 Caa 的每个级别都加入优先级 1、2、3 这样的数字调节指标。1 代表在同一信用等级中质量最高，2 代表在同一信用等级中质量居中，3 代表在同一信用等级中质量最低。例如，某一债券评级为 Baa1 级，表示该债券为 Baa 级，但其前景看好，有可能很快升为 A 级。最后，除违约等级外，其他评级都是事前的预期和评估，并非事后的既定观察状态。

评级机构的违约状态分为两种：一是 D 级，表示完全违约；二是 RD 和 SD 级，分别表示限制性和选择性违约，表示发行人对某些债务违约，但不是对所有债务都违约。例如，标普的违约级别分为选择性违约（SD 级）和违约（D 级）两种，根据标普对 SD 级和 D 级的级别定义，当标普确信违约是一般性的违约，并且发行人无法到期偿付所有或实际上所有的债务时给予 D 评级；当标普认为发行人有选择地对特定的债务或债务类别进行违约，但仍将继续及时地履行对其他债务或债务类别的偿付义务时，给予 SD 评级。因此，SD 级是指公司在某些债务上违约了，但是在另外一些债务上没有违约。例如，在希腊债务危机中，只有部分希腊债券会被降级至违约级别，不涉及对私人投资者违约的希腊债券则不受影响。

惠誉对违约的定义分为有限违约（RD）和违约（D）两种。有限违约是指惠誉认为债务人已经对某一特定类别的债券、贷款或其他重大金融债务发生选择性付款违约或消极债务重组，但债务人尚未发生破产、清算、被接管等结束正常经营的情形，或者还没有停业。总之，评级机构的每个信用评级等级还有更详细的划分，不再详细列出。

表 5-6 列示出惠誉对中国主权国家和重要企业的最新长期信用评级。其中，对中国人寿保险股份有限公司给出评级 A，并进行了展望。

表 5-6 惠誉对中国主权信用以及部分企业的长期信用评级

国家或企业	所属行业	长期信用评级	展望
中华人民共和国	主权国家	A+	稳定
中国石化	能源	A+	稳定
保利发展	房地产	BBB+	稳定
万科 A	房地产	BBB+	稳定
中国工商银行	银行	A	稳定
中国邮政储蓄银行	银行	A+	稳定
中信银行	银行	BBB	稳定
首创证券	证券	BBB-	稳定
中国人寿保险股份有限公司	保险	A	稳定

资料来源：惠誉中国评级表，2022 年 5 月 6 日。

值得一提的是，为了减少对国外信用评级机构的依赖，突出信用评级的前瞻性，中国自加入WTO以来，积极扶持本土评级机构的发展，支持它们发展成为国际型的评估机构，目前国内已经形成大公国际、中诚信国际、联合、上海新世纪等有一定影响力的评级公司。

4. 《巴塞尔协议Ⅱ》对外部评级的要求

由于监管者的目标是确保金融机构的资产安全，因此金融机构必须向监管者证明其选择的合理性。《巴塞尔协议Ⅱ》为此规定，各国监管当局在认定外部评级机构时，应判定其符合以下全部六条标准，同时应避免设置不必要的准入障碍。

（1）客观性（Objectivity）。信用评级的方法必须是严格的、系统的，并且可以根据历史数据进行某种形式的检验。此外，必须定期对评级进行审查，根据财务状况的变化予以更新。在监管当局认定之前，评级机构必须已经建立了对市场各个组成部分的评级方法，包括严格的返回检验，评级方法的使用时间至少为1年，最好在3年以上。

（2）独立性（Independence）。外部评级机构应该是独立的，不会迫于政治或经济上的压力而影响评级。当评级机构的董事会构成或股东结构中出现利益冲突时，评级过程也应当尽可能不受到任何影响。

（3）国际通用性和透明度（International Access/Transparency）。凡是有合理要求的国内和国外机构，都可以以同等的条件获得每个评级结果。此外，外部评级机构所采用的基本评级方法应该对外公开。

（4）披露（Disclosure）。外部评级机构应当披露以下信息：评级方法（包括违约的定义、评级的时间跨度以及每一级别的含义等）、每一级别实际的违约概率、评级的变化趋势（如一段时间后从AA级转为A级的可能性）。

（5）资源（Resources）。外部评级机构应当有足够的资源，确保提供高质量的评级结果。这些资源应允许外部评级机构与被评级机构的高级管理层和营运层次的人员保持实质性的经常联系，以便提高评级结果的价值。评级方法还应该将定性和定量分析结合起来。

（6）可信度（Credibility）。在某种程度上，可信度建立在上述标准的基础上。此外，独立主体（如投资者、保险人、贸易伙伴）对于外部评级的依赖程度，也是外部评级可信度的证明。外部评级机构的可信度也在于其建立了防止机密信息被不当使用的内部程序。外部评级机构在申请监管当局的认定时，不一定需要对多个国家的公司进行评级。这意味着全球性不一定是认定评级机构的标准。

(二) 关于外部评级的讨论

我们已经理解了评级机构的评级过程与评级等级的含义，接下来介绍与外部评级相关的几个重要问题：外部评级的时间、不同评级体系的差异以及主动评级（Solicited Ratings）与被动评级（Unsolicited Ratings）。

1. 外部评级的时间

评级机构和金融机构一般会区分两类评级系统：一类是时点评级系统（Point-in-Time Rating System）；另一类是全周期评级系统（Through-the-Cycle Rating System）。前者度量较短时期（如1年）内的信用风险，因此受暂时性冲击或周期因素影响较大，评级等级容易出现变动；后者度量较长时期（如5年或更长）内的信用风险，评级充分顾及经济周期内不利因素的影响。因此，除非债务人风险状况出现永久性的变化，全周期评级等级在整个经济周期内保持相对稳定，周期性程度较低，一旦评级机构给出全周期评级，一般不会保持实时更新。时点评级系统尤其适合短期交易以及波动性较大的行业或地区（如发展中国家）。

2. 不同评级体系的差异

各个评级机构虽然在对债券评级时所采用的方法基本相同，但对同一债务工具有时会做出不同的评级。例如，1993年年底，在标准普尔公司和穆迪公司进行评级的1168家企业中，只有53%的企业同时被两家机构评为AA或Aa以及AAA或Aaa。在其他投资级别的债券中，两家机构给出相同评级的情况只占36%，而低于投资级别的评级中，两家机构给出相同评级的情况占41%。

对相同对象给出不同评级是一个很值得探讨的问题，它有两个问题需要关注。

一是评级方法和技术是否合理，应如何判别。例如，在评级时到底应在多大程度上依赖于实际数据，又应在多大程度上依赖于分析人员的判断。

二是评级机构的独立性是否有保障。由于评级机构向发行人收取评级费用，因此经营方面的压力可能会对评级的独立性产生影响。在理论上，市场竞争会诱导评级机构创新、提高其研究质量。但是在实践中，竞争会产生以下两方面的问题。一方面，在评级收费模式或发行者付费模式下，由于发行者有权选择谁为其评级，竞争会导致评级虚高的情况。金融危机爆发后的调查也证明了评级业存在这种利益导向问题。另一方面，如果实行投资者付费模式，就会产生搭便车问题。

3. 主动评级与被动评级

按照发行人是否自愿接受评级，信用评级分为主动评级和被动评级两种形式。主动评级是由发行人主动要求并支付相应费用的评级，也称委托评级。这种情况下，评级机构可以取得与发行人相关的详细信息。然而，有些发行人却不想被评级，因为它们很少在国际金融市场上发行债务或股票，或者是因为它们担心得到一个不利的评级，从而限制其融资能力。评级机构根据有关发行人的公开资料，不管是否出于发行人的意愿，对其进行评级，这就是被动评级。在被动评级的情况下，评级使用的信息往往受到限制。被动评级可能是评级机构应第三方要求进行的，也可能是评级机构为了迫使有关发行人委托其评级而进行的，其目的是拓展市场。

由此会出现一些非常有意思的现象。一些过去不在乎评级的企业，一旦被评级机构被动评级，随后就会要求主动评级。对这种现象的解释，一种可能是，这些企业认为被动评级有意低估了它们的信誉度，从而增加了它们融资的成本、削弱了其竞争能力。出于压力，它们被迫主动要求评级以评估其真实信誉度。另一种可能性是，债务发行人可能会去购买对其最有利的评级，这有可能引发非常严重的逆向选择问题。

据此，学界和实务界对评级的有效性产生怀疑。例如，《巴塞尔协议Ⅱ》建议在一般情况下，银行应使用符合协议指定规范的外部评级机构给予的主动评级。不过，各国监管当局可以允许银行使用被动评级。考虑到外部评级机构可能会利用被动评级来对评级对象施加压力，使其接受付费的主动评级，监管当局应从资本充足的角度出发，考虑是否继续认定这类外部评级机构的资格。此外，更进一步的立法实践也有待完善。

从技术性角度上，对于主动评级与被动评级是否会出现显著性差异这一问题，Poon（2003）的研究显示，保持其他条件不变，被动评级相比主动评级有显著向下的偏误。这一结论实际上的隐含批评是，被动评级的企业被评级机构勒索，被动评级是一种恶意的行为。但是，也有观点认为，被动评级相比主动评级偏低的原因在于，评级机构为了维护其声誉而做出相对保守的评估。考虑到在被动评级情况下评级机构使用的信息是有限的，评级机构事实上面临两难选择。如果给予发行人较高的评级，一旦其违约，评级机构就会丧失声誉；致使评级机构宁可做出保守决策，降低发行人的被动评级等级。后面这个观点看似有道理，但仍受到质疑：评级机构在主动评级时难道就不考虑自己的声誉问题，从而行动保守吗？

除了从评级机构角度分析主动评级与被动评级的差异性，Bannier 和 Tyrell（2006）从发行人的角度进行了解释。评级差异可能是由一种更加隐蔽的逆向选择问题引起的。拥有正面私人信息的"好"公司会主动请求评级，从而释放正面信息。而"坏"公司会一直选择处于被动评级状态，直到它们拥有正面信息时才选择主动评级，从而便利其融资。其后，Bannier 等（2007）对以上两类观点进行了检验。他们认为，如果评级机构有意低估这一说法成立，那么接受被动评级企业的违约率会显著低于同等级的接受主动评级企业的违约率。如果逆向选择说法成立，统计上就不会出现显著的差异。使用非美国企业的相关数据，他们的实证检验结果支持前一种说法。然而，有研究者使用美国公司的数据却没有发现主动评级和被动评级企业的违约率有显著差异。这两个研究之间具有一定的可比性，至少说明主动评级和被动评级存在地区性差异。不过，进一步的研究仍待完善。

(三) 评级机构的演进和评级的意义

评级机构是一种提供诸多分析服务的组织，这些服务基于独立的、客观的、可信赖的和透明的评价原则之上。标准普尔、穆迪、惠誉是目前最为知名的全球性评级机构。当然，也有许多规模不同的地区性评级机构。评级机构的数量与评级市场的发展与地区金融市场的发达程度存在较高的相关性。

1. 评级机构的起源和发展

信用评级起源于美国，其早期形式是在美国出现的商业信用机构，它们提供的主要服务是评估商人偿还债务的能力。评级机构最早可以追溯至 1841 年，Louis Tappan

在纽约成立了美国第一家商业信用机构。Robert Dun 随后收购了这家机构,并于 1859 年出版了第一份评级手册。1849 年 John Bradstreet 也成立了一家商业信用机构。1933 年这两家机构合并为邓百氏(Dun and Bradstreet),并于 1962 年成为穆迪的所有者。商业评级服务扩张至证券评级领域是在 1909 年,始于 John Moody 对美国铁路债券的评级,最初目的是在债券中区分投资级与非投资级。1 年后,Moody 扩张其评级活动至公用事业和工业企业的债券。随后,普尔出版公司(Poor's Publishing Company)于 1916 年、标准统计公司(Standard Statistics Company)于 1922 年、惠誉出版公司(Fitch Publishing Company)于 1924 年各自发行其第一份评级。1941 年,普尔出版公司和标准统计局合并成立标准普尔。由于外部信用评级比专家制度法下的二元选择具有更高的精准性,很快这三家评级机构确立了其垄断地位。目前,在北美地区,绝大多数债券发行人至少被穆迪、标准普尔、惠誉三家评级机构中的两家进行评级。这些独立的评级机构为了债券市场上投资者的利益履行授权监督的职责。

早期债券投资者和金融机构常常依赖外部评级来衡量某一债务发行或发行者的相对信誉度,现在评级机构已开发出十分完善且精细的准则,来提供独立的信用评价,其评级结果具有相当的权威性。因此经常被提及的一个问题是,信用评级是不是指导投资者获利的风向标?评级机构始终坚持信用评级只是为社会提供一种客观、中立的专家意见,信用评级是对特定的风险进行揭示,而不是揭示评级对象的全部风险,只是投资者进行决策的参考指标之一。因此,评级机构不对投资者的证券买卖、持有做出任何推荐,它仅仅充当投资者与债务人之间的信息中介。

事实上,尽管评级显示了债务人的违约可能性,从而风险可以用对应的等级来衡量,但是评级本身确实无法反映证券的价格。一个 CCC 级的债券可能会被低估,但一个 AA 级的债券也可能被高估。此外,正如标准普尔等评级机构声明的那样,信用评级主要是基于债务人所提供的信息以及评级机构认为可信的其他信息,并且评级机构不会对企业进行审计,甚至偶尔会使用未经审计的财务信息。因此,评级并不承诺投资者使用信用评级就能获利。

2. 信用评级的意义

信用评级的确会给相关主体带来许多好处和便利,关键在于信用评级缓释了金融市场的信息不对称难题,具体表现在三个方面。

第一,对债务发行人(借款人)而言,信用评级可以帮助其扩大筹资渠道、降低筹资成本、获取稳定的资金来源。一方面,信用评级使用多渠道信息,评价原则独立、客观、可信和透明,有助于提高借款人在市场上的透明度和信誉度。现实中,许多大型机构投资者因董事会要求或监管机构规定,禁止购买未经评级或低于某一评级的债券。对有评级的借款人,发行债务时还可以享受免担保或者降低担保费用的待遇,从而节省发行成本。另一方面,在正常情况下,信用评级的连续性强且前后一致,通常考虑债务人所面对的外部环境和经济状态,充分估计不确定因素对债务人的影响,从而有利于稳定投资者信心和市场情绪,帮助债务人稳定资金来源。

第二，对投资者而言，虽然信用评级不是直接可用的获利指标，但是投资者可以快速知悉债务人的信用风险等级、趋势等信息，以迅速做出投资判断，估计投资收益率。如果投资者关注的是投资组合，信用评级的动态调整有助于其优化资产组合。

第三，对金融中介机构，如投资银行，信用评级可作为其对证券定价与销售的重要参考指标，对新发行的有价证券尤其具有参考价值。

(四) 评级市场存在的问题及未来展望

1. 评级市场存在的问题

如前所述，早期评级机构免费提供关于发行人的公开评级，其运行开支主要是从销售出版物和其他资料中获得。但是在版权得不到有效保护的情况下，销售收入不足以满足日常开支，从而限制了其评级的覆盖面。随后，评级机构便向发行人收取评级费用，并逐步建立自己的市场地位。同时，由于金融市场上信息不完全，债务发行市场，尤其是商业票据发行市场上鱼龙混杂，重大违约事件时有发生，极大影响了信誉度较好企业的融资能力。为了稳定资金来源，发行人开始主动购买信用评级，如国外三大知名评级机构于20世纪70年代开始向公司发行人收费。此外，美国监管部门借助信用评级对监管对象的投资风险进行监管，市场上也逐渐形成惯例，新债务发行至少要获得一种信用评级。而收费项目包括向投资者出售评级信息和向发行人收取评级费用，同时评级机构还开展了与信用评级有关的收费业务，如公司财务服务、信用调查等。

随之而来的问题是，有偿评级会不会引起评级机构的道德风险？一方面，对评级机构而言，从长期利益考虑，良好的声誉有助于其巩固市场地位，为了蝇头小利而冒天下之大不韪是不值得的。但是，反过来看，在竞争激烈的市场中，由于发行人有权选择谁为其评级，短视行为仍有可能发生。另一方面，从发行人的角度看，假设它通过支付更高的费用向评级机构购买较高的评级，一旦投资者发现发行人的信用评级名不副实，即使发行人今后会寻找公正的评级机构，投资者也可能会不再信任它，从而影响其筹资能力。但是，如果评级机构和发行人认为其内幕交易绝不可能被投资者发现，或者即使被投资者发现，它们也可以将评级的名不副实归咎于意外情况的发生，那么评级机构仍有足够的激励去违反相关规定。因此，评级机构的行为取决于其成本收益的权衡，有时甚至掺杂政治因素。例如，在2008年的金融危机中，被评为A+级的雷曼兄弟公司的倒闭使得公众对评级机构和现行评级制度产生了极大的怀疑。许多国家和地区已经试图建立不同于美国模式的信用评级体系。

2. 美国监管当局对评级机构的审查和规范

完善评级市场，需要弄清楚造成现有市场高度垄断的原因，并且认清监管者的意愿，因为金融监管本身可能就是问题的根源。评级市场的兴起与美国的金融监管历史息息相关。在20世纪30年代，监管者开始要求银行（投资者）的债券投资决策需要关注评级机构对这些债券的评级。1936年，美国货币监督署（Office of Comptroller of Currency，OCC）要求银行持有的债券必须具有评级机构给出的投资等级，这项规则至今有效。类似的监管要求本质上是监管者将其监管职能委托给第三方评级机构，从而极大地巩固了评级机构的市场地位。20世纪70年代早期，美国证券交易委员会（United States Securities and Exchange Commission，SEC）决定，评级机构应该更多地服务于公众利益，上述投资者付费的商业模式随即被发行者付费的商业模式所取代。在1967—1970年间，美国证券市场发生多起证券经纪交易商财务和运营危机，于是美国证券交易委员会在1975年采取新的统一净资本规则，并要求经纪交易商资本水平与其资产组合中债券的评级相匹配。然而，对于应当关注哪些评级机构的评级这个问题，监管者从未有明确的说明。因此，出于防止借助虚假评级机构的评级来应付监管的情况出现，美国证券交易委员会设立了一个新的管制类别：全国认可统计评级机构（Nationally Recognized Statistical Rating Organization，NRSRO）。其认定标准包括：全国认可、充足的人员配备、系统性的评级方法、与发行人管理层的接触、完善的内部流程等。随即三大评级机构就得到了美国证券交易委员会管制类别的认可。其他金融监管机构也立即采用了这一管制类别，用于其所监管的金融机构。这再一次提升了这些评级机构的市场地位。

虽然在各方的施压下，美国证券交易委员会扩充了全国认可统计评级机构的成员，如表5-7所示；但是三大评级机构的垄断地位与实力已基本无人可动摇。事实上，美国证券交易委员会通过NRSRO降低了评级市场的竞争。《纽约时报》（*New York Times*）知名专栏作家Thomas Friedman早在1995年的一篇文章就指出，事实上，你几乎可以认为我们再次生活在两个超级大国的世界里，它们就是美国和穆迪。美国可以用炸弹摧毁一个国家，穆迪仅通过债券降级即可摧毁一个国家。这十分形象地说明了大型评级机构具有多么大的市场力量。在这种环境下，评级机构的经纪激励被扭曲。自2008年金融危机以来，大量研究认为信用评级业的利益导向问题非常明显，是助推金融危机爆发的重要原因之一。

表5-7 美国NRSRO成员及其被证券交易委员会认可的时间

NRSRO 成员	认可时间（年）
穆迪	1975
标准普尔	1975
惠誉	1975
多美年债券评级（Dominion Bond Rating Service）	2003
A. M. 贝斯公司（A. M. Best）公司	2005
日本信用评级（Japan Credit Rating Agency）	2007
评级与信息有限公司（Ratings & Information Ltd.）	2007
伊根-琼斯（Egan-Jones）公司	2007
雷斯（Reis, Inc.）	2008
实点公司（Real Point Inc.）	2008

资料来源：Acharya V, Engle R, Richardson M. Capital Shortfall: A New Approach to Ranking and Regulating Systemic Risks [J]. American Economic Review, 2012, 102 (3): 59-64.

3. 评级市场未来的发展展望

针对信用评级行业出现的问题，已有学者提出了诸多可能的解决方法。例如，Richardson 和 White（2009）提供了两种不同的策略：第一种策略是在现有发行者付费商业模式不变的条件下，由美国证券交易委员会成立专门部门，负责一个类似于撮合交易的结算平台。例如，想要获得评级的发行人登录此平台，要根据其所要发行证券的特征，估计出一个大概费用。然后，该部门从认证的评级机构中随机抽取一家机构，或者根据一定的条件筛选出一家机构来对此债务进行评级。这种方法的好处在于能够解决利益导向问题，并促进了竞争。不过监管者是否有足够的能力来筛选评级机构仍然是有待解决的问题。第二种策略是将评级机构重新推向市场，让金融机构有更多的空间去考察和选择它们认为合适的机构。

二、监管评级

监管评级是银行业非现场监管的重要内容，在整个监管流程中处于核心环节和基础性地位。监管评级的目的是对金融机构实施分类监管（以风险管理和合规管理为核心），其评级结果将成为各金融机构市场准入、业务资质、创新试点等的评估依据。一般监管部门负责相应的监管评级审定工作，同时每类金融细分行业均有相应的行业协会，行业协会则主要负责行业评级，服务于投资者。当然二者有时也会共用一套体系，如保险业和证券业等。

目前国际主流的监管评级体系包括 CAMELS 等评级体系，我国银保监会也于 2021 年 9 月正式发布了《商业银行监管评级办法》，用于增强监管评级工作的规范性和准确性，强化监管评级结果运用，引导商业银行进一步加强风险管理。

（一）CAMELS 评级体系

CAMEL 评级体系由 C——资本充足性（Capital Adequacy）、A——资产质量（Asset Quality）、M——管理质量（Management Quality）、E——盈利能力（Earnings）、L——资产流动性（Liquidity）5 个要素组成。这 5 个要素的首字母恰好构成了英文单词"camel"（骆驼），因而 CAMEL 评级体系又被俗称为"骆驼评级体系"。从 1991 年开始，美国联邦储备委员会及其他监管部门对骆驼评级体系进行了重新修订，增加了第六个评估内容，即市场风险敏感度，主要考察利率、汇率、商品价格及股票价格的变化，对金融机构的收益或资本可能产生不良影响的程度。市场风险敏感度（Sensitivity of Market Risk）用 S 为表示。增加第六个评估内容以后的新体系被称为 CAMELS 评级体系。

在运用 CAMELS 评级体系时，需要先对各要素进行评级，即为每一要素确定一个从 1 到 5 级的等级。其中，等级 1 为最好，等级 5 为最差。然后，对所有要素进行综合评级，并得出一个综合等级，它代表了最终的评级结果。这个最终结果也分为 1 到 5 级的等级。同样，等级 1 为最好，等级 5 为最差。

1. 资本充足性

资本充足性衡量的是资本相对于金融机构的稳健经营和持续发展，以及吸收非预期损失从而减轻风险的要求是否充足。具体来说，它主要衡量资本对资产的保障程度。

在 CAMELS 体系中，有两个资本的概念：一个是基础资本，它包括权益资本、盈余、留存收益和贷款损失准备；另一个是总资本，它等于基础资本加上长期次级债务。资本充足率的基本指标是基础资本与资产的比率。其中，资产是指资产负债表上列出的资产，没有考虑表外业务。用公式表示如下：

$$资本充足率 = \frac{基础资本}{资产} = \frac{权益资本 + 盈余 + 留存收益 + 贷款损失准备}{资产}$$

此外，在评价某金融机构的资本充足性时，除考察基础资本与资产的比率外，还要考虑问题贷款比重、盈利和管理质量以及业务发展情况等因素。

在综合考察以上因素后，监管当局就可以为金融机构的资本状况确定一个等级。若确定为 1 级，则表明该金融机构的资本十分充足，远远高于平均水平，同时管理质量十分令人满意，资产质量很高，盈利水平很好，业务发展风险得到了很好的控制；若确定为 2 级，则表明该金融机构的资本充足率令人满意，高出平均水平，资产质量较好，管理质量不错，目前的盈利水平可以继续保持，业务发展稳健；若确定为 3 级，则表明其资本充足率不够高，低于平均水平，或即使基础资本与资产的比率并不太低，但问题贷款太多或该金融机构在近期内准备大幅度地扩展业务；若确定为 4 级，则说明了该金融机构的资本明显不足，或有大量的问题贷款，盈利和管理质量不够好，业务发展过快；若确定为 5 级，则表明该金融机构的资本十分不足，这种不足或是由于资本总量不足，或是由于资本与资产的比率过低，或是由于风险资产的比率过大。

虽然在 CAMELS 体系中，考虑到了资产的风险性（体现在对问题贷款的分析上），但在资本充足率的构成中并没有体现出这一点，而是笼统地使用资产作为分母。这种做法的缺陷是，没有将具有不同风险特征的资产区别对待，为具有不同风险特征的资产准备不同的资本；此外，也没有考虑表外业务的影响；而巴塞尔委员会的资本充足率却弥补了这些缺陷。所以，现在 CAMELS 体系也参照巴塞尔委员会的做法，将资产的风险特征纳入资本充足率的构建中来。

2. 资产质量

资产质量是评价金融机构总体状况的一个重要方面。较低的资产质量会影响金融机构的经营活动、盈利能力和投资者与社会公众的信心。对金融机构资产质量的分析可以分为两个部分。第一部分是对金融机构信贷政策的定性评价，主要考察金融机构是否有充足且到位的信贷控制和风险管理政策，以避免或减少贷款违约风险、内部人交易以及贷款过度集中等现象的发生。之所以要分析金融机构的信贷政策，是因为它在很大程度上决定了资产的质量。第二部分则是对资产质量的定量分析。这里，我们将重点讨论资产质量的定量分析。由于贷款是金融机构，特别是银行的最主要资产，我们将从贷款质量的角度来分析金融机构的资产质量。

在 CAMELS 体系中,通常将金融机构的贷款按风险程度分为四类——正常、次级、可疑和损失,后三类被称为问题贷款。首先将问题贷款按权重加总,其中次级贷款为 20%,可疑贷款为 50%,损失贷款为 100%。其次,用加权的问题贷款除以基础资本,从而得到加权问题贷款与基础资本之比,即

$$\frac{加权问题贷款}{基础资本} = \frac{次级贷款 \times 20\% + 可疑贷款 \times 50\% + 损失贷款 \times 100\%}{权益资本 + 盈余 + 留存收益 + 贷款损失准备}$$

最后,根据该比率对金融机构进行评级。若该比率小于或等于 5%,则将金融机构的资产质量评为 1 级,表明其资产质量很高,风险很小;若该比率在 5% 至 15% 之间,则评为 2 级,表明资产质量令人满意,管理质量较好,其他方面无明显问题;若该比率在 15% 至 30% 之间,则评为 3 级,表明资产质量不太令人满意,存在相当程度的问题;若该比率在 30% 至 50% 之间,则评为 4 级,表明贷款存在严重问题,管理质量较差,贷款过于集中;若该比率高于 50%,则评为 5 级,表明资产质量极差,金融机构很可能在近期倒闭。

另外,在评价金融机构资产质量的时候,还应该考虑以下指标:贷款增长率、不良贷款(Non-Performing Loan,NPL)比率及其增长率等。贷款增长率的迅猛增加可能预示着资产质量的恶化。不良贷款一般指逾期 90 天以上的贷款,NPL 比率是不良贷款占总贷款的比重。通过对 NPL 比率及其增长率的分析,可以看出不良贷款的相对比例和变化。

3. 盈利能力

除非在特殊情况下,金融机构和其他公司一样,必须通过取得足够的盈利来生存和发展。利润使金融机构可以通过留存收益来构筑内部资本,吸引外部资金,克服经济危险和金融危机。

前面我们已经介绍过两个可以用来衡量金融机构盈利能力的基本指标:资产收益率(ROA)和股权收益率(Return on Equity,ROE)。资产收益率衡量的是净利润占总资产的比重。它表明利用总资产获取利润的有效程度。股权收益率衡量的是权益资本产生的利润率。它对股票投资者有着特殊的意义,因为对于他们来说,这意味着投资的回报率。

由于人们很容易控制股权收益率,因而在对金融机构进行分析时,应更侧重于采用资产收益率。而在 CAMELS 模型中,通常使用的是一个类似 ROA 的比率——平均资产收益率(Rate of Return on Average Assets,ROAA)。

$$ROAA = \frac{净利润}{\left(\dfrac{当期资产 + 上一期资产}{2}\right)}$$

除了分母为去年和今年资产的平均值,ROAA 与 ROA 完全相同。采用平均资产,

是为了降低资产在过去一年的较大变化所造成的扭曲。这样，资产收益率的长期趋势就更加明显。注意，在计算 ROAA 时，平均资产可以按月或者任意一个时期计算。不过金融机构一般不会公布资产的月度数据，因此按年度计算的 ROAA 是最可行的。此外，由于在 CAMELS 模型中我们考虑的是金融机构经常性的盈利能力，所以在计算中一般将非常项目取得的利润排除在外，例如出售固定资产的收益。

在 CAMELS 评级体系中，一般情况下，盈利能力被评为 1 级或 2 级的金融机构的 ROAA 大多在 1% 以上；盈利能力被评为 3 级或 4 级的金融机构的 ROAA 在 0 至 1% 之间；盈利能力被评为 5 级的金融机构的 ROAA 基本上为负数。当然，在评定盈利状况时，还要考虑其他因素，如过去几年的 ROAA 的走势和预期的变化趋势等。

4. 流动性

很多关于金融机构分析的案例都表明，缺乏流动性是造成大多数金融机构倒闭的直接原因。事实上，对流动性进行准确定义并不容易。流动性风险包括融资成本上升的风险、不能兑付储户取款要求的风险、不能在到期日对其他债务进行偿付和不能以合理的成本及时清算头寸的风险。金融机构的流动性管理政策旨在保证金融机构有足够的可用资金来满足其经营需要，并使金融机构符合监管当局的要求。

以下比率是衡量金融机构流动性的常用指标。

（1）净贷款与总存款之比。

$$净贷款与总存款之比 = \frac{净贷款}{总客户存款 + 同业存款} \times 100\%$$

该比例是对整体流动性的基本衡量。它表明储户的资金在多大程度上被放贷所冻结。其中，净贷款等于贷款减去贷款损失准备。

（2）净贷款与客户存款之比。

$$净贷款与客户存款之比 = \frac{贷款}{客户存款} \times 100\%$$

这是对流动性的一个更精确的衡量，因为该比例考虑的是净贷款与核心存款——客户存款的比例，而不像上一个比例那样考虑的是金融机构存款。

（3）贷款与稳定资金之比。

$$贷款与稳定资金之比 = \frac{净贷款}{稳定资金} \times 100\%$$

这一比率更好地衡量了金融机构的流动性。它考察的是金融机构的稳定资金在多大程度上被用于放贷。稳定资金指的是客户存款、官方存款、中长期负债和自有资金的总和。

除了上述比率，我们在分析金融机构流动性时，还可以考虑客户存款占总存款的比重、流动性资产占总资产的比重、准流动性资产占总资产的比重等指标。另外，还要对金融机构的规模、市场环境、管理风格等因素进行考察。因为只考虑流动性指标，容易被经过粉饰的财务指标欺骗。

若金融机构的流动性评级为 1 级，说明它有充足的流动性，能够以较低的成本随时筹资；若被评为 2 级，说明流动性比较充足；若被评为 3 级，说明流动性不足；若被评为 4 级，说明流动性方面有相当大的问题；若被评为 5 级，则说明完全没有流动性，随时都有可能倒闭。

5. 管理质量

管理质量是非常重要但又难以量化和预测的因素。尽管某些定量指标可以用来评估管理质量，但是最终分析管理的工作是定性和主观的活动。评估管理质量的方法通常有间接和直接两种方法。

（1）评估管理质量的间接方法。

我们可以通过了解被评估的金融机构的起源、历史、公司文化、目前的业务范围以及未来的目标和计划来间接地评价其管理质量。比如，我们可以从以下几个方面了解被评估金融机构的整体情况：

· 该金融机构的历史如何？它的主要业务是什么？

· 它是全球性的金融机构还是主要在国内开展业务的金融机构？它在行业内的地位如何？

· 管理层认为该金融机构的核心竞争力是什么？

· 它的战略规划是什么？它是怎样形成自己的战略的？

· 目前的所有权结构是什么——它是由单一股东控股还是大部分股票掌握在公众手中？

通过这些问题，我们可以了解该金融机构在行业内的地位和其管理层的能力以及管理哲学。我们还可以从年报、董事长和总裁的声明和其他渠道了解一些相关的信息。

（2）评估管理质量的直接方法。

尽管某些定量指标不容易确定，但是它们是评估管理人员能力的有益指标，因而不容忽视。这些指标包括管理人员的受教育程度、工作年限、薪金等。

另外，我们还可以考察以下因素：该金融机构的公司章程、员工招聘计划、对管理人员的激励计划、公司政策的宣传与执行等。

总之，管理的评估更多是一门艺术而不是科学。这不仅需要对金融机构进行考察，更重要的是要运用自己的经验使得分析结果能最贴近金融机构的实际管理质量和状况。

同样，我们可以将金融机构的管理质量分为 5 个等级。1 级的管理质量最高，管理者有充分的能力解决可能出现的问题；若被评为 2 级，说明管理方面只存在一些小的问题，并不妨碍管理者对金融机构的有效管理；若被评为 3 级，表明现在虽不存在大的问题，但却潜伏着相当大的危机；若被评为 4 级，则说明该机构的管理质量相当差，管理人员没有正确决策的能力；若被评为 5 级，则表明管理者素质极差，完全没有决策能力，只有更换管理人员，才能改变目前的局面。

6. 市场风险敏感度

市场风险敏感度主要采用 VaR 模型进行度量，考察银行利率风险管理能力和汇率应变能力，考察银行资产、负债的市场价值及资本净值情况等。如前所述，VaR 的度量方法主要包括方差－协方差法、历史模拟法和蒙特卡罗模拟法，通过 VaR 模型考察利率、汇率、商品价格及股票价格的变化对银行等金融机构的收益或资本可能产生不良影响的程度。

7. 评估报告

在对各要素进行分析和评级后，还要综合所有要素，并结合其他可利用的信息，对金融机构进行综合评级，即对上述 6 个方面进行综合评价。综合评级的方法有两种：一种是简单认定，即将上述 6 个方面简单平均，得出最后级别。另一种更为普遍的方法是加权认定，即在进行综合评级时，可以按各要素的重要程度，赋予每一要素不同的权重，得到一个加权的综合评级结果。

同样，综合评级也分为 5 级。1 级表明该金融机构经营状况非常好，远远高出平均水平；2 级表明经营状况令人满意，略高于平均水平；3 级表明经营状况处于中等或略低于平均水平，同时存在某些方面的缺陷，若不及时纠正，可能会导致较为严重的后果；4 级表明经营状况较差，显著低于平均水平，存在某些严重的问题，若不立即解决，会威胁该金融机构的生存；5 级表明经营状况很差，存在相当严重的问题，若不立即采取挽救措施，金融机构很有可能在近期倒闭。

综合评级完成以后，最后一步是撰写检查评估报告。评估报告一般要分别送交银行监管部门、被评估银行董事会。该报告一般分为三部分。第一部分阐述评估中发现的问题，及对问题的看法与评价；第二部分对银行进行全面分析，详细列举各种数据、比率，以及对这些数据与比率的分析与评价；第三部分对银行经营管理质量及管理人员素质进行评价，指出应当采取的措施。第三部分往往属保密资料，只供监管部门内部使用和掌握。

(二) 中国的监管评级体系及相关法规

对监管机构而言，监管评级有助于其实施分类监管、有效监管和差异化监管，而问题金融机构、高风险金融机构等概念均源于监管评级。对金融机构而言，通过监管评级更能明晰政策导向，推动自身发展更为稳健。特别是，监管评级往往会涉及金融机构的业务拓展广度和深度，毕竟监管评级结果通常会与各金融机构市场准入、业务资质、创新试点等挂钩。

1. 中国金融机构监管评级整体框架

一般情况下，监管部门负责相应的监管评级审定工作，行业协会则主要负责行业评级（结果通常会对外公开）。当然二者有时也会共用一套体系。

目前中国金融机构的监管评级体系包括：适用于银行类金融机构的监管评级与行业评级，以及适用于银行业、保险业、证券业、期货业、信托业、消费金融公司、企业集团财务公司以及非银行支付机构的监管评级体系，具体如表 5 – 8 所示。

表 5-8 各类金融机构监管评级与行业评级体系

	监管评级	行业评级	其他
银行业 金融机构	央行自 2017 年年底开始启动对银行业金融机构的评级工作，并通过历年发布的《中国金融稳定报告》披露相关评级结果。评级对象包括商业银行、开发性银行、政策性银行、村镇银行、农村合作银行、农信社、企业集团财务公司、金融租赁公司、汽车金融公司、消费金融公司等银行业金融机构		
银行业	2021 年 9 月银保监会发布的《商业银行监管评级办法》，充分借鉴国际通用的 CAMELS 评级体系	中国银行业协会 2015 年正式推出的"陀螺"（GYROSCOPE）评价体系，成为银行的行业评级体系	2019 年 11 月 29 日银保监会发布《银行保险机构公司治理监管评估办法（试行）》
保险业	2015 年 8 月原保监会印发《保险公司经营评价指标体系（试行）》		
证券业	2020 年 7 月 10 日证监会发布修订的《证券公司分类监管规定》		
信托业	2016 年 12 月原银监会发布的《信托公司监管评级办法》成为监管评级框架	信托业协会于 2015 年 12 月发布的《信托公司行业评级指引（试行）》及配套文件，简称包括资本实力（Capital Strength）、风险管理能力（Risk Management）、增值能力（Incremental Value）、社会责任（Social Responsibility）在内的"短剑"（CRIS）体系	
金融 租赁公司	参照商业银行的监管评级体系		
消费 金融公司	2020 年 12 月 30 日银保监会发布的《消费金融公司监管评级办法（试行）》		
企业集团 财务公司	2007 年 11 月 10 日原银监会发布的《企业集团财务公司风险评价和分类监管指引》成为评级体系框架	2015 年 5 月 31 日中国财务公司协会发布的《企业集团财务公司行业评级办法（试行）》成为评级体系框架	
非银行 支付机构	主要依据 2016 年 4 月央行下发的《非银行支付机构分类评级管理办法》	主要依据 2017 年 7 月中国银联业务管理委员会发布的《银联网络非银行支付机构业务评价办法》	
期货公司	2019 年 2 月证监会发布修订《期货公司分类监管规定》		

资料来源：各类金融机构监管评级体系大全（2021 年版）[EB/OL]. (2021-09-26) [2022-01-17]. https://new.qq.com/rain/a/20210926a02tc200.

2. 商业银行评级要素的构成以及评级结果的确定

2021 年 9 月银保监会正式发布了《商业银行监管评级办法》（取代了 2005 年 12 月的《商业银行监管评级内部指引（试行）》以及 2014 年发布的《商业银行监管评级内部指引》），成为银行业金融机构，特别是商业银行监管评级的指导性文件。

（1）评级要素的构成及权重。

中国的商业银行监管评级充分借鉴了国际通用的 CAMELS 评级体系。2014 年原银监会 24 号文在 CAMELS 体系的基础上，确立了 6 个评级因素，如表 5-9 所示。

表 5-9 《商业银行监管评级内部指引》明确的 6 个要素维度内涵

评级因素	定量指标（60%）	定性因素（40%）
C：资本充足性	资本充足率	银行资本构成和质量
		银行整体财务状况及其对资本的影响
	核心资本充足率	资产质量及其对资本的影响
		银行进入资本市场或通过其他渠道增加资本的能力
		银行对资本的管理情况
A：资产质量	不良贷款率或不良资产率	不良贷款和其他不良资产的变动趋势及其对银行整体资产安全状况的影响
	正常贷款迁徙率	贷款行业集中度以及对银行资产安全状况的影响
	次级贷款迁徙率	贷款风险管理的政策、程序及其有效性
	可疑类贷款迁徙率	贷款风险分类制度的健全性和有效性
	单一集团客户授信集中度或授信集中度	保证贷款和抵（质）押贷款及其管理状况
	全部关联度	贷款以外其他资产风险管理状况
	贷款损失准备充足率或资产损失准备充足率	
M：管理质量	公司治理的基本结构、决策机制、执行机制、监督机制以及激励约束机制	
	内部控制环境、风险识别与评估、内部控制措施、信息交流与反馈以及监督评价与纠正	
E：盈利能力	资产利润率	银行的成本费用和收入状况以及盈利水平和趋势
	资本利润率	银行盈利的质量，以及银行盈利对业务发展与资产损失准备提取的影响
	成本收入比率	财务预决算体系、财务管理的健全性和有效性
	风险资产利润率	
L：流动性状况	流动性比例	资金来源的构成、变化趋势和稳定性
	核心负债依存度	资产负债管理政策和资金的调配情况
	流动性缺口率	流动性的管理情况
	人民币超额备付金率	银行以主动负债形式满足流动性需求的能力
	（人民币、外币合并）存贷款比例	管理层有效识别、监测和调控银行头寸的能力

(续表)

评级因素	定量指标（60%）	定性因素（40%）
S：市场风险敏感度	利率风险敏感度	董事会和高级管理层的监控
		市场风险管理政策和程序
	累计外汇敞口头寸比例	市场风险识别、计量、监测和控制程序
		内部控制和外部审计
O：其他项	银行经营的外部环境，银行的控股股东，银行目前的客户群体和市场份额情况，银行及其关联方涉及国家行政机关调查、法律诉讼、法律制裁等情况，国际、国内评级机构对银行的评级情况，新闻媒体对商业银行报道	

资料来源：各类金融机构监管评级体系大全（2021年版）[EB/OL]. (2021-09-26) [2022-01-17]. https://new.qq.com/rain/a/20210926a02tc200.

2021年中国银保监会发布的《商业银行监管评级办法》结合当前银行风险特征和监管重点，更新规定商业银行监管评级共包括九大要素，即资本充足性（15%）、资产质量（15%）、公司治理与管理质量（20%）、盈利能力（5%）、流动性状况（15%）、市场风险敏感度（10%）、数据治理（5%）、信息科技风险（10%）、机构差异化要素（5%），相关要素的权重如表5–10所示。

表5–10 《商业银行监管评级办法》中相关要素的权重

要素	权重
C：资本充足性	15%
A：资产质量	15%
M：公司治理与管理质量	20%
E：盈利能力	5%
L：流动性状况	15%
S：市场风险敏感度	10%
信息科技风险	10%
数据治理	5%
机构差异化要素	5%

资料来源：根据《商业银行监管评级办法》（银保监发〔2021〕39号）整理而得。

39号文相较于24号文，对银行的评级要素进行了以下优化：一是突出公司治理的作用，将"管理质量"要素修改为"公司治理与管理质量"，加大对银行机构公司治理状况的监管关注，引导银行将改进公司治理作为防范化解风险的治本之策。二是强调数据治理的重要性，增加"数据治理"要素，把数据真实性、准确性、完整性作为评判银行风险管理状况的基础性因素，加大数据治理监管力度。三是合理体现机构差异化状况，增加"机构差异化要素"，以充分反映不同类型银行机构的风险特征，据此实施差异化监管。

（2）监管评级结果的分档。

监管评级指标得分由监管人员按照评分标准评估后结合专业判断确定。评级要素得分为各评级指标得分加总。根据分级标准，以评级综合得分确定监管评级初步级别和档次，在此基础上，结合监管评级调整因素形成监管评级结果。

监管评级结果应当作为衡量商业银行经营状况、风险管理能力和风险程度的主要依据。如表5-11所示，商业银行监管评级结果分为1至6级和S级，其中，1级进一步细分为A、B两个档次，2至4级进一步细分为A、B、C三个档次。评级结果为1至6级的，评级越高，表明机构风险越大，需要越高程度的监管关注。

①只有评级结果为1级的银行，才可以豁免相应的监管；
②整体上看，评级为1至2级的银行整体上是比较好的；
③评级为3级（含）以上的银行业金融机构存在风险；
④评级为5级和6级的银行业金融机构均为高风险机构；
⑤正处于重组、被接管、实施市场退出等情况的商业银行经监管机构认定后直接列为S级，不参加当年监管评级。

表5-11 《商业银行监管评级办法》得分档次及评级结果说明

评级结果	分档	评级得分	评级结果说明
1级	1A	[95分, 100分)	表示银行在各方面都是健全的，发现的问题较轻且能够在日常运营中解决，具有较强的风险抵御能力
	1B	[90分, 95分)	
2级	2A	[85分, 90分)	表示银行基本是健全的，风险抵御能力良好，但存在一些可以在正常运行中得以纠正的弱点，若存在的弱点继续发展可能产生较大问题
	2B	[80分, 85分)	
	2C	[75分, 80分)	
3级	3A	[70分, 75分)	表示银行存在一些明显的弱点，风险抵御能力一般，勉强能够抵御业务经营环境的大幅变化，但存在的弱点若不及时纠正很容易导致经营状况劣化，应当给予监管关注
	3B	[65分, 70分)	
	3C	[60分, 65分)	
4级	4A	[55分, 60分)	表示银行存在的问题较多或较为严重，并且未得到有效处理或解决，需要立即采取纠正措施，否则可能损害银行的生存能力并引发倒闭
	4B	[50分, 55分)	
	4C	[45分, 50分)	
5级		[30分, 45分)	表示银行业绩表现极差，存在非常严重的问题，需要采取措施进行风险处置或救助，以避免产生倒闭的风险
6级		30分以下	表示银行存在的问题极度严峻，可能或已经发生信用危机，严重影响银行消费者和其他客户的合法权益，或者可能严重危害金融秩序，损害公众利益
S级		正处于重组、被接管、实施市场退出等情况的商业银行	

资料来源：根据《商业银行监管评级办法》（银保监发〔2021〕39号）整理而得。

3. 监管当局的自由裁量权以及所能采取的监管措施

(1) 监管机构的自由裁量权。

在确定初步级别和档次的基础上，监管机构有权进行相应调整，即监管机构在 5 种情形下有一定的自由裁量权，具体如表 5 - 12 所示。值得关注的是，对于风险化解明显不力、重要监管政策和要求落实不到位的机构，监管评级应不高于最近一次监管评级结果。

表 5 - 12　监管机构自由裁量权的具体情形

具体情形	评级结果
核心监管指标不满足最低监管要求或在短期内发生重大不利变化的	监管评级结果应为 3 级或以下
党的建设严重弱化、公司治理存在严重缺陷，发生重大涉刑业内案件、财务造假、数据造假问题严重，被采取重大行政处罚、监管强制措施，重大舆情应对严重不当等	
无法正常经营，出现信用危机，严重影响银行消费者和其他客户合法权益及金融秩序稳定的	5 级或 6 级
风险化解明显不力、重要监管政策和要求落实不到位的	监管评级不高于最近一次监管评级结果
正处于重组、被接管、实施市场退出等情况的商业银行	经监管机构认定后直接列为 S 级

对综合评级结果的监管差异

评级结果	监管措施
对综合评级结果为 2 级和 3 级的银行	按照监管投入逐步加大的原则，适当提高非现场监管分析与现场检查的频率和深度，并可依法采取下列措施和行动：监管谈话，督促控制风险较高、管理薄弱领域业务增长和风险敞口，在市场准入上采取一定的监管措施等
对综合评级结果为 4 级的银行	除可采取上述监管措施和行动外，还应区别情形依法采取下列措施和行动：控制资产增长，要求补充资本，要求补充流动性，责令限期整改，责令暂停部分业务，停止批准开办新业务，限制分配红利，限制资产转让，责令控股股东转让股权或限制有关股东的权利，责令调整董事、高级管理人员或限制其权利，停止批准增设分支机构等
对综合评级结果为 5 级的银行	在采取上述监管措施和行动的基础上，应制定实施风险处置方案
对综合评级结果为 6 级的银行	监管机构还可视情况依法安排重组、实行接管或实施市场退出

(续表)

	对单项要素评级结果的监管差异
评级结果	监管措施
对于评级结果为2级及以下的单项要素	应当持续关注，研判变化趋势和可能出现的问题
对于评级结果为3级及以下的单项要素	应当加强对被评级银行该要素的非现场监管，并视情况对该要素进行现场核查或专项现场检查
对于评级结果为4级及以下的单项要素	应当视情况督促被评级银行制定改善该要素风险状况的计划，并在监管机构监督下实施
对于评级结果为5级和6级的单项要素	应当视情况对被评级银行依法采取限制业务准入、督促控制业务增长和风险敞口等监管措施和行动

资料来源：各类金融机构监管评级体系大全（2021年版）［EB/OL］．（2021-09-26）［2022-01-17］．https://new.qq.com/rain/a/20210926a02tc200.

（2）监管机构依据评估结果所能采取的监管措施。

监管机构可根据评级结果的差异，采取不同的监管举措。一般根据评级档次的高低，按照监管投入逐步加大的原则，适当提高监管力度。目前来看，只有评级结果为1级的银行，才可以豁免相应监管。

（3）监管评级结果的使用要求。

监管评级结果原则上仅供监管机构内部使用，且不得将监管评级结果向无关人员提供，不得出于广告、宣传、营销等商业目的或其他考虑对外披露。

4. 相关监管评级结果的级别限制规定和动态调整机制

为确保对银行具有重要影响的突发事件和不利因素得到及时、合理的反映，39号文实施评级结果级别限制规定和动态调整机制。一方面，设置评级结果级别限制规定。对于核心监管指标不满足"底线性"监管要求，如出现党的建设严重弱化、公司治理严重不足、发生重大涉刑案件、财务或数据造假问题严重等重大负面因素严重影响机构稳健经营、风险化解明显不力、重要监管政策和要求落实不到位等情况的银行，监管机构可以对按评级要素打分得出的评级初步结果进行调整，限制评级结果的级别。另一方面，设置评级结果动态调整机制。在年度评级之间，对于风险或管理状况发生重大变化的银行，监管机构在充分事前评估、制定完善工作方案的基础上，可按照规定程序对银行最近一次监管评级结果进行动态调整，增强监管评级的时效性和敏感度，为及时、有效地采取相应监管措施提供依据。

5. 监管评级现况及相关问题

2021年1月,银保监会发布了《2020年银行保险机构公司治理监管评估结果总体情况》,涉及金融机构共计1792家(商业银行1605家、保险机构187家)。从评级结果来看,A级为1家、B级为374家(占比为20.87%)、C级为1026家(占比为57.25%)、D级为209家(占比为11.66%)以及E级为182家(占比为10.16%)。相关金融机构公司治理评估体系及监管措施如表5-13所示。

表5-13 银行保险机构公司治理评估指标体系

评估指标	评估指标说明
合规性评价	主要考查银行保险机构公司治理是否符合法律法规及监管规定,监管部门对相关指标逐项评价打分
有效性评价	重点考察银行保险机构公司治理机制的实际效果,主要关注存在的突出问题和风险。监管部门在合规性评价基础上对照有效性评价指标进行扣分;对银行保险机构改善公司治理有效性的优秀实践可予以加分
重大事项调降评级	当机构存在公司治理重大缺陷甚至失灵情况时,监管部门对前两项综合评分及其对应评估等级进行调降,形成公司治理监管评估结果

银行保险机构公司治理评估结果及监管措施

评级结果	评级得分	评级结果说明	监管措施
A级(优秀)	[90分, 100分)	表明相关机构公司治理各方面健全,未发现明显的合规性及有效性问题,公司治理机制运转有效	不采取特别监管措施
B级(较好)	[80分, 90分)	表明相关机构公司治理基本健全,同时存在一些弱点,相关机构能够积极采取措施整改完善	应关注公司治理风险变化,并通过窗口指导、监管谈话等方式指导机构逐步完善公司治理
C级(合格)	[70分, 80分)	表明相关机构公司治理存在一定缺陷,公司治理合规性或有效性需加以改善	除可采取对B级机构的监管措施外,还可视情形依法采取下发风险提示函、监管意见书、监管措施决定书、监管通报,责令机构对相关责任人予以问责,要求机构限期整改等措施
D级(较弱)	[60分, 70分)	表明相关机构公司治理存在较多突出问题,合规性较差,有效性不足,公司治理基础薄弱	除可采取对C级机构的监管措施外,还可采取责令调整相关责任人、责令暂停部分业务、停止批准开办新业务、停止批准增设分支机构、限制分配红利和其他收入等监管措施

(续表)

银行保险机构公司治理评估结果及监管措施

评级结果	评级得分	评级结果说明	监管措施
E级（差）	(0分，60分)	表明相关机构公司治理存在严重问题，合规性差，有效性严重不足，公司治理整体失效	除可采取D级机构的监管措施外，还可以对机构及责任人进行处罚

资料来源：各类金融机构监管评级体系大全（2021年版）[EB/OL]. (2021-09-26)[2022-01-17]. https://new.qq.com/rain/a/20210926a02tc200.

此外，根据《中国金融稳定报告（2021）》披露的信息来看：

大型银行、外资银行、民营银行的评级结果较好，无高风险机构；

130家参评的城商行中，10%（即13家）为高风险机构；

122家村镇银行为高风险机构，271家农村金融机构（含农商行、农合行和农信社）为高风险金融机构；

从区域分布来看，浙江、福建、江西以及上海等地区辖内无高风险机构，辽宁、甘肃、内蒙古、河南、山西、吉林、黑龙江等地区高风险机构数量较多。

三、内部评级

除外部机构评级外，对信用风险评级的另一种常用方法是内部评级方法。内部评级方法指银行以实践经验为基础构建内部评级体系，对每个贷款人或贷款项目进行评级，再利用评级结果去估算贷款的违约率和违约损失率。其中，债务人评级反映的是借款人在正常经济状况下违约的可能性；贷款项目评级则反映每笔贷款本金和利息的预期损失。

（一）内部评级方法与基本步骤

1. 内部评级方法

内部评级方法的主要功能，通过给债务人确定风险等级，评估贷款损失的可能性和损失率，以保证贷款分配的质量和安全；为计算资本要求和贷款准备金提供依据和方法；为监管者提供有价值的监管依据和思路等。

现代内部评级方法力图将每笔贷款、信用、资产组合的质量状况予以量化，并尽可能把银行账户上的所有风险因素都纳入某个统一的框架或模型中，以保证评级结果的准确性、可信性、权威性。表5-14列出了一个基本的风险评级体系。其中风险评级为0主要反映政府债务，1-5级为投资级别，6-12级为投机级别。每个级别对应着相应的风险程度。

表 5–14 基本的风险评级体系

风险	风险评级	对应的标准普尔公司或穆迪公司评级
主权债务	0	无对应
低风险	1	AAA
低风险	2	AA
低风险	3	A
中等风险	4	BBB+/BBB
中等风险	5	BBB–
中等风险	6	BB+/B
中等风险	7	BB–
高风险	8	B+/B
高风险	9	B–
高风险	10	CCC+/CCC
高风险	11	CC–
高风险	12	发生违约

资料来源：科罗赫，加莱，马克. 风险管理 [M]. 曾刚，罗晓军，卢爽，译. 北京：中国财政经济出版社，2005.

2.《巴塞尔协议》信用评级的标准法和内部评级法

《巴塞尔协议》按照进阶要求，把信用风险内部评级分为内部评级的初级法、标准法和高级法，并明确规定：在计算信用风险时，普通商业银行可以使用初级法和标准法，风险管理水平高的国际大型商业银行才能使用内部评级的高级法。

（1）标准法。

所谓标准法是指基于商业银行资产的外部评级结果，以标准化方式度量信用风险，其使用对象是业务复杂程度不高的商业银行。标准法的基本框架包括以下方面。

①将商业银行的信贷资产（债权）分为对主权国家的债权、对一般商业银行的债权、对公司的债权、包括在监管零售资产中的债权、以居民房产抵押的债权、表外债权等 13 类。

②按监管标准或外部信贷评估机构的评估，借款人被分为 5 类风险权重（0、20%、50%、100%、150%）。对主权、商业银行、公司的债权等非零售类信贷资产，根据债务人的外部评级结果分别确定权重。零售类资产根据是否有居民房产抵押分别给予 75%、35% 的权重，表外信贷资产采用信用风险转换系数转换为信用风险暴露。

③允许商业银行通过抵押、担保、信用衍生工具等手段进行信用风险缓释（Credit Risk Mitigation，CRM），降低单笔债项的信用风险暴露额。

（2）内部评级法。

内部评级法是商业银行量化信用风险的所有内部方法（模型）的总称。内部评级指商业银行根据内部数据和完备的评级标准,对银行客户的信用风险及债项的交易风险进行评价,并估计违约概率及违约损失率,作为信用评级和分类管理的标准。内部评级通常有三种常见方法:定量的统计模型评级法、定性的专家评级法以及定量与定性相结合的评级方法。银行在开发自己的评级方法的同时,也非常注重将内、外部评级结果相互映射并进行综合分析,从而更好地进行信贷决策和风险管理。

作为商业银行识别和量化信用风险的核心技术,内部评级法可用于监管资本的测算、经济资本的测算和配置,并可在信贷审批、贷款定价、限额管理和风险预警等信贷管理中发挥辅助决策作用。同时,内部评级还是银行风险管理绩效考核的重要基础。所以,内部评级系统的建立、完善及其实施可作为商业银行风险管理水平高低的判断标准。

《巴塞尔协议Ⅱ》规定的内部评级框架由5个方面组成:风险类别、风险要素、风险权重、最低标准、监管当局的检查。其中,前四个要求的含义有如下解释。

①风险类别。《巴塞尔协议Ⅱ》规定,依据不同的授信信用风险特征,银行必须将银行账面上的敞口归为广义的六类敞口之一:公司、主权、银行、零售、项目融资和股权。

②风险要素。任一资产的风险要素包括:违约概率、违约损失率、期限、违约风险敞口。

《巴塞尔协议Ⅱ》规定的基本方法要求监管当局给定违约损失率、违约风险敞口和期限,银行自行估算违约概率,相关信用风险内部评级的基本框架如图5-3所示。如果商业银行自己估算风险要素,即视为达到内部评级的水平,但必须经监管当局确认后才可以实施。这里,银行在分析风险要素的过程中,会采取与评级机构相似的行为,即对借款人进行全面调查,除收集借款人的财务信息外,还会考虑定性因素,并对行业、区域、经济周期等情况进行专门分析。

除此之外,初级法和标准法与高级法在计算公式及期限调整因子上也存在着一定差异,导致银行在计算风险加权资产及提取相应准备金方面存在显著差异。从结果来看,对风险控制较好的银行,采用高级法往往能比采用初级法和标准法减少必需的准备金提取,但对风险控制较差的银行,情况可能正好相反。

③风险权重。根据风险权重方程,将每一风险类别的一组风险要素转换为该风险类别的风险权重。内部评级法风险权重用风险暴露的违约概率、违约损失率以及期限的连续函数来表示,从而满足银行不同评级体系的要求,提高了风险敏感度。用 RWA 表示信用风险加权资产、K 表示风险权重,则有

$$RWA = K \times 12.5 \times EAD$$
$$K = LGD \times PD^* \times f(M,b)$$

其中,EAD(Exposure at Default)为违约风险显露,即可能发生违约风险的资金额度;LGD(Loss Given Default)为违约损失率;PD^* 表示考虑了资产类型的相关因素的压力

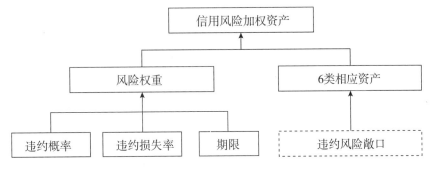

图 5-3 信用风险内部评级的基本框架

违约概率；$f(\cdot)$ 是期限 M 和期限调整因子 b 的函数。

④最低标准。最低标准指采用内部评级法须满足的最低标准。银行对于违约概率、违约损失率、违约风险敞口的内部估计都需要达到某些最低标准，才能使用内部评级法。

最后，《巴塞尔协议Ⅱ》明确要求商业银行的内部评级应基于二维评级体系，即客户评级和债项评级。通过客户评级、债项评级度量单一客户或债项的违约概率和违约损失率之后，商业银行还必须构建组合度量模型，用以度量组合内各资产的相关性和组合的预期损失。

3. 内部评级的主要步骤

内部评级主要有以下步骤。

第一步，估计借款人的财务状况，也称初始债务评级，是债务人评级的基础。

第二步，在初始债务评级的基础上，得到债务人评级。该部分需考虑的主要因素为借款人的管理能力、借款人在所从事行业中的绝对和相对地位、借款人财务信息的质量，以及国家风险。

第三步，在第二步的基础上进一步得到贷款项目的评级。该部分需考察的主要因素和程序如下：首先，核实第三方的支持情况；其次，考虑交易的到期日情况；再次，检查交易组织的可靠性；最后，对质押品的质量进行评估。

需要注意的是第二步和第三步都有可能造成初始债务评级的变动。

（二）内部评级程序

1. 初始债务级别的确定——财务评估分析

进行信用评级首先要明确评级对象，即债务人。债务人可以是某个借款人，也可以是一组借款人，在特定环境下也可以将担保人视为债务人。例如当担保人是国内或国际大型企业，其信用评级在 4 级或 4 级以上，属于投资级别，那么借款人的敞口就不再是一个有意义的风险因子，此时可将担保人视为债务人。

财务评估主要借助资产负债表、损益表和比率分析指标，对以下三个领域进行评估：一是收益和现金流；二是资产价值、流动性和杠杆比率；三是融资规模、灵活性及债务承担能力。表5-15列出了银行进行财务评估时经常使用的财务比率指标，表中的每项财务比率都可以向人们传达某种有用信息。例如，公司销售利润率就是盈利能力指标。

表5-15 银行在财务评估中经常使用的财务比率指标

类型	比率
经营业绩	息税前利润/销售收入
	净收入/销售收入
	实际有效税率
	净收入/净值
	净收入/总资产量
	销售收入/固定资产
偿债保障程度	税前利润/利息支付
	（活动现金流量 - 资本支出）/利息支付
	（活动现金流量 - 资本支出 - 股息）/利息支付
财务杠杆情况	长期债务量/资本总额
	长期债务量/有形净值
	总负债额/有形净值
	（总负债 - 长期资本）/长期资本
	其中，长期资本 = 总净值 + 优先股 + 次级债务
	流动负债/有形净值
流动性（变现速度）	流动比率
	速动比率
	存货/净销售收入
	存货/净流动资本
	流动负债/存货
	（原材料 + 半成品 + 产成品）/存货总量
应收款状况	应收款的期限：30天、60天、90天、90天以上
	应收款的平均收回期限

资料来源：Caouette J B, Altman E I, Narayanan P. Managing Credit Risk [M]. Hoboken, New Jersey：John Wiley and Sons, 1998.

表5-16给出了风险评级为4级的财务指标状况和描述。

表 5-16 风险评级为 4 级的财务评估

风险评级	收益、现金流	资产价值、流动性、杠杆融资比率	融资规模、灵活性、债务承担能力
4 级	·收益令人满意; ·现金流充足为正,相当稳定,并且有持续能力	·资产质量中等以上; ·流动性状态良好; ·杠杆融资情况好于一般水平; ·负债与资产的匹配状况良好	·进入资本市场的能力尚可(评级为 BBB + 或 BBB),在市场出现困难或某些经济情况下可能有偿付困难; ·能较容易找到其他融资渠道; ·银行债务适中,尚有较大余地

资料来源:科罗赫,加莱,马克.风险管理[M].曾刚,罗晓军,卢爽,译.北京:中国财政经济出版社,2005.

在进行风险评级时,先分别计算出这三个领域各自对应的风险评级,再得出总体风险评级,完成初始债务人的评级。具体来说,就是先得到这三个领域各自的评级,然后比较这三个评级的平均数与三个评级中的最差评级,总体风险评级与最差评级的差一般不应超过 1.0。

例如,三个领域评级结果分别为 1、1、4,其平均数为 2,但总体评级不能超过三个评级中最差评级 4 级高级,所以总体风险评级为 3 级而不是 2 级。若最差评级不是整数,例如为 4.5 级,则减 1 为 3.5 级,此时可根据实际状况选择 3 级或 4 级。对有些情况或行业来说,在得出总体风险评级时,三个领域中的权重可能不同,权重主要由分析人员的主观判断来确定。

在评估收益和现金流状况时,分析人员应把重点放在当年数据上,并适当关注前几年的数据。评估现金流时应采用最符合行业或企业特征的方法。在对周期性很强的行业中的企业评估时,应考虑业务周期性变化对财务数据的影响,适度调低上升时期的业绩,适度调高下降时的业绩;或者,可以使用行业标准对财务比率指标体系中的数量信息进行校准。这对准确得到该类企业的风险评级相当重要。因为准确、完整的财务比率指标体系可反映出债务人的盈利能力与利息支付能力、资本结构(即杠杆融资比率)状况、资产保障程度以及现金流量的充足性等特征。

在对债务人进行评级时,可以借助其资产负债表、损益表进行比率分析得出客户财务信息报告,其中比率分析可以进一步分为杠杆比率分析和清偿比率分析两个部分。风险分析人员通过对财务信息报告的分析,会对债务人的财务数据有一个大致判断,例如,通过分析杠杆比率(如总资产/股东权益)、清偿比率(如利息支付率)及其他重要财务分析指标就可得出财务状况分析结果。表 5-17 反映了标准普尔公司评级结果与财务比率的关系,由于内部评级与外部评级是相对应的,此表也能反映内部评级结果与财务比率的关系。

表 5-17 标准普尔各个评级所对应的财务比率

评级	杠杆比率（%）		清偿比率（乘数）	
	总债务/资本	有限债务/资本	EBITDA/利息	EBIT/利息
AAA	23	13	26.5	21.4
AA	38	28	12.9	10.1
A	43	34	9.1	6.1
BBB	48	43	5.8	3.7
BB	63	57	3.4	2.1
B	75	70	1.8	0.8
CCC	88	69	1.3	0.1

资料来源：科罗赫，加莱，马克. 风险管理 [M]. 曾刚，罗晓军，卢爽，译. 北京：中国财政经济出版社，2005.

2. 初始信用评级的调整——债务人评级

获得初始信用评级后，还要考虑各种因素对评级结果的影响，并对初始信用评级进行调整。对评级结果的初步调整是根据债务人的有关情况进行的，所以也是对债务人的评级，主要包括以下四个内容。

第一，管理和分析其他质量因素。这部分主要考虑一系列质量因素，以发掘借款人管理中隐含的一些问题。如果债务人达到了可接受的标准，这一步分析对初始评级无影响，但是如果没有达到就会使初始评级降低。这一步分析需要检验债务人的运营状况和管理状况，并进行评估经营环境和核实偿债情况等。在进行评估时，评估人员应关注管理技术和方法是否足以胜任企业的规模及其业务范围。包括检查企业的管理记录是否令人满意以及从业经验是否丰富；还需考察管理是否有足够的深度，例如是否存在系统的发展规划等；另外，还应考察企业管理人员是否会按照所有相关的管制和时间要求来进行管理。

第二，行业因素分析。行业因素分析首先是对债务人所处的行业类型进行分析、评级，从事不稳健行业的债务人违约的可能性相对较大。其次是对每个债务人在其所处行业中的相对地位进行分析、评级。这是判断债务人生存能力的重要指标，其重要性在经济不景气时尤为突出。最后，将债务人的行业类型分析、评级与行业内的相对地位分析、评级结合起来对初始信用评级进行调整，得到债务人的行业分析与评级。

对债务人所处行业类型分析、评级的主要程序如下：银行需要选出一些行业评估标准，各银行所选的标准可能不同，其中竞争力、贸易环境、管制框架、产业重组、技术变化、财务表现状况、影响需求的长期趋势、对宏观经济环境的敏感性是8个最常用的行业评价标准；然后，将每个标准都赋予0至5之间的分值，其中，1代表风险最小，5代表风险最大。不妨就以上述8个标准为例，8个标准的得分总和在8（最理想）至40（最不理想）之间，可以将这个总和转化为对债务人所处行业类型的分析、评级。例如，总和在8—11时行业评估值为1，总和在9—19时为2，在20—27时为3，在 27—35 时为 4，在 36—40 时评估值为 5。表 5 – 18 给出了一个对行业竞争力进行评估的例子。

表 5 – 18　某行业的竞争力评级分析

行业风险	最低 1	低 2	中 3	高 4	很高 5
竞争力分析	相关因素结合很好，使该行业极富竞争力	相关因素结合较好，使该行业竞争力比较强	相关因素结合一般，部分地削弱了该行业的竞争力	相关因素结合较差，使该行业竞争力比较低	相关因素结合很糟，使该行业竞争力极其低下

注：相关因素是指影响行业竞争力的因素，主要包括行业在成本结构、国际声誉、市场定位既定的情况下出售产品的潜在能力。

关于债务人在其行业内部的相对地位，一般是根据企业的相对竞争力进行评估。如果企业面对的是国际竞争，则在国际范围内评估其相对竞争力；如果企业面对的是国内或地区性竞争，则按相应的基础条件评估其相对竞争力，并应认识到其面对的竞争可能会加剧；如果企业位于某个地区，但并不面临本地区的竞争，则应通过和其他地区的生产商进行比较来评估，若这种状态持续存在，则应考虑这种市场的排他性所带来的好处。与对行业的评估类似，对债务人在行业中的相对地位评估一般分为四个等级，分别用 1—4 表示。评级为 1 的企业在相关市场上占有主导地位；评级为 2 的企业在相关市场上处于中偏上的地位；评级为 3 的企业处于中等或偏下的水平；评级为 4 的企业所处地位较低。

把行业评估与企业在行业中的相对地位评估结合起来，对一个企业或债务人做出综合评价。如果对行业评估和企业相对地位的评估较好，就无须对初始信用评级结果进行调整；如果对行业评估和企业相对地位的评估较差，就要对初始信用评级结果进行适当的降级处理。

第三，财务报表质量分析。与前两种分析类似，财务报表质量分析不会改进初始信用评级，而主要用于界定是否需要降低债务人的信用评级。如果财务报表质量分析结果良好，则初始信用评级不会改变；相反，如果不能达到某些标准，就需要降低初始信用评级。

银行在分析企业财务信息的质量和财务状况时，要考虑借款人的规模、财务报表的复杂性以及会计师事务所的规模和能力是否合适。也有一些例外情况，例如对那些大型国际公司的子公司来说，它们的财务报表需要并入母公司的财务报表进行分析。

第四，国家风险分析。这一步是根据具体国家的风险情况对初始信用风险评级结果进行调整。国家风险指交易对手或债务人因某种货币在可兑换性或可获得性方面存在限制而不能偿付债务的可能性。分析人员需要在深入考察微观和宏观经济因素的基础上，综合考虑一国政治和经济风险，并计算国家风险。

如果债务人全部或绝大部分现金流量都来自当地市场，那么可以不进行国家风险的分析。如果债务人在本地以外获得的现金流在总现金流中所占的比例超过既定比例（如25%），就可视为存在国家风险。如果债务人的现金流主要集中在硬通货，国家风险会大大降低。

如果债务人实力强大，那么主要体现在金融和产品交易上的短期国家风险可导致其获得比国家评级更高的评级，获取政治风险保险或类似保证亦可部分降低国家风险。与前几步类似，这一步的分析也是为了界定是否需要调低评级，而不会改进初始信用评级。表5-19列出了通过国家风险评估对初始评级的限定方法。

表5-19 国家风险评估对初始评级的限定

国家风险评级分类	对债务人评级的调整
极好、很好、好或较满意	无
普通	最好可能评级为5
有条件接受	最好可能评级为6
边际/恶化中	最好可能评级为7

资料来源：张金清. 金融风险管理［M］. 上海：复旦大学出版社，2009.

3. 初始信用评级的再调整——贷款项目的评级

对初始信用评级的再调整是针对具体贷款项目的评级，贷款项目的评级结果有可能高于也可能低于债务人评级。这部分主要考察该债务的第三方支持情况、期限、契约结构、质押等因素。

（1）第三方支持情况分析。在重要的第三方支持的情况下，应对债务人的评级进行适当调整，即调高或调低。如果在初始评级时就用担保人替换了借款人，那么这一步就可以省略。如果因为存在担保人而要提高项目评级，分析人员就应很慎重，必须确认在任何情况下第三方都会履行对债务人的支持。表5-20列出了分析人员一般需考虑的关于第三方支持的类型，其中个人担保或其他的个人支持或担保数量低于债务的100%的情况都不属于第三方支持的类型。分析人员一般会根据表5-20中第三方支持的各个类型的质量对债务人评级进行适当调整。

表5-20 关于第三方支持的类型分析表

第三方支持类型	类型描述	对评级的调整
担保	至少在债务清偿前持有100%"清洁担保"	无
保障合约[①]或承诺函	持有可以依法履行的保障合约	最好可能评级为5
支持意愿书[②]	担保人不愿意接受法律约束的情况下采用的一种形式	最好可能评级为6

注：①保障合约是指被分析人员认可的、势力强大的一方愿意为维护另一家公司的地位提供支持的合约。比如，一家母公司承诺将子公司的资产净值保持在某个既定水平以上。

②支持意愿书一般是应证券承销人的要求而提供的，目的是对提交证券交易委员会的注册报告中所包含的财务信息提供支持。这通常是母公司对其子公司的活动以及承诺义务提供的支持。不过，支持意愿书本身并不构成一项担保。

（2）期限分析。期限也是贷款项目必须关注的因素，一般情况下长期债务的风险大于短期债务的风险。分析人员会根据第三方支持调整后的评级结果与距到期日的期限，对项目评级进行进一步调整。

（3）契约结构分析。由于债务的目标和结构、借款人的地位、求偿的优先情况以及贷款项目特定的契约条款等因素都有可能对信贷项目产生正面或负面影响，因此调整评级结果时必须综合考虑上述因素。例如，某项债务可能因为期限较长而被调低评级，如果结构中含有很有利的条款以至于能降低期限的影响，则可对评级结果进行部分冲抵性调整。表5-21列出了可能影响评级结果的一些情况。

表5-21　结构调整情况与行动分析

结构调整内容	对评级的调整
条款优良：可通过违约条款有效地降低各种风险行为	如果条款能抵消（部分）风险，则可以调高债务评级
条款较差：没有制定合适的条款，或条款规定相当不严密。即使在环境急剧恶化时，违约条款也不能启动	调低评级
债务流动性高：易于进入市场流通	调高评级
贷款安全性较低：银行贷款的求偿权排在其他债权人之后	调低评级
公司组织：借款人严重依赖业务部门的现金流	调低评级

（4）质押分析。质押分析主要考察每一笔债务在违约发生时，债务的质押品能在多大程度上降低损失。不同债务的质押品的质量和质押比率可能相差很大，这将对违约风险有很大影响。

对质押品的估值极为重要，最好在假定破产已经发生的情况下进行，以确定企业倒闭后银行可以从质押品中回收多少补偿。如果银行的质押品组合由不同种类的质押品构成，则分析人员应关注与某项贷款相关的那类质押品。估值只应反映因被评级的那笔贷款而持有的质押品价值；若质押品针对所有贷款项目，或是在对所有贷款项目进行总体评级的情况下，则可以不区分。质押品的状况对最终项目评级将产生重大影响。显然，质押品的价值通常是市场价格的一个函数，因此，最终的债务评级结果取决于市场价格的变化，而市场价格的巨大变化可能会对评级结果产生不利影响。

最后，内部评级可以总结为通过财务分析得出对债务的初始信用评级；在此基础上通过考察管理和其他质量因素、行业因素、财务报表质量、国家风险得到债务人评级；然后通过考察该债务的第三方支持情况、期限、契约结构、质押等因素获得贷款项目的评级。这就是完整的内部评级程序。

（三）内部评级和外部评级的区别与优劣评价

内部评级指商业银行依据其所掌握的数据信息，通过估计各类信用风险暴露的违约概率、违约损失率等风险要素，建立评级的模型，对特定的债务人或债项进行信用风险评价，实现对信用风险的判断。外部评级是相对于商业银行内部评级而言的，指外部评级机构基于特定的风险暴露和风险权重对特定评级主体进行的信用风险计量和评价。不论采用何种评级方法，其本质都是识别计量信用风险和评估信用质量，因此二者在本质上并无实质性的区别。

1. 内部评级和外部评级方法的区别

（1）评级目的不同。商业银行内部评级的目的一般是内部使用，信用评级结果应用于授信授权管理、客户准入与退出，为信贷决策提供依据；外部评级的目的是向社会提供信用信息，为投资者、贷款人和筹资者服务。

（2）评级程序不同。内部评级是商业银行根据自身的需求，通过本行历史数据和所获取的外部数据，选取评估指标，建立相应的内部评级模型和流程，对特定授信对象和债权进行的信用风险评价；外部评级则是专业评估机构在相关法律和监管要求的规定下，基于相关风险因素分析，对债务人、债务人发行的证券或其他金融债务的信用程度的一般判断。

（3）评级结果公开性不同。内部评级结果只限商业银行自身使用，不向社会公开，也不必告知被评企业；而外部评级的结果则要按照监管当局的相关规定向社会公开，其评级结果可以被社会各方的使用者采用。

（4）二者的独立程度不同。内部评级是商业银行风险管理体系的一部分，运行机制是管理风险而非防范风险，相对于外部评级而言是缺乏独立性的。按照《巴塞尔协议Ⅱ》的要求，合格的外部评估机构则必须满足六条标准，其中一条就是要求外部评级机构是独立的，不因为政治和经济的原因改变评级。

2. 内部评级和外部评级的优劣势分析

相对于外部评级而言，内部评级有以下特征。

（1）内部评级更容易获取客户数据和违约信息。

通常情况下，商业银行与待评级主体或债权方已经建立合作关系，或者达成合作意向时才需要对其进内部评级，因此商业银行更容易获取客户的相关财务数据及其违约的信息。

（2）内部评级存在一定局限性。

首先，内部评级的独立性不强，易受主观因素的影响。商业银行在债务人评级时，主要是评级人员利用自身的经验、知识、能力和所掌握的信息，通过定量因素分析和定性因素分析两个层面对客户的风险状况进行主观分析和判断，以反映客户的个体风险。因此，银行操作人员的知识背景、社会阅历、风险偏好等因素直接影响着评级结果。由于商业银行在人才和技术等方面的局限性，加之银行和企业之间存在着借贷利益关系，往往把关不严，易于出现关系贷款等现象。

其次，评级数据来源及评估模型主要基于商业银行自身的历史数据，数据来源有局限性，风险揭示不足。当前中国大多商业银行评级的基础是过去几年的财务数据，收集客户信息渠道较为单一，数据来源比较局限，对违约率和违约损失率的设定普遍采用依据经验估计，缺乏现金流的分析与预测；因而评级模型相对风险参数而言往往反应较为滞后。

最后，内部评级依据的模型指标和权重的确定缺乏依据，对未来偿债能力的预测能力不足，不能全面反映客户的真实信息。商业银行内部评级尤其是缺乏对客户行业风险的分析，行业分析与研究明显不足，难以根据客观的经济形势及行业情况逐步修正评级所依据的模型，无法全面预测被评级债务人或债权的信用风险。

相对于内部评级而言，外部评级有以下特征。

（1）外部评级的评级结果相对更为准确。

首先，外部评级结果更为客观。与商业银行的内部评级不同的是，外部评级机构是独立于委托方和评级对象的第三方机构，其评级结果会更客观。

其次，外部评级的专业性更强。商业银行的内部评级从属于其信贷业务，通常情况下由信贷从业人员操作，其专业性远不如达到监管机构准入标准且经过备案的专业机构。经过备案的专业评级机构拥有专业的评估人员，采用比较先进的评级技术和方法，对待评级主体的信用风险能够进行专业视角的计量和评估。

最后，外部评级依据的信息更为全面。专业评级机构往往拥有更多的收集企业相关信息的渠道，信息来源更为广泛，而不会局限于单一商业银行与评级对象之间的债权债务关系，这样得出的评级结论更客观、更全面。

（2）外部评级的使用率较低。

首先，目前国内大多数商业银行已经建立内部评级体系，采用内部评级法进行评级。其次，当前国内监管当局的政策导向更偏重采用内部评级法。最后，业内普遍认为国内评级机构的外部评级结果公信力不足。因此，外部评级法的使用率偏低，评级机构数据积累有限，其技术优势无法发挥，外部评级的推广受到一定限制。

本章小结

信用风险的探索过程经历了三个阶段，本章就其最开始的两个传统阶段进行介绍，简要梳理了专家制度法和信用评分模型，并对5C法以及Z值模型进行详细的介绍。此外，本章还围绕外部评级、内部评级以及监管评级，梳理其具体的步骤和程序，分析其优缺点。

关键术语

信用风险　专家制度法　信用评分模型　Z值模型　评级机构　外部评级　内部评级　监管评级　CAMELS评级体系

思 考 题

1. 什么是专家制度法？5C 法具体包含哪 5 个部分？
2. 专家制度法有哪些缺陷和不足？
3. 列举并简要描述一下基于财务指标的几种信贷评分模型，并详细说明一下 Z 值模型的基本步骤。
4. 简述外部评级的一般流程，并解释评级生命期、展望、待查清单。
5. 简述外部评级存在的几个重要问题：时间问题、主动评级与被动评级、评级市场及其未来发展展望。
6. 简述内部评级的主要步骤，并列举内部评级法的基本框架。
7. 简述 CAMELS 评级体系。
8. 什么是监管评级？简述中国金融机构监管评级的整体框架。

第六章 现代信用风险度量与管理

| 本 | 章 | 要 | 点 |
◇ 信用等级转移概率以及 CreditMetrics 模型。
◇ 信贷组合观点模型的模型思想、计算步骤以及其优缺点。
◇ 期权定价理论，基于期权定价理论的 KMV 模型的计算步骤、应用场景及其优缺点。
◇ CreditRisk + 模型的基本思想、框架、应用场景以及其优点和局限性。
◇ 现代信用风险管理的主要方法以及信用风险管理工具简述。

现代信用风险度量模型与传统信用风险度量方法最大的不同在于采用更为严谨的数理模型描述信用风险发生的概率、损失程度等，并且试图给予精确估计。与此同时，现代信用风险度量模型还借鉴了许多经典的经济思想以及其他领域的科学方法，如期权定价理论、利率预期理论、保险精算方法、VaR 方法以及神经网络原理等。概括起来，现代信用风险度量模型大致可以归纳为以下几种：J. P. 摩根的 CreditMetrics 模型、KMV 公司的基于 Merton 期权定价思想的 KMV 模型（或称信用监控模型）、麦肯锡公司（Mckinsey&Company）的信贷组合观点（CPV）模型及瑞士信贷银行（Credit Suisse）的基于保险思想的 CreditRisk + 模型等。在介绍这些现代信用风险度量模型之前，我们首先需要补充一下信用等级转移分析和信用等级转移概率计算的基础知识。

第一节 信用等级转移分析与信用等级转移概率的计算

无论是金融机构、公司还是某项具体债务，其信用等级状况并非一成不变的，而是随着时间的推移，会因为宏观经济因素、公司内部因素及其他一些因素的影响而发生相应变化。信用等级的变化一般用信用等级转移概率来度量，在确定信用等级转移概率时，初始等级和期限是最重要的两个因素。

一、信用等级转移概率

（一）信用等级转移事件的计数

假设按照从高到低的顺序排列共有 1 至 d 个信用等级，其中 1 级信用等级最高，而 d 级表示违约；同时假设有 n 个发行人。发行者 i 的信用等级从第 1 期的 e_{i1} 级（记为 j）转移到第 2 期的 e_{i2} 级（记为 k），称为信用等级转移事件，记作 $(e_{i1}, e_{i2}) = (j, k)$。其中，$j = 1, 2, \cdots, d-1; k = 1, 2, \cdots, d$。通过计算第 1 期至第 2 期的相同的信用等级转移事件的数量，即计算相同的 (e_{i1}, e_{i2}) 的数量，可以得到 $(d-1) \times d$ 的转移数量矩阵 C，该矩阵的元素为

$$c_{jk} = \sum_{i=1}^{n} I_{\{(e_{i1}, e_{i2}) = (j, k)\}}$$

c_{jk} 为信用等级从 j 转移到 k 的事件数量，显然，$\sum_{j=1}^{d-1} \sum_{k=1}^{d} c_{jk} = n$。

（二）信用等级转移概率与信用等级转移矩阵

假设 e_{i2} 为随机变量，e_{i2} 的条件概率分布为

$$p_{jk} = P(e_{i2} = k | e_{i1} = j), \quad \sum_{k=1}^{d} p_{jk} = 1$$

其中，p_{jk} 是信用等级从初始的 j 级转移到 k 级的概率，即信用等级转移概率，且

$$\{e_{i2} = k | e_{i1} = j\} \sim B(p_{jk})$$

其中，$B(p_{jk})$ 为伯努利分布。从等级 j 开始信用转移的事件数量为 $n_j = \sum_{k=1}^{d} c_{jk}$，$j = 1, 2, \cdots, d-1$。假定 $n_j > 0$，则未知信用等级转移概率 p_{jk} 可以用所观察到的从 j 至 k 的转移频率 $\hat{p}_{jk} = \dfrac{c_{jk}}{n_j}$ 来代替。

按照上述方式得到信用等级转移概率以后，还需要在初始评级基础上考虑由权威评级机构评估的企业所经历的各种历史事件的情况，并对信用等级转移概率进行进一步修正。待确定各种信用事件的信用等级转移概率以后，就可以得到相应的信用等级转移矩阵。

表 6-1 列出了在 1 年内，标准普尔公司对各个信用等级债务人从一个等级转移到另一个等级的概率所组成的信用等级转移矩阵。如表 6-1 所示，标准普尔公司给出了 7 个信用评级等级，最高级是 AAA 级，最低级是 CCC 级，违约被定义为债务人处于无法偿付与债券和贷款相关的债务的状态，并且一旦债务人处于违约状态以后，转换为其他信用等级的概率为 0；第 i 行第 k 列的元素表示债务人在 1 年内从初始的信用等级 i

转移到 k 的概率，例如 AA 行、A 列的元素为 7.79%，表示初始信用评级为 AA 级的债务人，1 年内信用评级转移到 A 的概率为 7.79%。

表 6-1 1 年内的信用等级转移矩阵

初始等级	1 年后等级（%）							
	AAA	AA	A	BBB	BB	B	CCC	违约
AAA	90.81	8.33	0.68	0.06	0.12	0.00	0.00	0.00
AA	0.70	90.65	7.79	0.64	0.06	0.14	0.02	0.00
A	0.09	2.27	91.05	5.52	0.74	0.26	0.01	0.06
BBB	0.02	0.33	5.95	86.93	5.30	1.17	1.12	0.18
BB	0.03	0.14	0.67	7.73	80.53	8.84	1.00	1.06
B	0.00	0.11	0.24	0.43	6.48	83.46	4.07	5.20
CCC	0.22	0.00	0.22	1.30	2.38	11.24	64.86	19.79

注：数据存在进位误差。

资料来源：标准普尔 Credit。Weekly，1996 年 4 月 15 日。

以表 6-1 中初始等级为 A 级的债务人为例，说明 1 年内信用等级转移的特点：初始等级为 A 级的债务人在 1 年内违约的概率为 0.06%，转化为 AAA 级、AA 级、A 级、BBB 级、BB 级、B 级、CCC 级的概率分别是 0.09%、2.27%、91.05%、5.52%、0.74%、0.26%、0.01%。从中可以看出存在着一个近因效应规律，即某一等级在 1 年内仍保持原来等级的概率最大，向邻近等级转移的概率较大，而向较远距离等级转移的概率较小。因此，初始等级较低的债务人在 1 年内违约的概率也较大。

穆迪公司的评级也公布类似的信息。穆迪公司所公布的概率是基于跨越所有行业、超过 20 年的数据。由于这些数据对跨越不同种类的企业范例都计算出了平均统计值，且涵盖了多个商业周期，因此，这些数据比较可信。事实上，很多银行都倾向于依赖它们自己的统计数据，因为这些数据和它们所持有的贷款和债券组合构成的关系更为密切。

标准普尔和穆迪公司除了公布 1 年内某初始等级债务人转移到其他等级的概率，还给出了长期平均累计违约率。比如标准普尔所公布的数据中，初始等级为 A 级的债务人，在 1 年内违约的平均概率为 0.05%，在 5 年、10 年、15 年内的平均违约概率分别为 0.71%、2.10% 和 3.46%。

需要注意的是，在风险资产持有期内，信用等级转移事件是否发生以及违约概率的数值是否会发生较大变动，将依赖于经济是运行于衰退状态还是扩张状态。因此，运用依赖信用等级转移概率的模型时，应对平均历史数值进行适时调整，让其与当期的经济环境相吻合。

（三）信用等级转移概率变动范围的估计

估计出信用等级转移概率后，我们还有必要了解信用等级转移概率估计值的误差大小。对此一般分两种情况进行估计。

一是信用等级转移事件相互独立的情况。假设 c_{jk} 是服从二项分布的随机变量，即 $c_{jk} \sim B(n_j, p_{jk})$，因为转移频率 $\widehat{p_{jk}}$ 的标准差为 $\sigma_{jk} = \sqrt{\dfrac{p_{jk}(1-p_{jk})}{n_j}}$，所以可以用 $\widehat{\sigma}_{jk} = \sqrt{\dfrac{\widehat{p_{jk}}(1-\widehat{p_{jk}})}{n_j}}$ 来估计 p_{jk} 的变动范围。

二是信用等级转移事件之间相关的情况。假设这些伯努利变量两两之间的相关系数为 ρ_{jk}，那么 p_{jk} 的无偏估计 $\widehat{p_{jk}}$ 的方差为 $\sigma_{jk}^2 = \dfrac{p_{jk}(1-p_{jk})}{n_j} + \dfrac{n_j-1}{n_j}\rho_{jk} p_{jk}(1-p_{jk})$，于是可以用 $\widehat{\sigma}_{jk} = \sqrt{\dfrac{\widehat{p_{jk}}(1-\widehat{p_{jk}})}{n_j} + \dfrac{n_j-1}{n_j}\rho_{jk} \widehat{p_{jk}}(1-\widehat{p_{jk}})}$ 来估计 p_{jk} 的变动范围。

二、联合信用等级转移概率

前面所述的信用等级转移概率仅适用于单项贷款的情况。如果我们面对的是一项包含两种或两种以上贷款的贷款组合，那么如何确定这项组合在既定时期内的信用等级转移概率呢？我们以两种贷款构成的组合为例加以说明。

（一）两笔贷款独立时联合转移概率的计算

若两笔贷款相互独立，此时，两笔贷款的相关系数为 0，则联合转移概率就是各自概率的乘积。以两笔贷款评级分别为 A 级和 BB 级为例，可计算出信用组合在 1 年内的各自的信用等级转移概率，见表 6-2。例如，A 级债务人年末评级转移到 AA 级而 BB 级债务人评级未变的联合概率为，A 级债务人年末评级转移到 AA 级的概率 2.27% 与 BB 级债务人未变评级的概率 80.53% 的乘积，即 2.27% × 80.53% = 1.83%。

表 6-2　BB 级和 A 级债务人在独立条件下 1 年后的联合转移概率

单位：%

BB 级债务人	A 级债务人							
	AAA	AA	A	BBB	BB	B	CCC	违约
	0.09	2.27	91.05	5.52	0.74	0.26	0.01	0.06
AAA	0.03	0.00	0.00	0.03	0.00	0.00	0.00	0.00	0.00
AA	0.14	0.00	0.00	0.13	0.01	0.00	0.00	0.00	0.00
A	0.67	0.00	0.02	0.61	0.40	0.00	0.00	0.00	0.00
BBB	7.73	0.01	0.18	7.04	0.43	0.06	0.02	0.00	0.00
BB	80.53	0.07	1.83	73.32	4.45	0.60	0.20	0.01	0.05
B	8.84	0.01	0.20	8.05	0.49	0.07	0.02	0.00	0.00
CCC	1.00	0.00	0.02	0.91	0.06	0.01	0.00	0.00	0.00
违约	1.06	0.00	0.02	0.97	0.06	0.01	0.00	0.00	0.00

注：数据存在进位误差。

资料来源：杨军. 银行信用风险：理论、模型和实证分析 [M]. 北京：中国财政经济出版社，2004.

(二) 两笔贷款相关时联合转移概率的计算

在大多数情况下,贷款组合中的各项贷款并不独立,且两项贷款的相关系数常常不为 0。此时计算两笔贷款相关时贷款组合的联合转移概率需要两大步骤:一是要知道贷款组合的信用等级转移概率服从的模型。其中最常用的模型是根据 Merton (1974) 公司债务定价模型,将债务人的信用等级转移规律与其资产价值或收益率的波动性联系起来,进而计算得到信贷资产的联合转移概率的。二是要估计债务人的资产价值或收益率之间的相关系数。由于债务人的资产价值或收益率之间的相关系数难以直接观测,人们常常用影响债务人股票收益的多因素模型进行估计。

为了计算两笔贷款相关时贷款组合的联合转移概率,我们首先介绍一下 Merton (1974) 的公司债务定价模型。为了便于理解,我们仅仅考察企业资本结构比较简单的情况。假定某一企业,只通过所有者权益 S_t 和一种零息债券进行融资,其中债券当前的市值为 B_t,在 T 期后,本息合计为 D。于是,该公司的资产价值 V_t 满足:$V_t = S_t + B_t$。

按照 Merton (1974) 模型的假定,公司的资产价值 V_t 服从几何布朗运动,即

$$\frac{dV_t}{V_t} = \mu dt + \sigma dZ_t$$

其中,μ 和 σ 分别表示公司资产收益率的期望和标准差;$dZ_t = \varepsilon\sqrt{dt}$,$\varepsilon$ 服从均值为 0、方差为 1 的标准正态分布。于是,

$$V_t = V_0 \exp\left\{\left(\mu - \frac{\sigma^2}{2}\right)t + \sigma\varepsilon\sqrt{t}\right\} \tag{6.1.1}$$

显然,若 T 时刻公司的价值 V_t 小于负债 D,则存在信用风险,或者说,该公司就存在违约的动力和违约的可能性。不过,此时该公司是否选择违约,还要取决于 $D - V_t$ 的大小、企业所处的经济环境和行业地位、企业未来的发展潜力等各种因素。此时,公司存在一个理论上不大于 D 的违约临界值 V_{DEF},即只有公司的资产价值小于 V_{DEF} 时,公司才会违约。

至此,我们就能够运用 Merton (1974) 公司债务定价模型的思想,来计算信用评级分别为 A 级和 BB 级并具有相关关系的两笔贷款的联合转移概率。具体计算步骤如下。

第一步,评级转移临界值的确定。不失一般性,假设所考察的公司的信用评级为 X,X 级公司未来有从低到高 8 种可能的信用转移状态,分别为 D 级(违约级)、CCC 级、B 级、BB 级、BBB 级、A 级、AA 级、AAA 级,其中 X 可以是除 D 级外 7 种可能级别的任何一级。

先考虑违约的情况。显然,当 T 时刻公司价值 V_T 小于负债 D,即违约概率 $P(V_T < D) > 0$ 时,存在信用风险。假设 X 级债务人违约概率已知,为 PD_X;$V_{T,D}$ 表示到期违约的临界值,即

$$\mathrm{PD}_X = P(V_T \leqslant V_{T,D}) \tag{6.1.2}$$

于是，由式（6.1.1）和式（6.1.2）可得

$$\mathrm{PD}_X = P\left(\varepsilon \leqslant -\frac{\ln(V_0/V_{T,D}) + \left(\mu - \frac{\sigma^2}{2}\right)T}{\sigma\sqrt{T}}\right) = \varphi(Z_{X,\mathrm{CCC}}) \tag{6.1.3}$$

其中，$\varphi(\cdot)$ 是累积的标准正态分布，且

$$Z_{X,\mathrm{CCC}} = -\frac{\ln(V_0/V_{T,D}) + \left(\mu - \frac{\sigma^2}{2}\right)T}{\sigma\sqrt{T}} \tag{6.1.4}$$

从式（6.1.1）和式（6.1.3）中很容易推导出，公司资产价值 V_t 的对数收益率

$$r_t = \frac{\ln(V_t/V_0) - \left(\mu - \frac{\sigma^2}{2}\right)t}{\sigma\sqrt{t}}$$ 服从标准正态分布。

原因在于，根据资产价值变化得到的对数收益率 $\ln(V_t/V_0)$ 服从均值为 $\left(\mu - \frac{\sigma^2}{2}\right)t$、标准差为 $\sigma\sqrt{t}$ 的正态分布。实质上，式（6.1.3）给出的是将服从几何布朗运动的公司资产价值 V_t 的对数收益率 r_t 进行标准正态化处理的过程，于是，我们称 r_t 为标准正态化的资产对数收益率，简称标准化资产收益率。

由于 PD_X 已知，所以通过式（6.1.3）可以求得 $Z_{X,\mathrm{CCC}}$，再利用式（6.1.4）获得 $V_{T,D}$。由于 $V_{T,D}$ 为到期违约的临界值，所以 $Z_{X,\mathrm{CCC}}$ 是 X 级公司进行标准正态化后对应于 $V_{T,D}$ 的违约临界值。

显然，在标准化资产收益率的概率分布中，$Z_{X,\mathrm{CCC}}$ 的左边，即为 X 级公司发生违约的概率。$Z_{X,\mathrm{CCC}}$ 实际上是 X 级公司由 X 级转移到违约级后的标准化资产收益率的临界值，这反映了评级转移与资产变动之间的关系。

同理，我们可以得到 X 级公司在 T 时刻从 X 级转移到 CCC 级的标准化资产收益率的临界值，记为 $Z_{X,B}$。假设 X 级公司从 X 级转移到 CCC 级的概率为 $P(\mathrm{CCC}_X)$，$V_{T,\mathrm{CCC}}$ 表示 X 级公司在 T 时刻从 X 级转移到 CCC 级的公司资产价值的临界值，则类似于式（6.1.2）至式（6.1.3）的求解过程，可得

$$P(\mathrm{CCC}_X) = P(V_{T,D} \leqslant V_T \leqslant V_{T,\mathrm{CCC}}) = \varphi(Z_{X,B}) - \varphi(Z_{X,\mathrm{CCC}}) \tag{6.1.5}$$

由于 $Z_{X,\mathrm{CCC}}$ 已求出，所以可通过式（6.1.5）求出 X 级债务人在 T 时刻转移到 CCC 级的标准化资产收益率的临界值 $Z_{X,B}$。也就是说，在标准资产收益率分布中，$Z_{X,\mathrm{CCC}}$ 和 $Z_{X,B}$ 之间的区域对应于评级为 X 的公司在 T 时刻由 X 级转移到 CCC 级的概率。以此类推，我们就可以依次得到评级为 X 的公司在 T 时刻由 X 级转移到 B 级、BB 级、BBB 级、A 级、AA 级、AAA 级所对应的标准化资产收益率的临界值，我们将这些临界值统称为评级转移临界值。

第二步，A 级和 BB 级债务人 1 年后的标准化资产收益率临界值的计算。假定 A 级和 BB 级债务人满足第一步的假设要求，到期日 $T=1$ 年。我们首先可以运用前文方法得到 A 级债务人 1 年后从 A 级转移到其他级别的概率，然后再完全仿照第一步的方法得到对应于各个级别的临界值。表 6-3 列出了一个 A 级公司 1 年后分别从 A 级转移到 8 种可能级别的标准化资产收益率的临界值及其对应的评级转移概率，从中可以看出评级转移与其资产价值波动之间的关系。

表 6-3 A 级债务人的评级转移概率与其评级转移临界值之间的关系

级别	AAA	AA	A	BBB	BB	B	CCC	违约
转移概率	0.09	2.27	91.05	5.52	0.74	0.26	0.01	0.06
评级转移临界值	3.12	1.98	—	-1.51	-2.30	-2.72	-3.19	-3.24

资料来源：J. P. Morgan. CreditMetrics：Technical Documentation, 1997.

图 6-1 列示出一个 BB 级公司 1 年后的标准化资产收益率分布，同时，该图还直观地表示出了 BB 级公司的评级转移概率与其评级转移临界值之间的关系。

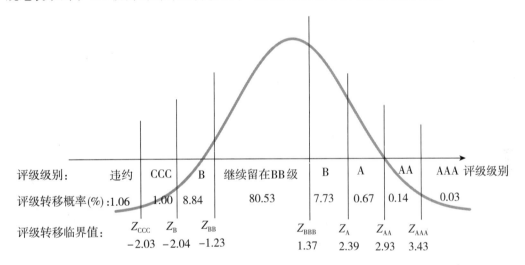

图 6-1 BB 级债务公司的评级转移与其评级转移临界值之间的关系

由图 6-1 可见，某个 BB 级债务人 1 年后若要继续留在 BB 级，则其标准化资产收益率必须在 -1.23 和 1.37 之间波动。表 6-3 表明，若 A 级债务人 1 年后评级保持不变，则其标准化资产收益率需要在 -1.51 和 1.98 之间波动。

第三步，联合转移概率的计算。假设 BB 级和 A 级债务人两种资产的标准化资产收益率（分别记为 r_{BB}、r_A）服从联合正态分布，两种资产的标准化资产收益率之间的相关系数 ρ 已知，则 (r_{BB}, r_A) 的联合正态密度函数为

$$f(r_{BB}, r_A; \rho) = \frac{1}{2\pi\sqrt{1-\rho^2}} \exp\left\{-\frac{1}{2(1-\rho^2)}(r_{BB}^2 - 2\rho r_{BB} r_A + r_A^2)\right\}$$

利用上式就可以计算出 BB 级和 A 级债务人 1 年后转移到各个不同等级的联合转移概率。例如，假设 $\rho=0.2$，我们可以计算出两个债务人保持原有级别，即继续处于 BB 级和 A 级的联合转移概率：

$$P(-1.23<r_{BB}<1.37,-1.51<r_A<1.98)=\int_{-1.23}^{1.37}dr_{BB}\int_{-1.51}^{1.98}f(r_{BB},r_A;\rho)dr_A=0.7365$$

按照同样的方式，我们可以计算得到余下的 63 个联合转移概率，得到表 6-4。

表 6-4 $\rho=0.2$ 时 BB 级和 A 级债务人 1 年后的联合转移概率

单位：%

BB 级债务人		A 级债务人								合计
		AAA	AA	A	BBB	BB	B	CCC	违约	
		0.09	2.27	91.05	5.52	0.74	0.26	0.01	0.06	
AAA	0.03	0.00	0.00	0.03	0.00	0.00	0.00	0.00	0.00	0.03
AA	0.14	0.00	0.01	0.13	0.00	0.00	0.00	0.00	0.00	0.14
A	0.67	0.00	0.04	0.61	0.01	0.00	0.00	0.00	0.00	0.67
BBB	7.73	0.02	0.35	7.10	0.20	0.02	0.01	0.00	0.00	7.69
BB	80.53	0.07	1.79	73.65	4.24	0.56	0.18	0.01	0.04	80.53
B	8.84	0.00	0.08	7.80	0.79	0.13	0.05	0.00	0.01	8.87
CCC	1.00	0.00	0.01	0.85	0.11	0.02	0.01	0.00	0.00	1.00
违约	1.06	0.00	0.01	0.90	0.13	0.02	0.01	0.00	0.00	1.07
合计		0.09	2.29	91.6	5.48	0.75	0.26	0.01	0.06	100.00

注：数据存在进位误差。
资料来源：J. P. Morgan. CreditMetrics：Technical Documentation, 1997.

如果贷款组合的贷款笔数超过两项，则该贷款组合的联合转移概率与组合中仅含两项贷款的联合转移概率的计算方法完全类似，只需进行更多变量的积分求解即可。

第二节 基于信用等级转移的 CreditMetrics 模型

CreditMetrics 模型是由 J. P. 摩根、美国银行、KMV 和瑞士银行等金融机构于 1997 年联合推出的 VaR 计算框架和方法，特别适用于像贷款、私募债券等这样的非交易性信用资产的估值与风险计算。CreditMetrics 模型在应用时，本质上是根据信用等级转移、债务人信用质量以及违约事件来确定信用资产的市场价值，并基于信用资产价值来计算风险价值，所以该模型也被称为基于信用等级转移的盯市模型。由于 CreditMetrics 模型具有很强的理论基础，而且考察的因素比较全面，计算精度较高，适用性和有效性也比较强，所以一直是应用最为广泛、影响较大的模型之一。

CreditMetrics 模型进行信用风险评价时，要收集借款人信用评级资料、信用转移矩阵①（Credit Migration Matrix）、违约贷款的回收率（如变卖抵押品等）、债券市场不同信用级别的债券收益差等资料，以估算标准差，进而计算贷款的 VaR 值。CreditMetrics 模型是以无条件信用等级转移矩阵为基础的，而这与实际情况有所差异，所以麦肯锡公司通过对 CreditMetrics 模型加以改良，进一步提出了信贷组合观点，即根据宏观经济因素调整无条件信用等级转移矩阵并得到更符合实际的条件信用等级转移矩阵的方法，在此基础上计算信用资产组合的风险价值。从本质上来说，麦肯锡的信贷组合观点是对 CreditMetrics 模型的发展和改进。以下两节，我们将介绍基于信用等级转移的 CreditMetrics 模型以及基于宏观经济因素调整的 CPV 模型。

一、CreditMetrics 模型的基本思想和应用程序

CreditMetrics 模型以 Robert Merton 开创的从期权的角度来理解债权、债务关系的经典方法为基础。将所有者权益视为一种买入期权，将债权视为债权人卖出的一个卖权，违约就相当于公司所有者执行卖权。由此可知，该模型实质上是依据期权定价公式，将借款者的信用等级与风险资产的预期价值联系起来，对资产组合的信用风险进行量化和分析。目前 CreditMetrics 模型已成为最具国际代表性的内部风险管理模型。

（一）CreditMetrics 模型的基本思想

CreditMetrics 模型主要由两大模块组成：一是由信用引起的风险价值；二是从资产组合层面考虑分散化效应的 VaR 值。另外还有风险敞口和相关性作为框架的支撑。CreditMetrics 模型的基本思想，见图 6-2。

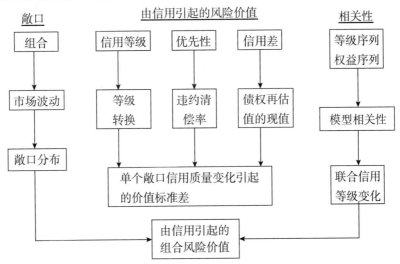

图 6-2 CreditMetrics 方法示意

---

① 一般由信用评级公司提供。

CreditMetrics 模型的基本思想是，首先通过考虑债务人在一定时期内（通常为 1 年）违约、信用等级转移及其所导致的信用价差变化等因素，来确定信用资产组合的市场价值及其波动。其次根据债务人期末可能转移到的信用等级所对应的信用资产组合价值，建立信用资产组合的价值分布。最后根据期末的价值分布，得到一定置信水平下信用资产组合的 VaR，即信用风险价值。其中，以下几点需要注意。

第一，信用风险取决于债务人的信用状况，而企业的信用状况由被评定的信用等级表示。因此，信用计量模型认为信用风险直接源自企业信用等级的变化，并且假定信用评级体系是有效的，即企业投资失败、利润下降、融资渠道枯竭等信用事件对其还款履约能力的影响，均能及时恰当地通过其信用等级的变化表现出来。信用计量模型的基本方法就是信用等级变化分析。信用转移矩阵，即所有不同信用等级的信用工具在一定期限内变化（转换）到其他信用等级或维持原级别的概率矩阵，成为该模型重要的输入变量。

第二，信用工具（包括债券和贷款等）的市场价值取决于债务发行企业的信用等级，即不同信用等级的信用工具有不同的市场价值。因此，信用等级的变化会带来信用工具价值的相应变化。根据信用转移矩阵所提供的信用等级变化的概率分布，同时根据不同信用等级下给定的贴现率，就可以计算出该信用工具在各个信用等级上的市场价值（价格），从而得到该信用工具的市场价值在不同信用风险状态下的概率分布。这样就实现了用传统的期望和标准差来衡量资产信用风险的目的，也可以在确定的置信水平上找到该信用资产的信用值，从而将 VaR 的方法引入信用风险管理。

第三，信用计量模型的基本特色就是强调资产组合投资具有降低非系统性风险的作用。信用风险很大程度上是一种非系统性风险，因此，在很大程度上能被多样性的组合投资所降低。同时，由于经济体系中共同因素（系统性因素）的作用，不同信用工具的信用状况之间存在相互联系，由此而产生的系统性风险是不能被分散掉的。这种相互联系由其市场价值变化的相关系数矩阵（这种相关系数矩阵一般也由信用评级公司提供）表示。由单一的信用工具市场价值的概率分布推导出整个投资组合的市场价值的概率分布可以采取资产组合管理分析法，即用整个投资组合的市场价值的期望值和标准差来表示。

第四，信用计量模型将单一的信用工具放入资产组合中衡量其对整个组合风险状况的作用，而不是孤立地衡量某一信用工具自身的风险，因此，该模型使用了信用资产组合的边际风险贡献（Marginal Risk Contribution to the Portfolio）这一概念来反映单一信用工具对整个组合风险状况的作用。边际风险贡献是指在信用资产组合中，因某一信用工具持有量发生单位变化而引起整个组合风险（以组合的标准差表示）的变化。通过对比组合中各信用工具的边际风险贡献，进而分析每种信用工具的信用等级、与其他资产的相关系数以及其风险暴露程度等各方面因素，可以很清楚地看出各种信用工具在整个组合的信用风险中的作用，最终为投资者的信贷决策提供科学的量化依据。

由于银行传统的信用风险分析主要注重违约条件下债务账面值的损失，而忽视了债务人信用资质动态变化所引起的损失，而 CreditMetrics 模型则将债务人的信用资质变化与资产价值的变化紧密地联系在一起，解决了传统风险模型所忽略的问题，为我们提供了全方位的信用风险管理工具。因此该模型的思想及其操作对改进中国商业银行信用风险管理有借鉴意义。但是，与市场价值的 VaR 相比，信用风险价值存在以下两个问题。

一是信用资产组合的价值分布远非正态分布，分布不对称（存在左偏现象），且有明显的厚尾特征。这主要是由于信用质量的变化会引起信用资产组合的价值波动，并且信用质量的改善和恶化所引起的信用资产组合的价值波动幅度严重不对称，这方面与市场风险价值差别很大。

二是计量信用资产组合的信用 VaR，要比计量市场资产组合的市场 VaR 复杂得多。这主要有两个方面的原因：一方面，信用资产组合的价值分布不符合正态分布，所以计算信用风险价值的第一步——信用资产组合的价值分布的确定，不能像市场资产组合那样，只需要简单地利用抽样分布数估计出均值和方差就可以得到，而是必须先根据债务人违约、信用等级转移等因素来进行模拟才能完成。另一方面，在计算信用资产组合的价值时，要估计信用资产组合中两两信用资产间的相关性。由于大多数信用资产（例如贷款等），不能像股票那样可以在市场上频繁交易，同时股票的相关信息系统完整且被充分披露，因此信用资产之间的相关性并不能直接观测，往往需要通过较为复杂的程序和方法进行估计。

（二）CreditMetrics 模型应用的基本程序

应用 CreditMetrics 模型一般需要以下四个基本程序。

1. 评级体系的选择与信用等级转移矩阵的确定

根据信用资产组合的实际情况选定一个适用的评级体系，该体系有评级分类方法的说明，以及既定期限内信用等级从一个等级转到另一个等级的概率，有关信用等级转移矩阵的确定，在上文有详细的介绍。

2. 信用期限长度的确定

信用期限长度，一般设定为 1 年，应与所选定的信用评级体系和信用等级转移矩阵相一致。当然，也可以根据会计数据的可得性和评级机构处理过的财务报表的可得性来设定信用期限长度。但是在 KMV 模型框架中，可以选择任意时间期限。

3. 远期信用定价模型的确定

我们将信用期限长度设定为 1 年，并以贷款为例来解释信用资产的远期价值确定问题。考虑评估一笔贷款，这笔 n 年期，信用评级从年初的 k 级转移到年末的 j 级，每年定期支付利息为 C、本金为 F 的贷款，在第一年年末的价值用 V_j 表示。其中，$k = 1, \cdots, d-1$；$j = 1, \cdots, d$；d 表示按从高到低的顺序排列共有 1 到 d 个信用等级，1 级信用等级最高，而 d 级表示违约。于是，在非违约状态下第一年年末的远期信用定

价公式为

$$V_j = \sum_{i=0}^{n-1} \frac{C}{(1+f_{ij})^i} + \frac{F}{(1+f_{n-1,j})^{n-1}} \quad (6.2.1)$$

在式（6.2.1）中，f_{ij} 为信用评级为 j 的贷款从第 1 年年末开始的 i 年期的年化远期利率，$f_{0j} = 0$；对于 $i = 1, 2, \cdots, n-1$，f_{ij} 可作如下分解：$f_{ij} = r_i + s_{ij}$，其中 r_i 为从第 1 年年末开始的 i 年期的年化远期无风险利率，s_{ij} 为信用评级为 j 的贷款从第 1 年年末开始的 i 年期的年化远期信用风险价差。

对 f_{ij} 的估值是从与债务人信用等级相对应的当期零息曲线推导出来的。关于当期零息曲线，可以利用处于同一信用等级的息票债券与零息票债券之间的无套利定价关系，由息票债券的当期收益率曲线推导出当期零息曲线。因为除违约以外有 $d-1$ 个可能的信用等级，所以需要 $d-1$ 条相对应的当期零息曲线。然后，用与 j 级对应的当期零息曲线来导出 1 年期远期利率 f_{ij}，再借助于式（6.2.1）求出该笔贷款的 1 年期远期价值。关于 1 年期远期无风险利率 r_i 的估值，一般利用国库券的当期零息曲线来进行；关于信用风险差价的定义和计算方法，请参阅本章附录。表 6-5 给出了惯常应用的 7 个信用等级 1 年之后对应的 1 年期、2 年期、3 年期、4 年期远期利率，据此可以绘出 7 个信用等级各自对应的 1 年期远期零息曲线。

表 6-5 各个信用等级 1 年后不同期限的远期利率

单位：%

种类	1 年期	2 年期	3 年期	4 年期
AAA	3.60	4.17	4.73	5.12
AA	3.65	4.22	4.78	5.17
A	3.72	4.32	4.93	5.32
BBB	4.10	4.67	5.25	5.63
BB	5.55	6.02	6.78	7.27
B	6.05	7.02	8.03	8.52
CCC	15.05	15.02	14.03	13.52

资料来源：J. P. Morgan. CreditMetrics: Technical Documentation, 1997.

当第 1 年年末债务人处于违约状态时，贷款的价值 V_d 由债务本金 F 和违约损失率 LGD_j 决定，即

$$V_d = F \times (1 - \text{LGD}_j) \quad (6.2.2)$$

显然，r_i、s_{ij} 和 LGD_j 都具有不确定性，这将导致 V_j 和 V_d 的不确定性。如果将这种不确定性考虑进来，信用资产价值分布的不确定性将更大，从而导致更高的 VaR 值。

例如，我们要评估一项 5 年期、每年年末支付利率为 6% 的利息、本金为 100 万美元的贷款。假设有包括违约在内的 8 个信用等级，在第 1 年年末，该笔贷款的债务人

从 BBB 级上升到 AA 级，则根据式（6.2.1）和表 6-5，可以计算出 1 年后处于 AA 级贷款的 1 年期远期价值：

$$V_{AA} = 6 + \frac{6}{1.0365} + \frac{6}{1.0422^2} + \frac{6}{1.0478^3} + \frac{106}{1.0517^4} = 109.19(万美元)$$

用同样的方法可以计算出其他各等级贷款的 1 年期远期价值，见表 6-6，其中违约级贷款的价值是利用式（6.2.2）求得的。

值得注意的是，违约时的债务回收率还会受到债务优先级别的影响。表 6-6 列出了穆迪公司按照债务偿付的优先状况推导出的债务回收率。在上面的例子中，优先无担保贷款违约时的回收率为 51.13%，但无约束条件下的标准差为 25.45%，这表明估计的误差较大，该贷款的实际价值处于一个非常大的置信区间内。

表 6-6 按优先级给出的违约时的回收率

优先级	均值（%）	标准差（%）
优先担保债券	53.80	26.86
优先无担保债券	51.13	25.45
优先次级债券	38.52	23.81
次级债券	32.74	20.18
低等次级债券	17.09	10.90

资料来源：科罗赫，加莱，马克. 风险管理 [M]. 曾刚，罗晓军，卢爽，译. 北京：中国财政经济出版社，2005.

4. 信用资产远期价值的分布与 VaR 计算

利用式（6.2.1）和式（6.2.2），我们就可以得到一个 k 级债务人在第 1 年末从 k 级分别转移到 d 个信用等级的转移概率及其所对应贷款的 1 年后的价值。然后，可求出这笔贷款在第 1 年年末的贷款价值的均值和方差，即

$$\bar{V} = \sum_{j=1}^{d} p_j V_j, \quad \sigma^2 = \sum_{j=1}^{d} p_j (V_j - \bar{V})^2 \quad (6.2.3)$$

其中，p_j 和 p_d 分别表示债务人在第 1 年年末信用等级转移到 j 级的概率和违约概率。我们还可以进一步求出对应于均值的贷款价值的方差，以确定贷款价值的波动范围。这样我们就可以绘出该笔贷款的 1 年期远期价值分布图。

由此，可求得 BBB 级贷款在 1 年后的远期价值分布，如表 6-7 所示。

表 6-7 BBB 级贷款在 1 年后的价值分布

年末评级	转移概率（%）	远期价值（万美元）
AAA	0.02	109.37
AA	0.33	109.19

(续表)

年末评级	转移概率（%）	远期价值（万美元）
A	5.95	108.66
BBB	86.93	107.55
BB	5.30	102.02
B	1.17	98.10
CCC	0.12	83.64
违约	0.18	51.13

根据表6-7和式（6.2.3），可算出 BBB 级贷款1年期远期价值的均值为107.09万美元，标准差为299万美元。

按照表6-7给出的真实分布，该笔贷款1年后在95%的置信度下的风险价值为

$$VaR = 107.09 - 102.02 = 5.07（万美元）$$

在99%的置信度下的风险价值

$$VaR = 107.09 - 98.10 = 8.99（万美元）$$

其中，95%的置信度下的 VaR 值近似地由 $100\% - 5.3\% - 1.17\% - 0.12\% - 0.18\% = 93.23\%$ 置信度下的 VaR 给出，99%置信度下的 VaR 值近似地由 $100\% - 1.17\% - 0.12\% - 0.18\% = 98.53\%$ 置信度下的 VaR 给出。

为使得 VaR 值更加准确，可用线性插值法分别求得95%和99%置信度下的 VaR 值。比如，在上例中，6.77%的远期价值为102.02万美元，1.47%的远期价值为98.10万美元，那么设5%的远期价值为 x，则

$$\frac{6.77\% - 5\%}{102.02 - x} = \frac{5\% - 1.47\%}{x - 98.10}$$

求解可得：$x = 100.71$ 万美元。

同理，1.47%的远期价值为98.10万美元，0.3%的远期价值为83.64万美元，设1%的远期价值为 y，则

$$\frac{1.47\% - 1\%}{98.10 - y} = \frac{1\% - 0.3\%}{y - 83.64}$$

求解可得：$y = 92.29$ 万美元。

此时，95%置信度下的 VaR 值为 $107.09 - 100.71 = 6.38$ 万美元，99%置信度下的 VaR 值为 $107.09 - 92.29 = 14.80$ 万美元。

另外，如果假设该贷款1年期远期价值服从正态分布，通过查表可以求得95%置信度下的 $VaR = 1.65 \times 2.99 = 4.93$ 万美元，在99%置信度下的 $VaR = 2.33 \times 2.99 = 6.97$ 万美元。

最后，将真实分布与正态分布下所得的结果进行比较可以发现，在同一置信度下由真实分布所得的 VaR 值都比由正态分布下所得的 VaR 值要高得多，也就是说，真实分布有明显的左偏、厚尾现象。

二、信用资产组合的 CreditMetrics 模型

（一）信用资产组合模型的基本原理和应用局限性

1. 信用资产组合期望收益率与方差的确定

用 $(x_1,\cdots,x_N)'$ 表示由 N 种信用资产构成的组合，第 j 种信用资产的期望收益率为 $\bar{R}_i$、方差为 σ_i，第 i 种信用资产和第 j 种信用资产收益率之间的协方差为 σ_{ij}，则信用资产组合的期望收益率和方差分别为

$$\bar{R}_p = \sum x_i \bar{R}_i$$

$$\sigma_P^2 = x'\sum x = \sum_i \sum_j \sigma_{ij} x_i x_j = \sum_{i=1}^N x_i^2 \sigma_i^2 + \sum_{i=1}^N \sum_{j=1,i\neq j}^N x_i x_j \sigma_{ij}$$

因为当 $-1 < \rho_{ij} = \dfrac{\sigma_{ij}}{\sigma_i \sigma_j} < 0$ 时，σ_p 会减少，所以信用资产管理者可以适当利用资产之间的相关关系来选择资产、构造信用资产组合，从而达到有效地分散风险的目的。根据 Markowitz 的资产组合选择理论，可以求得有效资产组合集或有效边界，即图 6-3 中 A 点右侧的曲线对应的组合，然后根据信用资产管理者的偏好，从有效资产组合集中选择出最优资产组合。由于信用资产管理者的偏好具有主观性，常常难以精确度量。因此，人们提出了其他的选择方法，其中最常用的就是夏普（Sharpe）比率法。夏普比率被定义为 $\dfrac{\bar{R}_P - r_f}{\sigma_P}$，其中 $\bar{R}_P$ 和 σ_P 分别表示某信用资产组合的期望收益率和标准差，r_f 为无风险利率。从图 6-3 中可以看出，自起点 r_f 连线到有效边界，连线与有效边界的切点（即 B 点）的组合是夏普比率最大的资产组合。我们也可以把夏普比率最大的切点组合作为最优资产组合。

2. 信用资产组合模型的应用障碍

与交易性资产组合相比，信用资产组合模型在应用时存在着很大的障碍，这个障碍就是信用资产收益率的非正态分布和不可观测性，以及信用资产组合中资产收益率之间相关系数的不可观测性。

如前所述，导致出现应用障碍的主要原因有两个：一是信用资产的收益率分布左偏，具有尖峰厚尾特性。二是由于多数信用资产具有非交易性或者在场外交易，时间间隔也非常不规则，因而缺乏相关的历史交易数据，所以难以对 $\bar{R}_p$ 和 σ_P 进行估计，自然也无法得到 ρ_{ij}。因此，要计算信用资产组合的 VaR，首先要估计出两种信用资产收益率之间的相关系数以及信用资产组合的收益率分布状况。

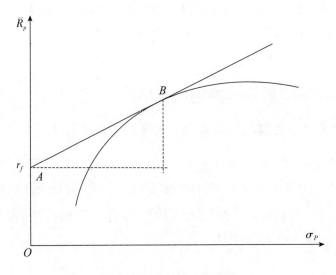

图6-3 有效资产组合集

(二) 测算基于多因素股票收益率模型的相关系数

为解决相关系数的不可观测性，KMV公司应用多因素股票收益率模型来导出相关系数。多因素收益率模型用A与B两公司资产收益率之间的相关系数近似地替代信用资产收益率之间的相关系数$\rho_{A,B}$。这种替代实际上包含如下含义：两公司股票收益率之间的相关系数是由系统风险因素之间的相关系数决定的，系统风险因素对两公司股票收益率的影响和对两公司信用资产收益率的影响是同步或者高度同步的，所以A、B两公司信用资产收益率之间的相关系数$\rho_{A,B}$也是由决定两公司股票收益率之间的相关系数，或类似的系统风险因素之间的相关系数所确定的。

我们可以通过一个简单的例子，来介绍基于多因素股票收益率模型的相关系数的基本测算思路和方法。例如，考察两家上市公司A与B，尽管我们无法观察其公司信用资产价值或信用资产收益率，但可观察其股票收益率。假设A公司是一家公用实业公司，通过回归分析等方法知道A公司的股票收益率R_A只受公用收益率指数R_{PUB}和一些特殊风险或冲击ε_A的影响，而且A公司的股票收益率R_A对公用收益率指数R_{PUB}的敏感度为a，则有

$$R_A = a R_{PUB} + \varepsilon_A \qquad (6.2.4)$$

同样，假设B公司是一家银行，通过回归分析等方法可知道B公司的股票收益率R_B受工业收益率指数R_{IND}、房地产收益率指数R_{RE}、商业收益率指数R_{COM}以及一些特殊风险或冲击ε_B的影响，而且B公司的股票收益率R_B对工业收益率指数R_{IND}、房地产收益率指数R_{RE}、商业收益率指数R_{COM}的敏感度分别为b_1、b_2、b_3，则有

$$R_B = b_1 R_{IND} + b_2 R_{RE} + b_3 R_{COM} + \varepsilon_B \qquad (6.2.5)$$

于是，由式（6.2.4）和式（6.2.5）可得到 A 与 B 两公司股票收益率之间的相关系数为

$$\rho_{A,B} = ab_1\rho_{PUB,IND} + ab_2\rho_{PUB,RE} + ab_3\rho_{PUB,COM}$$

即两公司股票收益率之间的相关系数取决于公用收益率指数分别与工业收益率指数、房地产收益率指数、商业收益率指数之间的相关系数 $\rho_{PUB,IND}$、$\rho_{PUB,RE}$ 和 $\rho_{PUB,COM}$。公用收益率指数与工业收益率指数之间的相关系数 $\rho_{PUB,IND}$ 可利用两指数的公开数据以及式（6.2.6）、式（6.2.7）直接计算得到。

$$\text{COV}_{PUB,IND} = \frac{1}{T-1}\sum_{t=1}^{T}(R_{PUB} - \overline{R}_{PUB})(R_{IND} - \overline{R}_{IND}) \quad (6.2.6)$$

$$\sigma^2_{PUB} = \frac{1}{T-1}\sum_{t=1}^{T}(R_{PUB} - \overline{R}_{PUB})^2, \; \sigma^2_{IND} = \frac{1}{T-1}\sum_{t=1}^{T}(R_{IND} - \overline{R}_{IND})^2 \quad (6.2.7)$$

$$\rho_{PUB,IND} = \frac{\text{COV}_{PUB,IND}}{\sigma_{PUB}\sigma_{IND}}$$

其中，T 表示所选择的数据期数，$\overline{R}_{PUB}$、$\overline{R}_{IND}$ 分别表示 T 期内公用收益率指数与工业收益率指数的平均收益率指数。同理，$\rho_{PUB,RE}$ 和 $\rho_{PUB,COM}$ 也可用类似方法获得。

对于非上市公司信贷资产组合的相关系数的确定问题，可以选择行业、资本结构、经营模型等相似的上市公司的有关数据来代替计算。

(三) 正态分布和实际分布下两笔信用资产组合 VaR 的计算

1. 正态分布下两笔信用资产组合 VaR 的计算

首先考虑两笔信用资产构成的组合价值收益率服从正态分布。在这种情况下，信用资产组合 VaR 的计算共分以下五步。

第一步，利用前文已详细介绍的方法，先计算两种信用资产收益率之间的相关系数。

第二步，计算两种信用资产的联合信用等级转移矩阵 $(P_{ij})_{d \times d}$，其中，P_{ij} 是两种信用资产分别处于信用等级 i 和 j 时的联合转移概率，d 表示共有 d 个信用评级。

第三步，利用前文给出的信用资产远期价值的计算方法，得到每笔信用资产对应期限的远期价值。

第四步，确定每个联合转移概率 P_{ij} 所对应的信用资产组合的价值 V_{ij}，即

$$V_{ij} = V^1_i + V^2_j, \; i,j = 1,2,\cdots,d$$

其中，V^1_i、V^2_j 分别表示第一种资产处于 i 级、第二种资产处于 j 级时的价值。共有 $d \times d$ 种可能的信用资产组合价值，求出均值和方差：

$$\overline{V} = \sum_{i=1}^{d}\sum_{j=1}^{d}P_{ij}V_{ij}, \; \sigma^2 = \sum_{i=1}^{d}\sum_{j=1}^{d}P_{ij}(V_{ij} - \overline{V})^2 \quad (6.2.8)$$

第五步,在信用资产组合的价值收益率服从正态分布的情况下,可直接得到信用资产组合对应于置信度 c 下的 VaR,即

$$\text{CVaR} = \varphi^{-1}(c) \times \sigma \qquad (6.2.9)$$

其中,$\varphi(\cdot)$ 是累积的标准正态分布;$\varphi^{-1}(\cdot)$ 表示标准正态分布下对应于置信度 c 的分位数,在 95% 置信水平下为 1.65。

2. 实际分布下两笔信用资产组合 VaR 的测算

上面对信用资产组合的 VaR 计算,是以信用资产组合收益率服从正态分布为前提的,但是信用资产组合收益率的实际分布往往并不服从正态分布,而是呈现出明显的非对称性和尖峰厚尾的特征。所以,我们要考察在实际分布下信用资产组合的 VaR 测算。

在实际分布下的计算步骤完全类似于在正态假设下的情况,只是在第五步的计算中不能再直接利用公式 (6.2.9)。事实上,我们在第四步求得每个联合转移概率 P_{ij} 所对应的信用资产组合的价值 V_{ij} 后,得到的就是信用资产组合价值的实际分布。可以利用实际分布将所有的信用资产组合的价值从小到大排列,然后,从最小值开始,由小到大将信用资产组合的价值所对应的联合转移概率依次列出并逐个相加,直到相加的和不小于 $1-c$(c 为置信度)。等于或超过 $1-c$ 的第一个联合转移概率所对应的信用资产组合的价值就是我们所要找的目标值,记作 $V_{i_0 j_0}$,实际分布对应于置信度 c 的 VaR 为,CVaR $= \bar{V} - V_{i_0 j_0}$。其中 $\bar{V}$ 是信用资产组合价值的均值,由式 (6.2.8) 给出。

由于信用资产组合价值的实际分布存在左偏和尖峰厚尾等问题,所以人们按正态分布情形计算出的某置信水平下的风险价值,一般都大大低于实际分布下同一置信水平的风险价值。

(四) 计算两笔贷款组合风险价值的案例

下面我们以一个两笔贷款的贷款组合为例,介绍贷款组合风险价值的计算方法。

假设年初两位借款人的信用等级分别为 A 级和 BBB 级,对每一位借款人的贷款额度都是 100 万元。要得到这 200 万元的贷款组合的风险价值,就需要计算出每笔贷款的联合信用等级转移概率。表 6-8 向我们展示了 BBB 级贷款和 A 级贷款各自 1 年期的信用等级转移概率,以及这两项贷款在相关系数为 0.3 的条件下其联合信用等级转移概率状况。对于 BBB 级和 A 级的借款人来讲,他们在一年中各有 8 种可能的信用等级状态;同时,这两个借款人还共同面临着 64 种可能的联合信用等级转移概率。

表6-8 贷款相关系数为0.3时的联合信用等级转移概率

单位:%

借款人1 (BBB级)		借款人2（A级）							
		AAA	AA	A	BBB	BB	B	CCC	违约
		0.09	2.27	91.05	5.52	0.74	0.26	0.01	0.06
AAA	0.02	0.00	0.00	0.02	0.00	0.00	0.00	0.00	0.00
AA	0.33	0.00	0.04	0.29	0.00	0.00	0.00	0.00	0.00
A	5.95	0.02	0.39	5.44	0.08	0.01	0.00	0.00	0.00
BBB	86.93	0.07	1.81	79.69	4.55	0.57	0.19	0.01	0.04
BB	5.3	0.00	0.02	4.47	0.64	0.11	0.04	0.00	0.01
B	1.17	0.00	0.00	0.92	0.18	0.04	0.02	0.00	0.00
CCC	0.12	0.00	0.00	0.09	0.02	0.00	0.00	0.00	0.00
违约	0.18	0.00	0.00	0.13	0.04	0.01	0.00	0.00	0.00

注：数据存在进位误差。

资料来源：J. P. Morgan. CreditMetrics：Technical Documentation 1997.

这里需要注意的是，两贷款联合信用等级转移概率并非是单个贷款间的各独立信用等级转移概率之简单乘积结果。关于这一点，我们可以通过表6-8加以说明。两贷款组合中BBB级贷款在下一年里保持其原信用等级的独立概率为0.8693，A级贷款在下一年里保持在原信用等级的独立概率为0.9105。假如这两个贷款各自的信用等级转移概率之间的相关性为0，那么这两个贷款联合信用等级转移概率为

$$86.93\% \times 91.05\% = 79.15\%$$

这个数字与我们在表6-8中所看到的数不同。表中的这个数字为79.69%，该数字之所以略高于79.15%，是因为我们假定这两个借款人之间存在着一个0.3的相关系数。

由于借款人的信用等级分为8级，所以，两笔贷款的贷款组合一共有64个联合转移概率，对应于64个不同的信用事件。相应地，就需要计算64个新的贷款组合价值，这样才能算出该组合在既定置信水平下的最大风险价值。所以需要分别计算两笔贷款在不同信用等级下的新的贷款价值，进而得到在每种可能的信用事件下的贷款组合的联合贷款价值，如表6-9所示。

表6-9 联合贷款价值

单位：万美元

借款人1 (BBB级)		借款人2（A级）							
		AAA	AA	A	BBB	BB	B	CCC	违约
		106.59	106.49	106.30	105.64	103.15	101.39	88.71	51.13
AAA	109.37	215.96	215.86	215.67	215.01	212.52	210.76	198.08	160.50

单位：万美元（续表）

借款人1 （BBB级）	借款人2（A级）							
	AAA	AA	A	BBB	BB	B	CCC	违约
	106.59	106.49	106.30	105.64	103.15	101.39	88.71	51.13
AA	109.19	215.78	215.68	215.49	214.83	212.34	210.58	197.90	160.32
A	108.66	215.25	215.15	214.96	214.30	211.81	210.05	197.37	159.79
BBB	107.55	214.14	214.04	213.85	213.19	210.70	208.94	196.26	158.68
BB	102.02	208.61	206.51	208.33	207.66	205.17	203.41	190.73	153.15
B	98.10	204.69	204.59	204.40	203.74	210.25	199.49	186.81	149.23
CCC	83.64	190.23	190.13	189.94	189.28	186.79	185.03	172.35	134.77
违约	51.13	157.72	157.62	157.43	156.77	154.28	152.52	139.84	102.26

资料来源：J. P. Morgan. CreditMetrics：Technical Documentation，1997.

1. 正态分布条件下的组合风险价值

在前面我们曾专门讨论了怎样计算出单项贷款在每一信用等级条件下市值，我们能很快计算出 A 级借款人贷款的 8 种可能的市值和 BBB 级借款人的 8 种可能的市值（此数值我们在前文已经算出）。在此基础上，我们再将这两项贷款各个不同的市值相加，便得出 64 种不同的联合贷款价值，如表 6-9 所示。可以看到，倘若在 1 年期间，两项贷款的信用等级均升为 AAA 级，那么它们的组合市值将达到 215.96 万美元；同样，如果在这 1 年期间，两项贷款均违约了，它们的联合价值也就仅有 102.26 万美元。

利用两项贷款组合的 64 种可能的联合信用等级转移概率和 64 个可能的联合贷款价值，就可以计算出该贷款组合的均值、方差及标准差来。

两项贷款组合均值：

$$E(V) = P_1V_1 + P_2V_2 + \cdots + P_{64}V_{64} = 213.63（万美元）$$

两项贷款组合方差：

$$\sigma^2 = P_1[V_1 - E(V)]^2 + P_2[V_2 - E(V)]^2 + \cdots + P_{64}[V_{64} - E(V)]^2 = 11.22（万美元）^2$$

对组合的方差开方求出平方根，我们便得到两项贷款组合价值的标准差（σ）为 3.35 万美元。这样就能计算出该组合在正态分布条件下，以及 99% 的置信水平情形下的 1% 最大风险价值（VaR）：$2.33 \times 3.35 = 7.81$ 万美元。

从计算结果来看，尽管两项贷款组合价值比原来单个贷款价值增加了一倍，但是以 VaR 为基础计算出的资本准备只比原 BBB 级贷款以风险价值计算出的资本准备多出 0.84 万美元，即 $7.81 - 6.97 = 0.84$ 万美元。显然，造成这种状况的原因就是贷款组合的风险分散功能发挥了作用，特别是在表 6-8 中，我们假定两项贷款间存在着 0.3 的风险相关系数,并且将其融入了两项贷款联合信用等级转移概率的矩阵中。

2. 实际分布条件下的组合风险价值

因为存在着贷款价值实际分布的非对称性问题,所以按正态分布情形,人们所计算的 99% 置信水平下的最大风险价值量往往低于实际的最大风险价值量。为此,可以将表 6-8 和表 6-9 放在一起来使用,这样我们便能找到那个最接近 1% 风险价值量的概率所对应的两项贷款组合价值(为 204.40 万美元),进而就可以求出实际分布情形下 1% 的最大风险值:

$$213.63 - 204.40 = 9.23 \text{(万美元)}$$

这个数值也是两项贷款组合的资本准备,它比在正态分布条件以风险价值为基础的资本准备要高出 1.42 万美元。但是,若与单项资产 BBB 级贷款实际分布条件下所需资本准备(即 8.99 万美元)相比,两项贷款组合的资本准备只比单项 BBB 贷款的这一数额高出 0.24 万美元。显然,这是贷款组合风险分散作用的结果。

(五)N 项信用资产组合的 VaR 计算

将信用资产组合中的风险由两笔资产扩展到 $N(N>2)$ 笔资产时,从理论上来说,完全可以仿照两笔信用资产组合的计算方法进行计算。但是,随着 N 的增加,计算将变得越来越复杂。假设 $N=5$,有 8 个信用评级就要计算 $8^5 = 32,768$ 个联合信用等级转移概率和其对应的 $8^5 = 32,768$ 个信用资产组合的价值,这在实践中很难实现。所以,需要寻求其他可行的方法来解决。

当假设 N 项信用资产组合的价值服从正态分布,只要求出 N 项信用资产组合价值的方差或标准差即可。用 $(V_1, V_2, \cdots, V_N)$ 表示 N 项信用资产价值的组合,则 N 项信用资产组合价值的方差为

$$\sigma_P^2 = \sigma^2(V_1 + V_2 + \cdots + V_N) = \sum_{i=1}^{N} \sigma^2(V_i) + 2\sum_{i=1}^{N-1}\sum_{j=i+1}^{N} \text{Cov}(V_i, V_j) \qquad (6.2.10)$$

式 (6.2.10) 中的 $\sigma^2(V_i)$ 可用各个单项信用资产的方差计算公式 (6.2.3) 得到,而 $\text{Cov}(V_i, V_j)$ 则可根据两笔信用资产组合的方差计算公式 (6.2.6) 求得。最后,求出式 (6.2.10) 中的 σ_p 后,利用式 (6.2.9) 计算得到既定置信度下 N 项信用资产组合的 VaR。

我们前面已经多次提到,一般情况下信用资产组合的价值并不服从正态分布。此时,可以根据每笔信用资产的评级转移概率和信用资产之间的相关系数,运用蒙特卡罗方法来模拟 10,000 次或者更多次 N 项信用资产组合的价值,然后,得到对应于某一置信水平下 N 项信用资产组合的 VaR。

蒙特卡罗方法是一种金融机构经常使用的随机模拟技术,它可以对各种金融资产及各类金融衍生工具进行定价。通常,它利用计算机随机模拟出金融变量的随机价格走势,并以此来近似地揭示该金融变量的市场特性。在金融和证券市场的研究中,人

们用结构蒙特卡罗方法模拟出投资组合在指定日期的各种不同的价格走势,然后由这些模拟价格排列出投资组合在指定日期的价格分布,最后从分布中一目了然地读出投资组合的风险价值(VaR)。正因为结构蒙特卡罗方法适用性强,所以它是计算投资组合风险价值的最有效的工具。下面我们利用表6-10和表6-11中一个假定的20项贷款组合及其组合中贷款间相关性的资料,来简要说明CreditMetrics模型怎样利用蒙特卡罗方法来度量该组合的风险价值。

表6-10 20项贷款组合的基本情况

信贷资产	基本信用等级	贷款额(美元)	贷款年限(年)	市值(美元)
1	AAA	7,000,000	3	7,821,049
2	AA	1,000,000	4	1,177,268
3	A	1,000,000	3	1,120,831
4	BBB	1,000,000	4	1,189,432
5	BB	1,000,000	3	1,154,641
6	B	1,000,000	4	1,263,523
7	CCC	1,000,000	2	1,127,628
8	A	10,000,000	8	14,229,071
9	BB	5,000,000	2	5,386,603
10	A	3,000,000	2	3,181,246
11	A	1,000,000	4	1,818,246
12	A	2,000,000	5	2,483,322
13	B	600,000	3	705,409
14	B	1,000,000	2	1,087,841
15	B	3,000,000	2	3,263,523
16	B	2,000,000	4	2,527,046
17	BBB	1,000,000	6	1,315,720
18	BBB	8,000,000	5	10,020,611
19	BBB	1,000,000	3	1,118,178
20	AA	5,000,000	5	6,1818,784

资料来源:J. P. Morgan. CreditMetrics: Technical Documentation, 1997.

表 6-11 20 项贷款组合中各项贷款间的相关系数

序号	1	2	3	4	5	6	7	8	9	10	11	12	13	14	15	16	17	18	19	20
1	1.00	0.45	0.45	0.45	0.15	0.15	0.15	0.15	0.15	0.15	0.10	0.10	0.10	0.10	0.10	0.10	0.10	0.10	0.10	0.10
2	0.45	1.00	0.45	0.45	0.15	0.15	0.15	0.15	0.15	0.15	0.10	0.10	0.10	0.10	0.10	0.10	0.10	0.10	0.10	0.10
3	0.45	0.45	1.00	0.45	0.15	0.15	0.15	0.15	0.15	0.15	0.10	0.10	0.10	0.10	0.10	0.10	0.10	0.10	0.10	0.10
4	0.45	0.45	0.45	1.00	0.15	0.15	0.15	0.15	0.15	0.15	0.10	0.10	0.10	0.10	0.10	0.10	0.15	0.10	0.10	0.10
5	0.15	0.15	0.15	0.15	1.00	0.35	0.35	0.35	0.35	0.35	0.20	0.20	0.20	0.20	0.20	0.15	0.15	0.15	0.10	0.10
6	0.15	0.15	0.15	0.15	0.35	1.00	0.35	0.35	0.35	0.35	0.20	0.20	0.20	0.20	0.20	0.15	0.15	0.15	0.10	0.10
7	0.15	0.15	0.15	0.15	0.35	0.35	1.00	0.35	0.35	0.35	0.20	0.20	0.20	0.20	0.20	0.15	0.15	0.15	0.10	0.10
8	0.15	0.15	0.15	0.15	0.35	0.35	0.35	1.00	0.35	0.35	0.20	0.20	0.20	0.20	0.20	0.15	0.15	0.15	0.10	0.10
9	0.15	0.15	0.15	0.15	0.35	0.35	0.35	0.35	1.00	0.35	0.20	0.20	0.20	0.20	0.20	0.15	0.15	0.15	0.10	0.10
10	0.15	0.15	0.15	0.15	0.35	0.35	0.35	0.35	0.35	1.00	0.20	0.20	0.20	0.20	0.20	0.15	0.15	0.15	0.10	0.10
11	0.10	0.10	0.10	0.10	0.20	0.20	0.20	0.20	0.20	0.20	1.00	0.45	0.45	0.45	0.45	0.20	0.20	0.20	0.10	0.10
12	0.10	0.10	0.10	0.10	0.20	0.20	0.20	0.20	0.20	0.20	0.45	1.00	0.45	0.45	0.45	0.20	0.20	0.20	0.10	0.10
13	0.10	0.10	0.10	0.10	0.20	0.20	0.20	0.20	0.20	0.20	0.45	0.45	1.00	0.45	0.45	0.20	0.20	0.20	0.10	0.10
14	0.10	0.10	0.10	0.10	0.20	0.20	0.20	0.20	0.20	0.20	0.45	0.45	0.45	1.00	0.45	0.20	0.20	0.20	0.10	0.10
15	0.10	0.10	0.10	0.10	0.20	0.20	0.20	0.20	0.20	0.20	0.45	0.45	0.45	0.45	1.00	0.20	0.20	0.20	0.10	0.10
16	0.10	0.10	0.10	0.10	0.15	0.15	0.15	0.15	0.15	0.15	0.20	0.20	0.20	0.20	0.20	1.00	0.55	0.55	0.25	0.25
17	0.10	0.10	0.10	0.10	0.15	0.15	0.15	0.15	0.15	0.15	0.20	0.20	0.20	0.20	0.20	0.55	1.00	0.55	0.25	0.25
18	0.10	0.10	0.10	0.10	0.15	0.15	0.15	0.15	0.15	0.15	0.20	0.20	0.20	0.20	0.20	0.55	0.55	1.00	0.25	0.25
19	0.10	0.10	0.10	0.10	0.10	0.10	0.10	0.10	0.10	0.10	0.10	0.10	0.10	0.10	0.10	0.35	0.25	0.25	1.00	0.65
20	0.10	0.10	0.10	0.10	0.10	0.10	0.10	0.10	0.10	0.10	0.10	0.10	0.10	0.10	0.10	0.25	0.25	0.25	0.65	1.00

资料来源：J. P. Morgan. CreditMetrics：Technical Documentation 1997.

为计算贷款组合的风险价值,第一步,要选定一个随机模型(如几何布朗运动模型),并挑选模型参数;第二步,根据随机模型,依次产生相应的随机数 $e_1, e_2, \cdots, e_n$,并由此计算模拟价格 $L_{t+1}, L_{t+2}, \cdots, L_{t+n}$;第三步,根据第二步中的模拟价格,计算目标时刻 T 时,投资组合的价格 P_T;第四步,尽可能多次重复第二步和第三步。比如 $K = 10,000$ 次,得到 T 时刻的一系列投资组合的模拟价格 $P_T^1, P_T^2, \cdots, P_T^{10,000}$,对每次模拟试验 K 来讲,都要计算每种资产(贷款)的价格 $L_{i,T}^K$,那么,在目标时刻 T 投资组合的模拟价格为

$$P_T^K = \sum_{i=1}^{N} w_{i,t} L_{i,T}^K$$

其中,$w_{i,t}$ 为当前投资组合中各资产的权重。

得到投资组合在目标日期 T 的模拟价格的完全分布 P_T 后,就能够根据目标期的价格分布计算出投资组合的风险价值。在确定随机模拟的重复次数时,需权衡估计的精度和计算。通常,由随机模拟方法求得的估计量,都或多或少地存在误差,这是由随机抽样的样本变化造成的,是随机模拟方法本身无法避免的。只有当重复次数增加时,估计量才能慢慢地向其真实值收敛,收敛的速率通常与重复次数的算术平方根成正比。所以一般来讲,重复次数越多,估计的精确度就越高,耗时也越多。因此,实际计算时需要在精度和计算速度方面有所权衡。

就此 20 项贷款的组合而言,根据组合内每笔贷款的最初信用等级、信用等级在某段时间内的转移概率、该贷款与组合内其他贷款间的相关系数以及与其他贷款之间的联合信用等级的转换概率等资料,利用事先确定的随机模型,对该贷款组合的价值(价格)进行反复的模拟,最终得出 20,000 个贷款组合价值量分布。利用这一系列数值,便能很快计算出该贷款组合的均值和在 99% 置信水平下最大的价值损失额,即贷款组合的最大风险价值。从而最终算出该贷款组合的经济资本数量。

蒙特卡罗方法是计算 VaR 最有效的方法,它能说明范围非常广泛的风险,包括非线性价格风险、波动风险,甚至模型风险,也考虑了波动时间变化、较粗的尾部以及极端情景等因素。

这个方法有一个弱点是成本太高。如果由 1000 个资产的投资组合产生 1000 种抽样途径,则总的估计值合计可达 100 万个,当资产的完全估值较为复杂时,这个方法很快就会因过于麻烦而变得难以实施。这个方法的另一个潜在的弱点是,它依赖于基础风险因素下的特定随机模型,因此面临着模型风险。

(六) 信用资产组合的边际风险度量

除可以对信用资产组合进行整体分析外,CreditMetrics 模型还可以用来考察单项资产对资产组合的边际风险影响,从而可以利用单个资产的边际风险贡献量来对组合进行积极管理,使组合的风险 – 收益达到最佳状态。

假设有一个 N 项信用资产组合,考察其中的一笔 B 级信用资产的情况。该 B 级信用资产对组合的边际风险,事实上也是该 B 级资产在组合中的总风险,即 B 级资产对组合的边际风险等于含某 B 级资产的 N 项信用资产组合的总风险减去不含该 B 级资产后余下的 $N-1$ 项信用资产组合的总风险。其中,单项信用资产的风险和信用资产组合的风险可利用前面介绍的 CreditMetrics 方法计算得到。实证研究结果表明,单项信用资产的总风险总是不小于该笔资产对组合的边际风险,或者说会大于/等于该笔资产在组合中的总风险,所以贷款组合可以降低风险,管理人员借此管理信用风险。

表 6-12 就是利用上面讨论的这 20 项贷款组合资料,所计算出的该组合中每项贷款的单独风险贡献量和边际风险贡献量。表 6-12 中的单独风险栏所反映的是组合中每一笔贷款价值波动的标准差(σ)的绝对值和它占该贷款市值的百分比(相对数)。边际风险贡献栏所反映的是每增加一项贷款对于剩下的 19 项贷款组合所带来的风险量(也就是用 20 项贷款组合标准差减去 19 项贷款组合标准差的余额,这就是边际风险贡献量)。从表 6-12 中我们可以观察到,从各贷款的单独风险来看,第 7 项贷款(CCC 级)的风险要比第 15 项贷款(B 级)的风险大得多;但从边际风险贡献量来看,则第 15 项贷款的风险要比第 7 项贷款的风险大得多。造成这一情况的主要原因在于,这两项贷款与其他贷款间的相关性不同。例如,从表 6-11 中可以看到,第 15 项贷款与第 11、12、13、14 项贷款间有着很高的相关系数(达到 0.45);相比较而言,第 7 项贷款则与第 5、6、8、9、10 项贷款之间有着较高的相关系数(达到 0.35),但仍比第 15 项贷款的这一水平低。

表 6-12 组合内各贷款价值变动的标准差状况

贷款序号	信用等级	单独风险		边际风险	
		绝对金额(美元)	百分比(%)	绝对金额(美元)	百分比(%)
1	AAA	4,905	0.06	239	0.00
2	AA	2,007	0.17	114	0.01
3	A	17,523	1.56	693	0.06
4	BBB	40,043	3.37	2,934	0.25
5	BB	99,607	8.63	16,046	1.39
6	B	162,251	12.84	37,664	2.98
7	CCC	255,680	22.67	73,079	6.48
8	A	197,152	1.39	35,104	0.25
9	BB	380,141	7.06	105,949	1.97
10	A	63,207	1.99	5,068	0.16
11	A	15,360	1.30	1,232	0.10

(续表)

贷款序号	信用等级	单独风险		边际风险	
		绝对金额（美元）	百分比（%）	绝对金额（美元）	百分比（%）
12	A	43,085	1.73	4,531	0.18
13	B	107,314	15.21	25,684	3.64
14	B	167,511	15.40	44,827	4.12
15	B	610,900	18.72	270,000	8.27
16	B	322,720	12.77	89,190	3.53
17	BBB	28,051	2.13	2,775	0.21
18	BBB	306,892	3.96	69,624	0.69
19	BBB	1,837	0.16	120	0.01
20	AA	9,916	0.16	389	0.01

注：数据存在进位误差。

资料来源：J. P. Morgan. CreditMetrics：Technical Documentation 1997.

由此，可以利用表6-11和表6-12的资料，用图6-4将组合内每项贷款的总风险分解成两个部分：一是用纵轴表示的贷款边际标准离差（%）；二是用横轴表示的贷款信用暴露金额。于是就有，一项贷款的总风险量 = 边际标准离差 × 信用暴露金额

就这项组合中的第15项贷款而言，它的总风险量应为

$$8.27\% \times 3,263,523 \approx 270,000（美元）$$

另外，在图6-4中，还可以构造一条总风险暴露相同的等数量曲线，其总风险暴露额下的信用风险暴露等额确定为70,000美元（边际风险量），也就是说银行的组合经理人希望将组合中每一笔贷款信用风险暴露额限制在70,000美元以下。按照这样的限制标准，20项贷款组合中的第15项（B级）、第16项（B级）和第9项（BB级）贷款的边际风险量都超过了这个标准，其中第15项贷款超的量最大。为了降低组合的风险，银行可以采用两种方法：第一是可以将第15项贷款卖给其他银行；第二是将第15项贷款（B级）与其他银行的B级贷款进行互换，但前提是从其他银行所互换的这一B级贷款与该银行的贷款组合中的其他贷款之间有着较低的相关系数。通过这样的调整可以在保持组合收益不发生大的变化条件下，使银行的贷款组合风险大大降低。

更进一步，与20项贷款的信用风险限额的计算方法一样，我们可以进一步推导到N项贷款组合中的信用风险限额，如图6-5所示。

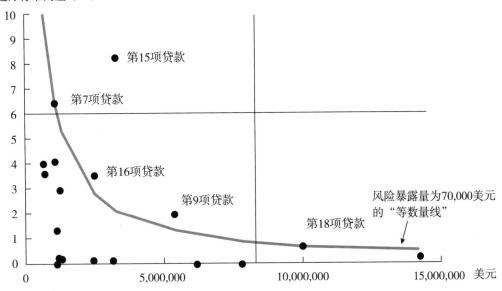

图 6-4　20 项贷款组合信贷风险限额和贷款选择

资料来源：J. P. Morgan. CreditMetrics：Technical Documentation，1997.

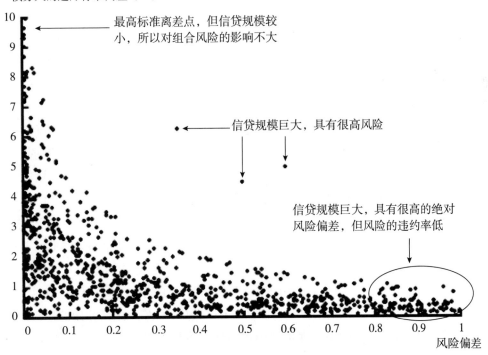

图 6-5　典型信用组合中的风险与信用风险暴露

资料来源：J. P. Morgan. CreditMetrics：Technical Documentation，1997.

三、CreditMetrics 模型的适用范围与理论评价

CreditMetrics 模型的最大优点在于其框架具有广泛的兼容性，它既可以用于度量贷款、债券等传统工具的信用风险，又可以度量贷款承诺，由市场因素驱动的诸如互换、远期等较为复杂的现代金融工具的信用风险。当然，在考察现代信用工具的风险时，除了前文提到的几个传统变量还要引入其他变量或参数。例如，在贷款承诺的风险度量中，要考虑贷款额度使用部分和未使用部分的比例，以及使用部分的风险价差和未使用部分的费用随债务人信用等级变化而产生的变化；在度量由市场因素驱动的金融工具的信用风险时，要深入了解风险暴露的有关情况。另外，借助 CreditMetrics 模型，可以让信用风险管理者更有针对性地收集、处理有关信息，提高识别、度量和管理信用风险的能力；可使风险管理职能部门更准确地评估各业务部门信用风险管理的效绩，并在此基础上更有效地配置信用风险资产。CreditMetrics 模型使得信用风险的度量和管理在精确性和主动性方面取得了巨大的进展，其优势主要体现在以下几个方面。

第一，该模型以分析性框架为基础，清晰地表达盯住市场的思路，可计算组合价值的波动率和预期损失，也可计算组内债务人的边际风险贡献以及组合的多样化效应，将组合管理理念（边际风险贡献）引入信用风险管理领域。

第二，运用蒙特卡罗模拟方法可进一步估计资产组合的远期价值分布，从而确定信贷资产的信用风险值。

第三，CreditMetrics 模型的输出报告在风险管理以及建立对冲策略方面有着非常重要的应用，金融机构能够评估总体的风险规模，针对可能的不利情况设立相应的资本缓冲，以确保在遭受负面信贷事件冲击时，拥有继续生存下去所需的缓冲资本。

但是，CreditMetrics 模型也存在着一些缺陷和不足，主要表现在以下几个方面。

第一，应用该模型对信用资产组合的远期价值的估算，本质上是以远期利率期限结构为基础的，或者说是建立在对远期信用价差正确估计的基础之上的。但是，在估算过程中该模型忽略了远期信用价差的随机性。

第二，模型中的违约率实际上是用过去的统计数据得到的平均历史违约率，不能很好地体现目前和未来的宏观经济状况、市场风险等因素的影响，并且不能适时地进行调整。另外，该模型往往假定处于同一信用等级的债务人，无论行业如何、资产规模多大，他们的信用等级转移矩阵都是相同的，忽视了债务人的异质性。

第三，违约回收率或违约损失率的正确与否，决定了能否准确估计违约时信用资产组合的价值。同所有其他信用模型一样，在 CreditMetrics 模型中所使用的违约回收率或违约损失率的可靠性，也缺乏理论基础和验证，尤其对期限长、信用评级低的债券的违约回收率或违约损失率的估计误差会更大。

第四，模型常常假设信用等级的变化是独立的。事实上，信用资产的等级变化具有关联性，同一行业、同一地区的企业相关性会更大一些。此外，信用资产的相关性

具有时变特征，在经济萧条（泡沫）时期，大部分信用资产的信用价值变小（大）、信用等级会降低（高估）。

第五，信用资产的价值或收益一般不服从正态分布，模型存在低估所需经济资本的风险。因此，CreditMetrics 模型对资产价值或收益实际分布的确定还有待进一步研究和改进。

第六，该模型假定公司资产收益率之间的相关系数可以用公司股票收益率之间的相关系数来替代，模型的计算结果对这一假定的敏感性和依赖性都很高，但目前该假设缺乏充分的理论基础和市场验证。

上述缺陷的存在，极大地限制了 CreditMetrics 模型的有效性和适用性，这也是今后有可能进一步研究、改进的地方。

第三节 信贷组合观点模型——CPV 模型

如前所述，信用等级概率假定在不同借款人之间以及不同商业周期阶段之间皆是稳定的，这显然与事实不符。实证结果表明，银行控股公司的所有贷款组合中有大量贷款可能低于所标明的投资级别，而且信用等级的转移受经济环境状况的影响很大，尤其是低质量信用资产对商业周期的状况更是高度敏感。因此，在计算信用资产组合的风险价值时，理应考虑宏观经济因素的影响。

基于信用等级转移对商业周期的敏感性，麦肯锡公司于 1998 年开发出信用组合观点模型。CPV 模型认为信用质量的变化是宏观经济因素变化的结果，通过构建违约概率与宏观变量之间的多因素模型，将当期的宏观经济环境，如 GDP 增速、失业率、汇率、利率水平、政府支出和储蓄等宏观经济因素影响纳入模型框架中。这样，CPV 模型就可以根据当期的宏观数据调整违约概率以及信用评级转移矩阵，用于分析贷款组合的风险和收益，从而更精确地进行信用风险度量。从某种程度而言，CPV 模型是对 CreditMetrics 模型的进一步改进。

一、CPV 模型的思想

CPV 模型的关注重点集中在组合层面而不在个体层面。其基本假设是在信贷资产组合部分，公司的信用状况具有同质性。这与个体借款者的信用状况模型形成对比。CPV 模型认为，驱动债务人信用风险的影响因素是经济、行业等变量，除了特定因素，公司不同程度地对共同的外部条件敏感。一旦外部宏观条件发生变化，整个市场的信用状况都会受到影响，单个公司很难独善其身，这就是系统性风险。举例而言，在经济衰退期间，即使某一公司的经营状况良好，但是如果业务关联公司出现问题甚至破产，那么该公司的应收账款也会出现问题，直接影响现金流进而累及企业的债务清偿能力。

CPV 模型需要考虑即时宏观环境的影响，将信用风险中的系统风险和非系统风险一起纳入分析框架，从而改善信用风险模型的评估能力。CPV 模型的核心就是通过建模技术清楚地体现信用风险的周期动态变化。因此，CPV 模型建模主要基于三大操作步骤。

第一步，通过多元计量模型建立转移概率变动和违约概率变动与宏观因素、行业因素变动的关联。

第二步，把现实经济状态的参数代入模型，利用蒙特卡罗模拟获得转移概率。

第三步，通过第二步获得的转移概率对历史转移概率矩阵进行调整，然后通过 CreditMetrics 的方法计算风险，得到信贷组合的损失分布。

CPV 模型的三个主要操作步骤，如图 6-6 所示。

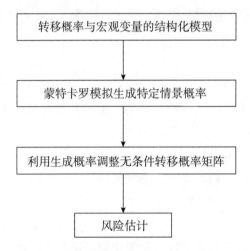

图 6-6　CPV 模型的三个主要操作步骤

二、主要宏观变量与违约概率的内在联系

大量理论研究表明，违约概率的变动与宏观经济变量的变化相关。虽然不同国家、地区影响违约率的宏观变量会有些差异，但是 GDP 增速、失业率、利率水平、CPI（Consumer Price Index，消费者价格指数）等主要经济指标对违约率的影响具有一般性。CPV 模型在建模时，考虑的也就是这些主要的宏观经济指标，构建宏观变量与违约概率之间的数量关系。因此，在进一步介绍 CPV 模型之前，有必要梳理清楚主要宏观变量与违约概率之间的内在联系。

一是 GDP 增速与市场违约概率负相关，失业率与市场违约概率正相关。在这里，GDP 和失业率都是显示经济运行状态的指标。GDP 高速增长以及低失业率意味着经济处于景气周期；而 GDP 低速增长以及高失业率则意味着经济处于萧条周期。因此，

GDP 增速和失业率实际反映的是一国某个时期所处经济周期的特定阶段。

理论研究认为，经济周期从多方面影响企业的违约率。当经济衰退时，总需求下降，企业的盈利水平下降，导致偿还能力下降，资金供应趋紧，企业的融资难度和融资成本增加，导致资金链断裂，企业违约概率上升；而经济扩张时，情况则相反。大量实证研究则验证了经济周期与违约概率之间的关系。Fama（2006）发现违约概率的周期性，尤其在经济衰退时期会显著增加。Altman 等（2005）的实证发现，1990—1991 年的衰退期，美国整个市场的违约率超过 10%；1993—1998 年美国经济的繁荣时期，市场的违约概率明显下降；到了 2000 年新一轮经济衰退期，违约率又迅速增加。当然，也有研究发现，经济周期对违约风险的影响是非对称的。在经济衰退时期，违约率显著增加；但在经济扩张时，违约率不会显著减少。这是因为经济衰退足以使许多边际的企业违约，导致企业违约率和违约相关性显著增加。相反，经济繁荣却不足以提高这些企业的信用质量从而减少这些企业的违约概率和违约相关性。

二是利率水平与市场违约概率正相关。市场利率水平上升，通常会推动贷款利率上升，这就意味着贷款者分期偿还的贷款利息会随之上升，从而加大了贷款者还款的现金流压力。如果情况继续恶化，贷款人就可能无法按期偿还贷款，这会造成大量违约事件的发生。一个典型的例子就是发生在 2007 年的美国次贷危机。虽然时至今日，理论界对此次危机形成的原因各有解读，不过大体的共识是，美联储的加息周期是形成危机最直接的原因之一。

三是 CPI 水平与市场违约概率负相关。CPI 反映的是一定时期一国的通货膨胀水平，而通货膨胀与经济增长正相关，即高经济增长率一般伴有较高的通货膨胀率。这是因为当经济快速增长时，会大量增加社会总需求，从而推动物价上升，导致通货水平上升。根据对经济周期与违约概率关系的分析，我们可以推导出这样的逻辑关系，即 CPI 的上升，通常与一个时期经济增速较快密不可分，而经济增速较快，意味着整个经济处于景气阶段，则市场的违约概率就会下降。

同时，CPI 值的大小也反映了一国货币政策的松紧。而货币政策的松紧直接影响企业的流动性状况，进而带来市场违约率的变化。较高的 CPI 意味着一国实行较为宽松的货币政策，该时期企业的融资环境相对宽松，资金成本较低，盈利能力也能得到较大提高，通常企业的违约概率较低；而 CPI 降低，意味着一国实施从紧的货币政策，企业的融资环境趋于恶化，企业就会出现流动性危机，从而导致市场违约率大大提高。

三、宏观信用风险模型

回想 CreditMetrics 模型，信用风险测度最核心的工具就是信用等级转移矩阵。在信用等级转移矩阵中，各个信用等级转移概率的获得依赖于历史数据。由于历史数据不包含现实宏观因素变化的信息，我们在进行风险测度的时候，转移概率往往与实际情况存在偏差。如果在风险测度中考虑宏观环境变动因素，一个可行的方法就是直接建立转移概率与宏观因素之间的关系模型。如果建立的模型合适,就能构建宏观因素变动对转移概率的影响,从而对利用历史信息计算的转移概率进行调整。

CPV 模型依赖于四个建模选择。一是违约事件依赖于经济条件,经济条件由经济变量 y_j 表示,y_j 总结了地区行业因素 x_i 的影响,i 表示组合部分,x 表示特定因素;二是违约概率是违约频率与公司子样本之比,因此 CPV 模型处理的是一组数据而不是个体数据;三是需要用影响违约概率的要素预测值;四是需要将要素预测值转换成违约概率,对此 CPV 模型采用 Logit 函数形式。具体建模过程如下。

第一,对可能进入宏观经济指数的宏观经济变量 x_i 的个数 n 作出假设。通常使用的是向量自回归 AR(n) 模型,使用较多的是二阶滞后项 AR(2),使得 t 时刻变量 x_i 满足下式:

$$x_{i,t} = \alpha_{i,0} + \alpha_{i,1} x_{i,t-1} + \alpha_{i,2} x_{i,t-2} + \varepsilon_{i,t}$$

其中,$\varepsilon_{i,t}$ 服从独立同分布的正态误差项;变量和其滞后项之间是相关的;$\alpha_{i,1}$ 和 $\alpha_{i,2}$ 是滞后期对当期的影响程度。之所以使用 AR 模型,是为了在后面蒙特卡罗模拟中递推获得各期的违约概率。由于在这个方程中,虽然单个宏观因素的残差项是独立同分布的正态误差项,但是组间残差项之间却可能存在相关关系,这实际反映的是不同宏观影响因素之间的相关关系。因此,它们之间存在一个协方差矩阵,记为 Σ_ε。

第二,利用 Logit 函数构建特定行业平均违约概率和宏观变量之间的关联模型,模型如下:

$$P_{j,t} = \frac{1}{1 + \exp(-y_{j,t})}$$

其中,$y_{j,t}$ 为各个宏观变量的函数,即

$$y_{j,t} = \alpha_{j,0} + \alpha_{j,1} x_{j,t-1} + \alpha_{j,2} x_{j,t-2} + v_{j,t} \tag{6.3.1}$$

对于 Logit 函数而言,当 $y_{j,t}$ 趋向于正无穷时,$P_{j,t}$ 趋向于 1;反之,当 $y_{j,t}$ 趋向于负无穷时,则 $P_{j,t}$ 趋向于 0。因此,Logit 函数形式总能满足概率值落在 [0,1] 之间的条件。此外,在实际进行计量运算的时候,我们可以将 Logit 函数转化如下:

$$L(P_{j,t}) = \ln\left(\frac{1 - P_{j,t}}{P_{j,t}}\right) = y_{j,t}$$

由于 $P_{j,t}$ 已知,经过这样的转化后,就能构建 $L(P_{j,t})$ 和 $y_{j,t}$ 之间的线性关系,从而将式 (6.3.1) 转化为

$$L(P_{j,t}) = \alpha_{j,0} + \alpha_{j,1} x_{j,t-1} + \alpha_{j,2} x_{j,t-2} + v_{j,t}$$

这样就能方便地进行计量运算。同样,在这个方程组中,虽然单个宏观因素的残差项是独立同分布的正态误差项,但是组间残差项之间可能存在相关关系,记该协方差矩阵为 Σ_v。如果我们把方程组放在一起,就得到 $i + j$ 个残差,以及 $(i + j)(i + j - $

1)/2 个残差的协方差项。

$$E = \begin{bmatrix} \varepsilon \\ v \end{bmatrix} \sim N(0, \Sigma)$$

其中，$\Sigma = \begin{bmatrix} \Sigma_\varepsilon & \Sigma_{\varepsilon,v} \\ \Sigma_{\varepsilon,v} & \Sigma_v \end{bmatrix}$

由于要考虑残差的相互关系，在估计中需要使用似不相关回归（Seemingly Unrelated Regression，以下简称 SUR 回归）方法求解。

四、蒙特卡罗模拟

利用历史数据构建转移概率与宏观变量之间的关系，并采用计量模型估计出各个宏观变量对转移概率的影响参数之后，我们就可以运用蒙特卡罗模拟来实现 CPV 模型的主要目标，并通过仿真数据校准无条件转移概率矩阵，具体步骤如下。

第一步，利用蒙特卡罗模拟产生 n 维的标准正态随机变量 $E = (x_1, x_2, \cdots, x_n)$，其中变量 E 每一维度上的 x_i 均为服从 $N(0,1)$ 标准正态分布的向量，且各向量之间相互独立。诸多计量软件都能生成 n 维相互独立的标准正态分布随机变量，一个具体的例子如下：

$$E = (x_1, x_2, x_3) = \begin{bmatrix} -0.83 & -0.45 & -0.78 \\ 0.52 & 0.40 & -0.54 \\ 0.29 & -1.72 & -0.04 \\ \vdots & \vdots & \vdots \end{bmatrix}$$

此时，变量之间的协方差矩阵为 I。

在 CPV 模型中，变量 E 对应的是方程组的残差向量 (ε, v)（由 ε_{it} 和 v_{it} 构成），而这些残差向量之间存在特定的相关关系，可以用协方差阵 Σ 表示。

对于 Σ，可以使用 Cholesky 分解获得 P'：

$$\Sigma = PP'$$

再左乘 E，获得存在相关关系的随机变量序列 E'。

例如，我们假设残差之间的协方差阵为

$$\Sigma = \begin{bmatrix} 1 & 0.4 & 0.7 \\ 0.4 & 1 & 0.4 \\ 0.6 & 0.4 & 1 \end{bmatrix}$$

对该协方差矩阵进行 Cholesky 分解，得到 P' 为

$$P' = \begin{bmatrix} 1 & 0.4 & 0.6 \\ 0 & 0.92 & 0.17 \\ 0 & 0 & 0.78 \end{bmatrix}$$

然后再左乘 E，得到新的 E'：

$$E' = \begin{bmatrix} -1.476 & -0.545 & -0.607 \\ 0.362 & 0.274 & -0.420 \\ -0.421 & -1.583 & -0.030 \\ \vdots & \vdots & \vdots \end{bmatrix}$$

第二步，把随机变量序列 E' 代入方程组模型中，得到不同行业大量的条件违约概率值 $P_{j,t}$，取这些违约概率 $P_{j,t}$ 的均值，就得到了仿真模拟的违约概率值。

第三步，通过二项式分布模拟损失分布。

$$B(k;n,p) = \frac{n!}{k!(n-k)!} p^k (1-p)^{n-k}$$

通过加总得出全部组合在各种经济状态下的损失分布。第二步模拟出的由不同行业条件违约概率 $P_{j,t}$ 组成的条件违约概率矩阵 $p(t)$ 包含了宏观经济状态以及违约相关性方面的重要信息。

第四步，从历史的信用等级转移概率矩阵开始，通过将条件违约概率矩阵 $p(t)$ 映射到信用等级转移矩阵上，得出想要的信用等级转移概率矩阵。由于信用等级转移与违约概率紧密相关，这种映射在理论上是合理的。新的矩阵包含了宏观经济状态以及违约相关性方面的信息，是真正可用于预测的信用等级转移矩阵，通过该矩阵可以继续模拟出信用等级转移的概率分布情况。

第五步，根据信用等级转移的概率分布情况判断信用评级调整方向。映射的主要基准是模拟违约概率与历史统计的平均违约率的比例关系。假设用 SDP_t 表示模拟出的违约概率，用 ΦSDP 表示无条件（历史平均）的违约率，直观上，可以有以下判断。

（1）倘若 $SDP_t / \Phi SDP = 1$，则条件转移矩阵等于无条件转移矩阵；

（2）倘若 $SDP_t / \Phi SDP > 1$，则意味着经济处于衰退状态，将有更多的信用等级向下调整；

（3）倘若 $SDP_t / \Phi SDP < 1$，则意味着经济处于扩张状态，将有更多的信用等级向上调整。

CPV 模型采用上述模拟违约概率与历史平均违约率之间的比例作为调整因子，通过调整历史的等级转移概率矩阵，得到以经济状态为条件的新的转移矩阵。如果该比例大于 1，则将等级集中向下调整；否则，集中向上调整。由于前面模拟出的违约概率可以跨越多个时期，即 $t = 1, \cdots, T$，以 1 年期马尔科夫条件矩阵为基础，采用以下公式，可以计算任何时间长度（年度）的累积条件转移概率。

$$M_t = \prod_{i=1,\cdots,t} M(\text{SDP}_i/\Phi\text{SDP})$$

其中，M_t 为 t 年期条件累积评级分布对于给定投机性违约率的未来路径；$M(\text{SDP}_i/\Phi\text{SDP})$ 表示依赖于投机性违约率的 1 年期条件等级转移概率矩阵；SDP_t 是在 t 时期实现的投机性违约率；ΦSDP 是平均的投机性违约率。

五、CPV 模型的评价

信贷组合观点的核心内容和最大创新，就在于对条件信用等级概率的估算和使用。至于利用信贷组合观点去计算信用资产组合的风险价值的步骤，除了使用条件信用等级转移矩阵来替代无条件信用等级转移矩阵，其余完全仿照 CreditMetrics 模型的计算方法即可。

由于 CPV 模型给出了具体的损失分布，以资产价值的变化为基础计算 VaR，对所有的风险暴露都采取盯市模型方法；因而 CPV 模型适用于单个债务人和一组债务人，能够刻画回收率的不确定性以及因宏观层面风险带来的损失，可以应用于不同的国家、行业。此外，信贷组合观点模型主要适用于投机级债务人，而不太适合于投资级债务人。因为投资级债务人的违约概率相对稳定；而投机级债务人的违约概率会受周期性宏观经济因素的影响而剧烈变动，要根据宏观经济状况适时调整违约概率及其对应的信用等级转移矩阵。

虽然 CPV 模型将宏观经济状况纳入模型中，用于模拟信用事件的信用风险，其优点是显而易见的；但是该模型在具体应用中也存在如下局限性。

第一，由于 CPV 模型复杂的计量经济方法需要大量历史数据，因此该法要求每个国家，甚至每个国家内的每个产业部门都要有完备可靠的违约数据，这显然是很难实现。退一步来说，即使能够实现，模型中所包含的行业越多，关于违约事件的信息就会相对变得越少，这也不利于条件违约概率的确定。此外，该模型在实际的违约相关性估计方面也存在一些问题，这些因素都会影响模型的应用效果。

第二，CPV 模型没有考虑诸如债务的剩余期限及其对债务偿还情况等微观经济因素的影响，也没有考虑企业的个体特征。该模型完全依赖宏观经济因素决定信用等级转移概率，这有点武断和片面。

第三，CPV 模型对企业信用等级变化所进行的调整，容易受银行在信贷方面积累的经验和对信贷周期的主观认识等人为因素的影响，从而有可能降低调整后模型的客观性、可信性。

第四，CPV 模型有可能受到调整信用等级转移矩阵的特定程序的限制，而且也无法判定在实践中是否一定比简单的贝叶斯模型[①]表现更好。

---

① 贝叶斯模型基于银行内部的经验数据和对信用周期阶段的内部评价来修正信用等级转移矩阵。当然，由于公司资产的市场价值依赖于经济变动的情况，所以这两种模型既有相关性又有互补性，未来的发展方向应是将两种方法结合起来得到信用等级转移矩阵。

第四节　基于期权定价理论的 KMV 模型

　　KMV 模型是美国 KMV 公司于 1997 年提出的用于估计借款企业违约概率的方法。KMV 类模型是从授信企业股票市场价格变化的角度，对该企业信用状况进行分析的信用风险监测计量模型。这类模型把贷款视为期权，股份公司的资产价值是公司股票与债务价值之和，当公司资产价值低于债务面值时，就发生违约。因此，债权人相当于卖空一个基于公司资产价值的看涨期权。Black-Scholes-Merton（BSM）定价模型表明一家公司的破产概率取决于公司资产相对于其短期负债的初始市场价值和资产（股票）市价的波动率。因此模型中的违约概率不是像 CreditMetrics 模型那样采用信用评级机构所提供的历史数据，而是对每一家公司分别使用违约证券估价模型来确定其期望违约概率，这一概率是公司资本结构、资产收益波动性和公司当前资产价值的函数。在 KMV 模型中，信用等级转移矩阵通过计算期望违约概率来获得，然后求解投资组合价值分布。KMV 模型假设充分分散化的投资组合，其损失分布是反正态函数，从而求得一定置信水平下的非预期损失（即 VaR 值）。

一、KMV 模型的基本思想

　　KMV 公司所发展的信用监测模型（Credit Monitor Model）是一种适用于上市公司的违约概率模型，主要建立在 Merton（1974）与 Black 和 Scholes（1973）的期权定价理论的基础之上。该模型利用财务报表及资本市场相关资料，最终得出预期违约频率[①]（Expected Default Frequency，EDF）。迄今为止，KMV 公司已经发布了超过 5000 家上市公司的 1—5 年期的 EDF 数据。KMV 公司利用预期违约频率来度量信用风险。

　　KMV 模型根植于期权定价理论，其基本思想是将公司的股东权益视为对公司资产的看涨期权，该公司的股价为期权价格，公司资产为标的资产，将公司的举债视为股东向债权人买入期权，期权的到期执行价格是公司负债的账面价值。到期时，若公司资产的市场价值低于负债价值，即标的资产价值低于执行价格，股东将不会从债权人手中买回公司资产，也就是说公司将发生违约。

　　假设公司资产价值为 OA，股东权益为 OE，负债为 OB，如图 6-7 所示，若负债到期时，资产价值 OA 大于或等于负债 OB，此时股东一定会选择清偿负债而取得公司资产的剩余部分，即 $OA - OB$。若负债到期时，资产价值 OA 小于负债 OB，则股东不会选择偿还负债，此时公司就会破产，公司进行破产清算后将剩余资产转手给债权人处理。

---

① 是指授信企业在正常的市场条件下，在计划期内违约的概率。

由于现代公司制度规定下，股东具有有限责任，股东的损失不会超过期初投入的权利金 OC。

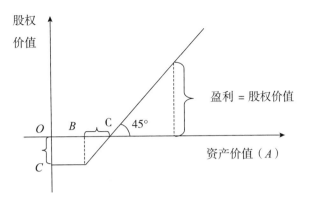

图 6-7 看涨期权价值

图 6-7 中，该看涨期权执行价格为 OB。时间 T 后，如果该公司的资产价值大于 OB，则该买权得到执行，债务人（持有人）所得收益为 $OA-OB$；否则不行权，期权价值为 0。这说明可将公司的股权视为以公司资产为标的、执行价格为公司债务的欧式看涨期权。而对于债权人来说，可将其视为欧式看涨期权出售方，如果该公司的资产价值大于 OB，则其最大获益是 OC；如果该公司的资产价值小于 OB，则其损失为 $OA-OB$。

故在计算公司预期违约率（EDF）时，公司的资产价值及其波动性成为最重要的因素。但由于公司资产价值及其波动性是一个抽象的概念，无法直接取得，因此 KMV 借助期权定价公式解决这个问题，反向推导出公司资产及其波动性。

在 KMV 模型中，违约被定义为授信企业不能正常支付到期的本金和利息，而且判定在企业的市场价值（可用企业资产价值表示）等于企业负债水平时，违约就会发生。因为此时企业即便将其全部资产出售也不能完成全部偿还义务，在概念上会发生违约。正是基于对违约的这种理解，企业市场价值或资产价值的违约触发点（Default Point, DPT）被设定为与企业负债水平相等的企业资产价值水平。EDF 就是根据企业资产价值的波动性（通过该企业股票在市场上的波动性测算出来）来衡量的企业当前市场价值或资产价值水平降低到违约触发点水平的概率，即违约概率。

KMV 模型认为，有关信用违约的信息被包含在公司上市交易的股票的价格之中。因此，只要分析公司的股票价格水平及其变化，就可以得到 EDF，即与该公司进行信用交易所面临的信用风险。这一信用风险信息还可以随着股票交易价格的最新变化而不断更新。通过对公司股票价格波动的分析，寻找其中包含的公司信用状况的信息，这是 KMV 模型的基本特点之一。

二、KMV 模型的计算步骤

(一) 计算公司资产价值和资产波动率

从概念上，KMV 模型认为公司资产的市场价值等于公司的债务加股东权益。因此，通过观察借款公司的股票价格以及由此推导出公司债务的市场价值，KMV 模型可以间接地衡量难以直接观察的借款公司资产的市场价值：资产市价 = 账面负债 + 股权市价。

在 KMV 模型中，由于公司负债的账面价值的波动性（以标准差表示）可以被视为 0，所以，通过观察股票市价的波动性可以得到资产市价的波动性，即公司资产市价的波动性可以被视为等于公司股票市价的波动性（方差或标准差）。

资产的价值及其波动性虽然是影响违约概率的最重要的因素，但却无法直接获得。为此，我们可以利用期权定价公式，反向推导出公司资产的隐含波动性。因为波动性要受到公司资产的市场价值、权益的市场价值波动性及负债的账面价值的影响，所以利用与可观测到的期权价格来推算期权隐含波动性相一致的思考模式，可以将公司资产价值的变化表示为

$$dV_A = \mu V_A dt + \sigma_A V_A dZ$$

其中，V_A 和 dV_A 分别表示资产市场价值和资产市场价值的变化；dZ 为服从正态分布的随机变量；其他参数 μ 和 σ_A 为资产价值变化的均值和波动率。

利用 Black-Scholes-Merton 期权定价公式，可以得到如下表达式：

$$V_E = V_A N(d_1) - e^{-rT} D N(d_2) \tag{6.4.1}$$

其中，$d_1 = \dfrac{\ln(V_A/D) + \left(r + \dfrac{\sigma_A^2}{2}\right)T}{\sigma_A \sqrt{t-T}}, \quad d_2 = d_1 - \sigma_A \sqrt{T}$

$$\sigma_E = \frac{V_A}{V_E} N(d_1) \sigma_A \tag{6.4.2}$$

其中，$N(\cdot)$ 为标准正态分布函数；V_E、σ_E、D 和 r 分别是股权价值、股价波动率、总负债、无风险收益率，均为已知或者可以从市场上观察数据计算得来；T 是债务偿还期，是确定的值；只有资产价值 V_A 和资产波动率 σ_A 为未知量，可由式 (6.4.1) 和式 (6.4.2)，运用迭代技术通过编程求解。

(二) 计算违约距离 DD 与预期违约率

在期权定价的理论框架下，KMV 模型将违约等同于破产。实际上，破产和违约有着明显的不同。破产是指企业被清算，拍卖资产所得的收入根据债务的优先级别分配给各个债权人；而违约指的是企业无法偿还某一笔到期的债务本金或者利息。企业违约不一定都伴随着破产事件的出现。破产事件比违约事件要少很多。KMV 公司观察了

很多企业违约的样本后发现,首先,当企业资产价值到达其全部债务价值和短期债务价值之间的某一个点时,就会发生违约行为。因此,用对资产价值低于全部债务价值的尾部进行积分计算违约率的方法并不是很准确。其次,企业资产正态分布假设也和现实有偏差,企业的资本结构也复杂于 BSM 模型中的假设。最后,企业也许会有一些没有注明的隐含债务(比如担保等),会增大企业债务总额,使债权人没有办法预料和防范。这些因素都会导致偏差的产生。基于此类原因,KMV 在计算企业的违约率时采用理论和经验相结合的方法,在计算预期违约率之前,引入一个中间指标违约距离(Default Distance,DD)。

如前面所述,KMV 通过观察大量企业的违约现象,发现企业资产价值达到其短期债务与全部债务之间的某一点时,就会发生违约行为。KMV 称这一点为违约触发点(DPT),实际生活中,用企业信用期间内需要偿还的短期债务(Short-Term Debt,STD)面值加上其未偿长期债务(Long-Term Liability,LTD)面值的一半计算,即

$$DPT = STD + LTD/2$$

违约距离(DD)代表的是资产价值的均值与违约触发点之间的差额除以资产价值的标准差,即在持有期内由当前水平降至违约触发点的距离。

$$DD = \frac{E(V_A) - DPT}{\sigma_A}$$

假设企业资产价值 V_A 服从对数正态分布,那么根据期权理论,违约距离(DD)为

$$DD = \frac{\ln(V_0/DPT) + (\mu_A - \sigma_A^2/2)T}{\sigma_A\sqrt{T}}$$

其中,V_0 为企业资产的初始市值;μ_A 为企业资产的期望收益率。因此,DPT 以下的区间可直接用正态累积分布函数 $\Phi(-DD)$ 求出。

(三) 计算违约概率

假设企业的市场价值服从正态分布,现在根据上面介绍的违约距离来直接计算预期违约率(EDF)。因为 EDF 是违约概率,等于资产价值在时刻 T 小于违约触发点部分的累积概率;所以,我们可以根据企业过去的资产价值数据来模拟出资产可能的概率分布,从而计算企业在某一时刻资产价值小于违约触发点的累积概率,这与我们前面所介绍的采用参数分布计算市场风险的 VaR 值的方法相类似。具体公式如下:

$$EDF = P\left(\frac{\ln(V_0/DPT) + (\mu_A - \sigma_A^2/2)T}{\sigma_A\sqrt{T}} \leq \varepsilon\right), \quad \varepsilon \sim N(0,1) \quad (6.4.3)$$

KMV 方法根据违约概率而不是信用级别构建了转移矩阵。根据相应级别内对应的违约概率(范围不重叠)将公司分组,如所有 EDF 低于 0.02% 的公司的信用级别为

AAA级，EDF在0.03%—0.06%之间的为AA级等，以此类推将所有公司归入不同的信用等级。这样利用EDF变化的历史数据就可以得到一个信用等级转移矩阵，据此来计算信用资产的VaR值。需要说明的是，与CreditMetrics模型相比，KMV方法得到的信用等级转移矩阵具有较高的等级转移概率和违约概率。

表6–13给出了EDF与标准普尔、穆迪以及瑞士银行评级体系之间的关系。

表6–13　EDF与风险评级公司评级

EDF	标准普尔	穆迪	瑞士银行
2—4个基点	≥AA	≥Aa2	C1
4—10个基点	AA/A	A1	C2
10—19个基点	A/BBB+	Baa1	C3
19—40个基点	BBB/BBB+	Baa3	C4
40—72个基点	BBB−/BB	Ba1	C5
72—101个基点	BB/BB−	Ba3	C6
101—143个基点	BB−/B+	B1	C7
143—202个基点	B+/B	B2	C8
202—345个基点	B/B−	B2	C9

资料来源：科罗赫，加莱，马克. 风险管理［M］. 曾刚，罗晓军，卢爽，译. 北京：中国财政经济出版社，2005.

表6–14则是KMV公司基于违约概率而不是评级等级建立的信用等级转移矩阵。

表6–14　KMV公司基于EDF的1年期信用等级转移矩阵

初始评级	在年末的评级（%）							
	AAA	AA	A	BBB	BB	B	CCC	违约
AAA	66.26	22.22	7.37	2.45	0.88	0.67	0.14	0.02
AA	21.66	43.04	25.83	6.56	1.99	0.68	0.20	0.04
A	2.76	20.34	44.19	22.94	7.42	1.97	0.28	0.10
BBB	0.30	2.80	22.63	42.54	23.52	6.95	1.00	0.26
BB	0.08	0.24	3.69	22.93	44.41	24.53	3.41	0.71
B	0.01	0.05	0.39	3.48	20.47	53.00	20.58	2.01
CCC	0.00	0.01	0.09	0.26	1.79	17.77	69.94	10.13

注：数据存在进位误差。

资料来源：科罗赫，加莱，马克. 风险管理［M］. 曾刚，罗晓军，卢爽，译. 北京：中国财政经济出版社，2005.

KMV公司基于EDF给出的信用等级转移矩阵（见表6–14）与标准普尔基于评级给出的信用等级转移矩阵（见表6–13）中的数据差异很大。比较表6–13和表6–14

可以看出，除了 AAA 级以外，KMV 估计的违约概率比标准普尔要低，对低信用级别的债务人来说尤其如此。KMV 估计的各级别 1 年后评级不变的概率也比标准普尔小得多，KMV 计算出的信用转移概率要比标准普尔高得多。上述差异对信用风险 VaR 的计算将会产生很大的影响。

出现上述差异的原因主要是 KMV 估计方法和外部评级机构估计方法存在差异。由于评级机构的评级调整需要一定的时间，而 KMV 则根据债务人公司股票价格的变化随时对违约概率和信用等级转移概率做出调整；所以，在外部评级机构估计的信用等级转移矩阵中，维持原有评级不变的概率自然就大于实际信用评级不变的概率。于是，为保证信用等级转移矩阵每行概率的和为 1，在原有评级不变的概率和违约概率都被高估的情况下，基于评级给出的信用等级转移概率必然很小。

（四）修正违约概率的计算

由于在实际中，公司资产价值分布往往不服从正态分布，因此 KMV 公司于 1995 年在原有理论的基础上，修正了违约概率的计算，使得资产价值无须再满足正态分布假设。由此计算出的违约概率更贴近实际，具有更好的现实意义。修正后的计算过程仍分为三步。

1. 估计当前公司资产价值及其波动率

在计算公司资产价值及其波动率时，仍采用理论方法，由以下两式联立解出。

$$E = V_A N(d_1) - Be^{-rT} N(d_2)$$

$$\sigma_E = \frac{V_A}{E} N(d_1) \sigma_A$$

2. 根据公司资产现值计算公司的资产预期价值，并计算违约距离

利用资产预期收益和系统风险的关系，根据资产回报的历史数据得到资产预期收益，再由公司资产现值（V_0）计算出公司的资产预期价值（$E(V_T)$）。

在计算违约距离时，为了消除行业间差距以及企业规模差距所带来的影响，将公司资产预期价值与违约触发点的差由公司资产价值标准差来衡量，由此，修正的 KMV 模型定义违约距离为

$$DD = \frac{E(V_T) - DPT}{E(V_T) \sigma_A}$$

DD 的值越大，公司资产价值距离违约触发点的距离越大，公司的违约风险越小。值得说明的是，此处的违约触发点，理论上为公司债务的账面价值，但 KMV 公司对数百家公司进行观察后发现，当公司违约时，公司的资产价值大约介于总负债与短期负债之间。因此，利用资产价值低于债务账面价值所计算的违约概率，并不能精确反映出公司的预期违约率。故 KMV 模型设立了 DPT 的概念，其值等于公司的短期负债（STD）加上长期负债（LTD）的二分之一，即 DPT = STD + LTD/2。

3. 通过违约距离与违约概率的函数对应关系，得到公司的预期违约率（EDF）

KMV 公司观察大量违约历史数据，计算得到在某违约距离水平的公司在一定时期内破产的比例，建立起 DD 与预期违约率（EDF）之间的映射关系（如表 6-15 所示），进而衡量任一违约距离下公司的违约概率。

表 6-15 DD 与 EDF 的映射关系

统计量	DD = 1	DD = 2	DD = 3	DD = 4	DD = 5	DD = 6
企业总数（个）	9,000	15,000	20,000	35,000	40,000	42,000
违约企业数（个）	720	450	200	150	28	17
EDF（%）	8	3	1	0.43	0.07	0.04

三、KMV 模型的应用

（一）利用 KMV 模型为债券定价

为了分析简便，我们假设公司全部债务里面有一种零息债券，该债券在时刻 T 到期，面值为 F，债券在 t 时刻的价格为 $P(P < F)$。P 的大小受两个因素的影响：一是无风险利率，由央行的利率政策和国家债券利率决定；二是公司的信用评级，与该公司的经营状况密切相关。

定价债券的价格与定价债券的到期收益率在本质上是相同的，因此假设债券的到期收益率为 r，则有

$$Pe^{r(T-t)} = F \quad \text{或} \quad P = Fe^{-r(T-t)} \Rightarrow r = \frac{\ln(F/P)}{T-t}$$

由此可以看到，收益率（r）与债券的价格（P）成反比；而收益率是与债券的风险成正比的，风险越大，收益率越高。一般来说，任何一家公司的债券风险都要高于所在国的国债风险，因此具有相同到期日的公司债券的收益率一定高于同期国债的收益率，这个高出的部分是对投资者承担公司违约风险的补偿，称为信用价差。所以，债券的收益率可以表示为无风险利率（r_f）与其信用价差（r_c）的和，即

$$r = r_f + r_c$$

负债到期时，债权人的收益为

$$\min\{F, V_T\} = F - \max\{F - V_T, 0\}$$

因此，债权人到期时的价值等于一个面值为 F 的无风险债券减去一个看跌期权的价值，所以

$$P = Fe^{-r_f(T-t)} - \text{Put}(F, T, V) \tag{6.4.4}$$

其中，$\text{Put}(F, T, V)$ 是执行价为 F、到期日为 T、资产现值为 V 的看跌期权的价值。

根据看跌期权的定价公式可知：

$$\text{Put}(F,T,V) = Fe^{-rf(T-t)}N(-d_2) - VN(-d_1) \quad (6.4.5)$$

其中，$d_1 = \dfrac{\ln(\dfrac{V_t}{F}) + (r_f + \dfrac{1}{2}\sigma_v^2)(T-t)}{\sigma_v\sqrt{T-t}}$，$d_2 = d_1 - \sigma_v\sqrt{T-t}$

将式（6.4.5）代入式（6.4.4）得到

$$P = Fe^{-rf(T-t)}N(d_2) + V_t N(-d_1)$$

同样，我们由 P 可以计算出债券的信用价差。

（二）违约风险下的现金流估值模型

CreditMetrics 模型的估值非常简单，如果 1 年到期，债券的远期值就是将来现金流的贴现值，而贴现率是从远期收益曲线得到的，进而从信用等级转移矩阵得出将来值的分布。KMV 方法与 CreditMetrics 方法有很大区别。KMV 的定价模型是基于风险中性的估值模型，这种方法通过未来现金流预期价值的折现得出价格。与对或有现金流估值的期权定价方法一致，假定某一债务人的 EDF 的期限结构，就可以得出或有现金流的净现值，最后得到整个资产组合的损失分布，从而得到信用风险的 VaR 值。

定价过程大致可以分为三步：首先对无违约风险的部分进行定价；其次对暴露于违约风险的那部分进行定价；最后将二者合并。

1. 风险中性违约概率的计算

在风险中性的假设条件下，某一给定时间内所有债券的期望收益率为无风险利率 r，风险中性违约概率为 Q_T。由上面的论述可知 Q_T 即为时点 T 上资产价值低于违约触发点 DPT 的概率：

$$Q_T = \Phi(-\text{DD}) = \Phi\left[-\left(\frac{\ln(V_0/\text{DPT}) + (r - \sigma_A^2/2)T}{\sigma_A\sqrt{T}}\right)\right]$$

也可以根据 EDF 的计算公式将式（6.4.3）改写为

$$Q_T = \Phi\left(\Phi^{-1}(\text{EDF}_T) + \frac{(\mu_A - r)\sqrt{T}}{\sigma}\right)$$

2. 风险现金流定价

风险现金流定价大致可以分为三步：首先对无违约风险的部分进行定价；其次对暴露于违约风险的那部分进行定价；最后将二者合并。设 n 年的现金流分别为 $(c_1, c_2, \cdots, c_n)$，LGD 为违约损失率。则无违约风险的那部分的现值为

$$\text{PV}_1 = (1 - \text{LGD}) \times \sum_{i=1}^{n} \frac{c_i}{(1+r)^i}$$

违约风险现金流为

$$PV_2 = LGD \times \sum_{i=1}^{n} \frac{(1-Q_T)c_i}{(1+r)^i}$$

则受违约风险影响的零息债券的现值为

$$PV = PV_1 + PV_2 = (1-LGD) \times \sum_{i=1}^{n} \frac{c_i}{(1+r)^i} + LGD \times \sum_{i=1}^{n} \frac{(1-Q_T)c_i}{(1+r)^i}$$

由此可以得到不同信用等级的贴现率（R）：$R = r + CS$。其中，CS 为信用利差（Credit Spread）。对于不同期限的 CS，可以通过下式计算得到：

$$PV_1 = \sum_{i=1}^{n} \frac{c_i}{(1+r+CS)^i}$$

至此，我们就可以利用上述的结论来计算资产信用风险的 VaR 值。

（三）对单一资产违约风险下的现金流的估值

1. 简单的现金流例子

例如，对 1 年后允诺支付 100 美元的零息债券的估值。如果发债人违约，清偿率是 $1-LGD$，LGD 是违约损失率，假设为 40%。在无风险情况下，用无违约的折扣曲线估计债券现值。

$$PV_1 = PV(无风险现金流) = \frac{100 \times (1-LGD)}{1+r} = 54.5（美元）$$

上式中，r 为 1 年期无风险利率，假设为 10%。

风险情况下采用鞅（Martingale）估计现金流：

$$PV_2(风险现金流) = E_Q(风险现金流的折扣)$$

这里期望值由风险中性概率来计算，发债人 1 年后违约的风险中性概率以 Q 表示，假设为 20%，则

$$PV_2 = PV(风险现金流) = \frac{100 \times LGD(1-Q) + 0 \times Q}{1+r} = \frac{100 \times 40\% \times (1-20\%)}{1+10\%} = 29.1（美元）$$

违约风险下零息票的现值是无违约情况和风险情况的总和，

$$PV = PV_1 + PV_2 = 54.5 + 29.1 = 83.6（美元）$$

如果零息票债券不违约，它的现值就是使用无违约利率的折扣值，

$$\frac{100}{1+r} = 90.9（美元）$$

这样可以计算隐含的折扣率（R），它表示违约风险，

$$R = r + CS$$

上式中，CS 为信用利差，通过下式可以解出，

$$\frac{100 \times (1 - \mathrm{LGD})}{1 + r} + \frac{100 \times \mathrm{LGD} \times (1 - Q)}{1 + r} = \frac{100}{1 + r + \mathrm{CS}}$$

则有

$$\mathrm{CS} = \frac{\mathrm{LGD} \times Q \times (1 + r)}{1 - \mathrm{LGD} \times Q}$$

此例中 $R = 19.6\%$，所以发债人 1 年期的信用利差是 9.6%。

2. 违约风险下一个债券或一笔贷款的定价

如果现金流是 $(C_1, \cdots, C_i, \cdots, C_n)$，上述方法拓展开来就成为

$$\mathrm{PV} = (1 - \mathrm{LGD}) \sum_{i=1}^{n} \frac{C_i}{(1 + r_i)^{t_i}} + \mathrm{LGD} \sum_{i=1}^{n} \frac{(1 - Q_i) C_i}{(1 + r_i)^{t_i}}$$

或以连续的时间表示为

$$\mathrm{PV} = (1 - \mathrm{LGD}) \sum_{i=1}^{n} C_i \exp(-\tilde{r}_i t_i) + \mathrm{LGD} \sum_{i=1}^{n} (1 - Q_i) C_i \exp(-\tilde{r}_i t_i)$$

上式中，Q_i 为 t_i 时间段内累积的风险中性预期违约频率；$\tilde{r}_i = \ln(1 + r_i)$。

例如，估计年利率为 6.25%、面值为 100 美元的 5 年期债券价值。假设无风险利率是 5%，LGD 是 50%，累积风险中性概率如表 6 - 16 所示。

表 6 - 16　5 年期债券累积风险中性概率

时间（年）	Q_i(%)	折扣因子（%）	现金流（美元）	PV_1（美元）（无风险现金流）	PV_2（美元）（有风险现金流）
(1)	(2)	(3)	(4)	(5) = 1/2[(4)×(3)]	(6) = (5)[1 - (2)]
1	1.89	0.9512	6.25	2.97	2.91
2	4.32	0.9048	6.25	2.83	2.71
3	6.96	0.8607	6.25	2.69	2.50
4	9.69	0.8187	6.25	2.56	2.31
5	12.47	0.7788	106.25	41.37	36.21
总计				52.42	46.65

最终，违约风险下债券的现值为

$$\mathrm{PV} = \mathrm{PV}_1 + \mathrm{PV}_2 = 52.42 + 46.65 = 99.07 \text{（美元）}$$

(四) KMV 的信用资产组合管理方法

我们在前文已提到过，运用资产组合理论管理信用资产组合的障碍在于，大多数贷款和债券等非交易性信用资产都存在收益分布的非正态性、收益的非观测性以及信

用资产之间相关系数的非观测性等问题。在这里，我们将介绍能够解决上述问题的 KMV 信用资产组合管理方法。

1. 信用资产收益率的估计

在缺少信用资产收益率的历史数据和信息时，要计算给定时间范围内信用资产（例如贷款）组合中第 i 种信用资产的预期收益率，可以用下面的公式：

$$R_a = (价差_i + 收费_i) - 预期损失率_i = (价差_i + 收费_i) - (\text{EDF}_i \times \text{LGD}_i)$$

需要注意的是，这里的价差和收费都是用比率指标表示的。其中，收益率是这项信用资产的收益率超过某基准利率（如伦敦同业拆借利率 LIBOR）的那部分价差，再加上预期给定时间段内（如 1 年内）可直接从这项资产中赚取的各项收费，然后再减去该信用资产的预期损失率，即 $\text{EDF}_i \times \text{LGD}_i$。这里的 EDF_i 可运用 KMV 模型来计算；至于 LGD_i 的估计，可运用基于 Merton（1974）公司债务定价模型的方法来进行计算，也可以直接利用银行内部的数据来计算。

2. 信用资产风险的计量

信用资产（例如贷款）组合中第 i 种信用资产的风险，可以用信用资产损失率的标准差，即非预期损失率 RUL_i（Rate of Unexpected Losses）来度量。RUL_i 是指第 i 种信用资产损失率的不确定性程度，可用公式表示为

$$\text{RUL}_i = D_i(\text{EDF}_i \times \text{LGD}_i)$$

其中，$D_i(\text{EDF}_i \times \text{LGD}_i)$ 表示第 i 种信用资产损失率 $\text{EDF}_i \times \text{LGD}_i$ 的标准差。当 LGD_i 固定时，$\text{RUL}_i = D_i(\text{EDF}_i) \times \text{LGD}_i$；当 LGD_i 可变时，RUL_i 由下式给出。

$$\text{RUL}_i = D_i(\text{EDF}_i \times \text{LGD}_i) = \sqrt{p_i(1-p_i)E(\text{LGD}_i)^2 + p_i^2 D^2(\text{LGD}_i)}$$

在该式中，$E(\text{LGD}_i)$ 为 LGD_i 的数学期望，$D^2(\text{LGD}_i)$ 为 LGD_i 的方差。

3. 相关性的观测

关于信用资产组合中任何两种资产（例如 i 和 j）之间的相关系数 ρ_{ij} 的估计，可以应用基于多因素股票收益率模型的相关系数的计算方法得到。

4. 信用资产组合的风险计量与边际风险贡献量分析

设信用资产组合为 $X = (x_1, \cdots, x_n)'$，$x_1 + x_2 + \cdots + x_n = 1$。利用多因素模型计算出的资产 i 和资产 j 之间的相关系数 ρ_{ij}，就可以得到信用资产组合 X 的协方差矩阵 $\Sigma = (\Sigma_{ij})_{n \times n}$，其中 $\Sigma_{ij} = \text{RUL}_i \times \rho_{ij} \times \text{RUL}_j$，进而得到信用资产组合 X 的风险或非预期损失 UCL。

$$\text{UCL} = \sqrt{x'\Sigma x}$$

利用该式可以得到第 i 种信用资产的边际风险贡献量 MRC_i：

$$\text{MRC}_i = x_i \frac{\partial \text{UCL}}{\partial x_i}$$

边际风险贡献反映了信用资产组合风险对资产权重变化的敏感性,而且资产组合中所有资产的 MRC 的和等于 UCL。银行可以用第 i 个借款人的边际风险贡献来确定是否向该借款人发放贷款,以及发放额度和发放贷款所需要的经济资本等。

总之,有了上述工作,我们就可以运用已成熟的资产组合的原理和方法,选择最优的信用资产组合,有效地分散信用风险。

(五) KMV 的计算——以 2020 年招商银行为例

1. 计算招商银行股票的波动率

(1) 获取招商银行 2020 年 1 月 2 日至 2020 年 12 月 31 日每日股票收盘价格,计算出招商银行股票的日对数收益率 μ_t:

$$\mu_t = \ln\left(\frac{S_t}{S_{t-1}}\right)$$

其中,S_t 为当天股票收盘价格,S_{t-1} 为前一天股票收盘价格。

(2) 计算日收益率波动率。用 Python、R 软件或 Excel 计算出股票日收益率的标准差 σ_n,即日收益的波动率,相关计算过程请参阅第二章相关内容。

经计算得

$$\sigma_n = 0.0190$$

(3) 计算年收益率波动率。日收益率波动率 (σ_n) 和年收益波动率 (σ_E) 的关系为

$$\sigma_E = \sigma_n \times \sqrt{N}$$

其中,N 为 1 年中股票交易的天数,2020 年有 243 个股票交易日。

经计算得

$$\sigma_E = 0.2969$$

2. 计算商业银行的股权市值

根据 BSM 公式,银行股权市值可以用以下公式计算:

$$E = V_A N(d_1) - De^{-rT} N(d_2) \tag{6.4.6}$$

其中,E 为商业银行股权市值(年报上 2020 年 12 月 31 日市值);D 为商业银行负债的账面价值;商业银行的资产市值用 V_A 表示;资产市值波动率用 σ_A 表示。

d_1 和 d_2 的表达式如下:

$$d_1 = \frac{\ln(V_A/D) + \left(r + \frac{1}{2}\sigma_A^2\right)T}{\sigma_A\sqrt{T}}$$

$$d_2 = d_1 - \sigma_A\sqrt{T}$$

其中，$T=1$；r 为无风险收益率，这里我们用 10 年期国债收益率代表无风险收益率，$r=2.94\%$。

3. 求出资产市值和资产市值波动率

式（6.4.6）两边求微分，得到式（6.4.7）：

$$\sigma_E = \frac{V_A N(d_1)}{E}\sigma_A \tag{6.4.7}$$

将式（6.4.6）和式（6.4.7）联立方程组，可以求出资产市值和资产市值波动率。

$$\begin{cases} E = V_A N(d_1) - De^{-rT}N(d_2) \\ \sigma_E = \dfrac{V_A N(d_1)}{E}\sigma_A \end{cases}$$

经计算得：$\sigma_A = 0.036$，$V_A = 679,100,000$ 万元。

4. 计算商业银行的违约距离和预期违约率

（1）违约距离的计算：

$$DD = \frac{V_A - D}{V_A \sigma_A}$$

（2）违约触发点的计算：

$$D = STD + 0.5LTD$$

STD 表示流动负债，LTD 表示长期负债。①

（3）预期违约率（EDF）是指上市企业在正常市场的条件下，在计划内违约的概率。我们采用理论的预期违约率进行计算如下：

$$EDF = [1 - N(DD)] \times 100\%$$

经计算，$DD = 3.45$，$EDF = 0.0002854$。

四、KMV 模型的优缺点评述

KMV 模型利用期权定价思想，通过可直接观测到的上市公司的股价和股票收益率的波动率，估计出不能直接观测到的该公司资产价值和资产收益波动率，在此基础上推算出企业的预期违约率。由于 KMV 模型中上市公司的股价和股票收益波动率可以根据股市的交易数据随时进行调整，从而在每个交易时刻都可以得到该上市公司的新的预期违约率，所以该模型具有很高的灵敏度和适用性收益波动率。实证研究也证实了上述特点，这主要体现在以下三个方面。

---

① KMV 公司通过分析大量违约企业的数据进行后得出结论，企业的违约触发点通常位于流动负债与总负债金额之间，在实证研究中，违约点一般等于流动负债加 50% 的长期负债。

第一，在债务人的信用评级开始恶化之前，其 EDF 就呈上升趋势；而以会计为基础估算的违约率或以信用评级为基础估算的违约率则往往需要至少在当期结束后才能得到调整，因而不能及时反映信用评级变化的情况。通过比较可以看出，运用 KMV 模型计算的 EDF 更具有前瞻性。

第二，与以信用评级为基础的风险度量模型如 CreditMetrics 模型相比，KMV 公司的 EDF 在短期内具有更好的预测性，但在超过 2 年的时间段内则没有优势。EDF 的计算是以当前时刻的股价和股价变化的模型（或随机方程）为基础的，所以当前时刻的股价体现了 KMV 模型在短期内的实时性和预测性。而股价变化的模型（或随机方程）则是从目前和历史数据及信息中归纳出的股价随经济周期等因素变化的规律，这与标准普尔公司和穆迪公司的评级完全依赖过去 20 年以上的违约历史数据的情形有相似和交叉之处，所以在较长的时间段内 KMV 公司的 EDF 预测不具有特别优势。

第三，KMV 模型既可以用于股票交易高度活跃的发达股票市场，也可以用于不太发达的新兴市场。这是由于许多交易量不大的股票常常为那些联系相对紧密的股东所持有，所以股价的变动更能反映内部人的主要交易，并载有企业未来前景的大量信息。

当然，该模型也存在一些需要进一步改进的地方，主要表现在以下几方面。

第一，利用期权定价方法可以求解公司资产价值和波动率，但对结果的精确性缺乏有效的检验方法。

第二，在 KMV 模型的应用过程中，一直假定公司的债务结构是静态不变的，这通常与事实不完全符合。

第三，假定负债企业的资产价值呈对数正态分布，这与实际情况也不完全相符，从而会影响模型应用时的准确性。

第四，运用该模型对经验 EDF 进行估计一般要依赖大量违约的历史数据，历史数据的完备性、可靠性等会影响预测 EDF 的准确性，而且大量历史数据的收集、储存、处理等需要付出很大的成本。

第五，该模型本质上只考虑违约和非违约两种状态，属于违约模型。目前，KMV 公司已对此做了一些改进，开始提供盯市模型的版本。

第五节　CreditRisk + 模型

在财产保险精算思想和方法的启发下，瑞士信贷银行金融产品部（Credit Suisse Financial Products，CSFP）开发出了基于财险精算的科学框架推导债券或贷款组合的损失分布的模型，记为 CreditRisk + 模型，也称为 CSFP 信用风险附加法。

CreditRisk + 模型不考虑信用等级，只考虑违约或不违约两种状态，同时假定违约率是随机的，并以此为前提度量预期损失、非预期损失及其变化。所以，它与 Credit-

Metrics 模型不同，后者是一个盯市模型，而 CreditRisk + 模型则是一个违约模型。本节我们将详细介绍 CreditRisk + 模型及其应用。

一、CreditRisk + 模型的基本思想和框架

CreditRisk + 模型的基本思想来自财产保险（例如住房火灾保险）方法。考察已投保火灾险的房屋，其实每处房屋被烧毁的概率是很小的，并且一般情况下，不同房屋烧毁事件之间是相互独立的。然后返回再观察诸如抵押贷款和小企业贷款等类型的贷款，我们发现这些贷款的违约风险也具有类似的特点，即每笔贷款具有很小的违约概率，同时每笔贷款的违约独立于其他贷款的违约，这个特点恰好符合泊松分布的特征。瑞士信贷银行金融产品部意识到了贷款违约事件的上述特点及其泊松分布的特征，据此创立了 CreditRisk + 模型。利用 CreditRisk + 模型可得到贷款组合的损失分布情况。

（一）CreditRisk + 模型的基本思想

公司资产的价值是对公司未来现金流的贴现，因此资产的价值具有一定的前瞻性，可以用来刻画债务人的违约行为，以确定信用资产的损失变化情况，并据此建立债务人违约事件概率分布和资产损失概率分布之间的联系，通过描述债务人的违约概率，计算组合的损失。CreditRisk + 模型就是利用风险暴露的规模和期限、债务人的信用质量以及系统性风险相关的信息对违约风险进行分析，并给出贷款组合损失分布的解析表达式。

具体来讲，在对风险进行建模特别是对信用风险进行建模的过程中，一般会产生三种风险，即过程风险、参数风险、模型误差。

（1）过程风险。任何模型都是真实世界的一个代表，而实际观察的结果受制于随机波动，即使描述过程的模型和模型使用的参数都是恰当的，模型仍然只能是对真实世界某种程度的近似。

（2）参数风险。对于真实过程的信息只能通过观察过去的历史数据来估计，参数不确定性源自获得模型参数估计的困难。通过对输入参数敏感性进行分析，可以评估参数不确定性的影响。

（3）模型误差。模型误差的产生是因为被采纳的模型没有正确反映实际过程，不同的模型可能产生不同的结果。模型误差通常是三种不确定性中最难处理的。

此外，CreditRisk + 模型通过三种方式来减少三类建模风险。首先，对引起债务人违约的原因不做任何假设。这样做既减少了潜在的模型误差，又可以得到一个解析的模型。其次，对数据的要求尽可能低，这样就减少了参数不确定性的误差。因为信贷不像交易所内交易的金融产品，很难获得相关数据，而且这些数据在不同时期常有较大波动。最后，使用情景分析方法，通过压力测试对参数风险进行定量分析，如调高违约概率或违约波动性用来模拟经济下滑的情况。

CreditRisk+模型充分利用了信用资产组合在分散风险方面的作用，从信用资产组合的角度考察信用违约风险，充分利用了信用资产组合中的风险暴露规模和期限、债务人的信用质量和系统性风险等基本因素。其具有如下特点。

第一，由于股权和债权价格具有一定的前瞻性，既包括债务人的信用质量，也包括潜在的信用质量的变化，由市场价格得出的特定债务人的违约率将连续地变化，因此CreditRisk+模型把违约率视为一个连续的随机变量。对于单个债务人的违约率则考虑通过信用评级与违约率的统计资料的关系来具体确定，同时该模型假定组合的违约事件数服从泊松分布。

第二，通过加入违约率波动性避免了考虑违约之间的相关性。首先，在实际生活中，环境因素可能增大违约事件的相关性，即便它们之间不存在因果关系。例如，某个特定月份有大量不寻常的违约，可能是由于经济衰退，使违约率高于平均水平。在这种经济环境下，很可能下一个月的违约数也很高。相反，与平均违约数相比，当经济处于增长期时，不仅一个月内信用组合几乎没有违约，甚至下个月与平均违约数相比仍然没有违约。环境因素导致违约有某种相关性，但它们之间确实没有因果关系。观察到的相关性是由于环境因素、经济状态的变化改变了违约率，并非由于违约具有相关性。通过允许违约率自身有一个概率分布，有可能把环境因素包括在违约率的设定中。

其次，不考虑违约相关性，还有另外两个原因：一是从财务数据计算的相关关系具有高度的不稳定性，而且计算的相关关系非常依赖于数据的基础期；二是违约相关性的实证数据很少，违约本身是稀有事件，多人同时违约的数据更加稀缺。由于违约相关关系很难直接计算，一些方法使用价格相关关系来推导违约相关关系，但这只能被视为一个代表。同时，这种正常情况下的关系在一方违约时的稳定性是值得怀疑的。另外，在零售组合中，对债务人来说没有资产价格，也就无法获得违约相关关系。更重要的一点是对违约率波动性很容易实施情景分析，这样模型处理起来更加方便。

最后，违约的损失分布也不同于违约数分布，因为一定的违约损失依赖于对单个债务人的风险暴露。不同于债务人间的违约率的变化，不会影响总的违约数分布，风险暴露规模导致的损失分布一般不是泊松分布。同时，不同的风险暴露信息对于获得总体分布状况也是必需的。在违约损失建模阶段，CreditRisk+模型也考虑了回收率和信用风险暴露两方面的因素。回收率是指债务人违约时，通过取消抵押品赎回权利、变现抵押物、重组违约资产等方式收回的资金占债务人总负债的比例。信用风险暴露不仅要考虑已经产生的风险暴露，也要考虑各种表外工具，如贷款承诺、信用证等可能引起的风险暴露。这是因为如信用证等表外工具在违约之前通常都会被全额提取，因此风险暴露应该考虑整个名义金额。对此，CreditRisk+模型给出了违约损失的完整分布。

第三，任何统计模型都无法识别极端事件引起的损失，为弥补这方面的不足，CreditRisk+模型引入了情景分析和部门分析来测试各种极端事件的损失。情景分析的目的是识别统计模型不能捕捉的小概率但仍然有可能发生财务影响。这包括两种方式：CreditRisk+模型内的情景分析和CreditRisk+模型外的情景分析。

针对模型内部事件的情景分析可以单独或结合压力测试，例如，可以提高违约率和违约率波动性来模拟经济下滑的情况，也可以通过改变各个部门在不同程度上的影响大小对组合的部门进行压力测试。类似地，可以通过增加分配给债务人的违约率来评估评级下降的财务影响；对衍生品组合，可以扩展到市场利率运动对信用暴露的影响。给定了违约损失分布计算的有效方式，就能够在一个较大的范围内计算改变参数输入的影响。

针对模型外部事件的情景分析是针对模型进行的某个压力测试，但可能难以执行，例如，一个国家政治或财政不确定性的影响。

(二) CreditRisk+模型的框架

CreditRisk+模型是信用违约风险的统计模型，对引发违约的原因不做假设，因此该模型与市场风险管理考虑的出发点是相同的。CreditMetrics模型假设违约是一个授信质量转坏的过程，一笔贷款资产在特定的时间内的价值变化代表风险价值（VaR）。银行可以根据客户的评级转移矩阵、授信价差及其波幅计算经济资本，也就是该笔贷款资产的VaR。而CreditRisk+模型对违约的原因不做假设，只是假定每笔贷款的违约概率是相同的，且客户之间发生违约是互相独立的，由此得出给定期间内，违约次数的概率分布服从泊松分布。进而，CreditRisk+模型根据柏松分布，计算每笔贷款的可预见损失及贷款组合的不可预见损失，并进行资本配置。CreditRisk+模型的一个明显优点是数据需求少，主要输入数据仅为贷款违约率、违约波动率和风险暴露，特别适于对含有大量中小规模贷款的贷款组合的信用风险分析。CreditRisk+模型的资产组合违约损失的分布可以分两个阶段得出，如图6-8所示。

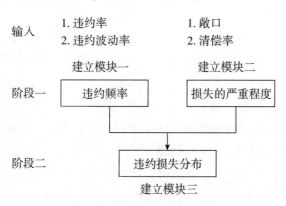

图6-8 CreditRisk+衡量风险框架

二、CreditRisk+模型的构建

(一) 贷款违约事件的描述与违约损失的估计

众所周知，债务人违约所导致的损失不仅取决于贷款违约的可能性，同时还与违

约后损失的严重程度有关。CreditRisk + 模型同时将这两种情况考虑在内。

CreditRisk + 模型关于贷款违约事件的假定如下：

第一，债务人的违约行为是随机的，违约概率为 P。

第二，对大量的债务人而言，单个债务人违约的概率很小，而且每个债务人的违约行为与其他债务人的违约行为无关。

第三，所有债务人在一个时期发生的违约数量与另一个时期的违约数量无关。

第四，给定期间内，违约的概率分布服从泊松分布，即

$$P(n \text{ 个债务人违约}) = \frac{\lambda^n \mathrm{e}^{-\lambda}}{n!} \tag{6.5.1}$$

其中，λ 为给定期间（例如 1 年）内的平均违约数，可根据历史数据估计。根据泊松分布可知，给定期间内的违约数 n 为一个随机变量，其均值和方差均为 λ。

关于债务人违约后损失的严重程度，我们用违约损失或风险暴露来计量，违约损失或风险暴露等于违约损失率（LGD）和信用资产风险暴露的乘积。通过这种方法，可估计出所有贷款的违约损失或风险暴露。

（二）风险暴露频段分级法

我们以 N 笔贷款构成的组合为例，具体介绍频段分级法。

第一，先根据所有贷款的风险暴露情况设定风险暴露频段值，记为 L，例如可以取 $L = 2$ 万美元作为一个频段值。

第二，用 N 笔贷款中最大一笔贷款的风险暴露值除以频段值（L），将计算数值按照四舍五入凑成整数，称为风险暴露的频段总级数，设为 m，于是就得到 m 个风险暴露频段级，① 依次为 $v_1, v_2, \cdots, v_m$，其中，v_i 所对应的风险暴露量为 L_i。

第三，将每笔贷款的风险暴露金额除以频段值，再按照四舍五入的规则将计算数值凑成整数，然后将该笔贷款归类到该整数值所对应的频段级；类似地，可将所有贷款归类。

例如，假设有 100 笔贷款，其中最大一笔贷款为 11 万美元，选频段值 $L = 2$ 万美元，按照上述方法可得到风险暴露的频段级数 $m = 6$，于是，得到 6 个风险暴露频段级，依次为 $v_1 \, \text{、} v_2 \, \text{、} v_3 \, \text{、} v_4 \, \text{、} v_5 \, \text{、} v_6$，各级所对应的风险暴露数量分别为 2 万美元、4 万美元、6 万美元、8 万美元、10 万美元、12 万美元。对于其中一笔 3.6 万美元的贷款，按照上述计算方法，可归类到频段级 v_2，该频段级所对应的风险暴露数量为 4 万美元；对于一笔 7.6 万美元的贷款，可归类到频段级 v_4，该频段级所对应的风险暴露数量为 8 万美元。

（三）计算各个频段级的贷款违约概率分布及损失分布

假设处于 v_i 频段级的贷款的平均违约数为 λ_i，同时设将 N 笔贷款划级归类后处于

---

① 显然，频段值越小，频段总级数就越大，每笔贷款归类时估算的风险暴露的精确度就越高。

v_i 频段级的贷款数目为 N_i,显然 $N_1 + N_2 + \cdots + N_m = N$。于是,按照式 (6.5.1) 可求出处于 v_i 频段级的 N_i 笔贷款中有 j 笔违约的概率 $P_i(j)$ 及其对应的预期损失 $EL(i,j)$,即

$$P_i(j) = \frac{\lambda_i^j \mathrm{e}^{-\lambda_i}}{j!}, \quad EL(i,j) = jL_i \frac{\lambda_i^j \mathrm{e}^{-\lambda_i}}{j!}, \quad j = 0,1,2,\cdots,N_i \quad (6.5.2)$$

其中,$L_i = L \times i$ 为 v_i 频段级对应的风险暴露数;L 为频段值。于是,我们就可以得到处于 v_i 频段级的违约概率分布及其对应的损失分布。

(四) N 笔贷款组合的违约概率和损失分布

求出各个频段级的贷款违约概率及预期损失后,要加总共 m 个风险暴露频段级的损失,以得到 N 笔贷款组合的损失分布。

首先要考虑各种预期损失的可能组合来计算概率。假设 N 笔贷款中处于 v_i 频段级的违约数为 n_i,这样得到一个依次对应于 m 个频段级的违约组合 $(n_1, n_2, \cdots, n_m)$,于是,根据 $L_i = L \times i$ 可计算出该违约组合对应的风险暴露量为

$$L_1 n_1 + L_2 n_2 + \cdots + L_m n_m = nL \quad (6.5.3)$$

其中,$n = n_1 + 2n_2 + \cdots + mn_m$ 为大于或等于 0 的正整数。根据贷款违约事件的独立性假设和式 (6.5.2),可得对应于违约组合 $(n_1, n_2, \cdots, n_m)$ 的 N 笔贷款组合的违约概率为

$$P_n(n_1, n_2, \cdots, n_m) = \prod_{i=1}^{m} \frac{\lambda_i^{n_i} \mathrm{e}^{-\lambda_i}}{n_i!} \quad (6.5.4)$$

用 G 表示满足 $n = n_1 + 2n_2 + \cdots + mn_m$ 的所有不同的违约组合 $(n_1, n_2, \cdots, n_m)$ 的集合,即

$$G = \{(n_1, n_2, \cdots, n_m) \mid n = n_1 + 2n_2 + \cdots + mn_m \text{ 且 } n_1, n_2, \cdots, n_m = 0,1,2,\cdots\}$$

则由贷款违约事件的独立性假设和式 (6.5.3) 知,N 笔贷款组合的风险暴露或违约损失 $= nL$ 的概率及其对应的预期损失分别为

$$P(\text{损失} = nL) = \sum_{(n_1, n_2, \cdots, n_m) \in G} P_n(n_1, n_2, \cdots, n_m), \quad EL_n = nL \times P(\text{损失} = nL) \quad (6.5.5)$$

其中,$n = 0,1,2,\cdots$,由此得到 N 笔贷款组合的违约概率和损失分布。

根据上步计算的 N 笔贷款组合的违约概率分布及其损失分布,可估计出 N 笔贷款组合的预期损失和给定置信度 c 下的最大损失,即非预期损失。置信度 c 下的未预期信用损失与预期信用损失的差额为经济资本。

三、CreditRisk+ 模型的应用举例

考察一家银行的 100 笔贷款的情况。假设将风险暴露的频段值选定为 $L = 2$ 万美

元,共有两个风险暴露的频段级,分别记为 v_1 和 v_2,即把风险暴露数量接近于 2 万美元的所有贷款归到频段 v_1,把风险暴露数量接近于 4 万美元的所有贷款归到频段 v_2。

第一步,计算 100 笔贷款在各自频段级的违约率和预期损失分布。假设在两个频段级,贷款违约的平均数目皆为 $\lambda = 3$,违约数 n 服从泊松分布,例如,$P($违约数 $= 3) = \frac{3^3 e^{-3}}{3!} = 0.224$,$P($违约数 $= 8) = \frac{3^8 e^{-3}}{8!} = 0.008$;$v_1$ 频段内对应的损失分别为 6 万美元和 16 万美元。这样我们就可以分别得到频段级 v_1 和 v_2 的对应于违约数目的违约率分布和对应于违约率的损失分布,见表 6-17。

表 6-17 违约概率情况

n	概率	累积概率	处于 v_1 的损失量(万美元)	处于 v_2 的损失量(万美元)
0	0.049787	0.049789	0	0
1	0.149361	0.199148	2	4
2	0.224042	0.423190	4	8
3	0.224042	0.647232	6	12
……	……	……	……	……
8	0.008102	0.996197	16	32

从表 6-17 可以看出,频段级 v_1 中的贷款组合的预期损失为 6 万美元,近似地可找到 99% 置信水平下的最大可能损失额为 16 万美元,则贷款的非预期损失为 16-6 = 10 万美元。同理可得到频段级 v_2 的贷款非预期损失。

第二步,利用式 (5.4.4) 和式 (5.4.5),通过两种贷款可能的结合来计算违约率,将两种损失分布加总。具体计算贷款组合的违约率的方法见表 6-18。

表 6-18 加总后贷款组合的违约率计算

$2n$(万美元)	违约组合 (n_1, n_2)	违约率 $P($损失 $= 2n)$
0	(0, 0)	$0.0497 \times 0.0497 = 0.0025$
2	(1, 0)	$0.1494 \times 0.0497 = 0.0074$
4	(2, 0), (0, 1)	$0.224 \times 0.0497 + 0.0497 \times 0.1494 = 0.0186$
6	(3, 0), (1, 1)	$0.224 \times 0.0497 + 0.1494 \times 0.1494 = 0.0335$
8	(4, 0), (2, 1), (0, 2)	$0.168 \times 0.0497 + 0.224 \times 0.1494 + 0.0497 \times 0.224 = 0.0529$
10	(5, 0), (3, 1), (1, 2)	$0.1008 \times 0.0497 + 0.224 \times 0.1494 + 0.1494 \times 0.224 = 0.0719$

表 6-18 中的 $2n$ 表示贷款组合的总风险暴露量,$n = 0,1,2,\cdots$,按照与表 6-18 同样的方法可求出加总后贷款组合的其他违约概率。下面再利用式 (5.4.5) 可得到加总后贷款组合的损失分布,见表 6-19。

表6-19 加总后的贷款组合的损失分布

$2n$（万美元）	$P($损失$=2n)$	累积概率	$EL_n=2n\times P($损失$=2n)$（万美元）
0	0.0025	0.0025	0
2	0.0074	0.0099	0.0149
4	0.0186	0.0285	0.0744
6	0.0335	0.0620	0.2007
8	0.0529	0.1150	0.4236
10	0.0719	0.1869	0.7194
12	0.0889	0.2758	1.0668
14	0.0998	0.3756	1.3972
16	0.1194	0.4950	1.9104
18	0.1012	0.5962	1.8216
20	0.0928	0.6890	1.8560
22	0.0805	0.7700	1.7715
24	0.0665	0.8365	1.5968
26	0.0525	0.8890	1.3650
28	0.0398	0.9288	1.1144
30	0.0280	0.9568	0.8400
32	0.0201	0.9769	0.6432
34	0.0136	0.9905	0.4624
36	0.0090	0.9995	0.3240
……	……	……	……
			均值≈ 17.6000

利用表6-19可求出两笔贷款组合的预期损失的近似值为17.6万美元，以及在99%置信水平下的最大损失为34万美元，对应的非预期损失或经济资本为16.4万美元。对银行来说，这意味着在给定时间段内损失超过资本准备金16.4万美元的可能性在1%以内。

四、CreditRisk+模型的优缺点评述

（一）CreditRisk+模型的优点

在中国当前的信用风险管理方面，银行业全面应用基于VaR的信用风险度量模型的条件还不成熟。首先是数据问题。中国目前尚未建立CreditMetrics模型计算所必需的违约率和转移矩阵数据库。而且金融市场不完善，缺乏相应金融资信评估机构，缺乏企业信息数据库。其次是国内银行技术力量薄弱，对先进的度量模型尚处于研究阶段，

还没有建立起适用于中国的模型。最后是在模型中使用了公司证券收益之间的相关关系来代替企业资产之间的相关关系构造其方差-协方差矩阵，但是中国公司发行的证券非常有限，而且并没有形成一个真正反映公司价值的机制。在这种情况下，企业资产之间的资料就难以获得。

相对而言，CreditRisk+模型是一种较为简单实用的信用风险模型，CreditRisk+模型可以替代CreditMetrics、KMV模型，用来计算信用资产组合的损失分布和经济资本或资本要求。CreditRisk+模型只考虑违约或不违约两种状态，而CreditMetrics模型还要考虑降级风险；与KMV方法不同，CreditRisk+模型无须建立违约风险与企业资产价值间的关系，对违约发生的原因也没有做任何假设，而是基于财险精算的思想直接假定债务人违约数量为服从泊松分布的随机变量。因此，CreditRisk+模型具有很多优势，主要表现在：首先，该模型的计算简单，便于实施；其次，该模型要求的估计量和输入数据较少，仅需要债务工具的违约和风险暴露的数据，因此模型的应用较为便捷；最后，该模型可以完整地推导出债券、贷款等信用资产组合的违约概率和损失分布。

更为重要的是，CreditRisk+模型与中国现行使用的信用风险度方法有一定的相近之处，对指导中国商业银行的信用风险度量更有实际意义。目前，中国商业银行的信用风险评估主要采用贷款风险度方法，即将企业划分为不同等级，确定相应的风险权数，从而得出企业信用等级风险系数（T）；再给出信用、保证和抵押等各种贷款方式的风险权数，得到贷款方式风险系数（S）；然后将发放后的贷款划分为正常、逾期、呆账和呆滞贷款，据此确定不同贷款形态的风险系数（P）；由此得出贷款的风险度（X）。其测度过程如下：

贷款资产风险度 $X = T \times S \times P$；

贷款风险权重资产 = 单笔贷款金额 × 该笔贷款资产风险度；

全部贷款资产风险度 = 贷款风险权重资产之和/贷款余额。

由此可见，贷款资产风险度方法通过信用等级风险系数和贷款形态等因素考虑了企业的信用风险。但是它并不严格符合概率论的意义，只是采用近似加权平均的方法计算全部贷款资产风险度。相反，CreditRisk+模型一方面在解决单个债务人的违约与银行整体客户违约的概率关系问题上使用了联合概率分布的办法，大大提高了准确程度，并可以推导出由多项贷款组合的联合违约概率分布及损失分布，为计算VaR创造了条件，而贷款风险度方法则无法进行VaR分析。另一方面，CreditRisk+模型只强调违约，需要估计的数据较少，每项贷款只需要违约概率和敞口。因此，CreditRisk+模型具有跟中国现行模型相近而又有明显优势、对数据和技术的要求相对较低等优点。CreditRisk+模型可以为中国今后信用风险模型建立和风险管理提供一个方向和思路。

（二） CreditRisk + 模型的局限

和 CreditMetrics、KMV 模型一样，CreditRisk + 模型的局限在于方法论上假设不存在市场风险。CreditRisk + 模型忽略了转移风险，以至于每个债务人的敞口是固定的，不依赖于发行人信用质量和将来利率的变化；尤其是对于期权和外汇互换等非线性产品的处理，CreditRisk + 模型的处理不能令人满意。其主要局限表现为以下几个方面。

第一，CreditRisk + 模型事实上蕴涵着利率是确定的假设，这意味着信用风险同市场风险水平没有关系，这显然与实际不符。

第二，与计算 VaR 的其他模型不同，CreditRisk + 模型只考察违约所导致的信用资产组合的损失分布，而没有关注信用资产组合的价值变化；同时，CreditRisk + 模型假定每一个债务人的风险暴露都是固定的，而且对该债务人的信用质量将来可能发生的变化不敏感，或者说对远期利率变动不敏感，因而忽略了"信用转移风险"。

第三，CreditRisk + 模型假定各频段级的违约率是固定的，忽视了各个频段级的违约率会受国家宏观经济等因素的影响并随时间而发生变化的可能性。

第四，与实际违约率相比，CreditRisk + 模型利用泊松分布所得到的平均违约率较低，所得到的损失分布也比实际的损失分布有更小的尾部，从而低估了违约率和损失。

不过，CreditRisk + 模型的设计者已经意识到了上述问题，并为此做了一些改进和修正。比如，可以首先假设平均违约率服从一个期望为 $\bar{n}$、标准差为 $\sigma\sqrt{n}$ 的 Γ 分布随机过程，然后再用泊松分布来描述违约过程。

五、不同信用风险度量模型的比较

CreditMetrics、CreditRisk +、CPV、KMV 这四个模型是当今国际上最具代表性的、主要用于金融机构内部的信用风险度量模型。Saunders（1999）、Crouhy（2000）、Lopez and Saidenberg（2000）等对这些模型之间的异同作了许多比较分析，发现这些模型之间的实质性差异并非像各自的表述形式那样大。关于上述四个模型的比较主要集中在以下几个方面。

（1）风险界定的模式。CreditMetrics 模型主要通过考察债务人违约和信用级别升降变化所导致的债务价值变化来度量信用风险，被称为盯市模型。CPV 模型可以被视为 CreditMetrics 模型的推广，所以也是盯市模型。而 CreditRisk + 模型则只考虑违约和不违约两种状态，故称为违约模型。KMV 模型本质上是违约模型，目前 KMV 公司也开始提供盯市模型版本。

（2）风险来源。在 KMV 与 CreditMetrics 模型中，风险主要来自企业资产未来的价值变化；在 CreditRisk + 模型中，风险主要来自违约概率的预期水平及其波动；CPV 模型则主要考察因宏观经济指标变动所导致的风险。

（3）违约率的稳定性。在 CreditMetrics 模型中，违约概率被认为是相对稳定的；

而在 CreditRisk+、CPV、KMV 模型中,违约概率均被认为是变动的,只不过要服从不同的概率分布。

(4) 信用事件的相关性。各模型均需要考察违约事件之间的相关性结构,以反映债务与主要风险因素的系统联系。

(5) 违约损失率或回收率。在 CreditMetrics、CPV 以及 KMV 模型中,贷款违约后的损失率或回收率是随机的,而简单的 KMV 模型以及在 CreditRisk+ 中每一频段级的损失率或回收率被视为固定的。

(6) 计算方法。CreditMetrics 模型对单项贷款的 VaR 计算可通过解析方法实现,但对大规模贷款组合的 VaR 的计算则往往需要通过模拟技术来实现;CPV 模型也主要采用模拟技术和方法;由于 CreditRisk+、KMV 模型的计算方法比较简单,因此只需要解析技术就可实现。

表面看来,这几个模型的理论基础和计算结果都有较大差异,但实际上,它们在某种程度上是相通的。事实上,将几个关键变量充分协调之后,运用上述几个模型可以得到类似结果。例如,在根据债务人违约率的不同对债务人的信用情况作出等级划分后,违约模型也可以转化为盯市模型,反之盯市模型也可以转化为违约模型。

为简便和清楚起见,将上述四个信用风险度量模型的基本特征总结在表 6-20 中。我们相信,随着信用风险管理理论的发展和实践经验的积累,应该可以在已有风险度量模型的基础上,建立一个更加完善、统一、适用的信用风险度量框架。

表 6-20 主要信用风险度量模型的比较

项目	CreditMetrics	CreditRisk+	KMV	CPV
创始者	J.P.摩根	瑞士信贷	KMV	麦肯锡
模型类型	从下至上	从下至上	从下至上	从上至下
风险定义	市场价值(MTM)	违约损失(DM)	违约损失(DM/MTM)	市场价值(MTM)
风险来源	资产价值	违约率	资产价值	宏观因素
信用事件	信用级别变化/违约	违约	连续违约概率	信用级别变化/违约
概率	无条件概率	无条件概率	条件概率	条件概率
波动性	常量	变量	变量	变量
相关性	来自股权	违约过程	来自股权	来自宏观因素
可收回率	随机	频段级内为常量	随机	随机
求解方法	模拟过程/解析	解析	解析	模拟过程

资料来源:乔瑞.风险价值 VAR [M].3 版.郑伏虎,万峰,杨瑞琪,译.北京:中信出版社,2010.

第六节　现代信用风险管理

信用风险作为债务人可能违约的风险，始终是困扰金融机构特别是银行业的主要问题。经历了诸如 20 世纪以来诸多金融危机事件以后，金融界开始不断加强对信用风险的防范与管理。现代信用风险管理的目标是维持信用风险暴露在可接受的标准内，同时最大化风险调整收益。信用风险管理不仅仅需要有效地应对存在于信用资产组合中的信用风险，还应考虑信用风险与其他风险的关系。对信用风险进行充分的管理是全面风险管理的关键组成部分，是金融机构保持安全和稳健的基础。每个金融机构都应该利用合适的政策、过程和系统来高效地识别、测度、跟踪和控制风险。现代信用风险管理主要的方法是风险缓释和风险分散，信用风险缓释通过转移风险改变信用风险的配置，达到降低风险水平的目的，信用风险缓释的主要手段有抵押、净额结算和信用担保；此外还可以通过信用资产组合及金融创新等手段管理风险，目前最普遍的做法是通过信用衍生品和资产证券化管理信用风险。

一、信用风险缓释

信用风险缓释（CRM）是授信机构用于减少其风险暴露或信用风险损失的风险管理手段。这些信用风险暴露包括贷款、应收账款等。信用风险缓释主要是转移信用风险，所以大多数手段并不能降低整个经济社会的信用风险水平，只是改了信用风险的配置，使信用风险在经济社会不同主体之间进行重新分配。

根据其物质特征，信用风险缓释工具可以分为两大类：资金类信用保护和非资金类信用保护。资金类信用保护主要通过提供有价实物或资金（例如房地产、金融产品等）来降低信用风险。此类 CRM 工具使得授信机构在借款人违约之后有权处置资产，包括：变卖或存留（至少一段时间）一定量的特定资产；通过实现抵押物价值来减少违约部分的风险暴露。因为用抵押物来减少或替换风险暴露，授信机构可以将新的风险暴露当作重构的风险资产。

非资金类信用保护是没有实物支持的 CRM 工具，例如信用担保。授信机构的信用风险暴露的减少来自第三方在借款人违约或其他特定事件时愿意承担偿付责任。

（一）抵押

当一个银行对另一方有信用风险暴露或者潜在的信用风险暴露时，可以要求对方提供现金、金融产品作为抵押物，对方提供的抵押物可以完全或部分对冲掉风险暴露。通常来说，有抵押物的风险资产所要求的资本金不会高于其他方面相同但没有抵押物的风险资产。严格的抵押协议可以降低贷款人的信用风险,但是如上文所说,抵押也不能完全消除信用风险,例如,1998 年长期资产管理公司(Long-Term Capital Management,LTCM)的所有头寸都有完全抵押物,但它最终还是倒闭了,所以完全抵押也并不意味着没有风险。

不同类型的抵押物其缓释风险的效果不尽相同,授信机构在决策时,不仅要考虑抵押物的自身特征,也要考虑面临的风险状况及其风险缓释目标。例如,其他条件一定的情况下,如果交易对手提供的抵押物是流动性差的资产抵押证券,则与提供政府债券的情况相比,其信用缓释的效果将差很多。一旦交易对手违约,销售资产抵押证券的难度将大于销售政府债券。授信机构不能通过抵押手段来完全规避风险,有些可能性很小的事件也会发生并给授信机构带来损失。例如交易对手和抵押提供者同时发生违约的情况,虽然很难导出动态情况下的均衡结果,但是授信机构还是应该设置其最优的风险容忍度,并通过信用风险缓释工具把风险控制在该限度以内。由于在使用具体的风险缓释工具之前,抵押手段相应的风险依赖于抵押物的类型,因此授信机构应该根据抵押物的特征来辨识其风险缓释能力,以确保缓释后的风险与授信机构的风险容忍度相适应。

(二)净额结算

净额结算(Net Settlement)是根据净额结算协议将两个或多个交易对手间的多个相关交易或债务合并成一个交易(债务),每个交易对手只是支付或接受与其有关的交易(债务)与净值。当交易各方同意冲销头寸或债务时,净额结算加总两项或更多债务以减少净债,以降低信用、交割等金融协议中的各类风险。具体来讲,净额结算的好处是,它能降低的风险种类很多,包括信用风险、交割风险、流动性风险,甚至是系统性风险。

净额结算包括两个不同但相连的权利,并常常同时用于一个交易协议:第一个权利是在特定情况下,交易对手可以单方面终止合同;第二个权利是在终止相关交易对手间的(到期)协议时可以冲销交易的名义额度,合并后的交易即可作为最终的义务。在交易对手违约时将交易对手间的所有交易加总意味着抵押物和保证金协议要用于净额结算后的风险暴露。

下面我们用一个银行存贷款的例子来说明有净额结算和没有净额结算时风险暴露的不同。假设一家企业在银行有 100 万元存款,同时银行也向该企业提供了 120 万元的信用贷款,没有抵押物,则银行的风险暴露情况如表 6-21 所示。

表 6-21 净额结算和资产组合风险暴露

交易	交易额(万元)	风险暴露(万元)
存款	-100	0
贷款	120	120
无净额结算的资产组合	20	120
有净额结算的资产组合	20	20

如果借款人违约，则银行会因其贷出的 120 万元而遭受损失，但不会因作为债务人而遭受损失。银行交易的总值为 –100 + 120 = 20 万元。无净额结算时银行的风险暴露总额为 120 万元，银行需为这部分风险资产分配风险准备金以防御信用风险。如果借款人被要求降低风险，他必须提供足够的抵押物来应对其给银行带来的风险暴露。

然而，如果交易是有净额结算条款的，那么这些交易之间可以相互冲销。本例中有净额结算协议的资产组合的风险暴露就下降到 20 万元，这显然会极大地降低银行的风险准备金和风险成本，而交易对手也可以据此风险暴露而提供担保，并且担保金额会大大降低。当然，银行总的风险暴露是其所有交易的和，包括无净额结算和有净额结算的所有资产。

大多数交易对市场因子的波动仍然敏感，如果资产不属于同一个对冲资产组合（它们的市场风险因子不同），并不一定能完全负相关，那么净额结算不会影响资产组合的市场风险。

净额结算意味着交易的总风险暴露在单个资产上是次可加的，即

$$E(N) \leq \sum E_i, \ i \in N$$

其中，i 为交易一方（比如银行）的一个资产；E_i 为该交易方的债务类资产；N 为该交易方资产集合中有净额结算的资产。该公式体现了净额结算的好处，因为组合的风险有可能大幅度降低；但是风险暴露不满足可加条件也使得对风险进行定价变得更为复杂。

（三）信用担保

担保是担保人使用其更高的信用资质来支持借款人从金融机构那里获得资金的一种手段，可以被视为一种金融产品。对于市场无法承受或者无法充分评估的风险，担保可以吸引新的融资渠道，减少融资成本。

信用担保（Credit Guarantee）是许多发达国家和发展中国家常采用的一种解决中小企业融资难问题的手段，但在发展中国家所起的作用更大，因为在这些国家，中小企业的融资缺口（Financing Gap，FG）更大。信用担保被认为在经济下行时具有反经济周期的作用。在许多国家，公共部门的介入被认为是提供充足信用担保的一个条件。

信用担保是担保人为借款人提供的保证，当借款人未能履行偿还义务的时候，担保人愿意承担部分或全部还款责任。担保人通常可以从提供担保服务中获得费用收入，担保费用可能由借款人也可能由贷款人支付。信用担保实现贷款或贷款组合信用风险的部分转移，其功能与信用保险产品和违约互换相似。信用担保的提供者可能是公共部门，也可能是私人部门。发展中国家的公共部门在提供信用担保时发挥的作用更大，而发达国家私人部门的信用担保较为普遍。信用担保也存在互惠担保机制，其往往建立在行业协会的基础上，协会成员合作为个体企业贷款提供担保。

信用担保的作用是帮助企业解决融资问题，特别是中小企业的融资困难。即便利

息很高，许多金融机构也并不是很愿意向中小企业提供无抵押授信，主要是因为金融机构较难获得小企业或者新企业的充分信息。理论上，经济学家常用信贷配给理论来解释融资缺口。中小企业常常比大型企业更易受到信贷配给的影响，因为金融机构与小企业之间的信用不对称现象更为严重，并且银行监控小企业的成本更高。

逆向选择是由信息不对称导致的一个问题，其结果是随着利率的上升，违约概率也增加了。这是因为风险低的借款人因利率上升而被驱逐出借贷市场，留下风险高的借款人，最后授信机构的客户群里全是高风险的借款人。银行等授信机构往往不愿意将利率提高到一定的水平，以便保留低风险的客户。但是这种利率的不灵活使得中小企业无法获得贷款，因为它们的风险水平较高，即便它们愿意支付更高的利息也很少有金融机构愿意发放贷款。这种现象就是信贷配给。

信用担保可以实现风险转移和风险分散的目的。通过分担部分违约风险，贷款人的风险降低，担保确保在发生违约时贷款人可以收回所有或部分贷款。担保人也可以为不充分的抵押和债权人的权力不足而提供补偿。

二、应用信用衍生品管理信用风险

(一) 信用衍生品定义

信用衍生品是指对信用风险进行分离或转移的各类工具与技术的总称。在交易中，买卖双方通过信用衍生品的使用来达到增加或减少对指定经济实体信用风险暴露的目的。经济实体作为信用风险的载体，风险主要体现在其所负担的金融债务（如债券、贷款等）上，所以经济实体在信用衍生品市场上通常被称作参考实体（Reference Entity），而其中的信用风险承载媒介就被称作参考债务（Reference Obligation）。

信用衍生品作为对信用风险进行交易的金融合约，其价值建立在标的企业、证券或主权实体等的信用表现基础之上，在信用事件发生的时候，它才会对该信用风险所造成的损失做出相关赔偿。这种信用事件既可以是破产或拒付等各种违约事故；也可以是债务人的信用状况发生恶化的信号，如债务重组或信用等级下调等事件。

信用衍生品是一类可以将贷款及证券之中的信用风险分离出来并以签订双边契约的方式，将其转嫁到愿意接受风险的投资者身上的金融衍生品。其最显著的特征就是能够在不改变标的资产所有权的条件下，将该资产的风险及收益由签订契约的一方转移给另一方，从而达到剥离出市场风险中的信用风险的作用。

(二) 信用衍生品的特征

信用衍生品作为交易资产信用风险的衍生金融工具，其价值从参照资产的信用质量衍生而来。该合约可以根据交易双方的特定需求来定制，属于典型的场外交易产品。参照风险资产通常是承担债务违约风险的债权类金融产品，如银行贷款、公司债券，以及其他形式的金融债务（Financial Obligation）。从经济意义上看，信用衍生品的内涵包含了许多长期使用的信用风险管理方法特征，如担保函、信用证、贷款参与等。信用衍生品与这些传统方法的不同之处在于信用衍生品能够分离、转移和交易资产的信用风险，而不改变持有资产的经济属性。

（三）信用衍生工具的应用

金融机构推出信用衍生品的宗旨是应对信用风险。因此，设计信用衍生品，最重要的是必须站在投资者的立场上。任何类型的结构都必须回应需求，允许投资者在市场变量中关于信用风险持有不同的观点，在不破坏与债务人的关系的前提下，提供有效的方法来对冲或获得信用风险。另外，设计违约保护的信用产品使得一些受限制、不能进入市场的风险偏好投资者可以享受到风险带来的利润。市场上有许多类型的信用衍生品，它们为认识、对冲信用风险提供了新的方法。现在国际市场上的信用衍生品主要包括三类：第一类是基础的信用衍生品，如信用违约互换（Credit Default Swap，CDS）、信用联结票据（Credit-Linked Note，CLN）、总收益互换（Total Return Swap，TRS）、信用价差期权（Credit Spread Option，CSO）等。第二类是结构化产品，如担保债务凭证（Collateralized Debt Obligation，CDO）、合成担保债务凭证（Synthetic CDO）等。第三类是指数信用衍生品，如 CDX 指数（Credit Default Swap Index）和 iTraxx（International Credit Derivative Indices that Investors）指数产品。

1. 信用违约互换

信用违约互换（CDS）在信用衍生品市场上是最基础的一种产品。作为对风险保护进行买卖的双方事先所签订的双边协议，参照资产是其建立的基础。购买风险保护的一方要向卖出风险保护的一方定期支付一定的费用，如果参照资产出现违约，那么卖出风险保护的一方要向买方支付一定的资金，用来弥补买方因参照资产违约事故而遭受的损失。需要说明的是，参照资产既可以是单一资产，也可以是多个资产的组合。参照资产为多个资产的组合时，若其中的任何一个资产发生信用违约，卖出信用保障的一方都要对买方的损失进行赔偿。信用违约互换的流程如图 6-9 所示。

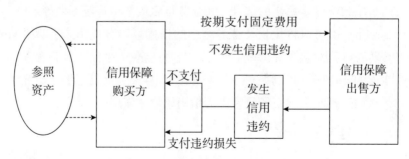

图 6-9　信用违约互换的流程

卖出风险保护让对方弥补损失的方式一般分为两种。第一种为实物交割，是指当发生违约事件时，风险保护的卖方要依照票面价格对买方出现违约的资产进行全额购买。第二种为现金交割,是指发生违约事件时,风险保护的卖方用现金的形式来弥补买方所遭受的损失。

此处的信用违约事件应是协议双方事先都认可的事件,主要包括:金融资产债务方发生破产清偿、不能按时支付利息、违规导致的债权方要求提前收回债务本金、提前还款以及债务重组等事件。

对违约的支付反映了信用事件发生时参考资产持有者的损失。定义 Q 为每单位名义价值所获得的支付额,则信用违约互换的支付额为

$$支付额 = 名义价值 \times Q \times I_{\{CE\}}$$

其中,当信用事件发生时,指示函数 $I_{\{CE\}}$ 的值为1,否则为0。

互换的利差反映了违约概率和违约发生的损失,这些都是未知的。信用违约互换合约的简单变形是二元信用违约互换(Binary Credit Default Swap),当信用事件发生时,支付绑定的金额 $Q = 1$。二元信用违约互换的组合可以得到回收率的市场隐含估计。

如果采用实物交割,合约通常规定可交割的结算清单,这些债券能以不同的价格进行交易,但是必须以面值进行交割。显然,合约的购买者会选择最便宜的债券进行交割,这就产生了一个交割选择权(Delivery Option)。近年来信用违约互换市场的增长已经导致未结算的信用违约互换名义价值远超过可交易的债券名义价值。现金交割的方式则可以通过拍卖进行,该方式明文规定了标的资产的回收率。

信用违约互换的价值会随着相关资产信用风险及市场变化而上下波动。把信用违约互换的价值根据市场的波动加以确定,实际上就是计算信用违约互换的初始值和现时价值的差,即为所谓的按盯市定价。对于某一具体信用违约互换来讲,其市场价格等于该信用违约互换的名义额乘以该信用违约互换的合同加价与该合同的现时市场加价的差,再乘以风险调整后的息期。由此可见,信用违约互换的市场价格取决于下面几个因素:市场加价的变化、相关资产的信用风险、信用违约互换合同剩余期限、用于计算现值的折现曲线、交易对手的信用风险等。信用违约互换之所以要以市场定价,是出于两个主要目的:一是财务报告的需要;二是将信用违约互换合同货币化。

在不存在交易对手风险的情况下,同一市场加价的波动,对于信用违约互换的买方来说是利得(Gain),而对卖方来说则是利损(Loss);并且双方的利得和利损必然相等。从信用违约互换买方的角度来看,如果相关资产的风险加价上升,便会产生利得。这是因为在风险加价上升的情况下,买方可以按高于现有合同加价的风险加价将信用违约互换转让给第三方。反之,如果相关资产的风险加价下降,买方只能以低于现有合同加价的风险加价将信用违约互换转让出去,则会产生利损。而信用违约互换卖方则正好相反。在现实的市场交易中,同一信用违约互换的利得和利损不一定完全相等,这是由许多技术原因造成的,比如买卖双方的折现曲线及风险加价报价的细小差异、买卖双方各自定价模型的差异等。

例：某5年期信用违约互换合同的相关资产风险加价为300个基点。1年后,该参考实体的风险加价下降到200个基点,对于卖方来说,该信用违约互换合同将带来利得。

假设该信用违约互换的名义额为10,000,000美元,风险调整后的息期为3.5年,那么,该信用违约互换的市场价格就等于

$$10,000,000 \times (300 - 200) \times 0.0001 \times 3.5 = 350,000 (美元)$$

对于信用违约互换卖方来说,该市场价格就是利得;但对于信用违约互换买方来说,这一市场价格就是利损。按市场定价是信用违约互换实现利得货币化的必要前提。

2. 总收益互换

总收益互换(TRS)与传统的互换类似,指的是进行交易的双方互换其参照资产在一定时期内产生的所有现金流收益。在总收益互换中,买入风险保护的一方将参照资产在规定期限内的所有收益(包括资产增值及其现金流收益)让渡给卖出风险保护的一方,卖方则需要向买方定期支付事先约定的一笔固定比例的资金(例如,LIBOR + x 个基点),并且承诺当产生信用事件时要弥补买方因此而遭受的损失(见图6-10)。由此看来,总收益互换不仅与信用违约事件有联系,还受到市场利率风险的影响,它能够将参照资产的信用风险与利率风险都进行转移。

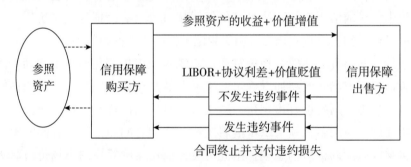

图6-10 总收益互换交易流程

例如,某家银行向某企业发放贷款5亿美元,利率为12%,还款期限为3年。当在贷款期限中,该企业的信用风险提高了,那么银行会面临贷款市场价值降低的风险。因此,银行可以采用购买总收益互换的方式将这种风险转移出去,根据合约中的规定(支付期为1年),银行要将以固定利率为基础的收益支付给卖出信用保障的一方,支付金额等于固定利率与贷款市场价值变化之和,并且卖出信用保障的一方也要将以浮动利率为基础的收益支付给银行。在合约中固定利率规定为16%,而此时的浮动利率为14%,若贷款市场价值在支付期中降低了8%,则银行就要向对方支付利率为16% - 8% = 8%的现金,并从对方手中获得利率为14%的现金流。进行现金流交换后得到的收益就能够冲抵银行在信贷市场中所遭受的损失。

在总收益互换中,从风险保护卖方的角度来看,不需要在市场中将基础资产完全

买下来就拥有了该资产的收益权。因此，风险保护的卖方能够以大大低于市场融资利率的成本获得该基础资产的收益，特别是当交易对手的信用等级偏低的时候，其支付的价差一般要比在市场上融资的价差低，并且还能够免去直接购买资产所面临的融资、清算及执行等步骤。因此，总收益互换对于某些资本受限的金融机构来说，是经济地利用杠杆手段实现资本收益最大化的方式。

3. 信用联结票据

信用联结票据（CLN）是一种将固定收益证券与信用违约互换联结在一起的信用衍生品。卖出风险保护的投资方先支付给购买风险保护的票据发行人资金以获取票据，而后定期获得票面利息（见图6–11）。如果在票据约定的时限内未发生信用事件，则全部利息及到期后的票据面值都将归投资者所有；而一旦在协议内发生信用事件，票据基础资产名义价值发生损失，投资者所能获得的只有风险保护资产的残值。

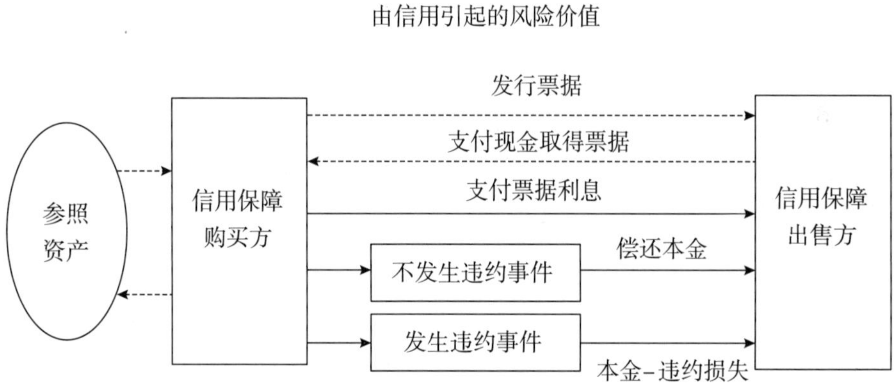

图6–11 信用联结票据的结构

例如，一家信用卡公司通过发行债券来筹集资金，该公司可以利用1年期信用联结据来降低其业务中的信用风险。根据票据中的承诺协定，如果全国的信用卡平均欺诈率低于5%，则向投资者偿还本金并附加8%（高于一般同类债券利率）的利息；如果该指标高于5%，则向投资者偿还本金并附加4%的利息。信用卡公司可借此来降低信用风险。当信用卡平均欺诈率低于5%时，能够保证公司获得一定的收益，它也就有能力支付8%的利息；一旦信用卡平均欺诈率超过5%，其收益就很可能下降，此时公司应支付的利息也是比较低的，这就相当于向投资者购买了一种信用保险。对于投资者来说，购买该信用联结票据是为了获得高于一般同类债券利率的收益。在本例中，债券购买者是提供保护的一方，这是由于购买了债券也就同时购买了附属在其上的信用联结票据；而发行债券的信用卡公司是需要保护的一方，其需要规避的信用风险来自自身的信用卡业务。

这里，还有必要关注特别目的载体（Special Purpose Vehicle，SPV）在信用联结票据中的作用。在信用联结票据的发展过程中，渐渐产生了专门开展信用联结票据业务的金融机构。它们一般以特别目的载体这一形式来进行信用联结票据的发行，由此获得的收益则用来购买高安全性资产（见图 6-12）。

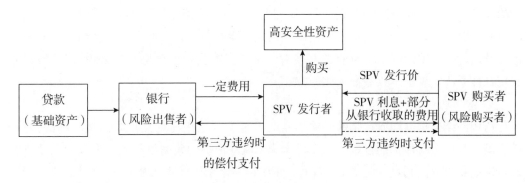

图 6-12 SPV 的示意

购买风险保护的一方可与特别目的载体签订一份纯粹的信用交换合约，如果发生违约事件，则特别目的载体就要赔偿风险保护购买方的违约资产损失，发行信用联结票据购买的安全性资产保证了此过程的实施。在该交易过程中，特别目的载体不用承担风险，本质上它只是联系信用保护需求者与信用联结票据购买者的中介机构。

最后，信用联结票据和信用违约互换相比，降低了交易对手的风险，所以需要对冲信用风险的机构更倾向于采用这种方法。

三、资产证券化

资产证券化是将缺乏流动性但未来现金流可以预测的资产进行组合，建立资产池，以资产池所产生的现金流作为偿付基础，通过风险隔离、资产重组和信用增级等手段，在资本市场上发行股票和债券的结构性融资行为。可以被转化成证券的资产往往是银行已经发放的长期贷款，特别是汽车贷款、个人房产按揭贷款、信用卡贷款和学生贷款以及金融租赁资产等。这些贷款期限基本上在 4 年以上，有的长达 30 年以上。

（一）资产证券化的运作机制

1. 资产证券化的参与主体

资产证券化的参与主体包括发起人（Originator）、特别目的载体、信用增级机构（Credit Enhancement）、信用评级机构、承销商（Underwriter）以及其他中介机构。

（1）发起人。资产证券化的发起人也叫资产出售者或原始权益人，是基础资产的卖方。根据发起人作用的差别，可以将发起人分为两种。第一种发起人的主要作用是发起贷款等基础资产，这是资产证券化的基础和来源。第二种发起人的作用是组建资产池，将其转移给 SPV 并实现破产隔离。如果基础资产的发起人自己发起证券化交易，那么这两个层面上的发起人是重合的；如果资产的发起人将资产出售给专门从事资产证券化的载体，那么这两个层面上的发起人就是分离的。

（2）特别目的载体（SPV）。特别目的载体是以资产证券化为目的的独立法律实体,是资产证券化交易结构的中枢。SPV 实现了资产证券化交易结构的破产隔离,在很大程度上保障了证券化交易的安全。作为资产证券化交易的中介机构,SPV 在风险最小化、利润最大化的约束下,力图让基础资产所产生的现金流与投资者的需求相匹配。

SPV 是为了实现预期的财务目标而设立的一个特殊的法律主体,其基本法律形态主要有三种:信托公司模式、股份公司或有限责任公司模式、合伙企业模式。在美国,这三种模式的 SPV 都存在,但是以有限责任公司居多。中国 SPV 采用的是信托模式。

(3)信用增级机构。资产证券化实行双重担保,资产支持证券首先以基础资产作为担保,此外还聘请信用担保机构提供额外的信用支持,即信用增级。信用增级机构在资产证券化中承担部分或全部基础资产的信用风险,进一步实现了风险的隔离,以保证交易的安全性。

(4)信用评级机构。如同公开发行的其他债券一样,抵押贷款债券的发行也需要专业评级公司对证券发行者的信用及其所发行证券的质量进行信用评级,以增加投资者对债券的信任度。信用评级如同债券进入发行市场的入场券,获得高级别将极大地提高债券的发行收益,公司债券与 ABS 信用评级对比如表 6-22 所示。

表 6-22 公司债券与 ABS 信用评级对比

原始评级	5 年平均违约率		5 年后降级比例		8 年后升级比例	
	CORP	ABS	CORP	ABS	CORP	ABS
Aaa	0.10%	0.00%	28.40%	0.00%	0.00%	0.00%
Aa	0.40%	0.00%	28.90%	0.00%	5.50%	12.80%
A	0.50%	0.00%	20.80%	0.70%	10.20%	11.60%
Baa	1.70%	0.00%	17.80%	1.90%	20.90%	4.10%
Ba	11.40%	0.00%	23.50%	5.70%	17.90%	0.00%

注:CORP 是穆迪评级的所有公募公司债券,ABS 是穆迪评级的所有资产支持证券;数据存在进位误差。

资料来源:穆迪投资者服务公司和第一联合证券公司。

评级公司不考虑因利率变动、商业周期等因素引起的系统性风险以及提前偿付风险,而主要考虑信用风险。信用评级机构在接受发起人的评级申请后,首先对基础资产的质量进行评估,考察借款人的信用、地理分布和资产组合情况;然后对证券化参与人和交易结构进行评估,分析交易过程中可能存在的风险,并对真实销售、破产隔离、信用增级、触发事件的设计等问题进行审查;最后进行压力测试,将审查结构输入模型,得出预期的损失水平,并充分考虑发生最坏情形时的损失情况,其目的是综合考察整个交易架构的完整性和全面性。

(5)承销商。在资产证券化融资设计和证券发行阶段,作为承销商的投资银行一般还担任融资顾问的角色,根据其掌握的经验和专业知识设计出投资者可以接受的融资方案。

（6）其他中介机构。其他中介机构主要包括服务商和受托人。其中，服务商的工作是进行有关信息的传递和提供代理服务，主要包括对资本项目及其所产生的现金流进行监督和管理，并收取这些资产到期的本金和利息，将其交付给受托人；对过期欠款进行催缴，确保资金及时、足额到位；定期向受托人和投资人提供有关资产组合的财务报告。

资产证券化中的受托人是服务商、信用增级机构与投资者之间的中介，托管基础资产以及与之相关的一切权利。受托人的职能包括：代表 SPV 的利益从发行人处购买资产；把服务商存入 SPV 账户中的现金流转付给投资者，对没有立即转付的款项进行再投资；监督证券化交易中各方的行为，定期审核有关资产组合的信息，确认服务商提供的各种报告的真实性，并向投资者披露；公布违约事宜，并采取保护投资者利益的法律行为；当服务商不能履行其职责时，代替服务商承担其职责。

2. 资产证券化的运作流程

资产证券化的基本运作流程包括以下几个步骤。

第一步，确定基础资产并组建资产池。

第二步，设立特别目的载体。专门为资产证券化设立一个特殊法律主体 SPV，将其作为结构性重组的核心主体。

第三步，资产转移。基础资产由发起人转移给 SPV 是结构性重组中非常重要的环节。为了实现基础资产与发起人之间的破产隔离，这种转移必须是真实的出售，即在发起人破产时，发起人的债权人对已转移的基础资产没有追索权。

第四步，信用增级。信用增级可以使证券在信用质量、偿付的时间性与确定性等方面能更好地满足投资者的需要，同时满足发行人在会计、监管和融资目标方面的需求。

第五步，信用评级。在资产证券化交易中，信用评级机构通常需要进行两次评级：初评和发行评级。信用等级越高，表明证券的风险越低，从而发行证券的成本越低。

第六步，发售证券。SPV 将经过信用评级的资产支持证券交给证券承销商去承销，可以采取公开发售或私募的方式。购买证券的投资者主要为机构投资者。证券发行完毕后，可以在证券交易所挂牌交易，也可以在场外交易。

第七步，支付对价。SPV 从证券承销商那里获得发行现金收入，然后按事先约定的价格向发起人支付购买基础资产的价款，此时要优先向其聘请的各专业机构支付相关费用。

第八步，管理资产池。SPV 要聘请专门的服务商对资产池进行管理。发起人可以自己担任服务商，也可以聘请独立于发起人的第三方。

第九步，清偿证券。按照证券发行时说明书的约定，在证券偿付日，SPV 将委托受托人按时、足额地向投资者偿付本息。

以上步骤为资产证券化的一般流程，实践中运作流程可能会因社会经济环境的不同而有所不同。资产证券化流程如图 6-13 所示。

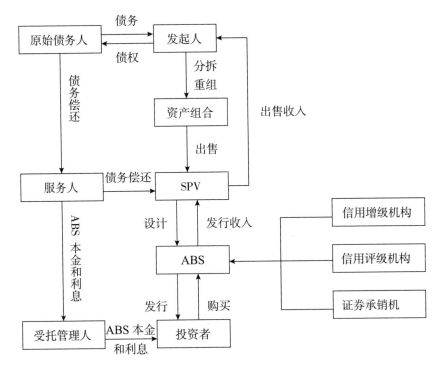

图 6-13 资产证券化流程

(二) 资产证券化的运作原理

通过资产证券化增强不流动或流动性差资产的流动性，主要依赖于资产组合原理、破产隔离原理和信用增级原理。

1. 资产组合原理

资产组合原理的核心思想是对资产的风险和收益要素加以分离和重组，使其定价和重新配置更为有效，从而使参与各方均获得收益。根据大数法则，整个资产组合的风险和收益的变化呈现出一定的规律性，因此，尽管单个贷款的结果很难预测，人们却可以根据历史数据，对整个资产组合现金流的平均数做出可信的估计，根据这种估计，可以有效规避贷款中的提前偿付风险等信用风险。

能够组合进行证券化操作的资产通常具备以下特征。

（1）资产可以产生稳定的、容易预测的现金流，本息的偿还均匀地分布在整个抵押贷款资产的存续期，为资产支持证券到期还本付息提供基本的保证；

（2）原始权益人持有该资产已有一段时间，且信用记录良好，有可靠的统计数据证明资产具有长期稳定的低违约率、低损失率记录；

（3）资产应具有标准化合约文件，合同条款清晰；

（4）资产抵押物的变现价值较高；

（5）债务人的地域和人口分布广泛；

（6）资产具有很高的同质性。同质性资产的现金流特征相似，使得资产支持证券的收益在时间、金额上都容易预测，从而能够降低证券化的信息成本和交易费用。

通过资产组合，SPV 将具有某种特殊性质并在地域分布上呈现一定多样性的资产组合起来，就能够根据资产的历史数据，利用各种模型来推算资产组合中资产的违约率，然后再根据违约率对资产进行定价，最后可以较准确地推算出资产证券的收益率。在美国，商业银行、保险公司、证券公司、航空公司、制造企业如通用、福特和克莱斯勒等都可以成为资产证券化的发起人。

2. 破产隔离原理

在构造资产证券化的交易结构时，证券化结构应能保证发起人的破产不会对 SPV 的正常运营产生影响，从而不会影响到对资产支持证券持有人的按时偿付，即资产证券化的交易结构要使证券的偿付不会受到债务人清偿能力的影响，这就是资产证券化的破产隔离机制。SPV 是资产支持证券的发行人，它是一个以资产证券化为唯一目的、独立的经济实体，它既可以是由发起人设立的金融子公司，也可以是信托机构或其他中介机构。为了达到破产隔离的目的，证券化资产发起人到 SPV 的转移必须是真实出售。

资产的出售通常有以下三种方式。

（1）转让。可转让的债权必须是待转让资产项下具备法律认可的可转让性质的债权，通过一定的法律程序将其转让给 SPV。资产权利的转让要以书面形式通知资产债务人，否则资产债务人有权利终止债务的支付。

（2）债务更新。即先行终止发起人与资产债务人之间的债务合约，再由 SPV 与债务人之间按原债务合约还款条件重新订立一份新合约来替换原来的债务合约，从而把发起人与资产债务人之间的债权债务关系转换为 SPV 与资产债务人之间的债权债务关系。这种方式适用于资产组合涉及少数债务人的情况，当资产组合涉及的债务人较多时一般很少使用。

（3）从属参与。即 SPV 先发行一笔等同于资产组合金额的资产证券，从投资者处获得资金，然后再通过发放具有追索权贷款的形式转贷给发起人，资产证券的偿付资金来自资产组合的现金流量收入。在这种资产证券化情况下，SPV 与资产债务人之间无合同关系，发起人与资产债务人之间的原债务合约继续保持有效，因此，资产也不必从发起人手中转让给 SPV。

实现破产隔离需要两个重要条件。一是证券化资产的真实出售。二是在证券化交易结构中设立破产隔离的 SPV。

根据破产隔离原理，证券购买者只承担基础资产的风险，并不连带承担基础资产所有者的其他风险，由此在证券卖方、证券发行人和投资者之间构筑了一道坚实的防火墙，这是资产证券化的重要特点。在资产证券化交易中，由于证券化的基础资产以真实出售的方式转移给 SPV，所以，即使资产的原始所有者的经营活动出现问题，企业的债权人也不能对证券化的基础资产进行清算，从而保障了投资者的利益不受损害。

3. 信用增级原理

信用增级,即保证和提高资产支持证券的信用等级,增加金融资产组合的市场价值,使投资者不能获得偿付的可能性最小。

根据信用支持的来源不同,信用增级方式一般分为外部增级与内部增级两种方法。外部增级也称第三方信用增级,由债权债务人以外的第三方提供的信用担保为增级条件。这里的第三方包括政府机构、保险公司、金融担保公司、大型企业的财务公司等。它是由贷款组合的现金流量以外的资金来增强贷款组合的信用,通过第三方提供贷款组合担保,承诺当资产池现金流量不足,对投资人本息造成损失时,担保方将承担全部或部分责任。外部信用增级提供的保护通常限定在一定损失内(如总资产的10%),如果提供外部增级的第三方担保人被评级公司降级,即使抵押贷款支持证券结构很好,也有可能被连累降级。因为以上不足,外部增级一般不作为信用增级的主要手段,只起到辅助作用。

内部增级是资产证券化的发起人利用基础资产产生的部分现金流来实现自我担保的增级方式,其主要形式有以下几种。

(1) 由贷款组合的现金流量摊提准备基金。只留出部分发行收入存入一个账户作为准备金,准备金可以投资货币市场工具。

(2) 超额抵押法。这种方法是使发行的债券金额小于资产池内资产金额,因此支持资产可以对债券提供更高的本金保护。

(3) 直接追索。债券投资者保留向贷款卖方追索的权利,若借款人未能按时偿还贷款本息,投资者可以从贷款人处获得全部或者部分支付。

(4) 根据不同的违约风险,抵押贷款支持债券可分为高级/次级(Senior/Subordinate Classes)等不同层次的债券,并由发起人持有次级债券等方式,达到信用增级的目的。这是最受欢迎的信用增级方式。投资不同层次,得到的回报与承担的风险也大不相同。层次越低,风险越大。破产时,清偿顺序也不相同,高级债券投资者将先于次级债券持有者获得投资收益。权益层在最底层,一般为发起人所购买和持有。

例如,假设某发行人发行的债券总值为5亿美元,分为四层,结构为:优先级为4.5亿美元;第一层次级为3000万美元;第二层次级为1000万美元;权益层为1000万美元。

当损失为1000万美元时,投资权益层债券的投资者丧失了本息,而优先级和次级债券投资者未受影响;当损失为2000万美元时,投资权益层和第二层次级债券的投资者丧失了本息,而第一层次级债券和优先级债券投资者仍然未受影响;当损失超过5000万美元时,优先级债券投资者开始发生损失。通过这种方式,将债券分成不同层次,以满足不同风险偏好投资者的需求。优先级债券的风险最小,利息回报也最低;权益层债券的风险最大,利息回报也最高。当然,在实际操作中,层次多超过4层,最多分多少层没有限制,有的次级债券居然分了20多层。

由此可知,信用增级可以弥补发行者提供条款与投资者需要条款之间的差距。在资产证券化中，基础资产的信用条件各异，将其组合起来发行的债券信用条件很难与投资者的需要相吻合。为了吸引更多的投资者并降低发行成本，SPV必须对拟发行的资产支持证券进行信用增级，以提高证券的信用级别。通过信用增级，缩小基础资产信用等级与投资者需求之间的差距，使证券的信用质量和现金流更好地满足投资者的需要，也可以使资产证券化过程达到在会计制度、监管规定和融资目标方面的要求。同时，信用增级也为投资者提供适合的投资工具。如果证券没有经过信用增级，证券投资者就要承担流动性风险。流动性风险的产生是由于基础资产的收益流有可能会在预期时间内没有达到目标金额，致使证券的收益流在预期时间内无法达到目标金额，因此需要对此风险进行补偿，从而会提高证券发行者的成本。证券经过信用增级后，其信誉高于基础资产的信用等级，既降低了发行成本又有利于销售。

(三) 资产证券化产品简介

在资产证券化交易中，基础资产直接影响着证券化交易的架构和现金流特征，因此，基础资产的差异是不同资产证券化产品的主要差别之一。根据基础资产的不同，资产证券化可以分为抵押贷款证券（Mortgage Backed Securities，MBS）和资产支持证券（Asset Backed Securities，ABS），其中，MBS的基础资产是抵押贷款，ABS的基础资产是除抵押贷款外的其他资产。

1. 抵押贷款证券

抵押贷款证券主要是以住房抵押贷款为标的资产的证券，平均期限最长，约为27年，交易量最大。按担保房地产的不同可以分为住宅抵押贷款债券（Residential Mortgage Backed Securities，RMBS）和商业抵押贷款债券（Commercial Mortgage Backed Securities，CMBS）。住宅抵押贷款债券占抵押贷款市场份额的90%以上。商业抵押贷款债券市场份额较小。它们都是非衍生的抵押贷款证券，是转递证券。

传统的抵押贷款支持证券主要包括抵押贷款转递证券（Pass-Through Securities，PTS）、抵押贷款支持债券（Mortgage Backed Bond，MBB）和抵押贷款支付债券（Mortgage Pay-Through Bond，MPTB）三类。

抵押贷款转递证券。抵押转递证券是最早出现的MBS品种，于20世纪60年代由GNMA（Government National Mortgage Association，美国政府国民抵押贷款协会）推出。它是不对基础资产所产生的现金流进行区分，在扣除费用后将剩余部分直接分配给投资者，让投资者面临相同的风险和收益的一种证券。支持转递证券的各种住宅抵押贷款都具有相同的贷款类型，并且其贷款期限和利率的相似程度都足以允许在预测现金流时，将资产池当作单笔住宅抵押贷款。传递证券的投资者对抵押贷款资产拥有完全的产权，投资人持有的证券份额代表了其对抵押组的产权份额。发起人通常为抵押贷款提供贷款归集、催收等服务，并根据相关协议获取服务报酬。在扣除服务报酬后，发起人必须将借款人偿还的所有还款现金流转递给投资者。

抵押转递证券由其相对较高的收益率、流动性以及较小的风险而吸引投资者，但是抵押转递证券必须面对贷款提前偿还所导致的现金流的不确定性。提前还款在利率下降时更加迅速，投资者将面临按照现行较低的市场利率对收到的提前还款进行再投资的风险。

抵押贷款支持债券（MBB）。MBB类似公司债券，承诺在到期前每半年付息一次，到期后偿还面值。抵押贷款的所有权属于发行人，发行人会从抵押贷款组合中收到每月的本息支付，并将其投资于能够赚取利息的基金，将抵押贷款的所有提前还款都加入基金。每隔半年，用该基金偿还债券所有人的利息。

MBB是以资产抵押发行的债券，体现了发行人和债券持有人之间的债权债务关系，抵押组合只是作为发行债券的财产抵押，其产权仍然属于发行人。债券发行后，抵押组合一般置于受托人的托管之下，受托人确保发行的债券是由抵押组合的抵押权作为抵押的。

抵押贷款支付债券（MPTB）。MPTB是介于传递证券和MBB之间的证券，它结合了传递证券和MBB的特点。在资产池的所有权方面，它和MBB一样，发行人保留对资产池的所有权。在息票支付方面，MPTB类似于传递证券，支付给投资者的现金流是基于票面利率的，抵押贷款的本金摊销和提前还款被传递给投资者，投资者面临再投资风险。

2. 担保债务凭证

担保债务凭证（CDO）产生于20世纪80年代，是资产证券化市场中最重要的衍生信用工具。与MBS相比，CDO具有发行和投资收益更高、抵押品更加多样化、总体流动性相对较差、风险更高等特点。此外，由于通常在多个国家发起，CDO还面临着更高的货币风险（Currency Risk）。CDO平均期限为15年，资产管理人的专业能力对证券收益有很大影响。CDO是一种高风险、高收益的金融衍生工具。次级CDO是次级债的一种，是比次级MBS更高级别的衍生品。在次级抵押贷款危机中，CDO被指责为罪魁祸首，原因是近几年次级CDO的发放过度，随着次级抵押贷款借款人违约率的上升，次级CDO的现金流渐趋枯竭，出现了大量的违约事件。

CDO按照基础资产的不同可分为两类，即抵押贷款凭证（Collateralized Loan Obligation，CLO）和抵押债券凭证（Collateralized Bond Obligation，CBO）。CLO指商业银行将一组杠杆率不同的贷款卖给特殊目的载体，特殊目的载体为基础资产分层发债，优先层以很小的利差卖掉，中间层以较大的利差卖掉，风险最高的权益层由商业银行自己持有。CLO是最能够满足商业银行资产负债表管理的融资工具，它能够通过剥离贷款提高资本充足率。CLO的基础资产是贷款，流动性和可交易性较差，其贷款持有人数目较小，主要是商业银行。CBO指对市场流通债券的再证券化，比如以新兴市场高收益债券为基础资产而发行的债券。它的基础资产是债券，是具有流动性的、可交易的资产，债券持有人数目较多。

CDO按照证券化方法，又可分为现金型CDO和合成型CDO。现金型CDO是最基本的CDO类型。现金型CDO有一个现金资产投资组合，其中包括贷款、公司债券、资产支持证券（ABS）或抵押贷款担保证券（MBS）。在该类 CDO 下，发起银行将贷款转到特殊目的载体，委托机构管理贷款事宜，利用信贷资产池产生的现金流为 CDO 证券还本付息。

合成型 CDO 是建立在信用违约互换（CDS）基础上的一种 CDO 类型。该类 CDO 由特殊目的载体最终转移给证券投资者。合成型 CDO 和 CDS 的区别如表 6-23 所示。

表 6-23 现金型 CDO 和合成型 CDO 的比较

项目	现金型 CDO	合成型 CDO
担保品（抵押品）	高收益公司债券、MBS、商业地产、杠杆贷款	关于资产池（公司债券、银行贷款）的信用违约互换
规模	2 亿—8 亿美元	大于 10 亿美元
担保品质量	投资级或低于投资级（高等层和中等层）的资产	主要是投资级
管理方式	动态	静态
期限	担保品是公司债时，7—12 年；担保品是 MBS 时，小于 30 年	3—15 年
提前还款风险	有	一般没有
再投资风险	有	因其静态特点，一般没有
利率风险	一般利用信用违约互换或者其他衍生工具规避	对于不转移资金的合成型 CDO，没有利率风险；对于浮动利率资产和负债，利用套期保值规避利率风险
股本杠杆率	8—12 倍，取决于资产质量	通常 30 倍，对于投资级的公司和高评级结构性证券，可以达到 100 倍

资料来源：Fabozzi F J, Mann S V. The Handbook of Fixed Income Securities [M]. 8th ed. New York：Mcgraw-Hill Education, 2012.

信贷资产的所有权并不发生转移，也就是说 CDS 并不真正地转移贷款筹集资金，而只转移贷款中的风险。发起人并不真正地将资产卖给特殊目的载体，而是通过结构性的信用违约互换将资产风险转移给特殊目的载体，特殊目的载体以付保险费给 CDS 投资者的方式，将信贷资产违约风险转移给 CDS 投资者。一旦出现信用违约事件（如债券主体无法偿付），特殊目的载体有权将债券以面值卖给 CDS 投资者。信用违约互换实际上相当于一种期权，CDS 购买者付保险费买一种权利，在出现信用违约事件时，将债券以票面价值卖给 CDS 出售者。次级 CDS 是 CDS 购买者将次级抵押贷款的风险转移给 CDS 出售者的一种合约。

3. 抵押担保债券

抵押担保债券（Collateralized Mortgage-backed Obligations，CMO）是 MBS 的衍生

产品。它以房屋抵押转手债券为标的资产,利用期限分层技术重组基础资产现金流,创造出不同期限、不同风险档次的证券,重新分配到具有不同优先受偿权的优先级和次级债券,以供不同风险偏好的投资者选择。因此,CMO 能够更好地匹配投资者的各种期限要求和抵押贷款池的预期现金流,并且将提前还款风险按投资者能够接受的水平再分配至不同的分级债券中。CDO 和 MBS 之间的区别如表 6-24 所示。

表 6-24 CDO 和 MBS 比较

项目	CDO	MBS
基础资产	新兴市场公司债、主权债、银行贷款、MBS 等	房屋抵押贷款
债务人数量	200 人以下	大于 1000 人
分层依据	信用风险	传统的 MBS 不分层,衍生的 MBO 以期限分层
资产相关度	相关度低	相关度高
风险	较高	较低
发行利差	较高	较低
平均期限	15 年	27.5 年
货币风险	较高	较低
采取固定利率概率	较大	较小
每笔交易规模	较小	较大
资产管理人的作用	较大	较小
资产的管理	动态的、可调整的	较少调整
投资收益	较高	较低

资料来源:Vink D. ABS, MBS and CDO Compared: An Empirical Analysis [J]. The Journal of Structured Finance, 2008, 14 (2): 27-45.

广义上来说,CMO 是 CDO 的一种。CMO 的特点在于它的基础资产是抵押贷款,按期限分层;而 CDO 的基础资产有很多种,按信用风险分层。次级 CMO 是次级债的一种,被指责为与次贷危机相关的主要产品之一。CMO 主要包括以下几种证券。

持续还本分级证券。持续还本分级证券将抵押贷款的本金还款依次重新分配给债券。抵押贷款的最初本金摊还和提前还款都被支付给期限最短的优先级债券,直到此级债券完全清偿。然后,本金还款被重新分配至下一个期限最短的优先级债券。这一过程一直延续下去,直至所有的优先级债券都被偿还。

按计划摊销证券(Planned Amortization Classes,PAC)。20 世纪 80 年代中期,市场上突发事件使企业债券风险加大,AAA 级的公司债券发行量减少,投资者迫切需要一次还本债券或有偿债基金计划的高信用等级的债券,从而促进了 PAC 的产生。

按计划摊销证券是指以转递证券为担保的证券,其又可分为具有本金偿付优先权的债券和支持债券（Support Bonds，SB）。PAC 的本金偿付按照本金返还计划表进行，保证在任何情况下执行最低本金偿还计划，SB 则承担了全部提前偿付的风险。PAC 与 SB 相辅相成的结构设计，使 PAC 能够防范展期和紧缩风险，深受投资者欢迎。

目标摊还证券（Targeted Amortization Classes，TAC）。TAC 是为了向投资者提供利差高于 PAC 的附提前还款保护的分级证券而引进的。与 PAC 相同，只要提前还款率保持在一个范围内，TAC 就会按计划偿还本金。假如从抵押物获得的本金现金流超出了 TAC 计划，那么超额部分将被分配至 TAC 附随证券中。与 PAC 不同，假如提前还款率下降到为维持 TAC 计划所必需的速度以下时，TAC 不提供避免贷款展期的保护。利率下降较低的幅度时，投资者主要关心的是提前还款的增加将会缩短平均期限。投资者愿意放弃 PAC 所提供的展期保护，以换取 TAC 相对高的收益率。

附随证券。附随证券是为 PAC 和 TAC 证券提供提前还款保护的分级证券。附随债券是用 PAC 和 TAC 的剩余本金还款来偿还的。对 PAC 而言，在上下限之内的提前还款速度下，附随债券与 PAC 同时还款。在低于下限的提前还款速度下，附随债券必须等到 PAC 完全得以清偿后才能获得本金还款。在高于上限的提前还款速度下，附随债券将与 PAC 同时还款，并且会迅速得以清偿。

提高下限将增加早期可用以偿还附随债券的本金，降低上限则会增加后期的本金。预定 PAC 还款的金额越小，在任何既定提前还款速度下可用以还款附随债券的本金数额就越大，意味着附随证券的展期风险降低。投资者应该通过计量经济学提前还款模型确定利率必须变化多大幅度才能突破上下限，将 PSA 模型的还款上下限转换为利率上下限。

4. MBS 衍生债券

MBS 衍生债券主要分为浮动利率债券（Floating-Rate Securities）、反向浮动利率债券（Inverse Floating-Rate Securities）和本息拆离抵押贷款支持证券（Stripped Mortgage-Backed Securities，SMBS）。

浮动利率债券和反向浮动利率债券。浮动利率债券和反向浮动利率债券是为适应投资者规避利率风险的需要设计的。浮动利率债券根据市场新债券的拍卖利率进行调整，与市场利率同向变化；反向浮动利率债券则得到剩余的利率。两种债券利率加总等于对应债券的固定利率水平，因此，反向浮动利率债券与市场利率反方向变化。浮动利率债券和反向浮动利率债券支付的利息总额应当等于对应的固定利率债券的利息支付额。

本息拆离抵押贷款支持证券。1986 年，FNMA 开发了 SMBS，通过将住房抵押贷款资产池的利息和本金现金流重新分配给 SMBS，使具有不同投资偏好的投资者可以选择与其预期收益率、提前还款预期相匹配的证券。SMBS 包括仅付本金（Principal Only，PO）债券和仅付利息（Interest Only，IO）债券，其中 PO 债券获得所有的本金偿还，包括计划本金摊销和提前偿还的本金，IO 债券获取抵押贷款资产池所有的利息支付。

SMBS 对提前还款率的变化极其敏感，通常呈现不对称的收益率。PO 债券在市场利率下降时收益率较高，因为市场利率的下降将导致抵押贷款的提前还款增加，本金现金流的偿还将比预期提前。相反，IO 债券在市场利率上升时收益率较高，市场利率的上升会减少本金的提前还款，本金余额将会产生更多的利息现金流。

SMBS 具有不对称的收益率，可以利用 SMBS 对冲其他类型 MBS 的利率风险和提前还款风险，还可以将 SMBS 与其他固定收益证券（如财政证券）组合起来，以在利率变动的情形下提高投资组合的总收益率。保险公司和养老基金可以利用 SMBS 作为调整其投资组合的方法，从而将利率风险最小化。

本章小结

自 20 世纪 90 年代以来，现代金融理论和数学工具被引入信用风险度量，信用风险管理进入新的阶段。本章在简要对比了传统信用风险和现代信用风险度量方法之后，详细阐述了 4 种常见的现代信用风险度量模型：基于信用等级转移分析的 CreditMetrics 模型、信用组合观点（CPV 模型）、基于期权定价理论的 KMV 模型以及 CreditRisk + 模型。对于每类模型，本章都详细描述了模型的基本思想、框架以及优缺点。最后，本章还介绍了现代信用风险管理工具，包括信用衍生品、资产证券化工具以及信用风险缓释工具。

关键术语

信用等级转移　信用等级转移概率　CreditMetrics 模型　信用价差
信用组合观点（CPV 模型）　KMV 模型　违约距离（DD）　期望违约频率（EDF）
CreditRisk + 模型　信用风险缓释　抵押　净额结算　信用担保　信用违约互换
总收益互换　信用联结票据　资产证券化

思 考 题

1. 简述信用等级转移概率的定义及计算方法，并对比不同条件下，联合信用等级转移概率计算方法的区别。
2. 简述 CreditMetrics 模型的基本思想、4 个基本程序以及适用范围。
3. 对比正态分布和实际分布下两笔信用资产组合 VaR 的计算。
4. 简述 CPV 模型的基本思想及其优缺点。
5. 简述 KMV 模型的理论框架、计算步骤，并列举其常用的应用场景以及优缺点。
6. 简述 CreditRisk + 模型的基本思想、模型框架，并列举其常用的应用场景以及优缺点。

7. 列举并简述常见的现代信用风险管理工具。

附录：信用风险价差的计算

信用风险价差主要有两种定义方法：一种是基于风险中性定价的信用风险价差；另一种是基于 Merton（1974）公司债券定价模型的信用风险价差。

1. 基于风险中性定价的信用风险价差

以 1 年期面值为 100 美元的零息债券为例。如图 6-14 所示，如果债券违约，那么所得到的支付为 $100 \times (1 - \text{LGD})$ 美元，如果债券没有违约，那么将得到 100 美元。用 P^* 表示该债券的初始价格，p 表示该债券的违约概率，LGD 为该债券的违约损失率；假设无风险利率为 r，1 年后支付 100 美金的收益率为 y^*，那么 y^* 由无风险利率 r 和信用风险价差 CS 决定，即 $y^* = r + \text{CS}$。

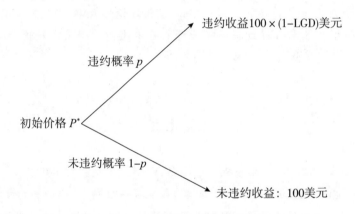

图 6-14 债券违约过程

按照风险中性定价方法，将两种状态价值的预期收益用无风险利率进行折现，就可得到债券的现值 P^*，于是有

$$P^* = \frac{100}{1+y^*} = \frac{100}{1+r+\text{CS}} = \frac{100}{1+r} \times (1-p) + \left[\frac{100 \times (1-\text{LGD})}{1+r}\right] \times p$$

整理可得，$y^* = r + \text{CS} \approx r + p \times \text{LGD}$，从而有 $\text{CS} \approx p \times \text{LGD}$，CS 即为信用价差，这样就完成了对 1 年期零息债券的信用风险测度。

同理，可以测量出多年期的信用价差。

2. 基于 Merton（1974）公司债务定价模型的信用价差

根据 Merton（1974）的公司债务定价模型，可以通过把公司的权益价值视为买入者的看涨期权来计算信用价差。假设某公司的所有者权益为 S_t，采用零息债券工具来融资，公司负债在 T 时刻到期，到期时本息合计 D，在 t 时刻公司价值为 V_t。所以，当 T 时刻公司价值小于负债 D，即违约概率 $P(V_T < D) > 0$ 时，就存在信用风险。这意味着在当前时刻，债务的市场价值 $B_0 < De^{-rT}$，r 为无风险利率。于是，当折现债务的到期收益率 y_T 满足 $y_T > r$ 时，才有 $B_0 = De^{-y_T T}$。显然，$CS_T = y_T - r$ 代表用于补偿债权人所承担违约风险的信用价差。

如果假设市场无摩擦、无税收负担，并且没有破产成本和代理成本，那么该企业资产的现值 V_0 就是企业在当前时刻的权益 S_0 与负债 B_0 的和，即 $V_0 = S_0 + B_0$。

当 T 时刻公司价值 V_T 大于负债 D 时，债权人可以得到债权价值 D；当 T 时刻公司价值 V_T 小于负债 D 时，债权人得到公司价值 V_T。在这种情况下，信用价值等同于一个企业资产价值（V）的欧式卖出期权，期权的交易价格为 D，到期日为 T。如果债权人购买了这样一个欧式卖出期权，就可以完全消除相应的风险债券的信用风险。这就等同于债权人在 0 时刻买入 T 时到期的面值为 D 的零息债券的同时，再购入一个现值为 P_0 的欧式卖出期权，就将风险零息债券转化为面值为 D 的无风险零息债券，因而可以把 P_0 视为消除面值为 D 的零息债券的信用风险的成本，所以可以称 P_0 为违约成本。显然，有

$$B_0 + P_0 = De^{-rT} \quad (1)$$

根据 Black – Scholes 期权定价公式，可以求出欧式卖出期权的价值为

$$P_0 = -\Phi(-d_1)V_0 + De^{-rT}\Phi(-d_2) \quad (2)$$

其中，P_0 是卖出期权的现值，$\Phi(\cdot)$ 是累积的标准正态分布，

$$d_1 = \frac{\ln(V_0/D) + (r + \sigma^2/2)T}{\sigma\sqrt{T}} = \frac{\ln(V_0/De^{-rT}) + T/2\sigma^2}{\sigma\sqrt{T}}, \quad d_2 = d_1 - \sigma\sqrt{T}$$

σ 是该资产收益率的标准差；V_0/De^{-rT} 被称为杠杆比率，用于衡量企业的融资结构。显然，这样一个欧式卖出期权的价值，或者消除信用风险的成本是杠杆比率的函数。

根据前面 $B_0 = De^{-y_T T}$ 和式（1），可得

$$y_T = -\frac{\ln(B_0/D)}{T} = -\frac{\ln\dfrac{De^{-rT} - P_0}{D}}{T}$$

再根据式（2），就可以推导出信用价差

$$CS_T = y_T - r = -\frac{1}{T}\ln\left[\Phi(d_2) + \frac{V_0}{De^{-rT}}\Phi(-d_1)\right]$$

上述模型表明，消除信用风险的成本或违约成本，既受该企业资产收益波动率（σ）和债务偿还时间间隔（T）的影响；同时也受无风险利率（r）的影响，即 r 越高，降低信用风险的成本就越低，此时的风险溢价也就越小。

另外,还可以利用式(2)在风险中性意义下获得违约率(PD)、预期信用损失(ECL)、违约损失率(LGD),或回收率(R),等等。比如,根据预期信用损失的定义和式(2),可以推导出在风险中性下违约损失率,即

$$\text{LGD} = \frac{P_0}{De^{-rT}\Phi(-d_2)} = 1 - \frac{\Phi(-d_1)V_0}{\Phi(-d_2)De^{-rT}}$$

第七章 操作风险的度量与管理

| 本 | 章 | 要 | 点 |

◇ 操作风险的概念、分类及计量路径。
◇ 操作风险的度量方法：基本指标法、标准法和高级度量法。
◇ 操作风险的定性分析。
◇ 操作风险的管理策略和组织框架。
◇ 操作风险的管理流程。

自20世纪80年代以来，一系列因为操作风险（Operational Risk）所导致的金融案件震惊了国际银行界（见表7-1），银行经营者和监管者普遍认识到操作风险管理的重要性。在不少国际金融机构中，操作风险导致的损失已经明显大于市场风险和信用风险的损失。2004年6月通过的《巴塞尔协议Ⅱ》反映了这一风险趋势，正式将市场风险、信用风险和操作风险综合起来进行考虑，并首次明确了对操作风险的资本配置要求。自全球金融危机以来，伴随着金融科技快速发展以及互联网技术的广泛运用，商业银行承担了更多的操作风险。金融服务的日益普及在为利益相关者带来诸多好处的同时，也增添了文化、管理和人员的复杂性和多样性。金融科技一方面使得金融机构能够提供即时发生、无边界且成本不断降低的服务，但是另一方面也创造出信息、控制、合规、安全、隐私保护等诸多问题。全球化和技术进步造成金融机构内部的操作风险问题几乎天天都会发生，股东及利益相关者对操作风险所导致的灾难性事件越来越难以忍受。因此，若银行及监管当局不考虑对操作风险进行资本配置的话，则其风险管理系统必然是不可靠的。为此，本章针对操作风险的主要度量方法及其应用进行比较研究。

表7-1 操作风险损失的国内外代表性案例

发生或察觉年份	机构名称	事件概要	损失金额（百万）
1984—1985	大和银行纽约分行	未经授权的债券交易，内部管理不力	$1,100.00

(续表)

发生或察觉年份	机构名称	事件概要	损失金额（百万）
1986—1996	三井住友银行（Sumitomo Mitsui Banking Corporation）伦敦分行	未经授权的铜交易，欺诈和伪造	$1,700.00
1988—1994	英国公平人寿保险公司（The Equitable Life Assurance Society）	养老金销售失误及其他违规行为	$18,000.00
1980s—1990s	里昂信贷（Le Credit Lyonnais）银行	信贷管理失控	$29,000.00
1991	国际商业信贷银行（Bank of Credit and Commerce International）	母国并表监管的缺位和不得力	无法估计
1992	标准渣打银行（Standard Chartered Bank）印度分行	涉嫌孟买股票交易的不正当行为	$400.00
1993	伦敦证券交易所（London Stock Exchange）	TRURUS系统取消	£700.00
1994	美国橘郡（Orange County）	政府债券及其衍生工具交易失误	$1,700.00
1995	巴林银行新加坡分行	对期货交易控制失利管理职能严重割裂	$1,600.00
1996	德意志银行（Deutsche Bank）伦敦分行	超权限投资	$600.00
1997	国民威斯敏斯特银行（National Westminster Bank）	互换期权交易失利	£77.00
1999	eBay网上拍卖所	技术失败	$5,000.00
2001	富国银行（WELLS FARGO）	抵押贷款放贷操作失误	无法估计
2002	爱尔兰联合银行（Allied Irish Banks）	外汇虚假交易失败	$7,500.00
2004	中国航油	原油期货交易失败	$550.00
2004	花旗银行	违规操作欧洲公债	无法估计
2004	中国银行湖州分行	员工严重违规操作	￥25.99
2006	中国建设银行德州平原分行	柜员挪用现金	￥20
2008	法国兴业银行（Societe Generale）	虚拟交易，交易员违规操作	£4,900.00
2009	申银万国证券	交易系统崩溃	无法估计
2011	中国农业银行江阴分行	行长携款潜逃	￥126
2013	泰安银行	内外部欺诈	￥35.52

(续表)

发生或察觉年份	机构名称	事件概要	损失金额（百万）
2014	广发银行北京分行	"非阳光业务"方式开展委托合同	￥309
2016	中国农业银行北京分行	非法操作挪用票据	￥3,915
2020	中国银行	"原油宝"交易系统功能存在缺陷	无法估计

第一节 《巴塞尔协议》与操作风险

一、操作风险的概念

操作风险一般指在金融机构内，由于不足的内部控制、系统或控制失败以及不可控制的事件所引起的收入或者现金流的波动。操作风险很大程度上受到人为因素的影响，定量分析难度大，其定量的度量和管理的研究尚在起步阶段。随着全球金融业的发展，银行经营规模的不断膨胀，交易范围的迅速扩大以及经营复杂程度的急剧提高，银行的操作风险越来越受到关注；因此《巴塞尔协议Ⅱ》首次将包括操作风险在内的全面风险管理落实到计量层次，提出银行应为可能遭受的操作风险提供资本金配置的要求。《巴塞尔协议Ⅱ》对操作风险的界定是，操作风险是指由不完善或有问题的内部程序、人员及信息科技系统或外部事件所造成损失的风险。该定义强调操作风险由银行内部的程序、人员和信息科技系统因素导致，被国际金融机构普遍认可。巴塞尔委员会同时指出，这一界定包括法律风险，但不包括策略风险和声誉风险。可以看出，这一含义侧重于操作风险形成的原因，从银行内部因素和外部事件两方面进行了界定，它涵盖了银行内部很大范围的一部分风险，属于不可界定的残值风险，许多新的风险会不断被归入其中。巴塞尔委员会认为这样对操作风险的管理和度量都是合适的，同时还鼓励对定义中损失类型进行讨论以形成更为完备的定义，如表7-2所示。

表7-2 操作性风险损失概览

损失种类	损失定义
资产损失或损毁	未经保险或抵补给银行造成损失的事件（火灾、能源供应中断、自然灾害等）
操作失误的信用损失	因人员、流程、技术错失或外部依赖性所造成的信用损失
客户满意度	失去当前客户以及无法吸收新客户的风险，导致收入减少

(续表)

损失种类	损失定义
争端风险	不得不为解决（与客户、供应商、雇员、竞争者等的）争端而增加费用支出的风险
操作失误的市场损失	纯粹由于内部操作失误（与借款人信用无关）而引起的市场损失
模型风险	因数据输入错误和模型本身的缺陷而引起的计量估值错误所带来的损失
监管与合规	因违规而导致监管罚款和制裁的风险
税负风险	比预期更高的税收负担
盗窃/违约/蓄意破坏	因未经保险或抵补的抢劫、诈骗及其他恶意破坏事件，给银行带来的资产损失风险
交易流程/错误和缺失	银行无法完成交易的风险，包括纠正错误交易所付出的成本
未经授权的行为	因未经授权和许可的交易活动所导致的损失

鉴于操作风险已成为金融机构面临的主要风险之一的事实，Duncan（1995）最早提出了操作风险的 VaR 度量，认为操作风险可以像市场风险和信用风险一样使用 VaR 来度量；之后，Embrechts 等（2003）、Medova 等（2002）以及 Moscadelli（2004）在极值理论研究的基础上，应用 VaR 和极值理论对操作风险进行了量化分析。此外，为了获得足够的外部历史数据以弥补银行自身操作风险数据的不足，一些国际著名的金融机构也相继开发出了较为成熟的操作风险数据库软件（如 OpRisk Analytics、Optage、Fitch Risk 等）。

在操作风险的监管方面，巴塞尔委员会 2003 年 2 月公布了《操作风险稳健管理原则修订》(Revisions to the Principles for the Sound Management of Operational Risk)，提出不管银行规模的大小，监管当局应当要求所有银行都建立起自己的操作风险计量和监管框架。银行应同时进行足够的信息披露，以便市场能够就其操作风险管理方法进行评估。操作风险管理越来越被置于同信用风险和市场风险管理同样重要的地位，对操作风险管理计量的技术要求也在逐步向信用风险和市场风险看齐。操作风险管理正作为一个重要的有机组成部分被纳入银行的风险管理体系中。2011 年 6 月，巴塞尔委员会又推出了新的高级度量法（AMA）框架下的操作风险监管原则，以反映操作风险管理的新需求。

巴塞尔委员会认为，健全操作风险管理的原则应依赖于三个方面：一是业务线管理；二是机构内部独立的操作风险管理功能；三是独立的回顾过程。根据银行的性质、规模、复杂性、业务的风险性，各家银行在这三方面的措施实施过程可能存在差异，但是银行操作风险治理功能应当完全融入银行的全面风险治理架构，并且银行的风险治理架构应能够充分反映其规模与业务复杂性。

二、操作风险的分类

根据《巴塞尔协议Ⅱ》对操作风险的分类,业务类别区可分为八大类。如表7-3各行所示,分别是公司金融、交易与销售、零售银行、商业银行、支付与清算、代理服务与保管、资产管理和零售经纪。按操作风险损失事件导致损失发生的原因,损失事件类型可分为七大类,如表7-3各列所示,分别是内部欺诈,外部欺诈,就业政策和工作场所安全,客户、产品及业务操作,有形资产的损失,经营中断和系统出错,执行、交割及交易流程管理。另外,按照形成操作风险的主客观因素还可将其分为操作性失误风险和操作性杠杆风险两大类。

表 7-3 按业务类型和事件类型分类的损失发生件数及损失金额统计

金额单位:1000欧元,件数单位:件

业务类型	事件指标	内部欺诈	外部欺诈	就业政策和工作场所安全	客户、产品及业务操作	有形资产的损失	业务中断和系统出错	执行、交割及流程管理	事件类型损失合计
公司金融	件数(比例)	4 (0.01%)	3 (0.01%)	16 (0.06%)	15 (0.05%)	8 (0.03%)	1 (0.00%)	33 (0.12%)	80 (0.29%)
	金额	3,293 (0.13%)	25,231 (0.97%)	6,114 (0.23%)	131,012 (5.01%)	18 (0.00%)		28,432 (1.09%)	194,100 (7.43%)
交易与销售	件数(比例)	16 (0.06%)	6 (0.02%)	37 (0.14%)	112 (0.41%)	10 (0.04%)	39 (0.14%)	1,114 (4.07%)	1,334 (4.87%)
	金额	68,819 (2.63%)	826 (0.03%)	7,845 (0.30%)	89,054 (3.41%)	138 (0.01%)	6,237 (0.24%)	326,563 (12.50%)	499,481 (19.11%)
零售银行	件数(比例)	593 (2.17%)	7,798 (28.49%)	579 (2.12%)	1,273 (4.65%)	837 (3.06%)	570 (2.08%)	6,807 (24.87%)	18,457 (67.43%)
	金额	115,578 (4.42%)	210,026 (8.04%)	54,600 (2.09%)	387,447 (14.83%)	61,176 (2.34%)	2,110 (0.08%)	198,820 (7.61%)	1,029,757 (39.41%)
商业银行	件数(比例)	93 (0.34%)	1,180 (4.31%)	55 (0.20%)	66 (0.24%)	285 (1.04%)	474 (1.73%)	1,463 (5.35%)	3,616 (13.21%)
	金额	78,869 (3.02%)	287,855 (11.02%)	3,662 (0.14%)	76,217 (2.92%)	14,033 (0.54%)	1,424 (0.05%)	136,659 (5.23%)	598,717 (22.91%)
支付与清算	件数(比例)	22 (0.08%)	961 (3.51%)	9 (0.03%)	57 (0.21%)	40 (0.15%)	64 (0.23%)	752 (2.75%)	1,905 (6.96%)
	金额	750 (0.03%)	5,447 (0.21%)	719 (0.03%)	1,144 (0.04%)	2,061 (0.08%)	2,705 (0.10%)	112,468 (4.30%)	125,295 (4.79%)

金额单位：1000 欧元，件数单位：件（续表）

业务类型	事件类型	内部欺诈	外部欺诈	就业政策和工作场所安全	客户、产品及业务操作	实物资产的损坏	业务中断和系统失败	执行、交割及流程管理	事件类型损失合计
代理服务和保管	件数（比例）	6 (0.02%)	7 (0.03%)	12 (0.04%)	69 (0.25%)	17 (0.06%)	11 (0.04%)	356 (1.30%)	478 (1.75%)
	金额	2,265 (0.33%)	281 (0.01%)	374 (0.01%)	7,635 (0.29%)	860 (0.03%)	1,718 (0.07%)	43,310 (1.66%)	56,443 (2.16%)
资产管理	件数（比例）	4 (0.01%)	4 (0.01%)	21 (0.08%)	35 (0.13%)		6 (0.02%)	360 (1.32%)	430 (1.57%)
	金额	8,566 (0.33%)	603 (0.02%)	1,075 (0.04%)	8,978 (0.34%)		664 (0.03%)	43,310 (1.66%)	54,728 (2.09%)
零售经纪	件数（比例）	7 (0.03%)	2 (0.01%)	12 (0.04%)	122 (0.45%)	28 (0.10%)	291 (1.06%)	609 (2.22%)	1,071 (3.91%)
	金额	445 (0.02%)	596 (0.02%)	1,845 (0.07%)	17,485 (0.67%)	575 (0.02%)	6,471 (0.25%)	27,127 (1.04%)	54,545 (2.09%)
业务类型损失合计	频数（比例）	745 (2.72%)	9,961 (36.39%)	741 (2.71%)	1,749 (6.39%)	1,225 (4.48%)	1,456 (5.32%)	11,494 (41.99%)	27,371 (100%)
	金额	278,586 (10.66%)	530,866 (20.32%)	76,235 (2.92%)	718,971 (27.51%)	78,860 (3.02%)	21,329 (0.82%)	908,219 (34.76%)	2,613,006 (100%)

资料来源：根据巴塞尔委员会 2002 年操作风险调查报告整理而得。

依照巴塞尔委员会定义的 8 种银行业务类型和 7 种操作风险事件类型进行数据分类，分别统计发生概率较大而每件的损失额度较小和发生概率较小而每件的损失额度较大的事件数量。由表 7-3 事件类型损失合计项可知，零售银行业务发生的损失事件占比和损失金额都是最大的，分别为 67.43% 和 10.29757 亿欧元。同市场风险和信用风险一样，不论是对操作性风险简单的定性估计，还是复杂的模型计量，都必须涉及风险的种类、风险敞口、风险事件的发生概率以及风险损失；但是，操作风险相比于信用风险和市场风险，意味着纯粹的损失；而后两者是中性概念，损失机会和盈利可能并存。

根据《巴塞尔协议Ⅱ》的监管要求，银行必须全面收集业务活动中有关操作风险的损失数据。巴塞尔委员会于 2002 年 6 月开始，进行了"操作风险量化影响度的调查"（Quantitative Impact Study 2，QIS2），如表 7-4 所示，89 家银行提交了数据，是 2001 年（QIS1）30 家银行的近 3 倍。89 家银行提供的组合数据涵盖了逾 47,000 个损失事件。可以看到，提交信息的 89 家银行发生的损失事件数目相差悬殊，从仅发生 1 件到超过 2000 件。超过一半的银行（89 家中的 49 家）损失事件数目在 200 件以下，其中 27 家银行少于 50 件。其后，次贷危机期间，巴塞尔委员会操作风险的调查发现，在

2008年提交信息的119家银行中,发生损失的事件数目明显增加。如表7-5所示,其中有49家银行的损失事件数目超过了5,000件,并且因银行操作风险事件所带来的损失金额也出现大幅增长。

表7-4 89家银行2002年操作风险损失事件数目

损失事件数目（件）	银行数目（家）	全面综合信息（家）	部分综合信息（家）	未提供信息（家）
0—50	27	12	4	11
51—100	8	5	0	3
101—200	14	6	2	6
201—500	17	4	2	11
501—1,000	14	3	2	9
1,001—2,000	3	0	0	3
>2,000	5	2	1	2
未按业务部门提供信息①	1	0	0	1
合计	89	32	11	46

数据来源:The 2002 Loss Data Collection Exercise for Operational Risk:Summary of the Data Collected,BCBS,2003.

表7-5 119家银行2008年操作风险损失事件数目

损失事件数目（件）	银行数目（家）	损失金额（百万欧元）
0—250	10	50
251—1,000	22	1,453
1,001—2,500	21	3,263
2,501—5,000	17	5,080
>5,000	49	49,754
合计	119	59,600

数据来源:The 2008 Loss Data Collection Exercise for Operational Risk:Summary of the Data Collected,BCBS,2009.

三、操作风险的计量路径

Jorion(2001)将操作风险衡量方法分为自上而下（Top-down Approaches）和自下而上（Bottom-up Approaches）两类模型方法。

(一) 自上而下法

自上而下法在广泛而可靠的数据基础上来估计风险,易于操作。该方法试图采用企业或者行业层面的数据,通过估计外部宏观因素无法解释的经济变量（如股票价格、收入和成本）的变化部分,对不完善的内部程序所造成的总体影响做出评估。通常情

---

① 银行没有按业务部门分类提交损失信息。

况下自上而下法基于收入波动性、资本资产定价模型和参数计量方法来计量风险。该方法评估的结果可用于决定缓释风险所需预留的资本数量,并将资本在各业务单位之间进行分配,但是对业务流程中的真实情况不太敏感。

自上而下法假定金融机构会暴露在直接损失和间接损失之下。为了便于分析,可以对风险进行分类,相应的风险事件可以根据不同的风险种类进行分组。风险事件包括:产品(订单)延迟传递、协调方面的失误、沟通失败、未经授权的交易、不正当的定价、记录错误等。

自上而下法还可以分为定性自上而下法的和定量自上而下法两类。其中,定性自上而下法侧重于使用多种风险指标来评估公司的风险。这些指标包括业绩指标和控制指标。业绩指标用来计量经营方面的不足,如客户投诉、交易失败以及人员流动等。控制指标用来计量内部控制的效力,如未授权的交易、坏账数目等。业绩指标和控制指标相结合就构成了风险指标体系。

定量自上而下法则运用量化方法对风险进行计量。常见的相关模型包括证券因素模型、收入支出模型、操作杠杆模型、情景分析、风险截面模型等。

采用自上而下法时,需要同时根据关键指标定性判断和评估操作风险。在无法获得数据或数据不可靠的情况下,只依赖定性或定量方法并不能全面反映操作风险状况,因为定量方法通常过于严格,而定性方法过于模糊,故而计量操作风险通常需要同时用到多种方法。

最后,采用自上而下法管理操作风险时,为了对风险和发生的意外事件进行集中分析,一般由一个风险管理小组来负责。另外,在评估操作风险时并不会区分高频低额还是低频高额的风险事件,这是因为自上而下法仅仅依靠历史数据对操作风险进行评估,而历史数据无法证明其自身究竟是属于高频低额损失(High-frequency Low-severity Loss,HFLSL)事件还是低频高额损失(Low-frequency High-sevevity Loss,LFHSL)事件,所以该方法是信息滞后的。

(二)自下而上法

自下而上法是从微观入手,从单个业务单位或者业务流程的层面入手,将计量结果汇总后判断机构面临的风险概况。该方法在识别风险事件和损失因素的基础上,将各种潜在损失纳入总资本要求。在分析操作风险时会评估各个业务单位的操作风险,这样可以区分高频低额的损失事件和低频高额的损失事件,并进行不同的处理。通过将各种相互关系进行建模,自下而上法可以说明所采用的操作风险控制措施的潜在效果。因此,自下而上法可以解释银行的操作风险是怎样形成的,进而诊断出特定经营过程中的薄弱环节,并提出改进建议。故而自下而上法是前瞻性的,但较自上而下法也更为复杂,并且所需数据也更为深入。

由于自下而上法侧重于识别公司损失的原因及来源,为了实施自下而上法的分析,金融机构必须首先对业务流程进行分类,区分出核心业务流程。核心业务流程是支持金融机构的战略目标和使命的必要流程。金融业务流程还可以根据情况进一步向下分解成二级流程、三级流程乃至更多。如此可以识别出各个业务流程所对应的风险敞口。之后，对相应的子事件进行分析，以识别这些事件对公司实施战略目标能力的影响，以及这些事件会引发的损失。

根据评估方法的不同，自下而上法也可以分为定性和定量两种。

定性自下而上法使用与定性自上而下法相同的指标对操作风险进行评估。二者的不同点在于，定性自下而上法注重损失发生的原因，而不仅仅关注损失指标的数值。评估中公司把重点放在业绩指标上。

定量自下而上法模型主要包括精算模型、随机模型和可靠性模型等。其中精算模型根据操作风险损失数据对损失事件的发生频率和损失程度进行估计，并利用估计出来的结果计算1年总损失的风险价值，用以衡量操作风险资本。随机模型则涉及建立不同损失事件的联合概率，要把操作风险历史损失数据和主观上对损失事件的因果关系假设结合起来，估计某一存在潜在损失的事件发生的条件概率。可靠性模型以操作风险损失事件的频率分布和间隔时间为基础，测量某一特定事件在某个时间点或某个时段发生的可能性。

(三) 自上而下法与自下而上法的比较

通过以上分析可知，自上而下法的优点是较为简单、容易实施、对数据要求不高。自下而上法则较为复杂，对数据要求较高，实施难度较自上而下法更高，但其拥有自身优势，即其具有对风险的诊断能力，并且有助于提出相应的解决方法，具有前瞻性。

操作风险计量是以保险行业所常用的计量操作失误导致的财务损失影响的分析为基础的。这种分析方法依赖于操作风险损失的经验数据，由于现实中缺乏相应的损失数据积累，还没有适宜的方法将单个损失的可能性和损失后果评估整合到操作风险总体计量中，因此，操作风险计量还受到一定限制，客观上只能结合定性判断和情景分析进行测量。因此，银行在现实中计量操作风险时，并不是单纯采用自上而下法，也不是单纯采用自下而上法，而是综合两种方法的优势来计量操作风险状况，以便管理层既能够清楚操作风险管理的战略目标，又能准确把握操作风险的驱动因素。

但是不管是自上而下法，还是自下而上法，在操作风险的计量中都应该遵循以下共同原则。

(1) 客观性。操作风险度量必须有一套客观、正式的衡量标准，要尽可能减少人为主观因素对度量过程的干扰。

(2) 一致性。操作风险有不同的种类，针对同一类或相似的操作风险，应采用一致的衡量标准，并且度量结果应是相似的。这些操作风险可能潜藏于银行的不同部门。

(3) 可操作性。银行完成操作风险的度量后需要向高级管理层汇报，这些风险报告应便于高级管理层采取相应的操作风险管理行动，或者说，风险报告中的内容应是可操作的。

（4）透明性。风险报告是操作风险度量中非常重要的环节。银行的高级管理层很少直接参与具体的风险管理活动，而是通过风险报告获取银行的风险信息。为确保银行高级管理层能获得全面、充分、真实的信息，银行所做的风险评估报告应确保所有实质性操作风险都以高级管理层便于理解的方式进行报告和估计。

（5）整体性。操作风险评估结果及报告应可以在全行范围内传递，且不会引起误解。为此，评估报告的制作者应仔细设计操作风险的度量方式和标准，以使该项评估结果可以在全行范围内进行累计和加总。

（6）完备性。一个完备的操作风险度量框架应确保所有实质性操作风险都能得到识别和考察，而不存在任何遗漏。在理想的状况下，还应将各种操作风险之间的相关性纳入对风险敞口的总体评估中，但是因为目前在实务中很难掌握这种相关性，故而风险经理们倾向于对每项损失后果的评估值进行简单加总。

第二节 操作风险度量方法及其应用分析

《巴塞尔协议》给出了从简单到复杂的三种方法，即基本指标法（Basic Indication Approach）、标准法（Standardized Approach）和高级度量法，并提出银行最终可通过估计操作风险的损失分布，采用 VaR 方法估计和确定资本要求，对监管资本的计算更加精确。此外，《巴塞尔协议》允许银行使用自己操作风险的内部损失数据、外部损失数据、情景分析和定性指标，自主开发精确和适合银行自身特点的操作风险计量方法。本节选取《巴塞尔协议》推荐的基本指标法、标准法和高级度量法中的损失分布法、极值理论模型进行详细分析。

一、基本指标法

基本指标法用总收入水平作为银行计量操作性风险的基础指标，用总收入乘上一个比例指标 a 来表示一个机构整体的操作风险水平。其计算公式可以表示为

$$K_{BIA} = GI \times a$$

其中，K_{BIA} 是基本指标法下的资本配置要求；GI 表示前 3 年总收入的平均值，这里的总收入为净利息收入加上非利息收入，如果某年总收入为负，则剔除该年。例如如果某银行前 3 年的总收入分别为 110 万元、−20 万元、90 万元，那么根据基本指标法，该银行需配置的操作风险资本为 $(110 + 90)/2 \times 15\% = 15$ 万元。巴塞尔委员会经过多年数据收集和分析，在《巴塞尔协议Ⅱ》讨论稿中提出，以银行过去 3 年的平均总收入为标准，乘以 12% 来确定操作风险所需要的资本准备。

基础指标法的优势在于易于操作，几乎所有银行都可以采用这种方法计算操作风险。

因此,使用这种方法的银行大多是规模比较小、业务范围相对简单的银行。巴塞尔委员会鼓励此类银行采用《操作风险管理和监管的良好作法》的指引。但是,由于基础法将银行视为一个整体来衡量操作风险,只分析银行整体的操作风险水平,而不对其构成进行分析,所以这种方法自身存在一定缺陷:一是对操作风险的衡量缺乏敏感性,简单易行的代价是资本要求对操作风险的敏感性下降,不能充分反映各金融机构的具体特点和资本要求。二是难以将银行自身的操作风险与其他银行和整个银行业的操作风险进行直接比较。三是没有办法对银行各个业务领域或产品领域的操作风险进行准确衡量。使用该方法计算出的资本要求一般较高,特别是由于各银行使用统一的 a,这样具有不同风险特征和风险管理状况的银行,每单位的总收入被要求配置相同的监管资本,无法实现监管与激励的相容。因此,巴塞尔委员会认为基本指标法仅适用于业务简单的小银行,对于业务复杂、规模庞大的国际活跃银行,委员会建议选用更高级的计量方法。

二、标准法

(一)《巴塞尔协议Ⅱ》中标准法的设定

标准法使用财务指标和平均的业务量指标来计量风险资本,银行业务活动被划分为 8 个标准的业务类型,如表 7-6 所示。每个业务类型的资本金要求就是该类别的风险暴露指标与其 β 乘子的积。将所有业务类型的操作风险资本要求简单加总,便为整个机构的操作风险资本要求。

表 7-6 《巴塞尔协议Ⅱ》建议采用的业务种类及指标

业务单元	业务种类(产品线)	指标	系数 β
投资银行业务	公司金融(Corporate Finance)	总收入(Gross Income, GI)	18%
	交易与销售(Trading&Sales)	总收入(Gross Income, GI)	18%
	零售银行(Retail Banking)	年平均资产(Annual Average Assets)	12%
银行业务	商业银行(Commercial Banking)	年平均资产(Annual Average Assets)	15%
	支付与清算(Payment&Settlement)	年结算流量(Annual Settlement Throughput)	18%
	代理服务和保管(Agency Services&Custody)	保管资产总值(Total Value Under Custody)	15%
其他	资产管理(Asset Management)	管理资金总额(Total Funds Under Management)	12%
	零售经纪(Retail Brokerage)	总收入(Gross Income, GI)	12%

用公式表示为 $K_{TSA} = [\sum_{i=1}^{3} \max(\sum_{i=1}^{8} EI_i \beta_i, 0)]/3$

其中，K_{TSA} 为标准法计算的操作风险资本要求；EI_i 为 8 种业务过去 3 年的年均总收入或业务量；β_i 表示特定业务种类下银行操作风险的经验损失与该类业务按监管标准修正的基本财务指标间的关系，是由委员会设定根据业务类型确定的固定百分数。β_i 建立了 8 个业务类型中各类型的总收入与资本要求之间的联系，在 12%—18% 间变化。

标准法对银行业务进行了划分，使用了反映不同业务类别风险特征的 β 值，比基本指标法前进了一步，能够较好地反映金融机构所面临的操作风险。但其不足之处在于，同一业务类别的不同事故类型的风险分布是不同的，使用同样的 β 值与事实不符。此外，与基本指标法一样，该方法下的监管资本计算并不直接与损失数据相连，而且也无法反映各银行自身的操作风险特征，在使用上有一定的局限性。但是从《巴塞尔协议Ⅱ》的实施过程来看，该方法应当是非常好的过渡方法。

(二)《巴塞尔协议Ⅲ》对标准法的修订

全球金融危机的爆发暴露了现行操作风险计量框架的两大缺陷：一是操作风险资本的要求不足以弥补一些银行的操作风险损失；二是行为不当、系统和控制不足等损失类型，难以通过内部模型来估算操作风险资本要求。为解决操作风险管理暴露出的薄弱环节，并吸取《巴塞尔协议Ⅱ》以来实施操作风险框架获取的经验，2014 年 10 月，巴塞尔委员会发布了《操作风险较简单方法的修订（征求意见稿）》（Operational Risk-revisions to the Simpler Approaches-consultative Document），对现行操作风险资本计量的较简单方法（基本指标法、标准法）进行审查，发现自金融危机时期至今，在操作风险事件的数量和严重程度均大幅增加的情况下，操作风险的资本计提却保持稳定甚至在标准法下有所下降。审查表明，这主要由使用总收入（GI）作为操作风险暴露指标所致，采用 GI 指标基于银行操作风险暴露随收入呈线性增长的假设，但这一假设通常被证明无效。此外，在 2014 年之前，并没有关于 GI 或其他指标有效性的检测，以及较简单方法的监管系数校准的严格审查工作。现行较简单方法是否能对广泛银行的操作风险资本要求准确估计遭到了严重质疑。

为此，巴塞尔委员会在《巴塞尔协议Ⅲ》中提出，操作风险的资本计量框架由新标准法和高级计量法两者构成，方法的风险敏感性和复杂程度依次递增，适用的银行风险管理水平也依次递增。具体变革内容体现在以下几方面：（1）取消多样化的操作风险计量方法，以提升资本水平的可比性；（2）创建业务指标（Business Indicator，BI），作为操作风险计量的基础；（3）引入内部损失乘数（Internal Loss Multiplier，ILM），提高风险计量的敏感性。巴塞尔委员会表示，对操作风险计提资本不是目的，关键是通过计提资本和分配资本推动商业银行改进风险管理。

针对操作风险敏感性问题，委员会经过严密的统计分析和经济逻辑思考，认为相较于以资产或负债为基础的指标,基于收入或支出的指标更能准确地捕捉操作风险暴露,并于随后证实,BI 指数比 GI 或其他指标明显更具风险敏感性和稳定性。为此,秉持计量简单性和结果可比性的基本原则,巴塞尔委员会决定采用修订标准法 (Revised Standardized Approach,简称"修订标准法")与高级计量法共同构成操作风险资本计量的新框架。修订标准法主要由两个部分构成:业务规模参数(Business Indicator Component,BIC)和内部损失乘数(ILM)。

业务规模参数(BIC)同样由业务规模(BI)和累进乘数(Marginal Coefficients,MC)两部分组成(见表 7-7)。其中业务规模的计算由利息、租金和分红部分(the Interest, Leases and Dividends Component,ILDC)、服务部分(the Services Component,SC)、金融部分(the Financial Component,FC)相加获得,旨在体现公司整体的业务规模所蕴含的风险规模。利息组成部分对应银行损益表中的"利息净收入"科目,服务组成部分对应"营业收入"和"营业支出"科目,财务组成部分对应"净利润"科目。BI 的计算公式定义如下:

$$BI = 利息组成部分 + 服务组成部分 + 财务组成部分$$

其中,

$$利息组成部分 = |利息收入 - 利息支出|$$
$$服务组成部分 = 手续费收入 + 手续费支出 + 其他营业收入 + 其他营业支出$$
$$财务组成部分 = 交易账户净损益的绝对值 + 银行账户净损益的绝对值$$

表 7-7 银行不同业务规模对应累进乘数参数

累进层级	业务规模	累进乘数 β_j
第一级	业务规模 ≤ 10 亿欧元	12%
第二级	10 亿欧元 < 业务规模 ≤ 300 亿欧元	15%
第三级	业务规模 > 300 亿欧元	18%

根据业务规模的大小,巴塞尔委员会设置了三个累进层级,各累进层级对应的累进乘数随着业务规模的增大而上升。

当银行的累进乘数从一个层级转移到另一个层级时,如果将 BI 全额应用某一区间系数可能导致悬崖效应。在新标准法的具体应用方法——分层法(Layered Approach)下,表 7-7 给定的累进系数将以边际的方式仅用于落在该区间内的增量部分,银行的操作风险总资本要求等于归于每一区间的资本要求增量的总和。这种分层法实现了操作风险资本要求随着 BI 值的增加而平稳增长,从而可避免悬崖效应。例如,若某银行业务规模为 350 亿欧元,那么这家银行的业务规模参数 = 10 × 12% + (300 - 10) × 15% + (350 - 300) × 18% = 53.7 亿欧元。

内部损失乘数(ILM)由损失数据(Loss Component,LC)和业务规模参数(BIC)计算得到。损失数据为银行过去 10 年由于操作风险导致的年平均损失额乘以 15。

表7-8 修订标准法操作风险资本要求计算公式

项目		计算细节
总体计算公式		操作风险加权资产 = 操作风险最低资本要求 × 12.5 操作风险最低资本要求 = 业务规模参数 × 内部损失乘数
业务规模参数（BIC）		业务规模参数为业务规模与累进乘数的计算结果 业务规模 = 利息、租金和分红部分 + 服务部分 + 金融部分
	利息、租金和分红部分	为以下两部分加总： (1) 近3年（利息收入－利息支出）绝对值的均值与（2.25% × 近3年年均生息资产）中较小者 (2) 近3年年均分红收入
	服务部分	为以下两部分加总： (1) 近3年年均其他营业收入与近3年年均其他营业支出中较大者 (2) 近3年年均手续费收入与近3年年均手续费支出中较大者
	金融部分	为以下两部分加总： (1) 近3年交易账簿净损益绝对值的均值 (2) 近3年银行账簿净损益绝对值的均值
内部损失乘数（ILM）		$ILM = \ln[\exp(1) - 1 + (LC/BIC)^{0.8}]$
	损失数据（LC）	15 × 过去10年的年均操作风险损失额

巴塞尔委员会假设在过去经营年限产生操作风险损失越多的银行未来会产生更多的损失，因而引入了作为内部损失调节因子的ILM，该指标取决于单个银行的操作风险损失数据（LC）与BIC之比，LC为银行过去10年的年均操作风险损失的15倍，意味着当LC/BIC增大时，ILM将呈现非线性上升。最终的操作风险资本要求等于BIC与ILM的乘积。新标准法下，计算银行操作风险最低资本要求的公式如下：

$$K_{SA} = \left[\sum_{j=1}^{3}(BIC_j \times ILM_j)\right]/3$$

在BIC一定时，单个银行历史损失增多，内部损失乘数会非线性增加，但最外层使用的对数函数形式可以减少内部损失乘数的上升幅度，从而避免了操作风险最低资本要求受到低频高额损失或严重事件的过度影响。即使一家银行的LC为BIC的20倍，ILM也只会上升到2.5倍，如表7-9所示。

表7-9 损失数据与内部损失乘数的对应关系

操作风险 LC	0	1	10	50	100	150	200	500	1000	2000
LC/BIC	0	0.01	0.1	0.5	1	1.5	2	5	10	20
ILM	0.541	0.556	0.630	0.830	1.000	1.132	1.241	1.676	2.083	2.542

注：以上假设银行的业务规模参数（BIC）为100亿欧元，损失金额单位为亿欧元。

资料来源：冯乾，游春. 操作风险计量框架最新修订及其对银行业的影响：基于《巴塞尔Ⅲ最终改革方案》的分析[J]. 财经理论与实践，2019，40（1）：2-9.

总之，巴塞尔委员会在《巴塞尔协议Ⅲ》（最终版）中公布的操作风险资本计算的"修订标准法"，对银行业务进行了划分，使用了反映不同业务类别风险特征的 β 值，不仅统一了操作风险资本的计算方法，增强了不同银行之间操作风险数据的可比性；且"修订标准法"的计算方法还兼顾了风险敏感性和历史损失数据，可以更好地动态反映商业银行实际的操作风险。但是，《巴塞尔协议Ⅲ》修订的标准法同之前采用的标准法具有共性，其不足依然在于：同一业务类别的不同事故类型的风险分布是不同的，使用同样的 β 值与事实不符。此外，该方法下的监管资本计算并不直接与损失数据相连，并且无法反映各银行自身的操作风险特征，在使用上有一定的局限性。不过，从《巴塞尔协议Ⅲ》的实施过程来看，该方法应当是非常好的过渡方法。

三、高级度量法

高级度量法是依据充足的内外部损失数据，运用统计方法描绘操作风险的损失分布规律，从而计量操作风险的监管资本要求的方法。高级度量法包括内部度量法（Internal Measurement Approach，IMA）、损失分布法、极值法、积分卡法、神经网络模型、因子模型以及可靠性理论和故障树分析法等诸多方法。使用高级度量法的大多是规模很大、业务组合非常复杂的银行。这些方法所针对的业务类型和情况都不相同，银行可以采用最适合自己的办法来量化操作风险，评估资本需求。尽管不同银行所采用的模型有很大的差异，不过大多数银行通常会建立模型，力求估计出操作风险在一定的时间段（通常是 1 年）内的概率分布。通常计量重点可归集为五大因素：一是发生频率；二是影响程度；三是风险等级；四是风险的可接受程度；五是风险控制的有效性。在此基础上，通过建立操作风险矩阵，评估金融机构的风险承担能力。

（一）操作风险高级度量法实施的条件

巴塞尔委员会规定，使用高级度量法必须满足相应的资格要求和定性、定量标准。其中，因为高级度量法对内、外部数据有较高的要求，委员会要求银行有 5 年以上的历史观测数据，方可使用高级度量法计算操作风险资本要求。这说明，运用高级度量法需要银行风险控制系统等多方面的配合协调，只有规模更大、业务更广的银行才有条件和能力实施高级度量法，采用高级度量法的银行在操作风险损失数据整理方面通常也比未采用高级度量法的银行高出一个层次。

巴塞尔委员会要求实施高级度量法时需要包含以下要素，即内部数据、外部数据、情景分析、商业环境和内部控制。由于高级度量法包括了定性和定量的双方面的标准，所以需要使用内部数据和外部数据结合情景分析来做出判断。此外，为避免极端事件的发生，银行在使用高级度量法时，还要考虑商业环境和控制方面的因素。由于操作风险来自企业的内部，因此其中最大的困难源自收集相关的数据。考虑到绝大多数遭受巨额损失的企业都破产倒闭了，经历过大的操作风险损失并存活下来的金融机构极其匮乏；因此，对于操作风险度量最具挑战的问题便是建立一个关于操作风险损失以及与操作风险相关变量的数据库。事实上，这种构建也必须从内部和外部两方面着手。

1. 内部数据

银行内部可以用来估算某一类风险损失程度以及损失频率分布的历史数据往往比较少。许多中小银行甚至没有保存自己以往操作风险的损失数据。

对于信用风险，银行可以依赖评级公司公布的大量数据来估测违约概率以及违约损失。但是银行对操作风险数据的采集远没有采集信用风险数据那么系统化。根据《巴塞尔协议Ⅱ》，银行必须追踪保留不低于5年的内部损失数据。原因在于内部数据提供了由于操作上的失误而造成损失的历史状况，如交易过程中人为失误造成的损失、系统失效造成的损失、人员调动造成的损失。它们又可以分成损失值的估计和损失发生频率的指示器，前者如没有完成交易的罚金，后者如失误率和与之相关的交易量。

通常，操作风险的损失可以分为两类：一类是高频低额损失，如信用卡诈骗造成的损失；另一类是低频高额损失，如无赖交易员造成的损失。银行应该重点关注低频高额损失，原因在于，一方面，高频低额损失通常已经被考虑在产品定价当中；另一方面，低频高额损失构成损失分布的尾部。操作风险的整体损失的置信区间可以通过整体低频高额损失分布的相应分位数（如99%），加上整体高频低额损失的均值来估计。

这种高频低额的损失数据能够更好地应用于统计分析。理论上不但要收集这些损失数据，还应该理解这些数据的特征。这样做的目的是建立起它们之间的因果关系（比如，损失的频数和计算机系统寿命之间的关系）。改变这种特征应该会直接地影响到损失的分布，这些特征还可以成为一种改进成本与收益之间权衡的工具。最后，对模型风险评估可以通过定期地对投资组合进行抽样检查，估算采用某个独立估值模型的误差有多大。

中国原银监会2012年发布了《商业银行资本管理办法（试行）》，其中的附件12《操作风险资本计量监管要求》明确规定了对内部数据的相关要求，具体内容如下。

（1）商业银行应当具备至少5年观测期的内部损失数据。初次使用高级度量法的商业银行，可使用3年期的内部损失数据。

（2）商业银行应当书面规定对内部损失数据进行加工、调整的方法、程序和权限，有效处理数据质量问题。

（3）商业银行的内部损失数据应全面覆盖对全行风险评估有重大影响的所有重要业务活动，并应设置合理的损失事件统计金额起点。

（4）商业银行操作风险计量系统使用的内部损失数据应与本附件规定的业务条线归类目录和损失事件类型目录建立对应关系。

（5）商业银行除收集损失金额信息外，还应收集损失事件发生时间、损失事件发生的原因等信息。

（6）商业银行对由一个中心控制部门（如信息科技部门）或由跨业务条线及跨期事件引起的操作风险损失，应制定合理具体的损失分配标准。

（7）商业银行应当建立对损失事件的跟踪和检查机制，及时更新损失事件状态和损失金额等的变化情况。

（8）商业银行应当收集记录没有造成任何损失影响或带来收益的事件，此类事件可不用于建模，但应通过情景分析等方法评估其风险及损失。

（9）商业银行对因操作风险事件（如抵押品管理缺陷）引起的信用风险损失，如已将其反映在信用风险数据库中，应视其为信用风险损失，不纳入操作风险监管资本计量，但应将此类事件在操作风险内部损失数据库中单独做出标记说明。

（10）商业银行对因操作风险事件引起的市场风险损失，应反映在操作风险的内部损失数据库中，纳入操作风险监管资本计量。

（11）商业银行的操作风险内部损失数据收集情况及评估结果应接受银监会的监督检查。

2. 外部数据

由于低频高额损失发生的频率极低，即使损失数据记录完整，仅靠内部数据也难以满足要求，因此需要外部数据（理想情况是从具有可比性的其他机构获得）和情景分析来加以弥补。

外部数据的来源主要有两个，即数据联盟（为银行提供数据共享服务的公司）和数据提供商。其中，数据提供商所提供的数据不同于银行的内部数据和银行间的共享数据，其数据具有一定的偏误。原因在于数据提供商的数据是采用系统化的手段采集到的公开发布的数据，比如报纸和交易资料。但是并不是所有损失都会被公开披露，只有较大的损失才会被披露，并且损失越大，被公开报道的可能性就越高。可以理解，机构往往并不愿意揭示它们内部系统的失效。这样，数据库就会出现偏误，即偏向公开的信息（如法律解决或处理），而忽略了技术层面上的失效（而这些信息又很少被公布）。

使用外部数据的好处在于，一方面外部数据增加了银行可用来估算损失的数据量；另一方面，银行可以借此将那些自身内部还没有发生，但是却在其他银行发生的损失纳入度量范围。因此，外部数据对于确定相对损失程度非常有用。

但是使用外部数据也存在某些弊端。第一，外部损失往往对应于不同的商业模式和内部控制，因此外部数据具有某些"盯住—操作"的特性，即自适应于不同内部控制的损失分布，导致外部损失难以直接地应用于另一个机构。第二，就如同市场风险一样，以往的数据往往不能代表在未来有可能出现的某一种情况，这也同样适用操作风险的情况，导致损失分布存在潜在的偏误，尤其是那种危险的发生时间很短暂，但在历史上却被关联到很严重的损失。

目前在监管当局的干预下，银行业已开始向建立中心数据库的方向努力，如跨国操作风险交流平台（Multinational Operational Risk Exchange Consortium）。然而，这并不是一件容易的事，因为银行并不情愿报告自身的内部失效，而这对建立一个完整的数据库却是必需的。由于这些问题，许多银行认为针对某些特殊度量方式的规定，或者设定量化操作风险的限制，还需要银行监管者进一步的观察。

需要注意两个方面：一是内部数据和外部数据都需要进行通货膨胀调节；二是对于外部数据还必须进行规模调整。Shih 等（2000）的研究发现，公司的规模和损失的规模呈现非线性关系。Shih 等（2000）估计的模型为

$$银行 A 的损失估计 = 观测到的银行 B 的损失 \times \left(\frac{银行 A 的营业收入}{银行 B 的营业收入}\right)^{\alpha}$$

其中，$\alpha = 0.23$。

例：某家银行 A 的营业收入为 100 亿美元，对应的操作风险损失为 800 万美元，该数据应如何应用于营收仅仅为 50 亿美元的银行 B？

Shih 等（2000）认为，银行 B 的操作风险损失估计约为 $800 \times \left(\frac{50}{100}\right)^{0.23} = 682$ 万美元。据此，在对外部数据进行恰当的规模调整后，就可将其他银行的共享数据同银行自身的数据合并为一个更大的数据库，从而在一定程度上解决低频高额损失数据匮乏的难题。

中国原银监会 2012 年发布的《商业银行资本管理办法（试行）》附件 12 中同样明确规定了外部数据的相关要求，具体内容如下。

（1）商业银行的操作风险计量系统应使用相关的外部数据，包括公开数据、银行业共享数据等。

（2）商业银行应书面规定外部数据加工、调整的方法、程序和权限，有效处理外部数据应用于本行的适应性问题。

（3）外部数据应包含实际损失金额、发生损失事件的业务规模、损失事件的原因和背景等信息。

（4）实施高级度量法的商业银行之间可以适当的形式共享内部数据，作为操作风险计量的外部数据来源。商业银行之间汇总、管理和共享使用内部数据，应遵循事先确定的书面规则。有关规则和运行管理机制应事先报告银监会。

（5）商业银行对外部数据的使用情况应接受银监会的监督检查。

3. 情景分析

情景分析的目的在于生成能够全面覆盖可能发生的低频高额损失事件的情景。这些情景可以是银行自身经历过的操作风险损失，也可以基于其他银行曾经遭受过的损失，还有可能是风险管理团队预设的损失场景。

银行必须学会使用情景分析来评估其高额损失的风险暴露。因为情景分析的优点在于，它可以包含某一金融机构从来没有经历过，但可能会发生的损失情景。对于一些情景，银行可以事先制定政策以保证在不利事件发生时，将损失程度控制到最小；对于另一些情景，银行可以主动提出预防措施来减少不利事件发生的概率。

通常认为操作风险损失间基本没有相关性。因此，银行通常可以简单地采用蒙特卡罗模拟法，从各个情景的分布中抽样来得到整体风险的分布。经常采用对数正态分

布来产生损失程度分布,用泊松分布来产生损失频率分布。损失频率应该能反映银行已经实施的控制措施的效果和该银行从事的业务类型。此外,来自其他银行的数据会对估计损失程度有帮助,这也是外部数据的优势所在。操作风险专家将不同类别的损失频率定义如下:

(1) 平均千年一遇情景($\lambda = 0.001$);
(2) 平均百年一遇情景($\lambda = 0.01$);
(3) 平均50年一遇情景($\lambda = 0.02$);
(4) 平均10年一遇情景($\lambda = 0.1$);
(5) 平均5年一遇情景($\lambda = 0.2$)。

风险管理团队可以根据实际情况,将相应的场景划分给其所从事的各个业务类型。

4. 业务环境和内部控制因素

业务环境因素包括业务部门的复杂程度、采用技术的先进程度和变化的快慢、监管的力度、员工更换的频率等。内控因素可能包括对交易员的监管力度、对交易的监控程度,以及中台和后台系统的优点和缺点等。

最后,存款保险可以用来抵消20%的操作风险资本要求。

(二) 高级度量法简介

高级度量法包括内部度量法、损失分布法、极值法、积分卡法以及其他一些新的高级度量法,如在VaR(方法)、神经网络模型、因子模型、可靠性理论和故障树分析法等。选择合适的模型精确地计算操作风险的资本要求,是高级度量法的关键所在。《巴塞尔协议Ⅲ》下高级度量法主要由内部度量法、损失分布法和极值法构成,但是由于各国监管文件和实践仍在不断更新演进阶段,巴塞尔委员会并未对操作风险在高级度量法下的具体模型方法进行统一规定和要求。这就给有实力的银行根据自身经营及业务特点选择适合自身的高级度量法模型带来了机会,使其获得了一定灵活性。以下我们简要介绍《巴塞尔协议》所推荐的三种方法:内部度量法、损失分布法和极值法。

1. 内部度量法

内部度量法在标准法的基础上进一步将每一个业务类别划分为7个损失事故类型,对每一个业务类别/事故类型组合(共56个组合),允许银行使用自己的损失数据来计算组合的期望损失(EL)。与标准法相同,巴塞尔委员会把金融机构的业务分为不同的类型并对组合类型规定一个风险暴露指标(EI),该指标表示业务类型操作风险暴露的规模或数量。金融机构通过内部损失数据计算出给定损失事件下操作风险的发生概率(P_E)以及该事件的损失程度(LGE)。监管当局会根据全行业的损失分布,为每个业务类型组合确定一个将预期损失转换成资本要求的转换因子,利用该因子计算出每个业务单位的资本要求。用内部度量法计算的总资本要求(K_{IMA})计算公式为

$$K_{\text{IMA}}(i,j) = \sum_i \sum_j [\gamma(i,j) \times \text{EL}(i,j)]$$
$$= \sum_i \sum_j [\gamma(i,j) \times \text{EI}(i,j) \times \text{PE}(i,j) \times \text{LGE}(i,j)]$$

其中，$\gamma(i,j)$ 表示将 i 类业务在 j 类风险事件下的期望损失 $\text{EL}(i,j)$ 转化成资本配置要求的转换因子。根据整个行业的操作风险分布状况以及预期损失和非预期损失的相对比例，监管当局统一设定 γ 参数。$\text{EI}(i,j)$ 表示 i 类业务在 j 类风险事件下风险暴露的规模和金额。$\text{PE}(i,j)$ 为银行利用自己的数据计算的 i 类业务在 j 类风险事件下的损失概率。$\text{LGE}(i,j)$ 是 i 类业务在 j 类风险事件下的损失程度。

由于 γ 参数的设定主要反映的是行业整体的风险分布状况，因此不一定符合特定机构以及特定业务的风险分布状况。作为弥补措施，巴塞尔委员会提供了一种风险分布指数（Risk Profile Index，RPI）调整机制，反映的是较行业风险损失分布而言，单一银行风险损失分布的意外损失（UL）和期望损失（EL）的比率，即 UL/EL。假定整个行业的风险分布指数等于 1，如果特定机构的操作风险分布有着严重的厚尾特征（RPI > 1），此时应根据 RPI 调高特定机构的操作风险资本要求；如果 RPI < 1，则调低其操作风险资本要求。引进该指标有利于实现监管与激励的相容，激励银行提高风险管理水平。此时的操作风险资本要求计算公式为

$$K_{\text{IMA}}(i,j) = \sum_i \sum_j [\gamma(i,j) \times \text{EI}(i,j) \times \text{PE}(i,j) \times \text{LGE}(i,j) \times \text{RPI}(i,j)]$$

内部度量法与基本指标法和标准法相比，最大的优势在于银行可以使用自身的损失数据来计算监管资本要求，监管资本的大小能随银行操作风险管理和损失特征的不同而有所不同。这更加真实地反映了银行所承受的操作风险，银行可以因此做出及时有效的风险管理措施，以防范和化解银行面临的操作风险。

它的不足在于，内部度量法下的监管资本要求是通过假设非预期损失与期望损失之间具有稳定的关系（线性和非线性）而得出的，这不同于前两种模型直接用风险暴露指标（总收入）作为损失数据的替代；并且假设风险暴露指标与最大可能损失之间有线性关系的做法，很容易造成金融机构内部的业务单位和损失类型不匹配，与实际的损失分布有出入。

2. 损失分布法

在损失分布法下，银行针对每个业务类别/损失事件类型估计操作风险在一定期间（通常设为 1 年）内的概率分布。同内部度量法不同，它需要分别估计操作风险事故发生频率和损失幅度的概率分布。这通常需要使用蒙特卡罗模拟等数值方法，或事先假定具体的概率分布，如假定损失次数服从泊松分布、损失强度（损失金额）服从对数正态分布等。损失分布法主要通过计算 VaR 值来直接衡量非预期损失，而不是通过假设期望损失与非期望损失之间的关系获得。

例如，通常假设 $(X_1, X_2, \cdots, X_n)$ 表示操作风险损失的随机变量，则其分布函数为

$$F(x) = P(X_i \leq x) \leq q$$

其中，q 为机构设定的置信水平。给定 q，对于分布函数 $F(x)$，可以通过求其反函数确定 VaR 值，即 $\text{VaR}_q = F^{-1}(q)$。

操作风险监管资本要求通常是每个业务类别/事故类型组合 VaR 值的简单加总。相应地，银行总体操作风险就可以通过各个业务线/损失类型 VaR 的简单加总获得。

损失分布法是内部度量法的高级版本，它的优势是可以提高风险敏感度。它与内部度量法的区别在于，损失分布法不是通过假设预期损失和意外损失之间的关系，而是直接通过计算 VaR 值估算意外损失；在损失分布法中，业务类型和损失事件类型由银行自己确定，监管当局无须确定乘数因子，能较好地反映银行的业务特性；损失分布法强调建模，而不是利用历史数据对未来预期做出估计，具有一定的前瞻性，但因此计算难度加大。

损失分布法的最大不足是银行操作性风险的数据缺乏可比性和平稳性。另外，由于操作风险具有厚尾性，即使设定很高的置信度，银行也无法防范几十年一遇的低频高额损失事件所造成的极端损失。为了解决这一问题，近年来，极值理论开始被应用于度量操作风险，由于它只考虑分布的尾部，反映了极端事件的发生概率，日益在实践中得到应用。

3. 极值法

如前所述，VaR 考察的是在给定的置信水平（如 99%）下，投资组合的最大可能损失，无法衡量损失超过 VaR 值的情形。因而 VaR 的不足之处在于，它无法考虑超过 VaR 值的尾部风险；另外它也不满足次可加性（subadditive），不是一个一致性（coherent）的风险度量工具。预期损失（ES）的概念弥补了这些不足。设 X 是一个随机变量，代表给定的资产损益，$\text{VaR}_\alpha(X)$ 代表组合在 α 置信度下的 VaR，则 $\text{ES}_\alpha(X)$ 由下式给出：

$$\text{ES}_\alpha(X) = E[-X | -X > \text{VaR}_\alpha(X)]$$

$\text{ES}_\alpha(X)$ 反映的是 VaR 估计失败时损失的条件期望值。由于操作风险的损失分布具有鲜明的厚尾特性，通常用于计算市场风险的 VaR 模型并不完全适合于操作风险度量。近年来，极值法作为一种新的方法被部分学者引入 VaR 和 $\text{ES}_\alpha(X)$ 的度量中，并在此基础上对操作风险进行量化分析。与 VaR 方法相比，极值法只考虑损失分布的尾部，因为尾部反映了潜在的灾难性事件，而这正是大家最为关心的极端损失情形。因此，将极值理论与 VaR 和 ES 结合应用于操作风险的量化分析备受关注。Medova 等（2002）把它应用于操作风险管理，通过对 1998 年俄罗斯金融危机前后一家欧洲投资银行的交易数据进行实证分析，并与其他方法比较，验证了极值理论在度量操作风险上的准确性。McNeil（1999）的实证表明，基于极值理论对尾部的估计要比历史模拟法更有效。极值理论扩展了中心极限定理，用极值理论可以从一个未知的分布的尾部分布中得出独立且趋于同变量的均值分布，因此被广泛运用于各种领域（如信贷、再保险、水文地理学以及环境科学，以处理灾难性事件的评估）。比如极值理论中的超阈值（Peaks Over Threshold，POT）模型对操作风险进行量化分析时，会首先根据所获得的数据，应用极值理论进行建模，然后计算出风险值 VaR 与 ES，由此获得与操作风险相对应的风险资本配置。

极值理论模型的最大优势在于，它可以直接利用数据本身只处理损失分布的尾部，而不是对整个分布进行建模，这就避开了分布假设的难题；并且可以准确地描述分布尾部的分位数，有助于处理风险度量中的厚尾问题。这种方法与损失分布法（Loss Distribution Approach，LDA）需要假设和模拟具体的损失分布形式不同，而且损失分布法没有对可能超过 VaR 的操作风险损失给出任何预测。

极值理论模型的最大不足在于数据问题和临界水平的确定。由于模型中有较多参数要估计，金融机构必须在整个集团内采集更多更广泛的损失数据；同时要按照新协议划分好业务类型，避免损失数据在信用风险、市场风险和操作风险之间出现重叠。此外，由于模型只有在高临界水平才适用，因此存在"引起超量损失的数据过少"的问题。总之，极值理论基于强有力的统计理论，目前已经成为评估极端事件尾部概率最有效的方法（Jorion，2001）。

高级度量法目前最大的问题是没有一个统一的标准，不同的银行对不同的操作风险的定义和衡量方法是不一致的，导致了彼此之间很难进行比较和汇总，以确定平均在某一风险水平下的损失概率大小和所需要的一级资本准备。为了解决这个问题，巴塞尔委员会致力于建立一个操作风险衡量的框架，从两个方面对操作风险进行衡量：一是从业务线的角度将银行业务分成不同的业务线；二是从操作风险产生原因的角度将操作风险分成不同类型。在这两种划分的基础上，再进行第二层次的细分，将两种不同角度的划分组合成矩阵，并对每一个细分的业务类型和操作风险类型进行定义，方便于不同类型风险的加总。

(三) 对高级度量法和《巴塞尔协议Ⅲ》新标准法的评价

《巴塞尔协议Ⅲ》标准法的提出使得操作风险资本要求有了更为先进和成熟的计量方法，而高级度量法以其优越的风险敏感度和精确性，毫无疑问是今后操作风险资本要求计量方法的发展方向。清楚认识相对简单的新标准法与高级度量法之间的关系，将有利于操作风险监管计量框架的更好发展。

第一，相对于《巴塞尔协议Ⅲ》标准法在计提资本时采用的监管系数形式，高级度量法的风险敏感性更高且计量更加精确，有利于真实地反映操作风险暴露的情况。《巴塞尔协议Ⅲ》的标准法虽然比标准法和基本指标法的风险敏感度更高，但它没有完全克服标准法本身的缺陷，比如仍没有使用损失数据计算操作风险监管资本，因而不能准确反映银行自身的操作风险特征，在使用上存在一定局限。但是，尽管《巴塞尔协议Ⅲ》标准法的使用无须经过监管批准，并且没有任何明确监管门槛，相较于高级度量法更简单易行；但是这并不意味着修订后的框架没有原有框架严谨，而是考虑到在金融危机期间及其余波中银行所产生的大量操作风险损失。

第二，采用高级度量法的银行与不采用高级度量法的银行在遭受损失方面存在差异。根据2008年巴塞尔委员会的LDCE调查，无论是否使用高级度量法，在总资产相同的情况下，两类银行平均每年每家遭受同种类型操作风险损失的次数相同，但在损失金额方面，采用高级度量法的银行要明显大于未采用高级度量法的银行。巴塞尔委员会对此差异解释为，采用高级度量法的银行通常是规模较大、业务条线较复杂的银行，同时具备更成熟的损失数据收集方法和手段。

第三，采用高级度量法的银行的操作风险损失准备金比率较低。操作风险损失准备金比率是指银行操作风险损失准备金与其总收入的比例。统计显示，银行采用高级度量法时操作风险损失准备金比率较低，这与其具备更加成熟的操作风险损失数据收集方法和手段是分不开的。同时，操作风险损失准备金与操作风险损失爆发次数的比值方面，采用高级度量法的银行将显著低于采用《巴塞尔协议III》标准法的银行。由此可见，使用高级度量法可以有效降低操作风险损失准备金，这与《巴塞尔协议》鼓励有条件的银行实施高级度量法，用以提高风险控制能力的初衷相一致。尚处于起步阶段的高级度量法具有较大的操作弹性，如何实现人为风险与客观模型的有效结合，实现高级度量法的实际运用，是操作风险管理发展过程中应重点关注的问题。《操作风险稳健管理原则》表明，所有国际活跃银行应实施与其规模、复杂程度、业务活动及风险暴露相称的操作风险监管政策和流程，并探求操作风险监管能力的持续进步。面临重大操作风险暴露的国际活跃银行，应逐步使用高级度量法替代当前仍在使用的标准法，估算操作风险的定量要求。

四、对操作风险的定性分析

如前所述，各种定量分析操作风险的模型已经在全球商业银行中得到了运用，对提高商业银行操作风险管理水平起到了积极的作用。但经验表明，单纯利用定量方法度量操作风险对商业银行而言并不是很好的选择。对于某些操作风险，尤其是低频高额损失的操作风险，其可获得的数据是有限的。此外，大多数的计量模型都是建立在大量损失数据和历史数据的基础之上的。对于某些发生概率低、损失额度大的恶性事件，由于内部数据匮乏，其行业损失数据和外部数据只是反应业务量变化所引起的资本额的变化时，可能会使模型计量的准确性受到影响，此时有必要考虑使用定性估计方法。

定性分析常采用的方法有自我评估法、关键风险指标法以及计分卡法等。

（一）自我评估法

自我评估法是商业银行识别和评估潜在操作风险以及自身业务活动的控制措施、适当程度及有效性的操作风险管理工具，操作风险自我评估法涵盖了商业银行的所有业务部门，在产品线层次上展开，包括每条产品线的每个流程中的固有风险、控制风险和剩余风险。其中,固有风险是指在没有任何管理控制措施的情况下,经营管理过程本身所具有的风险;控制风险是指对操作风险没有良好的内部控制或内部控制无效,致使经营活动中的操作风险不能被及时发现而造成损失;剩余风险是指在实施了旨在改变风险可能性和影响强度的管理控制活动后仍然保留的风险。

自我评估的内容包括银行的组织管理、人力资源、风险操作流程、信息系统等内部因素,以及社会环境变化、产业结构、市场环境和科技发展等外部因素对操作风险发生的可能性和损失程度两个方面的影响。可能性是指每一种潜在风险识别出的风险暴露构成每一类主要的风险事件类型,在未来一定时期内转化为实际损失的概率大小;损失程度是指某一特定操作风险事件发生的情况,即如果不对潜在风险采取任何控制措施,风险实际发生后可能对机构造成的影响。

自我评估通常的做法是通过调查问卷、系统性检查或公开讨论的方式,利用银行内部人员以及外部专家的专业知识和从业经验识别和评估操作风险事件。具体方法包括:(1)调查问卷法,即将事先设计好的问卷分发到各业务部门,由相关人员对业务和产品控制点进行回答,帮助其确认风险水平并采取相应的控制措施;(2)叙述法,即从业务部门的目标和风险出发,由各部门管理人员对采取的控制措施进行答辩,检查对预期控制的执行效果;(3)专家预测法,即采取匿名方式由专家对风险控制点进行考核、分析,提出意见,经修改、论证、汇集完成控制点的优化。

自我评估法作为商业银行内部稽核的工具,一旦发现评估结果中有违背机构政策或准则的项目,立即上报给高级主管人员,还可以监督改正的进度,有助于对操作风险的评估。同时,自我评估法还能够充分调动操作风险管理各方的积极性,促使员工自发地对风险、内控体系、风险防范手段进行分析和评价,激励员工提高对操作风险的认知程度,最终有效地提高对操作风险的监督和管理水平。

(二) 关键风险指标法

根据原银监会发布的《商业银行操作风险管理指引》,关键风险指标是代表某一风险领域变化情况并可定期监控的统计指标。顾名思义,关键风险指标法通过对关键风险指标进行分析来反映银行的风险水平,监督风险变化,对风险状况进行早期的预警。关键风险指标可以告诉我们当前的风险是什么,会有什么损失,可以为操作风险管理者提供当前特定业务部门中风险水平的相关数据,管理者可据此迅速对症下药,采取有效措施,及时控制存在的潜在风险。因此,关键风险指标可用于监测可能造成损失事件的各项风险及控制措施,并作为反映风险变化情况的早期预警指标。

关键风险指标法能否准确评估操作风险,所选取的具体指标是关键。关键风险指标既可以是财务指标,也可以是非财务指标,具体可以包括每亿元资产损失率、营业额增幅降低百分比或业绩下滑金额、关键岗位人员流失数、系统遭受黑客攻击次数、设备的老化程度、顾客投诉次数等。由于可供选择的指标众多,所以在选择关键指标时,首先,要考虑所选指标的代表性,要求所选指标能够反映某一业务种类的风险水平；其次，所设计的指标要能够敏感地反映相关业务操作风险的变化；最后，指标要易于观察、获得、测量和跟踪。当指标确定之后，就需要为各个指标设置各种基准，当关键风险指标值超过某一基准水平时，相关部门或责任人据此采取相应的措施。

(三) 计分卡法

计分卡法是巴塞尔委员会所提出的三种操作风险高级度量方法之一。它是银行对操作风险与内控的自我评估，评估内容包括风险事件、风险拥有者、风险发生的可能性、风险影响力、缓释风险的控制措施、控制实施者、控制设计等。此外，银行可以用计分卡，根据各部门在管理和控制各类操作风险方面的业绩，来决定经济资本的分配。

计分卡法实质上是商业银行赋予每个操作风险损失事件一个数值（这个值既可以是影响值，也可以是损失事件发生的可能性），并根据这个数值对不同的操作风险进行排序、比较和分析，进一步估计出操作风险的预期损失，达到量化操作风险的目的。计分卡法的关键是找出与操作风险相关的风险因素，设计出具有前瞻性的风险指标，在此基础上由专家对其打分，最终估计出操作风险的发生频率进而计算出风险资本金。通过给每一类操作风险打分，银行可以发现这类操作风险的规律和现有内控措施的不足之处，并将其提供给业务部门和风险管理部门，帮助其采取改进措施。

实施计分卡法评估操作风险，首先需要将银行业务划分为若干产品线或者损失组合；其次为属于同一产品线或损失事件的所有操作风险损失事件赋值，用来表示不同操作风险的影响程度或发生频率；最后由专家在综合考虑各项因素后为该事件打分，得到评估结果。

计分卡法与其他高级度量方法的区别在于，计分卡法较少依赖历史数据，而是以专家的判断代替了历史数据在模型中的作用，其本质是一种定性分析的专家判断法。因此，计分卡法的主观性较强，依赖于专家的直觉和经验。这就要求做出判断的专家有丰富的理论知识和从业经验，以及对整个银行业务流程的深刻理解。

五、对操作风险度量方法的总结

通过对以上各类模型的比较分析，如表7-10所示，可以发现，操作风险度量的发展基于以下过程：首先银行使用定性风险评估的方法来确定银行目前面临的操作风险类型；其次银行为每一类操作风险选取指标，开始持续对其进行风险监测，同时收集建模所需要的数据；最后将定性分析、风险指标、数量模型相结合，得到可以用于资本分配的度量模型。需要指出的是，一般说来，定量的方法过于严格，而定性的方法又过于模糊。所以，对操作风险的度量总的趋势是由以定性分析为主的传统操作风险度量方式向以定量方式为基础的定量与定性相结合的现代操作风险度量方式的过渡。

表 7-10 操作风险度量模型的比较

度量模型	自上而下（按比例分配操作风险资本）		自下而上（基于实际的内部损失数据估计操作风险资本）	
	基本指标法	标准法	高级度量法	
			内部度量法	损失分布法、极值法及其他方法
业务类型	单一业务	8种业务	多个业务类别，多个损失事件类型	
损失事件类型	由监管机构统一划定			银行自主划定
模型结构	$\sum$（系数 × 风险敞口 × 风险分布调整指数）			使用损失频率和损失幅度的概率分布来估计操作风险的 VaR
参数选择	单一风险敞口指标 EI、比例指标 α		多个 EI（PE、LGE、RPI）以及多个风险资本比例 β	PE、LGE 和 EI 由银行自定，资本要求转换系数 γ 由监管当局确定。
	监管机构统一划定			
监管资本	高	较高	较低	

资料来源：Mori T, Harada E. Internal Measurement Approach to Operational Risk Capital Charge [R]. Bank of Japan, 2001.

第三节　操作风险管理

随着金融衍生产品的不断创新，金融科技潮流和金融业的全球化竞争，各金融机构面临的操作风险呈不断上升的趋势。目前大多数国际金融机构都有一套比较成熟的模型和技术度量市场风险和信用风险，并且越来越多的金融机构正致力于开发银行内部的操作风险管理框架。这一方面是因为操作风险已经成为风险管理的重点，另一方面也是巴塞尔资本协议的要求。作为监管激励，巴塞尔委员会认定，如果银行开发出具有监管机构认可的内部风险度量模型，则银行可以根据它来确定自己的资本金，最低可以达到《巴塞尔协议》中标准法的 75%。这有利于降低银行的资本金要求，提高银行的国际竞争力。与此同时，由于操作风险几乎与所有银行交易与业务活动息息相关，如果对它们认识不清或者管理不善，很可能会使某些操作风险不能够被识别或者不被有效管理。为此，巴塞尔委员会先后颁布了一系列的原则和法规，以指导国际银行业操作风险管理相关的实践活动。

一、巴塞尔委员会确立的操作风险管理原则及后续修订

2003年，巴塞尔委员会在总结国际银行业关于风险管理的良好实践经验的基础上，颁布了关于银行操作风险管理4个方面的10条原则，具体包括如下内容。

（一）银行操作风险管理的原则

1. 创造适当的风险管理环境

银行董事会与高层管理人员都应有责任在其机构创造一种文化氛围，使得其职员重视有效的操作风险管理和遵守稳健的操作控制规则。如果银行具有各岗位员工都重视高标准道德行为规范的文化氛围，则其操作风险管理将有效。如果一个银行机构的文化能够通过行动和言论证实其所有员工在业务活动中的正直与否，银行董事会与高级管理人员应积极推动这种文化。

原则1：董事会应明确整个机构所面对的各种主要操作风险，并区别对待与管理。应批准并定期检查机构操作风险管理框架。同时，还应对整个机构面临的操作风险加以定义并制定原则以对操作风险进行识别、评估、监测、控制或者缓释。

原则2：董事会应确保操作风险管理框架可接受独立、经过培训且合格的内部人员的有效而全面的稽核。内部审计人员不应对操作风险管理负责。

原则3：高级管理人员负责执行董事会批准的操作风险管理框架。应在整个银行机构内实施操作风险管理框架，且保持连续性。每个员工都应理解其在操作风险管理方面的责任。董事会同时也应对重要产品、活动、流程及系统方面的操作风险管理负有制定政策、方法、规则的责任。

2. 风险管理

风险管理包括风险的识别、评估、监测、控制或者缓释等，对于风险的管理主要应遵循以下原则。

原则4：银行机构应识别、评估重要产品、活动、程序及系统方面固有的操作风险。同时，也应确保在引入新产品或开展新活动、开发新系统时，随之产生的操作风险应得到充分评估。

原则5：银行机构应采取一定程序有规律地监控操作风险状况及有可能导致重大损失的风险。同时，应定期向负责防范操作风险的管理高层或者董事会报告相关情况。

原则6：银行机构应制定政策、规章、程序来控制或者缓冲重大操作风险。银行也应定期审查风险限度及控制策略。另外，还应根据总的风险态度和情况用合理的政策及时调整对操作风险的管理。

原则7：银行应制定应急预案和确保经营连贯的计划以使银行在遭遇对经营有影响的意外事件时，能确保在既有条件下具有正常经营的能力或者尽可能减少损失。

3. 监管职责

原则8：银行监管机构应对所有银行统一要求，不管其规模大小。

原则9：监管机构应该直接或间接对银行机构有关操作风险的政策、程序及做法进行定期、独立的评估。还应该确保有适当的机制使其能及时了解银行的发展状况。

4. 信息披露

原则10：银行应进行充分信息披露以使市场参与者能够了解其所采取的风险管理方法。

(二)《巴塞尔协议Ⅱ》下操作风险框架的确立

2004年6月26日，巴塞尔委员会发布《巴塞尔协议Ⅱ》，正式提出操作风险监管的概念，将操作风险纳入资本监管范畴，与市场风险和信用风险共同组成了银行主要风险的资本计量和监管框架。相较于《巴塞尔协议Ⅰ》，这是《巴塞尔协议Ⅱ》所做出的诸多改进中最为突出的一点。《巴塞尔协议Ⅱ》包括最低资本要求、外部监管和市场约束三大支柱，三大支柱均对操作风险监管做出了详细的要求。其中，在第一支柱下，委员会规定单独计提操作风险监管资本，并提出三种计量方法，即基本指标法、标准法以及高级度量法，监管机构要根据银行自身情况，严格依照标准确定其应采用何种计量方法。在第二支柱下，主要要求监管当局评估银行所使用的资本计量方法能否计提适当的操作风险资本要求。第三支柱则通过定性、定量两方面的公开信息披露，完善对第一和第二支柱的监管。定性方面要求银行提供风险管理、风险缓释和对冲策略，以及银行所使用的操作风险资本计量方法的描述等；定量方面要求银行披露主要业务的资本开支数量、核心资本及附属资本等信息。

(三)《巴塞尔协议Ⅲ》对操作风险的修订和完善

2008年全球金融危机的爆发，对操作风险监管体系的完善度、监管职责的明确性、操作风险损失数据的完备性，以及操作风险暴露计量方法的适当性和前瞻性等均提出了质疑和挑战。针对这些薄弱环节，巴塞尔委员会相继发布了一系列规则、指引和监管文件，持续更新和完善操作风险的监管框架。2010年12月，巴塞尔委员会总结了自2003年以来操作风险管理的行业最佳实践与监管经验，再次发布《操作风险管理和监管的良好作法》（以下简称《良好作法》），并同时发布了《操作风险高级计量法监管指引（征求意见稿）》，旨在通过制定有关管理、数据和建模的监管指引，促进操作风险学科不断趋于成熟。2011年6月，《良好作法》的最终文件《操作风险稳健管理原则》（以下简称《原则》），以及《操作风险高级度量法监管指引》正式发布并生效。

《原则》明确了针对操作风险监管机构的监管职责：一是银行应当建立三道防线，即业务条线管理、独立的法人操作风险管理部门，以及独立的审查；二是提出反映金融危机经验教训，以及操作风险管理良好实践演变的11条监管原则，涉及公司治理、风险管理和信息披露三大主题，为银行操作风险管理提供指导。2014年年初，鉴于近来以显著数量发生的银行操作风险相关损失事件，巴塞尔委员会对20个行政辖区内的60家系统重要性银行开展了《操作风险稳健管理原则》实施情况的审查工作，并发布了各国银行审查情况调查报告。此次审查采用调查问卷形式，覆盖11条原则，具体集中在三道防线的相关指导上。通过审查，委员会可以确定各银行实施《原则》的进度，识别在实施过程中存在的差距，以及除已通过《原则》解决的问题外，一些新的、值得注意的银行操作风险管理实践问题。调查结果显示，大多数系统重要性银行已经全面实施《原则》，并不同程度地应用了操作风险管理工具；部分系统重要性银行并未实施所有原则，并且尚未全方位部署操作风险管理工具，因而可能无法充分识别并管理其自身的操作风险暴露。通过对比这60家系统重要性银行对11条监管原则和三道防线的自我评估平均等级，发现银行实施最不彻底的4项原则分别为，操作风险的识别与评估、变更管理、操作风险偏好和容忍度，以及信息披露。

从历史演进的角度看，《原则》的实施与巴塞尔框架计算操作风险资本要求的方法（如标准法和替代标准法）高度一致。

二、操作风险管理策略及组织框架

早在20世纪，英国银行家协会（British Bankers' Association）的调查报告表明，许多银行通过制定明确的政策将操作风险控制方法正式化；但如果没有合适的管理策略以及组织框架，银行就很难在内部一致的基础上管理操作风险，银行各职能部门可能会在管理操作风险时造成重复投入，或者由于没有人具体负责，对操作风险的管理就无法具体落实。因此，要实施有效的操作风险管理，第一步就是要确定金融机构操作风险管理战略。

（一）操作风险管理战略

金融机构首先需要识别它的利益相关者，如股东、债权人和员工等。分析了解这些利益相关者对机构的要求及机构对他们的义务，有助于找出机构发展动力与经营目标，而这些动力和目标与操作风险管理战略密切相关。一旦确定了发展动力和经营目标，机构就应该考虑实现目标过程中所面临的战略挑战和放弃这些目标所带来的后果，从而在此基础上制定操作风险管理战略。基于这个战略，金融机构可以设计开发出一个满足其要求的操作风险管理框架，来识别、理解和管理操作风险。董事会应担负起制定操作风险管理战略的职责，并保证制定的管理战略与整体经营目标一致。

操作风险管理应在董事会设定的风险偏好和风险战略的指引下，赋予操作风险管理明确的价值取向。为确保操作风险管理框架有效运行，银行需识别其利益相关者，并了解他们的要求和银行对他们的义务，这有助于在决定操作风险战略管理时，识别关键业务驱动者和相关目标。明确了这些目标后，银行应该考虑它在实现这些目标过程中面临的挑战，以及不去实现它的后果，从而建立起一套操作风险管理战略。

（二）操作风险管理规则

在制定操作风险战略之后，应建立操作风险管理规则，为所有关键业务及其支持过程确定操作风险管理目标、方法和标准。操作风险管理规则应该有助于业务活动及其支持过程的监测、计量和管理，反映业务活动内外环境，并定期接受检查和更新。这些规则应形成一种机制，以便识别、计量和监测所有重大操作风险。为此，银行应该具有与风险相适应的行动范围和尺度，并清晰传达给所有人员，以维持较高的风险意识，确保规则始终如一地得以执行。

操作风险管理规则程序包括：

- 董事会和高管层的操作风险管理职责；
- 独立的操作风险管理职能部门以及业务条线的各自职能；
- 操作风险定义，包括要监测的操作风险损失事件类型；
- 收集和运用内外部操作风险的损失数据；
- 明确业务环境和内部控制要素；
- 描述内部构建的可量化操作风险敞口分析框架；
- 业务条线及集团操作风险报告应包括报告概要及数据/信息类型；
- 说明操作风险定性因素及风险缓释，及其在操作风险报告中的表现方式；
- 说明影响计量操作风险的其他因素；
- 对重大例外政策和程序例外情况的审批条款。

操作风险管理规则一般分为三个层次。

（1）政策、指引和标准。以书面形式制定清晰的政策、指引和标准，这些内容涵盖了操作风险的各个方面，让每一个参与者都掌握这些政策、指引和标准。

（2）操作手册。作为内部控制体系基础，保证整个风险管理过程顺利进行，保护客户和银行资产安全，明确风险控制基本要求，规定风险管理框架，从而对日常风险实施管理。

（3）部门操作风险管理标准。为实现"源头管理"，应将管理环节前移，从引发操作风险的前台开始管理。业务部门、操作风险管理中台、专家支持系统应相互合作，在与整个银行政策保持一致的情况下进一步制定适合本部门业务情况、符合本部门所在地监管要求的部门操作风险管理标准。

（三）操作风险组织模式

常见的操作风险管理组织模式有三种，即集权式、分权式和内部稽核功能引导模式。其中，在集权式组织管理模式下，总行设有专职单位和人员，负责拟定操作风险的管理架构与政策，如操作风险管理主管综合处理操作风险管理相关事宜；操作风险管理人员提供银行或个别业务部门所需的必要性支持，并向首席风险官报告；业务部门的操作风险经理负责执行操作风险职能部门制定的操作风险政策。其他业务功能，如合规、人事和信息技术等，因与操作风险管理的完善与否息息相关，也需要纳入操作风险管理组织架构中。分权式管理模式是总行不设置操作风险管理部门，而由一个或多个部门负责执行操作风险管理，这种模式在维持运作的同时，可达到成本－效益最优配比，有助于操作风险自我评估及风险指标监测。内部稽核功能引导模式则是由该部门来执行操作风险管理职能，执行方式有两种：一种是内部稽核，即各业务部门将操作风险管理作为日常工作的一部分，不再另设专门的单位与人员；另一种是扩充内部稽核功能，该部门与各业务部门共同负责操作风险的识别、监测、缓释与报告。

目前来看，在董事会与高级管理层对操作风险的目的、政策和原则以及具体人员履行其操作风险管理责任之间，设立专门的集中化协调组织这一模式已经被证实是有效的和成功的。从银行业发展趋势看，为强化操作风险管理，商业银行也多采用集权式管理组织模式。

以中国建设银行为例，建设银行集团风险管理组织架构由董事会及其专门委员会、高级管理层及其专业委员会、风险-管理部门等构成。基本架构详见图7-1。董事会下设风险管理委员会，负责制定风险战略，并对实施情况进行监督，定期对整体风险状况进行评估。董事会定期审议集团风险偏好陈述书，并通过相应政策加以传导。监事会对全面风险管理体系建设及董事会、高管层履行全面风险管理职责情况进行监督。高管层负责执行董事会制定的风险战略，组织实施集团全面风险管理工作。

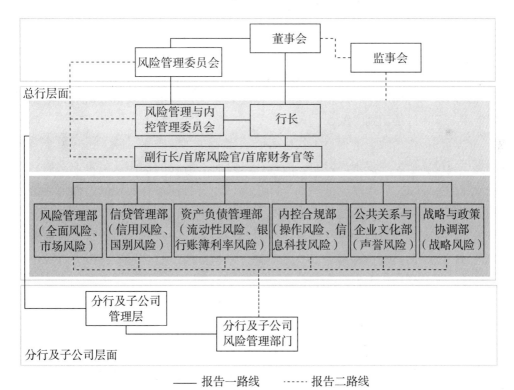

注：除上述风险外的其他风险均已纳入全面风险管理框架。

图7-1 中国建设银行风险管理框架

资料来源：中国建设银行2020年年报。

三、操作风险管理流程

操作风险管理流程是指在既定的风险管理环境中，在给定的风险管理战略和政策下，金融机构开展日常操作风险管理工作的业务程序和环节。国际掉期与衍生工具协会（ISDA）2000年总结业界操作风险管理的先进做法，将操作风险管理流程分为循环往复的5个环节和步骤，即风险识别、风险评估和量化、风险控制和缓释、风险监测和风险报告。

（一）风险识别

操作风险识别就是从商业银行的经营管理中找出潜在的操作风险事件并对其进行分类。其目的在于通过对操作风险事件的分析将其进行定位和归类，为管理的后续工作提供信息。可以说，正确地识别操作风险，既是准确计量和评估操作风险的基础，也是合理选择风险控制工具的前提。

风险识别的过程主要包括三部分内容：收集风险信息、识别操作风险点和确定重要风险。其中的工作既包括损失事件的识别，也包括对引发损失事件原因的追溯和对损失事件所造成影响的预测。由于操作风险与银行整个体系有关，其产生的原因往往不是线性的，而是由内部因素和外部因素、硬件因素和软件因素等交织所形成的。同时，操作风险又与信用风险、市场风险等保持着千丝万缕的联系，所以正确地识别操作风险需要采用好的识别方法。

一个好的操作风险识别程序不仅应着眼于当前存在的操作风险，还应关注未来潜在的操作风险，所以在识别风险时，应该注意将所有潜在的操作风险考虑在内。除了考虑潜在的操作风险，操作风险识别程序还应该分析机构运行所处的内外部环境、本机构的经营战略目标、本机构提供的产品和服务、本机构经营的特殊性、内部和外部环境的变化及变化的快慢等容易引发操作风险的因素。同时，潜在的引发因素也应被考虑进来。这些因素至少应该包括交易程序、销售业绩、管理过程、人力资源、供货商、科技、外部环境、灾难、未授权或违法活动等。

（二）风险评估和量化

操作风险一旦被识别出来，就应该加以评估，决定哪些风险具有不可接受的性质，应该作为风险缓释的目标。风险评估和量化的作用在于，它使管理层能够将操作风险与风险管理战略和政策进行比较，识别不能接受或超出机构风险偏好的那些风险敞口，选择合适的缓释机制并对需要进行缓释的风险进行优先级排序。

风险管理人员在高级管理人员的支持下必须确定哪些是重要的过程、资源和损失事件。操作风险管理由于包括的内容极其宽泛，因此在确定的时候需要严格遵照高层制定的精确目标。需要特别关注的风险因素包括：操作杠杆（若存在）、交易范围以及交易量、利率、金融产品和服务的复杂性、期限效应、操作中的变化以及管理中的自满情绪。

进行操作风险的计量和评估时，不仅需要考察操作风险产生的原因及其发生的概率，还需要评估操作风险损失事件发生时可能产生的影响。这种影响不仅包括经济上的直接影响，也包括风险发生对公司目标实现的影响。

根据操作风险计量和评估提供的信息，银行可以确定已经存在的风险和潜在风险的发展趋势，判断风险产生的损失是否在银行可承受的范围之内，为银行选择合适的控制方法并对需要控制的操作风险进行优先排序。对于不能量化分析的风险，也必须找出这些风险的起因或动因，以及可以采取的应对措施。另外，如果不同风险之间具有重要的路径依赖关系，还需要对它们的相关性进行估计。

用来估计损失事件的频率以及严重程度的方法有三类：历史数据分析、主观风险评价以及根据依赖关系对风险进行估计。通常可以使用统计方法来估计风险因素的频率以及损失程度的分布函数。常用的分布函数有三类：经验分布、形状分布、参数分布。

最后，金融机构应建立一个操作风险损失事件库，存储对于事实上发生过的或预计将发生的损失事件的确认和度量结果，将所有识别出的风险事件根据风险分类进行管理，并与下一阶段形成的操作风险损失事件库进行映射，以供后面的风险分析和资源分配使用。

(三) 风险控制和缓释

风险控制的过程就是商业银行根据已有的信息，选择合适的风险管理策略和工具对冲风险暴露，以达到减少操作风险事件发生的概率和损失程度的目的。

管理层应该从两个方面考虑风险控制的有效性：一是能否有效降低特定操作风险的发生概率；二是能否有效减少操作风险一旦发生所带来的损失影响。管理层应设计实施符合成本效益的措施和方法，把操作风险降低到可承受的范围之内。为了保证把操作风险控制在可接受范围内，必须对操作风险管理活动的责任进行明确划分。尽管风险管理部门的指导方针非常必要，但在风险管理和内控实施过程中还是应该主要依靠各业务部门根据本部门的实际情况来制定风险管理和内部控制程序，管理操作风险。

商业银行常采用的风险控制方法有风险回避、损失控制、风险承担、风险转移等。有效的控制措施应该考虑到以下几个方面：外部责任（如外部监管、法律法规和其他方面的要求）、管理上的变更、新的交易对手和消费者、内部控制、职责划分、信息技术系统管理、依赖第三方外包或与他人分享的服务、专业技术和人力资源、业务持续性计划、内部审计和风险管理部门的作用、保险等。

在具体操作时，商业银行会根据操作风险的发生频率、损失程度等特征选择不同的工具。

图7-2列出了操作风险的分类。第一，对于低频/低额损失的操作风险，例如与

日常活动有关的结算风险、交易中的人为失误等，银行可以采用风险承担的方式进行控制，即依靠银行本身的财务能力承担操作风险所造成的损失。风险承担可以通过两种方式来实现：一是将操作风险的预期损失计入成本，通过产品定价获得操作风险准备金，通过操作风险准备金吸收损失；二是预提资本，在风险发生以后，以预提资本吸收损失。在采用风险承担方式控制风险的时候，银行重点需要考虑其风险承担能力。在经过风险计量和评估之后，如果风险损失的期望值高于银行的承受能力，则银行应该考虑采用其他方式或者其他方法与风险承担相结合的方式来吸收损失。

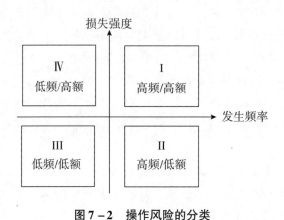

图 7 – 2　操作风险的分类

第二，对于低频/高额损失的操作风险，银行应重点考虑通过风险转移的方法进行控制。由于此类操作风险计量困难、损失巨大，对银行而言是风险控制中的薄弱环节。在面对此类风险时，商业银行应将处理此类风险的责任转移给其他金融机构。如果其他金融机构也不能消除此类风险，则要对其进行积极的管理。

在实际操作中，银行常常采用的风险转移方法有保险和业务外包两种。其中，保险是最被广泛认可和采用的方法，而适合采用保险方式规避的操作风险包括火灾、员工滑倒和坠落造成的一般性责任等。与单个银行面对的缺少数据的窘况不同，保险通过承接银行的操作风险保险业务可以收集大量的操作风险损失数据。在此基础上，保险公司能够采用统计方法来预测操作风险的损失，并用银行转移风险的代价——保费——来支付损失并获得利润。所以，在操作风险控制的问题上，保险公司的管理水平更高，更擅长控制低频/高额损失的操作风险。由于存在保险公司不能及时赔付以及部分操作风险不适合保险的问题，保险只能作为一种辅助手段。为此，巴塞尔委员会特别规定，"高级度量法允许银行出于计算最低监管资本的需要，在计量操作风险时认可保险的风险缓释影响。保险的缓释作用不超过操作风险总资本要求的20%。"以此降低银行运用保险进行风险转移的动力。

业务外包指受监管实体持续地利用外包服务商（为集团内的附属实体或集团以外的实体）来完成以前由自身承担的业务活动。在商业银行的经营过程中，总是存在一些并不擅长或在战略上不愿意重点拓展的业务或管理环节，比如计算机的硬件设备和软件系统的采购和维护等。如果由商业银行本身来完成这些业务，则可能会出现差错或提高经营成本。所以，商业银行会选择将这些业务或管理环节交由专业机构完成，而银行在将其外包的同时，也将该业务中的操作风险转嫁给了承担该业务的服务商。因此，业务外包也能够达到银行转移风险的目的。

第三，对于高频/高额损失的操作风险，采取风险规避的方式进行控制。所谓风险回避指对于某些操作风险事件，考虑到其损失程度较大，银行应该降低该业务的业务量或者干脆退出此类业务，从而避免可能的损失。因此，对于那些对操作风险管理水平要求比较高，但经济效益比较差的业务，银行业可以采取回避的方法控制其操作风险。需要指出的是，银行应谨慎对待风险回避这一风险控制工具，因为高风险业务往往带来的是高盈利，银行应该综合考虑其风险和报酬因素，而不应该轻易地选择退出某一业务领域。

第四，对于高频/低额损失的操作风险，银行应采取损失控制的方式。内部损失控制是最积极的风险控制方式，它是指银行在面对那些无法回避的风险时，采取必要措施，如员工培训、拟定规则制度、建立风险报告机制等，及时察觉潜在风险，减少风险事件发生的频率，降低损失程度。通过采取强化内部控制、优化组织、加强教育培训、完善和升级系统等措施后，银行也依然可能没有完全地避免损失。此时，对这些可控制类操作风险的非预期损失，必须配置相应的资本来吸收非预期操作风险的损失。

（四）风险监测

高级管理层应该建立起一套风险评估和监测程序，采用定性和定量评估的方法来监测本机构面临操作风险的所有敞口，评价所采取的风险转移措施的质量和效果（包括被识别的风险能在多大程度上从本机构转移出去），并确保有效的控制措施和管理系统可以将问题在进一步恶化之前识别出来。

（五）风险报告

操作风险报告是向操作风险管理层反馈操作风险管理信息的工具，其内容应该包括风险评估结果、损失事件、风险诱因、关键指标、控制状况、资本金水平和建议等。

管理层必须确保相关风险管理人员能够定期收到规范格式的风险报告，以帮助其对经营风险进行监测和控制。风险报告的基本信息应该包括金融机构当前面临或可能面临的操作风险、风险事件和问题，以及拟采取的管理措施、已采取措施的效果、管理合理风险敞口的详细计划、哪些部门面临较大的操作风险压力和为管理操作风险而采取的措施情况等。通过操作风险报告，操作风险管理者可以掌握操作风险来源、整体风险状况、操作风险发展趋势和其他重要信息，并以此为依据对已存在的管理体系进行改进，以提高操作风险的管理水平，适应不断变化的外部环境和内部环境。

最后，操作风险管理是以上5个环节反复循环的过程，风险管理部门要保证每年或每半年对操作风险管理进行回顾和总结，包括操作风险战略和政策是否与业务目标匹配，确定风险管理状况及当前的职责，风险缓释的措施是否符合战略和政策，损失原因分析中是否得出了教训，以及是否吸取了教训，是否提高了风险管理水平。

四、中国商业银行操作风险管理的演进

中国银行业的操作风险监管起步于2002—2006年间。中国人民银行2002年9月发布并开始实施《商业银行内部控制指引》，率先对中国银行建立操作风险管理和控制框架提出了要求；其后中国银保监会在《关于加大防范操作风险工作力度的通知》中进一步对商业银行加强操作风险防范提出13条指导意见，使操作风险与信用风险、市场风险并列成为银行面临的三大风险。但是限于当时的制度和金融环境，在这一阶段，由于对操作风险的认识尚处于初步阶段，对操作风险的管理仍在探索之中，尚未形成成熟的理念和管理工具，中国商业银行的操作风险管理存在诸多不足之处。具体表现为商业银行操作风险的组织基础工作薄弱，银行内部控制制度建设滞后，相关的信息披露严重不足，缺乏操作风险的计量模型和损失数据等问题。在这一阶段，操作风险引发的损失事件时有发生。例如，当时中国有5家规模各异的银行参加了G10（Group of ten）国家监管当局对《巴塞尔协议Ⅱ》的第三次定量影响测算（QIS3测算），其合计的资产占到中国银行业总资产的48%。按标准法计算，操作风险的贡献率为3.83%。由此可见，当时中国银行在操作风险管理方面的水平是相当低的。此外，国内当时的一份研究文献还显示操作风险在各部门中相差很大，如表7-11所示。

表7-11 损失事件发生数目的频数统计

业务分类	经营中断和系统出错频数（比例）	客户、产品以及商业行为频数（比例）	执行、交割以及交易过程频数（比例）	外部欺诈频数（比例）	内部欺诈频数（比例）	总计（比例）
代理服务	0 (0)	0 (0)	0 (0)	0 (0)	1 (0.41%)	1 (0.41%)
资产管理	0 (0)	1 (1.41%)	0 (0)	0 (0)	1 (1.41%)	2 (2.82%)
商业银行业务	0 (0)	1 (1.41%)	2 (2.82%)	12 (16.90%)	38 (53.52%)	53 (74.65%)
公司财务	0 (0)	1 (1.41%)	0 (0)	0 (0)	1 (1.41%)	2 (2.82%)
零售银行业务	3 (4.23%)	2 (2.82%)	5 (7.04%)	3 (4.23%)	0 (0)	13 (18.31%)
总计	3 (4.23%)	5 (7.04%)	7 (9.86%)	15 (21.13%)	41 (57.75%)	71 (100.00%)

数据来源：李志辉，范洪波. 新巴塞尔资本协议与商业银行操作风险管理 [J]. 南开经济研究，2005 (6): 73-80.

2007年至今，操作风险已成为中国金融风险监管中的重要组成部分。在吸纳了《巴塞尔协议》对操作风险监管要求的相关规定之后，《中国银行业实施新资本协议指导意见》《商业银行操作风险管理指引》《商业银行操作风险监管资本计量指引》等一系列文件的先后出台，逐渐规范完善中国银行业的操作风险监管。其中，2012年原银监会发布的《商业银行资本管理办法（试行）》，标志着《巴塞尔协议Ⅲ》在中国落地。尽管中国银行业在操作风险的管理与监管过程中持续进步，但是依然存有诸多改进空间。

第一，健全操作风险管理制度体系。中国很多商业银行尚未设立操作风险专项管理部门，管控力度不足，管理职责分散，制度覆盖范围多局限于一线业务人员而非管理层人员。董事会、高级管理层应发挥其在内部治理中的重要作用，建立起完善的激励机制、监督机制等，健全与其自身规模、特点、复杂性、业务活动性质和风险暴露相称的操作风险管理体系，进一步将操作风险管理程序整合到银行的战略决策过程中去。

第二，加强操作风险内部数据建设。操作风险内部数据库系统普遍尚未在中国银行业形成，不利于实现全行范围的操作风险识别、评估和定期有效监测。商业银行应逐步开展最新的操作风险损失数据收集工作，尤其是在需要开发或测试的压力状态下，保证并提高数据收集的质量和时效性，进而实现操作风险指标的定期、有效监测；完善操作风险识别和评估工具的实施，确保来自这些工具的行动计划得以监测。

第三，确保操作风险管理和计量的前瞻性。由于操作风险度量模型以及历史损失数据的长期缺失，中国基础较差的中小银行仍在使用基本指标法，工商银行、农业银行、中国银行、建设银行、交通银行、招商银行6家大中型商业银行，也仅于2014年获原银监会批准实施操作风险标准法，截至2020年，各银行年报显示，尚无法采用《巴塞尔协议》推荐的高级度量法。中国商业银行应在确保可操作性的基础上不断优化操作风险管理工具，并进一步将操作风险的监管制度精细化，同时及时更新操作风险监管资本度量方法，把操作风险计量结果更好地融入管理决策中，以完成从"事后管理"向"事前防范"模式的逐步转变。

第四，完善操作风险信息披露机制。中国商业银行应开发一个综合全面的信息披露机制，由董事会批准、监督并接受独立审查，披露真实、全面、及时、准确的商业银行信息。同时，加强关于操作风险管理状态，以及银行如何管理操作风险暴露的信息披露，更好地约束商业银行管理操作风险的行为。

第五，形成操作风险管理文化。商业银行高级管理层应更深入制定并实施操作风险培训和宣传教育，大力加强操作风险文化建设，提高员工规范操作的操作风险意识，扩充高学历、年轻化的监管人员队伍，形成全行范围内的操作风险管理文化标准和理念。

本章小结

　　银行操作风险管理研究是一个全新的领域，一系列因操作风险震惊世界的国际银行损失事件引发了对操作风险管理强烈的内在需求，《巴塞尔协议Ⅱ》因此明确提出对银行操作风险的资本要求和风险度量。从风险透明度和监管资本要求的角度来看，开发统一的操作风险度量模型有重要的意义。操作风险度量模型有利于降低银行的资本金要求，提高银行的国际竞争力，进而获得操作风险管理方面的最大利益。事实上，在银行业风险管理实践需求的推动下，先后开发了成熟的市场风险和信用风险度量方法（如 J. P. 摩根公司的 CreditMetrics 模型等）。这表明监管部门也能够引导银行业开发出更多的基于真实数据的分析工具，用于衡量操作风险的量化方法，前面介绍的高级度量方法（LDA、EVT 等）就是这方面努力的结果。

　　本章首先结合《巴塞尔协议》，对操作风险的内涵和外延进行了详细的介绍；然后比较分析了当前计算操作风险具有代表性的几类方法：基本指标法、标准法和高级度量法（内部度量法、损失分布法和极值法）；最后介绍了巴塞尔委员会关于操作风险的监管原则及其演进，操作风险的管理战略、组织框架以及管理流程，以及操作风险管理在中国的实践以及未来可能的改进。

关键术语

　　操作风险　损失事件　自上而下法　自下而上法　基本指标法　标准法　情景分析　高级度量法　损失分布　自我评估法　计分卡法　极值理论　操作风险管理流程　操作风险管理战略

思　考　题

1. 什么是操作风险？操作风险的分类有哪些？
2. 操作风险的度量路径有哪些？
3. 操作风险的度量方法有哪些？各自的基本思想是什么？
4. 请简单陈述操作风险的定性分析方法。
5. 巴塞尔委员会关于操作风险管理的原则有哪些？
6. 请简述操作风险管理的战略和相关流程。
7. 简述《巴塞尔协议Ⅲ》对操作风险标准法度量的修订内容。
8. 中国商业银行操作风险管理的现状如何？

第八章 流动性风险度量与管理

|本|章|要|点|

◇ 流动性风险及其成因。
◇ 流动性风险的分类。
◇ 流动性风险的度量方法。
◇《巴塞尔协议Ⅲ》中对流动性风险的新监管要求。
◇ 中国流动性风险的度量指标及测算。

所有金融机构的管理层都面临同一个重要任务,即在任何时候都要保证充足的流动性。流动性意味着金融机构能够及时迅速地在需要时以合理的成本获得可支配资金。也就是说,为了具备流动性的金融机构或者留存有足够数量的现金以便在需要时即刻使用,或者能够及时借款或卖出资产以筹集现款。金融实践活动中,流动性的匮乏是金融机构陷入困境首当其冲的信号,金融机构即便技术上仍具有清偿能力,但是如果无法筹集足够的流动性资金也很可能被迫倒闭。2008年金融危机的爆发,使我们深刻认识到流动性风险是如何增强危机的深度和广度的,这也让流动性风险成为威胁金融稳定的重要因素之一。考虑到流动性风险并非独立存在,而是与各类金融风险紧密依存;必须从金融系统整体视角看待流动性风险,并将其视为金融机构风险管理体系的重要组成部分。此外,流动性管理能力也是管理层能否有效实现金融机构经营目标的重要晴雨表。据此,本章从流动性风险的定义和成因开始,逐次介绍流动性风险的分类、度量、管理方法及其监管准则和实践。

第一节　流动性风险及其管理理论简介

一、流动性风险及其成因

关于流动性风险的定义，巴塞尔委员会在《有效银行监管的核心原则》提出：流动性风险是指银行无力为负债的减少或资产的增加提供融资的可靠性，即当银行流动性不足时，无法以合理的成本迅速增加负债或变现资产获得足够的资金，从而影响其盈利水平。在极端情况下，流动性不足会造成银行的清偿问题。

流动性风险包括资产流动性风险（Asset Liquidity Risk）、融资流动性风险（Funding Liquidity Risk），以及资产融资综合流动性风险，分别对应金融机构的资产管理、负债以及资产负债综合管理。根据对市场中投资者的影响范围，流动性风险又可分为内生流动性（Endogenous Liquidity）风险与外生流动性（Exogenous Liquidity）风险。内生流动性风险是指市场中投资者所面临的与自身因素有关的流动性风险；而外生流动性风险是指在整个市场范围内，所有投资者共同面临的风险，它与市场总体风险相关。

在商业银行等金融机构的经营过程中，高资产负债率是其不同于一般工商企业的重要特征之一，也正是这一特征导致了流动性风险。对于金融机构来说，流动性风险始终处于重要地位。以商业银行为例，一家经营正常的银行，利率的波动、资产和负债的不匹配都是流动性风险的诱因；但是针对经营不善的银行而言，除上述原因外，信贷风险往往也会导致流动性危机。对于其他金融机构或企业而言，流动性风险则可能由经营风险、信用风险、市场风险、管理层以及法律问题等一系列因素引发。如果上述因素同时爆发，那么流动性风险所带来的损失将会更为惨重。理论上，一般将商业银行流动性风险的成因归纳为以下几方面。

（一）资产与负债期限不匹配造成流动性缺口

众所周知，银行自诞生的那天起，其核心技能就是期限转换，即将短期存款或负债转变为长期的盈利资产。这种借短贷长的行为在银行的资产负债表中具体表现为资产与负债期限的不匹配。换言之，就是由资产产生的现金流入与由负债引发的现金流出不能相互吻合。银行借短贷长的经营行为可以给银行带来利润，但同时也可能带来当债权人大量提取资金时，银行无法满足提款需求的危机。这是银行流动性风险产生的直接原因。因为期限搭配失当会导致资产流动性偏低，所以，资产负债的期限搭配一直是银行资产负债比例管理的基本要求。一般而言，偿还期较短的负债适合作为期限较短资产的资金来源，期限较长的资产则对应于偿还期较长的负债。商业银行应遵循长存长贷、短存短贷的原则,倘若该原则被严重破坏,大量短期负债被用作长期资产的来源,银行资产负债的流动性水平就会降低,容易引发挤兑危机。

此外,还要注意资产与负债的规模是否匹配。如果银行在无法保证获得稳定资金的情况下,把大量的短期资金来源用于长期投资,盲目扩大资产规模,特别是长期资产规模,就会导致长期风险资产权重过大,增加发生流动性危机的可能性,伊利诺伊大陆银行(Continental Illinois National Bank)流动性危机就是典型案例。

(二) 货币政策收紧与宽松造成流动性波动

货币政策宽松的状态下,市场上融资成本较低,商业银行可以以较低的利率从公众或者银行间市场获取资金以补充流动性的缺口。同时,资产价格因宽松的货币政策而膨胀,变现时遭受资本损失的概率低,流动性风险较小。而当货币政策不断收紧,如提高法定存款准备金率、上调基准利率等货币政策工具实施时,那些资金获取较为困难的商业银行无疑将面临极大的流动性不足风险。

(三) 银行其他风险向流动性风险的转化

银行的其他风险也可能转化为流动性风险。

一是信用风险的转化。信用风险的变化与流动性风险的变化紧密相关。当商业银行为扩大收益而过度放贷时,信用风险便会积聚。特别是银行将资金放贷给信誉不佳或者经营不善的公司,到期难以收回成本而形成坏账后,银行不得不以更高的成本进行融资,极端情况下甚至被迫通过损失资本,或者变卖资产来获取资金补充。信用风险的集聚使银行信用降低,民众认可度下降,造成银行筹资成本上升、盈利能力下降,最终导致流动性风险。

二是市场风险的转化。市场风险是指包括利率、汇率、股价、商品价格等在内的市场价格大幅波动所引起的银行头寸损失的风险。资金提供者仔细审查银行的交易账户时,如果发现市场风险影响其收益或者资金状况,则必然会提高资金借出利率,甚至拒绝借出资金,这将导致银行融资成本上升,间接增加了流动性风险。

三是操作风险的转化。操作风险是运营过程中由系统错误、流程缺陷或人为疏忽而引发的流动性损失。对于可预估的金额较小的损失,商业银行一般计入营业费用进行抵补;对于不可预估的损失,就需要银行以当期利润甚至资本来弥补;一旦出现较大纰漏的操作失误,商业银行可能面临巨额亏损甚至倒闭。

对于一家经营不善的银行来说,信贷风险往往是流动性危机的诱因。一家管理拙劣的银行,往往甘愿冒极大的风险将资金贷给信誉欠佳的机构。借款者经营不善导致贷款坏账,从而使银行盈利水平下降。一旦金融市场上流传该银行盈利水平下降的消息,该银行将不得不以更高的代价去保留原有的存款或从市场上拆借资金。更进一步,随着银行盈利状况的进一步恶化,甚至出现严重亏损,不受央行存款保险公司保护的存款者将首先抽走其资金,迫使银行不得不通过低价变卖资产来解决流动性不足的燃眉之急，而低价变卖资产有可能导致这家银行破产倒闭。

（四）其他因素

除此之外，其他一些因素也会导致金融机构出现流动性不足的情况，这些因素大致包括以下几类。

（1）经营风险，包括在日常业务流程中的意见分歧。经营风险有可能对企业现金流产生影响并导致流动性丧失。

（2）对利率变动的敏感性。当市场利率水平上升时，某些存款客户会将存款提现，转而投资于其他报酬更高的产品；某些贷款客户也可能推迟新贷款的申请，或者加速使用利率成本较低的信用额度。因此，利率的变动对客户的存款和贷款需求都会产生影响，甚至会严重影响到银行的流动性头寸。此外，利率的波动还将影响到银行所出售资产的市值，甚至直接影响到银行在货币市场上借贷资金的成本。

（3）管理、声誉、法律法规以及税务上的问题所导致的流动性风险。一个企业如果没有良好的声誉，将失去大量的客户和盈利机会，从而使投资者和债权人重新评估该公司是否值得投资。法律制裁、诉讼或者其他形式的法律处罚，都将恶化当前的形势，而强制支出的补偿金会给企业带来更大的经济压力。

二、流动性风险的分类

流动性风险由资产流动性风险和融资流动性风险组成。它们分别对应着金融机构的资产管理和负债管理。在实务中，这两种类型的流动性风险常常会相互影响，尤其是当银行的资产组合中包含那些流动性不足的资产，并且必须在极端困难的境况下卖出以满足其融资需求时，流动性风险的表现更加明显。

（一）资产流动性风险

资产流动性风险，也被称为市场/产品流动性风险（Market/Product Liquidity Risk）。欧洲银行监管委员会（Committee of European Banking Supervisors，CEBS）将其定义为，资产头寸在市场深度不足或市场崩溃时，无法在不显著影响市场价格的情况下快速变现的风险。当交易头寸的规模远高于正常交易量，无法以当前的市场价格成交时，就会爆发资产流动性风险。此类风险一般可以用价格－数量函数来衡量，有时也被称为市场冲击效应（Market Impact Effect）。

1. 资产流动性风险评判指标

资产流动性风险代表着资产头寸无法轻易变现的风险。为了评估资产流动性风险，需从资产所在市场的交易特征说起。高流动性的资产（如国库券和短期银行票据等）的特征是具有交易活跃的市场，其头寸交易对价格的影响很小，也就是说流动性较好的资产具有较紧的买卖价差（Bid-ask Spread）。这里，买卖价差指在正常的市场规模（Normal Market Size，NMS）下，用于测度双向交易（Round-trip Transaction）中购买及销售一定数量金融产品的成本。以 $p(a)$ 指代卖出价，$p(b)$ 指代买入价，$p(m)$ 指代中间价，也就是买入价和卖出价的平均值 $[p(a)+p(b)]/2$，那么买卖价差可以定义如下：

$$S = [p(a) - p(b)]/p(m)$$

具有良好流动性的资产具有狭窄（Tight）的买卖价差，紧度（Tightness）是用来测量实际交易价格与交易时报价之间差异的指标。流动性还可以用另一个测量指标——深度（Depth）来衡量，目的是了解在不显著影响价格的情况下可以进行交易的数量，这里一般来说指的是卖出价。深度与浅度（Thinness）是相对应的概念。在流动性充沛的市场上，当卖出很大数量的资产后，价格会在短期下跌后迅速归位。因此，我们还可以用回弹性（Resiliency）来测量交易完成后价格回调到正常价格的速度。

流动性风险可分为内生流动性风险和外生流动性风险。前者指机构投资者在调整仓位时，因自身交易的速度和头寸规模等对市场的影响，使接下来的交易不能按照事前期望的价格成交的风险，该风险在一定程度上可以度量与控制；后者指由于外部环境变化的冲击造成整个市场或部分证券流动性发生巨大变化，给机构投资者带来的交易成本的不确定性，该风险不宜度量与控制。投资者可以根据交易的紧度、深度和回弹性判断当时的价格冲击大小，从而制定交易策略，控制内生流动性风险，降低交易成本。

一般来讲，交易量较大的资产流动性较强。例如国债市场，其市场冲击非常平坦，意味着即便出现大量的交易也基本不会影响价格。例如一家金融机构可以以 0.10% 的买卖价差的一半作为交易成本来完成 1000 万元国债的交易，这个交易总共才产生 5000 元的交易成本，非常低廉。相对应地，低流动性资产通常指代的是那些买卖价差大且交易可以迅速影响价格的资产。例如，银行贷款经常在场外交易市场（Over the Counter, OTC）市场进行交易，其价差可能会到 10%。一个 1000 万元的沽出可能会使价格下跌 5%，其交易成本将为 50 万元，比前一个例子高出很多。出售 2 倍于此的规模可能会导致更大幅度的价格下跌，例如 8%，从而造成市场流动性枯竭，导致短期内只有卖出者，没有买入者，引发"流动性黑洞"（Liquidity Black Holes）。总之，低流动性资产的价格主要由当下的供给与需求决定，比流动性资产表现出更高的波动。

因此，那些易于定价的资产也更容易获取流动性。一个极端的情况就是具有固定利率的国债，这是一种简单的投资工具并且易于估值。另一个关于流动性的极端的情况就是那些具有复杂的付息方式的结构化票据，其对于参与者而言一方面难以估值，另一方面难以对冲风险。因此，这种结构化票据的买卖价差必然要比国债大得多。

尽管交易量反映了投资者的不同选择，但是也依赖于市场中活跃投资者的表现，尤其是那些在众多市场中进行交易的对冲基金，在某种程度上此类基金的存在增加了市场的流动性。此外，大家还要注意偿付能力与流动性的区别。具有偿付能力是指公司的资产大于负债，净价值为正；具有流动性则是指在指定付款日，银行有足够的现金进行支付。

2. 资产流动性的影响因素

(1) 市场条件。买卖价差越小,市场回弹性越强(如大额交易造成的市场冲击可很快恢复),则流动性越好。一般而言,那些具有更高交易量的资产,其买卖价差很小,市场深度较深,具有更大的正常市场规模,其市场冲击具有更小的斜率(Slope),通常具有更好的流动性。

(2) 变现时间范围。在价格不发生剧烈变动的情况下,变现所需时间越短,流动性越好。如果价格与数量的函数是陡峭的,即价格容易大起大落,此时,一个巨大数额的卖出会大幅推动价格下降;相反有耐心的投资者,可以将卖出指令分摊在多个交易日中,使其对市场价格不产生很大影响,故而能获得一个相对较好的卖出价格。

(3) 资产和证券类型。流动性根据资产等级的不同而变化,随证券不同而有所区别。容易定价、交易活跃的热门证券,以及那些发行量很大或是于近期发行的证券通常具有较好的流动性。这里,新券(On-the-run Securities)是指那些刚刚发行不久的证券。新券交易更加活跃,具有更好的流动性。其他证券则被称为旧券(Off-the-run Securities)。例如,最新发行的30年国债便被认为是新券,而若有其他更新的30年国债在其后发行,届时该新券将会被认为是旧券的一种。这两种证券均具有同样的信用风险(因为发行该国债的政府的违约率几乎可以认为是0)及市场风险(因为这两者的期限均接近30年),所以它们非常相似,故而其收益率的价差通常来自流动性溢价。

(4) 资产的可转换性。资产的流动性成本也依赖于资产的可转换性。那些在核心交易所集中交易的标准合约,如期货或股票,相对于场外交易的衍生工具更具可替代性,可以很容易地被再次卖给出价更高的购买者,因此具有可转换性,流动性更好。与之相对,那些在场外私下协商的衍生产品需要初始交易对手的协议以便其退出交易。在这种情况下,交易对手为了清理该头寸,会要求相应的折扣,让产品的流动性变差。

(二) 融资流动性风险

融资流动性风险,则是指金融机构缺乏资金且没有能力筹资来偿还到期债务的风险。通常融资流动性风险会迫使金融机构破产清算。融资流动性风险多来自金融机构不合理的杠杆运营,即金融机构过度借入资金、扩张资产规模的行为。次贷危机中,融资流动性风险成为一个重要的风险因素。随着次级贷款产生的损失不断曝光,商业银行与投资银行的损失头寸不断累积,导致银行收紧了流动性敞口,因恐惧交易对手的违约而不愿对市场提供资金。

例如,货币市场的情况可以通过比较3个月期的国债利率、3个月期的LIBOR以及联邦基金隔夜拆借利率进行度量。为了进行比较,所有的利率都以同一种货币(如美元)进行计价。按照实务界的做法,美国国债被视为没有信用风险的资产,而LIBOR和联邦基金利率则都包含着对信用风险的定价。此时,LIBOR和联邦基金利率之间的差额是一种期限价差。它可以被视为基于贷款的看涨期权的价格。一家进行隔夜拆借的银行可以在坏消息对市场造成冲击时,选择不进行重新贷款来规避风险。相反地,一家发放 3 个月期贷款承诺的银行就没有了这样的选择权。通常情况下,期权的价值会随着时间不确定性的增加而增加,这也解释了为什么期限价差会突然增加。

3 个月期伦敦银行间市场利率(LIBOR)与 3 个月期美国国债利率之差被称为 TED 利差,它反映了期望信用损失,也就是流动性风险溢价。在 2007—2008 年间,这些利率的特征反映出信用风险和流动性风险对市场的不同作用。联邦基金利率自次贷危机发生后急剧下降,反映了美联储极度宽松的货币政策,国债利率也相应下降;然而 LIBOR 却依然维持在高位,这反映了信用市场上的紧缩情况,必须用更高的利率水平才能获取所需要的流动性。一般来说,TED 利差通常在 25 个基点左右,但在 2008 年 9 月 15 日雷曼兄弟倒闭之后,TED 利差却急剧扩大到 500 个基点。这使得那些较低信用评级的市场参与者在融资时不得不面对更高的利率,让本来就很糟糕的市场情况雪上加霜。

三、流动性风险的缓释

流动性风险冲击往往会造成流动性匮乏乃至引发"流动性黑洞",即因为所有人同时想买入或卖出某类资产而触发市场流动性枯竭的现象,此类现象有时也被称为"出口拥堵"(Crowded Exit)。流动性匮乏可以存在于整个市场范围内,且随着时间的推移而变化,从而具有系统性风险的特征,市场流动性可能会发生大规模改变。缺乏流动性会给风险测度带来一定的问题。在缺乏流动性的市场,即便交易量较少,价格没有出现剧烈的变动,也并不能证明流动性充裕。基于此,报告期末的价格往往并不能体现市场出清时的交易状况,体现为变动缓慢,有可能低估其潜在波动率与其他等级资产之间的相关性,造成偏误(Bias)。另外,那些可能会缓慢影响资产价格的信息,会因拓展了 VaR 的估测时长,而使其时间的平方根法则失效,产生正的自相关收益。

根据以往的流动性危机来看,流动性风险体现出一些共性的特点,如 1994 年的债券崩溃、1998 年的俄罗斯金融危机和美国长期资本管理公司危机,以及始于 2007 年的次贷危机。这些危机中均出现了资金"择优而栖"(Flight to Quality)现象,也就是在危机发生时,资金会体现出追逐高等级"安全"的证券,如政府债券,而逃离低等级"危险"证券的特点。在极端的价格下,低等级的市场会越发失去流动性,体现为公司及政府发行的债券的收益价差不断增长。

总结以往流动性危机可知,流动性危机的发生主要有以下原因。一是无法预测的现金流量冲击;二是银行管理不善;三是负面冲击和市场反应;四是金融系统性恐慌带来的流动性风险。与之对应,金融机构流动性的来源也无外乎可以归类为以下几类。持有现金和随时可以转换为现金的短期国债;变卖交易头寸的能力;短时间内在交易市场借入现金的能力;短时间内提高有利条款吸引零售存款的能力;短时间内将资产(如贷款)进行证券化的能力;由中央银行借入资金的能力。

基于上述分析可知,首先,在考虑用资产负债表中的资产部分缓释流动性风险时,现金或流动性资产可以立即提供缓冲。若仍然不足,可以通过折价出售无担保的证券来进行抵补，而这种折价的大小可以反映出彼时资产的流动性风险。或者，这些遭遇流动性危机的机构也可以在被监管机构允许的情况下，通过和私下的交易对手或中央银行签订抵押回购协议，以现金形式进行出售。另外，现金也可以来自处于实值的衍生产品。非银行类金融机构可以考虑建立银行信贷业务，这样可以在需要流动性时变现资产。此外，对于一家上市公司来说，其股权部分是最为稳定的，也是最可依赖的。金融机构可以通过分红、股权回购以及新股发行来管理其股权的流动性。

其次，流动性风险往往产生于企业，尤其是金融机构表内或者表外的负债项目，所以在采用融资手段管理流动性时，负债部分也很重要。负债的划分与财务上的分类略有不同，分为稳定的负债和波动的负债。这种划分主要是根据现金流的可预测程度进行的。金融机构的债务部分可分为有担保的债务和无担保的债务。投资者在有资产进行担保的情况下会更愿意提供资金；相反，那些没有担保的债务投资有可能面临债务发行人的违约风险，对投资者的吸引力较小。在无担保类债务中，零售存款比资本市场工具更加稳定。

采用融资手段管理流动性的主要问题是当机构的经营遭遇困境时，往往需要的资金缺口很大，要及时筹集资金非常困难。例如，在发生危机的情况下，投资货币市场工具的投资者会要求更高的风险补偿，即提高利率，或者要求缩短投资期限，甚至拒绝继续提供融资。此外，金融机构也必须顾及赎回的可能性，或者股权或债权人的现金需求，要尽量避免在债务合约或期权合约中包含早期赎回借入资金的"触发"条款。

最后，表内和表外的信息应将现金流整合在一起。特别地，当银行系统已经扩展了证券化业务以减少表内的资产时，尤其要进行表内、表外综合管理。在表外的负债项目中，银行提供的贷款承诺、信用票据以及金融担保在价值下降时会产生或有的流动性风险。随着头寸变为虚值状态，或者触发了合约包括的类似信用评级下降的信用事件时，衍生产品也可能会在交易对手要求追加抵押物时产生现金流危机。特殊目的载体也可能会产生或有的流动性风险敞口。一些结构化产品，例如银行发起成立的分支机构所发行的金融产品，当SPV无法滚动其债务时，银行就会主动将其收回，这样会产生流动性风险。其他结构化产品，例如结构化投资工具（Structured Investment Vehicles, SIV），可能不会被主动收回，但是当银行考虑到商业或声誉原因时，也会选择对其提供流动性支持，对现金流形成压力。

国际货币基金组织（IMF）也曾指出，在衍生产品市场的信用、流动性和市场风险中，流动性风险最难处理。这是因为衍生产品结构复杂，信息披露和透明度较低，会增加估值以及风险管理的难度；银行难以预测其未来的现金流，以及与其他金融产品的相关性，而表外业务和嵌入式期权更会加剧这种风险；此类产品不但交易欠活跃，价格波动性强，流动性风险高，而且一般具有高杠杆率，对银行资金头寸的影响和风险敞口往往具有放大效果。由于银行更倾向于利用衍生工具，尤其是远期、掉期和期权交易来管理利率风险而不愿运用传统工具，因此，衍生产品市场流动性的丧失一方面会加大银行的利率风险；另一方面衍生工具风险在表外核算增加了银行风险敞口的不确定性，从而加剧了挤兑的风险。

第二节 流动性风险的度量与管理

流动性风险的客观存在，使得商业银行必须通过采取流动性风险的度量和管理措施，使资产负债保持合理的规模和期限结构，从而为商业银行流动性、安全性、盈利性的统一创造条件。其中，商业银行流动性风险管理的前提与关键是度量流动性风险。由于对流动性的理解和侧重点并不一致，流动性风险又涉及银行经营的各个方面，所以对流动性风险的准确度量成为一件复杂且困难的工作。为此，需要从静态和动态两个方面讨论商业银行流动性风险的度量。

一、流动性风险的静态度量方法

银行流动性的静态度量主要依靠各种指标和比率，反映的是银行在某个时点上的流动性水平。需要注意的是，一方面，这些指标大多侧重反映了流动性风险的某个方面，只有将其综合成为一个指标体系，才能全面衡量银行的流动性风险；另一方面，由于不同银行的资产规模、经营环境、经营理念并不相同，所以这些指标并不存在一个特定的最优值，不宜进行简单的个体比较。

（一）存贷款比率

传统上存贷比是衡量银行流动性风险的一个基本指标，它综合反映了银行的资产和负债的流动性特征，其公式如下：

$$存贷款比率 = 贷款总额/存款总额$$

一般该比率越高，银行的流动性越差。因为贷款难以变现，存贷款比率越高，意味着银行将大部分资金用于发放流动性低的贷款，并且银行要发放新的贷款必须运用存款以外的负债。而较低的存贷款比率意味着银行可以用稳定的存款来为新贷款融资，流动性风险较小。

存贷款比率虽然简单直观，但是也存在较大缺陷，最根本的缺陷在于，它只考虑了总量关系，忽略了存款和贷款的性质、期限、质量等结构因素。比如，同样是贷款，但抵押贷款与信用贷款、长期贷款与短期贷款的流动性显然不同；存款也是如此，定期存款与活期存款、对公存款与对私存款的流动性风险也不一样。

（二）核心存款比率

核心存款比率集中反映了银行负债方的流动性，其公式如下：

$$核心存款比率 = 核心存款/总存款$$

银行的存款按其稳定性可分为核心存款（Core Deposits）与易变性存款（Volatile Deposits）。核心存款是指对利率变化不敏感、较为稳定的存款，受季节变化和经济环境的影响小，是银行稳定和低成本的资金来源。易变性存款则受利率等外部因素的影响较大，容易流失。对同类型的银行而言，该比率越高表明流动性越好。一般来说，大银行核心存款比率低于小银行，但这并不表示大银行的流动性风险更高。只是因为大银行的负债来源更加多元化，对存款的依赖度较低。

在实际操作中，核心存款比率指标存在的问题是核心存款的测算。在美国，核心存款定义为存款总额减去余额在10万美元以下的存款余额。除该指标外，与核心存款相关的指标还有核心存款与总资产的比率、核心存款与贷款的比率等。

（三）流动资产比率

流动资产比率重点反映了银行资产方的流动性，其公式如下：

$$流动资产比率 = 流动性资产/总资产$$

流动性资产是指期限不超过1年、变现能力强的资产，最主要的是现金、同业存款和国债等。该比率越高，银行资产中储存的流动性越多，银行应付潜在的流动性需求的能力就越强。一般来说，银行的规模越大，该比率越小，因为大银行的资金筹集能力强，不需要储存太多的流动性。

使用流动资产比率的一个困难在于如何准确界定流动性资产。与其类似的指标有现金与总资产比率、超额准备金比率、流动性资产与流动性负债比率等。

（四）贷款占总资产的比率

贷款占总资产的比率也是反映银行资产方流动性的重要指标，其公式如下：

$$贷款占总资产的比率 = 贷款/总资产$$

贷款是商业银行资金运用的主要方式，一般而言，由于信息不对称和交易成本的因素，贷款难以转让，是银行流动性最低的资产。银行总资产中贷款的比例越高，说明银行资产的流动性越弱；而贷款的比例越低，说明银行的资产越多元化，流动性越强。

（五）流动性指数

流动性指数由美联储的 Jim Pierce 提出，用来衡量金融机构因突然或紧急出售资产时，相对于正常市场情况下以市场公允价值出售所遭受的潜在损失。如果用 P_i 代表资产 i 紧急出售的价格，P_i^* 代表资产 i 正常变现的价格，这两个价格的差异越大，金融机构资产的流动性就越差，这样流动性指数可以表示为

$$I = \sum_{t=1}^{N} \left(w_i \frac{P_i}{P_i^*} \right)$$

其中，w_i 代表资产 i 在总资产中的权重，显然有 $\sum_{i=1}^{N} w_i = 1$。可见，资产的流动性越高，那么 P_i 和 P_i^* 的差异越小，P_i/P_i^* 越接近于 1；反之，资产的流动性越低，P_i/P_i^* 越接近于 0。所以加权平均的流动性指数必然介于 0 和 1 之间。显然，流动性指数越小，表明即时出售资产的价格与公平的市场价格之间的差距就越大，银行资产的流动性也就越缺乏。为更好地分析流动性指数的合理性，可对同类银行的流动性指数进行横向比较。

例如，假定 A 银行有两种资产：占比 40% 的半年期国债和占比 60% 的企业贷款。如果银行必须在今天出售国债，则只能以 85 的价格售出面值为 100 的国债，而如果在到期日出售，银行将收回面值100；如果银行必须在今天出售企业贷款，则只能从每 100 中收回 90，而如果在半年后出售该贷款，它将收回 95。于是，该银行资产组合半年期的流动性指数为

$$I = 0.4 \times \left(\frac{85}{100}\right) + 0.6 \times \left(\frac{90}{95}\right) = 0.91$$

（六）存款集中度

存款集中度可用于衡量存款提前支取风险。鉴于银行对大额存款的依赖性，存款集中度越高，意味着潜在的存款提前支取风险越大，银行的流动性风险也就越大。其计算公式为

$$存款集中度 = \sum E_i W_i$$

其中，E_i 表示存款规模等级 i 的存款份额，W_i 表示存款规模等级 i 的权重。

（七）其他指标

除上述指标外，计量银行流动性风险的静态指标还有很多，比如超额准备金率、活期存款与定期存款比率、长期贷款与短期贷款比率、不良贷款率、大额负债依存度、流动性缺口率、净拆借资金比率、热钱比率（货币市场资产与货币市场负债之比）等。这些指标相互补充，共同构成衡量流动性风险的静态指标体系。

这里需要指出的是，纯粹的静态流动性管理并不存在，因为流动性本身就是一个动态概念，流动性风险就是一种动态资产运动带来的风险。所以，上述静态指标可以被认为是一种基于当前情况的事后统计。

二、流动性风险的动态度量方法

显然，为了全面反映银行的流动性风险，必须动态预测将来一段时间内潜在的资金供求状况。因此，为了事先衡量流动性风险的大小，我们首先要介绍非常重要的缺口概念。

（一）流动性缺口

缺口是银行管理特别是流动性管理中很常见的指标。流动性缺口（Liquidity Gap，LG）

是指在未来一定时期内，银行的潜在的资金需求（运用）与资金供给（来源）的差额，即

$$LG = F_1 - F_2$$

其中，LG 表示流动性缺口；F_1 表示流动性供给（来源）；F_2 表示流动性需求（运用）。如果 LG<0，则表示流动性供给不能满足流动性需求，银行面临流动性短缺风险；如果 LG>0，则表示银行的流动性有富余。表 8-1 列出了银行主要的流动性需求与供给。

表 8-1 商业银行的流动性供给与需求

流动性供给	流动性需求
客户存款	客户提取存款
非存款服务性收入	客户贷款
客户偿还贷款	偿还存款之外的借款
出售银行资产	运营费用和赋税
从货币市场上借款	向股东支付红利

资料来源：罗斯，赫金斯．商业银行管理［M］．刘园，译．北京：机械工业出版社，2011．

如果将银行的资产分为流动性与非流动性两种，将负债分为不稳定性和稳定性两种，那么可以认为银行的流动性需求来自不稳定性负债，流动性供给来自流动性资产，则可以将流动性缺口简单描述为，若现有的流动性资产小于不稳定性负债，则流动性缺口为负，银行流动性不足，应尽快筹集资金弥补这一缺口；反之，若流动性缺口为正，则流动性充裕，可通过对外借贷以提高资金的使用效率。

流动性缺口综合反映了某个时期内银行应偿还的债务与所能获得的资金的差额，即银行的流动性能力。如果使用当前的资产负债状况来计算，那么得到的是静态缺口（Static Gap）的概念，反映当前银行的流动性状况。如果银行的资产负债随着时间推移而变动，计算未来的预测值，那么得到的是动态缺口（Dynamic Gap）的概念，反映未来一段时间内的流动性状况。此外，流动性缺口还可分为期间缺口（Periodic Gap）和累计缺口（Cumulative Gap），前者为某一时期内银行的净资金流，后者是当期的流动性缺口加上前期流动性缺口的累计值。最后，在资产出售后，流动性依然不足时就会产生融资缺口（Funding Gaps）。

在银行的日常经营中，流动性缺口是按照一定的时间段来计算的。根据各银行的流动性需要及其管理水平，计算流动性缺口的时间段可按周、旬、月为划分标准。表 8-2 反映了某个银行的流动性缺口状况，为了方便说明问题，假设该银行估算流动性的时间段分别是 0—30 天、31—90 天，以及 91—365 天。

表 8-2 某银行的流动性缺口估算

单位：百万美元

项目	0—30 天	31—90 天	91—365 天
潜在资金运用			
加：到期定期存款			

单位：百万美元（续表）

项目	0—30 天	31—90 天	91—365 天
小额定期存款	5.5	8	34
大额可转让存单	40	70	100
欧洲货币存款	10	10	30
加：预测新增贷款			
工商贷款	60	112	686
消费者贷款	22	46	210
不动产和其他贷款	31	23	223
减：预测新增交易性存款			
活期存款	-6.5	105.5	10
协议存款	0.4	5.5	7
货币市场存款	1.6	3	6
潜在资金来源			
加：到期证券投资			
货币市场金融工具	8	16.5	35.5
国债	7.5	10.5	40
金融机构债券	2.5	1	12.5
加：贷款本金偿还	80	262	903
总来源	98	290	992
期间流动性缺口	75	-135	286
累计流动性缺口	75	-60	208

资料来源：Koch T W, Macdonald S S. Bank Management [M]. 4th ed. Chicago: Dryden Press, 2000.

从表 8-2 可以看出该银行在 1 年内资金供给和需求的汇总情况。在 0—30 天内，该银行有正流动性缺口 7,500 万美元，说明 1 个月内银行将面临流动性不足的压力。在 31—90 天及 91—365 天内的期间性流动性缺口分别为负缺口 13,500 万美元和正缺口 28,600 万美元，而这两个时期的累计性流动性缺口分别为负缺口 6,000 万美元和正缺口 20,800 万美元。这意味着，如果不依赖外部投融资，银行在这两个时间段分别会出现 6,000 万美元富余流动性和 20,800 万美元的流动性不足。

以下是中国建设银行集团定期监测资产负债各项业务期限缺口，评估不同期限范围内流动性风险的状况。表 8-3 列示出于所示日期建设银行集团的资产与负债根据相关剩余到期日的缺口分析。2020 年 12 月 31 日，建行集团各期限累计缺口 2.39 万亿元，较上年增加 1542.26 亿元；实时偿还的负缺口为 11.56 万亿元，较 2019 年扩大 9,936.90 亿元。建设银行集团对此的解释是，主要由于集团的客户基础广泛，存款增长较快所致。鉴于建行集团活期存款沉淀率较高，且存款平稳增长，预计未来资金来源稳定，流动性将继续保持稳健态势。最后，建行集团相关各项资产剩余到期日的详细分析测算如表 8-4 所示。

表 8-3 建设银行集团的资产与负债到期日缺口分析

单位：百万元

项目	无期限	实时偿还	1 个月以内	1 个月至 3 个月	3 个月至 1 年	1 年至 5 年	5 年以上	合计
2020 年 12 月 31 日 各期限缺口	2,959,627	(11,562,623)	(491,243)	(131,281)	(362,539)	2,061,094	9,916,318	2,389,353
2019 年 12 月 31 日 各期限缺口	2,700,022	(10,568,933)	37,627	(483,565)	(183,339)	2,445,984	8,287,331	2,235,127

资料来源：中国建设银行 2020 年年报。

表 8-4 中国建设银行 2020 年剩余到期日分析（2020 年 12 月 31 日）

单位：百万元

项目	无期限	实时偿还	1 个月以内	1 个月至 3 个月	3 个月至 1 年	1 年至 5 年	5 年以上	合计
资产								
现金及存放中央银行款项	2,330,273	483,266	1,537	1,088	—	—	—	2,816,164
存放同业款项和拆出资金	—	83,441	247,624	254,203	218,418	17,951	—	821,637
买入返售金融资产	—	—	584,491	13,053	4,695	—	—	602,239
发放贷款和垫款	92,098	818,412	390,460	891,697	3,047,961	3,984,181	7,006,560	16,231,369
投资								
—以公允价值计量且其变动计入当期损益的金融资产	222,924	17,595	48,777	21,282	53,304	78,416	135,654	577,952
—以摊余成本计量的金融资产	—	—	48,828	85,526	437,453	1,623,296	2,310,140	4,505,243
—以公允价值计量且其变动计入其他综合收益的金融资产	6,955	—	34,412	39,326	209,352	1,068,340	509,073	1,867,458
—长期股权投资	13,702	—	—	—	—	—	—	13,702
其他	317,507	100,855	12,503	40,770	109,048	26,719	89,088	696,490
资产总计	2,983,459	1,503,569	1,368,632	1,346,945	4,080,231	6,798,903	10,050,515	28,132,254

单位：百万元（续表）

项目	无期限	实时偿还	1个月以内	1个月至3个月	3个月至1年	1年至5年	5年以上	合计
负债								
向中央银行借款	—	—	121,089	54,100	605,165	816	—	781,170
同业及其他金融机构存放款项和拆入资金	—	1,518,231	150,011	173,627	294,142	144,493	12768	2,293,272
以公允价值计量且其变动计入当期损益的金融负债	—	19,058	110,119	67,643	57,259	—	—	254,079
卖出回购金融资产款	—	—	47,927	2,772	2,320	1,704	—	56,725
吸收存款	—	11,245,302	1,225,798	973,853	2,926,982	4,225,570	17,471	20,614,976
已发行债务证券	—	—	124,371	147,702	325,314	340,865	1,945	940,197
其他	23,823	283,601	80,560	56,527	231,588	24,361	102,013	802,482
负债合计	23,823	13,066,192	1,859,875	1,478,226	4,442,770	4,737,809	134,197	25,742,901
各期限缺口	2,959,627	(11,562,623)	(491,243)	(131,281)	(362,539)	2,061,094	9,916,318	2,389,353
衍生金融工具的名义名额								
-利率合约	—	—	69,502	130,562	264,040	168,030	18,091	650,225
-汇率合约	—	—	877,074	692,678	1,798,058	85,774	7,437	3,461,021
-其他合约	—	—	17,940	19,538	80,646	7,947	—	126,071

注：可能存在进位误差。
资料来源：中国建设银行2020年年报。

流动性缺口的概念简单直观，但也存在一些缺陷：对资产负债进行期限划分时，往往依靠主观判断。例如活期存款属于不稳定性负债，但实际也有沉淀下来的存款；长期贷款虽然属于非流动性资产，但也有提前偿还的情况；股本是最稳定的资金来源，但如果支付现金股利，同样也会产生流动性的需求。另外，流动性缺口未能很好反映银行潜在的资金筹措能力，而当今许多大银行正是以货币市场融资作为主要资金来源的，对它们而言这并不存在太高的风险。

（二）融资缺口

融资缺口的思想与流动性缺口类似，但它侧重从融资角度进行资金分析。融资缺口的公式如下。

$$融资缺口 = 预测的资金总需要量 - 预测的稳定资金来源$$

融资缺口表示银行必须筹集的用于新资产融资及对负债进行再融资的那部分新资金，如表 8-5 所示。

表 8-5　银行的融资缺口

融资需要总量	稳定的资金来源
对总资产的融资额	股本
尚未使用的授信额度	长期负债
扣除：流动性资产	稳定的短期负债
扣除：短期、可自由处置的资产	尚未使用的融资能力

融资缺口体现为总的融资需要量与稳定的资金来源之间的差额，被视为一种不稳定的融资，而不稳定的融资意味着银行必须通过不稳定的负债来筹措新资金。

（三）基于久期的计量

商业银行的资产和负债之间存在期限结构的匹配问题。一般来讲，银行资金来源的期限结构制约着资金运用的期限结构，即短期负债主要用于短期资产，长期负债主要用于长期资产。流动性风险管理应该尽量使资产的收入现金流的时间和数额与负债的支出现金流的时间和数额都匹配，一旦这二者之间出现不匹配，那么就会产生流动性风险。据此，可以采用第三章所介绍的久期方法来度量资产负债现金流是否匹配，如果在某一时期内商业银行的资产和负债的久期较为匹配，则表明该时期的流动性状况比较好，反之则较差。

如前所述，久期理论认为资产组合的久期等于各单个资产久期的加权平均，其中权重是各单个资产的市场价值占资产组合总市场价值的比重。例如，某一资产组合由市值分别为 $x_1, x_2, \cdots, x_n$ 的 n 种资产组成，该组合的久期分别为 $D_1, D_2, \cdots, D_n$，那么该资产组合的久期为

$$D_a = \sum_{i=1}^{n} \left(\frac{x_i}{\sum_{i=1}^{n} x_i} \times D_i \right)$$

所以，不妨假设某商业银行的资产共有 t 种，数量分别为 $x_1, x_2, \cdots, x_t$；负债共有 s 种，数量分别为 $y_1, y_2, \cdots, y_s$。根据上式可以分别计算出资产组合和负债组合的久期，依次记为 D_a、D_l，于是可得到如下结论。

（1）当 $\Delta = D_a - D_l > 0$ 时，说明在这一时期内，资产的平均到期期限大于负债的平均到期期限。倘若该期银行负债遭遇挤提，银行就容易面临支付困难，进而产生流动性风险。

（2）当 $\Delta = D_a - D_l < 0$ 时，说明在这一时期内，资产的平均到期期限小于负债的平均到期期限，表明银行的流动性状况较好。

（四）期限阶梯法

期限阶梯法是巴塞尔委员会推荐的一种流动性风险度量方法，它通过比较特定时间序列中银行未来的现金收入和现金支出，较为细致有效地评估商业银行的流动性风险状况。期限阶梯法事实上是一种现金流量分析方法，银行把未来一段时间内的现金流量区分为实际的现金流量和潜在的现金流量，如表 8-6 所示。

表 8-6 商业银行的现金流量分析

现金流入	现金流出
实际的现金流量	
即将到期的资产 尚未到期资产的利息收入	即将到期的批发性负债 固定的贷款承诺 尚未到期负债的利息支出 零售存款的季节性变动
潜在的现金流量	
可变现的未到期资产 已建立的信贷额度	无固定期限的零售存款 不固定的贷款承诺和其他表外活动

期限阶梯法的总体思路如下：首先，确定计算期限；其次，分别计算该期限内所有的现金收入与支出；最后，计算该期限下的现金余额，如果余额偏小，则需要注意流动性风险。事实上潜在的现金流量是较难预测的。在通常情况下，银行会认为客户的行为总是比较稳定的，因此会根据历史数据给上述各项现金流量做出一个含概率分布的预测，体现不确定程度，在情况变化时进行调整。此外，银行还可以给各项目附加一个权数来进一步体现其不确定性的差异。对于非常不稳定的现金流量，银行往往对其现金流入分配很低的权数，而对其现金流出分配很高的权数。

表 8-7　以合同期限为基础的期限阶梯

单位：百万元

现金收入		现金支出		现金余额	
第 1 天现金收入		第 1 天现金流出		第 1 天现金余缺	
到期资产	100	有合同期限的到期负债	70		
应收利息	20	应付利息	10		
资产出售	50	其他存款提取	30		
商业借款提款	10	商业贷款提款	30		
总计	180	总计	140		40
第 2 天现金收入		第 2 天现金流出		第 2 天现金余缺	
到期资产	100	有合同期限的到期负债	70		
应收利息	25	应付利息	20		
资产出售	55	其他存款提取	40		
商业借款提款	10	商业贷款提款	50		
总计	190	总计	180		10
第 3—15 天现金收入		第 3—15 天现金流出		第 3—15 天现金余缺	
到期资产	130	有合同期限的到期负债	90		
应收利息	50	应付利息	30		
资产出售	60	其他存款提取	30		
商业借款提款	20	商业贷款提款	60		
总计	260	总计	220		40
第 16—30 天现金收入		第 16—30 天现金流出		第 16—30 天现金余缺	
到期资产	160	有合同期限的到期负债	130		
应收利息	80	应付利息	60		
资产出售	90	其他存款提取	80		
商业借款提款	40	商业贷款提款	80		
总计	370	总计	350		20
……		……		……	

如表 8-7 所示，期限阶梯的第一列列出了现金收入的来源和金额，第二列列出了现金支出的来源和金额。在构建期限阶梯时，银行需要将每一笔现金收入和支出分配到自起始日开始（通常是第二天）的某一天内。作为建立期限阶梯的第一步，可以根据资产到期日或对贷款额度提取日的保守估计列出现金收入表；同样，可以按负债的到期日、负债持有人可以行使提取权的最早日期，及或有负债可能被使用的最早日期列出现金流出表。现金收入与流出之间的差额，即现金余额或缺口，便成为衡量银行在未来时点上流动性余缺的起点。需要管理的正是这一净现金需求。

期限阶梯法的一个优点是可以根据"正常""机构出现危机""市场出现危机"等不同的场景预测不同的情况下银行的现金头寸大小，以便及时做出补救。其缺点在于，第一，该方法有一个严格的前提假设，即期限内全部合约都得到执行，或者可以基本判断在每种情况下合约的执行情况。第二，该方法只给出了一个具体的头寸，而没有给出符合风险计量习惯的表示方式。

（五）基于 LVaR 的流动性度量方法

LVaR 方法，即经流动性调整的 VaR（Liquidity-adjusted Value at Risk，LVaR）方法，是应用 VaR 度量流动性风险的方法。LVaR 方法在银行流动性风险管理中的运用最初针对证券（主要是债券和衍生产品）投资，后来一些先进的银行将 LVaR 方法扩展到对贷款的流动性风险管理之中，但前提是能够对银行贷款的市场价值进行准确计量，这就要求银行具有大量的基础数据积累和很高的风险管理水平，一般的小银行难以做到，因此该方法主要适用于一些国际性的大银行。

1. 经流动性调整的 VaR

相对于传统的市场风险，那些传统的 VaR 度量方法并不太适用于计算资产流动性风险。通过增加期限，或通过谨慎选择后增加的波动率，流动性可以粗略地与 VaR 测量方法相结合。尽管如此，这些调整依然较为特别。

想要得到 LVaR，我们首先需要得到关于流动性的调节项 L_1，满足 LVaR = VaR + L_1。假定资产组合价值变化服从正态分布，这里 VaR 为其价值变化分布标准差的倍数，即 VaR = $\alpha\sigma W$。a 为置信水平临界值，由对风险的容忍程度决定；σ 为组合价值变化的标准差。流动性的调节项 L_1 可以表达为 $L_1 = \frac{1}{2}Ws$，其中 s 为关于资产组合的买卖价差。最后，LVaR 可以被表达为

$$\text{LVaR} = \text{VaR} + L_1 = W\left(a\sigma + \frac{1}{2}s\right)$$

其中，W 为初始投资的价值或投资组合的价值，一般 W 的初始价值是由 0 开始计算的，但当其价值是由均值开始计算时，我们需要从 $\alpha\sigma$ 中减去 μ。

在实证中，如何估测价差的分布对于风险管理者来说是一大挑战。价差通常会在很长时间内表现得非常平缓，但在危机发生时产生剧烈波动。因此这种价差的分布形状是显著的非正态分布。在董事会层面评估风险时，风险管理者还需要估测不同头寸价差之间的相关性。另外，这种分析的假设前提是交易处在正常的市场规模下，因此要考虑短期内巨额资产的卖出可能会引发的市场冲击对价差的影响。

2. 交易成本方法

交易成本方法的基本思想是，根据流动性的基本概念，分析交易成本对盈利/亏损的影响。某项资产的交易规模相对其市场规模的比例增加时，买卖价差增加，交易成本也上升；另外，卖出一定头寸资产所用的时间越长，则交易成本越低，因为如果准备为完成交易等待更长时间，预期将得到更好的价格。

根据以上分析，有如下等式。

$$TC = (1 + PS/MS)^{\lambda_1}(AL \times spread/2)\exp(-\lambda_2 hp) \tag{8.2.1}$$

式中，TC 为交易成本；PS 和 MS 分别为头寸规模和市场规模；PS/MS 为持有头寸相对于市场规模的比例指标；AL 是在持有期（hp）期末卖出的头寸数量；spread 是买卖价差；λ_1、λ_2 是取值为正的参数，可以看出，λ_1 被认为是交易成本（TC）相对于头寸规模（PS/MS）的弹性（比较好的弹性值在 0 至 2 之间），λ_2 可称为时损率（Rate of Decay其值在0.2左右）。

式（8.2.1）中第一个括号项给出了描述相对头寸规模对交易成本影响效果的指标，一般来说，这一项的值大于 1，当 PS/MS 趋近于 0 时，其值趋近于 1；第二个括号项描述了买卖价差根据交易规模放大后对交易成本的影响；第三个括号项给出了持有期对交易成本的影响，其他因素不变的情况下，随着持有期的增加，这种影响呈指数化下降。

依据这一框架，下面给出与交易成本（给定任意持有期）相关的市场风险度量。

如果产生了 LVaR 的损失，则在持有期期末的交易数量（AL）等于初始头寸规模（PS）减去 LVaR，这样得到

$$\begin{aligned} TC &= \left(1 + \frac{PS}{MS}\right)^{\lambda_1}\left(AL \times \frac{spread}{2}\right)\exp(-\lambda_2 hp) \\ &= (1 + PS/MS)^{\lambda_1}[(PS - LVaR) \times spread/2]\exp(-\lambda_2 hp) \end{aligned} \tag{8.2.2}$$

式（8.2.2）给出 LVaR 形式下的交易成本。反过来，LVaR 等于不存在交易成本情况下的 VaR 加上交易成本，即

$$LVaR = VaR + TC \tag{8.2.3}$$

求解式（8.2.2）和式（8.2.3），得到 LVaR 的表达式：

$$LVaR = \frac{VaR + k \times PS}{1 + k} \tag{8.2.4}$$

其中，$k = (1 + PS/MS)^{\lambda_1}(spread/2)\exp(-\lambda_2 hp)$。

k 被称为交易成本率（它给出了单位头寸的交易成本）。对较短的 hp，k 约为价差的一半；随着 hp 增加，k 趋近于 0。交易成本对 VaR 的影响可以通过 LVaR/VaR 来衡量。

$$\frac{LVaR}{VaR} = \frac{1 + k \times PS/VaR}{1 + k} \tag{8.2.5}$$

因此，交易成本对 VaR 的影响主要依赖于交易成本率（k）和（PS/VaR）的变化。式（8.2.5）中，$\frac{LVaR}{VaR} > 1$。

如果 k 非常小（如 $k \approx 0$），则 LVaR/VaR $\approx$ 1，交易成本对 VaR 几乎没有影响，因为这种情况下，交易成本本身是可忽略不计的；相反，如果 k 相对比较大（如 $k \approx$

0.025),PS 相对 VaR 也较大（例如，PS/VaR ≈ 20），则 LVaR/VaR ≈ 1.46。所以，如果我们把 $k \approx 0$ 视为一个极端值，把 $k \approx 0.025$ 和 PS/VaR ≈ 20 视为另外一种极端情况，则可预期交易成本对 VaR 估计的调整幅度大约在 0 至 50% 之间。

交易成本对 LVaR 的影响也依赖于持有期的长短。如果持有足够长的时间，我们可以有效地消除交易成本对 LVaR 的影响。

3. 外生价差方法

在任意持有期内，如果持有的头寸相对市场规模足够小，则可以将流动性风险视为外生的（独立于交易规模和程度）。在此情况下，可以用买卖价差及其波动率来度量流动性风险。

记买卖价差均值为 μ_{spread}、波动率为 σ_{spread}。为了简便起见，假设买卖价差是正态分布的，那么可以认为在 95% 的置信度时，交易成本不高于交易规模的 $(\mu_{spread} + 1.65\sigma_{spread})/2$ 比例。① 则 LVaR 可表示如下：

$$LVaR = [1 + (\mu_{spread} + 1.65\sigma_{spread})/2]VaR$$

输入合适的参数值，便可以求出 LVaR。例如，如果 $\mu_{spread} = 0.05$，$\sigma_{spread} = 0.02$，则 LVaR = 1.042VaR。流动性价差调整 VaR 增加了 4.2%。当然，其他分布和置信水平可能会得到更大的流动性价差调整。

4. 流动性折扣方法

流动性折扣的 VaR 方法是由 Jarrow 和 Subramanian（1997）提出的。他们考虑一个最优卖出头寸的问题，投资者需要在特定时期内以最好的方式卖出他的头寸，以最大化其期望效用。他们的方法包含了外生和内生的流动性，将上述最优化问题建模为一个随机控制问题，产生最优的卖出政策用于对 VaR 进行流动性调整。

Jarrow 和 Subramanian（1997）建议在三个方面修正传统的 VaR。首先，使用交易者期望效用最大化问题的最优解来决定最优持有期，并用它来代替任意选定的持有期；其次，在交易者的损失中加入平均流动性折扣，以考虑以卖价而非中间价卖出头寸的预期损失；最后，在市场波动性的基础上，加入卖出头寸时间的波动性以及折现因子本身的波动性。

Jarrow 和 Subramanian（1997）以比例因子 $c(s)$ 的形式表示流动性折扣。比例因子是流动性折扣价格相对于买卖中间价的比例，它是交易数量的函数。$c(s) = 1$ 表明没有流动性折扣；$c(s) < 1$ 表明有正的折扣。如果忽略卖出头寸时间的波动性（一般很小），将这一结果表示在 VaR 框架下，则流动性调整的 VaR 变为

$$LVaR = -\mu hp - \mu_{\ln c(s)} - \alpha_c \times \sigma\sqrt{hp} - 2\sigma_{\ln c(s)}$$

相比较而言，未经流动性调整的 VaR 形式为

---

① 当然，也可以采用其他的置信水平和分布，事实上，Bangia 等（1999）就采用对数正态分布的买卖价差。

$$LVaR = -\mu hp - \alpha_c \times \sigma \sqrt{hp}$$

其中，α_c 为分位数。

这里需要确定 $\mu_{lnc(s)}$ 和 $\sigma_{lnc(s)}$ 的值，Jarrow 和 Subramanian（1997）认为这些参数可以通过对历史交易数据估计得到。给定持有期，假设 $c(s)$ 具有一个合适的分布，一个比较好的选择是区间 [0,1] 上的 Beta 分布。从这一分布中选取随机数并取其对数值，然后估计对数化后随机数的均值和标准差。合理的分布值选择可以是 $\beta(20,1)$，具有 0.953 的均值和 0.045 的标准差，这一分布对数化后分别是 -0.050 的均值和 0.050 的标准差。如果将此作为 $\mu_{lnc(s)}$ 和 $\sigma_{lnc(s)}$ 的估计值，取置信区间为 95%，则 VaR = 1.795，而传统 VaR 估计值为 1.645（95% 的置信区间），流动性调整对 VaR 估计值增加了 9%。可见，流动性折扣方法对 VaR 估计产生了明显的影响，如果 $\mu_{lnc(s)}$ 和 $\sigma_{lnc(s)}$ 比较大，这种调整幅度更大。

三、流动性风险管理方法

流动性风险管理是有关流动性风险相关活动的总和，主要包括流动性风险的识别、计量、监测、控制和信息披露等。商业银行应当在银行所有的业务领域贯彻风险管理部门的各项要求，在完善的内部控制措施保护下，确保银行在各种经济或市场环境下都可以保持充足的流动性，以应对发放贷款和支付债务的需要。

（一）商业银行资产流动性管理

资产流动性管理的核心和实质，就是让资产保持在最佳状态。银行保持资产流动性的方法主要有以下三种。

1. 保持足够的准备资产

准备资产包括现金资产和短期有价证券两大部分。现金资产被称为第一准备或一级准备，具有十足的流动性，它包括库存现金、同业存款和在中央银行的存款等。银行持有的短期有价证券被称为第二准备或二级准备，一般指到期日在 1 年以内的债券，主要是 1 年以内的政府公债。短期有价证券有一定的利息收入，其盈利性高于现金资产，但不像现金资产一样具有十足的流动性。而与其他类型的资产相比，短期有价证券的流动性是比较高的，即变现的速度比较快，变现的成本相对较低。商业银行在现金资产不能满足流动性需要时，就可以在证券市场上将短期有价证券转卖出去，获得现金。一级准备加二级准备就是银行的总储备，银行的总储备减去法定准备金就是超额储备。一家商业银行应当保持的准备资产金额主要取决于两个因素：一是银行监管当局的有关规定；二是银行所面临的主客观环境。换句话说，一家商业银行所要保持的准备资产的多少，是这家银行在遵守银行监管当局有关规定的前提下，根据自己所面对的主客观环境进行决策的结果。这种决策是否正确取决于银行的经营管理水平以及银行经营管理者的素质。

2. 合理安排资产的期限组合，使之与负债相匹配

银行资产的期限组合，实质上就是资产的结构。银行资产大致分为四种，即现金、证券投资、贷款和固定资产。这四种不同的资产的流动性和期限亦不同。比如贷款的流动性期限一般比证券投资长，而固定资产的流动性期限一般比贷款长，因此，对这四种不同的资产，要注意保持合理的比例，使之与负债相协调，并在总体上尽量提高盈利资产变现的可能性。同时，合理安排资产的期限组合，不仅指各种不同资产彼此之间要注重期限的比例关系，要与对应的负债相协调；还包括在同一种资产内也要注意期限上的最佳组合，与相对应的负债相协调。比如贷款资产，有 5 年以上的长期贷款，也有 1 年以下的短期贷款，还有 1—5 年期的中期贷款。由于贷款期限不同，其流动性明显不一致，银行在发放贷款时，必须注重期限的合理结构，使期限与存款的短期期限相匹配。

3. 通过多种形式增加资产流动性

对于一些原本流动性很差的资产，要通过多种形式增加其流动性。这是一种在金融创新条件下产生的管理方法。比如，一部分抵押贷款或应收信用卡账款可以通过证券化的形式在市场上出售，从而大大提高了这部分贷款资产的流动性。也就是说，资产的证券化使一些原来流动性很差的贷款资产具有了较强的流动性。又如，在一定条件下，通过售后回租合约（Sale and Leaseback Agreement）的形式，把银行固定资产转换成流动资产。售后回租合约是指银行出售自己所拥有的办公大楼以及其他不动产，并同时从买主手中将这些资产租回。这样既可以提高银行的资本充足率，又可以把固定资产转换为现金，从而使银行具有充足的流动性。

（二）负债流动性管理

通过负债管理来满足流动性需要起始于 20 世纪 60 年代初，随着经济的迅速增长和通货的不断膨胀，全社会对贷款的需求量猛增，银行原有的存款已无法满足贷款增长对资金的需求；再加上由于银行之间的竞争加剧、电子计算机的应用等，银行的经营成本不断上升，存贷利差迅速缩小。为了弥补资金来源不足并减少成本升高，银行要尽可能地提高盈利资产的比重并增加存款以外的资金来源。为此，银行主要开发了以下几种负债流动性管理的方法。

1. 开拓和保持较多的可以随时取得的主动型负债

开拓和保持较多的可以随时取得的主动型负债是银行负债流动性管理最根本和最主要的方法。这种方法实际上就是非存款负债管理方法，其广泛运用于四项业务。

（1）发行大额可转让定期存单（Negotiable Certificate of Deposits，NCDs）。NCDs 是一种兼有定期存款和有价证券性质的负债凭证，与普通定期存单有着明显的区别。随着大额可转让定期存单市场的建立和拓展，银行负债流动性得到充分的发展。

（2）发行银行债券。一般而言持有银行债券可以到银行要求提前偿还或在证券交易所买卖，因此银行债券具有较强的流动性。不过银行往往发行的是长期金融债券，

原因在于,首先,长期债券可以被视为附属资本,从而提高了资本充足率;其次,发行费用比股票低,手续也简单;再次,长期债券所筹集的资金可以用于长期投资,收益比较高,同时利息可以计入成本,税前开支比股票成本低;最后,长期债券所筹集的资金不交存款准备金、不支付存款保险费,比存款成本低。

(3) 同业拆借。同业拆借即商业银行、非银行金融机构之间的短期资金借贷活动,主要用于头寸调剂,解决临时性的超额储备过多或流动性不足的问题。与一般的借贷业务相比,同业拆借最大的特点是流动性强、期限短;同时,同业拆借利率很低,几乎所有的银行和非银行金融机构都可以参与同业拆借活动,但拆借的资金一般不能作远期使用。

(4) 向中央银行借款。中央银行垄断着货币发行权,集中掌握着法定存款准备金,担负着保持货币稳定和维护银行体系稳健运行的职能,是商业银行的最后贷款人。必要时商业银行可以向中央银行借款,中央银行对商业银行的贷款统称为再贷款,主要有再贴现、再抵押贷款和信用贷款三种形式。西方国家中央银行对商业银行贷款主要采用前两种形式,信用贷款不常见。在美国,商业银行向中央银行,即联邦储备银行的借款,主要是通过联邦储备银行的贴现窗口进行的。

2. 对传统的各类存款进行多形式的开发和创新

为了增强负债的流动性、盈利性和安全性,除了对非存款负债管理,也可以对传统的活期、定期等各项存款进行多种形式的开发和创新。事实上,商业银行从20世纪60年代以来一直在不断进行着存款账户创新。以美国为例,自1972年以来,创新创造的存款账户有以下几种,即可转让支付命令(Negotiable Order of Withdrawal Account,NOWA)、自动转账服务账户(Automatic Transfer Service Account,ATSA)、超级可转让支付命令账户(Super NOWA)、货币市场存款账户(Money Market Deposit Accounts,MMDA)、个人退休金账户(IRA)、股金提款单账户(Share Draft Account,SDA)、协定存款账户(Agreement Account,AA)。这些开发和创新的存款账户,大大增加了负债的流动性。

3. 开辟新的有利于流动性的存款服务

为了增强负债流动性,商业银行同时也在存款服务上进行创新,如加强柜台服务,高效迅速地办理收存兑付、转账结算和提供咨询;热情接待客户;加强外勤服务,存款外勤人员坚持定期或不定期主动到企业和居民家中去争取存款、提供咨询、改善形象,与客户建立友谊;为顾客提供各种各样的服务,包括提供市场咨询服务、保险服务、投资服务、信用卡服务、旅行支票服务、货币兑换服务等,以密切银行与客户的关系;代理企业向职工发放工资,代理企业及个人缴纳各种费用和代收业务;通过使用电子计算机,为客户提供存取上的便利。

(三) 资产负债综合管理

1. 资金汇集法

资金汇集法（Pooling of Funds）的基本思想是，银行先将各种资金汇集在一起形成资金池，再按照银行的业务需要在不同的资产之间进行分配，如图8-1所示。

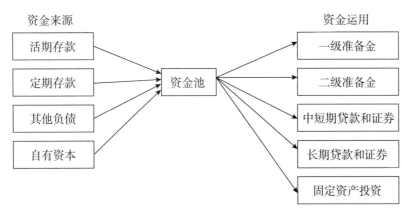

图8-1 资金汇集法

银行应确定盈利目标和流动性标准，并根据图8-1的顺序来分配资金。一级准备金和二级准备金共同为银行提供了流动性，剩余资金可以用于投资各期限贷款和证券，以及固定资产。总之，资金在各部分的分配比重，应视不同时间、地点、条件而定，同时还应考察银行自身的经营重点和经营方针。

资金汇集法强调的是资产管理，其缺陷在于忽略了负债方面的流动性，也忽略了不同来源的资金具有不同的流动性和稳定性，没有在对资产和负债两方面进行分析的基础上去解决流动性问题。

2. 资金匹配法

资金匹配法（Funds Matching）是针对资金汇集法的不足而提出的，认为银行的流动性状况与其资金来源密切相关。此方法将银行的存款和非存款负债分成"热钱"负债、敏感资金和稳定资金三类，对不同类型的资金（负债）依照不同比例提取流动性。"热钱"负债是指对利率非常敏感或将在短时间内到期、被提取的借入资金；敏感资金是指在当期某个时候，很大一部分（可能为25%或30%）将被提取或到期的借入资金；稳定资金是指被提取或到期的可能性很小的借入资金。

资金匹配法要求银行管理人员依据经验以及风险态度来判断三类资金的分类，按资金来源的不同性质，确定资金在各项资产之间的分配，实际上是按照资金来源的稳定性来进行分配。具体做法如图8-2所示。按照不同的资金来源，建立数个"流动性-盈利中心"。每个中心根据自己资金的稳定性对各个资产项目确定相应的资金分配量。各类资金来源及运用与各个资金中心交叉对应，与之对应的资金分配量应根据盈利目标、流动性标准和资金的稳定性进行相应的配置。此时，在利润的驱动下，银行在自身流动性短缺的情况下仍有机会凭借筹资能力满足优质贷款需求，从而会有潜在贷款量的存在。

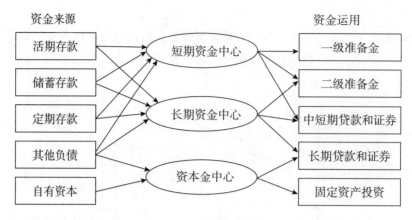

图 8-2　资金匹配法

资金匹配法的主要优点在于从资产、负债两方面统筹安排，从而减少了多余的流动性资产，增加了对贷款和证券投资的资金分配，提高了银行的盈利能力。

（四）线性规划法

线性规划法是在一定的流动性条件下，通过数学最优化模型来进行资金配置和流动性管理的一种方法。要进行线性规划，首先要建立目标函数（如利润最大化或风险最小化函数），选择模型变量，然后考虑约束条件，一般有四类约束：一是金融法规约束（主要是法定准备金率和资本要求）；二是流动性需求约束；三是安全性约束；四是贷款需求量约束。

用 w_i 表示各类资产所占的权重，w_1、w_2、w_3 分别为现金、证券投资和贷款所占的比重；R 表示现金资产必须占总资产的最小法定权重；S 表示证券投资占总资产的最大法定权重；r_1、r_2、r_3 分别表示现金资产、证券资产和贷款资产的收益率。则线性规划模型如下：

$$\max \quad W = w_1 r_1 + w_2 r_2 + w_3 r_3$$

$$\text{s.t.} \begin{cases} w_1 \geq R \\ w_2 \leq S \\ w_1 + w_2 + w_3 = 1 \\ w_1, w_2, w_3 \geq 0 \end{cases}$$

进一步，w_2（证券投资资产比重）还可以根据各类证券的期限细化为 w_{2i}（表示第 i 种证券所占比重），不妨设 $i = 1, 2, \cdots, m$；w_3 同理。它们的收益率相应为 r_{2i} 和 r_{3i}。细化这两类资产后，线性规划模型变为

$$\max \quad W = w_1 r_1 + \sum_{i=1}^{m} w_{2i} r_{2i} + \sum_{i=1}^{n} w_{3i} r_{3i}$$

$$\text{s.t.} \begin{cases} w_1 \geq R, \ w_2 \leq S \\ \sum_{i=1}^{m} w_{2i} = w_2, \ \sum_{i=1}^{n} w_{3i} = w_3 \\ w_1 + w_2 + w_3 = 1 \\ w_1, w_{2i}, w_{3i} \geq 0, \ i = 1, 2, \cdots, m \end{cases}$$

利用该模型的求解技术即可得到该模型的最优解。该最优解集就是为实现盈利最大化的目标,在各种资产之间所进行的资金分配。

线性规划法的流动性管理模型在一些西方大型银行中获得了很大的成功,使银行资金管理的精确性得到了极大的提高。但这种方法也存在一些问题:第一,银行管理的一些变量和限制条件无法用数学语言描述,一旦参数的选择出现较大偏差,就会得出错误的结论;第二,该方法对银行管理水平的要求较高,一些小银行难以使用。

四、国际流动性风险管理发展趋势及中国的流动性风险管理

近年来,随着经营环境的变化,国际银行业的流动性风险管理也有了新的发展,概括而言主要有以下几个趋势。

(一)国际银行业流动性风险管理的发展趋势

1. 向资产管理策略回归

在 20 世纪 60 至 70 年代,负债管理策略在商业银行流动性管理中一度十分盛行。但后来多年的实践证明,相对于资产流动性管理,负债管理具有更大的潜在风险。资产管理的失误往往只造成银行的收入损失,但负债管理策略的失败却能够让银行破产。所以,小银行较少采用该策略,一直侧重于资产流动性管理。而且,近年来国际上的大银行也将注意力转移至资产管理上,减小了对借入负债的依赖。除此之外,导致银行流动性管理向资产管理方向的转变还有两个原因:一是《巴塞尔协议》鼓励持有流动性资产(资本占用少);二是大银行的表外业务发展快,而银行并不需要对表外资产进行融资。

2. 负债管理策略进一步得到完善

国际银行业在减少对借入负债依赖的同时,对负债管理策略本身也进行了改进和完善。主要途径包括:一是延长负债期限,更多地利用长期融资,以增加负债的稳定性;二是更多地依赖核心存款,减少对借入负债的依赖,同时也能够降低筹资成本;三是加强与主要授信客户的关系,以提高融资的稳定性和抗流动性冲击的能力;四是多元化资金来源,从不同的债权人或不同的资金市场取得融资,减少对单一融资方式的依赖;五是在继续使用传统的融资工具(如同业存款、回购协议等)的同时,更多

使用一些非传统的负债工具,如中期票据、存款票据、银行投资协议、市政再投资票据、经纪零售存款等,从而能够更加灵活有效地管理银行的流动性风险。

3. 资产证券化和贷款出售等新的流动性管理方式被越来越多地采用

近二三十年来,一些创新的资产负债管理方式被银行广泛采用,为银行的流动性管理提供了新的手段,最典型的是资产证券化和贷款出售。

资产证券化起源于20世纪70年代美国的住宅抵押贷款市场,后来扩展到汽车贷款、信用卡应收款等领域,规模也迅速膨胀。以美国为例,1990年,资产证券化市场超过公司债券市场。到2001年年底,美国资产证券化市场的余额为54,066亿美元,占总债务市场余额的29%;而总发行额合计为21,078亿元,占总债务市场发行额的46.26%。同年,欧洲的证券化发行也达到了创纪录的1,400亿欧元。截至2017年年底,美国资产证券化市场存量规模是GDP的49%,而整个欧盟资产证券化市场存量规模为GDP的6%。两个市场的资产证券化均主要由抵押贷款市场推动,其中美国抵押贷款支持证券占资产支持证券存量规模的86%,而欧洲市场的比例为62%。① 资产证券化可分为抵押贷款证券化即MBS和资产支撑证券化即ABS两大类。资产证券化将缺乏流动性但能够产生稳定现金流的资产,转变为可以在金融市场上交易的证券的过程,极大地提高了银行贷款和其他非流动性资产的流动性,成为近几十年来一项重要的金融创新。

众所周知,贷款是银行所有资产中流动性最小的,变现成本非常高。在以往的银行管理中,贷款存量是既定的,一般不作为流动性管理的可控变量,但是贷款出售这一方式的出现改变了这一情况。贷款出售指出售贷款方(银行)向买者出售从特定贷款中产生的现金流的全部或部分,其起源于20世纪70年代的美国,本来仅是大银行从事的业务,后来扩展到各种规模的银行,80年代以来得到迅速发展。例如1983年,花旗银行和银行家信托公司都设立了单独的贷款出售部门,开创了商业银行资产证券化的先河,第一年就出售了大约100亿美元的贷款,到1991年美国贷款出售市场的交易额就超过了1000亿美元。

4. 利用金融工程和金融衍生产品进行流动性管理

近几十年来,金融工程的迅速发展给商业银行流动性管理带来了新的思路,大量金融衍生产品为流动性管理提供了更多的有效工具。第一,银行能够直接利用一些金融衍生品进行流动性管理。例如,如果银行购买中长期证券进行投资,可以同时买入一个未来出售该证券的期权。这样,银行在必要的时候就可以按照约定的价格出售该证券,这就解决了以往流动性较差的资产短时间内的变现中需要承担较大损失的问题。第二,银行可以更多地通过金融衍生品管理利率和汇率风险来间接降低其流动性风险。比如,利率掉期(Interest Swap)可以将存款的期限和定价的期限分离开来,从而降低银行负债的利率风险。再如,银行进行汇率期货和期权交易能够锁定外汇汇率变动的风险,减少外汇风险暴露;而银行进行货币互换则能够降低银行的筹资成本,并在一

---

① 资料来源:金哲. 欧美资产证券化市场比较分析及对我国的启示[J]. 债券,2018(11):38-43.

定程度上规避汇率风险。

5. 流动性风险管理模型化和计量化

近 20 多年来，风险管理的技术手段日新月异，大量数学、统计学、系统工程学甚至物理学的理论和方法被引入风险管理领域，涌现出各种复杂化和系统化程度相当高的风险管理模型，并大量采用情景分析、蒙特卡罗模拟等新兴的风险管理技术。这些模型和技术虽然最初是针对信用风险或市场风险发展起来的，但后来也被广泛运用到对流动性风险的管理中。这也为银行将流动性风险、信用风险、市场风险、操作风险等各种风险纳入一套综合分析体系，进行全面风险管理创造了条件。

同时，近年来西方银行越来越多地使用复杂的计量经济模型进行流动性风险管理，特别是运用联立方程模型、时间序列分析、非参数法等计量方法对流动性需求进行动态预测。一些大银行还专门聘请经济学家利用计量模型进行宏观经济增长、贷款需求和存款增长等的预测。

（二）中国的流动性风险管理

流动性风险管理的起点就是现金流管理。一家银行是否有现金流缺口；现金流缺口能否被充足的流动性储备弥补——就这两个问题的回答是否及时、准确是对一家商业银行流动性风险管理能力的考验。中国商业银行到目前为止应用三类流动性管理方法来应对此考验。

第一，剩余资金管理模式，即分级管理模式。分行流动性先自求平衡，不能平衡的资金通过与总行上存下拆解决。2005 年以前大多数商业银行都运用此模式。

第二，集中管理模式，即实行内部资金转移定价（Funds Transfer Pricing，FTP），取消上存下拆，总行承担全行流动性管理的职责，分行仅承担业务营销职责。2006 年起，中国多数商业银行陆续采用此模式。

第三，集中管理与分市场管理相结合模式。内部资金转移定价下的总行流动性管理职责不变，管理路径在存贷比管理方面向分行延伸。2010 年起，大部分银行不得不采用此模式，将总行不能承担的流动性管理职责分散出去。

第三节　银行业流动性风险监管准则及实践

流动性监管对银行的约束作用关系着整个银行体系的生存活力。针对银行体系在审慎管理流动性方面存在的问题，巴塞尔委员会作为国际银行业监管主体，于 1992 年发布了《流动性计量与管理框架》。通过对国际上通用流动性管理方法和监督标准加以整合，该文件设定了流动性指标的最低监管门槛，对银行流动性管理起到了积极的监督及约束作用。《流动性计量与管理框架》的发布标志着银行业流动性监管任务被国际监管机构承担,流动性监管开始纳入监管当局的视角。经过近30年流动性监管的实践,商业银行的流动性监管日臻成熟。本节将围绕《巴塞尔协议Ⅲ》,详细介绍对流动性风险的相关监管规定,以及我国和西方发达国家银行业的相关监管实践经验。

一、《巴塞尔协议Ⅲ》对流动性风险管理的相关要求

(一)《巴塞尔协议Ⅲ》流动性风险监管要求的背景

2008年席卷全球的金融危机爆发后,各国监管机构当局认识到《巴塞尔协议Ⅱ》确定的资本监管框架的不足,其金融监管的有效性受到了质疑。事实上,金融危机体现了过去在跨国经营机构流动性管理、流动性监管规则的制定、应急性或有融资计划的可行性、资产流动性的评估等多方面的监管已经不能适应新的全球金融市场环境。巴塞尔委员会在总结此次金融危机的基础上,充分反思对流动性风险、系统性风险防范的关注度不足,在原有监管框架基础上,于2010年9月发布了新的银行改革方案《巴塞尔协议Ⅲ》,首次将流动性风险监管提升到与资本监管同等重要的位置。为此,《巴塞尔协议Ⅲ》引入了流动性风险监管的两个量化指标,即短期监管指标流动性覆盖率(Liquidity Coverage Ratio, LCR)和中长期监管指标净稳定资金比率(Net Stable Funding Ratio, NSFR)。2013年1月6日,巴塞尔委员会公布了《巴塞尔协议Ⅲ》修订稿,延长了LCR标准的过渡期,并公布了四个监测工具,即合同期限错配、融资集中度、可用的无变现障碍资产及以其他重要货币计价的流动性覆盖比率,用于对流动性风险的连续监管。此外,此次修订还扩展了高质量流动性资产(High Quality Liquidity Assets, HQLA)的范围,进一步完善了二级资产上限的计算方法,增加了危机时期流动性监管的应对方案,丰富并完善了流动性监管框架。2017年12月颁布的《巴塞尔协议Ⅲ:危机后改革的最终方案》(Basel Ⅲ: Finalising Post-Crisis Reforms),标志着2008年金融危机后,历经多年努力,巴塞尔委员会实现了其主导的银行监管改革目标,全球银行业监管框架趋于健全和成型。其后,在《巴塞尔协议Ⅲ》最终方案的基础上,巴塞尔委员会不断提高流动性风险的可计量性和可操作性,致力于引入国际一致的流动性监管标准,又相继出台《巴塞尔协议Ⅲ:非常规货币政策下净稳定资金比例的操作方法》(Basel Ⅲ: Treatoodinary Monetary Policy Operations in the Net Stable Funding Ratio)等一系列规定。巴塞尔委员会自金融危机以来相继发布的关于流动性监管的这些指引文稿,标志着《巴塞尔协议Ⅲ》流动性风险监管框架体系的日渐完善和成熟。

(二)《巴塞尔协议Ⅲ》流动性风险监管的具体要求

在2008年金融危机爆发之前,《巴塞尔协议》一直将重点集中于银行是否有足够的资本金来应对风险。但金融危机表明,危机带给很多金融机构的问题并非源自资本金的充足性,而是源自银行承受的流动性风险。

1. 流动性风险监管指标

流动性风险的根源是银行往往采用短期资金(例如商业票据)来为期限更长的资

产提供资金支持。当市场认为银行的财务状况很健康时，这样的融资方式不是一个问题。假定一家银行采用发行 90 天的商业票据所得资金来支持其业务行为，当 90 天票据期满时，银行要发行新的票据来进行再融资，并重复此模式，即对融资进行展期。当银行出现运作困难时（或市场认为其运作有困难时），以上模式就难以为继，这是因为银行很难再对其商业票据进行展期。这里所说的问题就是英国北岩（Northern Rock）银行以及美国雷曼兄弟倒台的原因。

因此，《巴塞尔协议 III》为确保银行能够承受异常情况下的流动性压力，引入了两个流动性比率：

(1) 流动性覆盖率（LCR）；
(2) 净稳定资金比率（NSFR）。

流动性覆盖率侧重于描述银行在流动性受困的情况下，30 天内的生存能力，其定义为

$$\text{LCR} = \frac{\text{高质量流动性资产}}{\text{30 天内的净流出资金}}$$

在计算流动性覆盖率的 30 天区间内要发生银行资金受到剧烈冲击的情形，其中包括银行的信用级别被下调 3 个等级（例如从 AA - 级下调到 A - 级）、部分丧失存款、批发市场的资金来源全部丧失、资产减记比例提高（即以抵押品所获资金与抵押品的价值比率下降）以及信用额度被提取等。《巴塞尔协议 III》要求流动性覆盖率至少为 100%，这是为了保证银行有足够的流动性优良的资产来应对流动性压力。

净稳定资金比率侧重于 1 年期流动性管理，其定义为

$$\text{NSFR} = \frac{\text{可获得的稳定资金供应量}}{\text{必需的稳定资金需求量}}$$

资金的稳定量等于每项可得资金（资本金、机构存款、零售存款等）乘以一个可得稳定资金（Available Stable Fund，ASF）因子再求和。这里的 ASF 因子反映了资金的稳定性。如表 8 - 8 所示，机构存款的 ASF 因子小于零售存款的 ASF 因子，而零售存款的 ASF 因子又小于一级资本和二级资本。必需的稳定资金需求量根据需要资金支持的项目得出。每一项资金需求均要乘以一个所需稳定资金（Required Stable Funding，RSF）因子，该因子反映了所需资金的持续性。表 8 - 9 列示出相关因子的设定值。

表 8 - 8　NSFR 设定的 ASF 因子

ASF 因子	类别
100%	一级资本和二级资本 未纳入二级资本的优先股以及到期期限超过 1 年的借贷
90%	零售及小型商业客户提供的"稳定"活期存款和 1 年内到期的定期存款
80%	零售及小型商业客户提供的"亚稳定"活期存款和 1 年内到期的定期存款

(续表)

ASF 因子	类别
50%	非金融企业、国家、央行、多边发展银行和国营机构提供的活期存款和 1 年内到期的定期存款
0	其他负债和股权等

表 8-9 NSFR 设定的 RSF 因子

RSF 因子	类别
0	现金，短期金融工具和证券，以及剩余期限小于 1 年的对金融机构的贷款
5%	风险权重为 0、剩余期限大于 1 年的针对主权国家或类似实体的可变卖证券
20%	剩余期限大于 1 年、评级高于 AA-级的企业债券，风险权重为 20% 的主权国家或类似实体的证券
50%	黄金、股票和评级为 A+级到 A-级的债券
65%	私人住房按揭贷款
85%	对个人或小型商业客户提供的剩余期限小于 1 年的贷款
100%	所有其他资产

《巴塞尔协议Ⅲ》要求 NSFR 的下限为 100%，这是为了保证计算得出的可获得稳定资金供应量高于必需的稳定资金需求量。

2. 流动性风险监测工具

除了流动性覆盖率和净稳定资金比率，巴塞尔委员会还引入了四个监测工具，用于对流动性风险的连续监管，即合同期限错配、融资集中度、可用的无变现障碍资产和与市场有关的监测工具。

合同期限错配是指在一定时间段内，合同中约定的资金流入期限与资金流出期限之间的差距。期限差距表明了银行在给定时间段内所需补充的流动性总数量。通过监控该指标可以发现银行在现有期限约定中对期限转化的依赖程度。

融资集中度从重要的交易对手、金融工具和币种三个角度进行度量，这三个方面都应占相应资产比重的 1% 以上。通过该指标可判别比较重要的批发型融资来源和重要的交易对手，引导实现融资来源的多元化，促进银行的流动性安全。

可用的无变现障碍资产是指银行可以用来在二级市场进行抵押融资的资产，以及能够被中央银行接受作为借款担保品的、不存在变现障碍的资产。

与市场有关的监测工具包括股票价格、债券市场、外汇市场、商品市场等的市场整体信息、金融行业信息和银行信息，这些即时数据可以作为银行存在潜在流动性困难的早期预警。

(三)《巴塞尔协议Ⅲ》流动性风险监管的意义

首先,《巴塞尔协议Ⅲ》有关流动性风险管理的变革表明,全球银行监管当局已充分认识到银行监管的核心问题所在。对银行进行监管的难点在于无法监测复杂信用证券化体系的发展、到期转换模式的改变以及由此带来系统性风险,因此监管的重点不在于提高表面的监管指标要求,而在于防范到期转换时,期限不匹配所带来银行流动性的脆弱性。

其次,巴塞尔委员会着力强化流动性风险监管,并将流动性风险监管提升到与资本充足监管同样重要的位置,这是《巴塞尔协议Ⅲ》相对于之前版本的重要监管进展。

最后,流动性风险监管进入了定量化监管的时代,能提升监管效率。与《巴塞尔协议Ⅱ》相比,《巴塞尔协议Ⅲ》为流动性风险监管提供了相对标准化的方式,更加容易被理解和接受,也更便于横向比较。定量的标准化监管,在明确资本安排的前提下,也有助于监管机构的分析监督,提高监管效率。

二、中国商业银行流动性监管的发展历程

中国商业银行的流动性风险监管也经历了从无到有,进而逐步改进修订的过程。自20世纪90年代以来,伴随着金融市场的快速发展以及金融创新工具的先后涌现,银行的主动负债能力逐步增强。当银行面临资金短缺时,会通过发行大额存单等金融工具获得流动性资金,在一定程度上提升了商业银行的流动性风险。在金融管制逐步放松的背景下,原有的资产管理模式已不适用主动负债经营的商业银行运行需求,流动性风险监管逐渐受到重视。我国监管部门开始尝试建立商业银行的流动性风险监管框架。1994年,中国人民银行颁布《商业银行资产负债比例管理考核暂行办法》,首次规定了存贷比、中长期贷款比例、资产流动性比例等一系列流动性监管指标。1995年《中华人民共和国商业银行法》的颁布,对商业银行存贷款余额比例、流动性比例明确作出法律规范,规定了存贷比不高于75%、资产流动性比例不低于25%的限制,形成了初步的流动性监管框架。2004年,原银监会颁布《股份制商业银行风险评级体系(暂行)》,从定性指标和定量两方面提出流动性风险的监管准则。定性方面提出资金来源构成及变化趋势、对流动性的管理情况、银行主动负债满足流动性能力等一系列要求;定量指标则从流动性比例、超额准备金比例、存贷比、净拆借比例等方面提出流动性风险的评估标准。2006年,原银监会又颁布了《商业银行风险监管核心指标(试行)》,对商业银行的流动性比例、核心负债比例、流动性缺口率等制定了具体要求。

2008年全球金融危机爆发之后,为了应对复杂多变的金融环境,保持银行业的稳定经营,原银监会将流动性监管纳入金融监管的重点指标,紧跟国际银行业修订了流动性风险的监管规则。2009年9月,原银监会发布《商业银行流动性风险管理指引》,首次提出了流动性风险监管是中国银行监管体系的重要组成部分,要确立符合中国实情的表内外联合监管指标体系以及商业银行表内外资产转换系数、计算方法等一系列

监管准则。2014 年 3 月 1 日,《商业银行流动性风险管理办法（试行）》（简称《流动性办法》）正式实施，落实了国际监管最新准则中的两项动态流动性监管指标，建立了以存贷比、流动性比率以及流动性覆盖率为主的监管框架，取代先前单一的"存贷比"监管标准。

随着流动性监管标准的建设加速，商业银行面临的流动性约束力逐渐增强。尤其自 2013 年"钱荒"危机爆发后，国内的监管开始加快与国际监管框架趋同的步伐。考虑巴塞尔委员会一直在修订关于净稳定资金比例的相关内容，国际上缺乏可供依据的有关净稳定资金比例的权威标准，2014 年发布的《流动性办法》（原文）并未包括与净稳定资金比例指标相关的条款。然而，随着巴塞尔委员会相继披露流动性监管指标的相关内容，2015—2018 年间，原银监会相继发布《商业银行流动性风险管理办法》的试行、修订以及最终版本，取代先前单一的"存贷比"监管标准，逐步将流动性覆盖率、净稳定资金比例、流动性比例、流动性匹配率和优质流动性资产充足率五大流动性风险指标列入监管框架。这一系列相关法规的颁布充分体现了监管当局对银行业流动性风险的重视程度，也体现了流动性覆盖率和净稳定资金比例指标对商业银行风险管理的必要性。

最后，我们通过对涉及中国流动性监管法律文件的梳理，将历年文件中流动性监管指标的改进及修订列示于表 8－10。

表 8－10 中国流动性监管的法律文件

发布时间	文件名称	制定者	流动性监管相关内容
1995 年 5 月	《中华人民共和国商业银行法》	中国人民银行	设置商业银行存贷比、流动性比率作为监管指标
1996 年 12 月	《商业银行资产负债比例管理监控、监测指标和考核办法的通知》	中国人民银行	设置监管指标、检测指标二者结合的监管体系，同时纳入外币业务流动性监管
1998 年 2 月	《防范和处置金融机构支付风险暂行办法》	中国人民银行	加强流动性监管要求，对即将触及监管红线的银行以风险警告提示，保证银行资金供给、到期债务偿还
2004 年 2 月	《股份制商业银行风险评级体系（暂行）》	原银监会	从定性指标和定量两个方面提出流动性风险的监管准则
2006 年 1 月	《商业银行风险监管核心指标（试行）》	原银监会	规定流动性风险比例，核心负债比例、流动性缺口比率，按照本币和外币分别计算
2009 年 9 月	《商业银行流动性风险管理指引》	原银监会	指出流动性风险管理是银行风险管理体系的重要组成部分，明确流动性风险管理体系的基本要素

(续表)

发布时间	文件名称	制定者	流动性监管相关内容
2014年3月	《商业银行流动性风险管理办法（试行）》	原银监会	明确规定了流动性监管的三项指标——流动性覆盖率、存贷比和流动性比例
2017年12月	《商业银行流动性风险管理办法（修订）》	原银监会	正式引入净稳定融资比例、优质流动性资产充足率和流动性匹配率，进一步完善流动性风险监测体系
2018年7月	《商业银行流动性风险管理办法》	银保监会	将流动性匹配率和优质流动性资产充足率纳入流动性监管指标，同时将存贷比调整为监测指标

资料来源：中国人民银行及银保监会网站。

三、中国银行流动性风险监管指标及其测算

任何单一指标在反映商业银行流动性风险方面都存在局限性。因此，在对商业银行流动性风险的评估过程中，存在如何综合运用多种方法和工具对流动性风险进行分析和监测，同时评估流动性监管指标对银行流动性风险刻画的精确度这一监管难题。为此，我们通过测算多维度的流动性风险监测指标，考察国内商业银行的流动性状况。

（一）短期监管指标——流动性覆盖率

银行流动性枯竭引发金融危机使得传统的银行监管体系倍受质疑。金融市场每当面临严峻的市场环境时，商业银行往往会出现变现能力严重不足的窘境，迫使监管当局为银行体系重新规定流动性监管指标，以保证在面临极端情况时，商业银行仍拥有充足且可以迅速变现的优质流动性资产。流动性覆盖率旨在确保商业银行在设定的严重流动性压力情景下，能够保持充足的、无变现障碍的优质流动性资产，并通过变现这些资产来满足未来30日的流动性需求。其最低监管标准为大于100%。中国原银监会印发的《商业银行流动性覆盖率信息披露办法》中明确规定，自2015年12月31日起，中国国有大型商业银行、股份制银行应披露最近一个季度流动性覆盖率指标，要求各银行在3年内达到监管标准。在满足100%要求之前，各银行该指标不能低于90%。

据此，我们采取从银行相关财务报告中直接提取流动性覆盖率（LCR）指标的方法，通过翻阅商业银行季报、年报，手动收集2014年第四季度至2021年第三季度36家沪深上市银行财务报表中的LCR相关数据，相关银行包括：平安银行、宁波银行、郑州银行、青岛银行、青农商行、苏州银行、浦发银行、华夏银行、民生银行、招商银行、江苏银行、杭州银行、西安银行、南京银行、渝农商行、常熟银行、兴业银行、北京银行、厦门银行、上海银行、农业银行、交通银行、工商银行、长沙银行、邮储

银行、齐鲁银行、光大银行、沪农商行、成都银行、紫金银行、浙商银行、建设银行、重庆银行、中国银行、贵阳银行、中信银行。样本商业银行资产流动性指标 LCR 的季度数据趋势如图 8-3 所示。可以看出，在 2014q4—2021q3 时间段内，上市银行的流动性覆盖率呈现逐季度增加的平稳趋势，并且均已达到监管指标的要求。

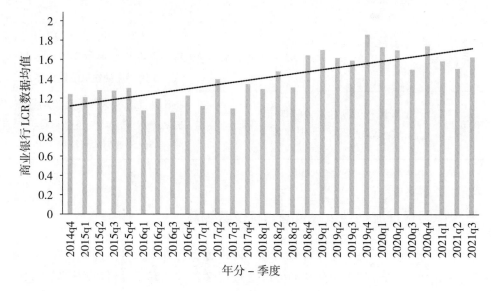

图 8-3　上市商业银行季度 LCR

资料来源：根据上市银行年报和季报整理获得。

（二）中长期监管指标——净稳定资金比例

净稳定资金比例（NSFR）用于测算商业银行长期流动性。旨在各类压力情形下，满足银行能够维持 1 年经营的稳定资金来源。其重点在于引导商业银行在负债中增加长期稳定负债的占比，即通过增加长期稳定资金来源，以降低资产负债的期限错配风险。对净稳定资金比例指标的监管标准为大于 100%，其计算公式如下：

$$\text{净稳定资金比率} = \frac{\text{可用稳定资金（ASF）}}{\text{所需稳定资金（RSF）}} = \frac{\text{负债与资本项目账面价值} \times \text{权重系数}}{\text{资产项目账面价值} \times \text{权重系数}}$$

其中，分子项——可用稳定资金为银行 1 年内可以使用的稳定资金来源，如股权、个人存款。不同科目权重不同，对于可用稳定资金而言，资金来源越稳定，权重越大。例如股本的权重是 100%，半年至 1 年期的批发融资权重则是 50%。分母项——所需稳定资金由银行非流动资产和表外资产加权构成，因此需要可用稳定资金保障。对于所需稳定资金，资产流动性越高，权重越小。

在 2010 年出台的《巴塞尔协议Ⅲ》中，对于 NSFR 的分子和分母所包括的项目进行了初步的规定。其后，出于对当时主要经济体经济增长形势不明朗的妥协和现实选择，为了降低 NSFR 监管指标实施对实体经济的负面影响，巴塞尔委员会适度放松了对流动性的监管要求,于 2014 年发布了《巴塞尔协议Ⅲ:净稳定资金比例》(Basel Ⅲ: The Net Stable Funding Ratio) 修订版,对 NSFR 分子和分母中的各项所占权重进行了适当的调整,并对信息披露等相关制度的完善进行了指导。表 8-11 列出了 2014 年版相较 2010 年版 NSFR 权重的变化情况。

表 8-11 2014 年修订版 NSFR 权重的变化情况

ASF	2010 年 10 月	2014 年 10 月	影响
现金和长期负债	100%	100%	不变
稳定存款	90%	95%	不大
欠稳定存款	80%	90%	不大
经营性存款	0	50%	大
6 个月至 1 年内到期负债	0	50%	大
RSF	2010 年 10 月	2014 年 10 月	影响
中央银行准备金,现金	0	0	不变
无变现障碍同业贷款(剩余期限 <6 个月)	0	0	不变
无变现障碍零售贷款(风险权重≤35%且剩余期限 <1 年)	65%	50%	大
无变现障碍零售贷款(风险权重 >35%且剩余期限 <1 年)	85%	50%	大
无变现障碍政府公司贷款(剩余期限 <1 年)	50%	50%	不变
其他无变现障碍贷款(风险权重≤35%且剩余期限≥1 年)	65%	65%	不变
无变现障碍抵押贷款(风险权重≤35%且剩余期限≥1 年)	65%	65%	不变
其他无变现障碍经营性贷款(风险权重 >35%且剩余期限≥1 年)	100%	85%	大
无变现障碍优质流动性资产(剩余期限 <1 年)	0	5%	小
有变现障碍的优质流动性资产(6 个月至 1 年期)	0	50%	小
银行间批发性拆借资金(6 个月至 1 年期)	0	50%	小
非优质流动性资产,非银行金融机构不可展期贷款(剩余期限 <1 年)	0	50%	小
无变现障碍 2A 级和 2B 级资产(剩余期限≥1 年)	20%/50%	15%/50%	小
有变现障碍的非优质流动性资产(剩余期限≥1 年)	100%	100%	不变

资料来源:根据巴塞尔委员会文件《净稳定资金信息披露》(Net Stable Funding Ratio Disclosure Standards) 整理得到。

从分子项可用稳定资金(ASF)角度来看,2014 年版净稳定资金比例相较于 2010 年版扩大了分子 ASF 的范围,提高了相应项目的折算率。主要在以下三个方面有所变化:一是突出储蓄存款在商业银行流动性管理中的重要作用。考虑到有着扎实储蓄存款基础的银行较那些以批发融资为主的银行更容易在危机中生存,巴塞尔委员会将稳定存款的权重系数从 90% 提高至 95%，将欠稳定存款的权重系数从 80% 提高至 90%；[①] 二是不再将所有经营性存款进行来自金融企业或非金融企业的划分，明确对所有经营性存款均给予 50% 的权重系数；三是为提高 NSFR 计算的准确性，将负债项目进一步细化处理，到期日大于 6 个月小于 1 年的债务项目被赋予 50% 的权重系数。

从分母项所需稳定资金来看，2014 年版净稳定资金比例的变动项目更多，也更加细致，主要变动如下。一是鼓励银行与非金融企业开展交易，通过降低零售、中小企业无变现障碍的贷款的折算率，防范银行"脱实向虚"的经营倾向。其中，对 1 年内到期的无变现障碍零售贷款项目统一将其权重系数降至 50%，对剩余期限大于 1 年的无变现障碍贷款项目保持 50% 的权重系数不变，对其他无变现障碍经营性贷款将其权重系数降至 85%。二是将 1 年内到期的无变现障碍优质流动性资产的权重提高至 5%，同时提高"有变现障碍"资产所需稳定资金的折算率。对 6 个月至 1 年内到期的有变现障碍优质资产和银行间拆借资金的权重系数提高至 50%，意在鼓励商业银行持有优质流动性资产以应对可能的流动性冲击。三是对期限大于 1 年的优质流动性资产中的 AA 级资产，将其权重系数由 20% 降低为 15%，同时 BB 级资产的权重系数则维持 50% 不变，提高了与流动性覆盖率的一致性。

综上所述，2014 年版尽管监管要求有所放松，但是由于对项目在年限和变现程度上进行了进一步的细分，对银行流动性计量精细程度要求更高。自净稳定融资比例监管指标颁布以来，国内外诸多文献计算过全球各国的 NSFR。IMF 曾指出，数据问题是计算 NSFR 指标的最大挑战；因此，基于数据可得性，国外学者在计算 NSFR 时，通常会对各明细科目和权重做一定的调整。如 Distinguin 等（2013）利用 Bankscope 数据，同时基于巴塞尔委员会 2009 年颁布的《国际流动性风险度量标准和监测框架》的办法计算 NSFR；其他一些研究，如 Ötker-Robe 等（2010）以及 Dietrich 等（2014）均采用《巴塞尔协议Ⅲ》版本中的方法；King（2013）以及 Yan 等（2012）也尝试通过粗略划分资产负债来计算或者大致测度 NSFR。这些研究不可避免地需要简单假设可用稳定融资（ASF）以及所需稳定资金（RSF）的权重。

2019 年 3 月，中国银保监会印发了《商业银行净稳定资金比例信息披露办法》的通知，要求适用净稳定资金比例监管要求的商业银行应当按照本办法的规定披露净稳定资金比例信息，规定使用高级法披露净稳定资金比例的说明和模板。具体模板见表 8 – 12。

[①] 这里稳定存款指有存款保险覆盖的存款。2014 年版由此凸显了存款保险制度的重要性。

表 8-12　高级法银行净稳定资金比例定量信息披露模板

单位：百万元

序号	项目	折算前数值				折算后数值
		无期限	<6个月	6—12个月	≥1年	
可用稳定资金						
1	资本					
2	监管资本					
3	其他资本工具					
4	来自零售和小企业客户的存款					
5	稳定存款					
6	欠稳定存款					
7	批发融资					
8	业务关系存款					
9	其他批发融资					
10	相互依存的负债					
11	其他负债					
12	净稳定资金比例衍生产品负债					
13	以上未包括的所有其他负债和权益					
14	可用稳定资金合计					
所需稳定资金						
15	净稳定资金比例合格优质流动性资产					
16	存放在金融机构的业务关系存款					
17	贷款和证券					
18	由一级资产担保的向金融机构发放的贷款					
19	由非一级资产担保或无担保的向金融机构发放的贷款					
20	向零售和小企业客户、非金融机构、主权、中央银行和公共部门实体等发放的贷款					
21	其中：风险权重不高于35%					
22	住房抵押贷款					
23	其中：风险权重不高于35%					
24	不符合合格优质流动性资产标准的非违约证券，包括交易所交易的权益类证券					
25	相互依存的资产					

单位：百万元（续表）

序号	项目	折算前数值				折算后数值
		无期限	<6 个月	6—12 个月	≥1 年	
26	其他资产					
27	实物交易的大宗商品（包括黄金）					
28	提供的衍生产品初始保证金及提供给中央交易对手的违约基金					
29	净稳定资金比例衍生产品资产					
30	衍生产品附加要求					
31	以上未包括的所有其他资产					
32	表外项目					
33	所需稳定资金合计					
34	净稳定资金比例（%）					

资料来源：银保监会官网。

国内商业银行根据相关要求进行净稳定资金比例数据的披露，通过查询各上市银行年报和半年报，汇总已披露数据的 35 家银行，如表 8-13 所示。从数据中可以看出，相关商业银行自 2018 年以来，净稳定资金比例均达到了监管要求。

表 8-13 上市银行的净稳定资金比例

单位：%

银行名称	2021 年中报	2020 年年报	2020 年中报	2019 年年报	2019 年中报	2018 年年报
长沙银行	115.31	119.96	115.90	119.56	114.11	
南京银行	110.21	115.34	114.35	110.55		
齐鲁银行	136.71	135.88		140.60		143.53
北京银行	102.37	104.60	103.32	102.43	102.08	
宁波银行	110.48	108.44	107.70	106.83	113.90	
苏州银行	114.93	118.66	115.27	121.14		
西安银行	142.79	135.75	133.78	132.14	121.10	110.42
郑州银行	107.51	111.00		109.79	106.66	103.72
青岛银行	105.76	105.23	104.47	104.33	102.03	
中国邮政储蓄银行	160.82	162.41	164.24	166.28		
青岛农村商业银行	125.62	121.86	126.04	123.82	119.34	126.68
重庆农村商业银行	121.38		109.78			
上海农村商业银行		134.06		139.13	145.49	152.74
上海银行	107.04	108.49	109.17	109.31	103.84	

单位:%（续表）

银行名称	2021年中报	2020年年报	2020年中报	2019年年报	2019年中报	2018年年报
江苏银行	102.86	107.19	103.73	105.32	101.84	
重庆银行	104.09	101.42	103.22	104.49		107.88
中国工商银行	129.70	128.33	127.89	127.54	128.36	128.36
中国农业银行	127.40	125.50	124.70	128.20	129.60	127.40
中国建设银行	123.55	127.15	126.40	129.12	128.41	126.43
中国银行	121.22	123.50	124.58	124.46	126.81	125.60
交通银行	110.80	109.01	109.72	111.33	113.40	
中信银行	103.36	106.14	105.75	105.85	104.66	
中国光大银行	104.90	107.29	109.19	105.34	103.66	105.75
华夏银行	107.42	105.10	103.82	103.16	104.46	
平安银行	105.18	105.50	108.14	109.03	110.77	
招商银行	120.68	117.51	119.17	121.04	119.65	
上海浦东发展银行	104.21	105.01	103.82	103.36	104.72	
兴业银行	103.10	105.08	104.59	104.57	102.72	
中国民生银行	104.25	104.57	104.08			
浙商银行	109.16	110.43	117.73	113.49		
成都银行	100.81	101.20	107.50	105.93	107.43	111.01
贵阳银行	106.03	108.34	101.09	107.72	103.75	
杭州银行	107.41	112.36	106.22	108.57	102.97	
厦门银行	102.76	106.45				
江苏紫金农村商业银行	128.69	129.89	128.18	122.33	117.79	

资料来源：根据各商业银行年报、半年报整理而得。

(三) 流动性比例指标

流动性比例是中国银保监会监管商业银行流动性风险的传统指标，是商业银行衡量流动性风险和承兑的重要参考依据。监管机构通过规定流动性比例来影响商业银行的资产业务经营。一般而言，该比例越大，商业银行1个月内的短期流动性越好。流动性比例定义为，在不发生特殊状况的前提下，1个月内的流动性资产与流动负债的比值。对流动性比例的监管要求为大于等于25%。

$$流动性比例 = \frac{流动性资产}{流动性负债}$$

其中，流动性资产包括现金、黄金、超额准备金存款、1个月内到期的同业往来款项轧差后资产方净额、应收利息及其他应收款、合格贷款、债券投资、在国内外二级市场上可随时变现的债券投资及其他（剔除其中的不良资产）。流动性负债包括活期存款（不含财政性存款）、1个月内到期的定期存款（不含财政性存款）、同业往来款项轧差后负债方净额、已发行的债券、应付利息及各项应付款、中央银行借款及其他。

需要指出的是，流动性资产和流动性负债并不完全按照剩余期限进行计算，而是需要对财务数据进行修订。首先，上缴给央行的超额准备金属于流动性资产。超额存款准备金能够在任何时候清偿储户的存款，所以按照流动性资产处理。其次，1个月内到期的银行间账户交易要按照净值计算。银行间流动性资产扣除银行间流动性负债为正值，则计入流动性资产；如果净值为负，则取绝对值后计入流动性负债。再次，国内外金融市场中随时可以变现的证券投资计入流动资产，无论是银行账户还是交易账户，即便剩余期限高于1个月。最后，不良贷款不能作为流动资产。只有剩余期限在1个月以内的贷款以及自报告日至到期日不足1个月的本金或利息属于流动资产。

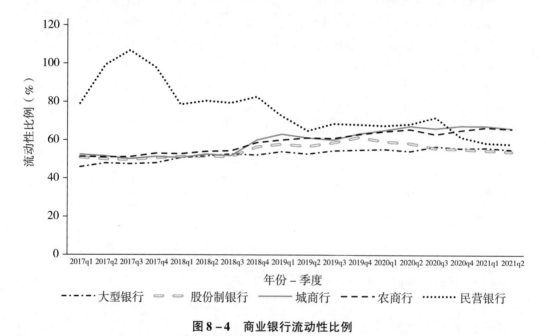

图 8-4 商业银行流动性比例

资料来源：根据 Wind 数据库相关数据整理得。

流动性比例属于传统的流动性监管指标，从图 8-4 可以看出，2017—2021 年商业银行的流动性比例远高于 25%，且呈现在小范围内波动上升态势。Wind 数据库中商业银行分类数据统计起始期较晚，从 2017 年开始提供。其中，民营银行的流动性比例最高，其次是城商行，大型银行的流动性比例最低。

流动性比例作为流动性监管指标的主要缺陷在于，风险敏感度不足而难以体现真实、准确的风险状况。首先，流动性比例不能详细分类客户存款，也不能评估每个级别的现金流量和资产负债表内外详细科目的现金流预测；其次，流动性比例公式中的流动性资产不等于 1 个月内的现金流入，如"1 个月内到期的合格贷款"可能要求续借。流动性比例公式中的流动性负债也不等于 1 个月内的现金流出，例如 1 个月内到期的定期存款,如果其中大部分现金在到期日之前流出,而剩下部分在到期后继续储存,则其中大部分现金流与合同期限不同。最重要的是,流动性比例不是考虑当银行遇到压力情景时的指标,难以反映极端情况。

(四) 关于流动性监管指标的进一步讨论

现有文献较少关注如何测量银行的融资流动性风险或系统融资风险,尽管可以利用某些非直接测度银行层面流动性风险。非直接测度银行融资风险的指标基本可以分为两类:资产流动性指标和融资稳定性指标。资产流动性指标包括净流动资产比率、流动比率等。融资稳定性指标包括核心资本比率、非核心融资比率等。根据这些比率,NSFR 测度的是融资的稳定性。

国外也有尝试估计银行融资流动性风险的实证研究。如 Drehmann 等 (2013) 以及 Fecht 等 (2011) 试图使用某些欧洲银行对欧洲中央银行回购债券协议 (Repurchase Agreement, Repos) 的买入标价或者借贷利率来估算融资流动性风险。但是,其缺陷在于这些数据无法公开获取,并且仅仅覆盖了非常短的时间。

在研究银行的相关文献中,绝大多数测度流动性的相关实证研究,在考虑流动性指标时,会采用依据会计数据计算的流动性比例。然而,早期 Poorman 等 (2005) 就曾质疑此类流动性指标在某些情况下是不精准的。比如,美国迈阿密的大型区域银行东南银行 (The Southeast Bank) 在流动资产比率超过 30% 的情况下,由于不能偿付其流动性资产所需的某些债权要求,于 1991 年 9 月破产。此外,伴随着银行市场化,在评估银行流动性时,资产在金融市场的兑现以及市场融资的可得性均会对流动性产生影响。

为了应付以上问题,部分实证研究采用复合流动性指数,除了通过会计数据所提供的银行有关流动性的信息,资产兑现的信息、市场融资可得性信息也都用来判定银行资产和负债的流动性。比如,Deep 等 (2004) 强调在《巴塞尔协议Ⅲ》框架下对商业银行流动性评估时,要考虑到使用此类综合指标。但是,鉴于综合指标的设计以及权重选择的主观性过强,并且与流动性监管指标的不一致性,我们最终还是舍弃了对综合指标的研究。

最后,本书在介绍商业银行的流动性风险监测指标时仅仅采用表内头寸,原因在于我们无法从现有国内数据库中获得商业银行详细的表外业务活动数据。但是,我们认为商业银行的流动性会同时受表内和表外头寸的影响,银行也能通过表外业务创造流动性,比如通过对客户的贷款承诺以及类似的流动性融资债权。此外,由表外承诺和承付业务所构成的或有融资也有可能会引发流动性匮乏,进而加剧银行的流动性困境。这些问题也为今后对流动性的研究指明了进一步的方向。

四、国际银行业流动性风险监管的实践经验

经过几百年的发展,西方发达国家的商业银行特别是活跃的大银行在风险管理方

面积累了大量的成功经验。无论是流动性风险管理的理论、理念，还是管理的方法与技术，都走在全球同行的前列，具有很强的借鉴意义。

（一）美国的流动性风险监管

美国的金融监管以及银行业的发展一直处于国际领先地位，曾是发展中国家长期效仿的榜样。次贷危机爆发之前，美国金融监管采取的是以美联储为中心的双线多头的伞形功能监管模式。在联邦层面，商业银行主要由美国联邦储备银行（Federal Reserve Bank，FRB）、货币监理署（OCC）和联邦存款保险公司（Federal Deposit Insurance Corporation，FDIC）进行监管，由联邦金融机构监管委员会进行协调。美联储作为中央银行，除制定和执行货币政策外，主要负责对联邦注册银行、属于美联储会员银行的州注册银行以及银行控股公司进行监管；货币监理署作为财政部下属的独立部门，负责对国民银行、储蓄机构以及在联邦注册的外国银行分支机构的监管；联邦存款保险公司作为独立的联邦政府机构，除向银行和储蓄机构提供存款保险外，主要针对非美联储会员的州注册银行和储蓄贷款机构进行监管。在地方层面，各州的监管机构负责对各州注册银行进行监管。

次贷危机之后，美国的金融监管体系进行了大力改革，先后出台了《现代化金融监管构架改革蓝图》[1]《金融监管改革——新基础：重建金融监管》[2] 以及《多德－弗兰克华尔街改革和消费者保护法》[3] 等一系列改革方案，目的在于构建能够有效防范系统性风险的宏观审慎监管体系。

在大刀阔斧的宏观审慎改革下，美国的流动性管理也发生了许多变化。2010年3月18日，美联储以及货币监理署联合其他银行监管机构发布了有关资金与流动性风险管理的准则，规定了稳健流动性风险管理的基本原则，与巴塞尔委员会2008年发布的《流动性风险管理和监管稳健原则》内容基本一致，目的在于遏制流动性风险，加强金融体系的稳定性。

在2010年的《多德－弗兰克华尔街改革和消费者保护法》中则为预防系统流动性风险，围绕监管系统性风险和消费者金融保护，重点提出了包括建立金融稳定监督委员会、加强金融衍生品交易监管、实施"沃尔克规则"、提高银行资本充足率标准、建立金融机构破产与清算机制等改革措施。此外，该法案还强调了应进一步促进国际监管合作，并提出多项具体举措，促使美国金融监管改革政策与国际监管共识达成相对的一致。

2013年10月24日，美联储、货币监理署和联邦存款保险公司共同发布了一项针对大型金融机构的流动性新规，新规对于大型银行机构流动性的约束更加严格，目的

---

[1] Blueprint for A Modernized Financial Regulatory Structure
[2] Financial Regulatory Reform-A New Foundation：Rebuilding Financial Supervision and Regulation
[3] Dodd-Frank Wall Street Reform and Consumer Protection Act

在于增强其抵御市场危机的能力。新规的适用范围包括大型活跃银行机构以及重要的系统性非银行金融机构。新规与《巴塞尔协议Ⅲ》的流动性风险监管标准基本保持一致，甚至在某些方面的规定更趋严格。新规为大型金融机构首次设定了最低流动性标准，在压力情景下，总资产在2500亿美元以上的金融机构需持有足够的可维持运营30天的优质流动性资产，总资产在2500亿美元以下、500亿美元以上的金融机构则需保持足够的可维持运营21天的优质流动性资产。这项流动性新规缩小了优质流动性资产（HQLA）的定义范围，如明确规定金融机构发行的债券不包含在HQLA的统计范围之内。新规要求的过渡期始于2015年1月1日，止于2017年1月1日，比《巴塞尔协议Ⅲ》制定的过渡期短两年。同时过渡期内银行流动性覆盖率（LCR）的最低比例要求到2015年1月1日达到80%，而且随后的2年内还需累计增加20%才能保证2017年实现LCR达到100%水平。

（二）英国的流动性风险监管

次贷危机后的英国金融监管改革方案强调系统性风险与流动性风险监管并重。《2009年银行法》（Banking Act 2009）赋予了英格兰银行对银行支付系统进行监控的职权，同时授权其对问题银行进行流动性支持，在进行流动性支持时，可以采取非公开的方式进行。《改革金融市场》（Reforming Financial Markets）则通过加强具有系统重要性的大型复杂金融机构的审慎性监管等措施以降低系统性风险的危害。

英国金融服务局（Financial Services Authority，FSA）于2009年10月发布的关于加强流动性监管的政策，主要从五个方面提出了监管要求。一是对流动性风险控制与系统管理提出了更高要求，所有受到《银行、住房金融及投资公司申设监管手册》（Prudential Sourcebook for Banks, Building Societies and Investment Firms，BIPRU）监管的相关机构需要建立稳定的流动性风险管理框架，满足有关流动性风险管理、压力测试及应急融资计划的要求。二是引入个别流动性充足标准（Individual liquidity Adequacy Standards，ILAS），实现对金融机构的差别监管。三是要求金融机构持有一定数量的高流动性资产以满足流动性缓冲的监管要求。四是加强跨境集团的流动性监管，要求外国银行的分行和下属机构在没有取得豁免的情况下，需要证明其流动性是充足的。五是提升流动风险报告的要求，监管者丰富流动风险报告的种类以及大幅提高频度的要求。

2013年4月，随着《金融服务法案》（Financial Services Act）的正式生效，英国金融改革进一步推进，对流动性风险的监管也有了新的内容。审慎监管局（Prudential Regulation Authority，PRA）负责制定金融机构流动性风险监管的政策及制度，并负责履行日常监管职责。审慎监管局要求银行确保流动性资源充足，具体包括建立流动性资产缓冲、建立应急融资方案以及对流动性充足情况进行单独评估等内容；建立与其业务规模、性质和复杂程度相适应的流动性风险管理体系并定期开展压力测试。审慎监管局向每个金融机构单独发放"独立流动性监管指引"（Guidance on Independent Liquidity Regulation，ILG），要求银行持有一定数量的变现能力强的高质量流动性资产储备，并且规定了需要达到的 ILG 比例，以防范其在面对流动性压力时出现违反英国及第三国监管要求的情况。在监管手段方面，审慎监管局采取差别监管的策略，分别制定了一般流动性充足评估标准（ILAS）和简化版的评估标准（Simplified ILAS）。ILAS 主要包括分析风险来源、记录支持行为假设的证据和支持流动性资产储备充足的证据、识别应急融资计划中列出同时将被采用的方式。简化版评估标准是一般 ILAS 的简化版本，允许银行通过监管机构提供的简化方法计算其流动性资产储备的构成及规模。审慎监管局应该每年对金融机构流动性管理情况进行重估，对于非系统重要性银行则每两年进行全面重估。

（三）欧盟的流动性风险监管

通过金融监管改革，欧洲中央银行及欧盟层面的金融监管机构在金融监管体系中的地位得到加强和提升。欧洲中央银行取得欧元区银行的监管权，履行最后贷款人职责，建立银行危机处置机制，通过再贴现和再贷款等业务的开展，为出现流动性困难的银行提供融资救助。

相对而言，欧盟流动性监管的约束力有限，且尚未全面展开，其监管规则中所涉及的流动性条款与《巴塞尔协议Ⅲ》的流动性监管框架大体一致。总体来看，欧盟的流动性条款缺乏一定的强制性，在 2015 年巴塞尔委员会敲定流动性监管规则之前，欧盟明确赋予其成员国自由裁量权，《巴塞尔协议Ⅲ》的流动性监管指标作为附加指标仅供参考。此外，欧盟流动性监管中针对影子银行设定了新规，包括提高流动性标准、增加额外的流动性要求以及强化信息披露等内容。

2014 年 1 月欧盟公布了流动性监管指标披露标准，要求 LCR 指标自 2015 年起应达到 60%，以后每年增加 10%，直至 2019 年达到 100%。同时也指出，正在接受财务支持或处于结构性改革的成员国，允许其根据需要对 LCR 标准进行相应调整，此外，对 NSFR 要求自 2018 年起不低于 100%。

本章小结

商业银行在整个金融体系中位居主导地位，在经济生活中发挥着调剂资金余缺、实现资源配置的作用。流动性作为商业银行经营管理的"三性"之一，如果管理不当，不仅会引起单个银行的破产，而且会通过不同渠道对存款人、银行同业、实体企业乃至整个经济体系产生巨大影响。有效的流动性风险识别、度量、防范、控制可以提高流动性风险的管理水平，保障银行体系的稳定，更好地发挥服务实体经济的作用。本章首先对流动性风险的概念和成因进行分析，并从资产流动性风险和融资流动性风险两个角度进行分类讨论；其次详细介绍了传统流动性风险的度量指标以及现代流动性风险的度量方法，总结了流动性风险的管理策略；再次结合《巴塞尔协议Ⅲ》的流动性监管要求,深入探讨流动性风险各项监管指标在国内的实施现状;最后通过对国际发达国家流动性管理经验的简单介绍,寄望对中国的流动性风险管理提供有益参考。

关键术语

资产流动性风险 融资流动性风险 流动性风险缓释 存贷款比率 流动性指数 流动性缺口 融资缺口 久期缺口 期限阶梯法 流动性调整 VaR(LVaR)法 线性规划法 流动性覆盖率 净稳定融资比率 流动性比例

思 考 题

1. 简述流动性风险的成因及其分类。
2. 简述预期收入理论的缺陷。
3. 银行保持资产流动性的方法主要有哪些?
4. 简述流动性风险管理的方法。
5. 简述流动性风险管理的静态指标和动态指标。
6. 《巴塞尔协议Ⅲ》中对流动性监管的新要求包括哪些方法和指标?
7. 中国的流动性监管有哪些具体指标?
8. 简述国际银行业流动性风险管理的发展趋势。

第九章 资本充足率与商业银行绩效评估

| 本 | 章 | 要 | 点 |

◇《巴塞尔协议》及其发展历程。
◇《巴塞尔协议》在中国的实施情况。
◇ 资本与风险加权资产的测算。
◇ 权重法下信用风险资产的测算。
◇ 以风险为核心的绩效考核评估方法（RAROC 和 EVA）。

金融机构在经营过程中不可避免地面临着各种各样的风险，充足的资本能够弥补金融机构的各类非预期损失，有效地维持其清偿力，对于金融机构的持续经营具有非常重要的意义。为了确保银行的资本充足，具备足够的偿付能力，巴塞尔委员会将资本充足率作为国际银行业监管的首要任务，专门制订颁布了全球统一的资本计算标准。本章从《巴塞尔协议》出发，首先详细介绍各版《巴塞尔协议》的主要内容及其演进完善过程；进而引入经济资本，并通过案例详细介绍资本充足率的计算过程；最后通过对比传统金融机构的业绩评价方法以及经风险调整的绩效评估体系，引出以经济资本管理驱动商业银行价值创造的相关讨论。

第一节 《巴塞尔协议》及其影响

《巴塞尔协议》全称是《关于统一资本衡量和资本标准的协议》（International Convergence of Capital Measurement and Capital Standards）。20 世纪 60 年代以来，西方银行业经历了巨大的变革，在新技术革命、资本市场和金融政策自由化等因素的推动下，形成了放松金融管制的浪潮，金融市场日趋全球化。伴随着金融管制的放松，全球资本流动加速，金融机构在全球金融市场上的激烈竞争导致金融风险种类迅速增加，金融市场波动逐渐加剧。自20世纪70年代以来，先后发生了一系列全球金融风险事件，给世界各国尤其是发展中国家带来了巨额损失。在金融风险环境日益复杂化的背景下，为维持资本市场稳定，减少国际银行间的不公平竞争，降低银行系统的信用风险和市场风险，防范全球金融风险，1987年12月10日，国际清算银行在瑞士巴塞尔召开了包括美国、英国、法国、联邦德国、意大利、日本、荷兰、比利时、加拿大和瑞典（十国集团，G10）以及卢森堡和瑞士在内的12个国家中央银行行长会议。会上通过了《巴塞尔协议Ⅰ》。该协议对银行的资本比率、资本结构、各类资产的风险权数等方面进行了统一规定。其后，为了应对金融创新所引发国际金融环境和经营条件的诸多新挑战，巴塞尔委员会先后推出了《巴塞尔协议Ⅱ》以及《巴塞尔协议Ⅲ》，对《巴塞尔协议Ⅰ》进行了长期、大范围的修改与补充。为了全面理解《巴塞尔协议》的理念和精神，让我们从《巴塞尔协议Ⅰ》开始，逐步介绍《巴塞尔协议》的演进及变化。

一、《巴塞尔协议Ⅰ》

巴塞尔委员会于1988年出台《巴塞尔协议Ⅰ》，标志着国际银行业相对完善的风险管理原则体系初步形成。该协议的核心在于提出了针对信用风险的资本要求，强调用资本来缓释风险损失，根据资产类别和资产性质以及债务主体的不同，将银行的资本划分为核心资本和附属资本两类，确定了风险权重的计算标准，并确定了资本与风险资产比率为8%的标准。《巴塞尔协议Ⅰ》的产生标志着风险资产管理时代的来临。

（一）《巴塞尔协议Ⅰ》的主要内容

1988年《巴塞尔协议Ⅰ》的全称为《关于统一资本衡量和资本标准的协议》，其目的是通过对资本充足性规定国际统一的标准，缩小各国规定的资本数量差异，加强对银行资本及风险资产的监管，消除银行间的不公平竞争。《巴塞尔协议Ⅰ》基本内容由四个方面组成。

1. 资本的组成

巴塞尔委员会认为银行资本分为两级。第一级是核心资本，要求银行资本中至少有50%是由实收资本及从税后利润保留中提取的公开储备组成。第二级是附属资本，其最高额可等同于核心资本额。附属资本由未公开的储备、重估储备、普通准备金（普通呆账准备金）、带有债务性质的资本工具、长期次级债务和资本扣除部分组成。

2. 风险资产权重的确定

《巴塞尔协议Ⅰ》确定了风险加权，即根据不同资产的风险程度确定相应的风险权重，计算加权风险资产总额。一是确定资产负债表内的资产风险权数，即将资产的风险权数确定为五个档次，分别为0、10%、20%、50%、100%。二是确定表外项目的风险权数，确定了0、20%、50%、100%四个档次的信用转换系数，以该系数与资产负债表内与该项业务对应项目的风险权数相乘,作为表外项目的风险权数。表9-1列举了风险权数的主要类型及其对应的资产。

表9-1　银行资产负债表表内不同风险权重的规定

风险权数	资产
第一类：风险权数为0	现金、黄金；以本币标价的对本国中央政府和中央银行的债权；对经济合作与发展组织（Organization for Economic Co-operation and Development, OECD）成员国的中央政府和中央银行的债权；用现金或者用OECD成员国中央政府发行的债券作担保,或由OECD成员国中央政府提供担保的债权
第二类：风险权数为20%	托收中的现金款项；对多边发展银行（国际复兴开发银行、美洲开发银行、亚洲开发银行、非洲开发银行、欧洲投资银行）的债权以及由此类银行提供担保或用此类银行发行的债券作抵押品的债权；对在OECD成员国国内注册银行的债权以及OECD成员国国内注册银行提供担保的贷款；对在非OECD成员国国内注册银行的剩余偿还期在1年以内的债权和由非OECD成员国的银行提供担保的剩余偿还期在1年之内的贷款；对非本国OECD成员国的公共部门（不包括中央政府）*的债权,以及由这些部门提供担保的贷款
第三类：风险权数为50%	完全以居住用途的房产作抵押的贷款,这些房产被借款者占有使用,或由他们出租
第四类：风险权数为100%	对私人机构或个人的债权；对非OECD成员国银行的剩余偿还期在1年以上的债权；对非成员国的中央政府的债权（本币标价的除外）；对公共部门所属的商业公司的债权、厂房、设备和其他固定资产；房地产和其他投资（包括那些没有在合并资产负债表表内的对其他公司的投资）；其他银行发行的资本工具（从资本中扣除的除外）

资料来源：Saunders A. Financial Institutions Management: A Risk Management Approach [M]. 8th ed. New York: Mcgraw-hill Education Press, 2013.

* 对公共部门（除国内中央政府以外）的债权和由这些部门提供担保的贷款,各国可根据自身情况赋予其0、10%、20%和50%的风险权数,相当于允许各个国家在银行资产负债表表内的资产风险类别与风险权数的判断标准上有所不同。

银行根据给定的风险权数,使用加权平均法,将资产负债表表内各项资产的金额分别乘以相应的风险权数,得到该项资产的风险加权值,然后将各项资产的风险加权值相加,算出银行资产负债表表内风险加权资产数额。其计算公式如下：

$$表内风险资产 = 表内各项资产 \times 相应的风险权数$$

3. 目标标准比率

《巴塞尔协议Ⅰ》还规定总资本与加权风险资产之比为8%（其中核心资本部分至少为4%）。

$$银行资本充足率 = \frac{总资本}{加权风险资产} \geq 8\%$$

$$核心资本充足率 = \frac{核心资本}{加权风险资产} \geq 4\%$$

4. 过渡期和实施安排

过渡期从协议发布起至1992年年底，所有从事大额跨境业务的银行资本充足率均要达到8%的要求。

(二)《巴塞尔协议Ⅰ》的特点

1988年《巴塞尔协议Ⅰ》主要有三大特点。

一是确立了全球统一的银行风险管理标准。《巴塞尔协议Ⅰ》提出了统一的国际资本充足率标准，而且覆盖了信用风险和市场风险，使得全球银行经营从注重规模转向注重资本、资产质量等因素，体现了资本的质与量的统一。

二是突出强调了资本充足率标准的意义。通过强调资本充足率，促使全球银行经营从注重规模转向注重资本、资产质量等因素。

三是受20世纪70年代发展中国家债务危机的影响，强调国家风险对银行信用风险的重要作用，明确规定不同国家的授信风险权重比例存在差异。

(三)《巴塞尔协议Ⅰ》在中国的实践

面对《巴塞尔协议Ⅰ》的颁布带来的压力和挑战，为了扩大对外开放和促进银行稳健经营，从1992年起，中国开始建设社会主义市场经济体制，加快银行体制机制改革，按照国际惯例规范银行经营活动，变对商业银行的贷款规模管理为资产负债比例管理，并试行资产风险管理。1995年5月发布的《中华人民共和国商业银行法》规定，商业银行依法接受中国人民银行的监督管理，资本充足率不得低于8%，开始依据《巴塞尔协议Ⅰ》对商业银行经营予以监管。1996年11月，中国人民银行成为国际清算银行的股东，并参与该行的各项活动，这使得中国人民银行进一步提高了管理与监督水平；12月，中国人民银行参考《巴塞尔协议Ⅰ》，印发了《商业银行资产负债比例管理监控、监测指标和考核办法》，对计算信用风险资本充足率的方法提出了具体要求，并在一些方面放宽了标准。1997年，中国人民银行参与了《有效银行监管的核心原则》的各项讨论，并承诺在3—5年内达到该文件提出的各项要求；5月，颁布了《加强金融机构内部控制的指导原则》，这与《有效银行监管的核心原则》中完善银行内控机制的要求不谋而合。亚洲金融危机之后，中国政府在吸取一些国家化解金融危机经验的基础上，采取了注资、剥离不良资产等一系列措施，对四大国有商业银行进行财务重组，以充实和提高银行的资本充足率。1998年3月，财政部定向发行特别国债2700亿元筹集资金，用于拨补国有独资商业银行资本金；4月，中国人民银行发布《贷款风险分类指导原则（试行）》，以风险为基础对银行贷款的质量分类，把贷款分为正常、关注、次级、可疑和损失五类。

1999年，中国政府先后成立了华融、长城、东方、信达四家金融资产管理公司，专门负责收购、管理和处置四大国有商业银行剥离出来的不良贷款，以改善它们的资产负债状况，防范和化解潜在的银行风险。2001年12月，中国人民银行发布《关于全面推行贷款质量五级分类管理的通知》，决定在全国各类商业银行施行贷款风险分类管理。

（四）《巴塞尔协议Ⅰ》的局限性

尽管1988年的《巴塞尔协议Ⅰ》经历修改与补充，但学术界和银行家还是对其中的许多原则及其市场适应性提出了批评和质疑。

首先是国家风险问题。《巴塞尔协议Ⅰ》仅仅重新确定了OECD成员国的资产风险权重，对非OECD成员国的风险权重歧视仍未解除。这一方面造成国与国之间巨大的风险权重差距（最多为100%），这种差距不仅在成员国与非成员国之间存在，在成员国与成员国之间也存在，致使信用风险评判中的信用标准扭曲为国别标准；另一方面则容易对银行产生误导，使其对OECD成员国的不良资产放松警惕，而对非OECD成员国的优质资产畏葸不前，从而减少银行的潜在收益，相应扩大银行的经营风险。此外，这一规定仍然遵循静态管理理念，未能用动态的观点看待成员国和非成员国的信用变化。

其次是风险权重的灵活度问题。这实际上是一个企业风险权重歧视问题，且与国家风险权重歧视交织在一起。对于非OECD成员国对银行、政府超过1年的债券，以及对非公共部门的企业债券，无论其信用水平如何，风险权重均为100%；而由OECD成员国对金融机构担保的债权，风险权重则一律为20%。此外是风险权重的级别过于简单且不合理，仅有0、20%、50%及100%四个档次，没有充分考虑同类资产的信用差别，也就难以准确反映银行面临的真实风险。而从理论上来看，在《巴塞尔协议Ⅰ》的信用风险框架下，由于风险资产被赋予了不同的风险权重，银行可能倾向于经营低风险的资产；然而在特定的风险权重中，该权重所对应的资产都承担着相同比例的资本要求，银行也有动机去经营高风险的资产。

再次是对金融形势的适应性问题。《巴塞尔协议Ⅰ》从起始就注意到了表外业务的潜在风险，也提出了对照表内项目确定表外资产风险权重的做法，但随着金融新业务的推出和银行组织形式的更新，《巴塞尔协议Ⅰ》的覆盖范围和监管效果都难以让人满意。最典型的是银行资产证券化造成银行持有巨额低级债券、金融控股公司的广泛建立，以及银行全能化等，由此不仅引发逃避或绕开资本金管束的问题，而且引发了信用风险以外的市场风险。其中最为常用的方式是资产证券化，即将表内业务通过证券化移至表外。比如银行将低质量的信贷资产证券化后，这部分资产的风险权重就会降低，从而节约了资本。尽管监管资本套利帮助银行逃避了监管，降低了经营成本，但更为重要的是，它使银行更倾向于持有质量较差的资产组合，导致银行系统的风险加大，与《巴塞尔协议Ⅰ》的目标相背离，大大削弱了《巴塞尔协议Ⅰ》的有效性。

最后是全面风险管理问题。《巴塞尔协议Ⅰ》早在1997年就形成了全面风险管理的理念和基本框架，但并未对其内容做详尽的阐释，更未提出切实、可行的方法，并且只涉及信用风险和市场风险，不足以囊括银行业务的全部实际风险（比如操作风险、法律风险、声誉风险等）。该协议对于风险的全面管理还停留在理论上论证、方法上探索的阶段，至于信用风险和市场风险的计量应建立哪些模型、模型中应选择哪些参数，以及相应的资本金要求应如何设计等问题，几乎都没有涉及。此外，《巴塞尔协议Ⅰ》中，银行始终处于被动地位。银行危机的产生主要由借款人的风险引起，银行风险的规避取决于监管当局对其资本金计提方法和计提数量的监督，并不注重当事人主观能动作用的发挥，也没有帮助银行解决如何适应市场以及如何主动接受市场约束的问题。

二、《巴塞尔协议Ⅱ》

为应对上述挑战，巴塞尔委员会先后推出了一系列修订方案，但总体来看，并没有对《巴塞尔协议Ⅰ》进行根本性的改革。在理论界和实务界的批评和质疑声中，巴塞尔委员会于1998年开始着手制定新一代的《巴塞尔协议》，对《巴塞尔协议Ⅰ》进行全面修订。从1999年6月巴塞尔委员会颁布第一份征求意见稿开始，经过长达5年的反复讨论和修改，《巴塞尔协议Ⅱ》最终于2004年6月正式定稿，由此迎来全球金融监管的新时代。

（一）《巴塞尔协议Ⅱ》的监管框架

《巴塞尔协议Ⅱ》除继续沿用《巴塞尔协议Ⅰ》中以资本充足率为核心、以信用风险控制为重点的监管思路外，对风险的认识更加全面，同时合理吸收了核心原则的精髓，发展并提出了衡量资本充足率的新思路和方法，形成了三大支柱的内容和架构，如图9-1所示。其中，第一支柱是最低资本要求（Minimum Capital Requirement）；

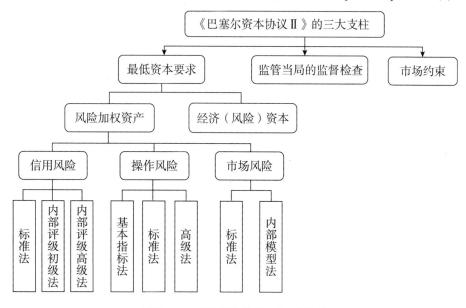

图9-1 《巴塞尔协议Ⅱ》的结构

第二支柱是监管当局的监督检查（Supervisory Review Process）；第三支柱是市场约束（Market Discipline）。三大支柱分别从资金管理和风险管理者、外部监管者、投资者的角度出发，相互支持，为构建一个风险约束和稳健安全运行的银行体系提供了一个完整的框架体系，形成了《巴塞尔协议Ⅱ》的核心目标。此外，《巴塞尔协议Ⅱ》还强调三大支柱必须协调使用才能真正发挥作用，体现了从单纯的资本金要求到"三管齐下"的监管框架，这也是《巴塞尔协议Ⅱ》的精髓所在。

(1) 第一支柱：最低资本要求。

从金融机构监管当局的角度出发，1988年的《巴塞尔协议Ⅰ》主要针对信用风险，而没有考虑利率风险和市场风险。也就是说，在银行具有不确定的利率风险或市场风险的情况下，资本与风险资产比率不能很好地反映银行真实的资本充足情况。这一缺陷在《巴塞尔协议Ⅱ》中得到修正，《巴塞尔协议Ⅱ》虽然延续了在国际金融领域已被广泛接受的旧协议关于银行资本构成和最低资本比率的框架要求，仍然将8%的资本充足率标准作为协议框架第一支柱，不过，《巴塞尔协议Ⅱ》除保留了1988年协议中信用风险的规定外，还把操作风险、市场风险纳入风险资产计量的范畴。这三类风险及其风险测量方法成为支持第一支柱的强有力的工具和手段。该框架试图把银行经营中所面临的所有风险都涵盖在内，这是对1988年《巴塞尔协议Ⅰ》的最重大调整和创新。

首先，在信用风险衡量和计算方面的创新。《巴塞尔协议Ⅱ》调整了计算风险资产的方法。第一，在确定资产的风险权重时，原协议主要根据债务所在国是否为OECD成员国来区分，新框架则提出三种方法：外部评级法——通常情况下银行可以据此来确定风险权重；内部评级法——由于内部占有信息多，涵盖客户范围广，具有外部评级不具备的优势，先进的银行可以将内部评级作为计算风险资产的基础；信用风险组合模型——新框架认为该模型可以从整体角度对信用组合进行风险评价，优于内外部的评级，所以推荐高度发达银行采用此模型，但是同时指出，该模型在资料充分性以及模型有效性等方面还有很多的局限性。第二，《巴塞尔协议Ⅱ》对于某些高风险资产对银行稳健经营的副作用给予了足够的估计，甚至对某些高风险资产规定了高于100%的风险权重。第三，《巴塞尔协议Ⅱ》注意到金融创新对银行风险的影响。一方面，在承认资产证券化在分散信用风险方面的作用的同时，为避免银行借此蓄意降低资产充足比率，新框架建议使用外部评级来确定风险权重；另一方面，新框架肯定了金融工具在降低信用风险上的作用，扩大了此类金融工具所涉及的担保及抵押品范围，并且制定了更为完善可行的方法。

其次，市场风险的修订。《巴塞尔协议Ⅱ》不仅保持了1996年《资本协议市场风险补充规定》（Amendment to the Capital Accord to Incorporate Market Risks）中对交易账户利率风险、汇率风险与商品风险规定的资本要求；对于利率风险大大高于平均水平的银行，也要求其根据银行账户中的利率风险提高相应的资本数量。

最后，操作风险的纳入。《巴塞尔协议Ⅱ》框架首次将与银行内部控制密切相关的操作风险、法律风险和名誉风险涵盖在内，并将诸多风险归入操作风险的范围，显示了对其重视的程度。巴塞尔委员会继而提出依据营业收入总额、手续费收入额、营业费用、资产总额等8项银行业务总量指标来确定操作风险最低资本要求的简单模型，供各国参考。此外，尽管有诸多知名国际银行正在逐步探索操作风险管理框架的设计，但是如何衡量与量化其他风险依然是一个尚待解决的问题，尤其是法律风险、信誉风险等的量化具有较大难度。

(2) 第二支柱：监管当局的监督检查。

巴塞尔委员会认为，监管当局应对银行资本充足状况的自我评估和风险管理的内部程序、能力进行检查，确保银行正确判断其面临的风险并配置资本。

《巴塞尔协议Ⅱ》提出有效的外部监管应遵循四个原则。

一是监管当局应该根据银行的风险状况和外部经营环境，要求银行资本保持高于最低监管资本比率要求，并应有能力要求银行持有高于最低标准的资本。

二是银行应参照承担风险的大小，建立起关于资本充足整体状况的内部评价机制，使其资本水平与风险度相匹配，并制定维持资本充足水平的战略。监管当局应检查和评价银行内部资本充足率的评估情况及战略，以及银行监测和确保满足监管资本比率的能力。若对最终结果不满意，监管当局应采取适当的监管措施。

三是银行应具备与其风险状况相适应的评估总量资本的一整套程序，以及维持资本水平的战略。监管当局应对银行的内部评价程序与资本战略、资本充足状况进行检查和评价。

四是在银行资本下滑或有此类迹象时，监管当局应争取及早干预，以避免银行的资本低于抵御风险所需的最低水平。如果资本得不到保护，则需迅速采取补救措施。同时，监管当局监督检查的其他内容还包括各项最低标准的遵守情况、监督检查的透明度以及对银行账簿利率风险的处理。

(3) 第三支柱：市场约束。

《巴塞尔协议Ⅱ》第一次引入了市场约束机制，让市场力量来促使银行稳健高效地经营，以保持充足的资本水平。《巴塞尔协议Ⅱ》指出，稳健、经营良好的银行可以以更为有利的价格和条件从投资者、债权人、存款人及其他交易对手那里获得资金；而风险程度高的银行在市场中则处于不利地位，它们必须支付更高的风险溢价、提供额外的担保或采取其他安全措施才能获得资金。市场的奖惩机制有利于促使银行更加有效地分配资金和控制风险。

巴塞尔委员会强调，市场纪律具有强化资本监管、帮助监管当局提高金融体系安全性的潜在作用。《巴塞尔协议Ⅱ》希望通过强化信息披露加强市场约束，在适用范围、资本构成、风险暴露的评估和管理程序以及资本充足率四个领域制定了更为具体的定量与定性的信息披露内容。由于市场约束作用得以发挥的前提是提高银行信息披露的水平，所以监管当局应评价银行的信息披露体系，并采取适当的措施以加大透明度。为此，《巴塞尔协议Ⅱ》规定，银行在1年内至少披露一次财务状况、重大业务活动及风险度以及风险管理状况。这些指标主要包括资本结构、风险敞口、资本充足比率、对资本的内部评价机制以及风险管理战略等。同时,富有成效的市场约束机制将是配合监管当局工作的有效杠杆。巴塞尔委员会还将在广泛征求意见的基础上,进一步完善现行的信息披露制度,以增强市场的约束能力。

最后,应注意到第二支柱和第三支柱是对第一支柱的有力补充。监管当局的监督检查可以确保各家银行建立起有效估测资本充足率的内部程序,使之在对各种风险充分估计的基础之上,建立强有力的市场约束。要求银行公开披露其风险和资本状况的主要信息,是促使银行安全稳健经营的潜在力量。为建立有效的市场约束机制,《巴塞尔协议Ⅱ》要求建立银行信息披露制度,以便市场参与者及时掌握银行的风险状况、资本水平、资本构成、资本充足度计算方法和风险评估手段、风险管理战略等关键信息。因此,结合运用《巴塞尔协议Ⅱ》的三大支柱,就可以从银行自身、行业监管和市场监管三个角度促使商业银行进行全面风险管理。

(二)《巴塞尔协议Ⅱ》的核心内容:内部评级法

巴塞尔委员会对商业银行内部评级体系采用的方法,对损失的测度状况,以及内部评级体系的执行、监督、控制和内部应用等方面的情况进行过深入系统地调查。1988年制定的《巴塞尔协议Ⅰ》就认为,运用银行内部风险评级体系计算银行监管资本金非常有效。《巴塞尔协议Ⅱ》不仅继承了1988年《巴塞尔协议Ⅰ》以资本充足率为核心的监管思路,而且在风险计量的标准法外,还允许银行采用基于内部评级的、具有更高风险敏感度的信用风险度量和资本配置的内部评级法来衡量风险资产,进而鼓励银行据此确定和配置资本金,以作为信用风险管理的核心手段,这让内部评级法成为了新协议的核心内容。

《巴塞尔协议Ⅱ》建议业务不是十分复杂的银行采用标准法。在标准法下,银行分配风险权重给其资产负债表以及表外头寸,并计算以风险作为权重的资产价值。若风险权重是100%,则该风险权重资产按其全部价值列算。此修正的标准方法加强了1988年的协议,提供了更大的但仍然有限的灵活性。关键的变化是改善并加强风险计算的方法,增加外部信用评级的使用,改善降低信用风险的技术。

对于风险管理水平较高的银行,《巴塞尔协议Ⅱ》框架建议其采用初级或高级的内部评级法。内部评级法是建立在银行内部信用风险评级方法之上的,通过内部评级来估计所需资本金额以支持银行经济风险的方法。若要使用内部评级法,银行必须符合一套认可的标准或"最低要求"。在此方法下,《巴塞尔协议Ⅱ》提出了两个框架,即基于内部评级法框架下的初级法和更为高级的基于内部评级法框架。初级法几乎不要求银行直接投入,在许多情况下,它提供了几种监管参数,从标准法下延续监管参数。高级法允许银行在计算其规范化资本要求时更多地利用其内部评价。其灵活性受到谨慎原则的约束,现有银行的习惯做法与能力,是为保持全球银行之间竞争公平性和国际间的充分一致性标准的需要。在两种内部评级法中,风险权重是连续函数,因而对于风险的反应更为敏感。

总之，内部评级法是全面风险管理的重点和信用风险管理的核心，是其他各后续环节的前提条件，是信贷政策制定、信贷授权管理、贷款审批决策、客户额度授信以及资产组合设置的重要基础。正是因为内部评级法提供的PD、LGD、EL等指标，成为产品设计、贷款定价、准备金计提、经济资本分配的基本依据。《巴塞尔协议Ⅱ》在很多方面都导向性地鼓励内部评级法的使用，力图在风险识别、衡量和管理方面，将银行的内部控制和监管当局的外部监管有机地结合起来。可以预见，随着信用体制的完善，信用评级机制的建立和信用数据库的完善，世界各国有条件的银行会致力于内部模型的开发，在监管机构允许的前提下，确定适合金融机构自身的资本充足率。

(三)《巴塞尔协议Ⅱ》在风险管理方面的改进

《巴塞尔协议Ⅱ》三大支柱涵盖的风险从最初的信用风险扩大至信用风险、市场风险和操作风险。新协议的最低资本要求也能够更加敏感地反映银行所面临的风险程度。主要体现在以下几个方面。

(1) 在风险范畴进一步拓展的基础上，扩大了资本充足比率的约束范围。《巴塞尔协议Ⅱ》对于银行全面风险的定义，除沿用过去的信用风险外，又增加了市场风险和操作风险两大类风险。因此，在计算银行最低资本要求的公式中，也增加了反映市场风险和操作风险资本要求的内容。因此，新协议蕴涵了全面风险的重要思想。

此外，1988年的《巴塞尔协议Ⅰ》未对控股公司的资本充足率作要求，使得许多银行为了逃避资本约束纷纷采用控股公司的形式。在新资本协议草案中，则体现了以商业银行业务为主导的控股公司也要受到资本充足率约束的思想。不过，银行业和保险业在资本约束上的不对称现象依然没有变化。长期以来，银行经常抱怨的是，如果银行收购一家保险公司，就需要从资本中扣除持股的金额；但是，如果保险公司收购一家银行，则无须受到这一监管规则的约束。这种状况有可能会促使银行进行机构重组，有的银行可能还会设法将保险公司改组为母公司来逃避对银行资本充足率的约束。

(2) 风险计量更加科学化、定量化。《巴塞尔协议Ⅱ》对于信用风险的计量，提出了标准法和内部评级法两种方法（其中内部评级法又分为初级法和高级法两种）。标准法需要借助外部评级机构确定风险资产权重，计算最低资本要求；内部评级法采用银行内部评级，确定资本要求，区分了初级和高级内部评级法两个阶段，循序渐进地增加资本计量的准确性，力求适用于各类银行。同时，《巴塞尔协议Ⅱ》还对于某些高风险的资产对银行稳健经营的副作用给予了足够的估计，甚至对高风险资产规定了高于100%的风险权重。而对于操作风险资本的计量，新协议给出了三种计量方法。一是基本指标法。采用基本指标法的银行特有的操作风险资本等于前3年各年正的总收入的平均值乘以协议规定的权重。二是标准法。在标准法中，银行的业务分为8个产品线，总资本要求是各产品线监管资本按年简单加总后取3年的平均值。三是高级计量法。采用高级计量法的银行用一定的定量和定性标准，通过内部操作风险计量系统计算监管资本要求。

（3）资本水平更加全面地反映银行所面对的风险。《巴塞尔协议Ⅱ》在允许银行使用内部评级法的同时，还规定了银行在管理方面必须达到的最低标准。新协议规定，银行的资本水平要充分考虑各种风险缓释技术（抵押、担保、表内冲销、信用衍生工具等）的影响，在评估资产风险权重及资本水平时，考虑抵押品价值及其质量、担保人信用和能力等。同时，《巴塞尔协议Ⅱ》增加的第二支柱监督检查，既要求银行的资本金与其风险数量相匹配，更要求银行的资本金与其风险管理水平相匹配。

（4）强调了商业银行内部控制为风险管理的核心。《巴塞尔协议Ⅱ》在资本确定标准中增加了内部评级因素；允许符合条件的银行采用内部评级系统确定资本风险权重；允许符合条件的银行采用更高级的内部评级法确定资产权重和资本水平。同时，提出了内部控制程序的5个特征：董事会和高级管理层的监督、健全的资本评估、全面评估系统、监测和报告系统、内部控制的检查。

（5）注意到金融创新对银行风险的影响。对于金融创新对银行风险的影响问题，《巴塞尔协议Ⅱ》一方面在承认资产证券化在分散信用风险方面的作用的同时，为避免银行借此蓄意抬高资产充足比率，建议使用外部评级来确定风险权重；另一方面肯定了金融工具在降低信用风险上的作用，扩大了此类金融工具涉及的抵押品范围，并且制定了更为完善、可行的方法。

（四）《巴塞尔协议Ⅱ》的优点及其缺陷

1. 《巴塞尔协议Ⅱ》的优点

（1）风险资产的测算更加灵敏地反映了金融市场上的风险。与《巴塞尔协议Ⅰ》相比，《巴塞尔协议Ⅱ》对银行资本的要求更具灵活性。

（2）由于认识到了不同的银行具有不同的风险，《巴塞尔协议Ⅱ》规定可以使用不同的方法来估计不同银行所特有的风险，也可以使用不同的资本要求。

（3）在确定资本充足率时，增加了风险权数划分的档次，并反映了信用风险、市场风险以及操作风险，使得资本充足率更能反映金融机构面临的实际经济风险。

（4）引入内部评级，要求银行开发内部风险管理模型并自主测算风险；在此基础上确定金融机构需要达到的资本充足率，但是这一过程必须符合监管当局的要求。

（5）促进银行真实信息的披露，使得质量越高的银行承担越低的资本费用，而质量越低的银行承担越高的资本费用。

2. 《巴塞尔协议Ⅱ》的缺陷

尽管《巴塞尔协议Ⅱ》提出了对商业银行的风险进行全面衡量和控制的理论，但是在制订过程中存在的各种博弈和制衡因素导致该协议并不是一个完美的协议，仍存在一定的局限性，具体表现在以下几个方面。

（1）仍然存在规避系统风险的现实问题。《巴塞尔协议Ⅱ》围绕风险和资本要求确定监管规则，虽然也考虑了经济周期性因素作用下规则的适当调整，但它主要仍立足于非系统性风险因素的控制。实际上，银行的主权属性引起的风险（国家风险）以及种种原因引起的系统性风险是无法依靠资本标准来规避的，这在经济危机和金融危机中会明显体现出来。

（2）对银行健全性的关注仍然集中在风险一极。实际上，银行的健全性取决于风险和收益（决定银行的拨备能力）两个方面：同样的信用风险和市场风险对盈利能力不同的两个机构形成的冲击是不一样的。因此，影响收入的因素（甚至包括税收制度）都可能是银行资本要求的重要背景，资本充足性的确定其实与收入或损失的相对程度有关系。

（3）对总体风险的控制不足。一方面，衍生工具的发展可能导致某些风险的转化。如在掉期业务中，银行的利率风险可能转化成信用风险，因此，如果对非信用风险没有与之相应的约束措施，则可能因银行业务方向调整引发风险结构的变化，这是当今金融创新不断发展环境下监管政策的难题。另一方面，金融市场的发展和银行业务的发展使银行面临的风险范围扩大、程度加深，但是目前的监管规则对总体市场风险的控制不利。伴随金融外包等新技术的发展，银行的风险可能减少了，但其他金融机构的风险却在累积。对于单个银行而言，某种风险的转移或减少并不意味着总体市场风险的降低，反而使系统性风险形成和发展的条件发生了变化。金融市场的总量风险仍然有待建立新的制度和管理规则。

虽然对《巴塞尔协议Ⅱ》存在以上几个方面的局限性，但是从实务操作的角度来看，在当时的经济金融环境以及各国监管当局的博弈格局下，以上几方面的局限性并不具有可操作性以及改进空间。《巴塞尔协议Ⅱ》就当时的金融现实环境来看，依然是先进性和现实性并重的一个监管规则。

三、《巴塞尔协议Ⅲ》

2008年的全球金融危机一方面凸显出了提高资本标准的必要性；另一方面也暴露了《巴塞尔协议Ⅱ》的诸多内在缺陷，如现行监管体系对系统性风险、顺周期效应考虑不足，尚未对杠杆率进行监管等问题。考虑到原有框架下的风险资本远远不足以抵御如此巨大的市场冲击，由27个国家银行业监管部门和中央银行高级代表组成的巴塞尔委员会对《巴塞尔协议Ⅱ》进行了大量的修订和改进，并于2010年9月12日宣布，各方代表就《巴塞尔协议Ⅲ》的内容达成一致，《巴塞尔协议Ⅲ》正式成为全球银行业的资本新规。

（一）《巴塞尔协议Ⅲ》的整体监管框架

巴塞尔委员会在《巴塞尔协议Ⅱ》框架三大支柱的基础上继续完善资本监管框架，以增强银行业稳健性。《巴塞尔协议Ⅱ》的三大支柱的主要内容包括：一是最低资本要求。最低资本充足率应达到8%，而银行的核心资本充足率应为4%。目的是使银行对风险更敏感，使其运作更有效。二是监管部门监督检查。监管者通过监测决定银行内部运行是否合理，并对其提出改进的方案。三是市场约束。要求银行及时公开披露包括资本结构、风险敞口、资本充足率、对资本的内部评价机制以及风险管理战略等内在的信息。《巴塞尔协议Ⅲ》在《巴塞尔协议Ⅰ》和《巴塞尔协议Ⅱ》的基础上对三大支柱进行了补充和完善，《巴塞尔协议Ⅲ》的三大支柱可以概括为图9-2。

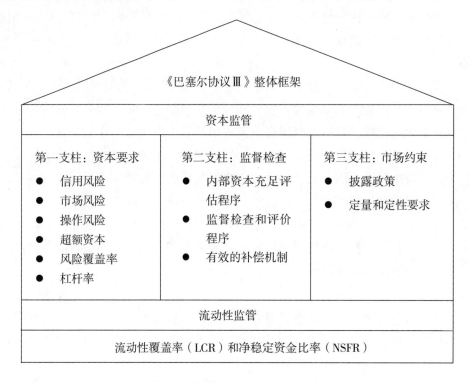

图9-2 《巴塞尔协议Ⅲ》的整体监管框架

(二)《巴塞尔协议Ⅲ》的主要内容

《巴塞尔协议Ⅲ》旨在从银行个体和金融系统两个方面加强全球金融风险监管。在单个银行实体（微观审慎）层面，意图提高银行及其他金融机构在市场波动时期的恢复能力，使银行能够更好地抵御经济金融风险的压力。主要内容包括对原有资本监管要求的完善和对流动性标准的建立。在整个金融体系（宏观审慎）层面，力求减少具有潜在系统性风险的银行对整个金融系统的影响，以维护全球长期金融稳定以及商业银行对经济增长的支持作用。宏观部分的修订主要是在资本框架中加入逆周期机制，包括逆周期资本缓释和留存资本缓释。

可以看出，无论是微观审慎还是宏观审慎，《巴塞尔协议Ⅲ》在这两个方面的内容设计都涉及资本框架的改革，这也反映出资本监管改革仍然是《巴塞尔协议Ⅲ》的核心。巴塞尔委员会在《巴塞尔协议Ⅱ》的三大支柱框架基础上，通过加强资本监管框架，提升银行业的抗风险能力；改革监管资本的数量和质量，扩大风险覆盖范围；引入杠杆率强化资本基础,用于限制银行体系过高的杠杆,并对资本计量中的模型风险提供额外保护。同时,通过在资本框架中引入宏观审慎因素,抑制顺周期性以及金融机构之间相互联系和影响造成的系统性风险。

1. 微观审慎监管

第一,提升资本质量。巴塞尔委员会对现有的监管资本定义进行了修订,主要体现在以下几点:一是在资本结构上进行了重新细化,将监管资本从两级分类修改为三级分类,即核心一级资本、一级资本和二级资本,明确规定银行必须满足总资本和核心资本两个比例的要求,总资本和核心资本都必须按明确给定的标准计量和补充。二是制定了资本工具的合格性标准,提出一级资本的主要形式必须是普通股和留存收益的同时,统一二级资本工具,将取消仅能用于覆盖市场风险的三级资本,以提高一级资本工具吸收损失的能力。三是统一了资本扣除和调整项目,并在普通股权益层面实施扣除;为强化市场约束,提高了资本结构和资本工具的透明度,要求银行披露监管资本的所有要素,以及与财务报告科目之间的对应关系。

第二,提高资本充足率监管标准。在加强对银行资本质量监管的同时,巴塞尔委员会也重新审视了《巴塞尔协议Ⅱ》中关于资本充足率的监管标准。2010 年 9 月 12 日,巴塞尔委员会召开的中央银行行长及监管当局负责人会议(the Group of Central Bank Governors and Heads of Supervision,GHOS)显示,作为吸收损失资本的最高形式,对一级资本的要求将从现行的 2% 提升到 4.5%,并且将增设 2.5 的留存缓冲资本,这样总的普通股本充足率要求将达到 7%,维持普通股本充足率与一级资本充足率和总资本充足率的级差不变,再加上留存缓冲资本,商业银行普通股本(含留存收益)充足率、一级资本充足率和总体资本充足率应分别达到 7%、8.5% 和 10%。同时,为了冲抵资本充足率的顺周期性,巴塞尔委员会特增设一项新的资本充足要求,即逆周期缓冲资本,其具体设定可根据不同国家的具体情况和商业银行运营状况在 0—2.5% 浮动。另外,针对系统性重要银行,还可视具体情况提高其资本充足率。《巴塞尔协议Ⅲ》对资本充足率监管的修订如表 9 – 2 所示。

表 9 – 2 《巴塞尔协议Ⅲ》资本框架的校准

项目	资本要求和超额资本(%)		
	核心一级资本	一级资本	总资本
最低资本要求	4.5	6	8
资本留存缓释	2.5		
最低资本加资本留存缓释	7	8.5	10.5
逆周期超额资本区间	0—2.5		

第三,扩大风险资产覆盖范围,并加强交易对手信用风险管理。《巴塞尔协议Ⅲ》对交易对手信用风险实施了更为具体的管理措施,为扩大风险的资产覆盖范围,委员会对交易风险管理提出了以下几方面的要求。

(1) 提高对交易账户和复杂资产证券化风险暴露的资本要求；
(2) 对银行账户和交易账户中所谓"再证券化"提出更高资本要求；
(3) 提高第二支柱下监管当局监督检查的标准以及第三支柱的信息披露要求；
(4) 提出强化交易对手信用风险①资本监管措施；
(5) 降低对外部评级的依赖性。

第四，引入杠杆率作为风险资本的补充。为弥补资本充足率要求无法反映表内外总资产扩张情况的不足，减少对资产通过加权系数转换后计算资本要求所带来的漏洞，巴塞尔委员会将杠杆率监管引入《巴塞尔协议Ⅱ》的第一支柱下，以弥补资本充足率监管的单一化缺陷。杠杆率定义为一级资本与总风险敞口（表内与表外）的比率，监管红线确定在3%，作为基于风险的资本指标的补充。

考虑到在金融危机最为严重的时期，银行体系在市场压力下被迫降低杠杆率，放大了资产价格下行压力，进一步恶化了银行资本下降和信贷收缩之间的正反馈效应。因此，引入杠杆率要求旨在实现以下目标：一方面，限制银行体系杠杆率的累积，避免不稳定的去杠杆化过程对金融体系和实体经济的破坏作用；另一方面，用简单、基于无风险的防御措施增强基于风险的要求措施，这不仅有助于防止商业银行利用风险资本要求的漏洞，也有助于防止模型风险和计量错误的发生。

第五，加强流动性风险监管。巴塞尔委员会于2009年12月发布《流动性风险计量、标准和监测的国际框架（征求意见稿)》（Basel Ⅲ: International Framework for Liquidity Risk Measurement, Standards and Monitoring），并在全球成员国范围内进行定量影响测算。在该框架中，巴塞尔委员会设置了两个监管标准：流动性覆盖率指标和净稳定资金比率指标。其中，流动性覆盖率用于衡量在设定的严重压力情形下，优质流动性资产能否充分满足短期流动性需求。该指标有助于确保全球银行具有足够的、不受阻碍的、高质量的流动性资产，以抵御短期压力状况下的现金净流出。净稳定资金比率则主要衡量商业银行在未来1年内、在设定的压力情况下，用稳定资金支持表内外资产业务发展的能力，旨在限制市场流动性充足时对短期批发融资的过度依赖，鼓励对表内外项目的流动性风险进行充分评估。

此外，《巴塞尔协议Ⅲ》还提供了一套用于提高不同国家间监管一致性的通用监测指标，包括合同期限错配、融资集中度、可用的无变现障碍资产、与市场有关的监测工具，以帮助监管当局识别和分析单个银行和银行体系的流动性风险趋势。

2. 宏观审慎监管

目前《巴塞尔协议Ⅲ》中关于宏观审慎的措施主要是在资本框架中提出前瞻性的拨备、资本留存及逆周期超额资本。委员会通过三项相互关联的措施促进更稳健的拨备，主要包括：积极倡导会计准则从拨备模型向预期损失方法转变、使监管指引与预

---

① 交易对手信用风险主要源于衍生品交易、回购和证券融资交易，监管措施提高了对这些风险暴露的资本要求，降低了亲周期性，为衍生品交易由场外转向通过中央交易对手和交易所集中交易提供了额外激励。

期损失计量方法保持一致，以及制定监管资本框架强化拨备的激励机制。同时委员会推动资本留存缓释和逆周期缓释的框架建立充足、高于最低资本要求的超额资本，用于吸收压力时期的损失。此外，还包括对系统重要性银行的监管标准的探讨。

第一，资本留存缓释。金融危机期间许多银行仍在回购股份、分发红利和发放奖金，对此的主要解释是担心如果其他银行都这么做，自己不这么做就会被认为是经营有问题。这种情况对银行的未来竞争将产生不利影响，倘若所有的银行都这样做，最终会导致银行体系无法依靠内源融资渠道补充资本。因此，解决问题的根本方法就是在市场繁荣时期保留部分资本作为危机时期的资本缓释。

2010年9月召开的中央银行行长与监管当局负责人组织会议，确定了资本留存缓释要求为2.5%，由扣除递延税等其他项目后的普通股权益组成，并指出资本留存缓释的目的是确保银行在金融经济衰退时能利用缓冲资本来吸收损失。这意味着银行在满足普通股4.5%、一级资本6%、全部资本8%最低要求的基础上，还要预留2.5%的普通股作为资本留存缓释，因此核心一级资本在最低资本要求和资本留存缓释要求下总计需达到7%的最低资本。资本留存缓释自2016年起逐步实行，到2019年1月1日商业银行须达到2.5%资本留存缓释的最低标准。

留存资本旨在确保银行在非压力时期建立超额资本用于发生损失时吸收损失。除压力时期外，银行应持有高于监管标准的超额资本。当留存资本用于吸收损失后，银行可以通过减少自主性收益分配的方法重建留存资本，例如减少红利分配、股票回购和员工奖金。此外，除了内部留存资本，银行还可以从私人部门筹集资本，作为银行资本规划的一部分。《巴塞尔协议Ⅲ》认为，若银行留存资本枯竭，仍然以预测未来可能恢复盈利并继续对股东、其他资本提供者和员工进行慷慨的收益分配，或者试图使用资本分配显示其财务实力的做法，都是不能接受的。协议框架为此减少了银行在超额资本枯竭时，通过慷慨的收益分配继续减少留存资本的自主权，从而增强了银行抵御负面冲击的能力。尽管银行在危机时期可以利用这一缓冲资本，但是银行的监管资本比率越接近最低资本要求，对其利润分配的要求就越严格。

《巴塞尔协议Ⅲ》规定2.5%的留存超额资本的比例由核心一级资本来满足，并建立在最低资本要求之上。这意味着在正常市场条件下，银行持有的核心一级股权资本金至少是风险加权资产的7%；整体一级资本金至少是风险加权资产的8.5%；一级和二级资本金至少是风险加权资产的10.5%。如表9-3所示，如果银行的资本留存缓释被全部或者部分消耗，则在资本金缓释被补充完毕之前，银行的收益分配将受到限制。不过，当银行因遭受损失导致资本水平降到留存资本区间以内时，仍能够正常开展业务。该限制仅针对于银行的收益分配，与银行运营无关。当银行的资本水平降到7%区间内时，利润分配受限制的程度随着银行资本水平接近最低要求而不断增强。

表9-3　银行核心一级资本比例对应最低资本留存要求

一类股权资本比率	最低资本留存比率（占收益比重）
4.000%—5.125%	100%
5.125%—5.750%	80%
5.750%—6.375%	60%
6.375%—7.000%	40%
>7.000%	0

资料来源：赫尔．风险管理与金融机构[M]．王勇，金燕敏，译．北京：机械工业出版社，2016．

第二，逆周期资本缓释。所谓逆周期资本监管旨在确保银行业资本要求时，要考虑银行运营所面临的宏观金融环境。当认为信贷增长过快及系统性风险迅速累积时，应使用逆周期资本缓释来确保银行体系有足够资本以抵御未来的潜在损失，维护正常的信贷供给能力。为实现逆周期资本监管，2010年7月20日，巴塞尔委员会发布《逆周期资本缓冲方案（征求意见稿）》（Countercyclical Capital Buffer Proposal），方案指出为了冲抵资本充足率的顺周期性，对银行收益的周期性提供保护，特增设逆周期缓冲资本。根据不同国家的具体情况和商业银行的运营状况，该类资本金占风险加权资产的比率可以介于0—2.5%之间，其构成必须全部为一类股权资本。

为了缓解银行体系的顺周期性，资本监管要求应随着经济周期不同阶段的转变，体现出应时而变的特征。各国监管机构可以采取监控信贷增长和其他指标以识别系统性风险的累积，并评估信贷增长是否过速并引发系统性风险的累积；根据对于自身系统性风险累积程度的判断，确定不同时期的逆周期缓释，其范围在0—2.5%。比如，在正常市场情况下，逆周期缓释设为2.5%；当监管当局认为市场处于信用过度增长时期，可以将逆周期缓释从2.5%向下调整，在严重时期可调为0，以使逆周期缓释能够全部用来缓解银行在危机时刻的压力。为督促商业银行尽早建立逆周期资本缓释，对逆周期资本金不为0的国家，同样也限制商业银行的股息发放。比如，在同时保留资本留存缓释以及逆周期资本缓冲比率为2.5%后，商业银行对股息发放的限制相应就由表9-3变为表9-4所示内容。

表9-4　同时保留资本留存缓释以及逆周期资本缓释后的股息发放限制

一类股权资本比率	最小留存收益率（占收益比重）
4.50%—5.75%	100%
5.75%—7.00%	80%
7.00%—8.25%	60%
8.25%—9.50%	40%
>9.50%	0

资料来源：赫尔．风险管理与金融机构[M]．王勇，金燕敏，译．北京：机械工业出版社，2016．

第三，系统重要性银行及其相关监管。全球金融危机凸显了解决"大而不倒"机构道德风险的迫切性，对此，《巴塞尔协议Ⅲ》提出对系统重要性银行增加额外资本、或有资本和自救债务等要求。相关监管措施详见第十章第三节宏观审慎监管的相关内容。

(二)《巴塞尔协议Ⅲ》的意义

《巴塞尔协议Ⅲ》以银行体系的稳健发展为目标，体现了更加平衡的监管理念。通过对危机的反思，《巴塞尔协议Ⅲ》的监管思路设计更加全面。在监管标准的制定上，既注重资本的数量要求，也提出了资本的质量要求；既肯定了资本对风险的吸收作用，又强调了银行流动性状况至关重要。在监管手段上，既保留了风险敏感的资本充足率要求，又新增了缺乏弹性、不易被粉饰的杠杆率指标。在监管视角上，既着重从银行机构层面的微观审慎监管着手，又综合考虑了宏观审慎的目标。可以说，《巴塞尔协议Ⅲ》在《巴塞尔协议Ⅱ》合理的框架设计基础上，力图在监管的效率原则和安全原则间寻找新的平衡点。

(1) 多层次资本监管框架初步形成，进一步加强资本监管。构建多层次的资本监管框架，是《巴塞尔协议Ⅲ》为增强银行系统损失吸收能力而做的另一项重要革新。《巴塞尔协议Ⅲ》搭建的第一层次资本监管框架表现为资本的重新定义，突出了股东必须为银行承担风险的原则，缩小了银行业利用复杂资本结构向市场或者政府转嫁风险的空间。第二层次为引入资本留存缓释，突出以丰补歉的作用。第三层次是建立逆周期资本缓释，目的是提高整个银行业在危机中的恢复能力，并在一定程度上弱化周期性带来的影响。同时，《巴塞尔协议Ⅲ》也客观评估了内部模型的缺陷，引入风险中性的杠杆率作为基于风险最低资本要求的辅助工具，以此回避模型风险和限制任何通过计量技术降低风险权重并节约资本的行为。杠杆率覆盖了表外产品，将负有连带责任的表外资产以及衍生品净头寸都纳入杠杆率计算的总资产中，通过其最低比率要求有效降低银行的杠杆倍数，降低系统性风险。

(2) 流动性监管的框架和要求得以确立。金融危机后出现了强化流动性监管的趋势，监管者在流动性风险管理中扮演更为积极的角色，并更大幅度地保证银行在各种可能的压力情景下有足够的优质资金维持其流动性。为此，《巴塞尔协议Ⅲ》引入两个流动性定量监管指标——流动性覆盖率和净稳定资金比率来加强流动性风险管理，并分阶段做了渐进安排。通过这两个独立而又互补的监管指标，银行可优化资金结构，减少短期融资的期限错配，增加长期稳定资金来源。

(3) 强化了对系统性风险的关注，降低了银行经营杠杆。《巴塞尔协议Ⅱ》是微观的、内向型的，重点在于增强银行自身的风险管理能力。而《巴塞尔协议Ⅲ》是宏观的、外向型的，它将对整个宏观经济运行产生直接影响，其意义已经超过了银行监管本身。《巴塞尔协议Ⅲ》引入了"系统重要性金融机构"这一概念，对于业务模式较为混乱、业务复杂程度较高、发生重大风险事件或经营失败会危害整个金融体系的机构,提出特别资本要求,使其具有超出一般标准的吸收亏损能力。

(4)扩大风险覆盖范围,加强交易账户的管理。《巴塞尔协议Ⅲ》弥补了监管漏洞,更全面地覆盖了各类风险,对市场风险的框架做了根本的改革,特别是加强了对那些与资本市场活动相关的领域——交易账户、证券化产品、场外衍生工具交易对手的信用风险和回购交易等——的监管。通过交易账户和银行账户处理一致性、增加复杂结构化产品的风险权重、减少对外部评级的依赖、动态反映交易对手信用质量的恶化等措施,将交易账户的风险监管达到一个新的高度。

(三)《巴塞尔协议Ⅲ》的局限性

总而言之,我们不得不说《巴塞尔协议Ⅲ》是对《巴塞尔协议Ⅱ》的完善而非替代。《巴塞尔协议Ⅱ》是银行业风险管理的完整框架,对银行全面提升风险管理能力具有实质性的帮助,而《巴塞尔协议Ⅲ》仅仅是对金融危机应对的一揽子协议,对于银行而言更多的是监管要求而非管理建议。尽管其继承了《巴塞尔协议Ⅱ》以资本充足率、外部监督、市场约束三大支柱为支撑的监管框架;继续以资本监管和微观监管为主,并引入了流动性监管标准和宏观审慎监管的概念,但仍然存在着一定的争议。

首先,《巴塞尔协议Ⅲ》的主旨是希望资本充足,进而达到银行稳健经营的目的,但这样是否能够达到效果仍然存疑。不管是从资本的定义和水平的优化,还是资本留存缓释和逆周期资本缓释的增加,《巴塞尔协议Ⅲ》的直接表现是诸多条款的核心要求都指向了资本,提高资本的充足率,抑制金融业及金融机构的投机行为。但仅仅从资本的角度来考虑,这些要求对于夯实整体银行业的经营基础,仍然是远远不够的。无论理论分析还是历史经验都已经告诉我们这样的事实:单纯增加资本并不能有效保障银行的经营安全。在危机爆发的时刻,资本规模越大,其造成的破坏就越具毁灭性,而这恰恰与《巴塞尔协议Ⅲ》的目标,即与整体金融体系的稳定相悖。2007—2009年金融危机的经验,也使我们看到当金融业面临危机时,资本金只能起到一定的缓冲作用,而真正造成银行困境乃至破产的绝大多数是流动性而非偿付能力问题。尽管《巴塞尔协议Ⅲ》中引入了流动性标准,但对流动性和资本充足之间的联系和相关度没有给予较为清晰的界定。对于银行和监管机构而言,监管重点应更多地放在风险加权资产即分母上,通过完善内部治理,强化风险管理体系建设,提升风险管理技术和能力,控制风险资产的非理性扩张,并最终降低银行所面临的总体风险。

其次,《巴塞尔协议Ⅲ》推进缓慢是否会导致重蹈《巴塞尔协议Ⅱ》的覆辙仍然存疑。从目前公布的实施安排来看,《巴塞尔协议Ⅲ》从出台到全面落实之间的过渡期极为漫长,最近受新冠肺炎疫情影响,全面实施还要推迟到2023年。而金融发展日新月异,金融创新层次不断增加,很可能全面实施时已物是人非。《巴塞尔协议Ⅱ》已经是一个非常鲜明的例子:2004年正式颁布,2006年终于尘埃落定。欧盟作为全球实施《巴塞尔协议Ⅱ》最早、最为成熟的经济体,于2008年1月1日起全面实施;美国迫于国际压力,采取了差异化的实施方案,设定了过渡期,于2009年开始正式实施新资本协议。从实施进程来看，没等各国正式推行《巴塞尔协议Ⅱ》，金融危机就爆发了，《巴塞尔协议Ⅱ》并没能起到相应的作用。故而目前《巴塞尔协议Ⅲ》最重要的是实施，即在竞争日益激烈、金融创新不断涌现的金融时代，在G20框架下，要积极不断落实《巴塞尔协议Ⅲ》的有关要求，并动态覆盖新的风险内涵和外延变化。此外，相关标准在实施中的困难，则是《巴塞尔协议Ⅲ》面临的又一难题，例如逆周期资本实施中对于经济周期的预判等。

再次，《巴塞尔协议Ⅲ》仍然未能完全解决监管资本套利的问题。监管资本套利一直是巴塞尔资本协议无法回避的缺陷，《巴塞尔协议Ⅲ》也不例外。在《巴塞尔协议Ⅲ》的框架下，虽然已经尽量减少了制度的差异性，但是作为各国监管机构妥协后的产物，不同国家、不同监管体制仍将被允许采取不同的标准。例如《巴塞尔协议Ⅲ》允许各国监管机构根据自身情况确定不同时期的逆周期资本缓释，其范围在0—2.5%。可以预见的是，资本出于逐利的本性，会发生基于风险度量、主体类别、资产类别和种类的监管资本套利。更重要的是，各国监管机构为了提高本国银行的竞争实力，有动机将本国的逆周期资本缓释要求降至达到或低于国际平均水准，而这种迁移行为具有显著的羊群效应，会孕育新的风险积累点，降低资本监管的有效性，积累银行业的系统性风险。因此，要积极通过缩小制度差异，减少监管资本套利的空间。

最后，《巴塞尔协议Ⅲ》的"非强制性"和各国"政策搭配"可能会稀释其监管功效。巴塞尔委员会是一个缺乏行政权力和法律效力的国际机构，其颁布的协议只提供指导，最终是否被采纳还得由各国根据自身情况而定。而在后金融危机时代，各国宏观经济发展步调必然不一致，从衰退进入复苏轨道的情况也会各不相同，不排除那些复苏步伐缓慢甚至仍然没有走出危机阴影的国家在落实《巴塞尔协议Ⅲ》的过程中打折扣，以避免执行该协议造成对本国经济的不利冲击。同时不得不面对的是，《巴塞尔协议Ⅲ》并不是危机之后金融改革的全部内容，也不能解决所有问题。《巴塞尔协议Ⅲ》主要针对银行业，代表的是银行业的改革方向，而证券、保险等行业和会计制度、税收制度等也同样需要进行改革。从这一角度来看，《巴塞尔协议Ⅲ》的监管效果并不能完全独立，同样需要其他政策的搭配，否则其监管效果便会被稀释，乃至被破坏。

总之，这些问题涉及各国利益的复杂博弈，还需要各国进行大量协调，争取获得广泛的共识，采取较为协调一致的行动，方能真正实现《巴塞尔协议Ⅲ》的目标——实现整体金融体系的稳定。

(四)《巴塞尔协议Ⅲ》在中国的实施情况以及对中国银行业的影响

1. 国内相关监管标准的修订

在巴塞尔委员会发布了《巴塞尔协议Ⅲ》以后，中国原银监会根据新的监管标准实行了《中国银行业实施新监管标准的指导意见》，提高了资本充足率、杠杆率、流动性等监管标准，增强了银行业抵御风险的能力。具体包括以下内容。

一是提高资本充足率要求。根据《巴塞尔协议Ⅲ》，中国原银监会设定了三个层次的资本充足率监管：第一《巴塞尔协议Ⅲ》对核心一级资本充足率的要求是4.5%，中国的要求为5%；一级资本充足率和资本充足率分别满足《巴塞尔协议Ⅲ》提出的6%和8%。其次，留存超额资本为2.5%，逆周期资本率为0—2.5%。第二，原银监会要求商业银行实行1%的系统重要性银行附加资本。第三，在时间安排上，中国的资本监管办法从2012年开始实施，2016年达标；提前于《巴塞尔协议Ⅲ》要求的2013年开始实施，2018年达标。显而易见，中国在实施的过程中，无论是监管要求的比率，还是实施及完成的时间安排，都比《巴塞尔协议Ⅲ》更为严格。

二是加强流动性风险预控。中国原银监会重视建立流动性覆盖率、净稳定融资比例等多个流动性风险监测指标，并要求商业银行的流动性覆盖率、净稳定融资比例均不得低于100%。此外，还提出不低于2.5%的贷款拨备率和不低于150%的拨备覆盖率。

三是采用杠杆率监管指标。杠杆率指标作为《巴塞尔协议Ⅲ》新增的指标，对金融风险预控起到了重要的作用，同时有利于控制银行资产负债表的快速增长。根据《巴塞尔协议Ⅲ》中杠杆率不低于3%的标准，中国提出不低于4%的监管标准。

2. 《巴塞尔协议Ⅲ》对中国银行业的影响

中国一直积极响应巴塞尔委员会的要求，加强对银行业的监督管理，在金融危机中损失较小。但是，随着《巴塞尔协议Ⅲ》的实施，中国银行业在提高抵御风险能力的同时，也将面临资本缺口等负面影响，具体体现为以下几点。

首先，资本要求高，增强银行抵御风险的能力。《巴塞尔协议Ⅲ》提高了资本充足率要求，并设置了流动性覆盖率和净稳定资金比率两个动态的指标，同时，还要求建立0—2.5%的逆周期资本缓冲。这些措施都有效地保证了银行资本充足，有利于增强银行经营的稳定性，从而强化了自身风险管理手段和措施，提高了抵御系统性风险的能力，有利于国内银行业守住不发生系统性金融风险的底线。

其次，资本缺口大，影响银行盈利能力。在国内银行实施《巴塞尔协议Ⅲ》后，杠杆率明显下降，银行的筹资和放贷能力明显降低，这就需要寻求其他方式来增加盈利。《巴塞尔协议Ⅲ》对资本的充足率和流动性要求较高，同时中国银行业需要按照逆周期资本规定补充额外的资本以应对金融风险，如果再把加权风险资产的调整考虑进去，中国银行业将面临较大的资本缺口。随着可使用的资本数量的减少，放贷等传统盈利方式将会受到限制，从而影响国内银行的盈利水平。

最后，杠杆系数降低，迫使经营方式转变。在国内银行实施《巴塞尔协议》后，银行的杠杆率明显下降，银行的筹资和放贷能力明显降低，这就需要寻求其他方式来增加盈利水平。由于杠杆率是对资产负债表的约束，商业银行可以发展表外业务等。

总之，《巴塞尔协议》旨在针对国际活跃银行的风险管理状况，按照风险与资本匹配的原则，核定不同信用风险的最低资本要求。这些资本要求可以约束银行过度承担风险的行为，增强金融系统损失吸收能力，从而促进金融系统的稳定。尽管如此，《巴塞尔协议》也存在阻碍中小银行信贷供给、未充分重视各国金融市场结构特殊性、实施难度较大等局限性。一刀切地实施《巴塞尔协议》资本要求可能会对部分国家和地区产生信贷抑制效应,增加监管成本和合规成本,给经济增长带来负面影响。在全球金融市场融合不断深化、我国金融对外开放持续推进的背景下,我国的金融监管改革不宜盲目跟随和完全照搬《巴塞尔协议》框架,而应当结合本国的实际,在借鉴《巴塞尔协议》监管理念和要求的基础上做出相应调整。特别是在我国贯彻实施《巴塞尔协议Ⅲ》有关要求的背景下,既需要从银行业监管视角出发做好顶层设计,又需要充分关注商业银行尤其是中小银行在实施《巴塞尔协议Ⅲ》资本要求过程中面临的问题,及时做出调整,以尽快适应国际监管规则,更好应对国际金融发展新形势和新变化。

四、对《巴塞尔协议Ⅳ》的展望

目前在《巴塞尔协议Ⅲ》已经基本上落实的同时,《巴塞尔协议Ⅳ》也初具雏形。一方面,部分国家和地区开始提出超越《巴塞尔协议Ⅲ》的要求。如美国和欧洲要求银行在沉重压力的情况下,依然能够满足资本充足率;瑞士、美国、中国和英国等国家设置了高于3%的最低杠杆率,而且正在推动更严格的流动性标准;其他国家(如澳大利亚)坚持使用最高质量的资本来满足第二支柱资本附加要求。另一方面,监管机构和市场普遍担忧银行内部模型以及风险加权资产的准确性,一些重量级的监管当局呼吁大幅优化监管要求,以支持采用更高的最低杠杆率并降低对模型的依赖。同时,巴塞尔委员会发布了一系列相应的文件,包括对银行交易账户的监管方式;不同银行采用由不同内部模型所导致的风险权重差异;风险敏感性、简单性和可比性之间的平衡等,且这些文件的范畴均已超越了《巴塞尔协议Ⅲ》。

(一) 从《巴塞尔协议Ⅲ》到《巴塞尔协议Ⅳ》

不同国家对于《巴塞尔协议Ⅲ》的设计、解释、实施时间等方面存在差异,从而产生国家间不一致的情况。虽然这些不一致情况正在得到协调解决,但我们更为关注的是一些国家以及巴塞尔委员会正在策划的超越《巴塞尔协议Ⅲ》的重要步骤,这些步骤将促使《巴塞尔协议Ⅳ》的形成。这些步骤的特点包括:在第一支柱最低资本要求中,更高的最低杠杆率将扮演更重要的角色;对使用内部模型计算其资本需求的银行,设置更为严格的限制;对压力测试、第二支柱资本附加和流动性要求采取更严苛的测算方式;银行披露更多的信息等。

1. 杠杆率

根据《巴塞尔协议Ⅲ》的标准,一些国家正在实施3%的最低杠杆率。相较于巴塞尔委员会仅仅是基于风险的资本要求加强杠杆率,并对系统重要性银行施加更为严格的杠杆要求,一些国家采取了更为激励的行动。在美国,联邦储备委员会提议到2018年,系统重要性银行的最低杠杆率应达到5%,所有的系统重要性商业银行应达到6%(尚不确定该要求是否适用于在美外国银行);在瑞士,到2019年大型银行相对于总资本的最低杠杆率需要达到4.3%左右;在英国,审慎监管局(PRA)在假设存在严重压力场景的基础上,正在评估大型银行是否适用基于核心一级资本（CET1,而不是《巴塞尔协议Ⅲ》中使用的更广泛的一级总资本）定义的3%的杠杆率。

更高的最低杠杆率会立即增加杠杆率在一系列监管资本比率参数中的重要性,因为它会成为更多银行的束缚参数。然而,过度依赖杠杆率也可能会产生不利后果。它可能会鼓励银行持有高风险资产,显著增加低风险加权资产投资组合（包括抵押贷款和主权债务）的融资成本;使银行失去改善风险管理的动力（如来自监管授权的使用内部模型计算风险加权的动力）。

2. 简单性

巴塞尔委员会在如何平衡风险敏感性、简单性和可比性的咨询文件中,描述了追求风险敏感的资本为什么会达到以及如何达到当前的高度复杂性和不可比性,并且阐明过于简单的资本要求的潜在缺点,进而提出改进简单性和可比性的相关意见。

首先,巴塞尔委员会把简单性作为今后评判新提议的一个额外标准。一方面力图减轻复杂性带来的后果,为资本模型结果增加约束;另一方面尝试引入更细化的使用测试;在内部模型领域限制各国的自由度。

其次,巴塞尔委员会鼓励银行加强信息披露。要求银行披露模型应用于假设投资组合所得到的结果,或同时披露应用模型与应用标准化计算的结果;要求银行在一致性的基础上公布可能对投资者有用的额外指标,比如基于股票市场价值的资本充足率、基于股票波动率的风险度量、基于收益的杠杆率、历史利润波动率、不良资产占总资产比率等。

最后,巴塞尔委员会通过调整三大支柱,把重点更多地放在第二、三支柱上,通过将第一支柱中的一些复杂的方法（包括风险敏感性权重和内部模型方法）转移至第二支柱,使股东、债权人和市场分析人员在广泛信息披露的基础上,对银行的了解更加全面。更根本的长期改革包括:使用有形股本杠杆率（英国和其他一些国家已经在使用）;放弃使用内部模型;实施针对收入波动率的资本要求;通过限制使用复杂的和创新性的金融工具、非传统银行业务等方式来降低风险和复杂性。

3. 内部模型

巴塞尔委员会和其他监管当局越来越关注银行使用其自己的内部模型生成的风险权重。当监管当局对这些内部模型降低风险权重的程度采取限制时,由于模型的复杂性和不透明性,银行显得非常被动。针对这个问题,巴塞尔委员会提出了审查交易账户的建议。这主要针对金融危机发生时,由于交易账户体制而导致的破产现象,包括应对市场风险的资本金不足,以及过度自由地将资产放入交易账户的决定权。

4. 压力测试

诸如美国、欧洲银行业管理局（European Banking Authority, EBA）,以及爱尔兰和英国的许多政府和监管机构基于定期压力测试结果,要求银行能够在严重压力下满足资本充足率,这就迫使银行持有大量储备资本。而将《巴塞尔协议Ⅲ》资本充足率作为上述定期压力测试的基础和最低要求,利用额外资本吸收主要冲击,等同于创建了储备之上的储备。而《巴塞尔协议Ⅲ》的一项重要改进——将资本留存缓释和逆周期资本储备作为吸收冲击的缓冲机制,在一定程度上被否定。

各国监管机构在无须考虑内部模型最低资本标准的国际一致性情况下,还可以通过压力测试制定合适的全国性政策,对银行提出持有资本的要求。欧洲银行业管理局近期建议各国监管机构应该确保欧洲主要银行持有以货币量(而非以资产比率)计算的最低资本,这延续了欧洲银行业管理局2011年12月的提议(基于欧洲银行业管理局更早的压力测试),尚不清楚这将如何阻止欧洲银行进一步去杠杆化。不过,在完全履行欧盟监管资本要求(Capital Requirement Regulation,CRR)和资本要求指引(Capital Requirements Directive,CRD)规则的框架下,如果银行持有足够的资本以满足最低CET1要求,各国监管机构可以免除这个要求。

5. 资本附加要求

虽然《巴塞尔协议Ⅲ》在质量和数量上对核心一级资本设置了更为严格要求,但是核心一级资本最低要求无法充分捕捉风险,这意味着银行需要满足更低的资本附加要求。然而,监管机构在何种程度上采取这条路线还完全不清楚。一些迹象表明资本保留储备与逆周期资本储备被一些监管机构认为能部分替代资本附加要求,但澳大利亚和英国主要或完全通过CET1来满足资本附加要求,而不是通过一级资本和二级资本的结合。

6. 流动性

尽管巴塞尔委员会在2013年1月发布了一个流动性覆盖率(LCR)的修正方案,但在欧盟区,欧洲银行业管理局仍然致力于定义高质量流动资产和不同类型存款的合适假定。与此同时,英国显然不愿意以LCR替换当前的严格制度,而要求英国审慎管理局(PRA)考虑是否需要要求额外的流动性用以系统地补充LCR。而美联储则提出,大幅依赖批发融资的银行应持有额外的资本,这可能成为巴塞尔委员会提出的净稳定融资比率(NSFR)的修订基础。

(二)《巴塞尔协议Ⅳ》对商业银行的影响

首先,银行可能会面临显著提高的资本要求。这由以下几点的共同作用形成:更高的最低杠杆率、基于内部模型的敞口计算在一定程度上被限制、对最低资本要求的压力测试和第二支柱储备施加更严格的监管方式。这将要求银行持有更多资本或减少表内外活动,从而提高成本,并降低银行为个人、企业及其他银行客户的可用融资。

其次,银行可能需要改善资本管理,尤其是要完全清楚支持各项业务所需的资本,并与战略、风险偏好和商业模式联系起来。

最后,由于资本比率和内部建模将采用更低的风险敏感方法,迫使银行重新评估低风险与高风险业务之间的平衡。一旦流动性需求得到满足,银行会有很强的动机减少其低风险资产(包括主权债务、其他高评级证券、优质抵押贷款、高质量企业贷款和完全担保敞口)的持有,这可能导致一些银行的商业模式发生重大转变,从而使融资的价格和可获得性发生重大变化。

五、我国《商业银行资本管理办法（征求意见稿）》简介

2023年2月18日，中国银保监会协同中国人民银行就《商业银行资本管理办法（征求意见稿）》（以下简称《征求意见稿》）公开征求意见，这是对《巴塞尔协议Ⅲ》最终版的响应，标志着《巴塞尔协议Ⅲ》最终版在中国的全面落地。本次《征求意见稿》的颁布对于构建差异化资本监管体系、优化银行体系资本管理能力、提升银行体系风险计量的精确性和规范性、保障资本监管的总体稳定具有重大意义。

（一）《征求意见稿》的历史渊源

2010年，巴塞尔委员会发布了《巴塞尔协议Ⅲ》，在资本监管方面进行了改革，并引入流动性、杠杆率等指标，并于次年制定了针对全球系统重要性银行的额外监管要求。针对巴塞尔委员会的改革，我国监管部门随后对国内监管标准进行了一系列调整。

一方面，2012年原银监会根据2010年版《巴塞尔协议Ⅲ》制定了《商业银行资本管理办法（试行）》，并于2013年正式实施。设立了核心一级资本充足率、一级资本充足率、资本充足率监管指标。三个资本充足率指标是资本监管的核心，主要内容包括三个层级的资本（即分子项）和风险加权资产（即分母项）。其后又设立了杠杆率指标，并于2015年正式实施《商业银行杠杆率管理办法》。另一方面，2015年和2018年先后发布《商业银行流动性风险管理办法（试行）》《商业银行流动性风险管理办法》。设立了流动性比例、流动性覆盖率、净稳定资金比例、优质流动性资产充足率、流动性匹配率等监管指标。

尽管2010年版《巴塞尔协议Ⅲ》对此前全球监管协议进行了优化修订，但对风险资产这一核心数据的计量，仍然沿用《巴塞尔协议Ⅱ》的方法，受到学界和业界的诸多质疑。因此巴塞尔委员会于2017年修订完成了《巴塞尔Ⅲ：后危机改革的最终方案》（巴Ⅲ最终版），对风险加权资产的计量方法进行了改革。除此之外，巴Ⅲ最终版还对全球系统重要性银行提出了最低杠杆率附加要求。

针对巴Ⅲ最终版，我国监管部门立足于中国银行业实际情况，结合国际监管改革的新进展，追随国际规则的变化，也对此前实施的《商业银行资本管理办法（试行）》进行了修订。首先，于2021年实施《系统重要性银行附加监管规定（试行）》，该规定对认定为系统重要性银行的金融机构实施附加资本要求。其后，于2023年正式颁布了《征求意见稿》，对我国实行了十余年的《商业银行资本管理办法（试行）》进行了调整和修订，围绕构建差异化资本监管体系，重新构建第一支柱下风险加权资产计量规则，完善调整第二支柱监督检查规定，全面提升第三支柱信息披露标准和内容，《征求意见稿》正文加附件共40余万字，并将于2024年1月1日正式起施行。

（二）《征求意见稿》修订内容简介

首先，《征求意见稿》的主要内容是"修订重构第一支柱下风险加权资产计量规

则、完善调整第二支柱监督检查规定,全面提升第三支柱信息披露标准和内容",也就是对风险加权资产(即三个资本充足率指标的分母)的计量规则进行了重新修订。形成了以资本充足率和杠杆率为核心的体系化监管指标,并且对系统重要性银行追加满足总损失吸收能力的要求,即不仅要达到正常状态下的资本健康水平,还要提前对破产清算时可用的经济资源进行规划,以达到金融体系宏观审慎的目的。此外,本次修订还构建了差异化资本监管体系,按照银行间的业务规模和风险差异,将银行划分为三档,匹配不同的资本监管方案。

其次,《征求意见稿》确定了人民银行和银保监会协同监管的模式,明确赋予人民银行同等监管检查的权力,特别是针对系统重要性银行的监管。《征求意见稿》还扩大了监督检查的范围,将检查范围扩大到杠杆率、总损失吸收能力等系列指标。对于不达标的银行,监管明确给出了限制银行分配利润的比例要求。

最后,《征求意见稿》是监管部门结合我国实际情况和国际监管改革最新成果制定的,与巴Ⅲ最终版并不完全一致,相对而言我国的监管规则更为严格。主要差异包括:(1) 我国对投资级公司风险暴露的权重为75%,比巴Ⅲ最终版高10个百分点。(2) 我国居住用房地产风险暴露,依据不同的贷款价值比,其权重比巴Ⅲ最终版高出15—30个百分点。此外,我国商用房地产风险暴露权重也稍微高一些。(3) 银行的损失准备计提规则在《征求意见稿》中发生了较大的改变,实际上这和之前银保监会发布的《商业银行金融资产风险分类办法》密切相关。按照新的要求,损失准备直接与不良资产或预期信用损失做比较,分类和计提更为科学,更能反映银行资产的真实状况。

具体而言,与2012年《商业银行资本管理办法(试行)》相比,《征求意见稿》有如下新变化:

1. 划分银行档次,强化对第一档银行的监管

与之前的监管标准不同,本次《征求意见稿》将银行划分为三个档次,匹配不同的资本监管方案。其中:(1) 第一档银行为表内外资产达5000亿元以上或境外债权债务达300亿元以上的银行,即规模较大或跨境业务较多的银行,让其对标资本监管国际规则;(2) 资产规模和跨境业务规模相对较小的银行纳入第二档,实施相对简化的监管规则;(3) 第三档是表内外资产规模在100亿元以下且境外债权债务为0的商业银行,进一步简化资本计量规则,引导该类银行聚焦服务县域、小微企业和普惠金融。

三个档次银行的巨大差异首先体现在信息披露方面:第一档银行是重点监管对象,需要执行最严格的标准,披露最全面的信息;与实施的监管要求相匹配;第二档银行的披露要求进行了相对简化;而第三档银行在很多方面都只需要简单披露,甚至免去了披露要求,大大降低了此类银行的合规成本,也使得资本监管在银行业的全面达标具备可操作性。考虑到银行的规模会随着业务的发展而逐渐变化,可能会让银行在三个档次之间发生转移,因此《征求意见稿》对此做出了明确的限制和执行标准。同时,对《征求意见稿》的适用对象也做了进一步约定。

从分档标准来看,重点关注的是第一档银行的计量规则。目前国内表内资产余额

在 5000 亿元以上的银行，其 2021 年年末总资产就达到 242 万亿元，占全部商业银行总资产的 86%。第一档银行各类资产权重分类更为精细。第二档银行在同业资产、对公资产、开发贷和按揭等方面的权重没有细化调整。监管部门测算显示，实施《征求意见稿》后，银行业资本充足水平总体稳定，未出现大幅波动，个别银行因资产类别差异导致资本充足率小幅变化，体现出差异化监管要求。

《征求意见稿》全面修订了风险加权资产计量规则，包括信用风险权重法和内部评级法、市场风险标准法和内部模型法以及操作风险标准法，提升资本计量的风险敏感性。从监管资本计量与管理的角度来说，为降低资本计量高级方法在不同银行之间风险加权资产计量结果的差异性，《征求意见稿》还增设资本底线，限制银行通过使用内部模型法降低信用风险和市场风险计量资本要求的幅度，提高风险加权资产及资本充足率的可比性。商业银行风险加权资产包括信用风险加权资产、市场风险加权资产和操作风险加权资产，考虑到信用风险加权资产占商业银行风险加权资产比例均值超过 90%，以下内容分两部分，在介绍完对市场风险和操作风险加权资产计量的修订后，将信用风险加权资产计量规则拆出专门介绍。

2. 对市场风险和操作风险资本计量方式的影响

市场风险和操作风险在此次《征求意见稿》中变化最大，基本属于推倒重来。当然，考虑到小银行在实施中的压力，市场风险和操作风险分别保留了简化标准法和基本指标法，兼顾银行的可操作性。具体来讲：

（1）市场风险资本计量方面。巴塞尔委员会于 2019 年 1 月颁布重新修订的《市场风险最低资本要求》，进一步完善了市场风险计量规则，强调银行账簿与交易账簿划分标准及账簿转换规则，提高了市场风险标准法计量的风险敏感性，并采用新的内部模型法强化银行机构对极端情况下尾部损失的捕捉能力。此次《征求意见稿》全面体现了市场风险国际监管改革的相关内容，重新修订的市场风险计量规则包括标准法（附件14）、内部模型法要求（附件15）和简化标准法（附件16）三个附件，通过确定风险因子和敏感度指标计算资本要求，取代了原标准法基于头寸和资本系数的简单做法。《征求意见稿》首先对原标准法进行了大幅度改造，引入风险因子作为资本计量的依据。其次，简化标准法的主要调整在于，原标准法资本金由各类风险简单求和构成，而简化标准法要求每个构成部分需分别乘以相应调整系数，各类风险之间的资本要求差异化。最后，《征求意见稿》还重构了内部模型法，彻底放弃了 VaR 方法，重新引入 ES 计量方法替代 VaR 方法，以捕捉市场波动的厚尾风险。

（2）操作风险资本计量方面。《征求意见稿》旨在简化计量方法，废除了基于复杂模型的高级计量法以及风险敏感性较低的基本指标法，仅允许使用标准法。《征求意见稿》通过对原标准法进行完善，增强风险敏感性与同业之间 RWA（Risk Weighted Assets，风险加权资产）计算的可比性，明确使用由业务规模（BI）、业务规模参数（BIC）及内部损失乘数（ILM）构成的新标准法进行操作风险最低资本计量。通过细化业务收入规模参数，引入内部损失乘数，增强内部损失对风险计量的区分能力和敏感性。在这一规则下,损失数据完整规范的银行,其资本占用可能下降。

3. 对信用风险加权资产计量规则进行重大调整

《征求意见稿》通过增强信用风险权重法计量的精细度和敏感性,调整银行账簿资产类业务的风险暴露加权标准,同步限制内部评级法的使用,降低大型银行对于高级内评法计量模型的依赖,在无需大幅度提高银行业总体资本要求的原则下,增强资本要求与经济金融的拟合度,优化行业资源配置。具体而言,本次修订通过资本成本的差异化,引导资金更有效地投向实体经济,既体现出我国监管保持风险应对的审慎性,也顾及对实体经济的支持作用。

(1) 权重法下信用风险计量规则的调整:有紧有松。

总体来说,《征求意见稿》支持大部分银行采用权重法,而对内部评级法进行了严格的限制,不仅明确了内部评级法的适用范围,而且对信用风险权重法下的权重进行了较大改动,调整了内部评级法中的参数底线值,规定内部评级法结果不得低于权重法结果的72.5%,极大地缓解了权重法结果和内部评法结果不可比的问题。《征求意见稿》对风险暴露权重的调整,主要发生在以下两个方面。

一方面,新增资产类别,影响较大的是房地产风险暴露。《征求意见稿》新增了很多资产类别,资产区分更为细致,其中主要的新增类别包括三个:(a) 新增房地产开发风险暴露。将房地产开发风险暴露区分为100%和150%两个档次,总体而言变得更严格。(b) 新增商用房地产风险暴露。除部分商用房地产贷款按交易对手风险权重计量外,风险权重根据贷款价值比计量,权重分为65%、75%、90%、110%、150%等几个档次,总体而言变得更宽松。(c) 新增居住用房地产风险暴露,对居住用房地产风险暴露进行了更为细致的划分,总体来看有所放松。从实际情况来看,考虑到我国住房抵押贷款首付比例一般高于30%,且对借款人资质要求较高,因此与之前的规定相比,银行对个人住房抵押贷款的风险权重总体来讲应该是小幅降低了5—10个百分点。除此之外,还有一些其他的新增类别,比如新增不合格多边开发银行风险暴露、合格资产担保债券风险暴露,以及对第一档银行新增专业贷款风险暴露、已违约风险暴露等。

另一方面,调整风险权重,对地方政府、企业的风险权重总体放松,银行同业(包括次级债)的风险权重总体提升,对个人则是有紧有松。《征求意见稿》对部分资产类别的风险权重进行了调整,值得关注的包括:(a) 对地方政府一般债券的风险权重由20%调整为10%。(b) 对境内商业银行的风险权重进行大幅调整,总体而言小幅上升。之前对境内商业银行风险暴露的权重按资产的原始期限区分,原始期限在3个月以内的是20%,3个月以上的是25%。在《征求意见稿》中,对商业银行的风险暴露按商业银行的评级划分。新标准法将商业银行按资本充足率等达标情况划分为A+、A、B、C四级。从评级标准来看,目前大部分银行处在A级,其风险权重总体而言小幅上升。(c) 对一般公司的风险权重进行调整,总体而言风险权重降低。对中小企业的风险暴露由100%调整为85%;针对第一档银行,对投资级公司(如业绩较好的上市公司或发债企业）的风险权重由100%调整为75%。（d）对个人风险权重进行调整，有松有紧。其中大部分信用卡贷款的风险权重由75%调整为45%，大部分其他个人贷款的风险权重则由75%调整为100%。（e）对次级债权的风险权重进行调整，统一规定为150%，较之前的100%明显上升。

总之，《征求意见稿》的核心是细化资产的风险暴露分类，重新校准风险权重。因此在贷款端的风险权重调整中，调升部分在专项贷款的项目融资运营前阶段风险暴露、非满足审慎要求的房地产开发阶段风险暴露，并细化非开发阶段房地产风险暴露的分层；而通过引入投资级公司、合格交易者概念，相关风险暴露的风险权重下降。基于《征求意见稿》对于各类资产风险暴露的划分标准，结合部分大型银行的初步实施结果，初步判断《征求意见稿》对商业银行资本充足率计量的影响如下：对于房地产开发、银行债权、运营前阶段项目融资、表外承诺及表外投资等暴露的资本占用可能会有所提升；对于投资级公司和非银金融机构、中小微企业、房地产抵押类等风险暴露资本则可能会有所下降，其他资产组合的资本充足要求基本保持平稳。

（2）内部评级法下信用资产等相关资产计量规则的调整：整体变严。

内部评级法的调整主要是限制使用范围和校准风险参数，总体而言变得更严。内部评级法下的调整主要包括两个方面。一方面限制高级内部评级法的使用范围。要求商业银行不得对金融机构和符合特定要求的企业集团（特大型公司）采用高级内部评级法计量信用风险加权资产，此外股权风险暴露也不允许采用所有内部评级法；对采用高级方法计量风险加权资产的银行，设置72.5%的风险加权资产底线（即采用高级方法计量的风险加权资产不得低于采用其他方法计量的风险加权资产的72.5%），替换原来的资本底线要求。

需要指出的是，内部评级法对模型方法适用范围的限制对银行资本计量没有实际影响。由于我国银行当前经核准的是非零售初级内部评级法和零售内部评级法，国有大型银行和大型股份制银行虽然已经建设高级内部评级法体系，但监管尚未有核准可用于计量资本的先例。因此《征求意见稿》模型方法范围的限制不会实际发挥作用，在一定时期内，对我国银行业资本要求不带来影响。

另一方面，规定风险加权资产和资本计量的输入参数，主要包括违约概率（PD）、违约损失率（LGD）和违约风险暴露（EAD）。除对部分风险暴露的违约概率、违约损失率规定下限外，《征求意见稿》还针对不同风险暴露分类设置违约概率底线，如表9-5所示。公司、金融机构风险暴露违约概率底线由现行的0.03%调升至0.05%，零售风险暴露违约概率底线由0.03%提升至0.05%，其中一般循环零售风险暴露提升至0.10%。对于初级内部评级法，《征求意见稿》进一步将非零售风险暴露区分为公司风险暴露、主权风险暴露和金融机构风险暴露，其中公司风险暴露中没有合格抵质押品的高级债权违约损失率由45%下调至40%。《征求意见稿》还明确高级内部评级法下的违约损失率底线。对于有合格抵质押品的公司风险暴露和其他零售风险暴露，根据抵质押品类型设定0—15%的违约损失率底线；对于没有合格抵质押品的公司风险暴露和其他零售风险暴露，违约损失率底线分别为 25% 和 30%；合格循环零售的违约损失率底线为 50%。

表 9-5 不同风险暴露的违约概率底线

风险暴露分类	征求意见稿	现行办法
主权风险暴露	0	0
公司、金融机构风险暴露	0.05%	0.03%
一般循环零售风险暴露	0.10%	
其他零售风险暴露	0.05%	

资料来源：《征求意见稿》。

那些已经实施高级方法的银行，在中国银保监会的严格要求下，参数计量和校准比较审慎，无论是违约概率、违约损失率还是违约风险暴露，总体上靠近底线要求的情形都比较少。比如对公司风险暴露，违约概率底线由 0.03% 提高至 0.05%，仅影响客户评级最高而且违约概率估计在 0.05% 以下的极少量优质客户。虽然其单笔风险暴露往往规模较大，但在银行整体风险加权资产总量中占比较小。不过，对于未经核准实施高级法的银行，其未来模型开发优化以及申请范围、申请方法会受到一定的限制。

考虑到目前国内采用内部评级法的银行资本充足率都很高，估计这一变动对相关银行业务的影响不会很大。部分已将内部评级参数用于内部管理的银行，可在此基础上，进一步完善针对不同风险暴露分类设置违约概率底线和违约损失率，将内部评级法参数底线方面的要求纳入实践应用之中，进而与新的监管标准保持一致。

(三)《征求意见稿》对我国商业银行的整体影响

《征求意见稿》对我国银行体系的影响不仅是资本计量方式的变化，也是经营业务模式的转变、数据收集范围的扩充、资本计量及管理信息系统的改造和风险管理模式的转型等。

1. 经营业务模式的转变

虽然不同银行受《征求意见稿》的影响不同，但是对大型银行而言，受益于资本底线放松、投资级公司以及个人住房贷款权重下调等影响，其资本充足率大概率将上升；股份行将受益于投资级公司以及信用卡、个人住房贷款权重下调，但股份行的开发贷、其他个人贷款较多，风险权重可能会上调，最终影响存在不确定性；中小企业贷款较多的城商行及农商行，其资本充足率或将有所上升。总体上看，大型银行与中小企业贷款较多的城农商行有可能受益更多。《征求意见稿》对于商业银行经营管理，可能有以下几方面的长远影响。

第一，强迫商业银行通过调整债权风险权重来避免资金空转。对第一档银行而言，其对信用评级 A 级商业银行 3 个月以上的银行债权（不含次级）风险权重由 25% 调高至 40%。根据《征求意见稿》的认定标准，绝大多数银行都属于 A 级银行，此次风险权重调整将明显抑制 3 个月以上同业存单的配置需求，冲击长期限同业存单的供需结构。《征求意见稿》对同业交易对手的评级划分以及相应风险权重的上调，目的是回归业务本源，约束资金空转。

第二，引导银行通过配置高等级信用债和债转股支持实体经济和国家重点补贴企业。《征求意见稿》下调了银行配置投资级公司（主要是高等级和上市主体）债券的风险权重，同时单列出市场化债转股和国家重点补贴企业，风险权重从 1250% 下调至 400%。这些风险权重的调整会迫使银行将部分同业资金配置到高等级信用债和债转股上来，或将冲击债权信用等级利差，上市公司融资渠道有望拓宽。

第三，鼓励银行投资更加透明的资产管理产品，控制银行表外风险。《征求意见稿》首次明确了商业银行投资资产管理产品的资本计量标准，将资产管理产品的风险权重分为三种：①可以穿透底层资产的，穿透底层资产后直接按底层资产权重计量；②无法穿透的，可以利用资产管理产品募集说明书、定期报告及其他披露信息或相关国家法律法规，采用授权基础法进行计量，其内涵是对底层资产采取最谨慎的假设来计量风险权重；③无法穿透底层资产或使用授权基础法的，权重为 1250%。对资产管理产品透明度要求的提高会促使银行更加青睐底层资产更加透明的利率债基和指数债基，利率债的配置比例或将有所上行，指数债基等配置工具型债基将迎来更广阔空间。

在业务层面上，(1) 对公业务：鼓励开展投资级企业、中小企业及商用房地产抵押，后续制造业、绿色、普惠等重点领域和薄弱环节有望成为银行经营业务的重点发力点。(2) 零售业务：鼓励优质信用卡贷款、二套及以内的现房按揭；约束 1000 万以上的个人业务、期房按揭、三套房及以上的按揭。(3) 金融同业：鼓励投资级非银机构业务，短期限、高评级的银行类同业业务；约束长期限、低评级的银行类同业业务。(4) 投资业务：鼓励投资地方政府一般债；鼓励优先档、短期高评级的资产证券化（ABS）业务；约束投资次级债；对股权投资态度中性；鼓励资管业务穿透管理，严格控制无法穿透的资管业务。(5) 表外项目：避免资本套利，适度控制表外扩张，从严约束贷款承诺与信用证。(6) 违约债权：以"债务人"为中心理念，鼓励加大拨备计提，提升覆盖水平，增加未覆盖风险的资本消耗。

总之，《征求意见稿》对部分资产的风险权重进行了调整，可能会对银行的投资行为产生长远影响。此外，某些特定的业务领域（如同业业务、次级债权等）可能会变得不那么有吸引力，从而影响这些特定产品和服务的成本和可获得性。这将对某些借款人和其他银行交易对手产生不利影响。另一些业务领域（如投资级公司债券、信用卡贷款等）的吸引力则会增强，有利于相应的借款人或交易对手。上述变化均会导致商业银行业务模式和经营策略的修正。

2. 数据收集范围的扩充

《征求意见稿》的实施增加了新的风险暴露门类，例如银行风险暴露，房地产风险暴露对银行账簿下所有相关业务都有新的划定标准，这意味着银行需要新增或衍生数据字段帮助识别相应风险暴露，会同步带来新的数据要求。无论从客户信息、债项信息、抵质押品数据等业务数据角度出发，还是从国民经济行业及企业划型信息、风险暴露划分标准等行业数据角度出发，《征求意见稿》的实施都意味着全国大、中、小型银行都将面临数据收集、清洗、加工、计量、披露与评估体系的重大挑战与提升。将反向推动银行在各个业务的基础数据治理工作，实现数据标准化、数据自动批量加工衍生等等。

国内大多数中小型商业银行所采用的资本计量方法相对简单，主要采取手工统计与手工报送的方式填报相关数据，以满足监管机构对于风险加权资产与内部资本充足的要求，尚未实现系统化、自动化的信息收集与数据加工。《征求意见稿》实施后，不仅基于风险导致加权资产与资本充足率的计量规则发生变化，而且也提升了对相关资产数据的质量要求，对客户和业务基础信息的需求显著提高。这将进一步推动中、小型银行加速开展基础数据治理工作，以期统一数据标准、提升数据处理能力以及优化数据管理机制。预计《征求意见稿》实施后，国内银行需全面评估现有信息系统和数据情况的支撑情况，进行针对性完善，以实现相关数据信息管理系统对所需数据的自动化抓取、加工等工作。

3. 资本计量及管理信息系统的改造

结合数据质量的进一步提升，《征求意见稿》对于资本计量系统的建设要求也同步提高。对比2012版资本管理办法，《征求意见稿》对计量精细程度有相当明显的提升，银行机构需要持续做好行内基础数据的治理工作，开展相关资本和风险加权资产信息系统的建设与优化，通过建立独立的风险加权资产系统，提高资本和风险权重计量的自动化与精细化程度，以实现《征求意见稿》的平稳实施。

此外，更加精细化的资本计量与管理要求对相关业务系统的功能支撑也带来了更高的要求，比如要求进行前端业务系统的改造，以便在产品层面可以支撑更多字段信息的收集与维护、要求信息系统提供更全面的估值与风险计量功能，以符合《征求意见稿》对风险量化、风险与资本计量的时效性要求等。

4. 风险管理模式的转型

《征求意见稿》完善调整了第二支柱监督检查规定，全面提升第三支柱信息披露标准和内容，进一步加强了监管机构对于第二支柱全面风险管理与内部资本充足评估程序（Internal Capital Adequacy Assessment Process，ICAAP）的重视程度，针对ICAAP下各个模块提出了新的要求。

首先，从风险治理、风险管理、压力测试、资本管理、信息系统建设、评估报告分析等方面完善银行内部资本充足评估程序，旨在确保银行风险治理架构的有效性，提高银行风险识别与评估的全面性，保障银行风险计量的审慎管理，确保资本规划实施的合理准确，进一步明确第二支柱资本要求，保障风险加总方法的合理性。

其次，强调资本充足压力测试结果的应用，明确资本规划应考虑风险评估结果、压力测试结果、未来资本需求、风险管理水平和外部经营环境，并将轻度压力测试下的资本缺口转化为资本加点，这意味着在轻度压力测试下需要补充的资本将会被视为第二支柱监管资本要求的组成部分。

再次，要求构建全面风险管理框架体系，并确定银行第二支柱资本要求应建立在最低资本要求、储备资本和逆周期资本要求及系统重要性银行的附加资本要求之上。强调主要类别风险之外的其他风险包括国别风险、信息科技风险、洗钱风险、气候相关风险。

最后，全面提升信息披露与市场约束。结合《征求意见稿》提出的差异化信息披露体系要求，通过公开渠道，以简明清晰、通俗易懂的方式向投资者和社会公众披露第三支柱相关信息。

(四)《征求意见稿》的应对措施

平衡好资本监管与社会信贷成本和宏观经济稳定的关系，统筹考虑相关监管要求的叠加效应，保持银行业整体资本充足水平的稳定性，是此次修订的主要目标。考虑到《商业银行资本管理办法》正式实施的时间是2024年1月1日，且第一档商业银行可设置过渡期至2029年1月1日前，商业银行有充足的时间进行相关业务的调整，预计落脚到商业银行最终资本充足率变化是一个相对平稳的慢过程，但不排除个别银行业务结构调整面临难度，资本充足率可能面临较大幅度的波动。为此，在此次《征求意见稿》出台并明确了实施时间后，商业银行尽快启动规划与应对工作，在实现监管合规的同时，同步实现管理能力的提升。

(1) 进一步明确战略层面《征求意见稿》实施目标，准确调校实施路径。与2012年《商业银行资本管理办法（试行）》出台时的环境相比，商业银行对《征求意见稿》已经有了全面认识，部分银行已储备了一定的专业人才队伍。同时，部分大中型银行已逐步开展《征求意见稿》的针对性规划与实施工作。由于商业银行已经不同程度参照《征求意见稿》开展了相关实施工作，当务之急是系统比对《征求意见稿》，定位所需开展的工作和所需优化微调的管理机制和流程，明确整体目标、关键里程碑、实施安排、职能分工以及监管合规申请计划，系统性推进新规的落地。

(2) 充分评估《征求意见稿》对资本占用的影响程度，健全高效的资本监控与补充机制。《征求意见稿》旨在完善资本计量和管理框架，提高资本充足率的可比性，强调资本充足评估结果的实际应用，帮助银行充分了解银行内部资本充足情况，确保银行及时、准确地建立适用于银行内实际情况的资本补充与分配机制。要尽快开展依照《征求意见稿》口径的定量测算与影响评估工作，提前部署必要的资本补充措施，以避免意料外的资本计量结果对业务发展带来的影响。

(3) 持续提升风险管理与资本管理人员能力，夯实信息系统与数据治理基础。《征求意见稿》提出了更复杂的资本/风险计量要求和更加精细化的业务/风险/资本管理要求，对相关管理人员的能力要求进一步提升。商业银行需要持续注重相关经验人员队伍的建设，给予合理的重视与资源投入。另外，做好资本管理基础数据治理工作，积极推动相关系统的建设与优化，提升银行资本计量的自动化与精细化管理水平。

第二节 资本与风险资产比率

由于风险无处不在并且无法被完全消灭,金融机构作为专门经营风险的机构,就必然在为预期损失足额提取风险准备金之后,准备足额的风险资本(Capital at Risk, CaR)来应对非预期损失。为了更好地理解资本与风险资产的关系,下面我们从风险资本的概念入手,详细介绍《巴塞尔协议》,进而通过案例阐明资本与风险资本比率的相关计算。

一、风险资本简介

(一) 风险资本的定义

由于资本是用来弥补非预期损失的,理论上银行资产非预期损失有多少就应该预留多少资本,以弥补非预期损失;因此,弥补非预期损失的资本被称为风险资本。根据《巴塞尔协议Ⅱ》,风险资本又称为经济资本(Economic Capital,EC),是指在某一既定的置信水平内,为了吸收银行潜在损失所需要的资本。风险资本(CaR)的衡量源自 VaR 的计算方法。VaR 就是经济资本,即为了防备非预期损失而应有的资本总额($EC = VaR$);因此,VaR 值可以作为衡量风险资本或经济资本的工具,用于确定支持经营活动所需的资本。当 VaR 被应用于银行整体时,VaR 就变成了 CaR。

根据 VaR 的计算公式,可以导出 CaR 的数学表达式:

$$CaR = VaR - E[\Delta V(\Delta t, \Delta x)]$$

式中,$E(\cdot)$ 表示期望损失值;Δx 是引起组合价值变化(如利率、汇率、股价、借款人信用评级等的变化)的随机向量;ΔV 是经过 Δt 时期由 Δx 变化引起的资产价值的改变。

根据这一定义,有关 VaR 及 CaR 的决定方式以及它们之间的关系如图 9-3 所示。

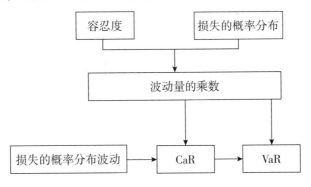

图 9-3 CaR 与 VaR 的决定及其关系

由于风险资本主要覆盖了银行的市场风险、信用风险和操作风险,因此当 CaR 与 VaR 的置信水平和持有期保持一致时,CaR 的计量结果与 VaR 的计量结果应当保持一致。

(二) 银行风险资本的计量思路

《巴塞尔协议Ⅱ》明确提出了经济资本的概念,明确了在内部评级法下经济资本仅用于抵御非预期损失,风险损失准备金用于抵御预期损失,表明委员会使《巴塞尔协议Ⅱ》规定的监管资本更接近银行内部模型计算的经济资本。因此,《巴塞尔协议Ⅱ》的实质是全面引入风险资本作为监管依据,提出了在预期损失和非预期损失基础上的风险损失计量方法。

银行必须将预期损失计入经营成本,并通过风险定价和风险损失准备金提留弥补。银行要精确计算风险资本的前提条件是将预期损失计入银行的营运成本。由于银行可预期的损失应是通过完善的定价程序及妥善的契约条款来管理的,具有确定性,所以它不是讨论风险资本时涉及的主要风险和潜在损失。

银行承担的非预期损失不能通过风险定价和风险损失准备金补偿,需要通过资本金弥补,因而风险资本是银行利益各相关方对银行的共同最低要求。由于银行在任何情况下都必须维持正常经营,所以银行资本必须维持在保证它不会丧失清偿力,或不会出现挤兑的水平上。银行对风险资本准确计算的基础是对资产组合进行充分定价和风险损失准备计提,以尽可能包含全部损失,否则银行的风险资本有可能被高估或被低估,股东收益会受到影响。理论上讲,造成银行丧失清偿力时的非预期损失是银行风险资本的上限,而预期损失则是风险资本的下限,但实际上预期损失和非预期损失的界线往往非常模糊,具有主观色彩。所以非预期损失并非真正的非预期损失,而是银行认为在未来某一阶段内,发生的概率足够低,以致可以忽略不计的预期损失。这个概率的确定,或者说对预期损失和非预期损失分界线的确定,既决定了银行对资产的定价,也决定了对风险资本的定量计算,它在银行风险资本管理中是一个基准。因此非预期损失发生的概率不能完全从历史统计中得出,它带有很强的主观判断和政策性。其主要决定因素包括:银行的风险偏好、银行的外部评级目标、资本成本、杠杆率、监管和评级机构要求等。

当银行的损失超过既定容忍度下所设定的上限(最大可能损失)时,该损失是一种极端损失。CaR 并不能吸收极端损失,假如这种损失真的发生,银行将会违约或倒闭。对此种灾难性损失,国际上通行的做法是由央行救助、存款保险制度等国家金融安全网来承担。对风险资本风险缓冲属性的直观解释如图 9-4 所示。

在图 9-4 中的期望损失为预期损失(EL),一定置信水平下的意外损失为非预期损失(UL),超出置信水平外的损失为灾难性损失(即异常损失)。对预期损失,银行一般采用提取拨备来缓冲;对一定置信水平上的非预期损失(即真正意义上的损失),用风险资本来缓冲;对于超出置信水平的极端灾难性损失,银行无法通过风险资本进行抵御。

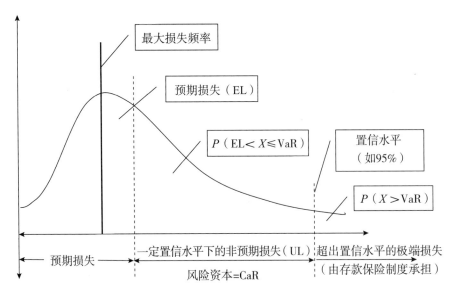

图 9-4 银行风险缓冲

资料来源：贝西斯. 银行风险管理 [M]. 2 版. 史建平，等译. 北京：中国人民大学出版社，2009.

(三) 风险资本与账面资本、监管资本的区别与联系

对风险资本的理解应该从风险资本与账面资本（Book Capital，BC）和监管资本（Regulatory Capital，RC）的区分着手。CaR 本质上是一个管理会计的概念，既不同于账面资本，也不同于监管资本。从银行经营管理的角度分析，资本具有三方面不同的定义。

一是账面资本。账面资本也称权益资本（Equity Capital），是实际可用资本，即资产负债表中权益类部分几个项目的加总。一般来说，BC 包括股本（普通股、优先股）、资本盈余、未分配利润和附属银行债。其中，附属银行债是持有人对银行资产索赔的权利级别低于其他债权人的一种资本债务。账面资本可以直接从资产负债表上观察，等于资产减去负债，是一种会计意义上的资本，反映的是金融机构实际拥有的资本水平，而不是应该拥有的资本水平。为了保证金融机构的稳健经营，权益资本至少应等于经济资本。

二是监管资本。监管资本是资本协议或各国银行监管当局规定的银行必须持有的符合最低标准的资本金。合格的 RC 必须满足一定的条件，所以监管资本是监管者要求的资本水平，由监管当局从外部来认定这种总风险缓冲，反映了监管当局对股东的资本要求，是银行的法律责任，体现为股东的资本费用。通过监管资本及其对不同风险资产赋予的风险权数，监管当局为金融机构的风险资产及表外承诺设置了最高限额。

三是经济资本（EC）。经济资本是指在一个特定的时段和某个设定的风险容忍度内，机构用于抵御潜在风险而拨备的足量资本额。它是一种由商业银行的管理层评估计算出来的虚拟资本，是指为抵御各项业务（资产）的风险所需要的、用以减缓非预期损失（UL）冲击的资本支持和需求，因此又称风险资本。一方面，风险资本对应于

特定的置信水平和风险期限,体现为风险缓冲的属性;另一方面,计量风险资本的目的在于配置风险资本,体现为管理的概念。

从这个意义上讲,经济资本(或风险资本)不同于账面资本。账面资本是实际可用资本,是一种会计意义上的资本,即资产负债表中权益类部分几个项目的加总,如股本、资本盈余、未分配利润,它是资产扣除负债后的净值。可见,为了保障稳健经营,账面资本至少应等于风险资本。

风险资本与监管资本也有本质的区别。监管资本体现了监管当局的要求,它不一定反映特定银行的风险特征,不能代表银行实际吸收非预期损失的能力;而风险资本则反映了市场及银行内部风险管理的需求,它是为承担风险真正需要的资本,完全反映了银行自身的风险特征。在数量上,风险资本是与银行的非预期损失(UL)等额的资本,其计算公式如下:

$$风险资本 = UL(信用风险 + 市场风险 + 操作风险) - 重叠计算损失部分$$

在现代银行管理的整体框架中,一系列对现金的银行管理技术手段,诸如限额设定、绩效评估以及风险定价等,都建立在风险资本的基础上。以增进股东价值为导向的资本配置不仅体现了股东利益的最大化,也体现了股东对管理层的基本要求。所以,CaR 不仅可以用来衡量银行整体资本的风险,而且可以衡量各组成单位的风险,并以此进行资本配置和绩效评估(如 RAROC)。

美国联邦储备系统课题组曾系统研究了美国各主要银行的信用风险评估及内部资本分配过程,研究结果表明,美国的大银行倾向于分别估计各类风险的资本需求,然后简单加总获得全部风险资本需求。原因是正确估计不同种类风险之间的相关性非常困难,单独估计虽然不符合组合管理的要求,但是在一定程度上与实际情况相符。

二、资本的测算

对于银行机构而言,其经营目标之一就是实现股东利益最大化,因此,银行会通过加大杠杆率的方法来提高利润。但杠杆率的提升会使负债增加或者权益减少。为保证商业银行的正常合理运营,监管机构会强制银行保持一定的资本(权益)水平,以弥补危机时可能出现的损失,即需要保证银行弥补非预期损失时所需的资本。衡量资本充足的相对化形式便是风险资本比率,即资本/风险加权资产。

1988 年美国监管当局和国际清算银行的其他成员达成一致,要求国际清算银行成员国的商业银行在 1993 年 1 月之前,实现完全采用风险资本比率,这就是著名的《巴塞尔协议Ⅰ》。《巴塞尔协议Ⅰ》确定了统一的资本充足率的计算方法和标准,达到了加强国际银行体系健康、稳定发展的目标,同时消除了各国银行间的不平等竞争。

从银行风险管理的角度来看,可以认为从《巴塞尔协议Ⅰ》开始,就始终强调"资本、风险、收益"三者的关系,其中最为重要的关系是"资本"与"风险"的关系。资本是银行抵御风险的最终屏障,为此,《巴塞尔协议》规定了商业银行的资本构成、银行资产的风险权数和加权比率、资产负债表表外项目的信用换算系数以及标准比率目标等指标。

(一) 资本构成

银行可以计量的资本较财务上的要求更为严格,《巴塞尔协议Ⅰ》将商业银行的资本划分为核心资本,又称一级资本;以及附属资本,又称为二级资本。银行总资本是核心资本和附属资本之和。核心资本和附属资本的相关要求如表9-6所示。

表9-6 银行控股公司合格资本的简要定义

资本构成	最低资本金要求
核心资本（第一档）	不低于加权风险资产的4%
1. 普通股	无限制
2. 限制性的累积与非累计的永久优先股	不超过普通股、少数股东权益与限制性的永久优先股之和的25%
3. 合并附属机构权益账户的少数股东权益	应避免计入不符合核心资本要求的少数股东权益
扣除：商誉*	
附属资本（第二档）	不超过核心资本的100%
1. 贷款与租赁损失备抵	不超过加权风险资产的1.25%
2. 永久优先股	在附属资本中无限制
3. 混合资本工具、永久债券和强制性可转换证券	在附属资本中无限制
4. 次级债务、中期优先股（初始加权平均期限不低于5年）	附属债务和中期优先股占核心资本的比例不超过50%；它们到期时可摊销为资本**
5. 重估储备（股权和房屋）	不应包括未实现的重估损益在内；鼓励各家机构公开这方面的信息；为便于国际比较应该采用逐项评估的方法；对资本状况进行总的评估时会考虑到这一状况
扣除额（从核心资本与附属资本的总和中扣除）	
1. 在非合并附属机构的投资银行之间相互持有的资本证券	一般而言，总投资的一半从核心资本中扣除，一半从附属资本中扣除***
2. 监管当局规定的其他扣除项（如其他附属机构或合资机构相关的扣除）	采取逐项扣除的办法或按正式规定扣除
总资本=核心资本+附属资本-扣除项	不低于加权风险资产的8%

*1988年3月12日前银行控股公司账册上的商誉可以免于扣除。
**可以超过限额，但超过限额的部分不能作为资本。
***如果附属机构的风险较大，那么从核心资本中扣除的数额会更大。
资料来源：联邦储备理事会新闻稿，1989年1月，附件二。

1. 核心资本

核心资本是银行资本中最重要的组成部分。它与银行净值（所有者权益）的账面价值联系很紧密，具有以下几个特点：资本价值相对比较稳定；对各国银行来说，是唯一相同的部分；是判断资本充足率的基础。《巴塞尔协议》规定核心资本主要包括普通股的账面价值、永久（无到期日）优先股和银行在附属机构持有的少数股东权益。需要注意的是，要从核心资本中扣除商誉。商誉是一项会计记录，反映了在银行购买或收购其他银行或银行子公司时，支付的高于市场价值的那部分价值。

2. 附属资本

附属资本是一系列的次级资本来源，它主要由以下部分构成如下。

（1）普通贷款或租赁损失准备金。它是指银行为应付资产可能遭受的各种损失而保持的储备，其最高限额为风险加权资产的1.25%。

（2）永久优先股。

（3）混合资本工具、永久债券和强制性可转换证券。它是指银行发行的具有股票特点和债务工具特点的综合工具，如可转换为普通股的债券等。

（4）次级长期债务和初始加权平均期限不低于5年的中期优先股。它包括普通的、无担保的、偿还期在5年以上的债券，以及有限期可赎回的优先股。

（5）资产重估储备。它是指固定资产以及有价证券资产按照市价评定而获得的收入。

3. 《巴塞尔协议Ⅲ》对资本的修订

《巴塞尔协议Ⅲ》定义的资本的范围较《巴塞尔协议Ⅰ》和《巴塞尔协议Ⅱ》更为严格，去掉了之前可以覆盖市场风险敞口的三级资本，认为只有普通股、留存收益可以作为一级资本，对二级资本的限制也更为严格，并且只有这些经过认定的资本可以作为资本充足率计算的基础。

在《巴塞尔协议Ⅲ》中，商业银行总资本包括核心一级资本、一级资本和二级资本。其中，核心一级资本包括实收资本或普通股、资本公积、盈余公积、一般风险准备、未分配利润以及少数股东可计入部分；一级资本包括其他一级资本工具及其溢价和少数股东资本可计入部分；二级资本包括二级资本工具及其溢价、超额贷款损失准备和少数股东资本可计入部分。

4. 中国银保监会关于资本的规定及执行情况

2012年原银监会颁布了《商业银行资本管理办法（试行）》（以下简称《办法》），对国内商业银行的资本做出如下详细的规定。

核心一级资本包括：实收资本或普通股、资本公积、盈余公积、一般风险准备、未分配利润、少数股东资本可计入部分。

其他一级资本包括：其他一级资本工具及其溢价以及少数股东资本[①]可计入部分。

---

① 关于"少数股东资本的处理"的详细规定，请参阅《商业银行资本管理办法（试行）》。

二级资本包括：二级资本工具及其溢价，超额贷款损失准备。

其中：（1）商业银行采用权重法计量信用风险加权资产的，超额贷款损失准备可计入二级资本，但不得超过信用风险加权资产的1.25%。这里的超额贷款损失准备是指商业银行实际计提的贷款损失准备超过最低要求的部分。贷款损失准备最低要求指100%拨备覆盖率对应的贷款损失准备和应计提的贷款损失专项准备两者中的较大者。

（2）商业银行采用内部评级法计量信用风险加权资产的，超额贷款损失准备可计入二级资本，但不得超过信用风险加权资产的0.6%。这里超额贷款损失准备是指商业银行实际计提的贷款损失准备超过预期损失的部分。

随着资本充足率相关监管政策的实施，我国银行业的资本充足率水平逐年上升，截至2020年年底，我国银行业的核心一级资本充足率为10.72%，一级资本充足率为12.04%，资本充足率为14.70%，均已经达到原银监会《办法》规定的最低监管要求。图9-5为2009—2020年间我国商业银行资本充足率、一级资本充足率以及核心一级资本充足率的变动情况。由图9-5可以看出，我国商业银行各级资本充足率自新监管标准实施以来均保持在最低监管要求水平之上，且整体呈现逐年上升的趋势。同时在整体上升的趋势中，2013年各级资本充足率出现明显的下降，这是因为《办法》的实施推迟了各大银行资本充足率达到《中国银行业实施新监管标准指导意见》最低要求的时间，政策的变化使得商业银行放缓了提高资本充足率的步伐。

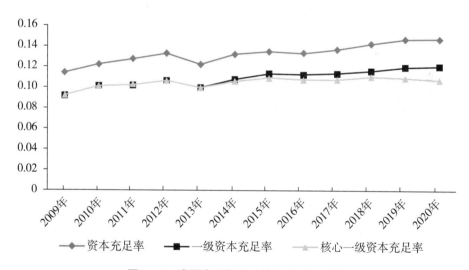

图9-5 我国商业银行的资本充足率现状

数据来源：中国银保监会官网。其中，2009—2012年间原银监会仅披露了核心资本充足率，与2013年及其之后的一级资本充足率一致。

（二）资本与风险资产比率的监管规定

《巴塞尔协议Ⅰ》的规定与传统的资本与资产比率不同。资本与风险资产比率的计算比较复杂，其主要的创新在于根据资产负债表内不同种类资产以及表外业务项目来确定不同的风险权数,并规定了资本与风险资产的目标比率。不过这种计算方法仍很粗略,只集中反映信用风险,而没有反映所有风险。《巴塞尔协议Ⅰ》规定银行必须持有充足的资本金,以维持一个最低的资本与风险资产比率,资本充足率最低为8%,即

$$资本与风险资产比率 = \frac{总资本(=核心资本+附属资本)}{风险加权资产} \times 100\% \geq 8\%$$

核心资本不得低于总资本的50%,附属资本不得超过50%,则

$$核心资本与风险资产比率 = \frac{核心资本}{风险加权资产} \times 100\% \geq 4\%$$

其后,《巴塞尔协议Ⅱ》则在保留以信用风险为监管重点的资本充足监管框架的同时,修改了资本充足率计算公式的分母——风险加权资产,这主要表现在两个方面:一是改进了信用风险资本计量的标准,并提出了更具风险敏感性的内部评级法;二是将操作风险纳入资本监管范畴。与旧协议的资本充足率计算公式不同,《巴塞尔协议Ⅱ》以明确的信用风险、市场风险、操作风险取代原计算公式中笼统的风险资产的概念,其具体公式为

$$资本充足率 = \frac{总资本(=核心资本+附属资本)}{信用风险加权资产 + (市场风险资本 + 操作风险资本) \times 12.5} \times 100\%$$

从《巴塞尔协议Ⅱ》的资本充足率的计算公式可以看出,分子总资本的度量只需弄清资本的定义即可得出;分母风险资产的度量则相当复杂,需要计算各种风险资产,并采用不同的风险度量方法加总计算得出银行资产组合的全面风险资产,才可最终计算出银行资本充足率。

全球金融危机爆发后,针对金融机构大量倒闭的现实情况,《巴塞尔协议Ⅲ》继续提高资本要求,提出核心一级资本4.5%、一级资本6%的最低资本要求。中国银保监会在《巴塞尔协议Ⅲ》的监管标准基础之上,设置了更为严格的标准,规定商业银行均按照以下公式计算资本充足率:

$$资本充足率 = \frac{总资本 - 对应资本扣减项}{风险加权资产} \times 100\% \geq 8\%$$

$$一级资本充足率 = \frac{一级资本 - 对应资本扣减项}{风险加权资产} \times 100\% \geq 6\%$$

$$核心一级资本充足率 = \frac{核心一级资本 - 对应资本扣减项}{风险加权资产} \times 100\% \geq 5\%$$

这里,商业银行各级资本充足率不得低于如下最低要求:核心一级资本充足率不得低于5%;一级资本充足率不得低于6%;资本充足率不得低于8%。商业银行应当在最低资本要求的基础上计提储备资本。储备资本要求为风险加权资产的2.5%,由核心一级资本来满足。

此外，计算资本充足率时，商业银行应当从核心一级资本中全额扣除以下项目，[①]具体包括：商誉、其他无形资产（土地使用权除外）、由经营亏损引起的净递延税资产、贷款损失准备缺口、资产证券化销售利得、确定受益类的养老金资产净额、直接或间接持有本银行的股票、对资产负债表中未按公允价值计量的项目进行套期形成的现金流储备[②]，以及商业银行自身信用风险变化导致其负债公允价值变化所带来的未实现损益。

（三）资本充足率的内部评估程序

《巴塞尔协议》体系的核心就是确保银行的资本充足、具有足够的偿付能力，将资本充足率作为国际银行业监管的重要角色。这是因为即便是最为完善的内部控制体系，仍不能解决以下问题：（1）合谋等集体舞弊导致内控失效；（2）关键控制岗位因为疏忽导致错漏等内部问题；（3）外部交易对手忽然倒闭；（4）市场环境突然转变，如"流动性黑洞"等外部问题。

为此，商业银行应当建立稳健的内部资本充足评估程序、完善的风险管理框架并明确风险治理结构，审慎评估各类风险、资本充足水平和资本质量，制定资本规划和资本充足率管理计划，确保银行资本能够充分抵御其所面临的风险，满足业务发展的需要。

商业银行内部资本充足评估程序应实现以下目标。

（1）确保主要风险得到识别、计量或评估、监测和报告；
（2）确保资本水平与风险偏好及风险管理水平相适应；
（3）确保资本规划与银行经营状况、风险变化趋势及长期发展战略相匹配。

商业银行应当将压力测试作为内部资本充足评估程序的重要组成部分，结合压力测试结果确定内部资本充足率目标。压力测试应覆盖各业务的主要风险，并充分考虑经济周期对资本充足率的影响；应当将内部资本充足评估程序作为内部管理和决策的组成部分，并将内部资本充足评估结果运用于资本预算与分配、授信决策和战略规划；应当制定合理的薪酬政策，确保薪酬水平、结构和发放时间安排与风险大小和风险存续期限一致，反映风险调整后的长期收益水平，防止过度承担风险，维护财务稳健性。商业银行应当至少每年实施一次内部资本充足评估程序，在银行经营情况、风险状况和外部环境发生重大变化时，应及时进行调整和更新。

三、风险加权资产的测算

由于资本充足率是测算在危机发生时银行需持有的资本，而危机发生时，各类资产价值的变动并不相同，因此，在计算资本充足率时应将各类资产根据各自风险程度

[①] 关于资本扣除项的详细规定，请参阅《商业银行资本管理办法（试行）》。
[②] 该现金流储备若为正值，应予以扣除；若为负值，应予以加回。

进行加权计算,而不能直接用未经加权的总资产。商业银行风险加权资产包括信用风险加权资产、市场风险加权资产和操作风险加权资产。

(一) 信用风险加权资产的计算

信用风险加权资产是对银行账户信用风险资产及银行账户和交易账户的交易对手信用风险资产进行计量后加总得到的资产。计量的方法可选取权重法与内部评级法。这里我们简要介绍内部评级法对信用风险加权资产的计算。有关权重法计算信用风险加权资产的详细介绍,请参阅本节第四部分内容。

1. 内部评级法下信用风险加权资产的测算方法

《巴塞尔协议Ⅱ》在风险计量的标准法外,允许银行采用基于内部评级且具有更高风险敏感度的信用风险度量和资本配置的内部评级法(IRB)来衡量风险资产,进而鼓励银行据此确定和配置资本金,以作为信用风险管理的核心手段,这让 IRB 成为《巴塞尔协议》的核心内容。

IRB 下计量加权风险资产需银行自行建模计算风险参数,并将风险参数带入资本协议规定的公式,计算得出风险加权资产。IRB 分初级法和高级法。初级法的客户评级由银行自行评级得出,债项评级由监管机构提供;高级法的客户评级和债项评级均由银行自行评级得出。

IRB 要求银行须将其银行账户中的风险暴露按照不同的信用风险特征划分为公司、主权、银行、零售、项目融资和股权六大资产类别。在具体的风险参数计量过程中,银行还可根据自身情况将业务进行更细层次的分类。对每类风险暴露的风险加权资产的计算均须考虑 4 个风险要素,即违约概率(PD)、违约损失率(LGD)、违约风险暴露(EAD)和期限(M)。根据对银行获得风险要素估计值的方式和来源的不同要求所划分的初级法和高级法,区别如表 9-7 所示。银行可自行选择采用初级法或高级法,选择自己或监管当局规定的标准估计数据。因此,这里不同的业务分类所使用的具体计量规则可不同,且参数 PD 和 LGD 准确运用后,可作为准备金计提、授信额度、业务定价、限额管理、经济资本等其他风险管理模块的依据。

表 9-7 IRB 初级法和高级法对信用风险测度要素的处理规定

项目	IRB 初级法	IRB 高级法
违约概率(PD)	银行提供估计值	银行提供估计值
违约损失率(LGD)	巴塞尔委员会规定指标	银行提供估计值
违约风险暴露(EAD)	巴塞尔委员会规定指标	银行提供估计值
期限(M)	巴塞尔委员会规定指标或由监管当局决定是否采用银行估计值	除某些风险暴露外,银行提供估计值

2. 内部评级法的信用风险度量要素

内部评级法中相关风险参数为违约风险暴露(EAD)、违约概率(PD)、违约损失率（LGD）和有效期限（M）。其中，违约概率反映客户评级，违约损失率、违约风险暴露和有效期限反映债项评级。

（1）违约概率（PD）。PD是指未来一段时间内不同信用等级的借款人发生违约使银行遭受损失的可能性，委员会将PD定义为债务所在信用等级1年内的平均违约率。各信用等级PD的确定必须通过对历史数据进行统计分析和实证研究得到，并且是保守和前瞻性的估计。

（2）违约损失率（LGD）。LGD指预期违约损失占风险暴露的百分比。银行应合理地确定适合自身经营特点的LGD，并考虑其波动性。LGD估计过高，可能使银行采取许多不必要的风险防范措施，不仅提高了银行的营运成本，并可能由此丧失部分客户；LGD估计过低，可能导致银行不能及时采取有效的措施，从而遭受意外损失。

（3）期限（M）。在高级法以及有明确期限标准的初级法中，银行必须为每项风险暴露提供期限测量值，通常为1年。

（4）违约风险暴露（EAD）。EAD是由于债务人违约所导致的银行可能承受风险损失的信贷余额，通常用1年内债务的违约风险现金流来表示。

3. 预期损失的计算

预期损失是银行预期在特定时期内资产可能遭受的平均损失。预期损失的数学表述非常简单，等于违约风险暴露（EAD）、违约概率（PD）和违约损失率（LGD）三者的乘积，即

$$EL = EAD \times PD \times LGD$$

预期损失是一个均值量度，反映一定时期内信贷损失水平的平均值。预期损失本身并不构成风险。如果实际损失总是等于预期损失，那么就不存在不确定因素，银行也就没有必要持有大量的资本用以防范信贷风险。风险来自信贷损失水平的变动性，即信贷风险来自非预期损失。之所以要对预期损失进行量化分析，是因为量化预期损失是计量经济资本的前提。表9-8说明了银行单笔资产预期损失的计算过程。

表9-8 银行预期损失的计算

项目	说明	例值
COM	承诺额度	10,000,000元
OS	未清偿贷款	6,000,000元
风险状况	内部风险评级	BBB
	到期	1年
	类型	未抵押贷款
UGD	违约提用比率	60%
EAD = OS + (COM − OS) × UGD	违约风险暴露	8,400,000元

(续表)

项目	说明	例值
PD	信用等级为 BBB 的违约概率	0.20%
LGD	违约损失率	50%
EL = EAD × PD × LGD	预期损失	8,400 元
EL/EAD	预期损失占违约风险暴露的比例	0.10%

4. 非预期损失的计算

非预期损失，是指银行在特定时期内，资产价值围绕预期损失波动所发生的不确定性损失。非预期损失是银行持有风险资本以防范信用损失的最主要原因。分析期内损失风险的不确定性源于风险资产价值的不可预测的变化。引起资产价值的不可预测变化的来源主要有三个：违约风险暴露的不确定性、违约率的波动性、违约损失的波动性。

图 9-6 对这种波动性进行了概括，图中用一条直线标出了分析期内（从时间 0 到时间 T）风险资产价值的预期损失。在到期前的各时间点上，损失会围绕预期损失波动。这种实际损失对预期损失的偏离即为非预期损失。

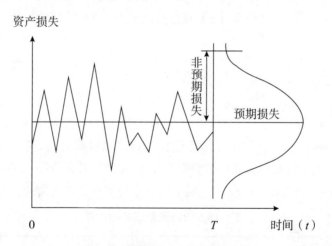

图 9-6 预期损失与非预期损失

习惯上用分析期内风险资产价值的标准差来计量非预期损失。如果违约概率的波动性表示为 σ_{PD}^2，违约损失率的波动性表示为 σ_{LGD}^2，并且违约概率和违约损失率是彼此独立的，则单笔资产非预期损失（UL）可以表示为

$$UL = EAD \times \sqrt{PD \times \sigma_{LGD}^2 + LGD^2 \times \sigma_{PD}^2}$$

从上式可以看出，如果违约概率和违约损失率都是确定的，即 $\sigma_{PD}^2 = 0$ 且 $\sigma_{LGD}^2 = 0$，那么损失也是确定的，此时非预期损失等于 0。

表 9-9 说明了银行单笔资产非预期损失的计算过程。

表 9-9 银行非预期损失的计算

项目	说明	例值
COM	承诺额度	10,000,000 元
OS	未清偿贷款	6,000,000 元
风险状况	内部风险评级	BBB
	到期	1 年
	类型	未抵押贷款
UGD	违约提用比率	60%
EAD = OS + (COM − OS) × UGD	违约风险暴露	8,400,000 元
PD	信用等级为 BBB 的违约概率	0.20%
σ_{PD}	违约概率波动性	4%
LGD	违约损失率	50%
σ_{LGD}	违约损失率波动性	25%
$UL = EAD \times \sqrt{PD \times \sigma_{LGD}^2 + LGD^2 \times \sigma_{PD}^2}$	非预期损失	192,468 元
UL/EAD	非预期损失与违约风险暴露比例	2.29%

需要注意的是，使用 IRB 必须满足委员会规定的最低标准。银行要向监管当局证明它已经满足了所有的最低要求，得到监管当局允许后才能使用 IRB。银行尤其需要证明：银行对风险因素评估、量化的合理性，以及银行内部评级体系和整个信用风险管理程序的稳定性。

(二) 市场风险加权资产的计算

市场风险加权资产是对因市场价格变动，自身价值会受影响的风险资产进行计量后加总所得到的资产。计算市场风险加权资产首先要计量市场风险资本，其计量范围应覆盖商业银行交易账户的利率风险和股票风险，以及交易账户和银行账户的汇率风险和商品风险四大类别的市场风险。在市场风险资本计量的基础上，商业银行市场风险加权资产为市场风险资本要求的 12.5 倍，即市场风险加权资产 = 市场风险资本要求 × 12.5。

计量市场风险资本的方法有标准法和内部模型法。标准法依据监管机构给定的产品种类、期限分类及相关权重进行资本计量。内部模型法的实施必须满足《商业银行资本管理办法》的要求，当前国内银行在实施内部模型法时的主要工作可分为重塑公司治理、构建内部模型、清理数据、实施相关 IT 系统和数据集市四个方面。内部模型法除可更准确地计量市场风险资本外，还可以被运用于含市场风险业务的限额管理和风险报告等方面，促进商业银行金融市场业务更合理的发展。

(三) 操作风险加权资产的计算

尽管操作风险与信用风险和市场风险不同，具有突发性和不可预测性，但是操作风险加权资产的计量依然同市场风险加权资产计量一样，商业银行操作风险加权资产为操作风险资本要求的 12.5 倍，即操作风险加权资产 = 操作风险资本要求 ×12.5。

计量操作风险资本的方法有基本指标法、标准法和高级计量法。基本指标法依据前 3 年收入的平均值 × 监管机构规定的调整系数得出，收入的范围同样需符合监管机构的要求。标准法则需将收入按照 8 种业务类型进行分类，不同业务类型收入对应的调整系数不同，按照不同业务类型收入前 3 年的平均值乘以调整系统得出标准法下的操作风险资本。高级计量法需在满足标准法的基础上进行治理结构、内部损失数据和外部损失数据的处理以及模型构建。

当前操作风险资本尚没有较为统一完善的计量方法。操作风险资本计量与市场风险资本计量和信用风险加权资产计量的一个不同点在于，操作风险资本计量只能使用一种计量方法得出资本要求，而市场风险资本计量和信用风险资本计量可在满足监管要求的前提下分别使用权重法（标准法）和内部评级法（内部模型法）。

（四）风险加权资产总额的计算

对于以银行为主的金融机构而言，计量资本充足率的基础为风险加权资产的归类及计算。它是指对银行的资产加以分类，根据不同类别资产的风险性质确定不同的风险系数，以这种风险系数为权重求得的资产。在《巴塞尔协议Ⅰ》中，资本充足率的计算仅对信用风险计量风险加权资产；在《巴塞尔协议Ⅱ》中，则发展为对信用风险、市场风险、操作风险计量风险加权资产，参考值皆为 8% 以上；在《巴塞尔协议Ⅲ》中，风险加权资产仍然针对信用风险、市场风险、操作风险进行计量，但对参考值进行了大幅度的提高，监管更为严格。

为反映总体风险水平，应对不同风险的资产设置不同的风险系数，以各种资产各自的风险系数乘以资产数额加总，便得到风险加权资产：

风险加权资产总额 = 资产负债表表内资产 × 风险权数 + 资产负债表表外资产 × 转换系数 × 风险加权数（表内外风险加权资产与总资产之比）

《巴塞尔协议》体系认可的计量风险加权资产的方法有多种：针对信用风险的有标准法、初级内部评级法、高级内部评级法；针对市场风险的有标准法、内部模型法；针对操作风险的有标准法、基本指标法和高级法。以银行为代表的金融机构在选取不同的方法来计量风险加权资产之前，必须得到监管机构的允许，并按要求进行披露。

例如，当银行采用初级内部评级法时，监管当局首先要设立最低监管标准（包括内部识别信用风险的程度、评级体系标准设立、评级过程和评级结果真实性、违约概率的估计方法、数据收集和信息技术系统标准、内部检验、信息披露等），银行在满足严格的最低监管标准下自己测算债务人违约概率，按监管当局要求，计算违约概率的数据应有 5 年以上的积累。监管当局提供对其他风险要素的标准值。

当银行采用高级内部评级法时，监管机构则需要检验其内部评级法的每一个参数的定义、采集、归类和计算过程。

最后，可以把监管当局资本充足率监管的成本和收益概括为表9-10。

表9-10 资本充足率监管的收益与成本

资本充足率监管的收益	资本充足率监管的成本
促使银行破产的社会成本内部化	直接成本
有利于改善银行的风险管理和内部控制	运行成本
在银行发生流动性问题之前提供预警机制	间接成本

资料来源：上海财经大学金融学院. 2005年中国金融发展报告：《新巴塞尔协议》框架下的中国银行业改革研究[M]. 上海：上海财经大学出版社，2005.

四、权重法下信用风险加权资产的测算及相关案例

权重法下信用风险加权资产计算公式如下：

$$信用风险加权资产 = 风险暴露 \times 风险权重$$

其中，风险暴露由资产余额减去相应减值准备得出；风险权重由监管当局提供。《巴塞尔协议》规定银行信用风险资产暴露包括两个部分：一是资产负债表表内信用风险加权资产；二是资产负债表表外信用风险系数调整资产。

（一）资产负债表表内风险资产测算

由于《巴塞尔协议Ⅰ》只强调了四种风险资产分类，而没有考虑同种资产不同信用等级的差异，如将所有私人部门贷款划为100%风险权数的资产，而没有考虑到不同借款企业的信用风险是不同的。为此，在2006年实施的《巴塞尔协议Ⅱ》的标准法中，对信用风险的划分进行了适当的调整，增加了风险权数的档次，使资本充足率更能反映金融机构面临的实际经济风险程度。

如表9-11所示，《巴塞尔协议Ⅱ》将银行的资产划分为五类风险资产，风险权重分别为0、20%、50%、100%、150%，实际上是对《巴塞尔协议Ⅰ》的调整和补充。第一类（风险权数为0的资产）补充加入了对标准普尔信用评级为AA-及其以上的主权国家的贷款。第二类（风险权数为20%的资产）增加了对标准普尔信用评级为A+至A-的主权国家的贷款，以及对标准普尔信用评级为AA-及其以上的银行同业贷款或公司同业贷款。第三类（风险权数为50%的资产）增加了对标准普尔信用评级为BBB+至BBB-的主权国家的贷款，以及对标准普尔信用评级为A+至A-的银行同业贷款或公司同业贷款。第四类（风险权数为100%的资产）增加了对标准普尔信用评级为BB+至BB-的主权国家的贷款，对标准普尔信用评级为BBB+至B-的银行同业贷款，以及对标准普尔信用评级为BBB+至BB-的公司贷款。第五类（风险权数为150%的资产）包括对标准普尔信用评级低于B-的主权国家、银行同业或证券公司的

贷款，以及对标准普尔信用评级低于 BB - 的公司的贷款。

表 9 - 11 《巴塞尔协议 II》中表内风险资本标准概况

风险权重	资产类别
第一类：风险权重为 0	现金；中央银行存款余额；OECD 成员国的债券；标准普尔信用评级在 AA - 及其以上的主权贷款
第二类：风险权重为 20%	托收中的现金项目；本国和 OECD 成员国的银行同业存款以及担保债权；OECD 成员国之外的部分银行和政府债权；普通债务市政债券；部分抵押担保证券；本国财政部门担保的债权和部分其他政府债券；标准普尔信用评级在 A + 到 A - 之间的主权贷款；标准普尔信用评级达到或超过 AA - 的银行同业贷款和公司贷款
第三类：风险权重为 50%	完全以居住用途的房产为抵押的住房贷款；其他（收入）市政债券；标准普尔信用评级在 BBB + 到 BBB - 之间的主权贷款；标准普尔信用评级在 A + 到 A - 之间的银行同业贷款和公司同业贷款
第四类：风险权重为 100%	标准普尔信用评级在 BB + 到 B - 之间的主权贷款；信用评级在 BBB + 到 B - 之间的银行同业贷款；信用评级在 BBB + 到 BB - 之间的公司贷款；以上未列出的所有其他表内资产，包括向私营实体和个人的贷款；OECD 成员国以外的部分政府债权和银行债权、实际资产以及在附属机构的投资
第五类：风险权重为 150%	标准普尔信用评级低于 B - 的主权贷款、银行同业贷款和证券公司贷款；信用评级低于 BB - 的公司贷款

资料来源：Saunders A. Financial Institutions Management：A Risk Management Approach [M]. 8th ed. New York：McGraw-Hill Education Press，2013.

（二）资产负债表表外风险项目的测算

因为表外项目风险资本测算十分复杂，所以《巴塞尔协议》建议采用"信用转换系数"将表外业务额先转换为相应的表内业务额，然后再根据表内同等性质项目的权数进行风险加权，将它们转换成表内项目金额，即信用风险等额。同时，由于或有、担保合约，如信用证、贷款承诺等风险资产的计算与外汇或利率的期货、期权以及互换合约等风险资产的计算不同，在计算表外风险资产时，需要分别计算或有、担保合约风险加权资产以及衍生金融工具（市场）合约风险加权资产。

1. 资产负债表表外或有、担保合约风险资产的计算

表 9 - 12 列举了原银监会所规定的各级信用转换系数以及相应的表外项目。银行首先应将表外项目金额通过信用转换系数转换为表内项目金额，即信用风险等额，其计算公式为

$$信用风险等额 = 表外项目的本币值 \times 相应的信用转换系数$$

表 9-12　表外项目信用转换系数

项目	信用转换系数
1. 等同于贷款的授信业务	100%
2. 贷款承诺	
2.1 原始期限不超过 1 年的贷款承诺	20%
2.2 原始期限 1 年以上的贷款承诺	50%
2.3 可随时无条件撤销的贷款承诺	0
3. 未使用的信用卡授信额度	
3.1 一般未使用额度	50%
3.2 符合标准的未使用额度	20%
4. 票据发行便利	50%
5. 循环认购便利	50%
6. 银行借出的证券或用作抵押物的证券	100%
7. 与贸易直接相关的短期或有项目	20%
8. 与交易直接相关的或有项目	50%
9. 信用风险仍在银行的资产销售与购买协议	100%
10. 远期资产购买、远期定期存款、部分交款的股票及证券	100%
11. 其他表外项目	100%

注：第1项（等同于贷款的授信业务），包括一般负债担保、承兑汇票、具有承兑性质的背书及融资性保函等。第7项（与贸易直接相关的短期或有项目），主要指有优先索偿权的装运货物作抵押的跟单信用证。第8项（与交易直接相关的或有项目），包括投标保函、履约保函、预付保函、预留金保函等。第9项（信用风险仍在银行的资产销售与购买协议），包括资产回购协议和有追索权的资产销售。

资料来源：中国银行业监督管理委员会令（2012 年第 1 号），附件 2。

计算出相应的表内信用风险等额后，再根据给出的表内同等性质项目的权重进行风险加权，就可以得到资产负债表表外或有、担保合约风险加权资产。

需要指出的是，在《巴塞尔协议Ⅱ》框架下，资产负债表表外或有、担保合约的信用转换系数虽然有所调整，并且使用《巴塞尔协议Ⅱ》的表内同等性质资产的风险权数进行加权；但是关于表外头寸资本充足率的计算并没有统一成熟的做法，比如，是将所有表外项目都按照 100% 的转换系数纳入，还是剔除部分项目（如可无条件取消的授信承诺等）后再计算风险资本杠杆率等诸如此类的问题，《巴塞尔协议Ⅱ》并没有给出明确的答案。至于金融衍生品以及表外实体的资本充足率的计算则更为困难，可供选择的指标包括衍生合约的名义暴露、衍生合约的盯市价值、信用等值量等，由于不同指标值之间差异巨大，加之金融衍生品估值技术的复杂性，以及不同银行所采用方法的差异等因素的影响，所计算的风险资本杠杆率可能完全不可比。比如，美国和加拿大多实施资本充足率和杠杆率双重约束，但效果却存在显著差异，根本原因在于美国银行体系的过度创新导致所计算的资本充足率和杠杆率带有很强的欺骗性；虽然加拿大的杠杆率计算也没有充分考虑交易业务、衍生产品、资产证券化等风险，但是由于加拿大的银行主要从事传统业务，资本充足率和杠杆率却能较好反映银行的内在风险。

鲜明的对比说明，随着银行集团组织机构越来越复杂，广泛参与金融衍生品交易，表外业务的迅速扩张，资本杠杆率的计算方法也日益复杂，透明度和可理解性将明显下降。如果希望杠杆率充分捕捉并反映银行复杂交易规模扩张带来的风险，防止监管套利，仅使用公开信息是不够的。因此，随着银行资产负债表表外业务的迅速发展，以及风险的不断增大，对银行资本的要求也应该反映这些表外活动可能带来的损失。

2. 资产负债表表外衍生金融工具合约风险资产的计算

现代金融机构的管理者为了实现对汇率、利率的管理或套期保值，越来越多地买卖与利率、汇率有关的期货、期权、互换以及其他衍生合约，同时他们也为客户买卖这些合约。这些合约使银行承担了潜在的信用风险，即合约另一方在其所持有的头寸遭受实际或潜在的巨大损失时产生的交易对手履约风险。这种违约意味着银行必须在市场上以不利的条件交易这些合约。

衍生产品交易分为场内交易和场外交易两类，这使得它们在计算风险加权资本时存在着重大差别。因为金融机构从事场内衍生工具交易，交易对手对其债务违约时，交易所会完全承担交易对手的债务，因此场内衍生合约的信用或违约风险几乎为0。然而，在场外双边合约交易市场上，却并不存在这种保证。因此，对银行从事的大多数期货和期权等场内表外交易都没有资本要求，但是对大多数的远期外汇、互换、远期利率合约等却有资本要求。

与或有、担保合约一样，表外衍生合约风险资产的计算也分为两个步骤：一是将表外项目数额通过信用转换系数转换为表内项目数额，即信用风险等额；二是将表内信用风险等额与适当的风险权数相乘，得到表外衍生合约风险资产额。

信用风险等额是潜在风险敞口与当期风险敞口之和，即

$$表外衍生产品交易的信用风险等额 = 潜在风险敞口 + 当期风险敞口$$

其中，潜在风险敞口反映了未来合约的另一方违约所产生的信用风险。该信用风险发生的概率取决于利率合约中利率的未来波动或者外汇合约中汇率的未来波动。表9-13列出了计算潜在风险敞口时，利率合约和外汇合约的信用转换系数。因为汇率的波动远大于利率的波动，所以外汇合约的信用转换系数大于利率合约的信用转换系数。

表9-13 计算潜在风险敞口时使用的信用转换系数

单位:%

剩余到期日	衍生合约				
	利率	汇率、黄金	股票	贵金属*	其他大宗商品
1年或1年以下	0	1.00	6.00	7.00	10.00
1—5年	0.50	5.00	8.00	7.00	12.00
5年以上	1.50	7.50	10.00	8.00	15.00

*贵金属不包括黄金。

资料来源：乔瑞. 风险价值VAR [M]. 3版. 郑伏虎，万峰，杨瑞琪，译. 北京：中信出版社，2010.

除了计算潜在风险敞口，银行还必须计算当期风险敞口。它反映的是交易对手当前违约所产生的重置合约的成本（替代成本）。银行计算替代成本的步骤如下：首先，使用类似合约的当前利率或价格代替原合约中的利率或价格；其次，计算在当前利率或汇率下产生的所有当期和未来各期的现金流；最后，将所有未来现金流贴现，计算出合约的净损失或净收益的现值，即合约替代成本的现值。如果合约替代成本为负值，则意味着银行在合约上存在潜在的损失；倘若合约的另一方违约，银行将会盈利，此时，银行的监管当局将其替代成本设定为0。如果替代成本为正值（也就是说，合约本身对银行是有利的，但如果对方违约，银行将会遭受损失），这个价值就用来衡量当期风险敞口。由于每一种互换或远期在某种意义上都各有特点，这就给金融机构的管理信息系统增加了繁重的计算处理工作。实际运作中，专业化服务机构可以代替小型银行完成这项工作。

将当期和潜在风险敞口加总就得到了每一项合约的信用风险等额，然后再用适当的风险权数乘以本币表示的信用风险等额，就得到最后的衍生金融工具合约风险加权资产，即

$$衍生合约风险加权资产 = 总的信用风险等额 \times 适当的风险权数$$

在《巴塞尔协议Ⅱ》的框架下，监管当局将该风险权数设为100%。

（三）案例分析：风险加权资产的计算

下面，将通过一个简单的例子来说明如何运用上述方法计算银行资本充足率。我们首先根据《巴塞尔协议Ⅱ》规定的风险权重，对某银行的资产负债表表内和表外业务进行分类，如表9-14所示。

表9-14 银行表内和表外业务资产负债表

单位：百万元

权重	资产	金额	负债/权益	金额	资本级别
0	现金	8	活期存款	150	
	中央银行存款余额	13	定期存款	500	
	短期国债	60	定期存单	400	
	长期国债	50	购买政府基金	80	
	长期政府机构债券	42			
20%	在途现金	10	可转换债券	15	附属资本
	长期政府机构债券	10	次级债券	15	附属资本
	市政债券（普通债务债券）	20			
	某商业银行贷款（AA+级）	10			
	商业贷款（AAA-级）	35			

单位：百万元（续表）

权重	资产	金额	负债/权益	金额	资本级别
50%	大学公寓债券（收入债券）	34	（不受限定）永久性优先股	5	附属资本
	住房抵押贷款	308	留存收益	10	核心资本
	商业贷款（A级）	75	普通股	30	核心资本
100%	商业贷款（BB+级）	390	（受限定的）永久性优先股	10	核心资本
	第三世界贷款（B+级）	108			
	房屋和设备	22			
150%	商业贷款（CCC+级）	10			
	贷款损失准备	10			附属资本
	资产总额	1215	负债/权益总额	1215	

表外业务

100%	向甲公司（BB+级）提供8000万元的2年期贷款承诺	
	向乙公司（BBB级）签发1000万元的备用信用证作为直接信用担保	
	向丙公司（BBB-级）签发5000万元的商业信用证	
100%	名义价值为1亿元的4年期利率互换（定息与浮息互换），重置成本为300万元	
	价值为4000万元的2年期欧洲美元合约，重置成本为-100万元	

资料来源：Saunders A. Financial Institutions Management: A Risk Management Approach [M]. 8th ed. New York: McGraw-Hill Education Press, 2013.

第一步，计算银行的表内资产的风险价值，即各项资产的账面价值乘以相应的风险权数，即

表内信用风险加权价值 = $(8+13+60+50+42) \times 0 + (10+10+20+10+55) \times 20\% + (34+308+75) \times 50\% + (390+108+22) \times 100\% + 10 \times 150\% = 7.645$（亿元）

虽然该银行资产负债表中的总资产为12.15亿元，但其风险加权资产只有7.645亿元。

第二步，计算资产负债表表外或有、担保合约风险加权资产。用本币表示的这些项目的金额乘以表9-15中给出的相应的信用转换系数，便得到资产负债表表内信用风险等额，如表9-15所示。

表9-15 表外或有、担保合约信用风险等额的计算

表外业务	面值	信用转换系数	信用风险等额
	(1)	(2)	(3) = (1) × (2)
2年贷款承诺	8000万元	0.5	4000万元
备用信用证	1000万元	1.0	1000万元
商业信用证	5000万元	0.2	1000万元

第三步，将第二步中计算出的信用风险等额与适当的风险权数相乘。《巴塞尔协议Ⅱ》规定除了初始期限不超过1年的贷款承诺（其转换系数为20%），每种情况下的相应风险权重取决于表外业务标的证券的交易对手。比如，倘若被担保的标的证券的交易对手是发行普通债券的市政当局，而某银行签发表外备用信用证向这种市政普通债券的信用风险提供担保，那么，这时的风险权重为20%。在本案例中，被担保的交易对手均为私营机构，则相应的风险权数均为100%。据此，就可以计算出该银行表外业务风险加权资产数额，如表9-16所示。

表9-16 表外或有、担保合约风险加权资产数额的计算

表外业务	信用风险等额	风险权重	风险资产额
	(1)	(2)	(3) = (1) × (2)
2年贷款承诺	4000万元	100%	4000万元
备用信用证	1000万元	100%	1000万元
商业信用证	1000万元	100%	1000万元
合计	6000万元		

第四步，确定利率、汇率合约的风险加权资产。根据表9-13中的信用转换系数，计算出各个项目或合约的潜在风险敞口，再与如果合约的另一方现在违约所造成的替代成本（当期风险敞口）相加，就得到表内信用风险等额，如表9-17所示。

表9-17 表外衍生合约信用风险等额的计算

合约类型	面值	潜在敞口信用转换系数	潜在风险敞口部分	替代成本	当期风险敞口部分	信用风险等额
	(1)	(2)	(3) = (1) × (2)	(4)	(5)	(6) = (3) + (5)
4年期利率互换合约	10,000万元	0.005	50万元	300万元	300万元	350万元
2年期外汇远期交易合约	400万元	0.05	200万元	-100万元	0	200万元
总额						550万元

注意，2年期外汇远期合约的替代成本为-100万元。也就是说，如果合约的另一方违约，该银行会从中获利。但是监管当局不允许银行从合约另一方的违约中获取利润，因为这有可能会导致各种逆向的风险激励。因此，在本例中，当期风险敞口必须为0。于是，该外汇远期合约的信用风险等额就等于潜在风险敞口部分（200万元）与当期风险敞口部分（0万元）之和。

第五步，加总利率互换合约和外汇远期交易合约的信用风险等额，得到银行总的衍生合约信用风险等额为550万元（350万元+200万元）。然后，我们再用适当的风险权数与总的信用风险等额相乘，就计算出了衍生金融工具的风险加权资产额。由于

《巴塞尔协议Ⅱ》认为表外业务给金融机构带来很大的风险，所以将表外衍生产品规定了的100%的风险权数，据此可得

$$\text{衍生合约风险加权资产} = \text{信用风险等额550万元} \times \text{风险权数}100\% = 550\text{万元}$$

第六步，加总表内风险加权资产（76,450万元），表外或有、担保合约风险加权资产（6,000万元）和表外衍生合约风险加权资产（550万元），得到该银行总的风险加权资产（83,000万元）。

根据，加总留存收益（1,000万元）、普通股（3,000万元）和限定性永久优先股（1,000万元），可以得到该银行的核心资本（5,000万元）。附属资本为（可转换债券、附属债券、不受限定的永久优先股以及贷款损失准备），总额为4,500万元。总资本等于核心资本加附属资本，为9,500万元。

现在我们可以计算出这家银行的资本充足率，即

$$\text{核心资本与风险资产比率} = \left(\frac{\text{核心资本}}{\text{风险资产}}\right) \times 100\% = \frac{5,000}{83,000} \times 100\% = 6.02\% > 4\%$$

$$\text{总资本与风险资产比率} = \left(\frac{\text{总资本}}{\text{风险资产}}\right) \times 100\% = \frac{9,500}{83,000} \times 100\% = 11.45\% > 8\%$$

所以，这家银行的资本充足率高于《巴塞尔协议》的规定，即分别超过了2.02%（6.02%−4%）和3.45%（11.45%−8%）。

第三节 以风险为核心的绩效考核

现代金融机构所考察的收益指标并不仅仅是资本收益，更为关注的是收益后面承受了多大的风险，因此风险的准确测度就变得更为关键；并且随着金融市场的竞争越来越激烈，金融机构被迫逐渐接纳不熟悉或者低信用的客户，此时，科学的风险管理自然就成为了业务中的标准配置。20世纪70年代，风险调整资本收益（RAROC）的概念提出后，迅速被金融机构所接纳，现已成为将收益和风险管理结合起来衡量绩效管理的标准指标。RAROC衡量的是经济资本的期望收益，被广泛应用于资产配置，也被作为信用评分工具使用。本节将从传统金融机构的业绩评价出发，引入并详细介绍风险调整绩效指标RAROC，以及该指标在中国银行业的应用状况。

一、传统金融机构的业绩评价方法

传统上，对金融机构的业绩评价有两种方法：一种是运用股权收益率模型来评价其经营业绩；另一种是运用CAMEL评级体系对金融机构进行评级。

(一) 盈利比率

在所有关于盈利的重要指标中，下面的几个指标经常在财务分析报告中看到的。

$$股权收益率(ROE) = \frac{税后净利润}{总权益资本}①$$

$$资产收益率(ROA) = \frac{税后净利润}{总资产}$$

$$每股收益率(EPS) = \frac{税后净利润}{流通中的普通股数量}$$

$$资产净利息收益率 = \frac{贷款和证券投资利息收入 - 存款和其他负债利息支出}{总资产}$$

$$资产净非利息收益率 = \frac{非利息收入 - 非利息支出}{总资产}$$

$$资产净营业利润率 = \frac{总营业收入 - 总营业支出}{总资产}$$

上述指标从不同的角度反映了金融机构的盈利能力。ROE 是测度流入金融机构股东的收益的比率指标，它等于银行单位账面股权的会计利润。ROA 反映了金融机构的管理层有多大的能力将其资产转换为净收入，它是衡量金融机构管理效率的一个重要指标。而 EPS（Earnings Per Share）则表示在缴纳税费和支付优先股股利后，普通股股东的每股盈利。

资产净利息收益率、资产净非利息收益率和资产净营业利润率是评价金融机构的盈利指标和效率指标。它们反映了金融机构在增长的成本面前保持其收入增加的能力。资产净利息收益率测度了金融机构在追求资产收益最大化和融资成本最小化的过程中实现的利差收入的大小。相对于资产净利息收益率，资产净非利息收益率测度了金融机构来自存款手续费及其他各种服务收费的非利息收入与员工工资、福利、设备维修费、坏账损失等非利息支出之间的差异占总资产的比重。虽然近年来手续费占金融机构收入的比例在迅速增加，但对绝大多数的银行来说，非利息收入总是低于非利息支出，即非利息净收入为负。资产净营业利润率反映了金融机构的综合盈利能力，它大致等于上述两个指标的和。

息差收益是另一种更为传统的测量金融机构盈利效率的指标，其计算公式为

$$息差收益 = \frac{总利息收入}{总盈利性资产} - \frac{总利息支出}{有息的总负债}$$

它衡量了金融机构吸收存款和发放贷款的中介功能的效率以及金融机构的竞争力。具有竞争力的金融机构会用各种方法扩大资产的平均收益率与负债平均成本率之间的

---

① 总权益资本就等于资产负债表的股东权益的金额，只是股东权益是资产负债表中会计科目的称谓，而股权资本是相对于银行借入资金而提出的股东投入的自有资本的概念。

差距。在其他情况不变的条件下,竞争的存在会使金融机构的息差收益普遍下降,从而促使金融机构的管理层寻求更多的收入来源(例如开展新业务收取新的手续费)以恢复逐渐降低的息差收入。

(二)股权收益率模型

在20世纪70年代以前,银行资本配置的工具是以资产收益率(ROA)为主的。随着银行表外业务大规模增长,资产作为收益率基础的局限性日益突显。1988年《巴塞尔协议》从监管角度加强了银行对资本管理的重视,银行开始更多地用股权收益率(ROE)来分析和衡量业绩。

1. 分解股权收益率

通过对ROE指标来分析金融机构的业绩,通常要对ROE进行分解。如前所述,ROE和ROA含有一个同样的因子——税后净利润。因此,这两个盈利指标可以直接联系在一起。

$$\frac{税后净利润}{总权益资本} = \frac{税后净利润}{总资产} \times \frac{总资产}{总权益资本}$$

即

$$ROE = ROA \times \frac{总资产}{总权益资本}$$

通过更进一步的简单代数变化,可以得到最常用的盈利指标公式:

$$ROE = \frac{税后净利润}{总营业收入} \times \frac{总营业收入}{总资产} \times \frac{总资产}{总权益资本}$$

通过以上分解,可以形成三个新的指标:净利润率(Net Profit Margin,NPM)、资产利用率(Asset Utilizatiow,AU)、股权乘数(Equity Multiplier,EM)。它们分别反映了金融机构成本控制和服务定价政策的效率、组合资产管理政策的效率以及财务杠杆政策。这样我们可以将ROE简化为以下形式:

$$ROE = 净利润率 \times 资产利用率 \times 股权乘数 = NPM \times AU \times EM \quad (9.1.1)$$

其中,NPM(或者净利润与总收入的比率)在一定程度上反映了金融机构的成本控制和服务定价政策的效率。它告诉我们金融机构可以通过控制成本和扩大收入来增加利润及股东的收益率。同样,在避免额外风险的同时,通过慎重的管理将资源配置在收益率高的贷款和投资中,金融机构还可以提高其资产的平均收益率(即资产利用率AU)。至于股权乘数EM,它是金融机构财务杠杆的直接度量指标,表明了单位股权资本支撑的资产以及金融机构有多少资源是依靠举债而得到的。

从式(9.1.1)可以知道,如果金融机构要取得较高的ROE,在给定净利润率和资产利用率的条件下,金融机构需要使用大量的外来资金,以充分利用财务杠杆。通常情况下，金融机构的平均股权乘数可达到5倍，商业银行会更高，对更大型的银行来说，股权乘数甚至会高于20倍。由于股权资本可以用来抵消资产的损失，抵御金融机构可能面临的清偿力不足的风险，因此乘数越大，就意味着金融机构将面临的破产风险越大。但是同时，较大的乘数能够使股东享有更高的潜在收入，因此EM也反映出了金融机构是如何在高风险和高收益间进行权衡的。

注意：这三个指标都是非常重要的指示器，它们分别反映了金融机构在不同方面的经营状况。因此如果其中任意一个指标下降，管理层都要关注和分析引起指标变化的原因。图9-7可以更清楚地理解ROE的分解和决定ROE大小的因素。

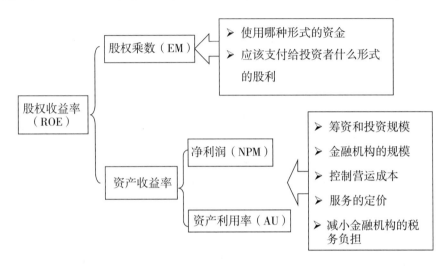

图9-7 ROE的分解和决定ROE大小的因素

2. 效率指标体系的构建

通过对ROE模型进行简单的代数变换，可以将其中的净利润率（NPM）进一步分解为两部分：一是税收管理效率比率。它反映了金融机构利用证券的收益或损失以及其他税收管理工具，尽量减少应税的收入，从而最大限度地减少税款的支出。二是税前净利润与营业收入比率。它作为一个指示器，计算了减去营业成本后剩下的营业收入占总收入的比率。它是衡量金融机构经营效率和成本管理效率的指标。于是ROE可以进一步变形为

$$ROE = \frac{税后净利润}{税前净利润-证券损益} \times \frac{税前净利润-证券损益}{总营业收入} \times \frac{总营业收入}{总资产} \times \frac{总资产}{总权益成本}$$

这样就分解为一组能够评价金融机构管理水平的效率指标，即

$$ROE = 税收管理效率 \times 成本控制收益率 \times 资产管理效率 \times 资金管理效率$$

假设一个银行的资产负债表和利润表提供了这些数据：税后净利润为100万美元、不包括证券收益（或损失）的税前净利润为130万美元、总营业收入为3,930万美元、总资产为12,200万美元、总权益资本为730万美元。那么根据上式，可进行如下计算：

$$ROE = \frac{100}{130} \times \frac{130}{3,930} \times \frac{3,930}{12,200} \times \frac{12,200}{730} \approx 0.769 \times 0.033 \times 0.322 \times 16.71 \times 100\% \approx 13.7\%$$

显然，其中任意一个比率开始下滑，金融机构的管理层都要重新评估该比率所反映的管理效率。在上述例子中，如果税收管理效率指标由上一年的 0.769 下滑到当年的 0.610，管理层就会关注银行是如何监控和管理税收的。如果成本管理效率指标由 0.033 下滑到 0.025，金融机构成本控制的管理效率就需要接受重新评估。而如果资产管理效率指标由 0.322 跌落至 0.270，就有必要对资产组合政策重新进行认真的检查，以判断该指标的下降是否由管理控制方面的原因造成的。

3. 分解资产收益率

与上述分解股权收益率一样，我们也可以将资产收益率（ROA）进行分解。事实上，因为 ROA 是由资产净利息收益率、资产净非利息收益率、资产净特殊交易收益率这三个简单的比率构成的，即

$$ROA = \frac{利息收入 - 利息支出}{总资产} + \frac{非利息收入 - 非利息支出}{总资产} + \frac{特殊收入 - 特殊支出}{总资产}$$

对 ROA 进行分解能够解释银行财务百分比变化的原因，下面以美国上市银行为例，来理解 ROA 的成分分解。

从表 9-18 可以看到，1991—2002 年美国所有上市银行的平均 ROA 由 1991 年 0.52% 的水平逐渐上升到了 2002 年 1.27% 的高水平上。如前所述，这一时期美国银行业遭受了重大的贷款损失，大大提高了从收入中提取的贷款损失准备金的比率，但是面对严峻的形势，美国银行业致力于提高自身的管理水平和经营水平，广泛地进行了业内重组和合并，并且加快了银行各种设备自动化升级的步伐，成功地减少了银行庞大的各种营业费用。同时，伴随着 20 世纪 90 年代中期以来美国经济的强劲增长，社会公众对贷款和金融服务的需求大大增加，银行获取了大量的贷款收入和手续费收入。虽然该时期市场利率普遍偏低，银行的利息收入有所下降，但是手续费的迅速增长以及贷款质量的提高抵消了低利率对银行经营业绩的负面影响，这样由 ROA 所描述的银行利润水平逐年上升。到 1999 年，美国银行业的 ROA 达到 1.25%，这是 1934 年美国联邦存款保险公司成立以来银行业平均 ROA 所达到的最高水平。然而，2000—2001 年期间，美国银行业的利润缓慢回落，反映了进入 21 世纪以来经济的衰退，企业大量裁员，许多企业也不再投资于新的厂房和设备。经济的衰退导致人们对金融服务的需求下降，从而导致银行和其他金融机构的收入逐渐下降或者增长缓慢，不过在 2002 年时银行业 ROA 又达到了新的高点 1.27%。同时，很多商业贷款和消费贷款的质量下降，迫使银行提高了贷款损失准备，这又较大地影响了金融机构的利润。

表 9-18 美国上市银行 ROA 的成分分解

单位:%

损益表科目	2002 年	2001 年	2000 年	1999 年	1997 年	1995 年	1993 年	1991 年
利息收入/总资产	5.06	6.13	6.86	6.41	6.77	7.02	6.62	8.59
-利息支出/总资产	-1.71	-2.86	-3.59	-3.05	-3.29	-3.44	-2.85	-4.98
=净利息收入/总资产	3.35	3.27	3.27	3.35	3.48	3.58	3.77	3.61
+非利息收入/总资产	2.42	2.39	2.46	2.52	2.08	1.91	2.02	1.81
-非利息支出/总资产	-3.29	-3.38	-3.46	-3.56	-3.39	-3.47	-3.77	-3.74
=非利息净收入/总资产	-0.87	-0.99	-1.00	-1.04	-1.31	-1.56	-1.75	-1.93
-贷款损失准备/总资产	-0.68	-0.66	-0.48	-0.38	-0.40	-0.29	-0.45	-1.02
=税前营业利润/总资产	1.81	1.62	1.79	1.25	1.78	1.73	1.57	0.66
-应纳税收入的所得税支出/总资产	-0.62	-0.56	-0.61	-0.69	-0.64	-0.62	-0.54	-0.25
+证券收入或损失/总资产	0.09	0.07	-0.04	0.00	0.04	0.01	0.14	0.11
=税后净利润/总资产	1.27	1.13	1.14	1.25	1.18	1.13	1.17	0.52

资料来源:Saunders A. Financial Institutions Management:A Risk Management Approach [M]. 8th ed. New York:Mcgraw-Hill Education Press,2013.

4. 股权收益率模型的意义

将盈利指标分解为相关的组成部分告诉我们许多金融机构盈利困难的原因,并且可以进一步指出管理层应该从哪里着手深入研究并解决盈利困难的问题。从上述分析中我们知道,金融机构要取得丰厚的利润必须依赖一些关键的因素。

(1) 谨慎地运用财务杠杆(即由债务资本所支持的资产比例);

(2) 谨慎地使用固定资产营运杠杆(即当产出增加时,用于提高营业利润的固定成本投入的比例);

(3) 控制营业成本,让更多的收入成为利润;

(4) 在寻找资产高收益率的同时,谨慎地管理资产组合以确保资产的流动性;

(5) 控制风险暴露,使损失不至于完全抵消收入和股权资本。

二、经济资本与风险调整绩效

商业银行经济资本管理并不是一个独立于银行管理的环节,这是一个以实现股东价值的最大化为目标的动态的概念,这个概念是渗透到银行经营管理所有过程的复杂的综合体。经济资本管理的三个核心分别是经济资本的计量、资本配置和绩效考核。这三部分分别从质和量的约束方面对商业银行的经营管理提出要求。经济资本的计量是指量的约束,而资本配置和绩效考核则是指质的约束。

将经济资本管理思想融入银行的内部绩效衡量,是实施经济资本管理的重要落脚点,它能够改变商业银行以经营利润为中心的传统绩效考核不能充分反映各级机构潜在风险的弊端,促进银行向"资本约束风险、资本要求回报、追求价值最大化"的经营方式转变。

现代商业银行业绩考核体系应具备以下几个方面的特征。

(1)绩效考核目标的设定要有利于实现银行价值创造,同银行的战略目标相一致;

(2)考核过程要从利润与风险、规模与成本并重的多角度展开,兼顾财务与非财务双重指标,实行纵向对个人、部门、机构,横向对产品、客户的全范围考核,转变传统单一的纵向考核,发展纵横结合的网状考核;

(3)考核结果要有利于实现对员工的有效激励、业务结构的优化、经营管理的改进。

以经济资本为基础所构建的RAROC与EVA(Economic Value Added)绩效考核指标符合银行价值最大化的目标,能够贯穿整个考核过程,将风险、资本与价值统一考虑。我国商业银行应积极将其作为现代商业银行绩效考核体系中最主要的考核指标,构建完整绩效考核体系,如图9-8所示。

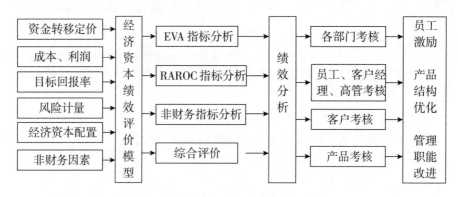

图9-8 商业银行经济资本绩效考核体系

在我国商业银行实施以经济资本指标为核心的绩效考核体系,具体应注重以下几个方面。

第一,改进指标设计提高计量精确度与可比性。对风险准备金、研发费用、折旧、利息等会计科目的调整是正确核算银行EVA以及避免作假的关键,但对会计利润的调整很难精确获得,银行很难对研发费用、广告费用和员工培训费用等项目的未来收益、受益年限进行准确的评价,因而很难确定其摊销计划,从而对会计利润进行准确的调整。因此,在EVA指标设计上,应当尽可能减少不必要的调整事项,以使经济增加值指标能够准确地衡量银行价值创造,从而正确引导经营决策,在具体会计调整事项上尽可能体现长期价值创造战略,对于研发费用和目标市场的开拓费用可以递延处理,从而引导银行加大科技投入和目标市场开拓力度。我国银行监管部门应适时推出统一的计量标准与管理办法,使得不同商业银行经济资本指标具有可比性,为实施经济资本绩效衡量的银行提供公平的竞争环境。而在RAROC指标计量过程中,应尽快改变我国银行目前粗糙的计量方法,在分子中重视风险预期损失与资本成本因素的影响,提高 RAROC 指标的风险敏感度。如果由于风险量化模型暂时无法达到要求，可利用拨备覆盖率代替预期损失率，鼓励银行提高风险覆盖水平。

第二，加大经济资本指标考核权重，设置灵活的资本成本（底线回报率）。经济增加值与风险调整资本回报是经济资本管理绩效考核体制的核心，在权重设置上应充分体现这一要求。在细化经济资本占用计量的基础上，应改变仅度量单一资本成本率的做法，研究不同区域、行业、产品的风险特性，并根据银行的战略需要设置有差别的资本成本率，逐步使经济增加值等指标能够比较准确地反映考核单元的价值贡献，使绩效评价和考核管理更为科学。

第三，建立分产品、分客户、分部门、分机构的经济资本指标评价中心，将 EVA 与 RAROC 指标的应用范围进行横向拓展，涵盖主要的业务部门。EVA 与 RAROC 绩效考核可以从客户、业务、部门和个人等多个评估主体出发，从多角度提供全面的绩效信息，使绩效评估更为准确。以 EVA 为例，对于产品 EVA 和客户 EVA 中心而言，EVA 的结果有利于实现资源的优化配置，进而改善产品结构和客户结构，培育新的业务和收入增长点；对于按部门划分的 EVA 而言，EVA 的结果则为衡量部门绩效提供了有力工具，避免造成银行经营贡献划分不明确、责任管理不到位等一系列问题，也为代理人和员工的收入分配提供更有说服力的科学依据。

第四，建立与绩效评价方法相适应的激励约束制度，纠正激励约束不相容问题。如果没有科学、合理的激励约束制度与经营者自身的经济利益挂钩，再好的考评办法也无法收到预期的考核效果。因此，为了科学、合理地运用经济资本指标绩效考核结果，建立并完善激励约束机制，一是要采取多形式、多层次的员工激励方式，实现长中短期激励的结合；建立合理有效的薪酬管理体系，适时引进奖金延后支付、股票期权、员工持股等激励方式；加强岗位分析与评价，设置专业职位体系，完善任职资格体系。二是要多渠道进行考核，确保信息传递渠道畅通，分析及时、准确。三是要强化约束纠偏机制，形成职业道德约束和合规经营意识，建立自上而下和自下而上的双向约束机制，扩大对被考核对象的约束面。激励机制设计的主要原则之一是要鼓励经营者更加注重银行远期经济价值，追求股东价值的长远利益，避免出现以牺牲远期价值来实现当期 EVA 最大化的短视行为。在根据经济资本指标 EVA 决定经营者报酬时，需考虑三个方面：EVA 的绝对值、EVA 的增加值、与同行业 EVA 相比后的表现。

第五，渐进落实内部资金转移定价系统（FTP）及相关技术的支撑。经济资本指标的计算需要有先进的风险计量手段、内部资金转移定价系统以及管理会计系统等科技信息平台的支撑。特别是内部资金转移定价系统和管理会计系统的运用应能够更为精确地分摊和衡量各级机构和部门等单元的财务成本耗费（比如资金成本、经营管理成本等），为定价、资源分配和绩效考核提供相对完整的管理信息和决策依据。鉴于我国市场化条件还不够完备，银行对内部资金有偿使用以及 FTP 的认识和运用需要一个适应与调整的过程，资金外部市场价格与内部转移价格的传导效果具有一定的不确定性，我国商业银行可以采取"积极、稳妥、有效"的指导思想，渐进式推行 FTP 的实施：

首先通过小范围的试点，触及 FTP 的方方面面，在实际运用中发现问题，解决问题，为 FTP 的全面推广积累经验，进而将 FTP 逐步推广到全行所有本外币业务，并重点应用于经济资本管理的绩效考核。通过合理确定 FTP 价格，引导银行强化成本、风险意识，优化资源配置，提高经济资本使用效益，提高总行监控风险的技术手段和管理能力。

此外，经济资本管理绩效衡量过程中，EVA 等指标多基于财务业绩指标而来，无法对财务资本之外的其他方面，如无形资产、智力资本等核心竞争能力进行有效的计量，因此对于那些能作为未来银行价值指示性指标的非财务核算因素也要建立互补性指标体系，引入非财务指标分析完善整体绩效考核体系。

三、基于 RAROC 指标的绩效考核

商业银行是"经营风险"的企业，银行为了实现企业价值的最大化，必须以实现风险和收益相匹配的原则对待所从事的业务。因此商业银行越来越多地利用经风险调整的业绩指标（Risk-Adjusted Performance Measurement，RAPM）对银行整体、银行不同业务、不同交易进行评价与决策。这些指标不仅考虑了收益本身，而且考虑了收益所蕴含的风险，提供了用风险调整后的资本回报率来测评银行管理层业绩的一般性框架；同时，也提供了测评不同业务、不同交易对银行整体价值贡献的框架。

（一）风险调整绩效指标

在有效市场的假设下，高收益必定伴随着高风险。长期以来，衡量企业盈利能力的指标是股权收益率（ROE）和资产收益率（ROA），传统的 ROA、ROE 指标与风险调整后的收益指标相比，存在的缺陷是只考虑了企业的账面盈利，却未充分考虑风险因素。而银行是经营特殊商品的高风险企业，以不考虑风险因素的指标衡量其盈利能力，具有很大的局限性，可能出现银行各级经营管理者为取得短期收益，让银行承担过度风险的情况。

目前，国际银行业的发展趋势是采用经风险调整的收益率，综合考核银行的盈利能力和风险管理能力。经风险调整的收益率克服了传统绩效考核中盈利目标未充分反映风险成本的缺陷，使银行的收益与风险直接挂钩、有机结合，体现了业务发展与风险管理的内在统一，实现了经营目标与绩效考核的统一。使用经风险调整的收益率，有利于在银行内部建立良好的激励机制，从根本上改变银行忽视风险、只顾追求利润的经营方式，鼓励银行充分了解其所承担的风险并自觉地识别、计量、监测和控制这些风险，从而在审慎经营的前提下拓展业务、创造利润。

1. RAPM 模型及衡量方法

（1）RAPM 模型的定义

出于风险管理的需要，在 20 世纪 70 年代，以信孚银行为代表的西方银行逐渐开发

出了以风险为基础的绩效考核方法——RAPM。RAPM 实际上包含了一组类似的概念，不同的银行可能对这些概念有不同的定义。尽管概念有所差别，但是所有的 RAPM 技术有一点是共同的，即以对一项资产、一笔交易或一项业务风险状况的内部衡量为基础，通过一定形式的风险调整，比较已经投资的资本回报率。

在计算经风险调整的收益率之前，必须计算风险资本。由于风险资本是一个综合性很强的指标，它是银行制定战略、计划业务、计量风险、计算和配置资本、衡量业绩的基本管理工具。它最主要的功能是风险补偿和创造价值。因此，《巴塞尔协议》确立了以风险资本管理为核心的全面风险管理思想。这是商业银行经营管理理念发展的新阶段。运用风险资本，可以对不同的交易员、业务部门或投资组合进行业绩评价，计算经风险调整的业绩指标。

经风险调整的业绩指标，即利润（π）与其所承担的风险水平要求的经济资本之比，可用公式表示为

$$RAPM = \frac{\pi}{EC}$$

其中，对于经济资本（EC）的计算，可考虑采用 VaR 作为衡量经济资本的工具，用来确定支持经营活动所需的资本。由于经济资本是在一个特定的时段和某个设定的风险容忍度内，机构用于抵御潜在风险而拨备的足量资本额。从这个意义上讲，VaR 就是经济资本额，即为了防备非预期损失而应有的风险资本总额：CaR = EC = VaR。例如，假定在 99% 的置信水平下，VaR 为 1000 万美元，该 VaR 值可解释为，银行所能接受的最大可能损失。为了抵补这个损失，银行必须保有足够的权益资本。换而言之，VaR 是企业为了抵御风险应保有的资本额。

RAPM 使得企业可以对风险资本要求不同的业务部门进行比较。表 9 - 19 显示的是两个均取得 10 万美元的交易员的情况：假定外汇交易员和债券交易员的名义交易额分别为 100 万美元和 200 万美元，年波动率分别为 12% 和 4%，在 99% 的置信水平下年风险资本为 28 万美元和 19 万美元。

表 9 - 19 计算 RAPM

交易员	利润	名义交易额	波动率	VaR	RAPM
外汇交易员	10 万美元	100 万美元	12%	28 万美元	36%
债券交易员	10 万美元	200 万美元	4%	19 万美元	53%

由表 9 - 18 可知，外汇交易员的 RAPM 值为 36%，低于债券交易员的 RAPM 值（53%）。由于债券交易员的风险资本需求较低，证明其较好地利用了股权资本，对资本的使用效益显然高于外汇交易员。

（2）常见的 RAPM 模型

RAPM 实际上包含了一组类似的概念，四个经常提到的 RAPM 模型包括：风险调

整资产收益率（Return on Risk-adjusted Assets，RORAA）、资产的调整风险收益率（Risk-adjusted Return on Assets，RAROA）、风险调整资本收益率（Return on Risk-adjusted Capital，RORAC）和风险调整后的资本收益率（RAROC）。RORAA 是一个以 ROA 为基础的比率，但分母的各资产的风险权重并不相同，而是随相对风险大小的变化而不断进行调整。RAROA 也是一个以 ROA 为基础的比率，但风险调整是直接从回报中扣除风险。因此，如果在任意 1 年内，对公司的一笔贷款有 1% 的概率违约，则必须从产生的回报中减掉 1% 的贷款额。RORAC 是一个以 ROC 为基础的比率，将分母中的监管资本替换为内部测量的经济资本。RAROC 与 RORAC 的区别在于风险回报中是否扣除了预期损失。RAROC 分子中的预期损失指统计意义上的预期信用损失，一般不视为"风险"。RORAA 和 RAROA 以资产为基础，源于传统的 ROA；RAROC 与 RORAC 则以经济资本为基础，源于传统的 ROC。目前国际银行业绩效考核的发展趋势是，在 ROC 指标取代 ROA 成为银行的核心比率指标后，RAROC 与 RORAC 已经逐渐取代了 RORAA 和 RAROA，在实践中得到广泛应用。其原因在于，随着银行业务由表内扩展至表外，ROA 指标已经不能全面反映银行业务的收益和风险状况。相反，作为对银行全部风险的缓冲，包括表内风险和表外风险，资本以及经济资本构成了银行业务风险承担的共同基础，ROC 以及 RAROC 指标更能反映出银行真实的经营绩效。其中，又因为 RAROC 指标比 RORAC 指标更加贴近银行的准备金提取制度，在实践中更经常采用的是 RAROC 指标。

根据表 9-18 的例子可知，以 RAPM 为基础的 RAROC 的目的是风险管理和绩效度量。从风险管理的角度看，为单笔业务分配资金可以确定银行最优的资本结构，这一过程估计了每一笔业务的风险对银行总体风险的影响。从绩效度量的角度看，RAROC 分配资金的过程也就是确定经过风险调整的收益率，以最终确定每笔业务要附加多少经济价值的过程。每笔业务附加的经济价值就是业务单位调整后的净收入减去资本费用（分配给业务单位的股权资本数量乘以股权要求的收益，J. P. 摩根公司计算资本费用的方法为目标资本收益率乘以应分配的资本数量）。这样做可以度量业务单位对股东价值的贡献，并且在业务单位水平层面上提供有效的资本预算基础和激励性补偿。

2. RAROC 模型及衡量方法

RAROC 是 20 世纪 70 年代由信孚银行在 RAPM 模型核心思想的基础上提出的，它最初的目的是度量银行信贷资产组合的风险，以及在特定损失率下为限制风险敞口所必需的股权数量。此后，许多大银行纷纷效仿开发出适合自身的 RAROC 方法，其基本目的都是为了确定银行商业运作所需要的股权资本数量。比如，美国银行于 1993 年开始运用 RAROC 方法对其 37 个商业部门进行经济资本配置（它们对 RAROC 分母的计算方法与信孚银行不同）。之后，RAROC 在银行业得到了广泛应用，Smithson 等（2002）调查了 41 家大型国际银行，发现这些银行中有 32 家运用 RAROC 配置经济资本或进行绩效测评。

RAROC 指标的中心思想是将风险带来的未来可预计的损失量化为当期成本,直接对当期盈利进行调整,衡量经风险调整后的收益大小,并考虑为可能的最大风险做出资本储备。传统的银行绩效测评工作多数侧重于静态的财务指标分析,无法对银行面对的瞬息万变的金融市场的风险情况及银行未来发展能力进行有效的预测及测评,而 RORAC 方法则将银行的收益与银行所承担的风险结合起来考核银行的经营效绩,缩小了管理者与出资人目标的差距,既考察了银行的盈利能力,又充分考虑了该盈利能力背后的风险,实现了业务发展与风险控制的内在统一,对改进商业银行的绩效测评方法具有积极意义。

RAROC 的基本计算公式可以表达为

$$RAROC = \frac{经风险调整的收益}{经济资本} = \frac{收入 - 资金成本 - 运营成本 - 预期损失}{经济资本}$$

该式的分子为经风险调整的收益,反映的是银行收益创造能力。分子项的分解如图 9-9 所示。

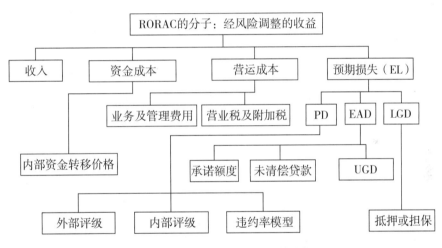

图 9-9 RAROC 公式分子的分解

这里预期损失的计算公式为 $EL = EAD \times PD \times LGD$。其中 EAD 为违约风险暴露;PD 为违约概率;LGD 为违约损失率。EAD 的计算公式为 $EAD = OS + (COM - OS) \times UGD$。其中 COM 为承诺额度;OS 为未清偿贷款,即已使用的承诺额度;UGD 为违约提用比例。

RAROC 的分母为经济资本,反映的是银行承受的风险水平。历史上出现过两种度量 RAROC 分母的方法。第一种以信孚银行的 RAROC 分母为代表,其等于在一定置信水平下贷款在下一年度市场价值最大的不利变化,是通过久期和风险升水来计算的。这种方法计算的经济资本不仅覆盖了非预期损失,还覆盖了预期损失。第二种以美国银行的 RAROC 分母为代表,其基于贷款违约的历史数据库,根据损失标准差的一定倍数来计算经济资本。这种方法计算的经济资本只覆盖了非预期损失,而没覆盖预期损失,如图 9-10 所示。后来应用 RAROC 的大多数银行采纳了美国银行计算 RAROC 分母的思路。这种思路也得到了监管机构的认可,《巴塞尔协议》已经明确经济资本只覆盖非预期损失。

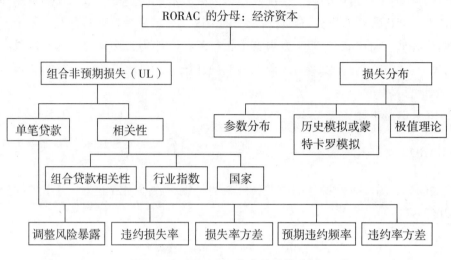

图 9-10 RAROC 公式分母的分解

应用 RAROC 来进行银行经营风险管理的方法有两种,分别是自上而下战略度量法和自下而上战术度量法。二者相辅相成,与整个银行的全面综合风险管理有紧密联系。自上而下战略度量法在绩效度量中主要关心业务部门层次的收益及其对银行总体利益的战略影响。而自下而上战术度量法需要对交易层次的业绩进行详细考察,甚至会根据客户的不同对收益进行比较分析,即便是最低层次的绩效度量也对银行的基础系统有很高的要求,要求基础系统具有一定层次。

其中,自上而下战略度量法主要为满足董事会在银行控股公司的层次上进行风险分析的需要,重点在于整个企业中长期的发展。其关心的问题如下:银行应该怎样战略性地安排不同类别的产品,以使其在下一个营业周期中与银行的市场发展规划相一致,同时让银行以最小的风险实现最大的利润?在考虑承担的风险水平的前提下,不同类型产品的收益从一个预算周期过渡到下一个预算周期会有什么变化?怎样对各业务部门取得的收益及其相关业务为整个银行资产组合带来的额外风险进行补偿?在下一个预算周期银行计划取得盈利或遭受损失的限额是多少?与特定收入和报酬相关的运行成本是多少?在接下来的几个营业周期内遭受严重损失的概率是多少?银行在长期是否需要及应该怎样实现产品的分散化?

自下而上战术度量法关心短期或日常问题,主要包括:如何评估每天交易账户的风险收益状况?在评估信用承诺时,如何结合信贷账户现有资产组合状况对特定债务人的信贷额度和结构做出合理安排?怎样根据银行的预期收益率确定信贷账户或交易账户交易的"合理"价格以补偿其为银行资产组合带来的额外风险?如果业务部门的预期收益率与其从事的某一笔新交易的风险调整价格不匹配,如何弥补这个差额?

有些银行倾向于使用自上而下战略度量法推导综合业务门类总体的风险和收益变量,以同业分析法为基点设定其内部目标,而不愿耗费精力自下而上地将各层次的业绩进行累加。而有些银行倾向于使用自下而上度量方法,在较低层次上量化信用风险,将低层次的数据累加后得到业务部门层次上的资产组合数据,再通过计算不同业务部门的协方差,最终得到整个公司的信用风险水平。采用自下而上度量方法,业务部门还可以对单个贷款进行风险调整定价。

(二) RAROC 模型的研究进展现状

RAROC 模型在实践中的广泛应用让银行更加关注价值创造问题。Kimball (1997) 曾比较全面地研究了如何利用经济利润和 RAROC 方法来测评银行的绩效,初步建立了会计指标和经济变量之间的联系,说明了该方法在实际操作中需要克服的问题。

RAROC 模型虽然在实践中得到了广泛应用,但其理论上仍不完美。传统的 RAROC 模型基于 CAPM 模型计算的最低回报率仅对风险进行补偿,没有考虑对股东投入资本成本进行补偿,而且将风险溢价视为任意选择的主观变量,不能反映真实的市场价格。基于此,RAROC 模型进行了修正,以使 RAROC 模型不仅补偿风险,也补偿资本成本。Crouhy 等 (1999) 则进一步研究了 RAROC 标准值的确定问题,他发现 RAROC 最大化和已有股东价值最大化的目标有时并不完全一致,RAROC 方法的转移定价也不是风险中性的。

Schroeck (2002) 认为 RAROC 模型使用得当可以避免一些复杂的问题,基本上(至少在实际中)可以作为评判银行价值创造的正确方式。Schroeck (2002) 进一步指出将 RAROC 和 CAPM 推导的最低回报率进行比较,从而确定一项交易价值的方法存在着两个问题:其一,根据 CAPM 计算的最低回报率仅仅考虑系统风险,而经济资本的基础是整体风险水平;其二,经济资本是由银行现有资产组合(内部 β)的整体风险贡献决定的,它不需要像 CAPM 模型一样(外部 β)反映与广义市场组合之间的关联关系。Schroeck 认为银行股权投资应当获得以 CAPM 模型为基础计算的最低回报率,经济资本是标准资本预算过程中的一个整体风险指标,它反映的是项目成本对银行整体风险的影响。基于以上考虑,他提出了一个修正的 RAROC 双因素模型,认为 RAROC 模型标准值应为以 CAPM 模型计算出的股东投入资本和整体风险成本所要求的回报率之和。

Sironi (2007) 认为设定 RAROC 模型的最低回报率最终体现了管理层的战略倾向,但是,它应当以正确的金融理论为基础,从而判断是否真的创造了价值。不同业务的资本成本是不同的,因而要设定不同的标准值,这取决于它们回报的风险程度。采用单一的资本回报率的结果是,低风险的业务急缺资本,而波动性较大的业务却受益。如果是向各业务部门、各业务和产品线、各客户乃至各项交易分配经济资本,则可以设定若干不同的底线回报率。比如,对于高风险部门,如交易部门,应该设定较高的底线回报率；而对于一些初期收益不高但具有战略意义的业务部门，则可以设定较低的底线回报率。

（三）RAROC 模型的优缺点评述

1. RAROC 模型的优点

第一，可改变原来 ROE 的不足，体现了银行的整体风险。将 RAROC 模型的结果与各层次的绩效评价、激励计划相结合，可以帮助形成银行内部各个层次实现统一的风险文化。

例如，分析商业银行两笔投资业务 A 和 B，假定这两笔投资业务持有的时间相同，均为 1 年，投入的本金均为 1000 万元，但投资出售时，A 投资获得 100 万元的收益，B 投资获得 120 万元的收益，则 A 投资的回报率为 10%，B 投资的回报率为 12%。仅从结果分析，B 投资收益绝对值以及回报率均高于 A 投资，但是如以此结果作为绩效评价以及激励计划的依据，则不利于建立健康的风险文化，不利于引导投资交易员树立符合企业价值最大化目标的风险观。这是因为在没有考虑 A、B 投资业务的风险因素之前，并不能简单断定 B 投资优于 A 投资。相反，很有可能因 B 投资持有期间承担的风险远远大于 A 投资，迫使银行必须为 B 投资业务配置更多的经济资本来抵御 B 投资业务的非预期的损失。

同理，假如银行的资本有限，资金也有限，在进行 A、B 两笔投资业务决策时，只能选择其中的一笔进行投资，银行的管理层为了实现银行价值最大化目标，为了符合风险与收益相匹配的经营原则，就需要应用 RAROC 模型的绩效评价的方法来进行选择。此时，运用 NPV、ROE 的传统方法就有可能出现不当的决策。

第二，管理者可以参考 RAROC 模型计算出的收入度量标准，设定银行的最低资本回报率。进而管理者可通过对银行性质各异的风险活动进行客观比较，调整经营策略，让银行的风险与收益相匹配，从而达到将银行整体风险控制在银行风险偏好框架内，最终实现银行价值最大化的目标。

第三，RAROC 模型的可操作性强，便于实施和交流。RAROC 模型采用了比较一致的风险度量的方法，银行各个层次、部门和员工均可使用同一种风险语言进行沟通和交流，并且 RAROC 模型是建立在资产组合框架的风险评估基础上的，其结果可以被管理者和业务部门用来识别、评估和度量资产组合的风险，这样有助于银行形成包括信用风险、市场风险、操作风险、流动性风险等在内的全面风险管理的政策框架。

RAROC 模型除了在银行经营管理中被应用，还广泛地被应用在产品的定价、投资项目的决策、绩效的测评与考核等方面。RAROC 模型的标准，取决于股东对资本的回报要求，取决于银行风险的偏好等。总之，RAROC 模型在银行经济资本配置及股东增值（Shareholder Value Added，SVA）管理模式中起到了非常重要的作用，是银行实现价值最大化的有力工具之一。

2. RAROC 模型的缺陷

如上所述，RAROC 模型虽然是一个比较好的风险调整后的绩效评价的指标，在商业银行得到了广泛的使用，但也存在很多缺陷。

首先，实施 RAROC 模型对商业银行的信息系统是一个严峻的挑战。对散乱、繁杂的数据进行收集、整合、处理并最终整理成 RAROC 模型可用的信息是一个浩大的工程。商业银行若不能很好地、妥善地解决信息系统的问题，RAROC 系统出现偏差，就可能造成银行在实际拥有竞争优势的业务上分配较少的资本，而在实际没有优势或者产生负价值的业务上分配过多资本，从而削弱银行的竞争力。

其次，RAROC 模型没有考虑银行实际的资本结构。银行实际的资本结构会影响银行的风险，比如发生财务危机时的成本。

最后，RAROC 模型如采用 CAPM 模型中的最低回报率，往往会低估投资的真实成本。

(四) RAROC 模型在银行经营管理中的应用

1. RAROC 模型应用于绩效考核的流程

RAROC 模型的价值在于可以解决绩效考核和资本配置中的一系列问题。通常，绩效考核和资本配置是一个动态循环的流程，如图 9-11 所示，它可分为以下几个具体的步骤。

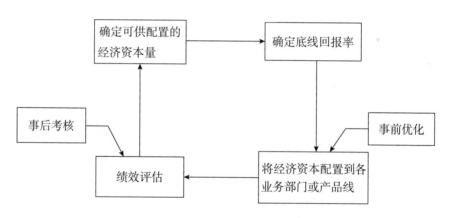

图 9-11　经济资本配置和 RAROC 的考核流程

第一步，基础准备工作——确定可供配置的经济资本量。经济资本本身取决于各部门、分行或业务的风险，或非预期损失的实际数值。经济资本量根据银行经济资本管理体系的各种计量模型，分为信用风险的经济资本、市场风险的经济资本和操作风险的经济资本三项。三者加总而得到经济资本。

第二步，确定底线回报率（Hurdle Rate）。底线回报率又称资本成本，即资本的最低收益率。国际大型银行一般使用资本资产定价模型、分红价值模型（Dividend Valuation Model）或股本目标收益模型（Targeted Return on Equity Model）这三种方法确定部门或业务的底线回报率。

第三步,进行经济资本的配置,即将有限的经济资本在各类风险、各个层面和各种业务之间配置,实现银行整体在可接受风险下收益的最大化。尤其值得注意的是,在进行经济资本配置前,要进行事前优化(考核),这个步骤是 RAROC 绩效考核流程的关键和核心之一。在此步骤中,要把银行业务产品的 RAROC 和底线回报率进行比较,以决定银行是否应该发展某项业务产品、是否应配置经济资本给此业务,或是否应承担某项风险。

第四步,进行绩效评估。属于事后考核,即定期或不定期运用 RAROC 模型对业务产品进行盯市的动态考核,通过该指标判断银行现有业务的绩效情况,以及经济资本的配置应做何调整。一旦发现某些业务或组合的 RAROC 值有所弱化或有明显的不利趋势,就立即采取措施(如资产出售、信用衍生工具或证券化等)进行处置。目的是将有限的资源从资产负债表中释放出来,为新的效益更好的业务腾出空间。

2. 依靠 RAROC 模型进行投资决策

从上述流程可以清晰地看到,应用 RAROC 模型进行产品绩效考核的关键是要进行 RAROC 和底线回报率的比较。保证业务产品的 RAROC 大于底线回报率,也就保证了该业务产品是创造价值的,而不是损害价值的。

目前对底线回报率的测量方法很多,但最普遍的方法是资本资产定价模型(CAPM)。投资者是否投资一家银行,取决于他投资该银行的期望收益与其他风险相当的期望收益的比较,如果该银行的期望收益最高,投资者将选择投资该银行。而投资银行是有风险的,一般来讲,其要求的收益率要高于无风险资产(主要是政府债券)的收益率。高出的这部分就是风险升水,其具体水平由市场条件决定。但由于不同的银行和银行内不同的资产、业务、产品的风险不同,所以投资者除了要求市场平均风险升水,还必须根据银行的风险状态,对这一风险升水做出调整,体现为贝塔值(β)的调整。综合这些因素,可以用 CAPM 模型表示为

$$R_i = R_f + \beta(R_m - R_f)$$

其中,R_i 是某项资产的预期收益率;R_f 是无风险收益率;R_m 是市场预期收益率;$(R_m - R_f)$ 是市场风险升水。

假设某家银行在某一时期内可以选择三个投资机会,分别为 X、Y、Z。银行的底线回报率 HR = 8.5%,这三项投资对银行股东的预期收益分别为 $X(180)$、$Y(170)$ 和 $Z(160)$,该项投资需 20,000,银行根据资产对资本 10∶1 的比率配置投资资本,因此,该项投资所需资本 C 为 2000。银行会选择预期收益($E(R)$)与投资资本(C)之比大于 0 的投资项目。表 9 - 20 说明了银行运用 ROE 模型衡量的投资决策。

表 9-20 依据 ROE 模型进行的投资决策

投资项目	$E(R)$	C	$\text{ROE} = \dfrac{E(R)}{C}$	HR	是否投资
X	180	2000	$\dfrac{180}{2000} = 0.090$	0.085	是
Y	170	2000	$\dfrac{170}{2000} = 0.085$	0.085	是
Z	160	2000	$\dfrac{160}{2000} = 0.080$	0.085	否

从表 9-20 中可知，如果按照传统的考核标准 ROE 进行产品绩效考核，并根据 ROE 的考核结果配置资本，银行会选择投资 X、Y。不过这种投资决策忽略了风险对银行投资的影响。在有效市场的假设下，高收益必定伴随着高风险，采用传统的 ROE 指标，难以判断各个投资项目的风险，因此，根据 ROE 配置资本有可能会使银行选择投资风险高于当前资产风险的项目，并且有意忽略投资风险低于当前资产风险的项目，出现银行经营管理者为取得短期的收益，让银行承担过度风险的情况。

但是，在 RAROC 绩效考核体系下，情况却截然不同，以上的决策错误也将得到修正。假设 X 投资需要占用的经济资本额为 2160，Y 投资需要占用的经济资本额为 2000，Z 投资的对应经济资本数额为 1840，表 9-21 中的 EC 是每个投资项目的经济资本额，RAROC 与 $E(R)/\text{EC}$ 结果近似。结果表明，在考虑了投资项目风险的情况下，Y 和 Z 投资的 RAROC 大于银行资本的底线回报率 HR，因而是可以进行投资的；同时如果进一步比较，就会发现 Z 投资的 RAROC 为 8.70%，高于 Y 投资的 8.50%，Z 投资反而成了最佳选择，银行的战略决策应当向 Z 投资进行倾斜；同时，由于 X 投资的 RAROC 小于银行资本的底线回报率 HR，银行将不会选择进行 X 投资。

表 9-21 依据 ROROC 模型进行的投资决策

投资项目	$E(R)$	EC	$\text{RAROC} = \dfrac{E(R)}{\text{EC}}$	HR	是否投资
X	180	2160	$\dfrac{180}{2160} = 0.0833$	0.085	否
Y	170	2000	$\dfrac{170}{2000} = 0.0850$	0.085	是
Z	160	1840	$\dfrac{160}{1840} = 0.0870$	0.085	是

根据上例可知，通过传统指标 ROE 筛选投资项目，容易倾向于选择高风险的项目；比较之下，RAROC 使风险与业务盈利综合体现为一个简单数值，很好地避免了过度承担风险。所以，银行根据各业务单位的绩效考核结果来指导业务决策、配置经济资本，常用方法就是比较 RAROC 和底线回报率。如果 RAROC 超过底线回报率，那么业务产品和业务单位能够创造价值，否则将是损害价值的，即

RAROC > 底线回报率 → 股东价值增加

RAROC < 底线回报率 → 股东价值损失

以 RAROC 为衡量标准，就可以迫使银行和各业务单位管理者通过降低风险、减少经济资本占用，并有效使用经济资本来达到提高股东价值的目标。

3. RAROC 在银行经营管理中的作用

前面我们分析了 RAROC 在银行绩效考核中的应用问题，指出银行可以通过经济资本配置来引导和调整业务的发展方向。通过计算出各个单位的 RAROC，并进行相互比较，可以对绩效好的单位分配更多的资本，以使它有更大的发展空间；对不能达标的单位，则要收缩其资本以对其进行限制。这样就起到了调整业务发展方向的作用，最终能够在风险一定的情形下，最大限度地提高银行整体的股东资本回报率水平，提升银行的价值。

那么 RAROC 在经济资本配置中起什么样的作用呢？RAROC 的原则就是在资本总量一定的前提下，银行必须向能够提供最大的 RAROC 的业务倾斜。

例如，假设一家银行的资本是 100 亿元，它的经济资本的总量最大可以是 100 亿元。该银行设立两个部门，分别为部门 A 和部门 B。部门 A 的 RAROC 是 20%、部门 B 的 RAROC 是 15%，则经济资本在两个部门之间的不同配置组合，可能导致不同的结果。

第一种方案：100 亿元的经济资本全部配置给部门 A，则银行整体的 RAROC 自然为 20%。

其他任何一种方案：假定配置给部门 A 的经济资本为 α，则配置给部门 B 的经济资本为 $(100-\alpha)$，银行整体的 RAROC 为

$$\text{整体 RAROC} = \frac{20\%\alpha + 15\% \times (100-\alpha)}{100} = \frac{15 + 5\%\alpha}{100}$$

在 $0 \leq \alpha \leq 100$ 情况下，$15\% \leq$ 整体 RAROC $\leq 20\%$，这就是说其他任何一种经济资本在部门 A 与部门 B 间的分配形式，银行整体的 RAROC 都不可能超过第一种方案，即将所有的经济资本都分配给 RAROC 比较高的业务，使银行整体的 RAROC 最大化。

不过，在实践中几乎不存在这种理想的情形。在实践中还要考虑以下因素。

第一，部门（或分行）的风险调整收益率指标并非一成不变的。某一类业务、某一个地区范围内的客户资源是有限的，当银行把所有的资源都投入该项业务或该地区，企图扩大业务规模的时候，它可能面临着客户资源不足的问题；或者是为了扩张，银行不得不放低客户的质量标准，导致客户资信等级下降，业务风险随之加大，收益也随之下降。因此边际客户和业务的风险调整收益呈递减趋势，银行整体的 RAROC 也呈递减趋势。

第二，银行无条件将资源从风险调整收益较低的部门（分行）转移到风险调整收益较高的部门（或分行）是有成本的，并且这样的成本还很高。这种资源转移的交易

成本很有可能超出银行可以承受的范围。

鉴于上述问题，银行在经济资本配置的实践中，一般不会采用第一种方案，而会采用一些替代的方法。比如，一种操作方法是规定一种新业务最低应达到的 RAROC 标准，在做具体业务决策的时候，凡是低于 RAROC 标准的，就放弃。这样做的结果是那些低 RAROC 部门（分行）中的部分业务必然遭到淘汰，最终保证了整个银行的 RAROC 必定等于或高于这个 RAROC 标准。

另外一种操作方法就是对增量的经济资本量进行重新配置，在此配置的过程中，向 RAROC 相对较高的事业部、分行、业务倾斜，而不对存量的经济资本进行重新分割。

RAROC 除了可以在银行经营管理中应用，还广泛地应用在产品的定价、投资项目的决策、绩效的测评与考核等方面。RAROC 的标准，取决于股东对资本回报的要求、银行风险的偏好等。总之，RAROC 在银行经济资本配置及 EVA 管理模式中起到了非常重要的作用，是银行实现价值最大化的有力工具之一。

（五）RAROC 在我国银行业中的实施障碍

西方商业银行的实践充分表明，采取 RAROC 的管理方式，可以实现资源在战略业务单位、利润中心、金融工具之间有效分配；并且在每项投资使用资本的基础上对股权成本做出比较风险收益的客观决策，分割目标收益；根据经济收益，实施以经济增加值为基础的激励体系。尽管以 RAROC 为基础的考核有其合理内涵，但在国内商业银行实践过程中仍面临四大障碍。

第一，银行高级管理层先必须理解在 RAROC 基础上进行有效资源分配的含义，必须承认旨在改善资产负债表或溢价收入的数量驱动型业务战略未必使股东价值得到最大化。与此同时，RAROC 的原则和技术要被深刻领会。高级管理人员必须认识到在历史遗留问题（比如历史原因造成有的分行不良资产率很高，预期损失和非预期损失很大；有的分行不良资产率较低，预期损失和非预期损失较小）没有得到妥善解决的情况下，由于考核起点不同，对分行进行以 RAROC 为基础的考核将难以真实反映分行的风险管理水平。

第二，RAROC 的考核思路打破了原有的"以利润绝对额多少、不考虑风险论英雄"的做法，对固有的企业信贷文化提出了挑战。

第三，除了文化问题，实施以 RAROC 为基础的管理系统还面临着许多技术难题。RAROC 的分子要计算盯市利润和损失，分母反映了预防非预期损失的经济资本。事实上，为了对分子和分母定量化，必须开发对应有效的内部模型。

第四，除了确定准确的公平价值和风险模型，RAROC 必须考虑 IT 系统的支持，保证前台和后台输入正确数据。只有数据准确，RAROC 才能成为有效的管理工具。此外，还必须注意要找到 RAROC 方法精确性和模型实际限制之间的平衡。理想状态是，选择部分资产组合或业务单位进行试验，在获得经验以后，再开始在更大规模范围内推广。

四、基于 EVA 指标的绩效考核

经济增加值（EVA）的概念起源于剩余收益理论，而 EVA 作为一个业绩评价指标受到学者和公司管理层的关注，与其缔造者——美国思腾思特管理咨询公司（Stern & Stewart Company）的大力推广分不开。20 世纪 60 年代，在吸收了诺贝尔经济学奖获得者 Merton Miller 和 Franco Modigliani 关于公司价值的思想之后，美国思腾思特管理咨询公司率先提出了经济增加值的概念，并将其引入企业财务管理体系。经过 20 多年不遗余力地推广，EVA 如今已成为美国资本市场和上市企业中极富竞争力的资本运作绩效考核指标。

需要指出的是，与经济增加值相近似的概念是股东价值增值（SVA）。SVA 是美国 Mckinsey 顾问公司在 EVA 的基础上延伸出来的概念，它与 EVA 的差异在于：一是适用对象不同，EVA 适用于总行对分支机构的考核，SVA 适用于股东对银行最高管理层的考核；二是 SVA 常用于银行的并购决策；三是两者的计算模型不同，SVA 是将 EVA 单期的会计计算延伸至多期（Multi-period）的计算。当前 EVA 在国际银行业的应用面要比 SVA 广泛得多，尤其在绩效考核方面，几乎都将 EVA 作为考核指标。

（一）EVA 简介

严格地说，所谓经济增加值，就是税后净营业利润扣除包括股权和债务等所有资金成本后的经济利润。它是企业业绩的度量指标，衡量企业为股东创造了多少财富。其基本计算公式为

$$EVA = 税后净营业利润 - 资本成本 = 税后净营业利润 - 企业全部资本 \times 加权平均资本成本率$$

从上式可以看出，EVA 用两个因子来界定企业的真实利润，即经过调整的会计利润减去金融企业使用资本的成本，因此经济增加值与传统会计体系存在根本区别。

1. 税后净营业利润

税后净营业利润等于税后净利润加上利息费用部分，即商业银行的营业收入减去除利息费用以外的全部经营成本和费用（包括所得税费用）后的净值。它实际上是在不涉及资本结构的情况下商业银行经营所获得的税后利润，也即全部资本的税后投资收益。

使用时，EVA 通常要对会计利润进行一些调整，以消除短期行为和会计信息对企业当年盈利情况的扭曲。思腾思特管理咨询公司对会计利润列出了多达 164 项的调整项目，以指导企业准确得出真正的经济增加值。但是在实际工作中，通常会根据重要性原则，只进行 5—10 项重要的调整就可以达到相当准确的程度。主要调整项目和具体调整公式如下：

税后净营业利润 = 税后净利润 + 利息费用 + 本年商誉摊销 + 递延税项贷方余额增加 + 其他准备金余额增加 + 资本化研发费用 – 资本化研发费用本年摊销

商业银行在计算经济增加值时，进行会计科目调整的最终目的是准确评价企业绩效，鼓励管理者做好长期规划和经营决策。对会计利润进行调整有利于防止人为调节利润，也使业绩计量免受过去会计计量误差的影响。

2. 资本成本

投资者投入资本，基本的要求是收回资本的机会成本（即将资本投向风险相当的其他方面如股票和债券得到的补偿，补偿的标准是相同风险投资的社会平均回报率）。这种补偿水平可视为资本的价格，即资本成本。

EVA 计算公式中的资本成本指加权平均资本成本（Weighted Average Cost of Capital，WACC），也就是指债务资本的单位成本和股本资本的单位成本根据债务和股本在资本结构中各自所占的权重计算的平均单位成本。即

加权平均资本成本 = 股本资本成本 + 债务资本成本
= 股本资本比例 × 股本资本成本 + 债务资本比例 × 债务资本成本

上式中，债务资本成本指的是税后成本，计算公式如下：

税后债务资本成本 = 税前债务资本成本 × (1 – 所得税税率)

国内商业银行的负债主要是银行存款，这与国外商业银行大量发行短期票据和长期债券的做法不同，因此可以加权平均存款利率作为单位债务资本成本的近似。

股本资本成本根据资本资产价模型确定，计算公式为

普通股资本成本 = 无风险利率 + β × 市场组合的风险溢价

其中，无风险利率在国外一般指国债收益率，国内通常用活期存款利率来近似。β 系数反映该商业银行股票相对于整个市场（一般用股票市场指数来代替）的系统风险，β 系数越大，说明该商业银行股票风险越高，波动越大。β 值可通过商业银行股票收益率对同期股票市场指数（上证综指）的收益率回归计算得到。

用公式可表示为

$$WACC = w_d \times r_d \times (1 - T) + w_e \times r_e$$

上式中，w_d 为债务资本占总资本比例；r_d 税前债务资本成本；T 为所得税率；w_e 为权益资本占总资本比例；r_e 为权益资本回报率。

总之，从以上对 EVA 构成的各个项目的分析表明，EVA 与传统会计指标相比更强调资本成本。EVA 的最大化与银行价值或股东价值最大化相一致，从而克服了传统绩效考核指标忽视资本的机会成本的缺陷。只有银行的收益超过银行的资本成本后，银行才创造了价值，才增加了财富。因此，以 EVA 为核心的业绩评价指标体系可以全面、系统地进行业绩评价，有利于增强投资决策的准确性。

（二）EVA 在绩效考核中的应用

EVA 指标体现了先进的管理思想和价值理念，逐渐取代了利润指标，并广泛应用于国际先进银行的内部绩效考核中。EVA 标准简单直接，如果业务产品的 EVA 为正值，则表示该业务产品创造了财富；反之，股东价值将受到伤害。

下面我们进行一个简单的案例分析，以说明 EVA 在进行绩效考核时的应用。

假定 6 个月期定期存款利率为 2.07%，存单质押贷款利率为 7.254%，且已知法定存款准备金率为 16%，法定存款准备金利息率为 1.89%，超额存款准备金利息率为 0.99%。

情形一：开出期限为 6 个月、金额为 100 万元的银行汇票（保证金率 100%），经济资本系数为 8%，未形成不良贷款，当日吸收保证金在扣除法定准备金后按照 70% 的存贷比投放于 100% 存单质押贷款，假定分摊的固定成本为 0.01 万元，手续费收入为 0.05 万元。则可知

$$EVA = [法定准备金收入 + 超额准备金收入 + (70\%存贷比下的利息收入 + 手续费收入) \\ \times (1 - 5.5\%) - 利息支出] \times (1 - 25\%) - 分摊的固定成本 - 经济资本成本$$

其中，5.5% 是银行的营业税及附加；25% 是国内商业银行当前适用的所得税率。假定经济资本成本为 0，则根据例子给出的数据，我们可以算出

(1) 法定准备金收入 = $100 \times 16\% \times 1.89\% \times 0.5(半年) = 0.1512(万元)$；

(2) 超额准备金收入 = $100 \times (1 - 16\%) \times (1 - 70\%) \times 0.99\% \times 0.5(半年) = 0.1247(万元)$；

(3) 70% 存贷比下利息收入 = $100 \times (1 - 16\%) \times 70\% \times 7.254\% \times 0.5(半年) = 2.1327(万元)$；

(4) 利息支出 = $100 \times 2.07\% \times 0.5(半年) = 1.035(万元)$。

由此，可以算出 EVA 如下：

$$EVA = [0.15120 + 0.12474 + (2.13267 + 0.05) \times (1 - 5.5\%) - 1.035] \times (1 - 25\%) - 0.01 - 0 = 0.9677(万元)$$

可见，该笔业务的业绩非常优良，在扣除了相应的分摊成本和资本成本后，该业务仍然对股东价值增长起正面的作用，是银行应该选择的业务品种。

情形二：开出期限为 6 个月、金额为 100 万元的银行汇票（保证金率为 0），经济资本系数为 8%，年末有余额，但未形成不良贷款，分摊的固定成本为 0.01 万元，手续费收入为 0.05 万元。则

$$EVA = [手续费收入 \times (1 - 5.5\%)] \times (1 - 25\%) - 分摊的固定成本 - 经济资本成本 \\ = [0.05 \times (1 - 5.5\%)] \times (1 - 25\%) - 0.01 - 100 \times 8\% \times 12\% \\ = 0.03544 - 0.01 - 100 \times 8\% \times 12\% = -0.9346(万元)$$

从计算结果知道,该笔业务是亏损的,对股东价值增长不但不起推动作用,反而会损害股东的价值,因此,银行在具体开展业务中应该避免此类亏损性业务。

由上例可知,只有将 EVA 作为商业银行绩效考核的标准才能分辨出赚钱的业务品种,这就是要在商业银行中推行 EVA 指标进行绩效考核的原因所在。

(三) RAROC 与 EVA 的联系

因为绩效考核也可以使用 RAROC 指标,这让大家可能会对 RAROC 与 EVA 的关系感到疑惑。其实 RAROC 与 EVA 指标并不矛盾,两种指标同样要求管理者在评价贷款、投资项目时,从股东收益的角度来评价哪些投资是合适的;也都鼓励管理者寻求长期利润增长,防止管理中短视行为的发生。

下面的分析对两者的关系做了很好的解释。我们知道 EVA 的计算公式为

$$EVA = 税后净营业利润 - 资本成本 \quad (9.3.1)$$

此处的税后利润是指经风险调整后的利润;资本成本是指为抵御非预期损失的经济资本与期望资本回报率的乘积,即

$$资本成本 = 经济资本额 \times 期望经济资本回报率 = 经济资本额 \times 底线回报率 \quad (9.3.2)$$

将式 (9.3.1) 代入式 (9.3.2) 得到

$$\begin{aligned} EVA &= (RAROC - 期望经济资本回报率) \times 经济资本 \\ &= (RAROC - 底线回报率) \times 经济资本 \\ &= 资本效率 \times 经济资本 \end{aligned} \quad (9.3.3)$$

其中,资本效率是指每单位经济资本所能产生的超过单位资本成本的利润,是实际经济资本回报率与期望经济资本回报率的差额,代表了单位经济资本创造财富的能力。

从式 (9.3.3) 可以看出,无论是 RAROC 还是 EVA 都要求银行的投资具有一定的投资回报,两者都从股东的角度定义银行的利润;底线回报率是两个不同绩效考核指标共同使用的最低收益标准。EVA 绩效评估法要求权益资本获得的利润最少与其在资本市场同等风险下获得的利润水平相当,否则从股东的角度来看便为经营亏损;RAROC 同样要求投资收益率应高于资本的底线回报率,否则也是损害股权价值的。所以,RAROC 超过底线回报率表明经济增加值大于 0,即产生了经济利润,RAROC 和 EVA 应用于绩效的分析判断是一致的。

但值得注意的是,EVA 还是在一些细微的地方有别于 RAROC。具体而言,RAROC 是个比率的概念,去除了规模的影响,这是个隐蔽的缺陷,它可能导致股东与经营者之间博弈,使股东与经营者的利益出现矛盾与冲突。此外,如果单纯用 RAROC 来测量业绩和配置资本,会产生以下弊端:第一,从业务单位层面看,业务经理可能会尽量避免资本投入,避免高风险业务,以提高 RAROC,结果可能误导银行的业务和资本配置决策。第二,银行在使用 RAROC 衡量业绩和计划业务时,为了使各单位的业绩具有

可比性，通常采用单一基准收益率；但由于各单位承担的风险不同，使用单一基准收益率可能会拒绝具有正 EVA 的低风险业务，而接受具有负 EVA 的高风险业务。第三，RAROC 高于基准收益率的业务单位都会产生 EVA，但如果仅仅据此做业务决策，可能忽视带来较大 EVA 的业务。

这时，经济增加值作为一个量的概念，就能起到很好的作用，从而较好地协调股东、经营者目标的一致性，清晰地提供经济利润最大化的信号。所以，银行在用 RAROC 衡量经济业绩的同时，也应该建立 EVA 的衡量评估系统。

第四节　以经济资本管理驱动价值创造

银行经营的核心问题便是如何在日常管理中体现其自身价值，而经济资本管理可以帮助银行在设置未来战略计划时考虑风险成本，并在资本优化配置等方面制定相应的政策；同时，经济资本还有助于银行量化自身的风险偏好，以确保有足够的资本来减缓风险的冲击，在实现价值创造的同时满足监管的要求；因而能够较好地平衡价值创造模式中风险、资本与收益之间的关系，是通往价值创造之路。

一、经济资本管理驱动价值创造的路径

银行实现价值增值的途径有两个：一是内部主动加强经营管理，摒弃伤害到价值创造的业务单元；二是在外部压力下被迫进行兼并和重组。如前所述，虽然银行的兼并重组确实可以立即对银行价值产生实质性的影响，但是这种价值创造只是暂时的，是一次性的。一个银行不可能通过频繁并购其他银行实现价值创造，只有不断加强自身的经营管理，提高自身的经营效率才是银行创造价值的真正源泉。

银行经营管理中需要面对许多方面的问题，但正确认识并有效衡量风险、资本与收益这三者之间的关系，才是银行最核心、最基本、最重要的工作。银行价值创造实质上包含了风险、资本与收益这三个模块。可以说，风险、资本与收益是银行价值创造评估的三个要素，三者之间密不可分，辩证统一，共同构成了银行价值创造模式。所以，银行只有在遵循风险与资本之间平衡关系的基础上才能获得收益长期稳定的增长，也才能实现价值创造。同时，银行应认识到通过风险承担获取收益是有高昂的成本的，一方面风险产生的预期损失是直接的风险成本；另一方面覆盖非预期损失的经济资本也是有成本的，资本是昂贵且稀缺的资源，具有机会成本。因此，银行在经营管理中如何平衡风险、资本与收益之间的关系，是实现价值创造的核心环节。

经济资本管理不但能够有效协调银行参与各方，如股东、银行管理者、员工、客户以及监管者等的利益关系，使他们的要求得到满足，并且作为控制风险和衡量业绩

的基础，能够较好地平衡风险、资本与收益之间的关系，所以是一种以价值创造为目标的管理体系。经济资本管理创造价值的路径如图9-12所示。

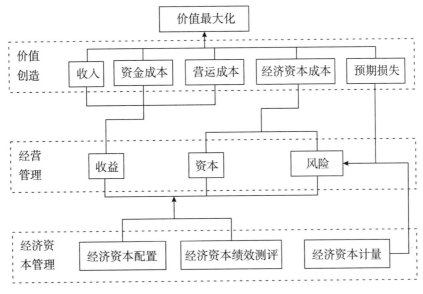

图9-12 经济资本管理驱动价值创造的路径

从图9-12可以看出，经济资本管理与风险、资本、收益三个管理模块直接相关，是对这三个模块框架性的高度整合，可以成为银行内部各部门管理的共同语言和标准。通过风险、资本与收益这三个模块，经济资本管理与价值创造相连，其最终目标是实现银行价值最大化。

二、基于RAROC的动态经济资本配置

以基于RAROC的动态经济资本配置驱动价值创造是一个循环往复的过程，通过经济资本计量、经济资本配置、经济资本绩效测评的方式实现。三者共同使经济资本管理成为具体、可量化、可操作的管理系统和工具，从而使其成为现代银行经营管理中实现价值创造的基础和主轴，其具体过程如下。

第一，通过经济资本计量，决定用来配置的可用经济资本。银行总体经济资本主要包括信用风险经济资本、市场风险经济资本和操作风险经济资本三部分。银行管理者应根据银行的风险承受能力、业务发展规划、实际交易需要、既有资本水平等条件决定银行所需要的风险结构，包括不同风险不同收益类型的组合，满足市场以及银行在市场上所开展业务活动的需要等，由银行根据自身业务发展计划，设立一个风险容忍度，并对经济资本进行计量以此确立其需求总量，然后通过对经济资本总量的与实际资本对比，银行高层决策者可以此评价自身资本充足状况。这里外部监管机构的资本要求、信用评级机构的评级标准也要纳入考虑范围之内。

第二，设定目标报酬率（即基准RAROC），其既可以包括银行整体的目标报酬率，

也可以包括不同业务条线、不同分支的单独目标报酬率。基准 RAROC 反映了银行的经济资本成本，这些基准 RAROC 可以因为业务种类的不同而不同，因为不同的风险水平要求不同的最低收益率。管理层也可能根据战略投资计划进行一定微调，对于一些短期内回报不足的项目，若考虑其长远收益或为了保证一定程度的分散化水平可保留其投资资格。

第三，配置经济资本。银行可以先根据经济资本需求计量结果分配给各项业务一定量的经济资本，再根据各个业务的预期风险调整收益和配置的经济资本计算其预期 RAROC 值，然后将各项业务的预期 RAROC 值与银行的基准收益率（基准 RAROC）相比较，从而决定是否开展某项新的业务以及对已有的业务的头寸或比例进行积极的调整，如积极加大 RAROC 值较高的业务的投资，通过资产出售、资产证券化或使用信用衍生工具等途径减少或撤出对 RAROC 值较低的业务的投资，最终，使得整个银行业务结构达到优化的目的。这种事先的调整过程应尽量同时满足以下两个条件：其一，各项业务的 RAROC 值均不小于银行的基准收益率；其二，在银行资源限制允许条件下，各项业务的边际经济资本 RAROC 值趋于相等。经济资本可以配置到分支机构、业务部门或产品线，甚至具体客户。资本配置是一个循序渐进的过程，配置计划会随时间的推移、市场的变化进行一系列调整，那些占用了过多资本的业务逐渐分配到较少的资本，迫使业务部门根据总行的指导方向改变业务发展方案。反之，那些为股东价值贡献大、需要加大力度发展的业务将逐渐得到更多的经济资本占用指标。

第四，衡量所占用经济资本创造的绩效，这也是为下一轮的配置提供了新的输入指标。根据各项业务实际取得的风险调整收益和占用的经济资本来计算其实际 RAROC 值，然后与银行的基准收益率相比较，从而确定其实际盈利能力大小，依据对各项业务 RAROC 值进行的监测，对 RAROC 指标恶化或有明显不利趋势的业务采取相应的措施，比如调整业务的经营策略，并决定是否增加或减少银行经济资本供给。决策层根据绩效衡量结果调整预期期望值，从而调整分配给每个分支部门、每项业务的经济资本数量。由于绩效评估时使用的是实际取得的风险调整收益，因此这一过程可看成是一种事后分析。

从图 9-13 可以清晰地看到，经济资本配置过程不是单向的，而是循环往复的，第四步也可以理解为开始了新的一轮经济资本配置。银行持有的经济资本量不是固定不变的，风险态度可能发生变化，业务的不断发展也会影响到经济资本量，这些都决定了经济资本的配置不是严格单向的，而是动态的、交叉的、循环的。借助于经济资本配置，银行既可以在事后就已经发生的风险承担进行绩效评估，衡量和比较现有风险的价值贡献，也可以在事前就是否承担某一风险、以什么样的条件承担风险等进行优化决策。这就形成了经济资本管理中的质量约束，简单而言就是在经济资本的数量约束之内，力求实现银行资产收益最大化、股东价值最大化，落脚在数量约束之内的这一约束机制旨在实现银行资产风险与收益的合理匹配。

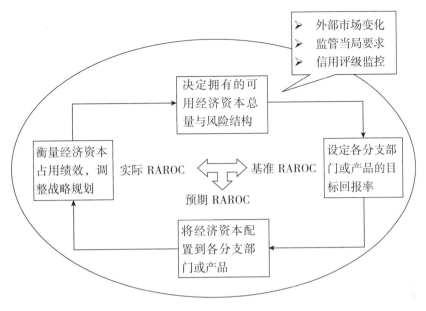

图 9-13 经济资本动态配置机制

本章小结

1988年7月，巴塞尔委员会发布的《关于统一国际银行资本衡量和资本标准的协议》，即《巴塞尔协议Ⅰ》，正式拉开了《巴塞尔协议》的序幕。巴塞尔委员会推出的这些规定在国际不具有法律的强制约束力，但是鉴于其合理性、科学性以及易于操作性，获得了各国监管机构的采纳和遵守，成为了全球统一的监管准则。之后伴随金融市场的不断动荡，在一系列危及区域或全球经济的金融危机之后，现行监管体系暴露出应对系统性风险、顺周期效应等相关措施的匮乏，为此，巴塞尔委员会持续不断地推出新的风险管理准则和计量办法，先后发布了《巴塞尔协议Ⅱ》和《巴塞尔协议Ⅲ》，以加强银行业的稳健经营和公平竞争。我国银行业监管也吸收了《巴塞尔协议》的精髓，参照国际统一监管规则采取较为严格的监管措施，维持金融系统稳定发展。

由于风险无处不在并且无法避免，需要为应对风险冲击预留足额的资本成本，因此需要了解资本与风险资产的相关定义及测算，尤其要掌握表内信用风险、市场风险和操作风险加权资产的计算方法，以及表外风险加权资产的测算，以便于评估危机发生时银行所需的资本充足情况。

绩效考核方法既包括传统忽视风险的业绩评价方法，如盈利比率、股权收益率模型等，也包括以风险为核心的风险调整绩效指标RAROC和EVA绩效指标。现代银行多采用RAROC进行绩效考核，建议在运用RAROC指标衡量经济业绩的同时，也建立EVA的衡量评估系统。

最后，商业银行在实现价值创造的同时应牢记满足各类监管要求。风险管理是科学，也是一门艺术，只有较好地平衡价值创造模式中风险、资本与收益之间的关系，才能在崎岖的价值创造之路上稳步迈进！

关键术语

巴塞尔协议　核心资本　附属资本　风险加权资产　信用转换系数　资本充足率　市场约束　内部评级法　微观审慎监管　宏观审慎监管　逆周期资本缓释　杠杆率　风险资本　监管资本　绩效考核　盈利比率　RAROC分析　EVA

思 考 题

1. 《巴塞尔协议Ⅱ》的三大支柱的具体内容是什么？
2. 《巴塞尔协议Ⅱ》的局限性有哪些？
3. 《巴塞尔协议Ⅲ》修订的意义及未来展望。
4. 什么是风险资本？如何计算？
5. 简述资本与风险资产间的联系与区别。
6. 简述表内和表外风险加权资产的测算方法。
7. 简述传统银行的业绩评价指标和方法。
8. 简述银行的绩效考核方法，以及各种方法的优劣之处。

第十章 系统性风险与宏观审慎政策

|本|章|要|点|

◇ 系统性风险的定义以及特征。
◇ 系统性风险与系统性危机的关系。
◇ 基于市场数据的系统性风险度量方法。
◇ 宏观审慎监管的定义。
◇ 宏观审慎监管的常用工具。
◇ 各国的宏观审慎监管经验。
◇ 宏观审慎政策与货币政策的协调。
◇ 未来建立宏观审慎监管框架所面临的挑战。

2008年国际金融危机发生后,国际社会对危机的成因和教训进行了深刻的反思,认识到金融机构的个体稳健并不代表金融系统的整体稳健。为了维护系统性金融稳定,监管当局需要弥补微观审慎监管的不足,防范金融体系顺周期变化以及风险跨机构、跨市场、跨部门和跨境传染带来的系统性金融风险,并尽可能提前采取针对性措施。2008年金融危机以来,在G20框架内,FSB(Financial Stability Board,金融稳定理事会)、IMF(国际货币基金组织)、BIS(Bank for International Settlements,国际清算银行)、BCBS(Basel Committee on Banking Supervision,巴塞尔银行监管委员会)等国际组织和主要经济体,致力于改革完善金融监管体制,其核心内容就是要建立健全宏观审慎政策框架,加大宏观审慎政策实施力度,通过增强全球金融体系的韧性和稳健性,提高应对系统性风险冲击的逆周期调节能力。为此,本章从系统性风险入手,通过对系统性风险的简介,引出系统性风险的测度以及宏观审慎监管的必要性和意义。

第一节 系统性风险定义及性质

一、系统性风险定义综述

与前文所述的信用风险、市场风险等不同,系统性风险的特点在于"系统性"。"系统性"一方面是指一个风险事件影响整个体系的功能;另一方面是指一个事件让不相干的第三方卷入并最终承担一定的成本。也就是说系统性风险不是指某个金融机构或者投资组合由于某些原因而发生损失的可能性,而是指危机在各个机构和市场间传染,导致整个金融体系的功能遭受损害的概率。前文所述的市场风险、信用风险和操作风险,其定义主要从风险产生的原因来阐述。而对系统性风险的定义则既可从风险形成的原因,也可以从风险的后果进行划分。

从形成原因来看,一些定义强调直接关联引发的溢出效应。Kaufman(1995)将系统性风险定义为,在一连串的机构和市场构成的系统中,一个事件引起一系列连续损失的可能性——系统性风险是整个体系所引发的"多米诺骨牌效应"。该定义与 BIS 关于系统性风险的定义相一致。BIS 对系统性风险的定义为,系统的一个参与者不能履约,从而引起其他参与者违约,由此引发的链式反应最终导致广泛的金融危机的可能性。

也有一些定义强调间接关联的溢出效应,即更强调风险暴露的一致性。G10 对系统性风险的定义是,一个事件降低市场参与者的信心,增加金融系统的不确定性,严重时会对实体经济产生重大的负面影响。该定义强调市场参与者的信心。通常当经济处于剧烈波动时,由于获得信息的成本和难度增大,参与者的信心可能迅速崩溃,从而危及整个金融系统的正常运行。

从系统性风险的后果来看,"系统性"是指能对银行、金融体系甚至实体经济产生影响。Mishkin(1995)认为系统性风险是指能扰乱一国金融市场的信息传输,使其不能有效率地为融资的突发事件发生提供最佳的投资机会的可能性,而从宏观震荡到个体单元的具体传输过程无固定模式。与此类似,系统性风险是整个金融体系作为经济系统中枢的功能遭到破坏,同时无法再向实体经济提供信贷支持的可能性。FSB 和 ECB(European Central Bank,欧洲中央银行)对系统性风险的定义可总结如下:系统性风险是对金融稳定产生威胁的风险,这种威胁会对金融系统的绝大部分运作造成损害,并给整个经济带来重大的负面影响。更具体地,Anabtawi 等(2011)把系统性风险定义为,一个经济冲击导致一系列的市场或者金融机构失效,或金融机构的重大损失,进而造成资本成本的高涨或者资本的严重缺失,通常还伴随着金融市场上资产价格的剧烈波动。

综上所述，无论是从系统性风险的成因还是后果的角度对系统性风险进行定义，都强调其"系统性"。从成因角度的定义强调在系统性风险形成的过程中，由机构之间的直接或间接关联，导致个别机构的危机容易传染至其他机构，使其他机构也陷入危机。从后果角度的定义强调在系统性危机发生阶段，众多金融机构遭受损失、市场混乱、资本成本上升和资产价格波动等一系列特征。在本章之后的阐述中，更强调其形成过程体现的传染性，重点分析系统性风险成因以及传染渠道。

二、系统性风险特征

与个体风险相比，金融系统性风险具有许多特征。充分认识这些特征有利于更加深入地理解系统性风险。

（一）系统性风险的两个维度

BIS指出系统性风险有两个维度：时间维度和空间维度。这两个维度是系统性风险最基本的特征。第一，时间维度，指的是系统的总体风险如何随时间发展。发展过程通常表现为在信贷繁荣和资产价格泡沫中系统性风险的累积，以及泡沫破裂后金融部门对实体经济部门的负外部性。第二，空间维度，也称行业维度，指的是在一个给定的特定时间内，风险如何在系统内的金融机构之间分布和相互作用。在这个过程中，与溢出效应和传染效应相关的负外部性对系统性风险具有推动作用。

传染效应可以是直接传染或间接传染。直接传染包括多米诺骨牌或网络效应，例如一个大型的银行破产给其他金融机构造成的损失。间接传染包括银行倒闭或政策行动（例如，拒绝救助雷曼兄弟）引起的信息溢出，以及抛售导致的流动性螺旋恶化和信贷紧缩。

传染效应不仅表现为在同行业之间的传染，也可以表现为在不同类型的金融机构之间的传染。货币危机、银行危机、股市与房地产危机以及债务危机的同时或相继爆发已成为现代金融系统性危机的一个典型特征。其中，货币危机指在预期货币贬值的情况下，金融资本迅速外流，从而导致外汇储备枯竭，使得固定汇率体系无法维持，本币急剧贬值，通货膨胀率上升。该危机也被称为汇率危机或国际收支危机。银行危机指由于对银行体系丧失信心，大量储户从银行提取存款的挤兑现象，导致破产银行的数量急剧增加。这时监管部门被迫推行行政应急措施，例如冻结存款、由政府提供存款担保等。债务危机指政府不能履约偿还债务的本金和利息，伴随着主权信用风险迅速提高。它包括对内债务危机和对外债务危机（通常称国际债务危机）。股市和房地产危机指各种金融资产（证券、土地、房地产等）价格泡沫破裂，资产价格急剧波动的现象。以上几种危机经常相互影响，相互加强，特别是在新兴市场国家中尤为明显。这一现象体现了系统性风险在横截面维度的传染效应和溢出效应。各个金融子系统的联系紧密，存在着多种形式的关联渠道，一个系统的危机容易殃及其余系统，导致"系统性"事件的发生。

（二）风险和收益的不对称性

通常而言，风险和收益正相关，高风险意味着高回报。但系统性风险并不具备这种特征，其风险的大小和收益的高低之间存在不对称性。较高的系统性风险，对于系统中的所有机构和市场都是一种威胁。当金融部门的系统性风险较高时，一个外部的冲击导致个别金融机构陷入危机之后，风险能迅速地在金融系统间蔓延开来，造成严重的破坏。在这个过程中，所有金融机构都是受害者，无一获益。

（三）与投资者信心直接相关

投资者信心在系统性风险的间接传染渠道中发挥着重要的作用。当投资者丧失信心时，会选择撤回流动性，此时若机构无法应对突然的流动性冲击，往往会陷入流动性危机甚至破产。在1994年的墨西哥危机中，墨西哥经济形势下行和政府放松外汇汇率波动界限，使得外国投资者的信心丧失，短期资本迅速外逃，最终引发了货币危机以及后续的银行危机。基于投资者信心的危机传染比起直接传染更加迅速，传染的范围也更广。当个别机构发生危机，投资者的信心丧失时，与发生危机的机构存在某种相似性的健康机构也会受到负面影响。

三、系统性风险与系统性危机

系统性风险代表了系统性危机发生的可能性。当系统性风险积累到一个较高的程度时，一个负面冲击的出现容易引发系统性危机的发生。从系统性风险的积累到系统性危机发生的过程主要可以划分为5个阶段：隐患阶段——突变阶段——传染阶段——非金融部门调整阶段——危机爆发阶段。在隐患阶段，金融机构的行为决策导致金融系统性风险的内生积累，系统的脆弱性不断加剧。在突变阶段，在突然出现的一个或多个冲击（如某个金融机构的破产、经济形势下行等）的作用下，局部金融系统遭受损失。在传染阶段，基于直接或者间接的传染渠道，损失在整个金融系统间蔓延开来。在非金融部门调整阶段，私人部门和公共部门对金融领域的问题做出反应，试图制止危机的发生。在危机爆发阶段，当非金融部门的调整未起到积极作用时，危机在更大范围内扩散，并且互相强化，形成恶性循环，最终对整个金融系统和实体经济造成严重的破坏。在实际情况中，这5个阶段可能相继发生，也可能动态交叠。

（一）隐患阶段

系统性金融危机通常不是由外生因素引起的随机事件，而往往是金融部门信贷的急剧增长以及部门内的其他金融失衡现象导致的风险的内生积累。理解系统性风险的积累机制，有利于监管部门进行事前防范，以降低危机发生的可能性。金融失衡有两个根源：偏好理论和代理理论。偏好理论认为，投资者的偏好和信念是随时间变化的，并将导致贷款标准的变化。当投资者认为当前的繁荣会持续到未来并忽视小概率的尾部风险时，信贷资源就成为过剩并且廉价的资源。代理理论则认为，有限责任和高杠杆下的银行运作模式使得银行管理层有强烈动机去从事风险行为。

在金融和实体经济部门，存在着一些可能影响系统性风险大小的因素。通过梳理相关的文献，大致可以总结为以下几个方面：竞争、金融管制放松、金融创新、市场约束、宏观经济政策和资产泡沫。

就竞争和银行危机发生概率的关系还没有一个确定的结论。一些银行理论认为银行竞争加剧会增加风险承担，危害金融稳定性。竞争削弱了银行的特许权价值，是银行过度信贷供给和风险承担的关键驱动因素。而也有理论认为银行竞争和风险承担两者之间为反向关系。竞争有利于银行业提高效率，并且为降低风险的概率而更加谨慎。

金融管制的放松会增加系统性风险。历史上许多金融危机都发生在金融自由化和管制松绑之后。监管部门为增加金融部门的效率，放松金融管制。但随之而来的是杠杆率的升高，金融中介之间的关联增加且风险敞口高度相似性。一旦发生负面冲击，将会导致相当多的机构破产。例如，在20世纪70年代，联邦银行管理局允许美国的银行向不发达国家进行贷款，当高利率和全球性的经济衰退引发大量的不发达国家违约后，银行持有的不发达国家的资产价值直线下降。银行部门因持有众多相似的资产，使得损失在银行间迅速蔓延和加剧。

金融创新在促成信贷繁荣和化解金融危机中扮演了重要的角色。过度的信贷创造通常源于传统货币替代品的发展。抵押贷款市场的放松管制导致美国资产证券化的迅速发展。资产证券化增加了银行的信用创造和风险承担，为之后的次贷危机埋下伏笔。

健全的金融市场应该对金融机构有较强的市场约束，对减少银行过度的风险承担发挥积极的作用。有效的市场约束必须满足许多条件，以下情况会影响市场约束的有效性：信息披露不准确或者不完全、市场不完全竞争、政府担保过度，以及公司财务报告不能令投资者预见公司未来的变化、股票债券所有者不能有效影响企业行为等。银行类金融机构的高复杂和低透明性，以及政府的担保，使得银行面对的市场约束较小，容易累积系统性风险。

宏观经济政策会改变银行的风险承担动机。比如长期的低利率会让银行有动机为了获取更高收益承担更大的流动性或信贷风险。而过度扩张的货币和财政政策刺激了信用膨胀，企业和家庭的过度负债，以及不动产领域的过度投资，累加在一起可能引起股票和不动产的价格上升至一个不可维持的水平，累积系统的脆弱性。

资产价格持续上升，严重偏离基本价值，从而形成市场泡沫，也是导致系统性风险积累的因素之一。关于资产价格泡沫形成原因的理论文献较多，如过度乐观的预期、羊群效应等。日本在20世纪80年代后半期和20世纪90年代初，经历了不动产和其他资产价格迅速上升的过程，经济过热，信贷和货币供应大量增加，最终经济泡沫破灭导致了金融危机，大量银行和其他金融机构破产，积累了巨额不良贷款。

（二）突变阶段

当金融系统的脆弱性较高时，一个未预料到的事件造成的冲击，可能会导致金融部门亏损和风险加大，并至少引发部分金融机构和金融市场的利率提高，使原来的金融运行状态发生突变。

冲击可以是微观的，也可以是宏观的。微观的冲击针对个别机构或者资产，宏观的冲击直接影响整个金融系统。微观冲击主要包括大型银行的资产负债表期限结构和币种结构失衡，以及金融盗窃等犯罪事件等。宏观冲击主要包括利率变化、货币需求的增加、货币乘数的变动、国际收支危机、贸易条件的急剧改变、结算体系和存款保险体系出现问题、市场信心丧失等。

冲击既可以是外生的，也可以是内生的。外生的冲击指的是机构的外部因素引起的，如资本充足率监管要求的改变、存款保险制度的变更等。内生冲击是指由机构自身的行为决策导致的冲击，如不动产价格的大幅变化、金融市场或支付清算系统的操作失灵等。

（三）传染阶段

金融传染是形成系统性危机的主要因素。在这个过程中，一家机构陷入危机会对其他机构产生"多米诺骨牌效应"。把金融传染与流动病学进行一个简单的对比。流感传染也类似于"多米诺骨牌效应"，某一个体的感染容易导致周围人群的感染。并且流感的传染在寒冷天气中会更严重。与之类似，一家金融机构陷入危机，与该机构存在关联的机构也容易陷入危机；并且当宏观金融环境较脆弱时，传染的速度更快、范围更广、程度更深。金融传染和流感还存在一些其他的相似性，比如人们可以快速改变自己的活动以避免暴露于流感之中。同样，金融中介也可以快速改变内生的金融关系，因为这种关系大多数是短期的。但两者也存在区别。如果把银行危机与流感等同思考，则大量生病的人会导致更加寒冷的天气，进一步放大效应。但显然流感不会这样。此外，金融传染更容易在持有相同资产的机构间传染，即使机构间不存在直接联系，但流感并不会在穿着相同衣服却没有发生接触的两个个体间传染。

金融传染的渠道众多，大致可分为直接传染和间接传染渠道。充分理解各个传染渠道有利于监管部门采取措施，防范系统性风险。因此我们将在下一节对系统性风险的传染渠道进行详细的说明。

（四）非金融部门调整阶段

如果危机在金融部门间广泛传染，政府将会采取行动，努力使金融环境恢复到稳定的状态。采取行动的政府部门可能是中央银行或者财政部门。中央银行可以通过公开市场业务和贴现贷款来增加对金融市场的流动性支持。财政部门可以通过承担、补偿那些大的重要的金融机构或者集团的资本重组成本，避免恐慌的蔓延。

（五）危机爆发阶段

如果私人和公共部门没有有效阻止危机的传染，系统性金融危机就会全面爆发。在这个阶段，受损的金融体系会减少对实体经济的投资，从而对总产出和就业产生强有力的负面影响。并且金融机构去杠杆也会导致资产价格的下降，从而对实体经济产生显著的危害。

危机全面爆发时，金融中介机构不能正常履行其职能。这些职能可分为三类：提供支付服务、风险分担和管理，以及信贷供给。第一，支付系统的破坏增加了产权转移的难度，可能造成交易的延迟甚至不能履行。这里支付的中断可能是由于某家银行倒闭引发的活期存款暂时冻结，或者代理银行倒闭引发的支付失败等。第二，当金融机构未能发挥风险分担职能时，一些担保条款可能消失，产权传导效应变得不可能或者极其昂贵。比如在进出口贸易中常用的远期合同将会被取消，阻碍贸易的进行。并且，批发融资市场的流动性管理职能的破坏，也会导致银行和其他金融部门福利的损失。此外，由于在陷入危机的机构往往面临流动性和资本金不足的问题，不但难以为企业提供信贷，而且导致大量的贷款被收回，给实体经济带来严重的打击。

四、系统性风险的传染渠道

金融传染是造成银行危机的主要因素，也是银行和金融监管的核心。有效处理银行危机需要非常好地理解传染渠道，只有这样才可以尽量减少在清算金融机构时纳税人的负担，并建立起必要的防火墙保护其他金融机构。此外，只有当传染渠道被完全理解时，宏观审慎政策才能被应用到防范系统性风险的外部性问题中。可以将危机在机构间的传染渠道总结如下：交易对手违约——预期——流动性风险与流动性螺旋——信贷供给——非银行金融机构的传染和反馈回路。下面我们逐一进行讨论。

（一）交易对手违约

机构之间直接的风险暴露建立在金融机构之间真实业务相互联系的基础之上。金融机构之间必然存在大量的业务关系，使得大量风险在金融机构之间相互暴露，诸如银行同业间的贷款风险、市场活动中场外衍生工具的风险暴露、交易对手合约风险，以及支付和结算系统的连接风险等。一个运作良好的支付系统能够使流动性（如中央银行准备金）迅速地从一家银行转移到另一家银行。但当处在金融体系巨大交易网络中的某一个金融机构出现危机时，它的债权银行将可能面临损失，如果这些损失的程度足够大，债权银行的资本减少超过一定临界值，那么这些银行必将面临困境，然后这些银行会再次影响它们自己的债权银行，当这种链式反应的影响最终都显现出来时，将会有若干银行面临破产的危机。这种直接的风险暴露还可以通过金融机构之间的股权关系、紧急信贷或者支付系统传递。对手交易风险是在 2008 年金融危机中系统性风险传播的一个重要渠道。

（二）预期

储户一般会认为，银行之间的破产是正相关的，当一家或者多家金融机构处于危机中时，持有与这些机构相同或者相似资产和业务的银行也会受到部分冲击影响。因此一家银行的破产会使储户重新判断其他银行的偿付能力。特别是在金融危机的情况下，信息的不对称很容易引发消费者和投资者的恐慌。恐慌严重时，债权人迫不及待地拿回自己的投资，而且由于信息的缺乏，债权人和投资者无法区分"好银行"和"坏银行"，挤兑一旦发生在某家金融机构身上，就很容易在金融系统中蔓延，造成更大范围的恐慌。在 2008 年的金融危机中，不同于过去债权人对银行的挤兑，金融机构之间的挤兑导致的流动性问题成为危机漩涡的中心。

（三）流动性风险与流动性螺旋

由于银行的主要职能包括期限转换、吸收活期存款、持有非流动资产，其面临着流动性短缺风险。为了有效应对该风险，现代银行制度为银行流动性提供了两个主要市场，持有超额准备金的银行可以为那些流动性短缺的银行提供短期的流动性供给。第一个是回购市场，这里贷款是全额抵押的，交易对手方的偿付能力并不重要。第二个是无担保的市场，市场中交易对手的偿付能力至关重要，银行被期望发挥相互监督的作用，因此该市场通过同业监督来施加市场约束。

对于无担保的市场，危机期间其流动性变差的原因有两个。第一，为了防止可能的流动性冲击，每家银行都倾向于囤积流动性，而不是向银行间市场提供流动性。第二，因为每家银行都被怀疑持有大量难以定价的"有毒资产"，所以同业监督功能也许不会真正起作用。

回购市场允许银行凭借良好抵押品确保收回担保借款。从这个角度看，抵押品似乎是市场上提高流动性的完美工具。然而，回购市场的高效运转可能诱使金融机构低估其潜在风险，激励金融机构使用长期资产来抵押短期借款，创造出从事后角度来看过度的期限错配。然而一旦危机来袭，折价回购必将激增，并且其价格会迅速下降。这会导致在批发市场上融资的银行突然失去流动性，进一步迫使它们出售资产，从而增加价格的下行压力。危机中的银行为了满足流动性和市场追加抵押的要求，被迫出售部分资产，若多家金融机构同时出售大量的金融资产，这种资产就会迅速贬值，即出现"降价抛售"，其他持有相同资产的金融机构也可能因此陷入危机。资产贬值的影响还会因为抵押品原则而被放大。抵押品或保证金的要求通常是按照当天的市场价值确定的。当资产贬值时，金融机构会被要求提供更多的抵押品或追仓，这无疑会给已经面临困境的金融机构雪上加霜。这种盯市的会计原则在危机时期会加重系统性风险的危害。

(四) 信贷供给

系统性危机的一个典型特征是资产被低价抛售，从而导致信贷紧缩和债务紧缩，最终导致信贷总供给的减少。相应地，为应对信贷的减少，家庭和企业将会减少投资，削减经济活动，从而产生失业，降低经济的增长速度，最终放大对银行和其他金融中介的反馈效应。这里信贷紧缩是指银行倾向于投资安全的资产（如国债），减少对工商贷款的投资。《巴塞尔协议Ⅰ》的资本监管被认为是信贷紧缩的主要原因。Bernanke等（1991）发现，在危机中遭受损失的银行，为达到监管要求会额外增发资本或者重新平衡投资组合。由于增发资本必须付出巨大的成本，银行会优先选择减少高风险资产的持有，减少对工商企业的贷款和消费贷款的供给。债务紧缩描述了信贷供给和资产价格的关系。资产价格的下降会导致抵押品支持的信贷量降低，从而促进资产价格的进一步下降，直到资产价格下降到足够低的程度这种恶性循环才会停止。不断下降的资产价格削弱了企业和个人的贷款能力，从而导致债务紧缩。因此，危机触发的资产价格下降，将导致银行信贷的紧缩以及企业债务的紧缩，两个渠道均导致经济增速的下降，进一步对金融体系带来负向影响，加剧危机的传染。相比于金融市场的传染渠道，信贷总供给的传染渠道往往时间跨度较大，可能需要几个月或更长时间。

(五) 非银行金融机构的传染和反馈回路

银行的破产会威胁到其他非银行金融机构的安全，进而给银行带来负向反馈。一方面，银行抛售以及减少信贷供给伴随的资产价格下降会直接影响到其他金融机构的偿付能力，导致其流动性问题；另一方面，银行破产会直接给股市带来冲击，也会给企业及非银行金融机构带来负面的影响。当整个金融体系出现严重的流动性问题和偿付能力问题时，危机的大范围传染一触即发。以2007年的美国次贷危机为例，其中影子银行这种非银行金融机构在危机的传染中发挥了推波助澜的作用。美国的影子银行体系主要由一些非银行部门组成，通过证券化对资产进行打包，为银行不断提供流动性，增加对社会的贷款供给。资产证券化过程伴随着巨大的风险。当次级贷款违约率飙升时，投资者不再购买次级贷款抵押债券，银行被迫买回债券，将其计入资产负债表中，从而面临额外的巨额资本损失。

第二节 系统性风险的度量

一、系统性风险度量方法综述

在构造系统性风险度量指标时，应该突出两方面的目标：第一，指标应该能刻画出系统性风险随时间的变化。系统性风险往往在经济上升阶段积累，金融机构在泡沫中承担了更多的风险，并增加彼此的关联。因此系统性风险的度量指标应该反映出其内生积累的过程，为过度积累金融失衡提供一个事前的预警信号。该目标强调了对系统性风险"时间维度"的刻画，试图捕捉整个金融机构面临的系统性风险的时变性。第二，指标应该能够体现出机构之间的横向差异。出于制度、历史或者其他的原因，个别机构往往更具系统性风险，成为系统重要性机构。一个好的系统性风险指标应该能够对机构的"系统重要性"进行排名，帮助监管部门对这些机构实行较为严格的监管政策。该目标强调了对系统性风险"横截面维度"的刻画，通过识别单个机构的溢出效应和传染效应，识别出系统重要性金融机构。

在系统性风险指标的构建过程中，数据可得性是首要的限制因素。比如，金融机构之间同业往来的具体信息往往很难获得。综合现有的系统性风险度量指标，指标的计算过程中使用到的数据主要有两个来源：市场数据和基本面数据。市场数据的频率较高，因此基于市场数据的度量指标能够实时反应系统性风险情况。而由于财务披露制度的原因，金融机构的基本面数据往往具有时滞性。并且，市场数据能够充分反应出所有的信息。而基于基本面数据衡量系统性风险往往具有片面性，不能反映出当前系统性风险的全貌。市场数据的信息优势有赖于市场的有效性。只有在市场有效的情况下，市场价格才能对信息做出及时的反应。此外，市场信息也会反映出投资者对政府救助的预期，导致低估系统性风险。除此之外，也有部分指标基于对宏观基本面的测度，如信贷增速、杠杆率、房地产价格等。

基于基本面数据的系统性风险测度方法主要包括：针对银行间流动性传染的网络模型、压力测试等。基于市场数据的测度方法主要包括：尾部测度、联动测量、格兰杰因果网络等。本节以下部分主要对基于市场数据的尾部测度（$\Delta CoVaR$）以及基于MES、SRISK和网络分析法的系统性风险度量模型进行简单的介绍。

二、DCC-GARCH 模型在风险度量中的应用

随着金融系统的发展和金融全球化程度的加深，金融机构之间的关联日益密切。关联性的增加必然伴随着更高的系统性风险隐患。并且，金融机构之间的关联表现不具有稳定性。在不同时刻，机构间的相关性可能发生变化。因此，测度金融市场变量间的动态相关性具有重要意义。

由于 CCC 模型（Constant Conditional Correlation Model，常数条件相关模型）中假设时间序列数据间的相关系数不随时间变化，不符合资产价格的实际情况。因此，Engle（2002）提出了 DCC-GARCH 模型（Dynamic Conditional Corelation-Generalized Autoregressive Conditional Heteroscedasticity Model，动态条件相关–广义自回归条件异方差模型）。DCC-GARCH 模型构建了动态条件相关系数估计方程，描述各变量条件系数动态的时变特征。下面就 DCC(1,1)-GARCH 模型的设定进行简单介绍。

由于 DCC-GARCH 模型感兴趣的是收益率序列的波动性,因此先对收益率序列 r_t 进行去均值处理,得到残差序列:

$$r_t = u_t + a_t \tag{10.2.1}$$

其中,

r_t:n 个资产在第 t 期的对数收益率,为 $n \times 1$ 向量。

u_t:n 个资产在第 t 期收益率的条件期望,为 $n \times 1$ 向量。可使用 ARMA(1,1) 模型(Autoregressive Moving Average Model,自回归移动平均模型)进行拟合。

a_t:去均值之后的收益率残差序列,为 $n \times 1$ 向量。该序列满足 $E(a_t) = 0$。

假定 a_t 服从联合正态分布,即 $a_t \sim N(0, H_t)$,其中 H_t 为方差协方差矩阵。由于在该模型中,我们假定收益率之间的相关性是随时间变化的,并且我们试图捕捉其变化特征;因此我们可以根据相关性的定义 $\rho_{12,t} = \delta_{12,t}/(\delta_{1,t} \times \delta_{2,t})$,对矩阵 H_t 进行分解,将波动性和相关性区分开。以 $n = 2$ 为例,可表述如下:

$$H_t = \begin{bmatrix} \delta_{1,t}^2 & \delta_{12,t} \\ \delta_{12,t} & \delta_{2,t}^2 \end{bmatrix} = \begin{bmatrix} \delta_{1,t} & 0 \\ 0 & \delta_{2,t} \end{bmatrix} \begin{bmatrix} 1 & \rho_{12,t} \\ \rho_{12,t} & 1 \end{bmatrix} \begin{bmatrix} \delta_{1,t} & 0 \\ 0 & \delta_{2,t} \end{bmatrix}$$

令 $D_t = \begin{bmatrix} \delta_{1,t} & 0 \\ 0 & \delta_{2,t} \end{bmatrix}$,为对角元素包含了条件标准差的对角矩阵。令 $R_t = \begin{bmatrix} 1 & \rho_{12,t} \\ \rho_{12,t} & 1 \end{bmatrix}$,为 $n \times n$ 的条件相关系数矩阵,其对角线上的元素为 1。则对 H_t 的分解可以表示为

$$H_t = D_t R_t D_t \tag{10.2.2}$$

D_t 矩阵中的元素 $\delta_{i,t}$ 可以通过一元 GARCH 模型进行估计。对于收益率序列,常使用最简单的 GARCH(1,1) 模型。接着我们把重点放在矩阵 R_t 上,先对收益率的残差序列进行标准化。

$$z_{it} = \frac{a_{i,t}}{\delta_{i,t}} \tag{10.2.3}$$

序列 z_t 的条件协方差矩阵和 a_t 的条件相关系数矩阵 R_t 是相同的(证明略)。因此,为得到 a_t 的条件相关系数矩阵,我们可以对 z_t 的条件协方差矩阵进行建模。

DCC(1,1)-GARCH 模型进一步对 R_t 进行拆分:

$$R_t = Q_t^{*-1} Q_t Q_t^{*-1} \tag{10.2.4}$$

$$Q_t = (1 - a - b)Q + a z_{t-1} z_{t-1}' + b Q_{t-1} \tag{10.2.5}$$

其中,Q 为 z_t 的非条件方差协方差矩阵:$Q = \text{Cov}(z_t) = E(z_t z_t')$。它并不随着时间变化,

估计量为 $\bar{Q} = \frac{1}{T}\sum_{t=1}^{T} z_t z_t'$。$Q_t^*$ 为对角矩阵，对角线上包含了 Q_t 矩阵对应元素的平方根。对 R_t 的拆分设定，目的是确保 R_t 为正定矩阵，并且矩阵中的所有元素都小于等于 1。模型中的 a 和 b 为待估计参数。得到 a 和 b 的估计量之后，就可以通过式（10.2.4）和式（10.2.5）得到相关系数矩阵的估计值 R_t，以及收益率之间的时变相关系数 $\rho_{12,t}$。估计方法包括二元拟极大似然估计和复合似然估计等。

三、基于 ΔCoVaR 的系统性风险度量

（一）ΔCoVaR 的定义

ΔCoVaR 在 VaR 的基础上加入了"系统性"特征，将 $\text{CoVaR}_q^{\text{system}|\mathbb{C}(r_t^i)}$（Conditional Value at Risk，条件风险值）定义如下：

$$P(r_t^{\text{system}} \leq \text{CoVaR}_q^{\text{system}|\mathbb{C}(r_t^i)} \mid \mathbb{C}(r_t^i)) = q \tag{10.2.6}$$

$\text{CoVaR}_q^{\text{system}|\mathbb{C}(r_t^i)}$ 表示机构 i 在发生事件 $\mathbb{C}(r_t^i)$ 的条件下，系统在 q 的概率下的最大损失。$\mathbb{C}(r_t^i)$ 既可以指代机构 i 处于危急状态（如 $r_t^i = \text{VaR}_{95\%}^i$），也可指代机构 i 处于正常状态（$r_t^i = \text{VaR}_{50\text{th}}^i$）。在这两种条件下，$\text{CoVaR}_q^{\text{system}|\mathbb{C}(r_t^i)}$ 的差异表示机构 i 对系统性风险的贡献程度，用 $\Delta\text{CoVaR}^{\text{system}|i}$ 表示。公式如下：

$$\Delta\text{CoVaR}^{\text{system}|i} = \text{CoVaR}_q^{\text{system}|r_t^i = \text{VaR}_p^i} - \text{CoVaR}_q^{\text{system}|r_t^i = \text{VaR}_{50\text{th}}^i} \tag{10.2.7}$$

（二）ΔCoVaR 的估计

当前，对于 ΔCoVaR 的估计主要有三种方法：分位数回归法、DCC-GARCH 模型和 Copula 函数法。

1. 分位数回归法

分位数回归法的模型设定如下：

$$x_t^i = \alpha_q^i + \beta_q^i M_{t-1} + \varepsilon_{q,t}^i \tag{10.2.8}$$

$$x_t^{\text{system}|i} = \alpha_q^{\text{system}|i} + \beta_q^{\text{system}|i} M_{t-1} + \gamma_q^{\text{system}|i} x_{t-1}^i + \varepsilon_{q,t}^{\text{system}|i} \tag{10.2.9}$$

上式中，x_t^{system} 和 x_t^i 分别代表银行系统收益率序列和银行个体的相反数，即收益率序列乘以 -1。M_{t-1} 代表一系列宏观状态变量，一般选取上证指数收益率、上证指数收益率标准差、TED 利差、国债即期收益率变动、国债利差变动以及房地产超额收益等指标。在计算过程中，第一步先对模型（10.2.8）和模型（10.2.9）进行估计。模型（10.2.8）使用分位数回归方法，分位数水平 q 包括 50% 和 95%。第二步使用模型（10.2.9）的估计结果 $\hat{\alpha}_q^i$ 和 $\hat{\beta}_q^i$ 估计银行的风险价值 $\text{VaR}_{q,t}^i$。

$$\text{VaR}_{q,t}^i = \hat{\alpha}_q^i + \hat{\beta}_q^i M_{t-1} \tag{10.2.10}$$

第三步使用估计得到的 $\mathrm{VaR}_{q,t}^i$ 和 $\hat{\alpha}_q^{\mathrm{system}|i}$、$\hat{\beta}_q^{\mathrm{system}|i}$、$\hat{\gamma}_q^{\mathrm{system}|i}$ 计算 CoVaR 的估计值：

$$\mathrm{CoVaR}_{q,t}^i = \hat{\alpha}_q^{\mathrm{system}|i} + \hat{\beta}_q^{\mathrm{system}|i} M_{t-1} + \hat{\gamma}_q^{\mathrm{system}|i} \mathrm{VaR}_{q,t}^i$$

最终将 $\mathrm{CoVaR}_{50\%,t}^i$ 和 $\mathrm{CoVaR}_{95\%,t}^i$ 相减取差值，得到 $\Delta\mathrm{CoVaR}$。

2. DCC-GARCH 模型

在使用 DCC-GARCH 模型对 $\Delta\mathrm{CoVaR}^{\mathrm{system}|i}$ 进行估计之前，我们首先对其计算公式进行推导。首先假设机构和系统的收益服从二元正态分布。

$$(r_t^i, r_t^{\mathrm{system}}) \sim N\left(0, \begin{bmatrix} (\delta_t^i)^2 & \rho_t \delta_t^i \delta_t^{\mathrm{system}} \\ \rho_t \delta_t^i \delta_t^{\mathrm{system}} & (\delta_t^{\mathrm{system}})^2 \end{bmatrix}\right)$$

根据联合正态分布的性质，我们可以得到在给定 r_t^i 条件下，系统收益率 r_t^{system} 的条件分布也服从正态分布：

$$r_t^{\mathrm{system}} | r_t^i \sim N\left(\frac{r_t^i \sigma_t^{\mathrm{system}} \rho_t}{\sigma_t^i}, (1-\rho_t^2)(\sigma_t^{\mathrm{system}})^2\right) \tag{10.2.11}$$

在得到收益率 r_t^{system} 的条件分布之后，便可基于 $\mathrm{CoVaR}_q^{\mathrm{system}|r_t^i=\mathrm{VaR}_p^i}$ 的定义求解计算公式。由 $\mathrm{CoVaR}_q^{\mathrm{system}|r_t^i=\mathrm{VaR}_p^i}$ 的定义可得

$$P\left(r_t^{\mathrm{system}} \leqslant \mathrm{CoVaR}_q^{\mathrm{system}|r_t^i=\mathrm{VaR}_p^i} | r_t^i = \mathrm{VaR}_t^i(p)\right) = q$$

对不等号的两边同时进行标准化：

$$P\left(\frac{r_t^{\mathrm{system}} - r_t^i \sigma_t^{\mathrm{system}} \rho_t / \sigma_t^i}{\delta_t^{\mathrm{system}} \sqrt{1-\rho_t^2}} \leqslant \frac{\mathrm{CoVaR}_q^{\mathrm{system}|r_t^i=\mathrm{VaR}_p^i} - r_t^i \sigma_t^{\mathrm{system}} \rho_t / \sigma_t^i}{\delta_t^{\mathrm{system}} \sqrt{1-\rho_t^2}} | r_t^i = \mathrm{VaR}_t^i(p)\right) = q$$

经化简可得到 $\mathrm{CoVaR}_q^{\mathrm{system}|r_t^i=\mathrm{VaR}_p^i}$ 的计算公式：

$$\mathrm{CoVaR}_q^{\mathrm{system}|r_t^i=\mathrm{VaR}_p^i} = \Phi^{-1}(q) \delta_t^{\mathrm{system}} \sqrt{1-\rho_t^2} + \mathrm{VaR}_t^i(p) \cdot \sigma_t^{\mathrm{system}} \cdot \rho_t / \sigma_t^i \tag{10.2.12}$$

进一步得到 $\Delta\mathrm{CoVaR}^{\mathrm{system}|i}$ 的计算公式为

$$\begin{aligned}\Delta\mathrm{CoVaR}^{\mathrm{system}|i} &= \mathrm{CoVaR}_q^{\mathrm{system}|r_t^i=\mathrm{VaR}_p^i} - \mathrm{CoVaR}_q^{\mathrm{system}|r_t^i=\mathrm{VaR}_{50\%}^i} \\ &= \mathrm{VaR}_p^i \cdot \sigma_t^{\mathrm{system}} \cdot \frac{\rho_t}{\sigma_t^i} - \mathrm{VaR}_{50\mathrm{th}}^i \cdot \sigma_t^{\mathrm{system}} \cdot \frac{\rho_t}{\sigma_t^i}\end{aligned} \tag{10.2.13}$$

由于 $\mathrm{VaR}_{50\mathrm{th}}^i = 0$，因此最终得到 $\Delta\mathrm{CoVaR}_t^{\mathrm{system}|i}$ 的计算公式：

$$\Delta\mathrm{CoVaR}^{\mathrm{system}|i} = \mathrm{VaR}_p^i \cdot \sigma_t^{\mathrm{system}} \cdot \rho_t / \sigma_t^i \tag{10.2.14}$$

得到式（10.2.14）后，使用一元 GARCH 模型可以估计系统收益率的波动性 $\sigma_t^{\mathrm{system}}$ 和个体收益率的波动性 σ_t^i；使用 DCC-GARCH 模型可以估计动态相关系数 ρ_t；再结合前文所述对风险价值 VaR_p^i 进行估计，最终便可得到 $\Delta\mathrm{CoVaR}^{\mathrm{system}|i}$ 的估计值。

3. Copula 函数法

假设相关系数 ρ 未能捕捉 r_t^i 和 r_t^{system} 之间的所有关系，即 ε_t^{system} 与 ξ_t^i 之间虽然不存在线性相关，但并不独立。此时 DCC-GARCH 模型不再适用，可使用 Copula 函数捕捉两个收益率序列之间的非线性相关性，进而进行 $\Delta CoVaR_{q,t}^i$ 的计算。

首先，回顾一下 $CoVaR^{system|\mathbb{C}(r^i)}$ 的定义：$P(r^{system} \leq CoVaR^{system|\mathbb{C}(r^i)}) = q$。其本质上表示的是，在 $\mathbb{C}(r^i)$ 条件下，r^{system} 条件概率分布的 q 分位数。而分位数可以通过对概率密度函数求上限积分得到。具体地，我们可将 CoVaR 表示成以下方程的解：

$$\int_{-\infty}^{CoVaR} f(r_t^{system} \mid \mathbb{C}(r^i)) \, dr_t^{system} = q \qquad (10.2.15)$$

其中，$f(r_t^{system} \mid \mathbb{C}(r^i))$ 为 r^{system} 关于 r^i 的条件概率密度函数。只要得到函数 $f(r_t^{system} \mid \mathbb{C}(r^i))$，便可对方程进行求解得到 CoVaR（李丛文 等，2015）。Copula 方法为 $f(r_t^{system} \mid \mathbb{C}(r^i))$ 的估计提供了便捷的途径。

Copula 函数是一种连接函数，最早由 Sklar（1959）提出。其功能是作为联合分布函数和边缘分布函数之间的桥梁，能用于刻画多个变量之间的非线性相关关系。$F(r_t^i, r_t^{system})$ 表示 r_t^i 和 r_t^{system} 的联合分布函数，$F_1(r_t^i)$ 和 $F_2(r_t^{system})$ 分别表示 r_t^i 和 r_t^{system} 的边缘分布函数。Sklar（1959）指出，一定存在一个 Copula 函数 $C(\cdot)$，使得

$$F(r_t^i, r_t^{system}) = C(F_1(r_t^i), F_2(r_t^{system})) \qquad (10.2.16)$$

根据 Copula 函数的性质，可进一步将 $F(r_t^i, r_t^{system})$ 对应的密度函数 $f(r_t^i, r_t^{system})$ 表示如下：

$$f(r_t^i, r_t^{system}) = c(F_1(r_t^i), F_2(r_t^{system})) f_1(r_t^i) f_2(r_t^{system}) \qquad (10.2.17)$$

其中，$c(\cdot)$ 为 Copula 函数的密度函数，$f_1(r_t^i)$ 和 $f_2(r_t^{system})$ 分别为 r_t^i 和 r_t^{system} 的密度函数。此时，我们实现了将一个联合分布密度函数拆成边缘分布和由 Copula 函数表示的相依结构两个部分。刘晓星等（2011）提供了在不考虑边缘分布的情况下，分析 r_t^i 和 r_t^{system} 分布相依结构的方法，使两者间联合分布函数的求解变得更加便捷。根据条件密度函数的定义，可以得到 $f(r_t^{system} \mid r_t^i)$ 如下所示：

$$f(r_t^{system} \mid r_t^i) = \frac{f(r_t^i, r_t^{system})}{f_1(r_t^i)} = c(F_1(r_t^i), F_2(r_t^{system})) f_2(r_t^{system}) \qquad (10.2.18)$$

因此，计算 CoVaR 首先需要对单变量的边缘分布 $f_1(r_t^i)$、$f_2(r_t^{system})$ 和 Copula 函数 $C(\cdot)$ 进行拟合。Copula 函数有多种形式，常用的 Copula 函数簇主要有阿基米德 CoPula 函数族、椭圆形 Copula 函数族、极值 Copula 函数族和 Archimax Copula 函数族等。实际运用过程中可通过 AIC 准则、BIC 准则和对数似然函数值从多种时变 Copula 模型中选择出最优的拟合模型。而对于单变量的边缘分布可使用偏态 t 分布进行拟合，也可通过极值理论的 BMM 和 POT 模型等其他方法建模估计。

四、基于 MES 的系统性风险度量

(一) MES 的定义

Acharya 等（2017）定义 MES(Marginal Expected Shortfall，边际期望损失）如下：

$$\mathrm{MES}_q^i = E\left(r_t^i \mid r_t^{\mathrm{system}} < \mathrm{VaR}_{q,t}^{\mathrm{system}}\right) \tag{10.2.19}$$

MES 可以理解为当日度市场的收益率低于某个阈值时，机构面临资本损失的期望值。MES 也可以理解为系统的 ES（期望损失）对机构 i 占据的权重求偏导：

$$\mathrm{MES}_q^i = \frac{\partial \mathrm{ES}_{q,t}^{\mathrm{system}}}{\partial w_t^i} = \frac{\partial\left(E\left(r_t^{\mathrm{system}} \mid r_t^{\mathrm{system}} < \mathrm{VaR}_{q,t}^{\mathrm{system}}\right)\right)}{\partial w_t^i} \tag{10.2.20}$$

它衡量了机构 i 占比的增加如何导致极端情况下系统平均损失的增加。一个系统由多个机构组成，因此我们将系统的收益分解成单个机构 i 收益的加权平均，即 $r_t^{\mathrm{system}} = \sum_{i=1}^N w_t^i r_t^i$。其中 w_t^i 代表了机构 i 在系统中占据的权重。据此，MES_q^i 可以进一步表示如下：

$$\mathrm{MES}_q^i = \frac{\partial\left(E\left(\sum_{i=1}^N w_t^i r_t^i \mid r_t^{\mathrm{system}} < \mathrm{VaR}_{q,t}^{\mathrm{system}}\right)\right)}{\partial w_t^i}$$

最终得到其定义式：

$$\mathrm{MES}_q^i = E\left(r_t^i \mid r_t^{\mathrm{system}} < \mathrm{VaR}_{q,t}^{\mathrm{system}}\right)$$

(二) MES 的估计

首先，我们基于 MES 的定义推导其计算公式。参考 Brownlees 等（2012）的做法构造向量 v_t，用向量 v_t 来表示收益率向量 r_t：

$$r_t = H_t^{1/2} v_t \tag{10.2.21}$$

其中，

$r_t = \begin{bmatrix} r_t^{\mathrm{system}} \\ r_t^i \end{bmatrix}$，为系统和机构取均值之后的收益率向量。

$v_t = \begin{bmatrix} \varepsilon_t^{\mathrm{system}} \\ \xi_t^i \end{bmatrix}$ 的一阶矩为 0，即 $E(v_t) = 0$，二阶矩为单位矩阵：$E(v_t v_t') = I_2$。

$H_t^{1/2} = \begin{bmatrix} \delta_t^{\mathrm{system}} & 0 \\ \rho_t^i \delta_t^i & \delta_t^i \sqrt{1-\rho_t^2} \end{bmatrix}$，由 r_t 的协方差矩阵 H_t 的 Cholesky 分解得到。

根据式（10.2.21），系统和机构的收益率可以表示成

$$r_t^{\text{system}} = \delta_t^{\text{system}} \varepsilon_t^{\text{system}} \tag{10.2.22}$$

$$r_t^i = \delta_t^i \rho_t \varepsilon_t^{\text{system}} + \delta_t^i \sqrt{1-(\rho_t^i)^2} \xi_t^i \tag{10.2.23}$$

将 r_t^{system} 和 r_t^i 的表达式代入 MES_q^i 的计算公式,可以得到

$$\text{MES}_q^i = E(\delta_t^i \rho_t \varepsilon_t^{\text{system}} + \delta_t^i \sqrt{1-(\rho_t^i)^2} \xi_t^i \mid \delta_t^{\text{system}} \varepsilon_t^{\text{system}} < \text{VaR}_{q,t}^{\text{system}})$$

整理后可以得到,

$$\begin{aligned}\text{MES}_q^i &= \delta_t^i \rho_t E\left(\varepsilon_t^{\text{system}} \mid \varepsilon_t^{\text{system}} < \frac{\text{VaR}_{q,t}^{\text{system}}}{\delta_t^{\text{system}}}\right) \\ &+ \delta_t^i \sqrt{1-(\rho_t^i)^2} E\left(\xi_t^i \mid \varepsilon_t^{\text{system}} < \frac{\text{VaR}_{q,t}^{\text{system}}}{\delta_t^{\text{system}}}\right)\end{aligned} \tag{10.2.24}$$

在得到 MES_q^i 的表达式之后,便可对其进行估计。系统和机构的收益率序列 δ_t^{system}、δ_t^i 可用一元 GARCH 模型进行估计,相关系数 ρ_t 可由 DCC-GARCH 模型估计得到。而对于最后两个部分标准化的收益率序列 $E\left(\varepsilon_t^{\text{system}} \mid \varepsilon_t^{\text{system}} < \frac{\text{VaR}_{q,t}^{\text{system}}}{\delta_t^{\text{system}}}\right)$ 和 $E\left(\xi_t^i \mid \varepsilon_t^{\text{system}} < \frac{\text{VaR}_{q,t}^{\text{system}}}{\delta_t^{\text{system}}}\right)$ 可使用非参核估计的方法进行估计前文对 v_t 二阶矩的假设仅仅表明 ξ_t^i 和 $\varepsilon_t^{\text{system}}$ 之间不存在线性相关。若是进一步假设 ξ_t^i 和 $\varepsilon_t^{\text{system}}$ 相互独立,则 MES 的公式可以简化为

$$\begin{aligned}\text{MES}_q^i &= \delta_t^i \rho_t E\left(\varepsilon_t^{\text{system}} \mid \varepsilon_t^{\text{system}} < \frac{\text{VaR}_{q,t}^{\text{system}}}{\delta_t^{\text{system}}}\right) + 0 \\ &= \frac{\delta_t^i \rho_t}{\delta_t^{\text{system}}} E(r_t^{\text{system}} \mid r_t^{\text{system}} < \text{VaR}_{q,t}^{\text{system}}) = \frac{\delta_t^i \rho_t}{\delta_t^{\text{system}}} \text{ES}_{q,t}^{\text{system}}\end{aligned} \tag{10.2.25}$$

经过简化后的计算方法不需要对标准化的收益率序列进行估计,而可以使用 $\text{ES}_{q,t}^{\text{system}}$ 的估计值进行计算。

五、基于 SRISK 的系统性风险度量

Acharya 等(2012)将 SRISK 定义为危机发生时,机构 i 的资本缺口。资本缺口越大的机构,被认为对系统性风险的贡献度越大。

$$\text{SRISK}_t^i = E_{t-1}(\text{CapitalShortfall}_i \mid \text{Crisis}) \tag{10.2.26}$$

计算 SRISK_t^i 首先需要估计在危机时期机构可能面临的损失,以确定最终资本缺口的大小。Acharya 等(2012)定义 LRMES(Long Run Marginal Expected Shortfall,长期边际期望损失)为系统收益率在未来 6 个月低于某个阈值的情况下,机构 i 面临股票价值损失的期望值。LRMES 和日度 MES 之间存在近似关系:LRMES = 1 - EXP(-18 × MES)。

在定义了 LRMES 之后,我们便可以推导 SRISK 的计算公式。我们假定在未来的 6

个月发生系统性危机的情况下，机构 i 的负债账面价值不会发生改变，而权益的市值会减少 LRMES。资本监管要求为 k，则 SRISK 可以表示如下：

$$\begin{aligned} \text{SRISK}_t^i &= E(k(\text{Debt}_t^i + \text{Equity}_t^i) - \text{Equity}_t^i \mid \text{Crisis}) \\ &= k\text{Debt}_t^i - (1-k)E(\text{Equity}_t^i \mid \text{Crisis}) = k\text{Debt}_t^i - (1-k)(1-\text{LRMES}_t^i)\text{Equity}_t^i \end{aligned}$$

(10.2.27)

在得到 MES 估计值的基础上，计算 SRISK 就变得较为简单。债务账面价值和权益的市值的数据可从资产负债表和交易所网站获得。

六、基于网络分析法的系统性风险度量

网络分析法一般包含两个步骤：一是构建金融机构关联网络；二是通过网络分析法测度机构关联性及系统性风险水平。金融机构关联网络的构建方法可以分为三类：基于银行经营业务数据的网络模型、根据复杂网络理论直接生成的关联网络模型、基于金融机构的股票等金融市场数据的关联网络模型。

基于银行实际经营数据可以构造机构间的直接关联网络和间接关联网络。直接关联网络主要刻画金融机构通过同业拆借或者支付结算形成的直接关联；间接关联网络主要关注机构之间由于持有相似的资产而导致的风险敞口，重点考察降价抛售导致资产价格下跌的间接传染渠道。基于经营数据构造的网络能够对系统性风险的成因进行具体的分析，并能重点考虑特定的关联形式。但由于机构的资产负债表披露的频率较低，具有滞后性，不利于对系统性风险的传染进行及时量。

基于复杂网络理论也可直接生成关联网络模型，如无标度网络、随机网络、小世界网络等。在构建模型之后，可以在不同参数或不同网络结构条件下进行模拟分析，以捕捉影响机构间风险传染和系统性风险水平的主要因素。基于经营数据和复杂网络建立起来的模型均可用于仿真模拟分析，考察系统性风险的传染路径。但两者也存在区别，相比银行经营数据构建的关联网络，网络理论的应用不受数据的限制，着重从理论上分析网络结构特征对风险传染的影响。但基于该理论构建的网络模型仅仅包含现实情况的部分结构特征，因此无法对现实中机构的系统性风险水平进行评估。

基于股价等市场数据构建网络模型常用的分析方法包括：Granger 因果检验、广义方差分解、LASSO 分位数回归或 TENET 等。在构建网络模型之后，便可根据网络特征对单个机构的系统重要性以及整个系统的关联度进行分析。与前面所述方法不同的是，基于股价数据构建网络模型的方法使用的是高频的金融市场数据，综合反映了机构之间的直接关联、间接关联以及预期效应等全面的信息。基于市场数据构建的网络模型可以进一步细分为三类：基于均值的网络关联模型、基于波动性的网络关联模型和基于尾部关联的网络关联模型。Granger 因果检验可以用于均值层面的分析；广义方差分解运用于波动性层面的分析；LASSO 分位数回归以及 TENET 可用于尾部层面的分析。

七、案例演示

我们以工商银行为例，展示2007—2020年间ΔCoVaR、MES和SRISK的变化情况。如图10-1所示，从整体来看，MES和ΔCoVaR的估计值较为接近，SRISK受到银行负债水平的影响，呈现出上升的趋势。2008年金融危机、2013年"钱荒"以及2015年的股价崩盘期间，系统性风险均出现明显的增加，表明指标对极端情况下系统性风险的变化有较好的捕捉能力。

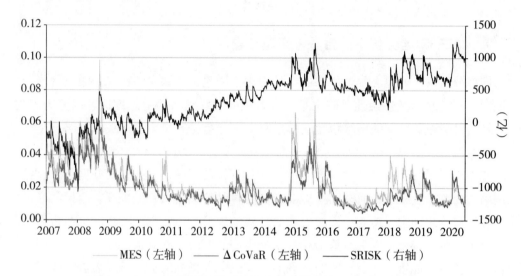

图10-1 工商银行相关系统性风险度量指标（2007—2020年）

第三节 宏观审慎监管

一、微观审慎监管的缺陷

《巴塞尔协议》一直秉承保证稳健经营和公平竞争的精神，力图全面地反映各类风险，促使商业银行强化风险管理能力，加强整个商业银行体系的安全性与稳定性。自20世纪80年代，《巴塞尔协议Ⅰ》成为全球金融监管的标准后，一直致力于维护单个银行的稳健经营。协议对每家银行的资本规模提出了要求，将其作为金融监管的核心。2004年推出的《巴塞尔协议Ⅱ》进一步完善了对资本监管的指标设置、计量方式、质量要求等内容。但很明显，《巴塞尔协议Ⅰ》和《巴塞尔协议Ⅱ》的监管思路都是保持银行的个体清偿能力，都处于微观审慎的监管框架下。2008年金融危机的爆发，揭示了以《巴塞尔协议Ⅱ》为代表的微观审慎监管存在的一些缺陷（巴曙松 等，2010）。

(一) 资本监管的顺周期性

顺周期性是指监管当局对监管资本的要求会通过影响银行体系的信贷行为而放大宏观经济周期，加剧经济波动。顺周期性的来源可以划归为资本充足管理和评级方法两大方面。第一，资本充足管理与生俱来带有周期性特征，"公允价值"新会计准则的引入进一步加剧了其顺周期性。在经济的下行期，由于风险暴露增大、违约率和损失率提高、资产价格波动加大，银行的预期损失和非预期损失增加，迫使银行提高资本金准备。与此同时，经济下行会增加银行的坏账资产比例，导致其资本金的消耗。在资本强约束和主动避险的双重作用下，银行会收缩信贷供给，导致实体经济进一步萎缩，加剧经济的下行。而在经济的上行期，风险的减少、违约率的降低使银行主动减少资本，加之资产价格上涨，最终使得银行的放贷数量增加，促进经济继续保持繁荣。从这个角度来看，资本管理的顺周期性是金融和实体经济相互助推的结果。

第二，评级体系加剧了顺周期性。信用风险内部评级法的引入，改进了监管资本的风险敏感度，从而间接产生了顺周期性。在经济的上行期，企业经营状况良好，抵押品价值较高，此时银行对违约概率、违约损失率等要素的估值较低，对借款方内部评级级别较高，导致其基于内部评级的监管资本要求较低，刺激银行进一步扩大信贷规模，从而刺激经济的繁荣。而在经济的下行期，企业经营不佳，银行降低相应资产评级，抬升监管资本要求，减少信贷投放，导致经济的进一步下行。

(二) 对系统性风险的评估不足

《巴塞尔协议》的风险模型中的影响因素大多假定为外生，而忽略了对银行系统性风险的评估。随着经济全球化和金融自由化的推进，金融机构之间的相关性加强，风险暴露日益趋同。《巴塞尔协议》将单个金融机构作为监管单位，实行自下而上的监管方法，忽略了"共同谬误"。"共同谬误"是指在一个系统当中，每个个体处于最安全的状态，并不等同于整个系统也处于安全的状态。2008年的金融危机表明，即便一家金融机构经营良好、资本充足，与其较为相似的金融机构陷入危机也可能会导致市场预期改变，从而导致危机传染至该机构。因此，忽略金融系统之间的关联，仅仅关注金融机构个体的稳健经营，无法全面地起到维护金融稳定的作用（巴曙松 等，2011）。

二、宏观审慎监管简介

(一) 宏观审慎监管的定义

2007年的次贷危机表明了监管政策的缺陷。以《巴塞尔协议Ⅱ》为代表的微观审慎监管未能捕捉到金融体系中积累的风险隐患，未能识别繁荣背后隐藏的泡沫。通过危机事后的反思，可以发现微观审慎监管政策存在着局限性。第一，微观审慎政策只关注个体风险，缺乏对系统性风险的考虑。随着金融体系的不断发展，金融机构间的关联越来越紧密，单个机构的危机很容易传染至整个金融系统，导致系统性的危机。其次，微观审慎监管无法识别金融机构的顺周期特征。第二，微观审慎监管政策对市场的流动性缺乏有效的监管（巴曙松 等，2010）。对微观审慎政策的修补可以更好地保障个体金融机构的运营，但是对于系统性风险的监管缺失，只能通过建立宏观审慎监管框架来补充。

对于宏观审慎监管的定义并没有一个统一的定论。2011 年，IMF 提出宽口径和窄口径的宏观审慎政策定义：宽口径的宏观审慎政策指所有可以保障金融稳定的政策；而窄口径的宏观审慎政策仅限于被赋予系统性视角的审慎监管政策组合。也有部分文献通过宏微观审慎政策的对比提出定义。Borio（2003）从五个方面进行对比，具体如表 10-1 所示。

表 10-1　宏观审慎政策与微观审慎政策的对比

类别	宏观审慎政策	微观审慎政策
直接目标	减少系统性金融危机发生概率	减少个体金融机构倒闭概率
最终目标	减少对经济（GDP）的负面影响	保护投资者
风险特征	内生	外生
机构间关联性和共同风险敞口	关注机构之间的关联性和共同的风险敞口	机构之间是相互独立的
审慎监管的测度标准	系统范围风险，自上而下	单个金融机构风险，自下而上

数据来源：Borio C. Towards a Macroprudential Framework for Financial Supervision and Regulation? [J]. CESifo Economic Studies, 2003, 49(2): 181-215.

宏观审慎监管的目标是防范系统性风险，维护金融稳定，防止经济增长受影响；而微观审慎监管的目标是减少个体金融机构倒闭的概率，保护投资者的利益。并且，宏观审慎监管侧重于监管金融机构的整体行为以及金融系统的结构特征，将风险视为内生的因素。而微观审慎监管侧重于关注金融机构的个体行为和风险承担，考虑单个机构的风险，将其余因素（如资产价格、信贷增长）视为外生。在测度标准方面，宏观审慎监管属于自上而下的范畴，从整体角度刻画不同周期阶段金融体系的风险程度；而微观审慎监管属于自下而上的范畴，将保障单个机构的正常经营视为监管目标。

宏观审慎政策旨在解决系统性风险的两个特定维度：时间维度和横截面维度。时间维度表现为金融体系的顺周期性，即繁荣时期过度的风险承担和萧条阶段过度的风险厌恶，使得信贷供给、流动性和资产价格出现周期变化。横截面维度反映给定时间点风险在金融体系内的传播。其主要受到机构规模、杠杆率、业务集中度以及机构间相互关联度的影响。总而言之，宏观审慎政策解决的关键问题是系统性风险在何时升高（时间维度）以及由谁造成的（横截面维度）。

(二) 监管框架与宏观审慎监管工具

宏观审慎监管框架的构建一般包括三个部分：宏观审慎分析、宏观审慎监管的政策选择、宏观审慎监管工具的运用。这三个部分共同组成宏观审慎监管框架，如图10-2所示。

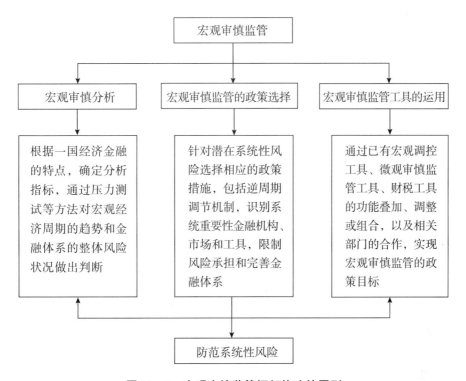

图10-2 宏观审慎监管框架构建的原则

资料来源：中国金融稳定报告（2020），中国人民银行。

宏观审慎分析指通过一系列经济分析方法对金融体系的健全性和脆弱性进行评估。宏观审慎分析的监测、评估，既包括对金融体系所面临的风险和金融体系抵御风险冲击能力进行评估，也包括对金融体系和实体经济之间的关联进行评估，并以此作为确定系统性风险的来源以及采取宏观审慎监管政策的基础。

宏观审慎监管的政策选择主要从宏观审慎监管的两个维度出发：一是横截面维度；二是时间维度。横截面维度主要考虑金融体系在某一时点上的风险分布情况，重点关注的是系统重要性金融机构在金融体系中的风险分布和机构之间的关联情况。在判断和区分的基础上，考虑用何种宏观审慎监管工具对系统重要性金融机构进行有效监管。时间维度主要考察金融体系的顺周期性问题，对影响金融体系顺周期性的各类因素进行具体分析，从而选择相应的宏观审慎工具，进行逆周期对冲操作。

从政策工具来看，多数宏观审慎监管依旧使用微观审慎监管的常用工具，如资本监管、拨备杠杆率、审慎信贷标准和其他风险管理要求等。不过不同宏观审慎监管工具的着眼点存在差别。

横截面维度的宏观审慎政策关注的是某一时点上，系统性风险在金融机构间的分布和相互作用。机构之间的关联可能来自相同的风险敞口而导致的共同风险，也可能是机构之间的业务往来导致的关联。在这一维度上，宏观审慎的职能就是预防系统性风险的集聚，并在金融体系受到冲击时，尽量减少损失，维护金融体系的稳定。它所关注的共同风险和相互关联风险关乎机构是否会发生同时倒闭或者同时大幅亏损的情况，这是宏观审慎监管和微观审慎监管的一个主要区别，对于金融体系的稳定至关重要。横截面维度主要运用自由裁量方法，实施自上而下的干预，实现监管力度与单个机构对系统性风险影响程度的相匹配。自上而下的方式需要对单个机构的系统性风险贡献进行计算，进而相应地调整审慎监管工具（如资本金要求等）。与微观审慎监管方法对所有被监管机构采用相同的监管标准不同，这一方式对系统性、重要性金融机构采取更为严格的监管标准。

时间维度的宏观审慎政策关注的是风险随着时间推移发生的累积以及顺周期性问题，即考虑系统性风险是如何通过金融体系内部以及金融体系和实体经济间相互作用而扩大的。这一维度的宏观审慎政策主要通过对资本监管框架进行修改，建立自动稳定器机制，为压力时期积累缓冲资本。各维度具体包含的审慎政策工具如表 10-2 所示。

表 10-2 宏观审慎政策时间维度和横截面维度的对比分析

时间维度	横截面维度
逆周期资本缓冲	系统性资本附加要求
时变的系统性流动性附加要求	系统性流动性附加要求
特定部门风险敞口的风险权重的逆周期变化	非核心债务征收
跨周期的回购协议的利润或折扣估值	对未使用共同对手方清算所进行结算的贸易要求更多资本
时变的贷款价值比、负债收入比以及贷款收入比上限规定	基于系统性风险考虑拆分金融公司的操纵能力
时变的货币错配限制或资产风险敞口限制	应付衍生品的资本要求
时变的信贷总量、信贷增长和贷存比限制	对系统性风险敏感的存款保险风险溢价
动态拨备制度	对许可的业务活动范围的限制（如禁止系统重要性银行进行自营交易）

资料来源：Macroprudential Policy: An Organizing Framework, IMF, 2011.

其中，逆周期资本缓冲在经济上行期对银行提高资本要求，以抑制信贷的过度繁荣；在经济下行期降低资本要求，以增加银行的贷款能力，防止信贷的紧缩。时变的 LTV（Loan to Value，贷款价值比）、DTI（Debt to Income，负债收入比）以及 LTI（Loan to Income，贷款收入比）属于杠杆率监管指标，通过影响房地产的抵押贷款需求,及时地对过热或过于疲软的房地产市场进行调控。LTV是指按揭贷款总额与房地产价格的比率,该比率越低,则购房者的还款压力越小,还款能力越强。对LTV设置上限,有助于限制住房抵押贷款的过度发放。DTV和LTV一起使用,有助于进一步限制购房者的借款能力。根据经济周期对监管上限进行调整,能起到抑制抵押贷款顺周期性的作用。动态拨备制度要求商业银行在信用扩张期多计提拨备,其作用与逆周期资本缓冲类似,事前能够抑制银行过度放贷,危机之后能增加冲抵信用损失的能力。

除了根据风险目标进行分类,还可以根据政策工具影响的机构行为不同将宏观审慎政策工具分为三类:第一类工具通过提高资本和流动性缓冲来影响金融机构的融资结构及成本,如逆周期资本要求、动态贷款损失拨备要求等。第二类工具旨在影响金融机构资产组合及资产的风险特征,如对信贷扩张增幅、外汇敞口风险、流动性资产、贷款组合的行业集中度进行限制。第三类工具旨在提高借款人的平均质量,这类方法主要通过提高借款人的贷款资格标准来限制信贷的发放。如贷款价值比、负债收入比等。

IMF对各类宏观审慎工具使用情况的调查结果显示,自2008年以来,宏观审慎工具的使用有所增加。其中,银行风险敞口、贷款价值比、风险敞口集中度等工具的使用尤为普遍。宏观审慎工具的种类繁多,选取哪些工具、选取单一还是多样化的工具、如何协调工具之间的影响,是各国监管当局待解决的重要问题。

(三)《巴塞尔协议Ⅲ》对宏观审慎监管与系统重要性银行的规定

《巴塞尔协议Ⅱ》可以被视为微观审慎层面的监管政策,而2008年国际金融危机爆发之后,《巴塞尔协议Ⅲ》试图修补宏观审慎监管层面的漏洞。《巴塞尔协议Ⅲ》的宏观审慎监管思路主要强调对金融机构资本和流动性的监管。

在资本方面,《巴塞尔协议Ⅲ》提高了资本要求的数量和质量,将核心以及资本的监管下限从2%提高至4.5%,并额外增加2.5%的强制性资本留存缓冲要求。以上改变可以被认为是微观审慎监管层面的强化,以保证银行在危机时期有较为充足的资本缓冲。除了以上改变,《巴塞尔协议Ⅲ》同时还增加了对逆周期资本缓冲的要求。如在信贷增长时期,各国监管部门可以根据本国实际情况,要求银行多持有一定数量的超额资本。此外,监管部门还可以对系统重要性金融机构再增加1个百分点至2.5个百分点的附加资本。存在个体差异和时间差异的资本缓冲,使得资本要求具有了周期的属性,一定程度上可以熨平银行的顺周期性,减少系统性风险积累的概率。

逆周期的资本缓冲可以从两个方面实现宏观审慎的目标。一方面,在经济繁荣时期增加资本缓冲能够给信贷增长降温。资本成本高于债务成本,导致银行负债端融资成本增加,从而抬高贷款利率。并且,资本的增加会减少银行的道德风险问题,防止银行在繁荣期过度的风险承担带来信贷的增长。另一方面,在繁荣时期积累的资本能够为经济下行时期提供额外的资本缓冲,有助于弱化在极端情况下由去杠杆带来的负面影响。

在流动性方面,《巴塞尔协议Ⅲ》提出了两个新的监管指标:流动性覆盖率和净稳定资金比率。流动性覆盖率是衡量银行流动资产满足未来30天资金净流出的能力。这一指标主要关注银行的短期流动性,旨在提高银行抵御流动性冲击的能力。而净稳定资金比率指的是可用的稳定资金和业务所需的稳定资金之间的比值,用于度量银行较长期限内的流动性。对该比率的监管有助于促进银行使用稳定的资金来源来支持资产,降低资产负债表的期限错配程度。

除了提出流动性覆盖率和净稳定资金比率这两个监管指标,《巴塞尔协议Ⅲ》的流动性要求对银行之间的短期金融关联(如隔夜无担保银行间贷款)施加惩罚,以降低金融中介机构之间的资产和负债关联程度,从而降低传染效应。

此外,《巴塞尔协议Ⅲ》还补充了对全球系统重要性银行的监管。FSB将系统重要性金融机构定义为,具有一定规模、市场重要性且关联程度较高的机构,它们陷入危机或者倒闭将引起国际金融体系严重混乱,并给许多国家造成负面的经济后果。系统重要性银行规模大,业务复杂性高,与其他金融机构关联性强,在金融体系占据重要的地位。金融机构为了实现自身利益的最大化,做出的经营决策往往是个体理性的。鉴于政府隐性担保的存在,系统重要性金融机构具有逆向选择和道德风险问题,规避了市场约束,倾向于进行高风险经营,进一步提升了危机发生的可能性。

为加强对系统重要性金融机构的监管,FSB于2011年发布了《针对系统重要性金融机构的政策措施》(Global Systemically Important Financial Institutions,G-SIFIs),提出了对系统重要性金融机构的监管计划,且发布了全球系统重要性金融机构的具体名单。其中,全球系统重要性银行的评估方法由巴塞尔委员会制定。根据委员会于2013年7月发布的最新评估方法,全球系统重要性银行的评估体系包含5类,共13个指标。具体指标及其权重如表10-3所示。根据表中的权重计算出单个银行的加权得分之后,将单个银行得分除以样本中所有银行的得分总额,再将结果乘以10,000,最后得到基点得分。

表10-3 全球系统重要性银行基于具体指标的测量方法

分类及权重	具体指标	权重
跨境活动(20%)	跨境债权	10%
	跨境负债	10%
规模(20%)	在《巴塞尔协议Ⅲ》杠杆率中所使用的"风险暴露总额"	20%
关联度(20%)	金融体系内的资产	6.67%
	金融体系内的负债	6.67%
	证券余额	6.67%
可替代性/金融机构基础设施(20%)	受托资产	6.67%
	支付业务	6.67%
	在债券和股票市场上的承销量	6.67%

（续表）

分类及权重	具体指标	权重
复杂性（20%）	场外衍生品名义价值	6.67%
	第三级资产	6.67%
	交易中和可供出售的证券	6.67%

注：数据存在进位误差。

全球系统重要性银行评估体系的5类指标具体包括：跨境业务、规模、关联度、可替代性/金融机构基础设施和复杂性5个方面。跨境业务规模较大的银行，协调更为困难，银行倒闭的风险传染和溢出效果更为显著；规模越大的银行，其业务越难以替代，银行倒闭可能引发市场崩溃和信心丧失；关联度越大的银行，通过网络效应和风险传染而引发其他机构出现危机的概率就越大；可替代性较差且为金融业务提供市场基础设施的银行，对市场流动性的影响更大；最后，银行的业务、结构和操作的复杂性越高，银行倒闭对金融体系的影响越大，救助银行的成本和时间越多。

FSB于每年11月根据各机构的最终评分，更新全球系统重要性金融机构名单。如果某家银行超过了巴塞尔委员会设置的系统重要性银行的最低分数基点（130基点），则该银行将被列为全球系统重要性银行。被评为全球系统重要性银行以后，商业银行将面临更高的监管标准，如附加资本充足率、杠杆率以及总体损失吸收能力等。2020年，全球系统重要性银行的名单如表10-4所示。巴塞尔委员会根据银行所得基点将系统重要性银行分为5组，每一组都有不同的损失吸收要求，组别越高，对应的监管要求越严格。

表10-4 2020年全球系统重要性银行名单

分组	得分区间	附加资本要求	银行名单
5	530—629	3.5%	无
4	430—529	2.5%	无
3	330—429	2.0%	花旗集团 汇丰银行 摩根大通
2	230—329	1.5%	美国银行 中国银行 巴克莱银行 法国巴黎银行 中国建设银行 德意志银行 中国工商银行 三菱东京UFJ银行

(续表)

分组	得分区间	附加资本要求	银行名单
1	130—229	1%	中国农业银行 纽约梅隆银行 瑞信银行 高盛 法国 BPCE 银行集团 法国农业信贷银行 荷兰国际集团银行 瑞穗金融集团 摩根士丹利国际银行 加拿大皇家银行 桑坦德银行 法国兴业银行 渣打银行 美国道富银行 三井住友银行 道明银行 瑞士联合银行集团 裕信银行 美国富国银行

资料来源：2020 List of Global Systemically Important Banks（G-SIBs），BIS，2020.

总体来看，《巴塞尔协议Ⅲ》修补了《巴塞尔协议Ⅱ》的不足，考虑到银行的周期性特征和系统重要性程度，对资本和流动性监管进行改进。虽然还有部分监管细节需进一步地优化，但《巴塞尔协议Ⅲ》在应对系统性风险方面已经取得了一大进步。

(四) 中国宏观审慎政策的实践

中国在宏观审慎政策方面的探索实践起步较早。2003 年，人民银行在房地产金融领域首次引入最低首付比例政策，并根据形势变化，多次逆周期调整最低首付比例要求。2008 年国际金融危机爆发后，人民银行在逆周期宏观审慎管理方面进行了创新性探索。2010 年，人民银行通过引入差别存款准备金动态调整机制，探索开展宏观审慎管理，实施逆周期调节。2016 年，将差别准备金动态调整机制升级为宏观审慎评估体系（MPA），逐步将更多金融活动和资产扩张行为纳入宏观审慎管理，尤其是将信贷投放与金融机构资本水平及经济增长相联系，有效促进了货币信贷平稳适度增长。此外，人民银行还探索建立外汇市场、房地产金融、债券市场等领域的宏观审慎管理框架。

党中央、国务院也高度重视宏观审慎管理工作。2017 年第五次全国金融工作会议提出，要以防范系统性金融风险为底线，加强宏观审慎管理制度建设。党的十九大报告提出,"健全货币政策和宏观审慎政策双支柱调控框架"。2019年年初,党中央、国务院批定的机构改革方案,进一步明确了人民银行负责宏观审慎管理的职能,牵头建立宏观审慎管理框架,统筹监管系统重要性金融机构、金融控股公司和重要金融基础设施,并批准设立了宏观审慎管理局。

1. 宏观审慎管理的实践

在宏观审慎管理工作方面,近年来人民银行重点开展了以下工作。

一是建立中国宏观审慎政策框架。立足中国实际,借鉴国际组织和主要经济体实践经验,研究编制《宏观审慎政策指引(试行)》,围绕政策目标、系统性风险监测评估、政策工具箱,政策传导等要点,健全宏观审慎治理机制,探索建立具有中国特色的宏观审慎政策框架。

二是有序推进系统重要性金融机构监管。2018年11月,人民银行联合监管部门发布了《关于完善系统重要性金融机构监管的指导意见》,确立了中国系统重要性金融机构监测、监管和风险处置的总体制度框架。

三是加强金融控股公司监管。2020年9月,国务院发布《关于实施金融控股公司准入管理的决定》,明确非金融企业控股或实际控制两类或者两类以上金融机构,具有规定情形的,应当向人民银行提出申请,经批准设立金融控股公司,并接受监管。人民银行发布了《金融控股公司监督管理试行办法》,遵循宏观审慎管理理念,坚持总体分业经营为主的原则,以并表为基础,对金融控股公司资本、行为及风险进行全面、持续、穿透式监管。

四是开展重点领域宏观审慎管理。2020年3月,人民银行等六部门联合印发《统筹监管金融基础设施工作方案》,明确将金融资产登记托管系统、清算结算系统、交易设施、交易报告库、重要支付系统、基础征信系统等六类设施及其运营机构,纳入统筹监管范围,统一监管标准,健全准入管理,优化设施布局,健全治理机制。

此外,人民银行还持续推动完善房地产金融宏观审慎管理,并且探索开展跨境资金流动宏观审慎管理。根据外汇市场和跨境资金流动形势,动态调整外汇风险准备金率和全口径跨境融资宏观审慎系数。

2. 中国的宏观审慎工具

在宏观审慎工具的运用方面,根据Lim等(2011)和Claessens等(2013)的统计,中国目前使用的宏观审慎工具主要有5种:准备金率、LTV上限、DTI上限、逆周期资本要求和系统重要性银行附加资本要求、贷款限额控制。其中,前两种工具使用得最为频繁。

就资本要求而言,2013年1月1日原银监会施行《商业银行资本管理办法(试行)》,规定商业银行应当在最低资本金要求和储备资本金要求之上计提逆周期资本金。逆周期资本充足率要求为风险加权资产的0—2.5%,由核心一级资本来满足。此外,国内系统重要性银行还应满足附加资本要求(方意,2016)。

中国虽然实行DTI上限控制,但一直都是50%;贷款限额控制则主要集中在2008

年金融危机发生前,以及2009年下半年,执行的时间也相对较短。由此可见,后三种工具或是使用时间较短,或是没有变化。与此相对,2003—2012年中国人民银行调整法定存款准备金率次数为40次,且主要集中在2006年以后。

法定准备金率政策以调控银行信贷膨胀作为目标。早在2004年中国人民银行就建立了差别存款准备率制度,后来又将宏观审慎视角引入到准备金工具中,实施了差别存款准备金动态调整机制。2006—2008年,面对国内银行体系流动性过剩、信贷增长过快、房地产价格快速攀升、资产价格泡沫和通货膨胀压力增大,系统性风险不断累积的局面,中国人民银行采用存款准备金逆周期调节,不断上调准备金率,从2006年的8%上升至2008年9月份的17.5%。雷曼兄弟破产后,国际金融危机席卷全球,为了应对资本外流、信贷萎缩可能导致的经济减速甚至崩溃,央行又适时下调准备金率,防范中国银行体系出现流动性危机。随着金融危机的影响逐渐褪去,2009年在宽松货币政策条件和资本强劲流入的双重作用下,中国出现了增速高达33%的信贷扩张高潮。因此,央行在2010年年初及时上调了5家大型商业银行的法定存款准备金率,进行逆周期的审慎监管。并且于2011年正式引入差别准备金动态调整机制。总的看来,2003年以来,存款准备金政策出现了向更加严格和稳健发展的趋势,而且针对不同金融机构实施了差别化调节的新模式。

而住房贷款首付比政策以及以调控银行信贷膨胀为目标。中国住房抵押贷款的LTV上限也经过了十余次的调整,其中二套房的LTV上限由2003年80%下降到2011年40%。通过LTV上限来调节信贷需求,一方面控制房地产价格的过快上涨及其泡沫化,另一方面,防范商业银行杠杆率快速上升及其对房地产市场风险的过度暴露(梁琪 等,2015)。

3. 对系统重要性金融机构的监管

2012年6月,原银监会发布《商业银行资本管理办法(试行)》,明确提出对国内系统重要性银行的监管要求,提出对国内系统重要性银行附加资本要求为1%,国际系统重要性机构的附加资本要求则不低于1%。2012年12月发布的《中国银监会关于实施<商业银行资本管理办法(试行)>过渡期安排相关事项的通知》对于过渡期银行资本要求具体如表10-5所示。2014年1月,中国原银监会发布《商业银行全球系统重要性评估指标披露指引》,要求表内外资产余额为1.6万亿元人民币以上或者上一年被认定为国际系统重要性商业银行从2014年起披露全球系统重要性评估指标。自2016年起,中国人民银行利用宏观审慎评估体系(MPA)对系统重要性金融机构进行监管。MPA将银行分为全国性系统重要性机构(N-SIFIs)、区域性系统重要性机构(R-SIFIs)以及普通银行(CIFIs)。2018年11月,央行、银保监会、证监会联合印发《关于完善系统重要性金融机构监管的指导意见》,试图完善中国系统重要性金融机构监管框架,弥补金融监管短板,引导大型金融机构稳健经营。

表 10-5 过渡期内分年度资本充足率要求（2013—2018）

银行类别	项目	2013 年	2014 年	2015 年	2016 年	2017 年	2018 年
系统重要性银行	核心一级资本充足率	6.5%	6.9%	7.3%	7.7%	8.1%	8.5%
	一级资本充足率	7.5%	7.9%	8.3%	8.7%	9.1%	9.5%
	资本充足率	9.5%	9.9%	10.3%	10.7%	11.1%	11.5%
其他银行	核心一级资本充足率	5.5%	5.9%	6.3%	6.7%	7.1%	7.5%
	一级资本充足率	6.5%	6.9%	7.3%	7.7%	8.1%	8.5%
	资本充足率	8.5%	8.9%	9.3%	9.7%	10.1%	10.5%

资料来源：中国原银监会关于实施《商业银行资本管理办法（试行）》过渡期安排相关事项的通知，中国银监会，2012。

鉴于当前中国对系统重要性金融机构的识别和监管还处于起步阶段，更多的监管要求和操作细节还需要进一步明确。加之系统重要性银行规模大，业务复杂性高，与其他金融机构关联性强，在金融体系中提供关键服务，其稳健经营关系到金融体系的整体稳定。为完善宏观审慎政策框架，加强系统重要性银行监管，根据《系统重要性银行评估办法》，中国人民银行、中国银行保险监督管理委员会基于 2020 年银行业数据，评估认定了 19 家国内系统重要性银行，包括 6 家国有商业银行、9 家股份制商业银行和 4 家城市商业银行。按系统重要性得分从低到高分为五组，具体名单如表 10-6 所示。2021 年 9 月 30 日，中国人民银行行长易纲、银保监会主席郭树清签署中国人民银行 中国银行保险监督管理委员会令〔2021〕第 5 号，发布《系统重要性银行附加监管规定（试行）》，自 2021 年 12 月 1 日起施行。文件中对系统重要性银行提出更高的资本和杠杆率要求，以推动其提高损失吸收能力，要求其预先筹划重大风险情形下的应对预案，降低破产的可能性；从宏观审慎管理角度，强化事前风险预警，与微观审慎监管加强统筹、形成合力。

表 10-6 中国 19 家国内系统性重要银行

分组	银行名单
5	暂无
4	工商银行、中国银行、建设银行、农业银行
3	交通银行、招商银行、兴业银行
2	浦发银行、中信银行、民生银行、邮政储蓄银行
1	平安银行、光大银行、华夏银行、广发银行、宁波银行、上海银行、江苏银行、北京银行

资料来源：《中国人民银行中国银行保险监督管理委员会发布我国系统重要性银行名单》，中国人民银行，2021。

4. 宏观审慎监管的未来计划

一是持续健全宏观审慎政策框架。适时发布《宏观审慎政策指引》，完善中国宏观审慎政策的总体设计和治理机制。继续加强重点领域宏观审慎管理工作，不断丰富宏观审慎政策工具箱并制定工具启用、校准和退出机制。

二是完善系统性风险监测评估体系。重点健全房地产金融、外汇市场、债券市场、影子银行以及跨境资金流动等重点领域宏观审慎监测、评估和预警体系，分步实施宏观审慎压力测试并将其制度化。

三是加强系统重要性金融机构和金融控股公司监管。强化系统重要性银行监管。建立中国系统重要性保险机构、证券机构宏观审慎管理框架。制定系统重要性金融机构的恢复和处置计划。完善金融控股公司监管配套细则，依法依规、稳妥有序开展金融控股公司准入管理和持续监管。

四是做好宏观审慎政策与其他政策的协调配合。加强宏观审慎政策和货币政策、微观审慎监管政策的协调配合，充分发挥政策合力。加强宏观审慎政策与财政政策、产业政策、信贷政策等的协调配合，增强金融服务实体经济能力。

三、宏观审慎监管的国际经验

（一）美国模式

自2008年危机以来，美国监管当局进行了3次改革，分别为2008年3月布什政府提出的《现代金融监管架构改革蓝图》、2009年6月奥巴马政府公布的《金融监管改革——新基础：重建金融监管》两项改革计划。2010年7月，《多德－弗兰克华尔街改革和消费者保护法》颁布。

这些监管改革加强了对系统重要性金融机构的监管和对系统性风险的重点防范。具体措施如下：(1) 美联储作为系统性风险监管的"超级监管者"，具有对系统重要性金融机构进行监管的权力；(2) 成立金融稳定监管委员会（Financial Stability Oversight Council，FSOC），其职能为识别并监控系统性风险以及促进监管机构协调合作，和美联储构成权力制衡；(3) 提高对金融机构的资本要求和其他审慎标准，且对大型金融机构和相互关联性较强的机构施行更为严格的监管标准，并引入"沃尔克规则"；(4) 赋予财政部、美联储和联邦存款保险公司等政府监管部门对大型复杂金融机构进行安全、有序的破产清算的权力，有效解决"大而不能倒"的问题；(5) 建立全国银行监理局，负责监督全部的联邦特许银行；(6) 新设消费者金融保护署，维护各类金融机构之间稳定公平的竞争环境；(7) 撤销储蓄管理局以及其他可能引发监管漏洞的机构，并在财政部下设联邦保险办公室，弥补保险监管漏洞，推行无盲区、无缝隙的全面监管。

（二）英国模式

英国2009年金融监管框架改革的主要内容包括：新设专门机构并完善部门之间的

协调机制,高度重视对于系统性风险的监控;明确监管当局在陷入危机银行的处置中的权限和决策程序;加强金融消费者的利益保护;强化欧洲和国际范围的监管合作。

本轮改革中,英国特别强调了宏观审慎政策的金融稳定目标,具体措施体现在以下两个方面:

(1) 设立新机构。第一,《2009 年银行法案》(Banking Act 2009)明确了英格兰银行在保障金融稳定中的核心地位、职责权限和政策工具,并提出在其下设立新的监管专门机构,即隶属于英格兰银行的金融稳定委员会。该组织的地位与货币政策委员会相当,主要负责系统性风险的识别以及金融稳定策略的制定。第二,《改革金融市场》"白皮书"提出建立新的金融稳定委员会来替代原有的"三方常务委员会",在承继协调英格兰银行、财政部以及金融服务局三方之间关系职能外,全面负责监控金融风险和保障金融稳定。上述两家机构从不同层面加强对金融稳定的监控,并定期磋商、报告、讨论系统性风险及金融稳定相关问题。

(2) 监管部门协调。《2009 年银行法案》规定了金融监管部门在信息共享方面的职责与权力,并指出金融服务局可以获取财政部、金融行业关于金融稳定的监管信息。此外,金融服务偿付计划(Financial Services Compensation Scheme,FSCS)和新建的特别决议机制(Special Resolution Regime,SRR)中均对不同监管部门在银行危机处理中的协作问题做出了相关规定。

(三) 欧盟模式

2008 年全球金融危机之后,欧盟的金融监管改革主要基于莱姆法路西框架的局部调整,其特色在于超越主权国家层面的系统性风险识别与干预,突出宏观审慎政策的重要性。此轮改革的基本目标是建立宏观审慎和微观审慎监管并重的金融监管体系。新的监管框架精简整合了原有框架中的第二和第三层级。新成立了欧洲系统风险监管委员会(European System Risk Council,ESRC)和欧洲金融监管体系(European System of Financial Supervision,ESFS)两个专门机构,分别负责宏观审慎政策和微观审慎监管领域。

在宏观层面上,此轮改革强调对宏观监管漏洞的弥补。其中,监管主体——欧洲系统风险监管委员会由欧洲中央银行行长领导,其下由三大部分构成,分别是成员国中央银行行长(欧洲中央银行总理书会)、三大欧洲监管局当局局长以及欧盟委员会的代表构成。其主要职责为监控和预测宏观经济中威胁金融体系的风险,识别系统性风险,向各国金融监管当局和欧洲金融监管当局报告、预警并督促其采取措施,并将已确认的系统性风险向 FSB 和 IMF 通报。虽然欧洲系统风险监管理事会并不具备法律强制权力,但它仍是欧洲宏观审慎政策的核心。

在微观层面上,此轮改革强调监管机构的协调性与一致性。其中,监管主体——欧洲金融监管体系,由欧洲银行监管局、欧洲证券和市场监管局和欧洲保险与职业养老金监管局三个欧盟层面的监管机构组成,分别负责各国金融机构的微观审慎监管。欧洲金融监管体系的主要职能是加强微观审慎方面的政策合作,促进各国监管规则、技术标准和法令条例的一致性，同时还负责将所收集的微观领域信息和数据传送给欧洲系统风险管理委员会，以便其及时识别系统性风险和不稳定因素，做好早期风险预警工作（宋科，2018）。

四、宏观审慎政策与货币政策

宏观审慎政策工具可以在危机前抑制繁荣、遏制金融失衡、减少危机发生的概率和危机事后的负面影响。但由于对宏观审慎政策的认识尚且处于初级阶段，选取哪些政策工具组合、如何实施、何时实施、由谁来执行等一系列问题仍需要仔细斟酌。因此，在过渡阶段，货币政策需要承担起部分金融稳定的职责。这与货币政策目标并不矛盾。维持金融体系的平稳运行，为实体经济注入资金本身就是中央银行的职责之一。纵观以往的危机，货币政策（如低政策利率、非常规货币政策工具）常成为各国用来事后化解危机影响的工具。总体看来，货币政策无论在事前预防系统性风险的积累，还是在系统性风险上升后的管理方面，都发挥着重要的作用。

从事前的角度来看，货币政策同样会影响信贷周期。首先，货币政策可以改变银行的信贷供给，这也是货币政策传导过程中的"银行信贷渠道"。央行可以通过提高法定存款准备金率或者抬高短期利率以实施紧缩的货币政策。当央行提高法定存款准备金率时，银行将难吸收需提取准备金的资金，信贷供给随之减少；当短期利率上升时，银行的净值会减少，流动性会降低，进而也会减少信贷的供给。从企业的角度来看，货币政策会影响企业的融资能力。紧缩的货币政策会削弱小企业的信誉，进而减弱它们的外部融资的能力。货币政策通过非金融企业的"资产负债表渠道"发挥作用。无论是银行的信贷渠道还是企业的资产负债表渠道，货币政策均被证实对信贷周期起到影响作用，因此可作为事前抑制信贷过度增长，防止系统性危机积累的工具。

其次，货币政策也会影响银行的风险承担。Borio等（2012）提出了货币政策的风险承担渠道。在低利率的环境下，银行的风险承担会增加，降低贷款标准，进而引发信贷繁荣和资产价格泡沫。因此，宽松的货币政策可能会直接导致风险的积累。

最后，在系统性风险发生的过程中，货币政策的实施能有效减少负外部性带来的影响。负外部性是系统性风险的重要特征，其包括金融机构之间的负外部性以及金融部门到实体部门之间的负外部性。如前文所述，对于金融部门之间的负外部性，流动性短缺是传染渠道之一。在危机发生时，中央银行可通过利率政策、最后贷款人职能和非常规货币政策等手段，为金融机构提供流动性，防止外部性的进一步扩散。虽然事后的救助会增加金融机构的道德风险问题，但货币政策的在危机时期的干预对减少抛售、稳定资产价格和减少危机的成本确实发挥着重要的作用。而对于实体经济的外部性，及时的货币政策干预也能起到减轻损失的效果。危机常发生在信贷繁荣之后，因此家庭和企业部门往往面临着严重的债务挤压问题，融资能力受限。在经济疲软、企业融资能力下降的背景之下，那些旨在针对增加小企业信贷的补充性公共政策措施能缓解企业的外部融资困境，减少危机给实体经济带来的负面影响。

综合来看，货币政策在对抗事前和事后的系统性风险均能发挥作用。在宏观审慎政策未成熟的阶段，货币政策要承担起部分金融稳定的职责。随着宏观审慎监管政策的完善，将主要由其进行有针对性的监管。金融稳定对货币政策的依赖会减弱，货币政策将回归到以稳定物价为主的目标上来。

五、宏观审慎监管政策所面临的挑战

2008年全球金融危机之后，各国陆续开始建立宏观审慎监管框架。宏观审慎监管政策的发展正处于起步阶段，政策设计和实施缺乏实践经验。从目标的确定及监管权力分配的视角，以下几方面仍需要仔细斟酌。

一是制定目标。如前所述，宏观审慎监管政策的目标是防止发生系统性风险，以及减少系统性风险事件对经济的负面影响。但该目标难以量化。在非危机时期，很难具体得出宏观审慎监管政策的实施效果。对其效果的评定只能是基于反事实的推断：如果没有实施宏观审慎监管政策，那么危机会发生吗？危机带来的经济损失有多少？加之如何度量系统性风险至今未能达成共识，这些都为宏观审慎监管政策的目标制定又增加了难度。

二是宏观审慎政策的权衡。系统性风险产生于借贷的过程。当监管当局要求银行持有100%的资本金时，必然可以将风险水平保持为0。在这种极端情况之下，企业的借款成本升高，经济的潜在产出被抑制，会带来巨大的经济成本。因此，宏观审慎监管当局如何在安全性和经济增长之间进行权衡始终是一个社会性的难题。

三是选择合适的宏观审慎监管政策工具。宏观审慎监管工具包括全局范围内的工具，如逆周期资本缓冲、动态拨备制度等；也包括特定行业范围内的工具，如贷款价值比。全局范围内的工具会影响总体增长率和信贷市场的扩张，而特定行业范围内的工具只会影响部分领域内的经济活动。首先，当前宏观审慎监管政策刚刚起步，各国可供参考的案例不足，对其效果的评定和校准缺乏一定的标准。其次，用于评定政策效果的信息具有时滞性，且危机发生可能性的度量十分不准确，这给及时调整决策增加了难度。最后，宏观审慎工具对目标的影响是不确定的，也增加了政策校准的难度。

四是与其他政策的互补性。宏观审慎监管政策的实施效果可能会受到其他政策（微观审慎政策、货币政策、竞争政策、财政政策）的影响。其中，最重要的是宏微观审慎监管政策之间的协调。宏观审慎政策避免了合成谬误，为微观审慎政策的实施提供关键的信息；同时，微观审慎政策保障个体机构的正常运营，为宏观审慎政策实现降低系统性风险目标提供辅助作用。对于货币政策，在宏观审慎政策未成熟的过渡阶段，其自然担起部分稳定金融的职责。此外，宏观审慎政策也受竞争政策的影响。竞争可能使银行出现过度的风险承担，并且竞争政策也会影响金融机构的市场结构和系统性重要性金融机构的建立，从而影响宏观审慎的政策目标。对于财政政策，其会对

宏观经济失衡、过度信贷风险以及泡沫的产生带来影响，这是系统性风险的时间维度问题，因此也是宏观审慎监管政策需要协调的内容。

五是机构设计。在宏观审慎监管框架的制定过程中，组建独立、目标明确且中介目标可测量的机构是政策实施的关键。在繁荣时期，逆周期宏观审慎干预会抑制经济的增长，这与政治目标相互矛盾，因此建立一个具有独立性的监管机构事关政策实施的效果。并且宏观审慎监管机构应该能够及时地获取信息，以对政策实施效果进行校准。

综合以上的分析，宏观审慎监管制度的建立过程中挑战重重。建立和实施监管框架过程中，还有许多尚未解答的问题需要去探索。

本章小结

2008年国际金融危机引发了学界和监管部门对系统性风险的重视，各国试图通过建立宏观审慎监管政策以防范系统性风险事件再次发生。本章在综述系统性风险的定义及特征之后，总结了度量市场风险的主要方法，并且对基于市场数据的度量方法——ΔCoVaR、MES 和 SRISK 进行了详细介绍。随后，本章介绍了针对系统性风险的宏观审慎监管，分析对比了宏观审慎和微观审慎监管的区别，并且就当前常用的监管工具以及各国的监管实践进行简述。最后简要论述了宏观审慎政策与货币政策的协调以及建立宏观审慎监管框架所面对的挑战。

关键术语

系统性风险　时间维度　空间维度　DCC-GARCH模型　条件风险价值（ΔCoVaR）　边际期望损失（MES）　SRISK　网络分析法　宏观审慎政策　顺周期性　系统重要性金融机构

思 考 题

1. 解释系统性风险的定义。
2. 解释系统性风险的两个维度。
3. 描述系统性风险与系统性危机的关系。
4. 列举系统性风险的传染渠道。
5. 列举常见的系统性风险度量指标，并简述其优缺点。
6. 简述宏观审慎政策与微观审慎政策的区别，并列举几种宏观审慎政策工具。
7. 简述货币政策与宏观审慎政策的关系。
8. 简述当前宏观审慎监管政策实施过程中所面临的某项困境或挑战。

参考文献

[1] 巴塞尔银行监管委员会. 统一资本计量和资本标准的国际协议:修订框架[M]. 中国银行业监督管理委员会,译. 北京:中国金融出版社,2004.

[2] 巴曙松,王璟怡,杜婧. 从微观审慎到宏观审慎:危机下的银行监管启示[J]. 国际金融研究,2010(5):83-89.

[3] 巴曙松,王思奇,金玲玲. 巴塞尔Ⅲ下的银行操作风险计量及监管框架[J]. 大连理工大学学报(社会科学版),2017,38(1):36-42.

[4] 巴曙松,邢毓静,朱元倩,等. 金融危机中的巴塞尔新资本协议[M]. 北京:中国金融出版社,2010.

[5] 巴曙松,朱元倩,等. 巴塞尔资本协议Ⅲ研究[M]. 北京:中国金融出版社,2011.

[6] 贝西斯. 银行风险管理[M]. 2版. 史建平,等译. 北京:中国人民大学出版社,2009.

[7] 毕马威KPMG. 重磅!《商业银行资本管理办法》公开征求意见,毕马威作出全面解读[EB/OL]. (2023-02-20)[2023-03-01]. https://finance.sina.cn/2023-02-20/detail-imyhiytp8431871.d.html.

[8] 曹乾,何建敏. VAR:金融资产市场风险计量模型及其对我国的适用性研究[J]. 中央财经大学学报,2004(5):31-35.

[9] 陈燕玲. 金融风险管理的演进:动因、影响及启示[J]. 中央财经大学学报,2006(7):32-36.

[10] 崔光华. 商业银行经济资本管理问题研究[D]. 天津:南开大学,2009.

[11] 邓凯成. 资本约束下的银行经济资本管理与经营转型[D]. 北京:中央财经大学,2008.

[12] 范小云. 繁荣的背后:金融系统性风险的本质、测度与管理[M]. 北京:中国金融出版社,2006.

[13] 方意. 宏观审慎政策有效性研究[J]. 世界经济,2016,39(8):25-49.

[14] 冯鹏熙. 新兴市场国家新资本协议实施情况及其发展趋势[J]. 国际金融研究,2006(11):29-35.

[15] 冯乾,游春.操作风险计量框架最新修订及其对银行业的影响:基于《巴塞尔Ⅲ最终改革方案》的分析[J].财经理论与实践,2019,40(1):2-9.

[16] 弗雷克萨斯,莱文,佩德罗.系统性风险、危机与宏观审慎监管[M].王擎,等译.北京:中国金融出版社,2017.

[17] 高广春.资产证券化的结构[M].北京:中国经济出版社,2008.

[18] 高峦,刘忠燕.资产证券化研究[M].天津:天津大学出版社,2009.

[19] 高培业,张道奎.企业失败判别模型实证研究[J].统计研究,2000(10):46-51.

[20] 谷秀娟.金融风险管理:理论、技术与应用[M].上海:立信会计出版社,2006.

[21] 光大证券.从金融市场看"资本新规":《商业银行资本管理办法(征求意见稿)》解读系列报告之二[R].(2023-02-20).wind 资讯.

[22] 光大证券.从新巴Ⅲ到国内资本新规:《商业银行资本管理办法(征求意见稿)》解读系列报告之一[R].(2023-02-19).wind 资讯.

[23] 光大证券.从银行视角看"资本新规":《商业银行资本管理办法(征求意见稿)》解读系列报告之三[R].(2023-02-21).wind 资讯.

[24] 韩晓琴.中国商业银行运营中经济资本管理作用机理及其制度创新[D].吉林:吉林大学,2009.

[25] 赫尔.风险管理与金融机构[M].王勇,金燕敏,译.北京:机械工业出版社,2016,.

[26] 华金证券.《商业银行资本管理办法(征求意见稿)》解读系列:信用风险加权资产计量——权重法[R].(2023-03-01).wind 资讯.

[27] 黄嵩,魏恩道,刘勇.资产证券化理论与案例[M].北京:中国发展出版社,2007.

[28] 科罗赫,加莱,马克.风险管理[M].曾刚,罗晓军,卢爽,译.北京:中国财政经济出版社,2005.

[29] 黎代福.商业银行全面风险管理:基于COSO-ERM的研究[D].厦门:厦门大学,2006.

[30] 李丛文,闫世军.我国影子银行对商业银行的风险溢出效应:基于GARCH-时变Copula-CoVaR模型的分析[J].国际金融研究,2015(10):64-75.

[31] 李明辉,周边.BaselⅢ净稳定融资比率能否替代存贷比:来自中国上市银行的经验证据[J].财经论丛,2018(1):48-58.

[32] 李志辉,范洪波.新巴塞尔资本协议与商业银行操作风险管理[J].南开经济研究,2005(6):73-80.

[33] 廉永辉,张琳.流动性冲击、银行结构流动性和信贷供给[J].国际金融研究,2015(4):64-76.

[34] 梁枫.中国商业银行流动性风险监管研究:基于宏观审慎监管的视角[D].太原:山西财经大学,2015.

[35] 梁琪,李政,卜林.中国宏观审慎政策工具有效性研究[J].经济科学,2015(2):

5-17.

[36]廖岷,孙涛,丛阳.宏观审慎监管研究与实践[M].北京:中国经济出版社,2014.

[37]刘兢轶,王彧婧,王静思.供应链金融模式下中小企业信用风险评价体系构建[J].金融发展研究,2019(11):63-67.

[38]刘威汉.财金风险管理:理论、应用与发展趋势[M].北京:中国人民大学出版社,2005.

[39]刘晓星,段斌,谢福座.股票市场风险溢出效应研究:基于EVT-Copula-CoVaR模型的分析[J].世界经济,2011(11):145-159.

[40]刘园.金融风险管理[M].3版.北京:首都经济贸易大学出版社,2016.

[41]陆静.金融风险管理[M].2版.北京:中国人民大学出版社,2019.

[42]罗平.巴塞尔新资本协议研究文献及评述[M].北京:中国金融出版社,2004.

[43]罗斯,赫金斯.商业银行管理[M].刘园,译.北京:机械工业出版社,2011.

[44]马滕.银行资本管理[M].王洪,漆艰明,等译.北京:机械工业出版社,2004.

[45]茆训诚.信用风险度量与管理[M].上海:上海财经大学出版社,2013.

[46]孟艳.金融危机、资产证券化与中国的选择[J].经济研究参考,2009(7):31-35.

[47]苗永旺.宏观审慎监管研究[M].北京:中国金融出版社,2012.

[48]纽曼,米尔盖特,伊特韦尔.新帕尔格雷夫货币金融大词典:第三卷[M].董辅,胡坚,等译.北京:经济科学出版社,2000.

[49]潘功胜.持续健全宏观审慎政策框架[EB/OL].(2020-10-22)[2022-03-01].https://finance.sina.com.cn/money/bank/bank_hydt/2020-10-22/doc-iiznezxr7349487.shtml

[50]泡杯茶看金融.《巴塞尔协议Ⅲ》解读[EB/OL].(2020-10-21)[2022-03-01].https://cj.sina.com.cn/articles/view/6426632942/17f0ea2ee01900t4s9.

[51]乔瑞.风险价值VAR[M].3版.郑伏虎,万峰,杨瑞琪,译.北京:中信出版社,2010.

[52]瑟维吉尼,雷劳特.信用风险度量与管理[M].潘永泉,等译.北京:机械工业出版社,2012.

[53]尚航飞.中国商业银行流动性风险监管研究[D].天津:天津财经大学,2016.

[54]邵欣炜.基于VAR的金融风险度量与管理[D].吉林:吉林大学,2004.

[55]宋科.宏观审慎政策研究[M].北京:中国商务出版社,2018.

[56]宋清华,李志辉.金融风险管理[M].北京:中国金融出版社,2003.

[57]宋士云,宋博.三个版本的《巴塞尔协议》与中国银行业监管[J].理论学刊,2019(1):80-88.

[58]宋效军.全球系统重要性银行与国内系统重要性银行监管之异同[J].银行家,2019(1):60-64.

[59]孙海波.读懂商业银行?从资本充足率开始[EB/OL].(2019-10-28)[2022-03-

20]. https://mp. weixin. qq. com/s/ukH-PVicnXu5KxA1sp9ecg.

［60］孙晓云. 系统性风险管理和国际金融监管体系改革［M］. 上海：格致出版社，上海人民出版社，2014.

［61］涛动宏观. 各类金融机构监管评级体系大全(2021 年版)［EB/OL］. (2021-09-26)［2022-01-17］. https://new. qq. com/rain/a/20210926a02tc200.

［62］万联证券.《商业银行资本管理办法（征求意见稿）》解读：银行行业深度报告［R］.（2023-02-28）. wind 资讯.

［63］汪办兴. 中国银行业全面风险管理改进研究：基于"新资本协议"的视角［D］. 上海：复旦大学，2007.

［64］王春峰，万海晖，张维. 商业银行信用风险评估及其实证研究［J］. 管理科学学报，1998（01）：70-74.

［65］王华峰. 金融创新视角下我国银行业风险管理研究：基于全球金融危机背景［J］. 金融经济，2009（1）：3-7.

［66］王剑，田维韦，陈俊良. 银行资本管理新规解析：内容与影响［EB/OL］.（2023-02-21）［2023-03-01］. https://xueqiu. com/1029319098/242562007.

［67］王胜邦，张漫春. 市场风险资本监管制度的演进：以 VaR 模型为重点的研究［J］. 国际金融研究，2011（11）：65-74.

［68］王胜邦. 后巴塞尔Ⅲ时期资本监管改革：重构风险加权资产计量框架［J］. 金融监管研究，2015（2）：39-59.

［69］王勇，关晶奇，隋鹏达. 金融风险管理［M］. 北京：机械工业出版社，2020.

［70］魏华林，林宝清. 高等学校金融学专业主干课程系列教材：保险学［M］. 北京：高等教育出版社，1999.

［71］肖辉. 论美国金融危机的成因与蔓延［D］. 吉林：吉林大学，2009.

［72］杨军. 银行信用风险：理论、模型和实证分析［M］. 北京：中国财政经济出版社，2004.

［73］易纲. 新中国成立 70 年金融事业取得辉煌成就［J］. 中国金融，2019（19）：9-13.

［74］银监会. 商业银行资本管理办法（试行）［EB/OL］.（2012-06-08）［2022-03-01］. http://www. gov. cn/gzdt/2012-06/08/content_2156784. htm.

［75］银行业专业人员职业资格考试命题研究组. 风险管理（初级）［M］. 成都：西南财经大学出版，2020.

［76］应展宇，黄春妍. 金融演进中的金融风险管理：回顾与反思［J］. 中央财经大学学报，2019（9）：24-34.

［77］张金清. 金融风险管理［M］. 上海：复旦大学出版社，2009.

［78］张志烁.《巴塞尔协议Ⅲ》在中国的实施情况及其影响［J］. 全国商情（经济理论研究），2015（13）：74-75.

［79］章彰. 商业银行信用风险管理：兼论巴塞尔新资本协议［M］. 北京：中国人民大

学出版社,2002.

[80]赵先信.当前国有银行改革的政策风险与政策启示:兼论外汇储备注资的货币扩张效应[J].财贸经济,2004(6):3-10.

[81]赵先信.银行内部模型和监管模型:风险计量与资本分配[M].上海:上海人民出版社,2004.

[82]中国银保监会法规部.中国银保监会 中国人民银行关于《商业银行资本管理办法(征求意见稿)》公开征求意见的公告[R/EB].(2023-02-18)[2023-03-01]. http://www.cbirc.gov.cn/cn/view/pages/ItemDetail.html?docId=1096437&itemId=915.

[83]周民源.新编银行业监管手册[M].北京:中国金融出版社,2006.

[84]周小川.与共和国共同成长的中国金融业[J].中国金融,2009(19):8-13.

[85]周行健.基于价值创造的商业银行经济资本管理研究[D].湖南:湖南大学,2008.

[86]周月刚.信用风险管理:模型、度量、工具及应用[M].北京:北京大学出版社,2017.

[87]朱元倩,苗雨峰.关于系统性风险度量和预警的模型综述[J].国际金融研究,2012(1):79-88.

[88]邹宏元.金融风险管理[M].2版.成都:西南财经大学出版社,2006.

[89]邹宏元.金融风险管理[M].3版.成都:西南财经大学出版社,2010.

[90]邹鑫,李莉莉,房琳.基于 Logit 和 KMV 的我国上市公司信用风险的比较研究[J].青岛大学学报(自然科学版),2014,27(2):90-95.

[91]GARP.VaR 模型在我国商业银行市场风险管理中的应用[EB/OL].(2021-10-15)[2022-03-01]. https://mp.weixin.qq.com/s/mP5XNSOE14xXHSifc9u4ig.

[92]Acharya V,Engle R,Richardson M.Capital Shortfall:A New Approach to Ranking and Regulating Systemic Risks[J].The American Economic Review,2012,102(3):59-64.

[93]Acharya V,Pedersen L,Philippon T,et al.Regulating Systemic Risk[J].Restoring Financial Stability:How to Repair A Failed System,2009:283-304.

[94]AcharyaV,Pedersen L,Philippon T,et al.Measuring Systemic Risk[J].Review of Financial Studies,2017,30(1):2-47.

[95]Adrian T,Brunnermeier M K.CoVaR[J].Social Science Electronic Publishing,2014,106(7):1705-1741.

[96]Adrian T,Shin H S.The Changing Nature of Financial Intermediation and the Financial Crisis of 2007-2009[J].Staff Reports,2010,2(1):603-618.

[97]Altman E I,Brady B,Resti A,Sironi A.The Link between Default and Recovery Rates:Theory,Empirical Evidence,and Implications[J].The Journal of Business,2005,78(6),2203-2228.

[98]Altman E I,Haldeman R G,Narayanan P.ZETATM analysis A new model to identi-

fy bankruptcy risk of corporations[J]. Journal of Banking&Finance,1977,1(1):29-54.

[99]Altman E I. Financial Ratios,Discriminant Analysis and The Prediction of Corporate Bankruptcy[J]. The Journal of Finance,1968,23(4):589-609.

[100]Anabtawi I, Schwarcz S L. Regulating Systemic Risk: Towards an Analytical Framework[J]. Notre Dame Law Review,2011,86:1349.

[101]Artzner P,Delbaen F,Eber J M,et al. Coherent Measures of Risk[J]. Mathematical Finance,1999,9(3):203-228.

[102]Baillie R , Bollerslev T , Mikkelsen H O . FractionallyIntegrated Generalized Autoregressive Conditional Heteroskedasticity [J]. Journal of Econometrics, 1986, 31(3): 307-327.

[103]Bangia A,Diebold F X,Schuermannand T,Stroughair J D. Modeling Liquidity Risk with Im-Plication for Traditional Market Risk Measurement and Management[R]. Wharton Working Paper,1999a

[104]Bannier C E,Behr P,Güttler A. Why are Unsolicited Ratings Lower than Solicited Ratings? A Theoretical and Empirical Assessment [J]. Available at SSRN Electronic Journal,2007.

[105]Bannier C E,Tyrell M. Modelling the Role of Credit Rating Agencies: Do They Spark off a Virtuous Circle? [J]. Working Paper Series:Finance and Accounting,2006.

[106]Basel Committee on Banking Supervision, Basel III: International Framework for Liquidity Risk Measurement, Standards and Monitoring,2010.

[107]Benoit S,Colletaz G,Hurlin C,et al. A Theoretical and Empirical Comparison of Systemic Risk Measures[J]. HEC Paris Research Paper ,2013.

[108]Berger A N,Bouwman C. Bank Liquidity Creation[J]. Review of Financial Studies,2009,22(9),3779-3837.

[109]Bernanke B S,Lown C S,Friedman B M. The Credit Crunch[J]. Brookings Papers on Economic Activity,1991(2):205-247.

[110]Black F,Scholes M S. The Pricing of Options and Corporate Liabilities[J]. Journal of Political Economy,1973,81(3):637-654.

[111]Bodie Z, Kane A, Marcus A J. Investments[M]. 11th ed. New York:McGraw-Hill,2018.

[112]Borio C,Zhu H. Capital Regulation,Risk-Taking and Monetary Policy: A Missing Link in the Transmission Mechanism? [J]. Journal of Financial stability, 2012, 8(4): 236-251.

[113]Borio C. Towards a Macroprudential Framework for Financial Supervision and Regulation? [J]. CESifo Economic Studies,2003,49(2):181-215.

[114]Brownlees C T, Engle R. Volatility, Correlation and Tails for Systemic Risk Meas-

urement[J]. Available at SSRN,2012.

[115] Bruce M. Hill. A Simple General Approach to Inference About the Tail of a Distribution[J]. The Annals of Statistics. 1975,3(5). 1163-1174.

[116] Caouette J B, Altman E I, Narayanan P. Managing Credit Risk[M]. Hoboken, New Jersey: John Wiley and Sons,1998.

[117] Christoffersen P F. Elements of Financial Risk Management[M]. Waltham: Elsevier Monographs,2003.

[118] Claessens S, Ghosh S R, Mihet R. Macro-Prudential Policies to Mitigate Financial System Vulnerabilities [J]. Journal of International Money and Finance, 2013, 39 (155): 153-185.

[119] Crouhy M, Dan G, Mark R. A Comparative Analysis of Current Credit Risk Models [J]. Journal of Banking & Finance,2000,24(1-2):59-117.

[120] Crouhy M, Stuart M, Turnbull S M. Measuring Risk-Adjusted Performance[J]. Journal of Risk,1999,2(1):5-35.

[121] Danielsson J, Zigrand J P. On time-scaling of risk and the square-root-of-time rule [J]. Journal of Banking & Finance,2006,30(10):2701-2713.

[122] Deep A, Schaefer G K. Are Banks Liquidity Transformers? [R]. KSG Working Paper,2004.

[123] Diamond D W. Financial Intermediation as Delegated Monitoring[J]. Review of Economic Studies, 1984, 51(3):393-414.

[124] Dietrich A, Hess K, Wanzenried G. The Good and Bad News About the New Liquidity Rules of Basel III in Western European Countries[J]. Journal of Banking and Finance, 2014,44(6):13-25.

[125] Distinguin I, Roulet C, Tarazi A. Bank Regulatory Capital and Liquidity: Evidence from US and European Publicly Traded Banks[J]. Journal of Banking and Finance,2013(37): 3295-3317.

[126] Drehmann M, Nikolaou K. Funding Liquidity Risk: Definition and Measurement [J]. Journal of Banking & Finance,2013,37(7):2173-2182.

[127] Duncan W. Operational Value at Risk[J]. Risk,1995,12: 5-12.

[128] Embrechts P, Furrer H, Kaufman R. Quantifying Regulatory Capital for Operational Risk[J]. Derivatives Use, Trading and Regulation,2003,9(3):217-233.

[129] Engelmann B, Hayden E, Tasche D. Dirk. Measuring the Discriminative Power of Rating Systems[J]. Banking and Financial Studies,2003,1.

[130] Engle R. Dynamic Conditional Correlation: A Simple Class of Multivariate Generalized Autoregressive Conditional Heteroskedasticity Models[J]. Journal of Business & Economic Statistics,2002,20(3):339-350.

[131] Fabozzi F J, Mann S V. The Handbook of Fixed Income Securities[M]. 8th ed. New York: Mcgraw-Hill Education, 2012.

[132] Fama E F. Discounting Under Uncertainty[J]. The Journal of Business, 1996, 69(4): 415-428.

[133] Fecht F, Nyborg K, Rocholl J. The Price of Liquidity: The Effects of Market Conditions and Bank Characteristics[J]. Journal of Financial Economics, 2011, 102(2): 344-362.

[134] Fisher I. The Debt-Deflation Theory of Great Depressions[J]. Econometrica, 1933: 337-357.

[135] Garman M B. Ending the Search for Component VaR[J]. Financial Engineering Associates, 1997.

[136] Garman M. Improving on VaR[J]. Risk, 1996, 9(5): 61-63.

[137] Hull J C. Risk Management and Financial Institutions[M]. 3rd ed. Hoboken, New Jersey: John Wiley and Sons, 2012.

[138] Pickands J. Statistical Inference Using Extreme Order Statistics[J]. The Annals of Statistics. 1975, 3(1). 119-131.

[139] J. P. Morgan. CreditMetrics: Technical Documentation, 1997.

[140] Jarrow R, Subramanian A. Mopping up Liquidity[J]. Risk, 1997, 10(12): 170-173.

[141] Jorion P. Asset Allocation with Hedged and Unhedged Foreign Stocks and Bonds[J]. Journal of Portfolio Management, 1989, 15(4): 49-54.

[142] Jorion P. Financial Risk Manager Handbook: FRM Part I / Part II[M]. 6th ed. Hoboken, New Jersey: John Wiley and Sons, 2010.

[143] Jorion P. Value at Risk: The New Benchmark for Managing Financial Risk[M]. 2nd ed. New York: McGraw-Hill, 2001.

[144] Kaufman G G. Banking and Currency Crises and Systemic Risk: A Taxonomy and Review[J]. Financial Markets, Institutions & Instruments, 2000, 9(2): 69-131.

[145] Kaufman G G. Comment on Systemic Risk[J]. Research in Financial Services: Banking, Financial Markets, and Systemic Risk, 1995, 7: 47-52.

[146] Kimball R. Innovations in Performance Measurement in Banking[J]. New England Economic Review, 1997, 5: 23-38.

[147] King M R. The Basel III Net Stable Funding Ratio and Bank Net Interest Margins[J]. Journal of Banking and Finance, 2013, 37(11): 4144-4156.

[148] Koch T W, Macdonald S S. Bank Management[M]. 4th ed. Chicago: Dryden Press, 2000.

[149] Kritzman M, Rich D. The Mismeasurement of Risk[J]. Financial Analysts Journal, 2002, 58(3): 91-99.

[150] Lim C H, Costa A, Columba F, et al. Macroprudential Policy: What Instruments and How to Use Them? Lessons from Country Experiences[Z]. IMF Working Paper, 2011(11).

[151] Lopez J A, Saidenberg M R. Evaluating Credit Risk Models[J] Journal of Banking & Finance, 2000, 24(1-2):151-165.

[152] Lopez J A. Saidenberg M R. Evaluating Credit Risk Models[J]. Journal of Banking & Finance, 2000, 24:151-165.

[153] Macaulay F R. The Relation of the Movements of Bond Yields to the Grades of the Bonds—Economic 'Drift'[J]. Journal of Physics Condensed Matter An Institute of Physics Journal, 1938, 19(7):186-191.

[154] Malz A M. Financial Risk Management: Models, History, and Institutions[M]. Hoboken, New Jersey: John Wiley and Sons, 2011.

[155] Matthew, Pritsker. The hidden dangers of historical simulation[J]. Journal of Banking & Finance, 2006, 30(2):561-582.

[156] McNeil A J. Extreme Value Theory for Risk Managers[J]. Departement Mathematik ETH Zentrum, 1999, 12(5):121-237.

[157] Medova E A, Kyriacou M N. "Extremes in Operational Risk Management" in Michael Alan Howarth Dempster(ed.), Risk Management: Value at Risk and Beyond[M]. Cambridge: Cambridge University Press, 2002:247-274.

[158] Merton R C. On the Pricing of Corporate Debt: the Risk Structure of Interest Rates [J]. The Journal of Finance, 1974, 29(2):449-470.

[159] Minsky M. A Framwork for Representing Knowledge[J]. The Psychology of computer vision, 1975.

[160] Mishkin F. Comment on Systemic Risk[J]. Research in Financial Services: Banking, Financial Markets, and Systemic Risk, 1995, 7:31-45.

[161] Mori T, Harada E. Internal Measurement Approach to Operational Risk Capital Charge[R]. Bank of Japan, 2001.

[162] Moscadelli M. The Modelling of Operational Risk: Experience with the Analysis of the Data Collected by the Basel Committee[J]. Temi di discussione (Economic working papers), 2004.

[163] Poon J P H. Hierarchical Tendencies of Capital Markets Among International Financial Centers[J]. Growth and Change, 2003, 34(2):135-156.

[164] Poorman F, Blake J. Measuring and Modeling Liquidity Risk: New Ideas and Metrics [Z]. Financial Managers Society Inc Working Paper, 2005.

[165] Richardson M, White L J. The Rating Agencies: Is Regulation the Answer?[J]. Financial Markets, Institutions & Instruments, 2009(2):146-148.

[166] Saunders A, Allen L. Credit Risk Measurement: New Approaches to Value at Risk and Other Paradigms[M]. Hoboken, New Jersey: John Wiley and Sons, 1999.

[167] Saunders A, Cornett M M. Financial Institutions Management: A Risk Management Approach[M]. 7th ed. New York: McGraw-Hill, 2011.

[168] Saunders A. Financial Institutions Management: A Risk Management Approach[M]. 8th ed. New York: McGraw-Hill Education Press, 2013.

[169] Schroeck G. Risk Management and Value Creation in Financial Institutions[M]. Hoboken, New Jersey: John Wiley and Sons, 2002.

[170] Shih J, Samad-Khan A, Medapa P. Is the Size of an Operational Loss Related to Firm Size[J]. Operational Risk, 2000, 2(1): 21-22.

[171] Sironi A, Resti A. Risk Management and Shareholders' Value in Banking: From Risk Measurement Models to Capital Allocation Policies[M]. Hoboken, New Jersey: John Wiley and Sons, 2007.

[172] Sklar M. Fonctions De Repartition An Dimensions Et Leurs Marges[J]. Publ. Inst. Statist. Univ. Paris, 1959, 8: 229-231.

[173] Smithson C, Brannan S, Mengle D, et al. Results from the 2002 Survey of Credit Portfolio Management Practices. 2002.

[174] Vink D. ABS, MBS and CDO Compared: An Empirical Analysis[J]. The Journal of Structued Finance, 2008, 14(2): 27-45.

[175] Williams C A, Smith M L, Young P C. Risk management and insurance[M]. 7th ed. New York: McGraw-Hill, 1995.

[176] Yan M, Hall M J B, Turner P. A Cost-Benefit Analysis of Basel Ⅲ: Some Evidence from the UK[J]. International Review of Financial Analysis, 2012(25): 73-82.

[177] Ötker-RobeI, Pazarbasioglu C, Perrero A, et al. Impact of Regulatory Reforms on Large and Complex Financial Institutions[Z]. IMF Working Paper, 2010(11).

教辅申请说明

　　北京大学出版社本着"教材优先、学术为本"的出版宗旨，竭诚为广大高等院校师生服务。为更有针对性地提供服务，请您按照以下步骤在微信后台提交教辅申请，我们会在1~2个工作日内将配套教辅资料，发送到您的邮箱。

◎手机扫描下方二维码，或直接微信搜索公众号"北京大学经管书苑"，进行关注；

◎点击菜单栏"在线申请"—"教辅申请"，出现如右下界面：

◎将表格上的信息填写准确、完整后，点击提交；

◎信息核对无误后，教辅资源会及时发送给您；如果填写有问题，工作人员会同您联系。

温馨提示：如果您不使用微信，您可以通过下方的联系方式（任选其一），将您的姓名、院校、邮箱及教材使用信息反馈给我们，工作人员会同您进一步联系。

我们的联系方式：
北京大学出版社经济与管理图书事业部
通信地址：北京市海淀区成府路205号，100871
电子邮件：em@pup.cn
电　　话：010-62767312 / 62757146
微　　信：北京大学经管书苑（pupembook）
网　　址：www.pup.cn